## 《如皋年鉴（2017）》编纂委员会

**主　任**　何益军

**副主任**　茅红宇　钱志刚　张亚鸾　刘晓洁　崔建村　陈小燕　徐亚军

**委　员**　（以姓氏笔画为序）

马军华　王舜慧　冯　昕　卢延林　卢志敏　石　兵　石　剑
石留权　刘亚东　孙天骄　孙福才　朱为民　纪成如　许映亮
邢新华　何福平　吴　鹏　张　俊　张　健　张小波　张书强
张文斌　狄邦建　苏　强　陆海峰　陈仁高　陈建军　陈晓仲
周勇骑　宗爱君　冒海清　姚大平　赵宏祥　郝晓东　徐　海
郭夕俊　顾季青　顾留忠　曹金林　黄晓勤

**主　审**　崔建村　陈小燕

**主　编**　徐亚军

**副主编**　张小波　侯　晖　褚建华

## 《如皋年鉴（2017）》编纂人员

**编辑部主任**　姜小燕

**编　　　辑**　姜小燕　顾　健　黄　亮　王小星

**图 文 编 辑**　姜小燕

**装 帧 设 计**　陈圣银

**编　　　务**　陈　燕

如皋市城区图
如皋经济技术开发
秀水庭
中央花园
上海嘉苑
鑫品佳苑
皋北新村
西欧名邸
景盛家园
天瑞绿洲
光华水韵
蓝湾景天
万林名都
东风苑
荷兰小镇
红星东村
陆桥苑
邓元小区
金茂国际
安定花园
锦绣苑
阳光花园
健康东村
花苑新村
丰锦苑
江春园
城市花园
世纪光华苑
西城花园
丰泽怡园
申港豪庭
才子嘉园
新城花园
惠政新村
中国长寿城
汽车城
如意新城
如意新城西二区
十里花苑
光华小区
浙商三农
海北新村
上海新城
人才公寓
惠民新村
新王庄小区
碧桂园
万豪臻品
紫竹苑
城建嘉园
丹桂园
皋南一组团
皋南二组团
皋南三组团
纪庄新村
御墅园
苏南大市场

# 《如皋年鉴（2017）》条目主审人员名单

（以姓氏笔画为序）

| | | | | | | |
|---|---|---|---|---|---|---|
| 丁山燕 | 万锡元 | 马军华 | 王　克 | 王　珲 | 王建云 | 王建华 |
| 王桂兰 | 王舜慧 | 冯　昕 | 卢延林 | 卢志敏 | 石　剑 | 石　慧 |
| 石根庆 | 石留权 | 刘　莉 | 刘　琴 | 刘小冬 | 刘亚东 | 吕　庆 |
| 孙　亚 | 孙　康 | 孙小飞 | 孙天骄 | 孙海凤 | 孙海卿 | 孙得利 |
| 孙福才 | 朱一飞 | 朱为民 | 朱贵宏 | 纪成如 | 纪树华 | 许　晔 |
| 许映兰 | 许映亮 | 许益飞 | 邢新华 | 何福平 | 吴　清 | 吴　鹏 |
| 吴小平 | 张　成 | 张　俊 | 张　勇 | 张　健 | 张　健 | 张　璇 |
| 张书强 | 张文斌 | 张红娟 | 张益群 | 张智娟 | 李伟华 | 杨大勇 |
| 汪农生 | 沙　兵 | 沙海军 | 狄邦建 | 肖国平 | 苏　强 | 陆海峰 |
| 陆爱斌 | 陈　实 | 陈小燕 | 陈仁高 | 陈建军 | 陈晓仲 | 陈晓华 |
| 陈新育 | 周太荣 | 周体毅 | 周勇骑 | 宗爱君 | 居小刚 | 范晓强 |
| 郑小军 | 金瑛珲 | 冒建勋 | 冒海清 | 姚大平 | 姜跃进 | 施鎏鑫 |
| 柳杰军 | 神俊华 | 赵宏祥 | 郝晓东 | 徐　华 | 徐　海 | 徐宏明 |
| 袁天明 | 郭夕俊 | 顾卫国 | 顾季青 | 顾留忠 | 高建秋 | 崔　金 |
| 崔建村 | 曹　军 | 曹　阳 | 曹　霞 | 曹金林 | 曹培荣 | 章　彬 |
| 章爱平 | 章智敏 | 黄　新 | 黄晓勤 | 龚卫东 | 焦晓斌 | 谢裕斌 |
| 韩　欣 | 韩光民 | 詹文天 | 薛　煜 | 戴　峰 | | |

7月29—30日，中国共产党如皋市第十二次代表大会召开。会议提出“抢抓发展机遇、提升综合竞争力，争当新一轮发展排头兵”目标任务和工作举措；经过酝酿和民主选举，产生中共如皋市第十二届委员会、中共如皋市纪律检查委员会和出席中国共产党南通市第十二次代表大会的代表　（黄友谊摄）

市委书记陈晓东代表中共如皋市第十一届委员会作工作报告 （黄友谊摄）

党代会代表分组审议市委工作报告和市纪委工作报告
（如皋日报社供稿）

2017 年 1 月 12 日，在如皋市第十七届人民代表大会第一次会议上，代市长何益军代表第十六届如皋市人民政府作政府工作报告 （黄友谊摄）

# 努力走在南通全面建成小康社会前列

## 《政府工作报告》亮点解读

## 过去五年工作回顾

### 一份关于“转型发展”的答卷

转型升级调结构，区域综合实力显著提升。三次产业比由 9：54：37 调整到 7：48：45。地区生产总值、一般公共预算收入、全部工业应税销售年均分别增长11.6%、9%、5.7%。新兴产业、高新技术产业产值占规模工业比重分别提高 3.9 个、7.9 个百分点。建成软件、输变电装备等国家级特色产业基地 3 个。先后跻身国家科技百强县（市）、国家科技进步先进县（市），获批国家可持续发展实验区、国家级农业科技园区（核心区）。全国县域经济基本竞争力百强县（市）排名前移至第 23 位。

### 一份关于“改革开放”的答卷

稳妥推进相对集中行政许可权、综合行政执法、土地征使用制度等 14 项国家、省级改革试点，统筹推进商事制度、财税体制、开放型经济等改革，基本实现“一枚印章管审批”“一个领域一支队伍管执法”“一个中心管检测”。苏中国际集装箱码头、如皋港保税物流中心建成运营。累计利用外资 15 亿美元。实现外贸进出口 155.3 亿美元，新增外贸企业 205 家，农产品出口保持南通第 1 位。建成省农村电子商务示范市。双马化工建成首家省级境外产业合作集聚区。如皋开发区升格为国家级经济技术开发区，省级高新区正式挂牌。

## 一份关于“统筹协调”的答卷

4 个镇获批南通市级中心镇，2 个镇入选全国重点镇，白蒲镇成为全国建制镇示范试点。如城街道顾庄社区获评中国最美乡村，白蒲镇朱家桥村成为全国美丽乡村建设试点。如皋市建成全国卫生城市、江苏历史文化名城，获评全国粮食生产先进县(市)、全国休闲农业与乡村旅游示范市。

## 一份关于“绿色生态”的答卷

环保投入连续多年超过同期地区生产总值3.5%。万元地区生产总值能耗降幅、主要污染物减排达到省定标准。生态红线保护区域达国土面积 22.3%。龙游湖风景区、龙游河生态公园建成对外开放。城市绿化覆盖率由 40.3% 提升到 43.7%，林木覆盖率 25%。市区生活污水处理率 90% 以上。空气环境质量优良率稳定在 70% 以上。建成国家生态市，获江苏人居环境奖，获评中国花木之乡、中国最佳休闲小城。

## 一份关于“民生保障”的答卷

财政民生投入占比保持 80% 以上，累计实施为民办实事项目 50 件。城乡居民人均可支配收入分别增长 58.9%、64.2%。城镇登记失业率控制在 3% 以下。城镇居民医保、新型农村合作医疗、城乡基本养老保险实现动态全覆盖。创新实施“五道医疗保障线”。义务教育现代化学校建成率 94.7%，高考本二以上上线率连续 3 年居全省第 1 位。基本公共卫生服务体系持续完善，成功创建三级医院 2 家。建成全国义务教育基本均衡县(市)、全国文化先进县(市)、全国群众体育先进单位，成为全国文明城市提名城市，入选中国最具幸福感县级城市前十强，蝉联中国百强公益慈善城市。

## 一份关于“服务效能”的答卷

完善政府常务会议议事决策规则，提高科学决策能力。实施政府机构改革，制定并公布“5 张清单”，承接上级下放审批事项 109 项，取消审批事项 155 项。创新实施工业项目开工许可 50 天办结制。加强政府性投资工程管理，政府债务得到有效压降。办理人大代表建议 1642 件、政协委员提案 1949 件。连续多年被评为省依法行政先进单位。

## 今后五年指导思想

全面贯彻党的十八大和十八届三中、四中、五中、六中全会以及习近平总书记系列重要讲话精神，统筹推进“五位一体”总体布局和协同推进“四个全面”战略布局，坚持稳中求进工作总基调，牢固树立和贯彻落实新发展理念，适应把握引领经济发展新常态，以提高发展质量和效益为中心，以推进供给侧结构性改革为主线，致力推动先进制造业与现代服务业“双轮驱动”，创新、转型、聚焦富民，促进经济平稳健康发展和社会和谐稳定，努力走在南通全面建成小康社会前列。

## 今后五年主要预期目标

争当“苏中新一轮发展排头兵”。全市地区生产总值、一般公共预算收入中税收收入年均增长 10% 以上；服务业应税销售年递增 20% 以上，全部工业应税销售年递增 15% 以上，社会消费品零售总额年递增 10% 以上，实际利用外资、外贸进出口年递增 5% 以上。争创“转型发展的先行区”。产业结构进一步优化，第三产业增加值占地区生产总值比重 47.5% 以上。全社会研发经费投入占地区生产总值比重 2.75% 以上，新兴产业、高新技术产业产值占规模工业比重 32.5%、48% 以上，新增省级智能车间 12 个，力争打造 2—3 家具有国际竞争力的创新型龙头企业。争创“生态宜居的示范区”。万元地区生产总值能耗降幅、主要污染物减排完成上级下达任务，PM2.5 平均浓度降至 45 微克 / 立方米以下，空气质量优良率 75% 以上，地表水Ⅲ类以上水质比例70%以上，城市绿化覆盖率45%以上，林木覆盖率25.5%以上，公众对生态环境质量满意度不断提升，生态文明建设南通领先。走在南通全面建成小康社会前列。提前1年实现城乡居民人均可支配收入比2010年翻一番目标，老百姓富裕程度、生活质量明显提高，率先建成省教育现代化示范区，就业、社保、医疗、文化、体育等公共服务体系进一步健全，居民文明素质和社会文明程度不断提高，社会和谐稳定、充满活力。

## 今后五年工作思路

始终坚持创新发展，在转型升级中提高质量效益。

始终坚持协调发展，在统筹规划中实现城乡一体。

始终坚持绿色发展，在提升内涵中打造宜居环境。

始终坚持开放发展，在深化改革中激发竞争活力。

始终坚持共享发展，在聚焦富民中创造美好生活。

## 2016年工作六大成绩

**经济运行稳中有进**

现代农业持续发展
工业运行平稳向好
现代服务业提速增效

**转型升级成效显现**

创新能力稳步增强
特色产业快速集聚
项目投入加快推进
节能减排取得成效

**改革开放纵深推进**

重点改革有序实施
对外开放更加深入
载体功能加速提升

**城乡面貌持续改善**

交通建设进程加快
城市建设不断加快
小城镇建设稳步推进
城乡环境持续改善

**民生事业保障有力**

人民生活得到改善
社会保障不断加强
社会事业蓬勃发展

**和谐社会加快构建**

精神文明建设扎实推进
民主法制建设不断完善
社会治理水平有效提升
政府自身建设全面加强

全市实现地区生产总值904亿元，同比增长9.6%，增幅南通领先；全面实施“营改增”，实现一般公共预算收入71.2亿元；完成全部工业应税销售916亿元，同比增长15.6%；实现服务业应税销售（不含房地产）760亿元，总量、增量、增速均居南通第1位；全社会消费品零售总额341.1亿元，同比增长10.9%；全社会研发投入占GDP比重2.52%；完成固定资产投资575亿元，同比增长14.3%，其中规模工业投入312亿元，同比增长7.3%；新增服务外包企业110家，完成服务外包执行额18亿元，同比分别增长162%、33.3%；境外投资1.3亿美元。实现外经营业额3.6亿美元，同比增长14.3%；港口吞吐量突破5016万吨，同比增长42%；深入推进“三证合一”“一照一码”登记制度，新登记企业增长超20%；万元GDP能耗降幅、主要污染物减排完成省下达目标任务；人才综合竞争力居全省县（市）第8位；被列国家全域旅游示范区创建单位。联合国开发计划署“氢经济示范城市”项目落户如皋市。

## 2017年主要预期目标

- 地区生产总值突破1000亿元，同比增长10%以上
- 全部工业应税销售1000亿元以上，同比增长10%以上
- 服务业应税销售力争1000亿元，同比增长35%左右
- 建筑业施工总产值1000亿元以上，同比增长10%以上
- 一般公共预算收入71.3亿元（营改增后）
- 社会消费品零售总额同比增长10%以上
- 实际利用外资3.35亿美元
- 外贸进出口保持适度增长
- 城乡居民人均可支配收入同比分别增长8.3%、9%以上
- 城镇登记失业率控制在3%以内
- 全社会研发投入占地区生产总值比重2.55%以上
- 万元地区生产总值能耗同比下降3.4%
- PM2.5平均浓度同比下降4.25%，主要污染物减排完成上级下达任务

## 2017年六大工作

**更加注重稳中求进，主动适应经济发展新常态**

突出招商选资 狠抓项目建设 稳定外贸增长 扶持实体企业

**更加注重产业转型，持续打造区域竞争新优势**

发展先进制造业 集聚现代服务业 培育壮大物流业 做优特色大农业 大力扶持建筑业

**更加注重改革创新，不断培育经济发展新动能**

宽领域推进综合改革 高水平推进双向开放 大力度推进科技创新 深层次推进载体升级

**更加注重规划引领，努力实现城乡统筹新突破**

发挥规划引导作用 提升中心城市形象 统筹城乡功能配套 推进镇村特色发展

**更加注重绿色增长，加快构建生态文明新格局**

全方位加强源头管控 严要求推进环境整治 高标准节约利用能源

**更加注重和谐稳定，积极回应人民群众新期待**

拓宽居民增收渠道 扩大公共服务供给 完善社会保障体系 提升社会治理水平

10 月 28 日，第十三届中国如皋沿江经济洽谈会、第八届如皋中国长寿文化节、第九届中国（如皋）花木盆景艺术节（简称“一会两节”）开幕 （黄友谊摄）

全市 21 个重点项目集中开工，总投资额超 132 亿元。图为项目开工现场 （黄友谊摄）

中国如皋第五届软件与信息服务业年度推进会 （陈圣银摄）

高端人才“凤还巢”恳谈会 （黄友谊摄）

精品盆景拍卖会。如皋盆景“蹉跎岁月”拍得最高价 49 万元 （吴青青摄）

全国盆景交易大会开幕暨中国如皋国际园艺城开业仪式 （邱 宇摄）

健康中国如皋论坛
（吴 瑶摄）

4 月 17 日，2016 年中国足球协会乙级联赛开幕式和揭幕战在如皋市奥林匹克体育中心举行。图为开幕式现场　（黄友谊摄）

2016 年中国足球协会乙级联赛揭幕战比赛现场　（丁松山摄）

1月5日，第二届“Mlily梦百合杯”世界围棋公开赛决赛在如皋举办，中国选手柯洁以总比分3：2战胜韩国选手李世石，获得冠军。图为比赛现场　（花志军摄）

9月20—22日，“Mlily梦百合杯”第十六届全国老将田径锦标赛在市奥体中心举办。图为比赛现场　（花志军摄）

11 月 13 日，国家旅游局局长李金早（前排右二）到如皋考察旅游工作。图为李金早一行在李昌钰刑侦科学博物馆参观 （邱 宇摄）

11 月 27 日，省委常委、副省长杨岳（前排中）率队到如皋调研“三农”工作。南通市委书记、市人大常委会主任陆志鹏（前排左）等陪同调研 （黄友谊摄）

9月13日，省人大常委会常务副主任蒋宏坤（右五）率队到如皋，考察养老产业项目和水环境整治工作。图为蒋宏坤一行在吴窑镇福康老年康复护理中心考察

（黄友谊摄）

8月24日，副省长张雷（前排左）到如皋调研海绵城市建设、历史文化街区保护和传统村落保护等工作。图为张雷在龙游河生态公园调研　　（黄友谊摄）

5月10日，全国政协常委、省政协副主席周健民（前排中）率省政协医卫体育委员会成员到如皋，专题考察青少年体育活动开展情况。图为周健民一行在市外国语学校考察

（黄友谊摄）

1月26日，全国综合行政执法工作座谈会在如皋召开。图为与会人员参观市市场监督管理局综合指挥中心
（邱 宇摄）

3月31日，全省机构编制工作会议暨综合行政执法改革工作现场会在如皋召开。图为与会人员参观长江镇便民服务中心 （黄友谊摄）

5 月 15 日上午 8 时 26 分，南通至南京间首次开行的动车组 D5508 次列车停靠如皋火车站，如皋正式跨入“动车时代”　（邱　宇摄）

6月18日，中国（南通）如皋国际石材与装备展在长江镇（如皋港区）举行，南通市和如皋市分别被中国建筑装饰协会授予中国建筑装饰之乡和中国装饰石材采购基地称号　　（陈圣银摄）

7月7日，江苏省“七彩的夏日”未成年人活动启动仪式暨如皋木偶剧团创作的木偶剧《穿越“无礼国”》首演活动在南京文化馆举行　　（黄友谊摄）

7月12日，如皋港保税物流中心（B型）正式开关运行　　（长江镇供稿）

7月30日，中共如皋市第十二届委员会第一次全体会议选举陈晓东（左六）、何益军（右六）、司祝建（左五）、胡拥军（右五）、马全华（左四）、缪小华（右四）、刘向阳（左三）、史有根（右三）、缪爱诚（左二）、茅红宇（右二）、祝国庆（左一）为中共如皋市第十二届委员会常委[吴瑕（右一）为市委常委（挂职）]；选举陈晓东为市委书记，何益军、司祝建为市委副书记　（黄友谊摄）

8月18日，中国光大国际有限公司在南通地区投资建设的第一个生物质发电项目——光大生物能源（如皋）有限公司生物质发电项目在磨头镇开工建设　（黄友谊摄）

8月27日，联合国开发计划署在中国的首个“氢经济示范城市”项目在如皋开发区揭牌
（如皋开发区供稿）

8月27日，全省首个标准加氢站——上海氢枫能源技术有限公司如皋加氢站开工建设
（如皋开发区供稿）

8月28日，中国氢能产业发展如皋峰会院士讲堂在如皋举行。图为中国工程院院士杨裕生演讲现场
（如皋开发区供稿）

9月20日，如皋市举办江苏省道德模范与身边好人（南通如皋）现场交流活动

（王 俊摄）

10月13日，江苏恒康家居科技股份有限公司在上海证券交易所上市。市委书记陈晓东（右）与江苏恒康家居科技股份有限公司董事长倪张根（左）共同敲响上市铜锣

（黄友谊摄）

9 月 26 日，如皋港集装箱广州直航暨水铁联运首航仪式在苏中国际集装箱码头举行　（长江镇供稿）

10 月 21—25 日，江苏木爷机器人技术股份有限公司研发的智能机器人 Cooky（酷奇）亮相世界机器人大会

（沈小平摄）

11 月 5 日，李昌钰刑侦科学博物馆开馆。图为李昌钰夫妇（中）、国务院侨务办公室副主任谭大星（右一）、如皋市委书记陈晓东（左一）共同为博物馆揭牌　（黄友谊摄）

12 月 16 日，北京外国语大学附属如皋龙游湖外国语学校举行奠基仪式　（市教育局供稿）

6月23日，如皋市被环保部授予国家生态县（市、区）称号。图为被外城河拥抱的如皋城区　（冯世涛摄）

绿色皋城

雨后文昌路
（王海松摄）

四月皋城桃红柳绿
（黄友谊　王海松摄）

绿色小区
（邱　宇摄）

## 绿色出行

电动微公交
（邱　宇摄）

公共自行车
（邱　宇摄）

白鹭在田间聚集觅食
（邱 宇摄）

如城街道顾庄生态园
（邱 宇摄）

白蒲镇朱家桥村
（白蒲镇供稿）

长江镇长青社区东风滩
（长江镇供稿）

城南街道宋家桥社区　（市水务局供稿）

石庄镇永兴社区　（市水务局供稿）

城北街道平园池村
（市水务局供稿）

生态景观

水绘园风景区——水明楼
（市旅游局供稿）

定慧禅寺
（市旅游局供稿）

龙游湖广场 （邱 宇摄）

长江药用植物园
（市旅游局供稿）

金岛生态园
（市旅游局供稿）

苏通生态园
（陈圣银摄）

博爱康复护理院 （如城街道供稿）

长寿养生园 （九华镇供稿）

东陈镇双群社区观赏鱼养殖基地　（东陈镇供稿）

如城街道沿河村现代农业园区

（陈文瑶摄）

中国如皋国际园艺城

（陈圣银摄）

江苏陆地方舟新能源汽车有限公司生产的校车（周锦旭摄）

海迪科（南通）光电科技有限公司工人正在检验产品（陈圣银摄）

绿色产业

江苏华灿电讯股份有限公司（长江镇供稿）

江苏九鼎新材料股份有限公司生产车间（陈圣银摄）

如皋港保税物流中心
（如皋港务集团供稿）

如皋软件园（高新区供稿）

电商快递物流园（高新区供稿）

6月6日，如皋市被省城乡住房建设厅、省财政厅确定为江苏省首批海绵城市建设试点城市，是苏中苏北县级市（区）中唯一获此资格的城市。图为如皋母亲河龙游河鸟瞰图

（市旅游局供稿）

龙游河生态公园夜景 （丁松山摄）

如皋市文化广场　（陈圣银摄）

滨溪路
（市住房城乡建设局供稿）

海阳路 （市住房城乡建设局供稿）

福寿西路小绿地
（市住房城乡建设局供稿）

廉政广场绿地 （市住房城乡建设局供稿）

# 编 辑 说 明

一、《如皋年鉴》是由中共如皋市委、如皋市人民政府主办，如皋市地方志编纂委员会办公室负责逐年编纂的综合性地方年鉴。以习近平新时代中国特色社会主义思想为指导，旨在全面、系统、真实地逐年记载如皋政治、经济和社会发展历程，为领导决策提供依据，为中外人士了解和研究如皋提供翔实、准确的信息，为续修地方志积累资料。

二、《如皋年鉴(2017)》为第29卷，主要反映2016年度如皋市政治、经济、社会、文化等方面的基本情况、重大事件和主要成就。全书按类目、分目(副分目)、条目三个层次设置，以条目为主要载体。设特载、媒体聚焦、大事记、如皋概览、世界长寿乡、机关团体、农业、园艺业、工业、建筑业、服务业、开放型经济、如皋港、园区经济、综合经济管理、城乡建设、生态环境保护、科学技术、教育、文化、医疗卫生、体育、社会民生、社会治理、军事、城镇社区、人物、附录共28个类目。

三、《如皋年鉴(2017)》内容收录范围以现行如皋行政区划为界，凡在区域内有价值的信息和资料，不论归属，均予收录。收录时限为2016年1月1日至12月31日，个别事物加以追溯记述，以便读者了解其始末。

四、《如皋年鉴(2017)》采用的文稿由各镇(区、街道)、各部门、各单位提供，并经其主要负责人审定。全市综合性数据由市统计局提供，个别数据因统计口径不同而有所差异。

五、各条目下，设文稿作者署名；凡多个类目系同一作者的，只在最后条目下署名。

六、为便于检索，卷首设总目录、目录，卷末设主题索引，所载信息均可由总目录、目录、索引、书眉查检。

七、《如皋年鉴》的编纂出版，得到全市各部门、各镇(区、街道)、各单位和社会各界人士的关心、帮助和支持，在此深表谢意。恳请广大读者提出改进意见，以便进一步提高《如皋年鉴》质量。

# 总　　目

# 目　　录

## 农　业

园艺业



工　业

## 建筑业



## 服务业

## 开放型经济



## 如皋港

## 园区经济

## 综合经济管理

## 城乡建设

## 生态环境保护



## 科学技术

## 教育



## 文化

## 医疗卫生

## 社会治理

## 军　事



## 城镇社区

## 人　物

## 附　录

## 如皋被命名为国家生态县(市、区)

2006年,如皋市启动国家生态市建设。10年中,如皋市突出生态优先发展导向,推进经济结构调整和发展方式转变,同步加快环境基础设施建设步伐,深入实施农村环境综合整治、污水集中处理、生态系列创建、生态经济建设、肠衣集中生产、饮用水安全、垃圾资源化、绿化造林、环保科技创新、产业结构优化十大生态工程,推进环保综合执法体制改革,大力发展循环经济、生态旅游业,倡导绿色生活方式,推广新能源微公交,推动经济效益、生态效益、社会效益有机统一。2016年6月23日,如皋市被环保部授予国家生态县(市、区) 称号。

(许海霞)

## 如皋被授予江苏人居环境奖

2月22日,省政府发文,授予如皋市江苏人居环境奖。如皋成为苏中苏北地区唯一获评江苏人居环境奖县级市。

近年,如皋着力打造经济发展与生态宜居协调融合、都市风貌与田园风光相映生辉、人与自然和谐共生的长寿宜居城市,不断塑造生态城市、活力城市、魅力城市城市风貌,建成滨溪路风光带、龙游河生态公园,成为全省城市环境综合整治先进集体、全省优秀管理城市。中心城区主次干道网络基本形成,建成区内人均道路面积16.27平方米。城市公共供水覆盖率100%,长青沙备用水源工程能满足250万人5天应急用水需要。城区城市管理实现信息化、精细化、时效化目标,结案率99.84%。深入推进“长安如皋”建设,社会大局持续稳定,被授予省社会治安安全市称号。如城街道孔庙社区被作为城市环境综合整治优秀典型案例在全省推广。建设项目环评率100%,“三同时”执行率95%以上。至2016年年末,累计关停污染企业346家,城市生活污水处理率96.50%。109家重点工业企业完成清洁生产审核,单位地区生产总值能耗降为0.49吨标准煤/万元。建成城市公共自行车站点66个,投放自行车1700辆。

(孙　颖)

## 如皋被列为全国农村产业融合发展试点示范县

6月,国家发展改革委等7部委联合公布全国农村产业融合发展试点示范县名单,如皋市为全省5个上榜县(市)之一,被列为全国农村产业融合发展试点示范县(多业态复合型)。

年内,市发展和改革委员会(简称“市发展改革委”)牵头对全市10个农村产业融合发展试点示范镇(100个示范村)统一进行规划,确定功能拓展型镇(街道)6个(如城街道、城南街道、磨头镇、丁堰镇、东陈镇、搬经镇)、产业链延伸型镇(街道)3个(白蒲镇、江安镇、城北街道)、产城融合型镇1个(长江镇);按照“旅游+”“互联网+”要求,规划农业沿江特色渔业产业园、优质水稻产业园、花木产业园等标准园8个,长寿食品集中加工区等农业加工区4个。依托“世界长寿乡”品牌效应和“中国花木之乡”影响力,探索推动农业与旅游业融合发展,长江药用植物园通过全国休闲农业与乡村旅游五星级示范企业部级评审,沿江生态休闲二日游线路入选省休闲农业与乡村旅游十佳精品线路。以项目建设推动农产品加工业发展,全市新建规模以上农业项目28个,总投入40.05亿元。推进互联网销售步伐,至年末,全市有农业电商58家,其中销售额超50万元农业电商5家,涵盖花木、新鲜时蔬等各类农产品,年内实现纯线上交易额6000多万元。

(花爱梅　张建华)

## 如皋入选"国家全域旅游示范区"创建单位

10月,如皋市被国家旅游局列为第2批国家全域旅游示范区创建单位,成为南通地区唯一上榜单位。

2016年,全市接待游客985万人次(国家旅游局统计口径,下同),实现旅游综合收入118.2亿元,同比分别增长15.38%和15.42%;完成项目投入29.6亿元;争取省级旅游专项扶持资金150万元。旅游业主要经济指标连续10年居南通各县(市、区)首位。

(杨志梅)

## 如皋入选全省首批海绵城市建设省级试点城市

6月6日,省城乡住房建设厅、省财政厅公布全省首批海绵城市建设试点城市评审结果,如皋和南京、徐州、常州、苏州、宜兴、武进、昆山、句容9家城市上榜,成为苏中苏北县(市、区)中唯一获此资格的城市。

近年,如皋市将城市水系整治列入城市建设重点工程,邀请权威机构开展暴雨强度公式设计和暴雨雨型编制工作,为城市排水工程规划、设计、建设和管理提供技术依据,城市引排水系统逐年改善。2014—2016年连续3年将中心城区水系畅通工程、城区水系清洁畅通工程列入市政府为民办实事工程,整治疏浚龙游河、红星河等水质异样河道,城市水脉通畅,水清坡绿。融入海绵理念,采用透水铺装、下沉式绿地、生物滞留设施等手段,新建城市文化广场、红十四军公园等项目。2015年在全国县级城市中率先出台《关于加快推进海绵城市建设的实施意见》,探索和实施海绵城市建设,致力将城市打造成海绵城市建设示范引领区、创新实践区和形象展示区,力争到2018年年底,实现小雨不积水、大雨不内涝、水体不黑臭、热岛有缓解目标,实现年径流总量目标控制率75%以上,排水防涝标准、防洪标准分别达到有效应对20年一遇、50年一遇强降雨,面源污染消减率60%,非常规水源利用率30%以上,受纳水体水质Ⅳ类以上。

(孙　颖)

## 联合国开发计划署"氢经济示范城市"项目落户如皋

8月27日,联合国开发计划署在中国布局的首个"氢经济示范城市"项目在如皋经济技术开发区(简称"如皋开发区")启动。该项目是联合国开发计划署以中国燃料电池公共汽车商业化示范项目为基础的拓展项目,旨在推动包含燃料电池汽车在内的氢能产品全方位示范应用,将如皋打造成氢能之都,在中国建立首个"氢能城市"。

近年,如皋开发区大力发展节能与新能源汽车产业和氢能产业,从美国引进技术和专家助推氢能产业发展,产业集聚能力急速增强。至2016年年末,拥有陆地方舟新能源电动汽车有限公司等新能源汽车整车及零部件企业24家、南通百应能源有限公司等氢能企业10家,形成新能源产业集聚区,具备氢燃料电池规模化生产及应用条件和基础。

(陈　鹏)

## 如皋港现代综合物流园被认定为全省首批生产性服务业集聚示范区

12月8日,省发展改革委下发通知,认定如皋港现代综合物流园区等首批20家省级生产性服务业集聚示范区。

如皋港现代综合物流园组建于2010年。组建后,该园区不断发挥港口优势,突出国家一类开放口岸功能,先后与260多个国家和地区实现无障碍连接,累计建成15万吨级码头2座、5万吨级码头10座、万吨级码头18座、5000吨级码头28座、集装箱码头4座,初步具备亿吨货物和30万标箱吞吐能力。2016年,如皋港现代物流园实现营业收入376.9亿元,同比增长138%;实现税收4.2亿元,同比增长30%。新落户各类服务业企业99家,新增应税销售超1000万元企业18家。

(曹　霞　徐亚锋)

## 大雨倾盆,"海绵城市"如皋不必"看海"

连续多日的暴雨,让很多城市进入"看海"模式,微信朋友圈里,到处是好友晒的各种无奈照片,江苏如皋的微信朋友圈,却晒出这样一篇文章——《对不起,在这座海绵城市,你很难看到海》。

前不久,江苏省海绵城市建设试点城市评审结果公布,如皋成为苏中苏北县级市(区)中唯一获此资格的城市,而如皋也在连续的降雨过程中,经受住了考验。

如皋市气象局提供的数据显示,7月3日,如皋单日降水量达136毫米,是2016年当地最大的一次降雨,此前已连续10多天降雨。3日当天,如皋城区除了个别低洼地段出现短暂积水外,排水总体通畅,没有出现大面积积水现象。如皋市住房和城乡建设局(简称"市城乡住房建设局")局长苏强表示,这主要得益于如皋近年来综合运用物理、生物和生态等手段,逐步修复受到破坏的"海绵体",同时不断创建新的"海绵体",增强了城市的"排、蓄、渗、滞、净、用"的叠加功能。

位于长江下游的如皋,也是一座因水而生、因水而兴的城市。21世纪初,大规模的造城运动、填河造地等行为让如皋城区水系遭到一定程度的破坏,导致河床抬高、水流梗阻、城市内涝。几年前,如皋将城市水系整治列入城市建设重点工程,并连续3年将中心城区水系畅通工程、城区水系清洁畅通工程列入"市政府为民办10件实事"。

如皋城区东南2千米处,2010年时只是修建宁启铁路复线时遗留下来的取土坑,也一度成为"垃圾堆积、臭水四溢"的"城市伤疤"。如今,这一取土坑及周边变身龙游湖商务风景区,成为市民休闲健身的好去处,更成为如皋最大的城市海绵体,蓄水量可达300多万立方米。"7月3日那场暴雨,龙游湖水位迅速上升1米多,瞬时蓄水在80万立方米左右,很好地为城区化解了内涝。"苏强说。

"以前我车上总是备着一双雨靴,最近几个雨天,停车场地面没了积水,以前那种下车落脚就泡水的状况,再没出现。"家住如皋颐园小区的居民陈玉峰说。小区对面的停车场运用了"海绵型"停车场理念,通过建设雨水收集、储存、利用系统,暴雨天气时,过多的雨水及时排至周边河道,需要时还可以将储存的净水释放出来,用于停车场洗车。

近年,如皋新建的城市文化广场等项目,均融入海绵理念,采用透水铺装、下沉式绿地、生物滞留设施等手段,提升排水防涝、削减径流污染的功能。当前,如皋又在谋划实施投资百亿元的茅雉河南延工程,工程完工后,如皋城区的内外河水系将彻底打通,排水将更通畅。

(新华社南京7月18日电　记者　朱旭东)

## 江苏如皋行政执法 一支队伍管到底

记者从江苏如皋市了解到:该市自2014年年底起实施综合行政执法体制改革,大力推行"一支队伍管到底"的一体化市场监管新体制,厘清了执法职责,大大提高了执法效率。

针对执法职能相近、对象相同、方式相似的部门,组建"大农业""大社会""大市场""大城管"4支综合执法队伍,推进跨部门、跨行业综合执法。

"过去,工商部门侧重对食品流通环节的监管,但对于像食品销售等问题,即使看到也管不着。”如皋市高新技术产业开发区(简称“高新区”)市场监管分局副局长许洪剑说,“如今,执法人员不仅能查经营,也能查食品、保健品,还能查计量器具、电梯。”

“过去,全市有26支执法队伍,许多事情是‘九龙治水’,职责不清导致推诿扯皮等现象普遍存在。”如皋市编办主任严世斌介绍,“如今在如皋,‘一支队伍管到底’的综合行政执法体制改革,使行政执法更简单明了。”

一年多来,如皋未发生一起因行政处罚引发的行政诉讼案件,移送法院强制执行的60起行政处罚案件均被裁决依法执行。

(1月14日《人民日报》06版　记者　申　琳　姚雪青)

## 蓄势待发看如皋

地处长江北岸的江苏如皋市,依托沿江开发,借力江海统筹,累积多年之功,经济社会发展已然站立全国县域前列。

2015年,如皋实现地区生产总值816亿元,完成一般公共预算收入77.1亿元,位列全国县域经济基本竞争力百强县第26位、福布斯中国大陆最佳县级城市20强。

这片蕴含“到水边高地”之诗意的美丽富饶之地,如今已然站在了黄金发展期的“风口”。

如皋市委书记陈晓东告诉记者,在逐梦江海的“十三五”开局之年,一向低调、埋头苦干的如皋人,视野更宽,眼界更远,目标也更为清晰。

争当苏中新一轮发展排头兵,如皋市委、市政府一班人信心满满:立足交通区位优势,抢滩物流“高地”;依托“长寿之乡”品牌,精心布局大健康产业;通过简政放权,促使地方经济更具活力与效率。

当机遇与禀赋叠加,激情与智慧迸发,必然释放出惊人的发展能量。

### 彰显枢纽优势,培植保税物流“新供给”

8月1日下午,记者走进国家一类开放口岸如皋港,远处烟波浩渺的宽阔江面上,一艘艘货轮正迎面驶来;在苏中国际集装箱码头与保税物流中心之间,一辆辆集卡车正来回穿梭。

这些集卡车装的是从东南亚进口的咖啡豆,被送至如皋港保税物流中心进行仓储。这个保税物流中心于7月12日获准正式开关运营,成为苏中地区第一家国家级保税物流中心,也是江苏省首个公共型保税物流中心。

它的正式开关,是如皋市着力发展大物流产业的最新成果。

而距此仅1.4千米,就是如皋苏中国际集装箱码头,两者通过海关全程监控无缝连接,实现“区港一体化”,中心与港口之间实行一次报关、一次报检、一次查验的放行制度,极大方便了国际采购和国际配送,降低了物流成本。

“以往我们的咖啡豆进口之后,都是通过陆路从深圳运至重庆,既费钱又费时,现在我们选择水路运输,将如皋港作为货物中转基地,运输成本可节省近一半。”如皋启禾供应链管理有限公司总经理唐兵认为,如皋港是长江下游不可多得的深水良港,且区位优势明显,腹地广阔,企业特地将一大部分业务从深圳迁至如皋,在如皋港设立内外贸交割库,自2015年8月以来,运输量已达6000多标箱。

如皋港集团总经理马玉东告诉记者,如皋港保税物流中心正式开关运营后,除首批法国原瓶进口红酒约13万瓶已进入中心进行保税仓储和分拨销售外,进口船用润滑油、航空器材、奶粉、羊毛、食品等项目,以及棉花、咖啡豆、石材等生产生活资料保税业务,已经逐步展开,产业链条正快速延伸。

记者了解到,处在长江黄金水道与沿海铁路大通

公用码头装吊作业情景　　(如皋港区供稿)

道交汇点的如皋，拥有1个国家一类开放口岸、2个高铁车站、8个高速公路出口，两年后如皋周边1小时车程内可达6座国际机场，再加上成熟的水运体系，物流在如皋的转换价值巨大。

近年来，如皋市持续放大“公铁水、江海河”联运综合节点优势，着力发展港口物流。

2016年1至5月，如皋港完成港口吞吐量1572万吨，同比增长52%，其中散货及件杂货完成吞吐量1220万吨，同比增长41%；外贸吞吐量完成314万吨，同比增长78%，港口物流的枢纽效应逐步显现。

通利生态农庄一角 （下原镇供稿）

随着沪通、盐通等铁路开工建设，不久的将来，如皋人乘高铁到上海仅需37分钟，如皋将纳入上海一小时都市圈，其长江黄金水道和沿海铁路大通道重要枢纽城市的地位日益凸显。

站在历史新起点的如皋人，岂能错失这加快发展的大好机遇？

如皋市委、市政府因势而谋，应势而动，乘势而上，着力发展港口物流、电商物流及第三方、第四方物流，全力推进渤商所长江国际交易中心、华东煤炭矿石交易中心、长三角石油化学品交易中心、东升国际石材交易中心四大交易平台建设，当前已吸引了250多家物流贸易企业入驻。

## 挖掘特色资源，集聚大健康产业

享有“长寿之乡”美誉，如皋实至名归。最早记录如皋寿星的资料，可以追溯到三国时代。直到今天，如皋健在的百岁以上老人仍数以百计。

养生专家们说，如皋地处江海之滨，气候适宜，加之清淡的饮食习惯，土壤中又富含多种微量元素，有利于人体健康。

一方福地，引来无数羡慕的目光。如皋人为之骄傲，也倍加珍惜。

前些日子，记者走进如皋市东陈镇雪洪村，只见华日稻米种植基地上空，两架无人机正从稻田上掠过。两三分钟，一大片农田的喷洒作业就完成了。无人机操作员熊培培说：“我们喷洒的是一种叫‘苦生碱’的生物杀虫制剂，不含化学成分。”

绿油油的稻田内，几名工人正将诱虫灯内的虫子倒出，成群的鸭子蜂拥而至，抢食着虫餐。该基地负责人陈实告诉记者，这里共种植了13.3公顷水稻，全部采用有机种植方式，价格是普通稻米的六七倍，稻田里还放养了1000多只鸭子。

作为世界级“长寿之乡”，如皋有机稻米深受欢迎，产品通过门市和微店等形式进行销售，大部分销往江浙沪外地城市，部分销至北京等地，产品供不应求。

近年，如皋市持续放大“长寿之乡”品牌优势，深入挖掘特色资源，高度聚集生态农业、特色渔业、长寿食品、生物医药、医疗器械、养生服务、养老房产、健康咨询等领域，整合资源，打造长三角大健康产业集聚区，探索都市型健康养生产业品牌发展模式。到“十三五”末，全市的大健康产业产值在地区生产总值中占比将达到12%以上。

盛夏时节，位于如皋市下原镇花园头村的通利生态农庄内凉爽又热闹。亭台楼阁环绕着一池碧水，曲桥长廊与名木佳卉相得益彰，“采菊东篱下，悠然见南山”的田园生活跃然眼前。这天，一个来自上海的40人旅游团队成员正忙着选购这里生产的青菜、西红柿、黑猪肉、土鸡蛋等农产品。

“我们在这里住了三天，打打牌，钓钓鱼，或者到城里去看看水绘园、走走老街区，非常惬意。”游客沈俊升表示，“马上要离开了，再买点长寿之乡的有机食品带回去，以后还要再来。”

在如皋，这样的农产品生产基地，正如雨后春笋般不断涌现。2016年1—7月，该市共接待游客607.3万人次，实现旅游综合收入74.5亿元，其中“长寿游”占比近80%。大健康产业在如皋的蓬勃兴起，让这个世界长寿养生福地放大了本土优势，从形象品牌变成了产业基石。

随着世界长寿乡和中国最佳休闲小城名气大振，不仅游客纷纷涌入如皋，独特的长寿资源，也使得各类社会资本竞相入驻大健康产业:总投资26亿元的长江药用植物园开园4年,已接待游客10万余人次;3.2亿元民资注入,让九华镇闲置厂区变成养老服务基地;计划总投资12亿元的“梨花春雨”长寿漫城景区,将为这座“中国优秀旅游城市”再添光彩。当前,如皋大健康产业吸引各类资本已达100多亿元。

### 放大改革效应,激发创新创业活力

在大物流、大健康产业领跑下,2016年上半年,如皋交出了一份漂亮的成绩单:实施亿元以上重大项目29个,计划总投资61.2亿元,完成投资额28.7亿元。

采访中,如皋市不少企业负责人表示,在当前经济下行压力加大的新形势下,重大项目呈现上得多、开工快的新局面,一方面得益于市委、市政府主攻引进优质项目,另一方面也得益于政务服务“绿色通道”更加通畅。

据介绍,为进一步提升行政效能,让项目尽快落地,如皋市提前布局,精心绘制新一轮行政审批制度改革“路线图”“时间表”。

2015年,如皋市在江苏省率先成立行政审批局,实现“一枚印章管审批”。2016年以来,又创新实施工业项目开工许可“五个一、五十天”的审批机制,审批提速70%以上。上半年,该市审批亿元以上项目63个,从立项到领取施工许可证,平均用时50个工作日。

8月2日下午,记者来到位于城南的宏图物资实业有限公司砼布料机制造扩建项目现场,呈现在眼前的是一派井然有序的建设场景,该项目主体厂房土建结构已全部到顶,40多名工人正在做屋面防水处理。

“多亏行政审批制度改革,要不然这个项目还得再等好几个月才能开工呢。”项目负责人陈怀龙告诉记者,“按照以往的做法,项目的整个审批过程大约需要6个月,而现在只用49天就办妥了所有的手续。”

如皋市行政审批局局长范晓强介绍说,在以往的投资建设中,项目审批盖章多、收费多、中介多、材料多、时间长,备受诟病,而现在则是“服务等项目”取代了“四多一长”。

在宏图公司扩建项目的审批过程中,有多项创新机制得到生动的体现。接到项目审批申请后,如皋市行政审批局提前介入,围绕所有的审批事项进行全程辅导,与相关职能部门通力合作,积极化解审批过程中的矛盾和问题,“多评合一”“多图联审”“全面容缺、并联审批”等创新机制得到充分应用。

简政放权的“减法”,换来了创新创业的“加法”。7月8日,如皋恒康家居投资1.6亿元的记忆海绵制品项目开工。“从立项到拿到施工许可证只有49天,容缺建设又帮助我们抢回了3个月,为上亿元产品出口赢得了时间。”该企业副总经理吴晓红表示,行政审批改革之后,办事效率大大提升,显著降低了企业的运营成本,保姆式的服务,也使企业能够腾出精力专心发展生产、提高产品工艺。

简政放权,给企业发展和经济建设注入了新的活力。但如皋代市长何益军并不满足,他说:“与企业及社会各界的期望相比,政府的自我革命还有很大空间。我们要不负期望,唯有加倍努力。”

自我鞭策,求新求变,奋力前行的如皋人,正朝着“强富美高”的新坐标,迎难而上,后发赶超。

(9月3日《人民日报》09版 记者 姚雪青 刘益广)

## 走进百岁寿星之乡——“如皋论坛”共话健康中国建设

“长江明珠、长寿古邑、长绿宝土”,江苏省如皋市是中国百岁老人总数最多的县(市)。市委书记陈晓东说,据最新统计,如皋100岁以上的寿星达338人,90岁以上的老人1万多人,80岁以上的老人近7万人,长寿老人占比是联合国长寿之乡标准的3倍,是世界上唯一地处经济发达地区、平原地带的长寿之乡。

10月29日,来自相关部门的领导、学者、企业家等各界人士齐聚如皋,参加2016年健康中国如皋论坛,共话推进健康中国建设大计。

### 赋予老年美好意义

中国正加速进入人口老龄化阶段。人口老龄化,给经济社会发展带来的到底是正面效应还是负面效应?江苏省民政厅党组成员、省老龄办主任夏春青说,如果整个社会都能用积极的眼光看待老龄社会,并采取科学措施应对,那么老龄化给我们带来的更多是发展机遇。庞大的老年人口必将形成规模巨大的老年消费主体,由此带来对老年产品和服务的巨大需求。

“我们公司定大年三十为孝敬父母日,要求员工给父母洗脚。”上海幸福九号养老投资集团董事长王振讲起了身边的故事:有个销售总监回家要给父亲洗脚,父亲一开始死活不让洗,在他再三请求下勉强同意。他

如皋博爱康复护理院 （市民政局供稿）

给爸爸洗脚的时候，发现爸爸有些尴尬，刚擦干就想把脚收回去，他说："等一等，我再给您剪剪指甲。"父亲再也控制不住激动的心情，突然泪流满面。听到这里，台下的许多观众眼眶湿润了。"我们幸福九号的谐音是幸福就好！"王振说。

"提高长寿质量，赋予生命更多美好意义"，夏春青建议有条件的地方，应当对老年人居家养老的家庭给予一定的扶持措施，比如免费进行家庭适老化改造、对子女免费进行护理知识培训、安排带薪休假、对困难家庭进行护理补贴；提供一定时期的免费护理托管，让家庭成员有一个喘息的空间等，帮助家庭减轻照料负担。

## 面向夕阳人群的朝阳产业

养老产业链条长、涉及领域广，是横跨第一、二、三产业的综合产业体系。有专家预测，未来5年，全国养老产业市场将突破万亿元规模，20年内有望达到20万亿元以上。而且势头会越来越好，是面向夕阳人群的朝阳产业。

虽然居家养老是全国目前养老的基础性方式，但居家养老，不等于全部由家庭直接提供所有服务，而是倡导老年人居住在家里，同样享受到专业化的服务。要打破居家养老和机构养老的边界，实现优势互补、融合发展。打开养老机构的"围墙"，将机构内的助餐、助浴、康复护理等各种专业化服务，延伸到周边社区有需求的老年人。在社区内大力发展嵌入式养老机构，就近就便为社区老年人提供家庭病床、康复护理、精神关爱等专业化服务，实现机构养老专业化与居家养老亲情化的结合。

"我们引进了在西方发达国家比较风行的园艺养老、园艺疗法，在北京四季青地区开展试验，即通过组合盆栽制作、插花以及植物的栽培与园艺操作活动，可以从教育、心理以及身体诸方面延缓老人疾病发生，并对已发生疾病进行治疗。"家云互联（北京）技术服务公司首席执行官房坤滔说。

## 没有健康就没有小康

"悠悠民生，健康最大。"十届全国政协副主席张怀西在论坛上致辞说，"保障人民健康是我们党和政府为人民奋斗的重要目标。""长寿"离不开健康服务的支撑，"长寿"是健康服务的终极目标，如皋的长寿现象正是如皋市委、市政府坚持不懈、持之以恒推动健康建设成果的体现。

"健康是个人、家庭的财富，也是国家、社会的财富。"如皋市代市长何益军说，健康产业将迎来快速发展的黄金时期，成为21世纪较有前景、较为重要的产业之一。当前，如皋正围绕衣、食、居、养、游、管、药等方面的健康需求，打造"一城三地"战略格局：建设中国健康享寿城、国内健康产业高地、长寿有机食品供应链基地、长三角休闲旅游目的地，打造长江经济带大健康产业集聚区。

中国工程院院士、南通大学教授顾晓松说，健康产业是国民经济的重要组成部分，在发达国家，医疗与健康消费开支超过其国内生产总值的10%，健康产业核心已由治疗型转向预防性、保健型。全国当前的健康产业发展趋势，是生物医学大数据与互联网以及基于此的个性化健康医疗（精准医疗）、具有自主知识产权的新药研发、中医中药现代化建设、食品安全防控技术、新型移动医疗、介入治疗和可穿戴智能设备研发（医疗技术装备）等。

（11月4日《人民日报》13版 记者 刘文波）

## 筹谋新景正当时

### ——江苏如皋完美收官“十二五” 开启“十三五”新征程

先后建成全国文明城市提名城市、国家生态市、国家卫生城市、国家园林城市、国家可持续发展试验区；获评世界长寿乡；对照全面小康新国标，21个指标达标，达标项目苏中苏北最多……“十二五”，江苏如皋市委、市政府交出了一份协调发展的满意答卷。

如皋市委书记姜永华说，“十三五”期间，如皋将准确把握“五个发展”理念，加快建设工贸发达、生态宜居的全国文明城市。

#### 转型激发增长活力

面对经济下行压力加大，发展的制约和瓶颈增多等诸多困难，如皋以问题倒逼，通过深化改革、扩大开放、转型发展来破解难题，经济发展稳健前行。“十二五”期间，如皋对外开放频传喜讯：如皋经济开发区升格为国家级开发区，省级高新技术产业开发区(筹)正式挂牌，双马化工、恒康家居等企业成功“走出去”建立境外投资园区和生产工厂。

在产业转型升级上下功夫，改造提升新能源汽车及零部件、船舶海工及配套、新材料、纺织服装四大主导产业，做大做强高端装备制造、智能电网装备、新一代信息技术、节能环保四大新兴产业，2015年年底服务业占地区生产总值比重达42.5%，高新技术产业产值在规模工业中占比达44.6%，全社会研发投入占比达2.5%，分别比“十一五”末提升8.9、11.5、0.7个百分点。

转型，让企业活力倍增。2015年6月，恒康家居科技有限公司在塞尔维亚的生产基地项目开业，建立了进军欧洲市场的“桥头堡”，从名不见经传的小厂到成为国内最大的记忆绵生产企业，公司董事长倪张根的心得是坚持产品创新、营销方式创新和品牌创新。

面向“十三五”，如皋市将聚焦建设创新型城市、转型升级、开发开放、新型城镇化和城乡一体化，经济保持中高速增长。

#### 百姓共享发展成果

过去5年，如皋市从就业、创业、物业、社保和帮扶5渠道促进城乡居民增收，重点关注农民、企业职工、中低收入者和困难家庭“4个群体”的增收，完善低保、救助等制度，兜住特困群体的基本生活，逐步缩小城乡、区域、行业和社会成员之间的收入差距，帮助低收入群体建卡立档实现脱贫。

“十二五”期间，如皋教育总投入达81.87亿元，率先建成全国义务教育发展基本均衡县(市)。

医疗“五道保障线”解决看病难、看病贵、看好病的问题。该市全面构筑起医疗保险、大病补助、民政救助、慈善捐助、干部帮扶“五道保障线”。

作为世界长寿乡，如皋秉承尊老爱老的传统，在城乡基本养老保险全覆盖、农村五保应保尽保的基础上，2013年起每年投入1000万元构建社会化养老服务体系，“公建民营、民营公助”养老机构服务模式成为全国典型。

“十三五”，如皋将深入实施民生幸福工程，全面解决群众关心的教育、就业等问题，确保2017年全面建成小康社会，勇当苏中全面小康“领头雁”。

#### 奋力提升城市形象

2015年年初，如皋市以江苏省县(市)测评第1名的成绩获得全国文明城市提名资格，向创建全国文明城市迈出关键一步。

如皋坚持“绿水青山就是金山银山”的发展理念，以创建全国文明城市为统领，推动环境美、社会和谐与文明程度高相统一，不断提升城市美誉度和影响力，被评为首批江苏省优秀管理城市，被江苏省委、省政府表彰为法治建设示范县(市)。“十三五”，如皋将确保2017年建成全国文明城市。

(1月22日《中国县域经济报》 作者 马志刚 记者 张道平)

## 长寿之乡的特色发展路

### ——访江苏省人大代表、如皋市市长陈晓东

从南通“小六子”一跃成为江苏县域经济的一个排头兵，江苏省如皋市近年来的发展堪称跨越式。如皋如何规划“十三五”发展方向？江苏“两会”上，记者采访了江苏省人大代表、如皋市市长陈晓东。

“如皋拥有48千米长江岸线，其中深水贴岸的黄金岸线就有20余千米。10多年来，如皋持续加大沿江开发力度，岸线资源的优势逐步迸发，有力地支撑了县

域经济发展，这也是如皋从'小六子'实现快速飞越的重要原因。"陈晓东说，"目前，如皋船舶制造、新能源汽车产业发展迅速，'南船北车'的产业格局基本成型，大健康、大物流、大数据等新兴产业也得到长足发展。"

陈晓东表示，"十二五"时期，如皋发展实现了量的提高，"十三五"将更加注重质的提升。如皋是著名的世界长寿之乡，据最新统计，如皋145万人口中百岁以上老人303人，总数位居全国县市之首。而且，与其他世界长寿乡都在高寒地带或偏僻山区不同，如皋是唯一处于江海平原地带、经济发达地区的世界长寿乡。这表明，健康的生活方式是如皋人长寿的重要秘诀，而这一点复制性极强，具有重要的产业意义。因此，如皋"十三五"时期要在做大做优当前产业格局的基础上，将大健康产业作为重点发展方向之一，走出一条符合长寿之乡特色的县域经济发展之路。

"我们要打造一条大健康产业链。这条产业链上，不仅包括长寿食品、医疗康复、医疗器械，还包括健康咨询、休闲旅游等，甚至还可以与房地产市场实现对接。可以说，覆盖一、二、三产。"对于大健康产业的发展前景，陈晓东信心满满，"根据规划，如皋在不远的将来将会有12个高速公路出口，3个高铁站，1小时之内6座机场可以到达。而且，随着沪通铁路公路大桥正式开工，如皋正成为中国东部沿海大通道和长江黄金水道交汇的节点城市，高铁开通后，如皋到上海虹桥枢纽的时间缩短到37分钟。上海乃至整个长三角腹地，都将成为如皋大健康产业的潜在消费群体。"

陈晓东说："目前，黑塌菜、香堂芋、百日子萝卜等地方特色农产品已经成了如皋著名的长寿食品，成为如皋市大健康产业的一部分。未来，我们将聚焦生态农业、有机食品、医疗器械、养生文化等领域，招引大健康产业旗舰企业，与如皋市养老、健康、休闲等产业相互融合、高位嫁接，打造长江经济带大健康产业集聚区，真正把长寿品牌优势转化为区域竞争优势。到'十三五'期末，全市的'大健康产业'GDP占比将达12%以上。"

（2月3日《中国县域经济报》
记者 张伟伟 张春丽）

## 最美乡村，民富村美赛年画

方寸盆景乾坤大，最美乡村赛年画。除夕一早，不久前刚被评为中国最美乡村的长寿古城如皋如城顾庄，就被上海"千人春节旅游团"踏访的脚步给踩醒了。

"侬已拍好，不要老'霸占'着美景，也让阿拉留个影好吧。""不要挤，往村里走，里面到处美如画，保证大家拍个够！"看到"阿拉"们一下车，就在顾庄新建的"顾景怡年"牌坊前争着拍照留念，顾庄党支书明正奎的眼眉都笑弯了。

"见过不少美丽乡村，没见过整个村子就是一盆大盆景的，真是太美啦！"明书记的话可真不是自卖自夸的神吹，跟着他往村子里走，见过大世面的"阿拉"们不时发出惊叹。

走过"顾景怡年"牌坊，只见家家门前有园林，处处庭院飘花香。洋楼别墅，回廊花圃，小桥流水，随形就势栽种和布饰着数不清的罗汉、黄杨、紫薇、桂花等名贵花木和精美盆景，构建成一个个精美的私家园林。蜿蜒的水泥村道两边，家家户户门前大红灯笼春联，院子里绿意盈盈，喜庆的大红和厚重的墨绿相映成趣，好一派新鲜过年景象。

如城街道顾庄社区农家小院 （丁宏波摄）

"这个小村子哪来这么多私家园林啊，老漂亮的，老了不得的！"来自上海虹口的郭风年老两口，几乎在家家户户院子里都自拍留影。"这个地方民富村美人长寿，连空气里都飘荡着花木的清香，真是个休闲养生的好地方。"

"您说的这私家园林啊，其实就是我们村子的普通住家。"明正奎开心地介绍，在顾庄，这样的"私家园林"有600多家。顾庄从20世纪90年代起，就"家家种植花木，户户蟠扎盆景"，全村200多公顷土地全部用来搞花木盆景产业。"一棵普通树苗，经过我们这里的盆景大师一摆弄，立马移山缩水、气象万千，一盆能卖几千、几万，甚至几十万呢。"

在盆景大王老王家，这位60多岁的老农正一边摆弄一棵罗汉松，一边接待几位从上海来的买主。"两棵10年左右的瓜子黄杨1.8万元，两盆80厘米左右的罗汉盆景2.6万元。"几分钟光景，一笔买卖做成了。老王笑眯着眼告诉记者，这是小生意，不久前家里十几棵一米多高的大型罗汉松，被一个苏南客商以每棵10万元的价钱给买走了，一笔就是一百多万。"百万不算富，千万才起步"。老王得意地告诉记者，目前，全村不仅培养出近200名农民园艺师，还走出花汉民等一批土生土长的国际盆景大师，培育各种名贵花木2500多万株、各式盆景150多万盆，园艺产品不仅覆盖全国市场，而且还东走日本、西行欧美等10多个国家和地区，全村平均每天的交易量达2000多万元，家家户户靠这"绿色银行"发财，村子里亿元户就有好几家。

"天下富裕的村子有的是，可是像我们顾庄这样既富又美，成为远近闻名的休闲旅游明星村的，可就难得了。"正兴致勃勃给"阿拉"们导游的长寿旅游度假区党工委副书记唐建如介绍说，由穷变富，顾庄人只走了一步，那就是从种粮转型种花木盆景；而从富变美，则费了不少脑筋，甚至还走过不少弯路。他以生态园当初规划建筑风格为例说，当时有人迷恋欧陆风情，甚至想在村头竖罗马柱、建穹顶门。"这不是光着脚板穿西装嘛，不伦不类。"这一方案遭到村子见多识广的园艺师和村民们的一致反对。

顾庄如何打造美丽乡村的争论，引起如皋市委、市政府的重视。一个由市领导兼任负责人的旅游度假区建设领导班子迅速成立，并聘请上海同济大学负责统筹规划设计。生态园围绕打造"长寿养生""花木盆景""古城文化"名片，以"都市里的乡村、盆景中的王国"为定位，规划了一园八区、水陆长短各2条游线、20个景区的景观格局，建设叫响长三角乡村长寿休闲度假区。景区景色天成，自然秀美，并将民间传说、历史名人、文化古迹、自然风光有机结合，充分彰显了长寿古城、花木盆景之都得天独厚的自然生态特色。"现在度假区各类盆景苗木覆盖率70%以上，整个村子就像一个巧夺天工的山水盆景。"唐建如掰着指头告诉记者，一个小小的顾庄，先后获得"全国文明村""国家生态村""中国花木盆景之乡"等30多项省级以上荣誉，仅2015年，就接待游客20多万人。

这里与精美盆景合个影，那儿与村民聊聊天，不知不觉，暖暖的冬阳已爬上了树梢。炫目阳光下，记者不经意间看到老王家一盆迎春盆景已然冒出了绿芽。再放眼一望，一层浅浅的绿意正如烟似纱般披在村子，整个顾庄就像一幅意蕴朦胧的水墨年画，那么自然静美，又那样生机灵动……

(2月12日《新华日报》01版　记者　陈　明　通讯员　孙　路)

一条绿色全产业链集聚30多家企业

## 如皋开发区跑出新能源"快车"

"没想到这么新潮时尚的全产业链绿色新能源车队，居然是从长寿古城跑出来的。"4月19日，在第三届南京国际新能源汽车与电动车展览会上，由国家级开发区如皋开发区选送的纯电动公交大巴、纯电动物流车等"绿地方舟"系列新能源汽车产品，成为中外客商争相聚焦的明星。

当天，落户如皋开发区总投资12亿元的康迪电动汽车江苏有限公司焊装车间内，湛蓝的焊花弧光四溅，一派繁忙。"焊接生产线引进全自动机器人作业，实现360度无死角焊接，5分钟就能焊接1台电动汽车，2016年批量投放市场，年内有望实现销售20亿元。"车间主任张印国说。

最近公布的江苏省级特色产业集群名单，如皋新能源汽车及零部件产业集群名列其中。从汽车零部件、电机、锂电池、绿色燃料到整车生产，一条完整新能源汽车产业链正在前延后伸，一个千亿元级的新能源汽车特色产业群正在崛起。

"作为国家级开发区，我们资源禀赋不多、产业体系还不够完善，如何赶超发展？我们明确园区求专不求大，产业求特不求全，下决心走特色园区培植特色产业新路径。"如皋市委常委、如皋开发区党工委副书记马金华说，长寿古城石板街上跑出新能源汽车浩荡车队，得益于该区先人一步持续布局培植这一特色产业集群。

早在2010年，新能源汽车产业刚起步，如皋开发区明确把发展这一特色产业作为带动该区破网突围、转型升级的主攻方向，高起点规划、打造全省唯一一家新能源汽车产业园，并调配几乎全部招商力量，招引新能源汽车、汽车零部件、新能源研发生产等功能配套的产业链条项目，以“特色”打造“亮色”，以“亮色”赢得竞争力。

当年10月，全国最早专门从事纯电动汽车核心技术研发及生产的国家高新技术企业深圳陆地方舟，入驻如皋开发区，该项目还进入全省“十二五”规划重大产业项目名册。项目总投资40亿元，分3期打造年产20万辆电动汽车生产基地。当前，企业拥有电动汽车3项核心技术、8项关键技术以及30多项发明专利，开发的新能源产品系列覆盖纯电动客车、乘用车、物流车、专用车等车型，最近一举签下20多亿元订单。该项目全部建成后将实现产值300亿元、利税75亿元，一个中国乃至亚洲最具竞争力的新能源汽车龙头正在形成。

陆地方舟加速起跑的轰鸣声，吸引更多企业接踵“开进”如皋开发区，并形成全产业链“绿色车队”。

“金杯”来了——原本生产农用车的江苏英田集团腾笼换凤，与沈阳金杯合作，生产新能源轻卡、微卡和纯电动汽车，首期投资4.5亿元，生产线改造已近尾声，2016年7月投产后，将新增销售10亿元；“浙江青年”来了——2016年年初，浙江青年汽车集团在如皋开发区创办青年亚曼整车生产企业，生产的氢燃料物流车年内可望实现销售15亿元。

“青年物流车跑得欢快，但它不喝汽油、柴油，也不用锂电池，‘吃’的是南通百应能源创新生产的氢燃料。”说起青年氢燃料物流车的加盟，马金华讲起一个产业链招商的精彩故事。

几年前，该区招商人员在一次展会上获悉，从事氢燃料研究的郑剑平教授有意将实验室成果从美国带回国内一线城市落地发展。该区最终以诚意打动郑教授前来创办百应能源。经4年攻关，氢燃料电池核心部件——膜电极的研发与生产取得重大突破，成为世界上唯一一家全面达到美国能源部制定的2015年燃料电池技术指标的企业。

氢能源不“轻”，在2015年的一次行业展会上，百应能源独创的氢燃料电池技术被浙江青年汽车集团一眼看“重”，当即拍板投资8000万元，推动5千瓦—30千瓦车用增程燃料电池量产，同时设立青年亚曼整车生产企业，专业生产氢燃料物流车。

长寿古城跑出新能源车队，在业界引发震动，吸引一个个特色配套项目纷纷前来“补链”，该区特色新能源汽车产业链也越拉越长、越补越全，“葡萄串效应”凸显。记者在园区内的南通创源电化学科技有限公司看到，宝马、奔驰、奥迪等高端车型的底盘制动系统产品酸性锌镍合金表面处理均由该公司提供，一批新能源汽车项目就是直奔与之相配套的功能项目——江苏唯一的金属表面处理中心而来。当前，该区新能源产业链上已集聚规模型整车制造企业4家、配套企业30多家。最近，5家基金公司前来寻求合作，一个海外百亿级高端新能源竞技汽车项目也抛来绣球，一条整车覆盖全部车型、配套部件齐全、能源动力完备的完整新能源汽车产业链加速形成。

如皋开发区党工委书记、如皋市委书记姜永华说，一心一意持续聚焦培植新能源汽车特色产业，是供给侧改革在如皋的生动实践，带动闯出特色园区通过培植特色产业形成特色竞争力的崭新路径。“目前，这一产业已迎来爆发增长期，‘十三五’期末产能可达70万辆，产值超过1000亿元，一个全省乃至全国最具竞争力的特色优势产业集群正在崛起。”

（5月11日《新华日报》01版　记者　陈　明　通讯员　马志刚）

## 国内首个联合国氢经济示范城市花落如皋 “氢经济”快速“重”起来

“世界长寿乡”古城如皋又添一块响当当的“世界”品牌。

8月27日，联合国开发计划署在中国的首个“联合国氢经济示范城市”在如皋揭牌。当天，来自全球氢能源领域的顶尖专家和老总们齐聚古城，出席在这里举办的氢能源国际峰会，为加快开发和利用氢能源发展“氢经济”把脉献策。

“‘氢经济’在如皋的分量可不‘轻’，通过产业化发展正在快速‘重’起来。”如皋市委书记陈晓东介绍，该市氢能产业从无到有、从轻到重，走出了一条国际合作、集成创新和自主研发相结合的产业化道路，正带动一个千亿级新能源产业的快速崛起。

当天早晨，一辆载重2.3吨的微卡物流车快速行驶在如皋开发区花城大道。令人惊奇的是，这辆物流车既不喝汽油、柴油，也不烧天然气，更不用锂电池，而是以南通百应能源创新生产的氢燃料为动力。

“70升氢气可跑150多千米呢。”南通百应能源工程师吴伟告诉记者，这台微卡物流车是“百应能源”与一汽合作开发的，上路4个多月，行程2万多千米，整车性能稳定。“若换上8千瓦氢燃料电池，70升氢气一次能跑270千米。”

在如皋开发区,像“百应能源”这样的氢燃料电池生产企业,目前已有3家,此外还有多家汽车生产企业与此相配套,初步形成氢能产业链,2016年相关的应税销售可达25亿元。

“氢能源是我们谋划传统产业转型升级中找到的‘宝贝’,我们首创把它运用到新能源汽车上作为动力源,催生了一个新兴产业的崛起。”如皋市委常委、开发区党工委副书记马金华告诉记者,纺织、食品等传统产业,曾是如皋开发区的主导板块,但近年发展后劲不足。早在几年前新能源汽车产业刚起步时,该区就明确把发展这一特色产业作为带动该区破网突围、转型升级的主攻方向,高起点打造全省唯一一家新能源汽车产业园。为避免与不少地方竞相上马发展的锂电池等新能源汽车同道“拥堵撞车”,该区盯上了被誉为“能源的未来”的氢能,并迅速产生“核变”效应。

说起“联合国氢经济示范城市”为何选中如皋,背后还有这样一则故事。6年前,在一次新能源会展上,了解到有一批专家和留学生在美国从事氢能电池研发、拥有实验室技术、愿意回国创业等相关信息后,如皋开发区当即作出“资金不够我们投,市场风险我们一起分担”等承诺,吸引专家们前来落户并创办了百应能源。没有落脚的地方,开发区腾出3000平方米厂房给企业;缺少流动资金,开发区注入2000万元产业引导基金;创新型人才不够,开发区帮助跑高校对口引进人才……经持续攻关,百应能源在氢燃料电池的核心部件——膜电极的研发与生产上取得重大突破,成为世界上唯一一家全面达到美国能源部制定的2015年燃料电池技术指标的企业。

氢能源不“轻”。在2015年的一次行业展会上,百应能源独创的氢燃料电池技术被浙江青年汽车集团一眼看中,当即拍板投资8000万元,推动5千瓦—30千瓦车用增程燃料电池量产,同时设立青年业曼整车生产企业,专业生产氢燃料物流车。“目前,我们生产的氢能燃料电池系统已经装配大巴、公交车,不少地方的通信基站也开始使用。”走进百应能源洁净化生产车间,研发工程部项目经理朱海霞正指导技术人员,安装调试18台氢燃料电池电堆活化台和9台系统测试台。据介绍,该公司还与中国航天、中国普天等业界知名企业合作,共同开发适用于多个领域的氢燃料电池产品,包括电讯备用电源、分布式发电系统、车用电源系统、移动充电系统等产品。

抢来一个人才,等于抢来一个特色新兴产业群。短短几年间,如皋已建立起完整的新能源汽车和氢燃料两大产业体系。2015年,南通泽禾新能源科技有限公司投入3亿元,引进加拿大巴拉德公司大巴用燃料电池动力系统技术,在如皋开发区建成国内首条国产化生产线,首批产品已在广东佛山投入运行。“一台大巴氢燃料电池系统,卖到100多万元,订单来不及生产!”总经理李晓宇喜不自禁地告诉记者,公司年产大巴氢燃料电池生产线和氢燃料备用电源生产线能力分别达500台和5000台。目前,已分别交货28台和35台。

“氢经济”释放巨大能量,带动古城产业向“新、轻、绿”快步转型。截至7月底,如皋新兴产业、高新技术产业产值占规模工业比重分别达29.8%、46.1%,占比较2015年同期分别提高4.4、2.9个百分点。

百应能源氢燃料电池城市公交　　(丁宏波摄)

“我们将以‘联合国氢经济示范’带动氢能源的产业化发展,打造百亿级氢能产业,通过氢燃料电池产品在交通、消费等多领域的示范应用,加快推动全国氢燃料电池产品性能和产业化水平的提升,在培育新经济增长点的同时,实现经济、社会、环境效应的共赢,打造中国乃至全球首个氢能经济之都。”如皋市代市长何益军说。

(8月29日《新华日报》01版

记者　陈　明　通讯员　马志刚)

## 1 月

**5日** 第二届“Mlily梦百合杯”世界围棋公开赛五番棋决赛决胜局在如皋锦都金鼎大酒店举行，中国棋手柯洁九段以总比分3:2战胜韩国棋手李世石九段，夺得公开赛冠军。

**6日** “妈妈您最美——爱在365天”德育主题活动南通启动仪式在市外国语学校举行，中国关工委常务副主任刘峰岩参加活动。

**12日** “如皋发布”在北京召开的“端·政——数说政务新媒体”大会上获评区县最具区域影响力头条号。

**19—20日** 如皋市创建江苏人居环境奖工作通过省人居环境奖考核组考核验收。

**26日** 全国综合行政执法工作座谈会在如皋召开。

全国综合行政执法工作座谈会与会人员在长江镇综合执法局参观（黄友谊摄）

**同日** 市人民医院被省卫生计生委认定为三级综合性医院。

**28日** 《香港商报》《大公报》《瞭望中国》、凤凰卫视、澳亚卫视、《澳门日报》《联合报》等媒体组成的“港澳台媒体看江苏”采访团到如皋参观采访。

## 2 月

**1日** 在中国人民解放军战区成立大会上，如皋籍上将褚益民被任命为北部战区政治委员。

**16日** 南通市委书记陆志鹏、市长韩立明率相关部门负责人到如皋，调研如通快速通道规划设计等前期工作。

**17日** 邳州市委书记王强率党政代表团到如皋考察经济社会发展情况。

**18日** 市委、市政府召开2016年现代农业新春招商洽谈会。会上，推介重点招商项目8个，集中签约项目53个，投资总额内资2.19亿元、外资500万美元。

**22日** 如皋市被省政府授予江苏人居环境奖。

**23日** 南通市市长韩立明到如皋调研重大项目建设情况。

**24日** 徐州市考察团到如皋考察城市管理工作。

**25日** 如皋(上海)投资环境说明会在上海市扬子江万丽大酒店举办，国药集团东华电商总裁黄斯德、美国信而富互联网科技贷款公司副总裁刘一民、同济科技园发展有限公司总经理王永春、沈阳金杯公司总经理张印国、英国太古冷藏仓库有限公司董事助理陈贤哲等上海及周边地区世界500强、国内100强企业代表,上市企业代表,创新创业领军人才代表参加会议。说明会上,签约项目65个,其中高端人才引进及合作项目18个、产业合作项目47个。

## 3　月

**1日**　全省公安监管部门基础信息化工作现场推进会在如皋举行,与会人员集中参观考察市看守所“智慧监所”建设情况。

**2日**　全省公安出入境管理和国际合作工作会议暨深化改革试点现场会在如皋举行。与会人员参观市出入境服务窗口等处,听取如皋市改革创新出入境管理和国际合作工作经验介绍。

**3日**　海迪科(南通)光电科技有限公司董事长兼总经理孙智江入选国家第12批“千人计划”创业人才名单,成为如皋市本土培育的首位国家“千人计划”专家。

**4日**　全国食品机械安全卫生、智能化制革机械标准化工作组在如皋成立。

**5日**　“学雷锋纪念日”志愿服务进社区活动启动暨“爱心如皋公益联盟”成立仪式在市全民健身中心举行。

**10日**　南通市委书记陆志鹏一行到如皋调研,先后考察龙游湖商务区、力星钢球、思源电气、康迪电动车等处。

**15日**　如皋市召开创建国家节水型城市动员大会,表彰2015年度全市节水先进单位和先进个人,动员全市上下确保2016年如期建成国家节水型城市。

**16日**　如皋(深圳)投资环境说明会在广东省深圳市福田香格里拉大酒店举办。会上,集中签约项目24个,其中高端人才引进及合作项目6个、产业合作项目18个。

**17日**　山东省编办副主任孙书恒率考察组一行到如皋考察综合执法工作情况。

**同日**　盐城市盐都区委副书记、区政协主席顾其斌率队到如皋,考察花卉市场建设情况。

**24日**　如皋市被省委、省政府表彰为全省促进义务教育均衡发展先进县(市、区)。

**25日**　中国台湾区电机电子工业同业公会大陆首席代表颜素秋带队到如皋,考察投资环境。

**同日**　新疆维吾尔自治区伊宁县县长卡米力江·玉苏甫江率考察团到如皋,考察农业产业化和城市建设等方面工作。

**25—26日**　在法国波尔多市举行的第九届国际残疾人职业技能竞赛中,如皋市申季学和杨海霞分别夺得棒针编织和钩针编织项目银牌。

**29日**　山东省兖州区委书记张玉华、区长王骁带队到如皋,专题考察新材料、高端装备制造、新能源汽车及零部件、软件和信息服务外包等主导产业、新兴产业、生产性服务业发展情况。

**31日**　全省机构编制工作会议暨综合行政执法改革工作现场会在如皋召开。

## 4　月

**6日**　如皋新能源汽车及零部件产业集群被省经济信息化委认定为省特色产业集群。

**8日**　如皋市在北京举行投资环境说明会,集中签约项目21个,其中高端人才引进及合作项目6个、产业合作项目15个。

**11—12日**　省工商局局长王元慧一行到如皋开展“三解三促”活动,参观市综合检验检测中心、市场监管综合指挥中心等处,召开综合执法改革座谈会,听取基层工作人员工作情况介绍。

**17日**　2016年中国足球协会乙级联赛开幕式和揭幕战在市奥林匹克体育中心举行。

**21日**　省农业发展银行行长丁伟带队到如皋,考察水系统综合整治、龙游湖整体城镇化一期工程等项目建设及经济社会发展情况。

**23日**　南通市市长韩立明率队到如皋,检查安全生产和环保工作。

## 5　月

**2日**　万都广场开业。

**4日**　市委召开“两学一做”学习教育工作座谈

会,学习贯彻中共中央总书记习近平重要指示和中央、省、南通市座谈会精神,在全市范围内对“两学一做”学习教育进行动员部署。

**5日** 由南通市委宣传部、南通报业传媒集团主办的“视觉南通上线暨江海名镇行”启动仪式在如皋工业园区(如城街道)顾庄生态园举行。

**9日** 福建省政协党组成员、副主席杨根生一行到如皋,考察强镇扩权试点改革工作。南通市政协主席王德忠陪同考察。

**10日** 全国政协常委、省政协副主席周健民率省政协医卫体育委员会成员到如皋,专题考察青少年体育活动开展情况。

**12日** 国务院参事刘秀晨一行到如皋,考察花木产业发展情况,察看城市规划展示馆、顾庄生态园、东方盆景园、中国如皋国际园艺城等处。

**13—14日** 第二届国际风景园林设计峰会在如皋举办。

**15日** 上午8时26分,南京至南通间首次开行动车组列车停靠如皋火车站,如皋市正式跨入“动车时代”。

**19日** 南通市政协主席王德忠走访白蒲镇松杨社区,慰问结对困难户。

**21日** “爱心月”文艺演出暨捐赠动员大会在行政中心礼堂召开。活动以慈善文艺演出为主线,表彰慈善先进单位69家、慈善先进个人94人。大会现场,市四套班子领导和各镇(区、街道)、市级机关各部门主要领导带头捐款4.25万元,38家重点企业举牌捐赠720万元。

慈善明星单位接受授牌 (黄友谊摄)

**22日** 市少年体育学校初三学生陈子怡在德国哈勒第42届世界投掷单项大赛上以14米38成绩夺得女子U18组铜牌。

**25日** 中央文明办二局局长吴向东率调研组,围绕制定进一步加强社会主义精神文明建设指导性意见、修订2015年版《全国文明城市测评体系》等事宜开展专题调研。省委宣传部副部长、省文明办主任杨志纯等参加调研。

**28日** 市委、市政府召开全市生态文明建设大会。会议回顾总结“十二五”,研究部署“十三五”和2016年全市生态文明建设工作,下发《中共如皋市委 如皋市人民政府关于加快推进生态文明建设的实施意见》和《2016年如皋市生态文明建设与环境保护重点任务分解表》。

**29日** 陈子怡在德国新勃兰登堡投掷传统赛女子U18组铅球比赛中,以15米39成绩获得金牌。

## 6 月

**1日** 如皋开发区何庄小学龙腾青少年体育俱乐部被国家体育总局命名为国家示范性青少年体育俱乐部。

**2日** 山东省荣成市委副书记吕劭伟率队到如皋,专题考察综合执法改革、行政管理体制改革工作。

**3—4日** 广东省深圳市华侨城股份有限公司副总裁、深圳华侨城文化旅游科技股份有限公司董事长陈跃华率考察团到如皋,考察旅游投资环境。

**5—6日** 省台办主任杨峰到如皋,走访调研重点台资企业。

**6日** 如皋市被省城乡住房建设厅、省财政厅确定为全省首批海绵城市建设试点城市,是苏中苏北县级市(区)中唯一获此资格的城市。

**同日** 总投资12亿元、由苏州龙能科技投资的锂电池(材料)生产项目和总投资约1.56亿美元的南通荣威实业有限公司地上水池项目签约落户如皋开发区。

如皋市被授予中国装饰石材采购基地称号　　　　(如皋港区供稿)

**9日**　晚,如皋香袋制作技艺作为端午节文化符号之一,在中央电视台科教频道播出的《我们的节日之"粽香情更浓"》节目中亮相。

**15日**　江苏省对台交流基地如皋长江青少年素质教育实践基地揭牌,成为南通市首家省级对台交流基地。

**18日**　如皋国际石材与装备展在长江镇(如皋港区)举行。南通市和如皋市分别被中国建筑装饰协会授予中国建筑装饰之乡和中国装饰石材采购基地称号。

**23日**　如皋市被环保部命名为国家生态市。

**29日**　市委召开领导干部会议。会议由南通市委组织部部长张兆江主持,南通市委书记、市人大常委会主任陆志鹏出席会议并讲话。会上,张兆江宣读省委和南通市委关于如皋市党政主要领导职务调整决定:陈晓东任市委书记,姜永华不再担任市委书记、如皋开发区党工委书记职务,何益军任市委副书记;提名何益军为市长候选人,陈晓东不再担任市长职务。

**同月**　如皋市被国家发展改革委等7部委确定为全国农村产业融合发展试点示范县,全省仅5家。

## 7　月

**7日**　江苏省"七彩的夏日"未成年人活动启动仪式暨如皋木偶剧团原创儿童木偶剧《穿越"无礼国"》首演活动在南京文化馆举行。

**8—12日**　在广东省广州市花都区东风体育馆举办的2015—2016年全国跳绳联赛总决赛中,白蒲小学青蒲花样跳绳队获金牌7枚、银牌5枚、铜牌4枚,并在团体项目中分别获第1名和第3名。

**12日**　如皋港保税物流中心(B型)正式开关运行,江苏恒运国际货运代理有限公司首单业务通关。

**23—24日**　新疆维吾尔自治区伊宁县委书记杨新平率党政代表团到如皋考察,就促进两地区域经济共同发展进行交流。

**29—30日**　市委召开中共如皋市第十二次代表大会。

## 8　月

**3日**　中国检验认证集团江苏有限公司如皋中心在如皋开发区时代大厦揭牌成立。

**同日**　海外华裔青少年"中国寻根之旅"夏令营(南通营)结营仪式暨汇报演出在长江青少年素质教育实践基地举行。

**4日**　南通市委书记陆志鹏、市长韩立明率领出席南通市委全委会暨项目建设现场观摩会人员一行,考察东升国际石材产业城、中国如皋国际园艺城、南通尔昕木业有限公司、南通荣威娱乐用品等重点项目和城市建设情况。

**12日**　中汽中心汽车试验研究所、国家轿车质量监督检验中心、天津汽车检测中心3家汽车质量检测服务专业机构如皋办事处落户如皋开发区。

**24日**　副省长张雷一行到如皋,调研海绵城市建设、历史文化街区保护、传统村落保护等工作。

**27日**　联合国开发计划署"氢经济示范城市"项目在如皋市揭牌,如皋市成为联合国开发计划署在中国的首个"氢经济示范城市"。

**同日**　全省首个标准加氢站——上海氢枫能源技术有限公司如皋加氢站项目开工建设。

**28日**　中国氢能产业发展如皋峰会院士讲堂在如皋开发区举行,全国各地政府、企业、科研机构代表等200余人参加活动。中国工程院院士杨裕生、衣宝廉等氢能专家分别从提高燃料电池竞争力、国际和国内氢能产业现状等方面作讲座，与会人员围绕氢能产业发展相关问题与专家们交流探讨。

31日—9月1日 福建省柘荣县政协主席王鼎秦率队到如皋，专题考察城市建设情况。

## 9 月

10—12日 市委书记陈晓东率队到深圳，开展如皋（深圳）投资促进周招商洽谈活动，先后拜访深圳市纳诺科技发展有限公司、深圳光启高等理工研究院、深圳华侨城文化旅游科技股份有限公司、深圳中加韩国际创客园等知名企业和创新型企业。

13日 省人大常委会常务副主任、党组副书记蒋宏坤率队到如皋，考察养老产业项目和水环境整治工作。

同日 全市环保"三整治一化解"工作推进会召开，提出进一步加强环保违法违规建设项目清理整治，确保11月15日前完成环保违法违规建设项目清理任务。

20日 中天宏信集团有限公司总裁何俊杰一行到如皋考察，与如皋市签约光伏电站项目和港口深度开发与清洁能源应用投资合作项目。

同日 云南省澄江县委书记李朝伟率队到如皋，开展花木产业招商考察及项目推介活动。

同日 如皋市举办江苏省道德模范与身边好人（南通如皋）现场交流活动。

20—22日 "Mlily梦百合"杯第十六届全国老将田径锦标赛在市奥体中心举办。

22日 由中国社会科学院财经战略研究院县域经济课题组完成的《中国县域经济发展报告（2016）》在北京发布，如皋市位列全国县域经济综合竞争力100强第24名。

26日 如皋港内贸集装箱广州直航暨水铁联运首航仪式在苏中国际集装箱码头举行，如皋港至广州港内贸集装箱直达精品航线、如皋港集装箱水铁联运正式开通。

## 10 月

10日 省委党史工办主任张亚青到如皋调研党史工作。

11日 湖北省石首市市长石必成率考察组到如皋，考察体育事业发展情况，参观市奥体中心、市文化馆等处。

13日 江苏恒康家居科技股份有限公司在上海证券交易所上市。股票代码603313，发行股票6000万股，发行价15.41元/股。首日挂牌，开盘价为22.19元/股，1秒飙升44%，直接登陆涨停板，取得开门红。恒康家居是全市首家A股主板上市企业。

同日 台湾致公党主席陈柏光、台湾源浦集团董事长刘文筑在国资委中国商业发展中心副主任宋国宏、上海鼎瑞公司总经理汤宏的陪同下到如皋考察，洽谈对接农业电商产业园项目。

同日 市委书记陈晓东分别走进人民网、新浪网演播室，与广大网友分享如皋市"两学一做"经验做法，介绍如皋经济社会发展情况，宣传推介即将召开的"一会两节"。

20日 省经济信息化委公布第十四届"金慧奖"拟授奖产品公示名单，入围产品27项，上海博辕信息技术服务如皋有限公司"博辕BY-HRIM人资智能管理软件V1.0"入围，成为全市首件获"金慧奖"的软件产品。

21—25日 江苏木爷机器人技术股份有限公司研发的智能机器人Cooky（酷奇）在北京亦创国际会展中心举办的世界机器人大会上亮相。大会期间，该公司举行"计算机视觉心理分析平台"技术发布会，展示在当前行业领先、创新的机器人技术。

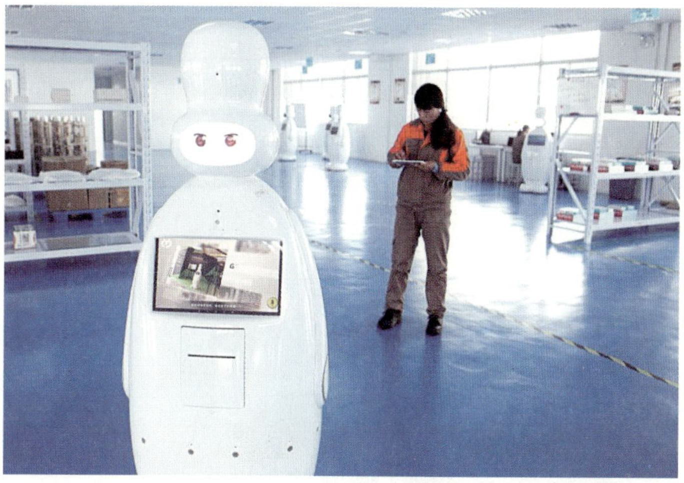

上海木爷机器人技术有限公司技术人员正在测试机器人性能 （邱 宇摄）

23—24日 如皋红楼梦研究会2016年年会暨冒

辟疆著作《红楼梦》学术研究高峰论坛举行。

**26日** 如皋港至上海港直达航线(皋申快航)项目推介会在如皋港集团报告厅举行。

**同日** 德国沃根集团副总裁克里斯蒂安一行到如皋考察体育及康复基础设施建设情况。

**27日** 新能源汽车产业链招商发布会在市民服务中心报告厅举行。会上,18个新能源汽车产业链项目集中签约。

**同日** 中国港口产业供应链高峰论坛在如皋举办。世界500强企业、中国100强企业、上市公司、行业协会代表,知名专家,如皋籍在外高端人才,投资公司、咨询公司、船货代公司、大型物流公司代表等参加活动。

**同日** 首届智能KY蓝宝石晶体生长专家论坛在如皋举行。

**28日** 第十三届中国如皋沿江经济洽谈会、第八届如皋中国长寿文化节、第九届中国(如皋)花木盆景艺术节(简称"一会两节")在市行政中心礼堂开幕。

**同日** 全国盆景交易大会开幕暨中国如皋国际园艺城开业仪式在中国如皋国际园艺城举行。

**同日** 市委、市政府召开高端人才"凤还巢"恳谈会。

**同日** 中国花木盆景产业发展论坛在江苏盆景博物馆(如皋绿园)举行。

**29日** 市委、市政府举办首届健康中国如皋论坛,主题为"大健康、大产业、大品牌、大未来"。

**同日** 在土耳其安塔利亚世界园艺博览会颁奖典礼上,如皋绿园有限公司选送盆景"洋艾""黄杨""雀舌罗汉松"获组委会特别奖。

盆景"雀舌罗汉松" (市农委供稿)

**同日** 由中国花卉协会盆景分会主办的精品盆景拍卖会在如皋国际园艺城举行。

**30日** 中国如皋第五届软件与信息服务业年度推进会召开。

**同月** 如皋市被国家旅游局列为第二批国家全域旅游示范区创建单位,成为南通地区唯一上榜单位。

## 11 月

**1日** 如皋市被教育部命名为国家级农村职业教育和成人教育示范县。

**2日** 由如皋港集团与江苏圣果葡萄酒业有限公司合作的如皋港进口红酒集散中心项目正式签约。

**4日** 省民宗局局长李国华带队到如皋,就定慧禅寺星级宗教场所创建工作现场办公。

**同日** 省级机关工委书记王立平率队到如皋开展访贫问苦活动,调研机关党建工作。

**5日** 李昌钰刑侦科学博物馆开馆。

**7—8日** 全省职工劳动安全卫生知识普及教育现场推进会在如皋召开。

**8日** 如皋市与上海市工商联房地产商会在上海月星环球港联合举办如皋(上海)城市推介活动,重点推介13个拟出让房地产项目和8个热销房产项目。近100家知名企业参加活动。

**9日** 省文物局局长刘谨胜到如皋,考察文化展馆建设和历史文化名镇创建工作。

**同日** 省老区经济开发促进会、扶贫开发协会和扶贫基金会理事长、省人大常委会原副主任丁解民率队到如皋,调研老建会和扶贫开发协会工作情况。

**11日** 省信用再担保有限公司董事长张乐到如皋调研。

**同日** 贵州省德江县县长秦智坤带队到如皋考察,就两地合作事宜开展初步洽谈。

**12日** 市委书记陈晓东会见中国菱镁行业协会会长吕泽群一行,围绕建材领域相关合作事宜开展座谈。

**同日** 全省深化"江苏最美乡村"创建工作座谈会在如皋召开。省委宣传部副部长、省文明办主任杨志纯参加活动。

**13日** 国家旅游局局长李金早到如皋考察旅游

工作，要求快速推动旅游发展模式从“景点旅游”向“全域旅游”转变。

**同日** 中国菱镁行业协会25周年庆典活动在如皋举行。

**16—17日** 如皋市国家节水型城市创建工作通过国家级考核。

**26日** 深圳中加韩国际创客园董事长、加拿大中华总商会执行会长李浩缘率队到如皋考察交流，参观如皋开发区科创园、软件园千人计划创业中心等处，寻求与如皋共建绿色低碳特色小镇等合作机遇。

**27日** 省委常委、副省长杨岳率队到如皋调研“三农”工作，先后察看如皋开发区平园池村2014年农业综合开发高标准农田项目、诚阳农业，如城街道中国如皋国际园艺城、顾庄生态园等处，听取如皋市“三农”工作情况汇报。南通市委书记、市人大常委会主任陆志鹏，市委副书记张兆江等陪同调研。

**同日** 全省农业“走出去”工作座谈会在如皋举行。省农委主任吴沛良专题听取全市15家农业龙头企业负责人关于企业“走出去”经验教训及对政府扶持政策建议。

**28日** 江苏省木爷机器人技术股份有限公司生产基地正式投产暨第100台产品下线仪式在如皋开发区科创园举行。

**30日** 市委书记陈晓东应英国伦敦市政府邀请，率队参加2016世界零碳公交研讨会，并在会议开幕式上进行主旨发言。

## 12 月

**2日** 苏·皋长寿如皋特色农产品推介会在上海西郊国际农产品交易中心举办。经过前期对接，江安果蔬种植基地项目、硒蔬源长寿蔬菜种植项目等15个项目集中签约，投资总额1.09亿元。

**5日** 如皋市在德国慕尼黑举办汽车零部件项目招商推介会，德国Paragou、Voltabox等公司负责人参加推介会。会上，市委书记陈晓东重点介绍如皋新能源汽车产业发展现状和未来规划，与参加会议的德国企业负责人围绕在如皋设立工厂、投资新建动力电池生产基地、共谋发展等议题交流磋商。

**8日** 如皋港现代综合物流园区被省发展改革委认定为首批省级生产性服务业集聚示范区。

**9日** 戴氏家藏博物馆在深圳文化产权交易所成功挂牌，成为全国首家挂牌上市的民营博物馆，也是全市首家进军资本市场的文化企业。

**10日** 在南京市举行的“推动企业双创，助力产业发展”江苏企业发展论坛暨表彰大会上，如皋软件园和江苏诚源产业园被授予省双创示范园区称号。

**11—13日** 青海省贵德县委书记兰生峰率四套班子领导到如皋考察。

**12日** 台湾财团法人农渔会联合信息中心执行长徐嘉鸿率台湾客商到如皋考察洽谈项目合作事宜，在特色农业及旅游业等方面寻求深入合作机遇。

**14日** 全省高校教师职称制度改革座谈会在如皋召开。

**16日** 如皋开发区被科技部命名为国家国际科技合作基地。

**同日** 北京外国语大学附属如皋龙游湖外国语学校破土动工。

**同日** 全国县域经济专门研究机构——社会智库中郡研究所发布第十六届县域经济与县域基本竞争力监测评价结果，如皋市列全国县域经济与县域基本竞争力百强县第23位，较上年上升3个名次。

**21—22日** 全国节能与新能源汽车产教联盟专家委员会成立大会暨新能源汽车产教融合方案研讨会在如皋召开。

**22日** 柬埔寨王国副首相索安，内阁事务部部长助理、中国校友会会长钱明光一行到如皋考察，参观益有管道燃气有限公司、定慧寺、东大街、水绘园、李昌钰刑侦技术博物馆、龙游河生态公园等处。

**26日** 中国城市公益慈善百强榜揭晓，如皋市名列第66位。

**27日** 南通市委十二届二次全体会议第一阶段，南通市市长韩立明率队到如皋现场观摩产业项目建设情况。

**同日** 高新区与SAP、上海蚁城网络科技有限公司就共建中小企业电商服务平台项目签订合作协议。

**30日** 由上海延锋江森座椅有限公司投资的汽车座椅项目落户如皋开发区新能源汽车产业园区，总投资1.3亿元。

（编辑部）

## 地理位置

【位置和面积】 如皋地处长江三角洲北翼,北纬32°00′—32°30′、东经120°20′—120°50′,是长江、黄海“T”型交汇处的节点城市。南临长江,与张家港市隔江相望,北与海安县、东与如东县、东南与通州区毗邻,西与泰兴市、西南与靖江市接壤。全市总面积1477平方千米,其中市区面积20平方千米。

【地质与地貌】 如皋位于扬子准地台的下扬子台褶带上,为苏北拗陷中的苏南—勿南沙中新生代相对隆起区。地质构造主要特征为:北东向切割呈带状,北西向切割成块。境内为平原地带,整体水平面高于邻县。地势由西北向东南略有倾斜(海拔2—6米),如泰运河中段两岸地势最高,沿江以东地势最低。地域酷似桑叶,地形如“覆釜”。

(编辑部)

## 自然资源

【土地资源】 2016年年末,全市有耕地79003.73公顷、园地6032.94公顷、林地53.39公顷、城镇村及工矿用地35361.34公顷、交通运输用地9322.31公顷、水域及水利设施用地26515.18公顷、其他土地1318.07公顷。

【水资源】 如皋引用长江水条件优越,焦港、碾砣港、如皋港三大引江口门最大引流量共690.3立方米/秒。境内浅层地下水资源约为1.18亿立方米,水量大,水质较好。如皋长江岸线全长48千米,如皋港可直接利用长江深水岸线长18.6千米,且岸线深水逼岸,微冲不淤,河势相对稳定,可建万吨级泊位30座;拥有国家级长江主航道2条,是联结长江南岸与北岸、中游与下游重要水运枢纽。通扬运河、如海运河、如泰运河、焦港河等主要河流纵横全境,总长180.8千米。

【动植物资源】 如皋境内有野生植物671种,分属2门、2纲、139科;有动物资源387种,分属4门、15纲、58目。有药用植物363种、药用动物73种,其中银杏、半夏、如皋三黄鸡等为闻名遐迩的地方特产。

(郑淑一　李　霁　吴婷婷)

## 土壤和气候

【土壤】 如皋耕地土壤主要有潮土、水稻土两大土类,潮土占全市耕地面积93.1%,其中高沙土占耕地面积52%,主要分布于西部地区。水稻土占耕地面积6.9%,主要分布于白蒲、丁堰、柴湾等镇。

【气候】 2016年,全市年平均气温偏高,全年总降水量偏多,日照偏少。全年温、光、水条件,对农业生产有不利影响。

气温　年平均气温16.0摄氏度,和常年(1981—2010年,下同)相比偏高0.9摄氏度。全年各月平均气温仅1月、5月与常年相仿,其余月份均偏高,其中12月比常年异常偏高2.2摄氏度。年极端最高气温39.5摄氏度(7月29日),极端最低气温零下10.2摄氏度(1月24日);气温高于35.0摄氏度的高温日数为16天。

降水　年降水总量1979.9毫米,比常年值偏多932.3毫米,是降水量特多的年份。除2月、3月、8月降水量偏少外,其余各月降水均偏多。特别是10月降水量偏多292.3毫米,为历史所罕见。全年日降水量多于25.0毫米26天，多于50.0毫米10天，多于100.0毫米2天，一日最大降水量129.1毫米(7月3日)。

日照　年日照时数1645.5小时，比常年偏少287.2小时。除2月、3月、8月日照时数偏多外，其余各月均偏少，尤其10月日照时数比常年异常偏少119.4小时。

【自然灾害】　年内，重大气象事件较为频繁，主要灾害性天气有寒潮、暴雨、强对流、高温、台风、连阴雨、雾和霾等。

台风　如皋市全年受台风影响5次，分别为“尼伯特”“莫兰蒂”“鲇鱼”“莎莉嘉”和“海马”。7月8—10日，受1号台风“尼伯特”影响，如皋市出现4—5级、阵风6级偏东大风。9月14日，受14号台风“莫兰蒂”和冷空气共同影响，全市雨量超过100毫米，最大雨量出现在搬经(179.2毫米)。台风影响期间，如皋市及沿江地区出现6—7级大风。9月27日夜至30日，受17号台风“鲇鱼”外围环流和冷空气共同影响，如皋市出现连续降水和大风天气。其中：27日20时至28日20时中北部地区普降中到大雨，南部地区为暴雨；29日14时至30日14时，全市普降大到暴雨，局部大暴雨，最大雨量144.6毫米(白蒲镇)。10月20日20时—21日20时，受21号台风“莎莉嘉”和22号台风“海马”外围共同影响，全市普降大到暴雨，局部大暴雨，市气象站雨量117.5毫米。10月25日20时至27日20时，受22号台风“海马”外围和冷空气共同影响，全市普降大雨，局部暴雨，市气象站雨量36.8毫米，其中26日20时至27日20时，全市出现中到大雨、局部暴雨，最大雨量101.0毫米(吴窑镇)。

大风　全年未出现风速大于17.0米/秒大风天气，极大风速16.9米/秒，出现在3月8日。

暴雨　全年暴雨日26天，特点是非汛期暴雨过程较多，出现9次单站过程、8次区域性暴雨过程，其中有3次达到区域性大暴雨过程(6月22日、7月11日和9月16日)。出现大暴雨过程2次，尤其7月1—7日7天内6个暴雨日，伴有短时强降水、强雷电、9—10级雷雨大风等强对流天气，降水量384.4毫米，日最大降水量129.1毫米，出现在7月3日。全市水稻受灾28333公顷，排水困难15867公顷；玉米受灾2200公顷，排水困难1467公顷，倒伏487公顷，改种127公顷；大豆受灾4333公顷，排水困难2653公顷，改种580公顷；花生受灾1667公顷，排水困难1060公顷，改种100公顷；精养鱼池受灾193.33公顷；防渗渠倒塌7100米，渠道配套物损毁422处，道路受损1.8千米；设施农业受损250公顷；转移危房群众58户。

梅雨　6月19日起入梅，入梅时间正常；7月20日出梅，出梅偏晚；梅期长31天。市气象站梅雨量572.8毫米，比常年明显偏多；最大梅雨量为658.2毫米(雪岸站)。

寒潮　全年出现寒潮天气过程4次，分别为1月22—24日、2月13—15日、11月21—23日、12月13—15日，其中1月22—24日强冷空气给全市带来零下10.2摄氏度的极端低温，48小时最低气温降幅12.5摄氏度，突破市(县)气象站建站后日极端最低气温值，对在田小麦、油菜等作物造成冻害影响。

高温　全年气温高于35.0摄氏度的高温日数16天。7月20—31日出现连续高温天气，其中7月20—29日最高气温均在37摄氏度以上，29日最高气温破历史极值，达39.5摄氏度。

大雾和霾　全年出现大雾日数68天，出现霾日数118天。

### 2016年如皋市雾霾天气一览

表1

| 月份 | 霾(天) | 雾(天) |
|---|---|---|
| 1 | 18 | 4 |
| 2 | 18 | 2 |
| 3 | 17 | 9 |
| 4 | 14 | 10 |
| 5 | 8 | 10 |
| 6 | 8 | 7 |
| 7 | 6 | 6 |
| 8 | 0 | 0 |
| 9 | 4 | 7 |
| 10 | 1 | 2 |
| 11 | 6 | 5 |
| 12 | 18 | 6 |
| 合计 | 118 | 68 |

连阴雨　因秋季台风影响，出现连阴雨天气2次，分别为10月下旬、11月17—23日。10—11月降雨量异常偏多，致使田间积水，土壤软烂，机械难以下田，严重影响秋收秋种。

霜或霜冻　终霜日3月26日，初霜日11月24日，无霜期242天。

强对流　全年出现雷暴日15个，其中伴随大风雷暴8个。6月21日夜里至22日上午，全市出现雷暴天气，并伴有强雷电、短时强降水、雷暴大风等强对流天气，陆上最大风力18.3米/秒(8级)。7月5日凌晨5时左右,丁堰镇附近出现雷暴大风,造成1人轻伤,民房受损30间,鸡舍倒塌8间,禽畜死亡近100只,树木倒伏50多株,农田受损约0.8公顷。同日凌晨5时10分左右,附近区域站观测到最大风速15.0米/秒(7级,丁堰镇)。7月6日22时20分东陈镇雪岸社区、雪东村、雪洪村、北庄村、南庄村、杨庄社区、范桥村、冯堡村8个村(居)遭受雷暴大风袭击,受损较为严重房屋77户230间,一般性损房178户570间,通信、电力设施损毁35处,受灾人口1100人,2人手臂轻微划伤,直接经济损失大约210万元。附近区域站观测到最大风速22.5米/秒(9级,东陈镇)。7月27日下午,全市大部分地区出现雷暴大风。

## 水文水情

2016年,汛期一日最大降水量为136.0毫米(九华站),出现在7月3日。最大降水月为7月(雪岸站,降水量506.3毫米)。通扬运河丁堰站年最高水位3.48米(7月4日),年最低水位1.98米(9月13日)。焦港搬经站年最高水位4.03米(7月4日),最低水位1.99米(9月13日)。

**【上游水位】** 年内,焦港闸年最高水位3.86米(7月4日),年最低水位0.91米(10月2日);如皋港闸年最高水位3.64米(7月4日),年最低水位1.80米(4月6日);碾砣港闸年最高水位3.66米(7月6日),年最低水位0.49米(10月2日)。

**【下游潮位】** 年内,焦港闸年最高潮位4.68米(7月6日),年最低潮位0.07米(11月24日);如皋港闸年最高潮位4.68米(7月6日),年最低潮位-0.91米(1月24日);碾砣港闸年最高潮位4.44米(7月6日),年最低潮位-1.08米(1月24日)。

**【年引排水总量】** 年内,焦港闸年引水总量29705万立方米,年排水总量30152万立方米;如皋港闸年引水总量26806万立方米,年排水总量22093万立方米;碾砣港闸年引水总量28598万立方米,年排水总量38397万立方米。沿江各闸全年引水8.51亿立方米,排水9.06亿立方米。

(李　霁)

## 历史沿革

《尚书·禹贡》记载,如皋属扬州之域。商周时为海阳地,春秋时为吴国郧子封地,吴亡归越,战国时属楚,秦时归九江郡,汉属海陵县。东晋义熙七年(411年)前置如皋县,隋时并入扬州宁海县。南唐保大十年(952年)升为如皋县,隶属泰州。后历代沿袭县制,宋时为中下县,元时升为上等县。明清仍隶属泰州,清雍正二年(1724年)划归通州。民国时为一等县,与湖南邵阳同被列为全国最大县。民国29年(1940年)8月,新四军东进至如皋西乡,在卢港建立如皋县政府。10月,县政府随军继续东进至如皋东乡接管国民党如皋县政府。民国30年(1941年)3月,在如皋西乡成立如西县政府。至此,原如皋县以通扬运河为界划分为两个县,如西县隶属苏中第三行政区专员公署,如皋县隶属苏中第四行政区专员公署。民国34年(1945年)9月21日,新四军收复如皋城,如西县复名如皋县,原设于如皋东乡的如皋县更名如东县。同年12月1日,苏皖边区第一行政专员公署于如皋城成立。1949年1月28日,如皋全境解放。5月12日,苏皖边区第一行政专员公署改称苏北泰州行政区专员公署,如皋属其管辖。5月29日,如皋被核定为一等县。1950年1月,如皋县划归苏北南通行政区专员公署,1952年上升为特等县。1983年由南通市人民政府领辖。1991年2月6日撤县设立如皋市。

(编辑部)

## 行政区划

**【概况】** 2016年年末,如皋市辖1个国家级经济技术开发区(如皋经济技术开发区)、1个省重点工业园区(如皋港区)、1个省高新技术产业开发区(如皋高新技术产业开发区)和如皋工业园区,如城、城南、城北3个街道办事处和东陈、丁堰、白蒲、下原、九华、石庄、吴窑、江安、搬经、磨头、长江11个镇。城北街道与如皋经济技术开发区、城南街道与如皋高新技术产业开发区、如城街道与如皋工业园区实行“以区带街、区街合一”管理机制,长江镇与如皋港区实行“镇区合一”管理体制。全市村(居)347个,其中居委会181个、村委会166个。

(邓建芹)

## 2016年镇(街道)行政区划一览

表2

| 名称 | 类别 | 村(居)名称 | 数量(个) | 人口数(万人) |
|---|---|---|---|---|
| 如城街道办事处 | 村 | 凌青、方庄、新官、沿河、长港、老南、钱长、龙游河、安定、宗岱、光华 | 11 | 18.67 |
| | 居 | 安定、花园、陆桥、蒲行、长巷、秀水、扎庙、迎新、城东、城西、红星、西郊、许庄、城南、仙鹤、宏坝、纪庄、十里、新民、贺洋、顾庄、大明、大殷 | 23 | |
| 城南街道办事处 | 村 | 明池、育华、肖陆、杨花桥、桃北、申徐、左郐 | 7 | 6.44 |
| | 居 | 天堡、夏庄、新华、桃林、马塘、张八里、新庄、建设、宋家桥、平明 | 10 | |
| 城北街道办事处 | 村 | 万新、天河桥、桥港、戴庄、双楼庄、志勇、平园池、复兴、里庄、纪港、八角井、顾巷、复兴庄、狮垛、朱厦、民实、野林、邵庄、陆桥、阚庄 | 20 | 16.82 |
| | 居 | 镇南、双龙、杨宗、柴湾、袁桥、陆姚、何庄、十里墩、花园桥、浦东、新生、新王庄、太平、鹿门、邓园、城北、东风、庆余、普济 | 19 | |
| 东陈镇 | 村 | 南庄、北庄、尚书、石池、范桥、蒋宗、杭桥、汤湾、刘亮、刘杨、雪洪 | 11 | 8.03 |
| | 居 | 杨庄、洪桥、南东陈、山河、冯堡、徐湾、双群、雪岸、南凌、凌云、雪东、万富 | 12 | |
| 白蒲镇 | 村 | 朱家桥、朱窑、康庄、姜北、杨家园、沈桥、唐堡、邓杨、黄行、姚家园、新陆、顾岱、沈腰、合兴、桥口 | 15 | 12.28 |
| | 居 | 跃进、勇敢、光明、松杨、蒲东、文峰、蒲西、前进、钱园、林梓、蒋殿、月旦、文著、斜庄 | 14 | |
| 长江镇 | 村 | 谢楼、刘胜、田王、富圩、郭南、蔡埠庄 | 6 | 13.91 |
| | 居 | 二案、永平、三洞口、永建、永平闸、平南、头案、中心沙、海坝、二百亩、知青、长青、长江、蒲港、永丰、永福、五零、镇龙、场东、郭园、顾桥、范刘、杨洲、义圩、田桥、车马湖、薛窑 | 27 | |
| 石庄镇 | 村 | 何正、思江、楼房、唐埠、洪港、凤龙、杨庄、海圩、邹蔡、蔡炎 | 10 | 8.55 |
| | 居 | 张黄港、永兴、石庄、石北、张杨园、砖桥、石南、闸口、新生港、铁篙、草张庄 | 11 | |
| 江安镇 | 村 | 百新、佘圩、葛市、北园、六团、申九、鄂埭、朗庙、新建、徐柴、黄建、曹杜、陈严、合作、马堡、陈庄、黄庄、西庄 | 18 | 12.03 |
| | 居 | 镇中、宁通、中心、环池、徐葛、徐黄、黄市新村、联络新村、周群、戈堡、胜利、周庄、章庄 | 13 | |
| 搬经镇 | 村 | 焦港、丁许、万富、梅甸、芹界、夏堡、任庄、林上、肖马、龙桥、港桥、晓庄、刘庄、卢庄、万全、楼冯、土山 | 17 | 13.86 |
| | 居 | 搬经、加马、兴夏、湖刘、严鲍、群岸、朱夏、搬东、加力、鞠桥、谢甸、叶庄、横埭、袁庄、董王、高明庄、中心、鲍庄 | 18 | |
| 丁堰镇 | 村 | 夏圩、红桥、朝阳、刘海、赵明 | 5 | 5.21 |
| | 居 | 三桥、三河、茄儿园、皋南、凤山、新堰、堰南、鞠庄 | 8 | |
| 下原镇 | 村 | 老坝、陈桥、张庄、蔡荡、藕池、曙光、花园头 | 7 | 6.01 |
| | 居 | 下原、沈阳、邹庄、白李、腰庄、桃园、野树、文庄 | 8 | |
| 九华镇 | 村 | 二甲、洋港、赵元、马桥、龙舌、杨码、郭洋、小马桥、姜园、云屏、丝渔、耿扇、营西、如海 | 14 | 7.05 |
| | 居 | 九华、郭李、郑甸、营防、四圩 | 5 | |
| 吴窑镇 | 村 | 沈徐、陈家、何柳、沈甸、龙河、平田、长西、长庄、老庄 | 9 | 6.52 |
| | 居 | 吴窑、立新、黄石、钱庄、小马、三元、大石、四房 | 8 | |

续表2-1

| 名称 | 类别 | 村(居)名称 | 数量(个) | 人口数(万人) |
|---|---|---|---|---|
| 磨头镇 | 村 | 丁冒、星港、新徐、严狄、兴韩、高李、顾沈、朗张、老户、董堡、曹石、场西、场东、十字桥、塘湾、新港 | 16 | 8.29 |
| | 居 | 磨头、邓高、天阳、高庄、新联 | 5 | |
| 合计 | 村 | 166个 | 347 | 143.68 |
| | 居 | 181个 | | |

## 人口与民族

**【人口】** 2016年年末,全市常住人口125.00万人,其中,城镇人口71.31万人,同比增长3.0%,城镇化率57.1%,比上年增加1.8个百分点。辖区总户数44.99万户,户籍人口143.68万人,同比增加500人。男女性别比99.28:100。全市人口出生率8.5‰,人口死亡率7.48‰,人口自然增长率1.02‰。

**【民族】** 年末,全市有少数民族人口4668人,约占总人口0.32%,属于苗、侗、白、土家、回、满、蒙、壮等37个少数民族。

(梅广林)

## 风景名胜

**【水绘园风景区】** 国家AAAA级旅游景区,位于如皋古城东北隅,占地面积约30万平方米,由国家级重点文物保护单位水绘园及水明楼古建筑群、中国如派盆景园(古澹园)、匿峰庐、逸园、中国如皋长寿博物馆等景点组成。

水绘园始建于明万历年间(1573—1620年),明末才子冒辟疆偕金陵名姬董小宛栖隐于此。园内构筑有寒碧堂、壹默斋、因树楼、湘中阁、悬霤山房、镜阁、涩浪坡、小三吾亭、枕烟亭、妙隐香林、古城墙、烟波玉亭、碧落庐、悬霤峰、洗钵池、小三吾溪、鹤屿等佳景10余处,园中波烟淼淼,隐映如绘,宛若一幅幽静清雅、意韵空灵的山水画,时为海内名园。园中积水弥漫,倒影如画,冒董浪漫的爱情故事、深厚的历史文化底蕴和独具特色的园林景观,使水绘园成为集自然景观、人文景观和历史文博之大成的游览胜地,被誉为"中国第一情侣文化园"。

水明楼建筑群为水绘园风景区另一重要景点,始建于清乾隆二十三年(1758年),为船舫式水阁建筑,造型精美,被园林泰斗陈从周评价为"徽派园林风格的海内孤本"。楼西隐玉斋、雨香庵内藏有历代珍贵的文物、文献供游客鉴赏。

**【红十四军公园】** 国家AAAA级旅游景区,位于如城街道福寿东路。占地17.4公顷,由红十四军纪念馆、红军历史教育拓展训练基地、如皋市青少年红军历史教育馆三部分组成,是弘扬革命传统,进行爱国主义、集体主义、社会主义教育的重要基地。主体建筑红十四军纪念馆,被列为国家级革命纪念设施、国家国防教育示范基地,由序厅、江海曙光、长夜惊雷、斩木举义、军旗如画、革故鼎新、金戈铁马、碧血丹心、野火春风、尾厅10个部分组成,以1300余幅图片、近4万字说明文字、600余件实物资料,再现了土地革命时期江苏境内唯一中央序列红军武装——中国工农红军第十四军艰苦卓绝、可歌可泣的革命历史。

**【内外城河风光带】** 国家AAA级

内外城河风光带 (市旅游局供稿)

旅游景区，位于城区内。内外两河环城而绕，外圆内方，形似古钱。内城河古名玉带河，形成于明成化年间（1465—1487年）。外城河亦名濠河，开凿于明嘉靖年间（1522—1566年）。内外城河沿线有春秋遗址射雉亭、明代高桥迎春桥、千年古刹定慧禅寺、名人辈出的集贤里、冠甲江淮的灵威观、纪念宋代名人范仲淹的范公苑等历史文化景点10余处。内外城河上架有形状各异的桥梁29座，承载着许多美妙传说和故事。双环河两岸白石护栏蜿蜒若龙，沿线树木葱郁、百花争艳。"水环城，城包水"的奇特景观成为古城如皋独具魅力的风光带。

**【定慧禅寺】** 国家AAA级旅游景区，以历史悠久、规模宏大、格局独特、香火旺盛闻名于海内外。定慧禅寺始建于隋开皇十一年（591年），地处如皋古城东南隅。明万历三十五年（1607年）重建大殿和金刚殿，改山门朝北，后陆续砌建钟鼓二楼和藏经阁、禅堂、祖堂、斋堂等。定慧禅寺山门正对玉带河，东临放生池，西南傍玉莲池，寺院平面布置呈"回"字形，楼堂环绕四周，宝殿坐落中央，形成"水环寺，楼抱殿"独特格局。

**【龙游湖风景区】** 国家AAA级旅游景区，位于如皋主城区东南，高新区中心位置，因与如皋母亲河——龙游河相连通，取名龙游湖。龙游湖风景区规划面积160万平方米，其中水面83.3万平方米，湖心有智岛、慧岛2座岛屿，分别占地4万平方米、2.4万平方米。环湖周围200米范围内为环湖景观带。风景区内设大型游乐场，是儿童和青少年的欢乐世界；龙须栈桥与大自然融为一体，弯弯曲曲深入湖中，似龙须探水；笔架山、夕阳廊道、清风亭、明月台、扬帆亭等景点，让游客感受龙游湖上的自然美景和新鲜空气，令人心旷神怡。景区滨水环境宜人，野生动植物资源丰富，是广大游客放松身心、亲近自然的理想之地。

**【中国长寿城】** 国家AAA级旅游景区，位于城区西郊，总面积约100公顷。主题标志铜铸大寿星，高49米，身背斗笠，笑容可掬，为如皋花农传统打扮，寓意勤劳长寿，被中国道教协会会长任法融大师誉为"天下第一大寿星"。中华长寿博物馆取天外陨石之造型，是长寿城核心景点之一，设序厅、如皋厅、中国厅、世界厅，浓缩长寿悠久历史、荟萃长寿经典奥秘、展示长寿精彩文化。另具经吉尼斯世界纪录认证的世界最大青铜碗——万寿百岁碗、水幕电影等景点。中国长寿城是颇具长寿之乡特色的旅游景点，也是举办祝寿活动场所。若遇机缘，可与百岁老人近距离探讨长寿秘诀。

**【中华长寿文化谷】** 国家AAA级旅游景区，位于主城区南郊"中国最美乡村"如城街道顾庄社区，总面积约3000公顷，是集生态旅游、商务休闲、观光娱乐于一体的特色生态旅游景区，涵盖顾庄生态园核心景区、苏通生态观光园、如皋花木大世界、钱长村200公顷草坪基地、东方盆景园、胡安定故里、百代兰花园、上海保来蝴蝶兰园、顾庄龙盛游乐城等众多景点。园区自然景观独特、文化积淀深厚，为主城区天然氧吧、城市的一叶绿肺，是广大游客和市民休闲养生之地。

**【法宝禅寺】** 国家AAA级旅游景区，位于白蒲镇，始建于唐大和四年（830年），宋至和元年（1054年）重建，香火鼎盛。清代书画家、"扬州八怪"之一郑板桥为寺院题写藏经楼匾额。相传日本入唐高僧圆仁，南宋抗金英雄岳飞、丞相文天祥，清都察院左都御史沈岐、诗人

法宝禅寺　（市旅游局供稿）

袁枚等都有游览、唱咏法宝寺记载。法宝禅寺建筑布局独特,酷似“象”形,古人曾留下“访僧象鼻湾,路指虎溪是”“一湾成象鼻,法宝久闻名”等诗句。寺内放生池鱼、虾、龟、鳖等自由游弋,池塘四周月季、牡丹、芍药争相绽放,池中央建有照心亭,亭边曲桥连岸,是游人香客夏日乘凉消暑好去处。放生池东的万安桥,是白蒲镇古桥万安桥缩影。

**【长江药用植物园】** 国家AAA级景区、全国休闲农业与乡村旅游示范点、省四星级乡村旅游点,位于长青沙生态旅游度假区。总占地面积约333公顷,总投资约26亿元。一期工程综合性药用植物园,占地200公顷,以种植具药用价值或保健功能中草药为重点,结合如皋长寿之乡、花木之乡文化底蕴,集休闲农业、生态餐饮、长江流域药用植物资源保护、科学研究、科普教育于一体。园内主要景点有以水景广场空间为序幕、兼具如皋传统建筑韵味和现代江南园林建筑气息的主入口,以盆景艺术中“一峰则太华千寻、一勺则江湖万里”营造技法而形成水中岛的山水文化广场,水质优良、物产丰富的长生湖,依水而建的度假木屋区及金银花药草主题园、芳香药用植物园、沙滩浴场、拓展训练区、儿童游乐场等。

**【金岛生态园】** 国家AAA级景区、省四星级乡村旅游点,位于长青沙生态旅游度假区。总面积约133公顷,总投资5亿元。园区处于长青沙岛东风滩,汲扬子江之精华,彰显长江文化、长绿文化、长寿文化三大特色。园内河道纵横,林园棋布,花香鸟语,草长莺飞……充满绿色与生机,纯净、祥和而美丽。掩映于绿树碧水之间的生态星级酒店、健身会所、商务会所、体检中心、休闲中心、迷你乐园等设施,让游客在清新的天然氧吧中享受素质教育、文化互通、健身康疗、休闲娱乐等服务。

**【森果农庄】** 省四星级乡村旅游点,位于丁堰镇刘海村新334省道旁,占地面积34.7公顷。农庄以优质新品果蔬生产为主体,以林木葱郁、碧水萦绕的优美环境为依托,高档花卉和精品盆景蔬果培育为亮点,以文化旅游休闲和采摘体验为特色。木屋、河塘、果园栈道相连,古朴别致的半岛会展中心,温馨雅致的会所,镶嵌在水波粼粼的小河畔的欧式别墅,让置身于此的旅客远离都市喧嚣与烦恼,享受原生态健康生活。

**【通利生态农庄】** 省四星级乡村旅游点,位于下原镇。总面积约20公顷,总投资2000万元。园内亭台楼阁傍水而建,长廊曲折幽深,假山层峦叠翠,百鸟争鸣、百花齐放。漫步其间,尽享秀丽的园林风光。山庄通过国家有机种植许可认证,是集有机蔬菜种植、有机水产养殖和旅游休闲观光、会务接待、特色餐饮服务等于一体的有机农场和生态乐园。

## 风土人情

**【历代名人】** 如皋历史悠久,人文荟萃。三国时,吕岱为吴国大司马,名重东吴;陈矫以辩才折服曹操,解救郡县之围。宋代,胡瑗为理学先驱、教育家,于京城主持太学,倡导明体适用之学,后世推崇不衰;王观作《扬州赋》《冠柳集》,名动公卿;王觌为龙图阁学士;王俊乂为钦点状元。明代,邱陞镇守皋邑,抗倭屡建奇功;冒襄为明末四公子之一,誉满江南。清代,李渔《笠翁十种曲》脍炙人口;黄经、许容、乔林创“东皋印派”,享誉全国;女词人熊琏有李清照、朱淑真余韵;戴联奎历任礼、兵部尚书;龙璋首倡新学;沙元炳兴办教育和实业,于地方多有建树。清末,沈卓吾、黄七五、姜佐周为同盟会早期会员。商务印书馆民国10年(1921年)版《中国人名大辞典》收集如皋人物27人。民国11年(1922年)加入中国共产党的吴亚鲁,是南通地区第一个中共党员、第一个传播马克思主义的先驱。当代名人有中国法学专家韩德培、语言学家魏建功、煤田地质学家韩德馨等8位学部委员、两院院士,世界知名刑事鉴识专家、“神探”李昌钰,著名作家黄蓓佳、卢新华,漫画家胡蓉等。

**【习俗】** 如皋居民以汉族为主,民风淳厚质朴,民俗与扬州相近,在长期生产、生活中,形成饮食、服饰、住行、婚姻、生育、寿诞、丧葬、节庆、祭祀等方面独特的民俗风情。旧时,如皋岁时习俗有立夏早餐吃煮蛋、午餐吃甜菜、儿童称体重,端午节吃粽子、儿童戴百索和香袋,中元节烧经祭祖、“斋孤”,中秋节吃月饼、藕饼、鸭子等,尤以春节前后祭祀活动为多,且伴有诸多禁忌。婚丧习俗有新娘子结婚当月内不能到亲友、邻居家串门,丧事中“烧冥屋”、演“僮子戏”等。寿辰习俗中贺百岁最为隆重,主家要烧制“百岁碗”赠予亲友和乡邻。

民间有做“青苗会”，表演“僮子戏”，唱“仪兴调”(越剧)、“下河调”(扬剧)、“七字段”，春节期间表演荡湖船、踩高跷、扯扯腰、打花鼓、舞龙灯、唱道情等节目的习俗。中华人民共和国成立后，树立社会主义新风尚，禁止各种封建迷信活动，社会文明程度逐步提高，民俗亦发生很大变化，传统节日中一些不健康旧习俗被摒弃，有些节日被赋予积极健康内容，同时还逐步形成了一些新风俗。

【方言】 如皋方言属江淮官话泰如片，受吴语影响较大，与赣方言和客家方言亦有渊源。如皋方言小片含今如皋市、如东县、海安县、泰兴市和东台市南部及张家港市段山地区，总面积约6000平方千米，总人口约500万人，以如城话为代表。如城及周围地区语言为如城话。如城以西3千米外即有泰兴话韵味，细音摩擦明显，称为西乡话。白蒲、九华与通州区交界，为两地过渡方言带，其南半部语言均带有南通话特征的两套齿擦音，称为南乡话。南境永安沙一带成陆仅数十年，移民来自18个省区，其后代虽操如皋方言，但村、圩间每有差异，称为圩田话。

【特产】 如皋萝卜 栽培具有千年历史，经长期选育形成独有良种“鸭蛋头”“捏颈儿”“百日子”，以皮薄、肉嫩、汁多、味甘和木质素少、嚼后无渣的绝妙口感，赢得“赛雪梨”美誉和“烟台的苹果莱阳的梨，不如如皋的萝卜皮”夸赞。因其生津开胃、清火降气之功效极佳，如皋民间流传着“晚吃萝卜早吃姜，不需医生开药方”之说。用如皋萝卜腌制如皋萝卜条，相传始于唐大和年间(827—835年)。腌制后的如皋萝卜条形似橘片，色泽黄橙，芳香独特，咸中带甜，具有香、甜、嫩、脆特色。2014年1月，如皋白萝卜29类新鲜萝卜、31类萝卜干两件地理标志证明商标经国家工商行政管理总局获准注册。

如皋黑塌菜 又名如皋塌棵菜，如皋方言“趴趴菜”，因塌地生长而得名，是如皋地方特色蔬菜。如皋黑塌菜种植历史悠久，清乾隆十五年(1750年)编修《如皋县志》记载：“九月下种，十月分畦，冬后经霜更酥软，邑人呼为塌棵菜。初春嫩薹蔬茹皆胜，四月收子榨油，香美不亚麻油。”如皋独特的自然环境条件和栽培方式形成如皋黑塌菜特有品质，其株型平展，塌地生长，经霜冻后味甜鲜美、质地柔嫩、清香爽口，富含维生素C和钙以及大量膳食纤维、维生素$B_1$、维生素$B_2$、胡萝卜素等营养物质，其中维生素C和钙含量极高，粗纤维含量低，被视为青菜中珍品。2013年被国家工商行政管理总局注册为地理标志证明商标。

如皋香堂芋 种植历史悠久，因其在烹饪过程中香气四溢、满堂芬芳而被冠以“香堂”美誉。清乾隆十五年(1750年)编修《如皋县志》记载：“香芋与芋别为一种，生沙土瓦砾地，蔓引不穷，子生地中，霜后掘取煨煮食之，入蔬尤佳，香味绝胜。”如皋香堂芋可制作多种美味佳肴，其香气怡人，口感细腻，质地软滑，酥而不烂，是粮、菜、饲兼用作物。在传统农家菜谱中有芋头烧肉、芋头肉丸、芋头豆腐汤、芋头扁豆饭、连皮蒸煮“毛芋头”等。2015年被国家工商行政管理总局注册为地理标志证明商标。

如皋黄鸡 是肉、蛋兼用型地

如皋黑塌菜 (编辑部供稿)

如皋香堂芋 (编辑部供稿)

方鸡资源,主产于如皋市境内,最早文字记载于清嘉庆九年(1804年)编修《如皋县志》中《物产》。如皋黄鸡体型中等偏小,具有“三黄”(喙黄色、羽黄色、胫黄色)特征,公鸡颈、翼、尾羽尖端夹有少量黑羽,皮薄呈黄色。肌纤维紧密、富有弹性,适宜于白斩、爆炒、煲汤等,肉质嫩滑细腻,肉香汤鲜,清澈味美。中华人民共和国成立后,特别是20世纪70年代后,如皋市(县)畜牧科技工作者持续开展如皋黄鸡提纯复壮工作,使其外貌特征渐趋一致,遗传性能趋于稳定。2009年,如皋黄鸡被列入国家畜禽遗传资源名单。2011年,被《中国畜禽遗传资源志》中《家禽志》收编。2013年4月,经农业部批准获国家农产品地理标志证书。

如皋蝶尾金鱼　养殖迄今已有400多年历史。其尾鳍形似蝶舞,以独特的形态美、体色艳、游姿娇而出类拔萃,被观赏鱼业内誉为“灵动的画、无声的诗、活的风景”,堪称观赏鱼一绝,有“扬州水泡如皋蝶”之说。如皋蝶尾金鱼花色品种有20多个,上佳品种有10多个,“十二红”蝶尾和“熊猫”蝶尾更是蝶尾金鱼中万里挑一的极品。如皋蝶尾金鱼出口到美国、加拿大、新加坡、俄罗斯等国家,年出口量100多万尾。在国内各类展览、大赛上,因其独特优美的形态崭露头角,先后获得各项大奖100余项,“如皋蝶尾”日益成为江苏金鱼的一张名片、中国蝶尾金鱼的一张王牌。

如皋火腿　生产始于清咸丰元年(1851年),以如皋及其周边地区饲养的优种生猪肉为原料,经多道工序精细加工制成。其形如琵琶,色红似火,风味独特,以色、香、味、形“四绝”闻名中外,与浙江金华火腿、云南宣威火腿齐名为“中国三大名腿”。因如皋地理位置偏北,故有“北腿”之称。清末,先后获檀香山博览会奖和南洋劝业会优异荣誉奖;1982年被商业部评为优质名特产品。

如皋肉松　生产始于民国3年(1914年),原为太仓式肉松,后经不断改进生产工艺,研制最佳配料配方,形成如皋特有风味。如皋肉松于1966年始出口国外。原如皋肉联厂生产的金梅牌肉松1982年被商业部评为名特优质产品;1985年在巴黎获国际美食学会与旅游观光委员会授予金质荣誉奖章,为中国在国际上获得的第一枚肉食品金牌;1988年获首届中国食品博览会金牌。1992年,原如皋肉联厂生产的如皋牌肉松获香港国际食品博览会金奖。

如皋香肠　生产始于清光绪年间(1875—1908年),已有100多年历史。如皋香肠条形整齐、肉质紧密、色泽鲜艳、咸甜适度、香味浓郁、营养丰富,精肉嚼而不老,肥肉油而不腻,可与广式香肠媲美,亦称为如式香肠。清末曾获南洋劝业会二等奖,1982年被商业部评为优质名特产品,1985年获国家质量银质奖,1988年获中国食品博览会金奖,1992年获香港国际食品博览会金奖。

白蒲茶干　清康熙三十五年(1696年),浙江湖州人屠氏于如皋白蒲镇开设三香斋茶干店,所制茶干香、韧、鲜、嫩。乾隆皇帝巡视江南时,当地官吏以三香斋茶干进贡。乾隆食后赞不绝口,并挥毫御赐“只此一家”条幅。从此,三香斋茶干声名远播。白蒲三香斋茶干厂师傅系嫡传,在继承传统工艺、保持传统特色基础上,产品质量进一步提高。白蒲茶干营养丰富,老少妇孺皆宜,是家常和旅途中经济方便食品,也是筵席冷盘佳品和荤素烩炒的优质配料。

如皋董糖　制作起源于明末如皋名士冒辟疆爱妾董小宛之手,故称之为“董糖”。因董小宛时为秦淮名妓,又称之为“秦淮董糖”。董糖以精白面、白糖、芝麻、饴糖为原料,经选料、熬糖、制糖芯、制糖骨、成型等工序而成,酥松香甜、入口易化、口齿留香、回味久长,誉满大江南北。

林梓潮糕　由林梓镇费氏老万和茶食店于清雍正十年(1732年)创制。林梓潮糕丰含米香、桂香、荷香,香而不浊,沁人心脾,且甜而不腻,柔润爽口,风味独特。林梓潮糕名倾大江南北,为江苏特产、苏北名点,并被收录于《江苏名菜名点》。

白蒲黄酒　清康熙五十五年(1716年),浙江绍兴章姓落户如皋白蒲镇,开办槽坊酿制黄酒。后章家历代继承家传秘方,以白蒲当地产上等米为原料,以药酒、麦曲为糖化发酵剂,采用传统加饭酒工艺,精心酿制黄酒。白蒲黄酒色泽橙黄、清晰透明、醇香浓郁、口感纯正,且具有舒筋活血、健身强心、延年益寿之功效,可与浙江绍兴黄酒媲美。20世纪50年代,白蒲黄酒厂成立后,继承和改进白蒲黄酒传统工艺,进一步提高黄酒品质,生产水明楼牌系列黄酒,1986年获省优质产品证书,1988年获首届中国食品博览会银奖,1991年获轻工部优质产品称号,1993年在日本东京第五届国际酒、饮品博览会上获金奖。2011年5月,“白蒲黄酒”被商务部认定为“中华老字号”。

(编辑部)

## 经济社会发展

**【概况】** 经南通市统计局评估，如皋市全年实现地区生产总值904.27亿元，按可比价计算，同比增长9.6%。按产业分类：第一产业增加值62.99亿元，同比增长1.2%；第二产业增加值434.36亿元，同比增长9.6%；第三产业增加值406.92亿元，同比增长11.0%。人均地区生产总值72255元。三次产业比例调整为7.0:48.0:45.0。

全年居民消费价格总指数101.7，即物价总水平同比增长1.7%，分别低于全国、全省和南通0.3、0.6和0.6个百分点。其中，交通和通信类价格略有下降，其他均有不同程度上涨。

**【农业】** 全年实现农林牧渔业总产值108.88亿元，同比增长4.5%。其中：农业产值59.63亿元，同比下降0.3%；林业产值0.25亿元，同比增长1.1%；牧业产值35.45亿元，同比增长12.0%；渔业产值6.25亿元，同比增长6.7%；农林牧渔服务业产值7.30亿元，同比增长10.4%。

全年粮食种植面积107170公顷，比上年减少1530公顷；棉花种植面积80公顷，比上年减少20公顷；油料种植面积13310公顷，比上年减少680公顷；蔬菜种植面积20190公顷，比上年增加880公顷。全年粮食产量70.95万吨，同比下降5.3%；棉花产量82吨，同比下降18.0%；油料产量3.78万吨，同比下降2.4%；蔬菜产量71.06万吨，同比增长4.6%。

年末，全市拥有农业机械总动力81.12万千瓦；拥有拖拉机9021台，其中大中型拖拉机2121台；拥有联合收割机2018台，其中自走式收割机2013台；全市农机化投入17430万元，其中用于农业机械购置12500万元；全市农用化肥施用量(折纯)3.1万吨。

**【工业】** 全市完成工业增加值364.30亿元，同比增长9.9%。年末，全市销售收入2000万元以上规模企业808家。年内，完成规模以上工业总产值1996.06亿元，同比增长10.1%；高新技术产业产值946.96亿元，同比增长17.6%，占全市规模以上工业总产值47.4%；新兴产业产值617.08亿元，同比增长18.1%，占全市规模以上工业总产值30.9%。全市规模以上工业主营业务收入1974.88亿元，同比增长12.6%；规模以上工业利润总额116.52亿元，同比增长26.0%；工业产品销售率99.5%。全年实现全部工业应税销售916.45亿元(一般纳税人、小规模纳税人、供电公司)，同比增长15.6%；全部工业实缴税金34.32亿元，同比增长7.1%。

**【建筑业】** 全年实现建筑业增加值70.06亿元，同比增长8.2%。全市建筑队伍人数18.50万人，其中工程技术人员1.8万人，建筑队伍遍及10多个国家和地区，年末境外劳务人员近1000人。全年建筑企业承建施工面积1.23亿平方米，同比增长4.2%。全市建筑企业创鲁班奖1项、国优奖3项、省级以上优质工程奖17项；获国家级工法2项、省级工法12项，创建省级建筑业新技术示范工程10项，获发明专利6项、实用新型专利4项。年末，全市拥有特级资质建筑企业2家、一级资质建筑企业27家、二级资质建筑企业100家、三级资质建筑企业80家。全市注册一级建造师1075人、二级建造师2756人。

**【固定资产投资】** 全年固定资产投资575.25亿元，同比增长14.3%。其中：工业投资312.19亿元，同比增长7.3%；第三产业投资262.03亿元，同比增长24.1%；旅游业投资36.94亿元，同比增长12.0%。

全年房地产开发投资52.68亿元，同比下降12.2%；房屋施工面积522.68万平方米，同比下降9.3%，其中施工住宅面积360.73万平方米，同比下降13.9%。商品房屋销售面积120.26万平方米，同比增长39.4%；商品房屋销售额60.70亿元，同比增长33.9%。

**【国内贸易】** 全年社会消费品零售总额342.21亿元，同比增长10.8%。按城乡分类，城镇消费品零售额220.08亿元，同比增长10.7%；乡村消费品零售额122.13亿元，同比增长10.8%。按行业分类，批发和零售业零售额304.74亿元，同比增长10.7%；住宿和餐饮业零售额37.47亿元，同比增长11.1%。

年末，全市拥有亿元市场11个，亿元市场年成交额128.89亿元，同比下降1.9%。

**【开放型经济】** 全年新批外资投资项目35个，其中，超1000万美元项目25个，超3000万美元项目8个，超1亿美元项目5个。全年完成工商注册外资14.18亿美元，同比增长123.3%；实际到账外资3.03亿美元。全年完成进出口总值25.28亿美元,同比下降17.2%,其中自营出口总额20.15亿美元,同比下降22.8%。全市出口超1000万美元企业46家。出口贸易总值中,机电产品出口4.92亿美元,同比下降51.3%;纺织品出口4.23亿美元,同比下降4.8%;高新技术产品出口1.70亿美元,同比下降19.7%。

年末,与如皋市建立进出口贸易关系的国家和地区237个。

全年完成对外劳务营业额4.28亿美元,同比增长24.3%。当年新派对外劳务人员4617人,年末在外劳务人员11076人。

【交通】 全年交通运输、仓储及邮政业增加值45.67亿元,同比增长4.6%。全年公路客运量451万人次,旅客周转量44171万人千米;公路货运量2174万吨,货物周转量343430万吨千米;水路货运量633万吨千米,货物周转量464999万吨千米。港口完成货物吞吐量5016万吨。交通设施建设进一步加快,全年完成交通建设投入5.1亿元,完成农村等级公路513千米,改造危桥28座。城乡客运协调发展,全年新建镇村客运站亭10座,新投入新能源公交车30辆。

【邮电】 全年邮政业务收入2.59亿元,电信业务收入12.8亿元。年末,全市固定电话用户25.56万户,移动电话用户125.66万户,互联网宽带接入用户57.27万户。

【电力】 全年用电量50.31亿千瓦时,同比增长8.4%。其中:农业用电量8913万千瓦时,同比增长24.9%;工业用电量344875万千瓦时,同比增长5.0%;建筑业用电量6144万千瓦时,同比下降5.5%;城乡居民生活用电量88642万千瓦时,同比增长15.3%。

【财政】 全年财政总收入143.72亿元,同比下降14.8%,其中一般公共预算收入71.21亿元,同比下降7.6%。全年财政总支出144.44亿元,同比下降11.6%,其中一般公共预算支出96.40亿元,同比下降4.1%。

【金融】 年末,金融系统本外币各项存款余额1150.27亿元,同比增长15.9%。其中:城乡居民储蓄存款余额696.93亿元,同比增长7.8%;金融系统贷款余额715.80亿元,同比增长17.3%(短期贷款余额264.73亿元,同比下降6.2%;中长期贷款余额393.03亿元,同比增长41.5%)。保险机构工商注册登记51家。全年人保财产和人寿保险两大保险公司保费收入11.71亿元,同比增长16.4%;赔款及给付6.09亿元,同比增长59.8%。

【科学技术】 全年专利申请量5132件,其中发明专利申请量1861件;专利授权量2422件,其中发明专利授权量349件,万人发明专利拥有量15.2件。全年申报各级各类科技项目997项,获立项627项,获各级扶持资金5188万元。全年有22项科技成果获国家及省、南通市科技进步奖,其中,国家行业协会科技进步奖4项,南通市级一等奖1项、二等奖6项、三等奖11项。全年新增省级工程技术研究中心2家、省研究生工作站3家。

【教育】 全市有普通中学31所,在校学生47773人;职业中学2所,在校学生9674人;小学54所,在校学生61448人;幼儿园74所,在园幼儿33092人。年末,教职工总人数12112人,其中专任教师10603人。

【文化】 全市有文化产业法人单位1446家,从业人员4.3万人。年末,累计建成农村乡镇文化站14家,农家书屋、社区书屋345家。拥有公共图书馆2家、各类博物馆纪念馆22家。拥有各级文物保护单位54处,其中全国重点文物保护单位2处、省级文物保护单位4处、南通市级文物保护单位3处;拥有国家级非物质文化遗产1项、省级非物质文化遗产10项、南通市级非物质文化遗产22项。

全年广播人口综合覆盖率和电视人口综合覆盖率均为100%。年末,有线数字电视用户30.76万户,占总户数88.1%。

【卫生】 年末,全市有各级各类医疗机构517个,其中,公立医院5个,非营利性民营医院60个,以预防保健为主的医疗卫生机构17个,门诊部10个,村卫生室(社区卫生服务站)365个,个体诊所、厂校医务室70个。全市医院共有床位5899张,每1000位常住人口拥有床位4.71张;有执业(助理)医师3156人,每1000位常住人口拥有执业(助理)医师2.52人;注册护士2430人,每1000位常住人口拥有注册护士1.94人。全市有卫技人员6413人、乡村医生983人。年内,新农合筹资标准提高到人均585元,农民以户为单位个人缴费150元,全市共有91.11万人参保,统计参合率保持100%。新农合基金总量5.48亿元，列入重大疾病保障范围的病种增至25个。市镇两级政策范围内住院补偿比分别为70%和75%，住院平均实际补偿率提高至55%。

**【体育】** 全年成功承办国际体育赛事2项、全国体育赛事13项、省级体育赛事2项。全市新增晨晚练健身点15个，全年全民健身活动参与群众超过83万人次。体育彩票全年销售额15047万元。

**【人民生活】** 城乡居民抽样调查数据显示：全年城镇居民人均可支配收入36590元，同比增长8.3%；人均生活消费性支出21810元，同比增长6.1%。年末，全市城镇居民人均住房建筑面积55.4平方米。

全年农村居民人均可支配收入16883元，同比增长8.7%；人均生活消费支出12526元，同比增长12%。年末，农村居民人均住房面积62.1平方米。

**【社会保障】** 年末，全市拥有各类养老机构31家，总床位数12299张。全市农村拥有敬老院14家，床位4884张。全市农村“五保”对象4935人，其中实行集中供养1315人。全年婚姻登记10102对。

全市参加企业职工养老保险人数161928人，比上年增加2765人；参加城镇职工基本医疗保险人数208078人，比上年增加791人；参加失业保险人数136608人，比上年增加1686人。年末，城镇登记失业人数3673人，城镇登记失业率1.85%。

**【城镇建设】** 年内，如皋市累计完成中心城区基础设施投入7亿元。新开工房地产面积118.6万平方米，竣工50.3万平方米；新开工建设安置房60.3万平方米，竣工60.3万平方米。全年新增道路12.2千米，建成区新增绿化面积56万平方米，城市绿化覆盖率43.67%。全市有公共自行车投放点66处，投放自行车1700辆。道路灯具3.80万盏，城市亮化率99.0%。建成区新增燃气管道73千米，新增用户1万户，年供气量14874万立方米。全年新增自来水管网34.56千米，自来水日供水能力40万立方米。生活垃圾无害化处理率100%。

**【环境保护】** 全市空气主要污染物年平均值为：二氧化硫0.028毫克/立方米，二氧化氮0.029毫克/立方米，可吸入颗粒物(PM10)0.079毫克/立方米，可吸入颗粒物(PM2.5)0.045毫克/立方米。全年空气质量指数达到良好以上天数270天，占全年74.0%。全市主要河流水质基本符合相应功能区水质标准，集中式饮用水源地水质达标率100%。区域环境噪声平均等效声级为52.6分贝，交通干线噪声加权平均等效声级为63.8分贝，符合国家环境噪声质量标准。

注：地区生产总值、各产业增加值绝对数按当年价格计算，增长速度按可比价格计算。

（梅广林）

滨溪路景观 （市城乡住房建设局供稿）

## 综　　述

【概况】 如皋人古来多长寿，百岁老人频出，早在南宋就有李嵩109岁记载。3部清代《如皋县志》及民国《如皋县志》中记载百岁寿星51人。民国22年(1933年)全省气候普查时，认定如皋“最适宜于人之生存、物之繁殖”。中华人民共和国成立后，尤其20世纪90年代后，如皋长寿老人迭现，相继被认定为中国长寿之乡、世界长寿乡(在六大世界长寿乡中唯一地处江海平原)。2016年年末，全市年满80岁以上老年人6.48万人，占总人口4.5%。其中：80—89岁老年人5.48万人；90—99岁老年人9576人；年满100岁老年人385人，其中男性84人、女性301人。2016年10月28日，如皋市被国际自然医学会授予国际健康养生胜地称号。

## 长寿主题活动

【如皋市首届老将田径运动会】 5月28日，如皋市举办“长寿知香杯”全市首届老将田径运动会，市级机关和镇(区、街道)8支代表队参加比赛，高新区(城南街道)、如皋工业园区(如城街道)、如皋开发区(城北街道)3支代表队分获第1名、第2名、第3名。

【全国老将田径锦标赛】 9月20—22日，由国家体育总局田径运动管理中心主办，省体育局、如皋市政府联合承办的“Mlily梦百合”杯第十六届全国老将田径锦标赛在如皋举办，全国46支代表队、957名运动员报名参赛，年龄最小者35岁，最大者83岁。如皋市老将运动员在此比赛中斩获金牌8枚、银牌1枚、铜牌30枚。

【“我们的节日·重阳”主题活动】 10月9日，重阳节，由市委宣传部、市文明办主办，石庄镇人民政府承办“我们的节日·重阳”暨石庄镇“情暖重阳·大爱石庄”主题活动在石庄镇万福广场举行。由石庄镇中老年艺术团编排舞蹈《情暖一家》、男声独唱《拉着妈妈的手》、说唱表演《探访长寿园》等16个节目在活动中展演，石庄镇“最美婆媳”颁奖仪式推动更多年轻人传承尊老、敬老、爱老传统美德。

【第八届如皋中国长寿文化节】 10月28—29日，如皋市举办第八届如皋中国长寿文化节。10月28日，如皋市被国际自然医学会授予国际健康养生胜地称号。10月29日下午，市政府、人民日报社江苏分社共同举办首届健康中国如皋论坛，十届全国政协副主席张怀西、国际自然医学会会长森下敬一、中国工程院院士顾晓松、省老龄办主任夏春青、致力发展大健康

如皋——国际健康养生胜地　　（市老龄办供稿）

产业的专家学者和企业界人士400多人出席论坛。活动中，与会专家、学者及企业家围绕"大健康、大产业、大品牌、大未来"主题深入探讨，讨论通过《健康中国如皋论坛·如皋宣言》，倡议构建涵盖健康服务、健康制造、健康农业、健康环境、健康文化等内容的健康产业体系，打造集科技、教育、文化、体育、制造、商贸、管理、咨询、建设和金融等于一体的大健康产业。

（仇刘兵）

## 长寿研究

【概况】 市长寿研究会与如皋《红楼梦》研究会合署办公，有团体会员91个、个人会员119人。2016年，市长寿研究会继续开展多层次、多角度长寿研究，走访调研百岁寿星28人，撰写调研论文《长寿，把握属于自己的60%——江苏如皋智慧养生、情绪养生的"门儿经"》，从强身健骨的有氧运动、代代相传的"洗澡经"等10多个方面，全面探讨并系统阐述如皋人长寿秘诀。该论文被《长寿探秘》杂志分期连载。全面开启大健康产业研究，研究报告《"世界长寿乡"——如皋立体打造大健康产业体系》在中国老年学学会和老年学医学学会成立30周年纪念大会暨老龄新锐问题报告会上宣读，并被载入《全国科学养生养老论文集》。配合中南大学湘雅医院心血管内科课题组开展百岁老人肠道核心微生物种群研究，寻找长寿深层次原因。与成都卫视联合摄制专题片《如皋长寿现象探秘》，时长30分钟，在成都电视台《今晚8:00》栏目播放，推介如皋长寿文化。在《如皋日报》刊发理论探索文章、长寿活动专题报道和长寿产业发展情况等报道30多篇。协同国际自然医学会会长森下敬一等专家、学者和大学生30多人次考察如皋特有长寿现象。助推长寿产业发展，推动出台《如皋市绿色长寿产品推介管理办法》，对白蒲镇何兴村有机稻米等10多种产品进行推介，为银杏嫩芽茶、薏仁长寿酒、有机大米、沈万堂灵芝、无花果等长寿产品及长寿园、居家智慧养老中心等健康产业献计助力；参与编制《如皋长寿旅行度假区水利生态景观三位一体综合规划》和《如皋市"十三五"长寿文化乡村旅游集聚区总体规划》，为如皋加速发展大健康产业提供理论指导。全年参与长寿食品、健康养老、长寿种植等行业产品推介、展销、论证、研讨等活动近20次。

【《银色如皋》编撰完毕】 年内，市长寿研究会组织编撰《银色如皋》，收录43位高龄寿星养生实例，全面阐述环境养生、膳食养身、勤劳养筋、和乐养心、艺文养情、仁德养性六大长寿养生真经；从如皋长寿渊源、养生美食、长寿密码等角度，全面论述如皋长寿现象研究成果。全书近15万字，收录图片近100幅。

（刘伯健　吴希林）

## 寿星风采

【百岁老功臣——余福喜】 余福喜，男，1918年出生，家住城北街道城北村。老人育有4子、1女，子女们都很孝顺。他参加过抗日战争和解放战争，对参加过的战事记忆犹新，尤其是孟良崮战役，他讲述起来充满激情，带兵突围，全面歼敌，立功、受伤、受表彰等，让听者身临其境。他常年和三儿子一家一起生活。或许这一生经历太多，老人特别温和，乐观开朗，与儿孙们和谐相处，其乐融融。即使年近百岁，他每天也骑自行车上街买菜，为家人做饭。

【平和寿星佬——薛玉珍】 薛玉珍，女，1912年出生，家住长江镇二案社区。她生养6女1子，大女儿82岁，最小的女儿62岁，儿孙绕膝，五世同堂，全家75口人。她身体健康，只是听力弱化。平时不挑食，饮食清淡，偶尔喝点红酒，饭量正常。她有着与世无争的平和心态。老人得到儿女们细心照料，对此，她经常夸奖并时时感恩。

【闲不住老人——朱所】 朱所，男，1917年出生，家住长江镇富圩村。他身体硬朗，耳朵有点背。四世同堂，家庭和睦，子女孝顺。他起居有规律，每天五点左右起床，晚上五点半左右就上床休息。喜欢吃杂粮，也喜欢吃肥肉，从不喝酒、抽烟。他勤劳一生，虽已年迈仍劳作不辍，坚持下地干些力所能及的农活。他还养羊2只，割草喂养从不假手于他人。他喜欢做手工活，每天能做草绳垫子近100个。

（仇刘兵）

# 长寿纵论

## 因地制宜做大健康产业 夯实基础服务养生养老

## “世界长寿乡”——如皋立体打造大健康产业体系

包国平　佘鸣皋　朱　俊　钱祖尧

人与社会的对立统一关系启示人们:“人”,是社会关系中的人;“社会”,是以共同的物质生产活动为基础而相互联系的人们的总体;“人”的“长寿”价值取向,在健康养生、养老过程中,必须并且也只能依赖日益丰富的“共同的物质生产活动”才能实现。早在1992年的“全球首脑会议”通过的《里约宣言》27条原则中,第一条原则就开宗明义地提出:“人类是可持续发展关注的中心。他们拥有与自然协调发展的健康生活的权利。”这条原则昭示:人类不仅需要一个质量较好的环境,还需要有一个相应的社会经济体系去满足其不断增长着的需求。”自2009年11月全国老年学学会青岛首届全国老年文化高峰论坛举行,历经7年的研究也催生出这样的世纪命题:践行科学发展观和实现可持续发展,服务养生养老,共圆人类健康长寿梦,只有因地制宜做大健康产业,才能开创全国养生养老事业的新局面。

### 健康产业,21世纪世界经济产业中“朝阳产业”

欲求长寿,首先健康。随着经济社会发展和人们生活水平的普遍提高,以及人类生活方式的改变,追求健康已经成为人们生活的主要目标。在养生养老过程中,健康越来越受到人们的关注和重视,健康产业也极具投资潜力,如今已成为21世纪世界经济产业中一大“朝阳产业”。美国著名经济学家保罗·皮尔泽在《财富第五波》中将健康产业称为继IT产业之后的全球“财富第五波”。当前,健康产业已成为引领全球新经济发展和社会进步的重要产业,健康产业相关股票的市值约占总市值的13%左右。特别是在发达国家,健康产业已成为带动整个国民经济增长的强大动力,健康行业增加值占地区生产总值比重超过15%,而在中国仅占4%—5%,甚至低于一些发展中国家。可以预测,健康产业在中国的市场发展潜力巨大,将成为拉动国民经济发展的巨大动力。

大健康产业涉及人类衣、食、住、行等生活的全部,覆盖了第一、第二、第三产业。作为第一产业的富硒生态有机养生农业,以种植、养殖及花木盆景、农牧渔业粗加工生产销售为主要内容,负责提供人们日常食物的主要来源,要求确保安全、富有营养、保持物性、顺应自然,是现代大健康产业的根基所在。作为第二产业的深加工食品、营养保健食品、药品、医疗器械、保健器具、保健用品、特殊用途美容化妆品等各类健康相关产品的生产制造销售为主要内容,负责提供的是供医疗保健养生所用的产品。第一产业富硒有机生态养生农业和第二产业食品深加工和保健产品制造业同为现代大健康产业的支撑产业,而作为第三产业的长寿乡村旅游、农村养老服务体系建设、健康管理、健康体检、食物营养及心理行为的健康咨询、中医养生健康调理、休闲保健、养生美容、运动健身等健康服务业,是现代大健康产业的龙头产业。健康服务业不仅市场机会多、发展空间潜力巨大,还将通过拉动内需、促进消费、增加就业,对社会经济发展产生巨大影响,而且还将对处于上游的一产农业、二产加工制造业均有整体带动效应。

### “世界长寿乡”——如皋,立体打造大健康产业体系

站在长寿现象可持续健康发展的高度来考察,抢抓健康产业发展机遇,如皋充分发挥“世界长寿乡”的品牌优势,依托现有的产业基础、历史文化、生态人居环境和交通区位等优势资源,充分发挥政府的规划引领作用,发挥市场的决定性作用,立体打造与“世界长寿乡”相适应的、以“五大产业化”为内涵的大健康产业体系,使如皋成为具有较强影响力的集健康保健、养生康复与养老健康旅游为一体的“长三角”知名的健康养生养老基地,形成具有核心竞争力和长寿特色的健康养生养老服务聚集地。

#### 如皋富硒资源整合与富硒农业产业化

在中外长寿之乡中,“世界长寿乡”——如皋地处滨江临海、交通便捷、工业发达、人口稠密的江海平原地带,享有“都市文明型”世界长寿乡的美誉。这里有源远流长的如皋长寿富硒农业物质资源:五六千年前成陆历史与富硒资源的汇合聚集,丰厚肥沃的富硒土壤资源,通江达海的富硒水资源,优化区域空气环境的优美绿荫林网和“东皋一绝”的如派花木盆景,优杂的长寿富硒农产品结构。这里有长寿富硒农业孕育的非物质长寿资源:“淡、杂、鲜、野”的长寿饮食原则,“两粥一饭(两稀一干)”的长寿饮食传统,“三菜一汤”的长寿饮食模式,历久弥坚的长寿保健意识,善玩花木盆景、

改善宜居环境的长寿养生养老生存手段。

站在长寿现象可持续健康发展的高度来考察，整合利用上述富硒资源，正引发着南通江海平原上的长寿健康产业革命。面对无可争辩的全国富硒县(市)这一现实，特别是如皋地方特色农产品基地建设纳入农业"234"产业布局并实施重点考核，长寿如皋人尤其是如皋市委、市政府更从用足用好"世界长寿乡"这一品牌着手，在"强富美高"新农村与全面小康社会建设中，从战略高度把"整合如皋富硒资源，推进如皋富硒农业产业化"，作为发展现代富硒健康产业和开创21世纪养生养老新局面的基础工程，真正地做实做优，直至把如皋打造为"中国富硒农业之都"。

长寿富硒花木盆景产业化

如皋是闻名的盆景之乡，花木盆景栽培始于北宋，兴于明清。1983年，如皋盆景被全国盆景协会考订为全国盆景艺术十大流派之一，以"云头雨足美人腰，左顾右盼两弯半"的独特"S"造型独领风骚，享誉全球。2011年，"如皋盆景"被国家工商总局确认为中国地球标志证明商标；同年，如皋被中国花卉协会命名为中国花木之乡；2013年成功申报国家级非物质文化遗产。

作为如皋富硒大农业的一部分，如皋花木盆景已然成为"快乐劳动型"的长寿绿色环保产业。在多元而富硒的土壤资源上，如皋常见的植被有671种，其中药用植物363种。如皋植物资源的丰富性，为如皋居民的人居环境提供了保障，为如皋长寿之乡打下了基础。2002年12月，如皋制订了《生态示范区建设总体规划》，"生态立市，绿色兴市"成为如皋可持续发展的战略目标。迈入"十三五"，纳入以养生养老为主旨的大健康产业的如皋花木盆景产业正加速实现"四个转变"，即由培育花卉苗木为主向盆景、花卉、绿化苗木及草坪并重转变，由城郊型种植区域向城乡一体型生产园区转变，由粗放型生产向集约化经营转变，由基础传统产业向外向特色产业转变；加大"三个力度"，即信贷支持力度、花木市场的规范力度、宣传力度；完善"两套体系"，即技术服务体系和销售网络体系。不断彰显和用足如皋花木盆景产业发展优势，做精、做强、做优如皋富硒花木盆景产业，必将成为如皋推进长寿富硒花木盆景产业化的最新主旋律。

长寿富硒食品加工产业化

"十二五"期间，如皋市把本地富硒水土种植的农作物、绿色果蔬，本地富硒粮食饲料喂养的优质畜禽及其深加工产品，初步打造成了如皋长寿系列食品，发展壮大了长寿、玉兔、银燕、康寿、中翠米业等上规模的食品企业集团，现有如皋白蒲"万珍"黄酒、"平康"牌富硒"五谷杂粮"、"千翠湖"富硒大米、"仁宗"牌和"春华"牌萝卜条、"寿硒"牌富硒大寿桃、"寿曦"牌富硒无花果、"雉水"牌富硒草鸡(蛋)、"康威尔"银杏粉等富硒食品生产，都已形成规模。先后组建了寿都密码、富硒农业网、生态农业网、如皋农业网及相关电子商务公司，注册了"苏皋长寿"集团商标及"平康""寿硒""寿曦""千翠湖"等个体商标，成立"苏皋长寿"如皋富硒农业食品速销销售公司，当前以上海为中心的全国销售网络已经形成，富硒长寿食品加工产业化已成为如皋经济社会，特别是作为第一产业的如皋农业转型升级的重要抓手。

其一，立足"因地制宜做大健康产业，夯实基础服务养生养老"，瞄准全国食品科技在"十三五"期间的经济与社会需求，充分考虑与"十二五"的有效延续和可持续发展，如皋首先切实把握食品产业发展"新常态"和科技健康产业发展新需求，进行统筹规划和部署。其二，遵循优质营养、方便特色、高效低碳、智能绿色和创新设计的特点，适应科技改革新形势，构建多方位制度保障体系。形成适合科技体制与项目计划改革新制度的管理与运行新机制，建立动态评价与流动支持机制、创新引导与后补助机制和多渠道投融资机制等科技与经济相融合的联合攻关新格局，在政府平台构建与项目引导作用下，有效整合强势企业和优质科技资源，整体推进如皋富硒长寿食品科技创新能力建设。其三，抓住富硒食品农产品加工转化率、资源利用率、市场流通效率，充分发挥以上海为中心的全国销售网络及"互联网+"的作用，不断拉长如皋富硒长寿食品加工产业的产业链，快速形成如皋富硒长寿食品加工产业的企业集群，跳出江苏、拓展全国、走向世界。

长寿富硒乡村旅游产业化

如皋拥有富硒生态农庄、富硒特色产业、长寿花木盆景村、乡村古镇、村落民居等特色资源。如皋整合特色资源，依托富硒农业，大力培育乡村旅游项目，全力打造苏中地区既有良好富硒自然生态又有浓郁人文气息，既有传统农事体验又有高档农家乐、休闲观光的多样式、多类型的乡村旅游集聚区，以长寿乡村旅游的产业化倾力打造乡村养生养老旅游产业发展的示范区。

在空间布局上，明确思路，科学思考，准确制订长寿乡村旅游产业发展规划，突出"两带三区"。"两带"，一是围绕白雪线沿线，建立长寿文化体验、生态果蔬作物采摘和休闲度假型乡村旅游核心产业带;二是围绕蒲黄线沿线,打造休闲度假、参禅礼佛、红色文化体验、生态观光型乡村旅游二线产业带。“三区”,一是以顾庄生态园、苏通生态园为中心,打造生态观光、盆景文化体验、农家客栈餐饮服务型乡村旅游集聚区;二是以长江为依托,建设滨江生态观光型和休闲度假型乡村旅游区;三是以白蒲古镇、古村、古街、古民居、古建筑为依托,建设历史文化体验型旅游区。

在做优长寿乡村旅游产品、打造长寿乡村旅游品牌的同时,如皋从战略发展的角度考量,以“局部先行,全境贯通”为原则。比如,如皋百岁以上长寿人口比率的分布基本在北部、东部、东南部较高,这一地区土壤质量高,富含有效硒、锌、硼、锰等微量元素,出产丰饶的富硒农作物,是长寿乡村旅游产业开发的重要物质基础。区内白雪线省通贯穿南北,沿海高速有3个道口向区内延伸,交通便利;区内水网密布、纵横交错、相互贯通、通江达海;特别是区内已发展成形生态农庄20余家,包括省四星级乡村旅游区2家、省三星级乡村旅游区2家、AAA级旅游景区1家、江苏省历史文化名镇1个、省级旅游村多个,发展长寿乡村旅游产业,基础扎实、底蕴深厚、元素多元、便于操作。无疑,这一片区应作为如皋长寿乡村旅游产业的先行区,优先规划、优先开发、优先打造、优先发展。据了解,该市正以旅游局为牵头,委托浙江新画红布文化发展有限公司制订《如皋市白雪线乡村旅游养生带总体规划》,“十三五”期间全面付诸实施。

长寿富硒农村社会养老产业化

迈入“十三五”,最新统计数据显示,如皋现有总人口143.63万人,60岁以上老年人口数36.5万人,占总人口25.42%,其中,80岁以上老人6.12万人,90岁以上老人近0.88万人,百岁老人达338人,老龄化、高龄化程度远超全国和江苏平均水平。对照《国务院关于加快发展养老服务业的若干意见》和《江苏省政府关于加快发展养老服务业,完善养老服务体系的实施意见》,如皋把做好农村社会养老产业放在构建和谐社会的大局中去谋划,纳入“民生工程”中去实施,放在科学发展的工作格局中去推进。按照集中、集聚、集约发展的要求,合理规划布局养老服务业集区和养老服务特色产业基地,探索建设市级老年服务产业园区。引进市外民资,充分利用信息手段和互联网技术,整合人口管理系统等信息资源,建立市、镇(区、街道)互通互联的“智慧养生养老”服务信息管理系统。引入社会中介机构等社会力量兴建民办养老机构,逐步将农村敬老院转型升级为区域性养老服务中心;推进居家养老服务的市场化、社会化、引入社会力量和家政、物业等企业,兴办或者运营老年人助餐点、日间照料、全托半托、老年人活动中心等形式多样的养老服务项目,开展老年人居家养老服务,推动形成一批具有较强竞争力的知名品牌养老机构;采取“医养结合”“旅居养老”“快乐养老”等模式,建立以企业和机构为主体、以社区为纽带,满足各类老年人服务需求的居民养生养老服务网络,实施品牌战略,提高创新能力,形成一批产业链长、覆盖领域广、经济社会效益显著的养生养老产业集群。

(入选《全国科学养生养老论文集》,在2016年10月中国长寿研究委员会举办的“长寿健康新常态、新格局”论坛上交流)

——来自“世界长寿之乡”江苏如皋智慧养生、情绪养心的“门儿经”

## 长寿,把握属于自己的60%

鞠九江　包国平　余　慧

(节选)

“世界长寿之乡”江苏省如皋市“盛产”百岁寿星。至2015年1月,全市145万人口中有百岁以上老人302人,百岁老人占比10万分之20.8。联合国规定“世界长寿之乡”的认证标准为:每10万人中有10位健康百岁老人,该市百岁老人超过联合国“世界长寿之乡”的认证标准一倍还多。目前,该市80—90岁的健康老人正以一个庞大的基数向百岁迈进。

如此高的百岁老人占比数据,让“世界长寿之乡”科学认证委员会会长、国际自然医学会会长森下敬一惊叹连连:“从高加索地区到帕米尔高原,长寿乡都位于比较偏僻的地区,但如皋这个长寿之乡却处在平坦的经济发达地区,这让我感到非常惊讶。更让我惊讶的是,这里的寿星们生活质量都很高,100多岁了,生活大多可自理,而且还能下地劳动,这是一个不一样的长寿之乡。几十年来,我走遍世界各大长寿之乡,走访了上千百岁老人,如皋的百岁老人是头脑反应最敏捷、最聪明的百岁老人。”

长寿,60%取决于自己!而如皋人众多智慧养生、情绪养心的“门儿经”更是令人耳目一新,它在60%的比例中占据了不少份额。其智慧养生、情绪养心的“小窍门”渗透于日常生活的点点滴滴,值得学习借鉴。

## 是个寿星都"好动"

在如皋接触到的每一个百岁老人,都给我留下一个共同的印象——"闲不住"。地里做做活计,家里忙忙家务,闲来莳弄花草、舞文弄墨、下棋打牌、唱唱小曲、体育锻炼……这些"好动"实际上是结合了体力、脑力、体育三方面的活动,最终达到了养生的目的。

现代研究表明,体脑并用,并能坚持参加体育锻炼的人长寿的概率较大。在如皋百岁老人中,体力劳动者占九成以上,而他们中有七成左右的人是经常或每天参加体育锻炼的。

有些体力劳动者对"运动"往往存在认识上的误区。总以为自己是体力劳动者,整天都在出力运动,就不需要体育锻炼了。而小有智慧的如皋人却拎得清,干体力活儿不过是重复性动作,容易出现局部肌肉的劳损,而且心肺耐力、身体柔韧性等在劳作中很少得到锻炼。所以在如皋,才有那么多的中老年人在跳"广场舞"、打拳舞剑、慢跑快走了。

在如皋人看来,体力劳动、脑力劳动和体育运动应有一个"度"。如皋长寿老人的普遍做法是:尽量避免过重的体力劳动、过度紧张的脑力劳动和剧烈的体育运动。如皋不少长寿老人在从事简单的、力所能及的体力劳动后,常忙里偷闲做点简易的健身项目,比如,搓脸搓耳有利于养心保肾;抛砖能强身健体;冬天晒太阳,能补充阳气,胜过吃补药;散步有助于安眠、通便、减肥,对治疗高血压、冠心病、溃疡病、糖尿病等有益;经常有规律地梳头,对清心明目、醒脑提神、疏通经络、促进周身血液循环、调节神经功能将会起到较好作用。

百岁寿星张显明　　(吴信礼绘)

在长寿之乡如皋,脑力劳动也被看成是长寿运动的一个重要部分。在如城镇,大部分的长寿老人都能断字识文,即使年事已高,他们都有看书、看报、看电视的习惯,有的老人能背诵大段的古文,有的老人能唱几十首"老歌",有的老人还迷恋琴棋书画。

读书、观赏或者计算都是一种积极的思维,是一个锻炼脑神经的过程。医学研究告诉我们,勤于读书和思考的人,大脑血管常处于舒张状态,这样有利于输送充足的氧气和营养物质,从而延缓中枢神经老化。

家住如城的百岁寿星吴凤珠,年轻时卖杂货练就两手绝活儿:一是卖东西可以不用秤,随手掂掂就能知道分量;二是货称好,价钱随即便报出来了,方圆几十千米的人们都称她"算盘珠"。老人从35岁时当家理财,直到105岁去世。她101岁时还能去超市购物,其心算能力曾让年轻的收银员目瞪口呆。

如皋长寿老人的"好动"贵在坚持。在如皋市白蒲镇姚家园有不少85岁以上的老人依然心灵手巧,不肯"退休",操持家务,扮演着内当家的角色。98岁的寿星吉家老太是个典型的好动之人,她将体力劳动、脑力劳动和体育运动结合得最好。她的儿子告诉我,老太太一把年纪就是不肯闲下来,她每天在家洗衣、烧饭、做菜、喂鸡、喂鸭,忙得不可开交。家中的事务忙好了,她还每天步行近1千米,到责任田上转转,哪块田要施肥,哪块田要锄草,她及时安排家人劳作。老人爱动脑子,家里盖房子,连请了多少工、每天吃什么菜、用了多少砖、支付了多少工钱,她都要精打细算,什么事都蒙不了她。

所以如皋人有句俗语:好动不等于长寿,但长寿的一定是好动的。

## 强身健骨的有氧运动

在长寿福地九华镇走访时,曾向当地长寿老人询问他们锻炼身体的方法,绝大部分的人都回答说,他们从不"锻炼身体"。这个回答让我感到惊诧。

事实上,在当地的农村,你看不到一个体育场,也很难找到一所健身房,大部分村民家中甚至连锻炼身体的简单器械都没有。难道真的是自然的神秘力使这里的老人长命百岁?

后来的走访和观察使我明白,长寿村的人每天规律性的劳作和持续的活动就是自然的锻炼身体、养护五脏六腑的过程。

101岁的吉老太太一辈子就是吃农业饭的,现在依然耳聪目明。60岁之前她像村里的其他劳动力一样干着所有的农活。有人看到她80岁的时候还能从河里提一大桶水走向田间。虽然现在年事已高,但她每天依然很有规律活动:早晨六七点钟起床后先是收拾屋子,打扫庭院,然后要步行去600米外的自留地转一圈;回家后是择菜,料理家务,做些力所能及的事;午饭后休息半小时,然后串门,散步;在傍晚时分,她会再去一趟自留地逛一圈。这种规律的活动已经保持了几十年。

郭老太太的每日的活动基本上是长寿村老人的一个缩影。事实上长寿村的中老年人由于工作和习惯的原因,每天都在不经意中进行着相对规律和柔和的筋骨运动,几十年如一日。上天无意中赐给他们以自由活动筋骨的方法,从而使五脏六腑和谐,以获得长寿的机会。

### 像青蛙一样呼吸

如皋老人的腹式呼吸法为:开始吸气时全身用力,此时肺部及腹部会因充满空气而鼓起,但不能停止,仍然要使尽力气来持续吸气,不管有没有吸进空气,只管吸气再吸气。然后屏住气息4秒,此时身体会感到紧张,接着用双倍的时间缓缓将气吐出。吐气时要慢而且不能中断。重复几次,不但不会觉得难受,反而会有一种舒畅的快感。

如皋108岁的汪日兰老人,饮食有度,起居有节,日常生活完全不要家人帮助。当我问她的长寿秘诀时,她坦然一笑:"我的秘诀是学青蛙,像青蛙那样进气和出气!"问她为什么要学青蛙,她说,青蛙有力,一蹿老高。还有青蛙多子,学学它没错。

如皋的寿星就是这样,虽然说不出什么"腹式呼吸"的道道儿,可他们效法自然的智慧,总能让高深莫测的科学道理,简化成实用有效的养生法宝。

### 睡出来的健康

人的一生有1/3的时间要在梦乡里度过。别以为这睡觉就是眼睁眼闭的事情。这里面可大有讲究。会睡觉、睡好了,你就能精精神健康长寿;睡不对、睡不好,你就会萎靡不振百病丛生。

我接触到的如皋百岁老人,他们个个都是"会睡觉"的高人。他们都信奉那句话,"吃得好不如睡得好。"老人们除了坚持早睡早起的祖训,还发明了"子午觉""高枕睡""空腹睡""右侧睡"等健康睡眠法。

在对付失眠方面,如皋寿星也有自己的办法。104岁的陈老太太,在40岁时曾经受过失眠困扰。后来,一位老中医告诉她一个简单易行的好方法,即睡前用热水泡脚。结果才泡了3天,她的睡眠就得到改善。此后,她养成了睡前用热水泡脚的习惯,还自创了一套简单易行的睡眠操。几十年来,她持之以恒,从不间断,此后再没有发生失眠现象。

如皋人会睡,睡出了健康,睡成了众多百岁寿星。倘若大家能效仿一二,定会让你从此睡得明明白白、健健康康。

### 代代相传的"洗澡经"

有人认为:老年人经常洗澡,可以串串筋骨,活活血,有利于身体健康,其实不然。在如皋老人看来,老人过度洗澡,皮肤腠理疏松,津液大出,精神元气随着汗液排泄,很容易损耗人体内的津液和元气。

如皋老年人提倡适度洗澡,认为过度洗澡容易损耗人体内的津液和元气,有没有科学道理呢?答案是肯定的。

如皋长寿老年人还有不少奇特的"洗澡方式"。比如"干洗法",就是挑一个暖阳的中午,打一盆热水。先脱了上身的衣服,用湿热毛巾擦身后,再用干毛巾用力擦至皮肤微红即止。然后穿上上衣,再脱去下裤,依法擦洗。这样的洗法方便、安全,还能起到按摩皮肤的作用,深受老人喜爱。还有一种夏秋时节老人常洗的"半身浴"。以39摄氏度左右的温水,浸泡肚脐以下部位30分钟以上,在这个温度中浸泡的老年人,不会引起血压和心跳的异常变化,整个人容易放松。

家住搬经镇的郭学美,110岁时耳不聋眼不花,面色红润,精神抖擞。他的家人告诉我,老人的"洗澡经"概括为"少、短、快"三个字。"少",即很少洗澡,夏季从不入浴,每天用温湿毛巾擦擦全身;春秋两季,每半个月洗一次"半身浴";入冬后一般一个月洗一次全身浴。"短",即洗澡时间短,一般10分钟左右,用热水冲冲、毛巾擦洗即可。"快",即洗澡后上床能快速入睡,深度睡眠约1小时,醒后很快恢复元气,全身轻松舒畅。

在长寿之乡,老年人总结出来的这些洗澡"门道",为什么能代代相传,就是因为它有理、简易、有效。

### 让脚先不老

中医典籍上说:"人之有脚,犹似树之有根,树枯根先竭,人老脚先衰。"脚在人体最下端,负载量重而得到的营养却远不及其他部位,因而容易衰老。人的双脚又是经穴密集分布的地方,有六大经脉,连着肝、脾、肾、胃等内脏，足底有66个穴位，都有各自的“投射区”，分别对应着人体各大器官的神经聚集点，贯通全身血脉和经脉。如皋长寿老人不一定知晓这些深奥的中医理论，但他们却摸索出不让脚先老的“四大法宝”：搓脚、踮脚尖、赤足行、热水泡脚。

### 搓绳也能促长寿

搓绳何以长寿？其秘密在于手心的穴位经过搓摩刺激全身经络，同时两臂有规律性的活动带动了肩、背、手腕的肌肉和骨骼运动。中医经络学说阐述，在人体最重要的12条正经中，与手紧密相连的有6条，而手部与此相关的穴位有23个。如果加上手上分布的经外奇穴等，手部的穴位多达90多个。而搓绳正好有规律、持之以恒地按摩或按压这些穴位，对健身养生当然是有百利而无一害。

如皋长寿老人把搓绳作为一种健身手段。它动作简单，操作方便，富有成就感，效果明显，在坊间很受推崇。

家住袁桥销的寿星许德和，是个闲不住的人。他走村串户挑了一辈子的“货郎担”，直到101岁时，在家人的再三劝阻下才终止了他的“货郎人生”。可老人一闲下来，就喊着这儿疼痛，那儿难受，浑身不自在。家人没办法，让他试着搓草绳，这一搓啊，啥病也没有了，他搓绳一直搓到107岁才逝世。

搓绳养生给我们的启发是：搓绳最大的好处是使手上的所有经络和穴位活跃，从而牵动全身的经络，有利于滋养五脏六腑。如果无草可搓，也可采取变动方式同样可以达到目的。如皋长寿老人告诉我，用一根小木棍放在掌上模仿搓绳的动作来回搓；也可用小钢球在手上转动作搓绳状；甚至可以十指并拢，两手心相对而搓。搓手动作不受时间、环境的制约，灵活方便，是适合老年人锻炼的好方法。

中国有句古话：“鸢者长寿”。意思就是说，经常放风筝的人寿命长。

风筝在我国北方称鸢，在南方称鹞。风筝在如皋俗称“鹞子”。如皋风筝源远流长，据乾隆《通州志》记载：“风鸢出如皋，自草虫鱼鸟以至仙佛无巧不备，大者数丈，软翅者能一排九雁、十三雁，春天竞放，他邑所无。”至清代末年，如皋已与北京、天津、潍坊齐名，成为中国四大风筝产地之一。

如皋的风筝出名，如皋放风筝的人自然也就多了。

如皋，临江滨海，一马平川，风速平稳，正是放风筝的理想地区，而如皋的折叠风筝和组合音响风筝更是全国首创。每年春秋两季，无论是大人还是小孩，如皋人总是喜欢选一块广场空地，或到郊外，在暖暖的阳光下，走进大自然，放起一只只翩翩起舞的风筝，构成了一幅生意盎然的风情图。

说起放风筝对身体的好处，如皋人能说上一大串：

有益身体：（略）

有益视力：（略）

防病治病：（略）

家住如皋市常青镇的长寿老人张济民是个“风筝迷”，放了一辈子风筝。农闲时，他扎风筝、放风筝忙得不可开交。在他92岁那年，央视记者前来采访，见他耳不聋眼不花，面色红润，身板硬朗，思维敏捷，还不停地在田间奔跑放风筝，便惊叹道：“长寿之乡出‘奇人’！”

### 依木而得以休养生息

与“长寿之乡”齐名的，如皋还是一个全国闻名的“盆景之乡”。它集数百年来如皋花木盆景技艺，形成风格独特的“如派”盆景，为全国盆景七大流派之一。如皋人自古就喜欢莳弄花花草草。早在袁枚的《随园佳话》里就曾记载过宋代淳熙年间，如皋老翁李嵩与一株紫牡丹的故事。李翁爱花如痴，自80岁起，他每年生日都要在紫牡丹花下引觞祝寿，连续30年，至109岁寿终。

在如皋，我们还听到盆景制作的代表性人物，国际盆景艺术大师花汉民的一番“高论”。在谈及人与自然的关系时，他说：“休息的‘休’字，是人依木而得以休养生息。”他一字道出了人不能离开绿色植物而生存的真谛。如皋人对这个道理领悟颇深，自古以来，玩花弄草，已成为如皋人的情趣和爱好。也正是对盆景的修修剪剪当中给如皋人带来了长寿。

如皋百岁老人姚昌英早年肺功能一直不好，经常胸闷，还时有咳嗽。老人80岁生日那天，她的孙女知道老人家喜欢花花草草，就送来几盆茉莉、兰花和栀子花。这三种植物都是花开白色，香气淡雅。老人欢喜异常，每日精心莳弄，花开观赏，花落泡茶。1年后，她的胸闷和咳嗽症状就消失了。原来这茉莉有安神的作用，栀子花有清热解毒的作用，兰花则有清肺化痰止咳的功用。

还听说一位97岁老人黄左祥，他最喜欢莳养的花草是红艳艳的杜鹃和大理花。据老人说，无论遇到什

农家小院 （顾宏基摄）

么不开心的事，只要看到红艳似火的花朵，心情立即大好。更神奇的是，黄老先生原来患有低血压已多年，自从莳养了这两种红色的花儿不到两年时间，血压就趋于正常。

当地还有一句朴实的话叫作："人穷露肉，村穷露屋"。如皋人生活在"前有大树、后有大竹、院内盆景、青藤遮屋"的环境里，过着"闲来檐前听鸟唱，种树栽花快活忙"的日子，故能长寿也。

在采访磨头镇星港村百岁寿星钱再功时发现，他家前后过道、房屋均被绿荫覆盖、树木包围。河边是成排的灌木林，屋前有银杏树，屋后有竹林，房屋过道的石板上摆放着老人精心制作的30多盆盆景杰作。老人告诉来访者，每年春天，他总要栽上几棵树，培育一些花草，扎上几盆盆景，这已成为老人的一种生活习惯。

目前如皋直接从事花木盆景的花农近30万人，花木销售上百亿。这样既赚钱又养寿的好事，让生长在这块福地上的人们心满意足、喜乐安康。

### 神奇的"归翁健身操"

在如皋西乡草张庄村，朋友为我引见了一位白发、白眉、白须的"归翁"。一聊，才知道，在这里竟隐居一位"国字号"的老中医。现年94岁的张谷才自称"归翁"。这位曾经的南京中医大学教授、享受国务院发放的特殊津贴的著名老中医，70岁退休回乡后主要做成了三桩事。花20万元书稿费开办了一所乡间中医门诊；用20年间治病救人的钱建了一座乡村博物馆；再就是自创了一套"归翁健身操"。

在说到"归翁健身操"的健身效果时，老人特别强调，练习这套健身操一是贵在坚持，二是动作要正确。一般早中晚各做1 次，每节动作定量运动20次至30次。与老先生一镇之隔的朱宝兰老人，今年95岁。早在30年前，她就有高血压、糖尿病，并患有关节炎，常年服药治疗。几年前，她听村民说，邻镇有个中医老先生发明了一套健身操，练了之后很有效。于是就抱着试试看的想法在村民的带动下，学会了"归翁健身操"。谁知老太太坚持做了几年后，竟丢掉了许多药罐罐，她的血压、血糖都恢复到正常指标，尤其是整个人都觉得有了精神。她常乐呵呵地对乡亲们说："做操不能三天打鱼两天晒网，做做停停。我是晴天野外做，阴雨天室内做。一天不做就浑身难过。"

### 心平气和 笑到天年

俗话说"相由心生。"挂在如皋百岁寿星脸上的和气，其实都是靠"心平气和"慢慢养出来的。这背后"与世无争、与人为善、逆来顺受、随遇而安"等平和心态的百年锤炼，才能造就这"无邪"的笑意，顺带也造就了百岁老人。

这些百岁老人大都出生在清末民初，一生经历了无数的动乱和苦难，"低贱自保，和气处世"就成了一种韧性十足的生存智慧。晚年的他们又都经历了当今和谐社会的富足生活，内心的满足、和美自然而然地生出"一团和气"。而且这"和气"是能"传染"的。"伸手不打笑脸人""你和我睦大家好"。这些和气的正能量在夫妻之间、长幼之间、亲友之间、邻里之间相互传递、交融，继而生成了一股民风淳朴的养生小气候。这也正是如皋为什么能产生一大群寿星的原因之一。

在如皋听说了这样一位百岁奇人，他叫黄士端，生于1908年。他的一生奇就奇在一生如同身处高高低低、起起落落的"过山车"一般。春风得意时，他曾被两任上海市委书记（陈毅、朱镕基）接见、褒奖；落魄失意时，他曾打过芦席、拉过粪车。位高时，他曾任上海市水上卫生防疫站站长，是德高望重的名医；倒霉时，他是"右派分子""反动学术权威""坏分子"。然而，无论命运将他抛向哪里，他都能笑面人生。

看来这"和气养生"能让人长寿是真，但并非什么秘诀。如皋的这些长寿老人多数是大字不识几个的文盲，并不知道什么和气与养生的大道理，但他们被艰难困苦的生活磨砺得冰雪聪明,都能安一颗平常心,吃一口平常饭,过一种平常的日子,做一个平常的人。这其中的要点就是:先“心平”再“气和”。“心比天高”最终往往是“命比纸薄”。这山望着那山高,最后总会郁郁寡欢命难保。“人比人,气杀人。”如皋老人都懂得这些道理。能让心平的有效做法就是“看看破”,视名利钱财为身外之物,生不带来死不带去,唯有身体是自己的,健康是自己的。“看看破”不仅是如皋百姓的口头禅,也是他们日常行为的座右铭,更是他们养生长寿的法宝。

明末清初的如皋才子冒襄,明亡后“看破”时世,“看淡”名利。清朝数番请其出山为官,他就是不从。83岁时,他犹在如皋水绘园与过往文人名士赋诗作文,自在潇洒。被毛泽东誉为明末四公子中“真正具有民族气节的一个”。

与己无争、与人无争、与事无争、与世无争,这些既是如皋人“和气养生”的起点,也是“和气养生”的终点。

## 找乐子 最好的养生“仙丹”

俗话说,“笑一笑,十年少”。这不仅是一种生活态度,也是一种养生之道。保持情绪的乐观,更是养生长寿的大道。在如皋待久了,你会发现,如皋人特别会找乐子,知足常乐、助人为乐、苦中作乐、自得其乐、天伦之乐,都是普通老百姓俯拾皆是的欢乐。

家住如城镇的百岁老太陈鑫特别喜欢小孩。自己生养了四个儿女没带够,还走马灯似的去儿女家帮着带孙子、孙女、外孙、外孙女、曾孙、曾孙女……子子孙孙,一茬接一茬,可忙坏了老太太,也乐坏了老太太。听很多家住她家桥附近的居民说,当时已八九十岁的陈老太太,经常会抱着不知谁家的小娃儿在河边看杨柳,唱儿歌:“鸭子游游,宝宝过河;鸭子扁嘴嘎嘎嘎,宝宝扁嘴哇哇哇。”(“扁嘴”,方言,小孩咧嘴要哭的模样)一幅祖孙寻乐图活灵活现在你的眼前。

几本小人书(连环画)能让一个老人乐上大半辈子,你信吗?

一些老如城人都记得,西门城外“大众饭店”门口租小人书的老马。他叫马汝康,出身一个贫穷的手艺人家庭。好在小时候念了几年私塾,识得几个大字,也正是在学堂里,他接触到了小人书。书中通俗易懂的故事、精彩的画面、简单的文字,一下子就深深吸引住他的目光,常常令他如痴如醉,从此与之结缘大半生,长大后甚至就以出租小人书讨生活。直到老人98岁后,儿女们坚持不让老人再上街租小人书了,老人才收手不收心地回家歇着。平时闲来无事,老人总喜欢翻看抚摸着自己收藏的几百本小人书,仿佛又回到了快乐的童年。小人书带给老人的快乐,几乎贯穿了他的一生。

其实,如皋长寿老人的快乐源泉,虽然与生养地淳厚和谐的民风不无关系,但更多的是来自老人们无论生活顺逆、坎坷,都始终能保持恬淡、乐观、积极向上的心境。

## 艺文养生 延年益寿

与如皋的百岁老人接触多了,你就会发现,他们当中有不少老“玩”童。书法、绘画、音乐、花草、风筝、手工……都会成为老人的“玩伴”。有了这些“雅玩”为什么就能让人延年益寿呢?

如皋是一座有着1600多年历史的文化名城,古往今来,文人名士荟萃。例如宋代著名教育家胡瑗是如皋人,一生以兴学育才为己任,花甲之年主持太学;明末戏曲家李渔是如皋人,古稀之年著《辞曲》《演习》,开中国戏剧理论之先河,不仅如此,他还是园林建筑、服装设计、书画、美食的方家;明末清初文学家冒辟疆,享年八十有三,一生无意仕途功名,专以诗文结交天下名士。

如今,这片闪烁着文学艺术之光的沃土,也颐养着无数的寿星。

一生粗茶淡饭、默默无闻的百岁老人刘镜寰,没想到年过百岁还能“火”上一把。在2002年如皋首届长寿节的“万岁宴”上,鹤发童颜、美髯飘飘的刘镜寰老人,挥毫泼墨,满怀深情地写下“共产党好”四个刚劲有力的大字。一时间,如皋百岁老人在“万岁宴”上书写“共产党好”的新闻传遍五湖四海,刘镜寰一夜之间名扬天下。

1913年出生于如皋的篆刻家梁明晖,童年时就读于如皋师范附属小学,自幼爱好文艺,尤喜书画篆刻。小学毕业以后因家贫而辍学,16岁时进入如城世界书屋当学徒,这给了他博览群书、博采众家之长的机会。一部《求是於古斋印谱》让他爱不释手,从此与篆刻艺术结下不解之缘。1989年,为庆祝建国40周年,梁老精心设计,篆刻了百方“寿”形印章,组成了《百寿图》,作为献礼。此图一经问世,遂成艺苑一绝,先后在全国各地展出,并在毛泽东纪念堂、韶山毛主席故居纪念馆陈列。1993年,为纪念毛泽东100周年诞辰,时年81岁的梁老又构思篆刻了《蝶恋花·答李淑一》。这组八方印章荣获2002年“东方红”全国书画大赛金奖。

百岁老人马汝康是个京剧迷,不仅爱看爱听京剧,还能拉会唱京剧。

如皋心灵手巧的民间艺人如繁星点点,百岁老人陈邦英老人就做得一手好女红,尤其是她制作的香袋,造型精致,远近闻名,人们都想拥有她做的香袋沾沾福气。陈邦英,幼时家境贫寒。她14岁时在扬州拜师学艺,练就了一手做香袋、扎花灯的好手艺,她晚上辛勤劳作,白天上街叫卖,绵延一个世纪。

1997年陈邦英100岁,寿登期颐,又适逢香港回归祖国,百岁老人何等开心。为此她起早带晚,赶制了100个香袋邮寄给香港小朋友。1999年澳门回归,她102岁,又赶制102只香袋寄往澳门,遥祝小朋友们快乐健康、长命百岁。香港和澳门特别行政区行政长官都来信对老人致以崇高的敬意和衷心的感谢。

玩点艺文,让精神有所托养,精神头足了,长寿也就水到渠成。这是如皋老人养寿颐年的又一法宝。

### “病秧子熬出了大寿命”

如皋民间流传着一种说法:“病秧子熬出了大寿命。”这是说那些身体患有疾病的老人通过医治和保养也能够像平常人一样高寿。

如皋长寿研究所对当地的60岁以上的老人进行调查发现,如皋85岁以上的长寿老人有近四成属于带病延年。在长寿之乡走访,慢慢体会到那些长寿老人在带病延年的过程中所传递出的养生哲理。凡是能够带病延年的老人,都是精通生活养生的智者。他们除了在饮食、生活起居、锻炼等方面形成的良好习惯外,保持积极乐观的生活态度,让自己的“精、气、神”始终强旺,是他们战胜疾病的法宝。

如皋长寿老人施秀英今年96岁。38年前,她身患晚期肺癌,在上海动手术时,被切去一部分肺叶,拿掉两根肋骨。医生预言她顶多活不过3年。

从上海回来后,施秀英便依样画葫芦地开始了长跑运动。每天清晨,不管是刮风下雨还是冰天雪地,她总是雷打不动4点准时起床,绕着护城河畔跑步15千米。长跑结束后,她再完成自己规定的锻炼目标:连做15个“俯卧撑”;在双杠上做10次人体倒立;再在单杠上做20个引体向上。长期不懈的体育锻炼,施秀英的体质增强、精神健旺,死神终于望而却步。

身体强健后,老太太多次报名参加亚洲及全国老将田径运动会。结果轻松夺得2枚金牌、6枚银牌和2枚铜牌。施秀英成了国际国内老年人运动会的体育名将。面对众多媒体采访,施秀英说:“我不过是个路边修鞋的,不懂什么养生大道理,只知道疾病是弹簧,你强它就弱。”

无独有偶,90岁高龄的郭英老人,患糖尿病40多年,现在除了每天注射胰岛素外,身体如常人,精神抖擞,能说会道。闲来无事,唱上一段京剧,与邻居聊天说笑,生活得有滋有味。郭英的母亲也是村里出了名的病秧子,身体骨瘦如柴,大病没有,小病不断,但她也活到了92岁。熟悉这母女俩的都说她们是乐天派,很少看到她们有愁眉苦脸的时候。带病长寿的老人,往往活的就是个“精、气、神”。

当然“精、气、神”看不见,摸不着。要想让它与疾病做斗争,那更说起来容易,做起来就难了。当一个人有了疾病,尤其是碰到那种要命的疾病,说谁心里要没个小想法是不可能的。如何才能真正将自身的“精、气、神”调动起来与疾病做斗争,如皋的老人们有几点做法还是值得我们借鉴的。

一是不怕。(略)

二是慎重。(略)

三是坚持。(略)

(连载于2016年《长寿探秘》1—12期)

长跑健将施秀英

(市老龄办供稿)

## 中共如皋市委

### 重要会议

**【市第十二次党代会】** 7月29—30日，市第十二次党代会在市行政中心礼堂举行。会议应到代表396人，实到376人，符合法定人数。

会议听取审议陈晓东代表中国共产党如皋市第十一届委员会所作《抢抓发展机遇期，提升综合竞争力，为争当苏中新一轮发展排头兵而努力奋斗》工作报告、史有根代表中国共产党如皋市纪律检查委员会所作纪委工作报告。经过酝酿和民主选举，产生中国共产党如皋市第十二届委员会、中国共产党如皋市纪律检查委员会和出席中国共产党南通市第十二次代表大会代表，通过《中国共产党如皋市第十二次代表大会关于中国共产党如皋市第十一届委员会报告的决议》和《中国共产党如皋市第十二次代表大会关于中国共产党如皋市纪律检查委员会工作报告的决议》。

**【市委全会】** 市委十二届二次全体(扩大)会议　8月23日，市委十二届二次全体(扩大)会议在市行政中心礼堂召开。市委书记陈晓东代表市委常委会作题为《开拓创新，攻坚克难，为实现"十三五"首战告捷而不懈奋斗》工作报告；市委副书记司祝建宣读上半年全市重点经济工作综合考核结果及表彰决定，通报1—7月份经济工作考核结果，公布有关交办、督办事项，为季度重点经济工作综合考核先进单位颁发流动奖杯。与会市委委员经过酝酿、讨论，一致通过《中国共产党如皋市第十二届委员会第二次全体(扩大)会议决议》。

市委十二届三次全体(扩大)会议　12月30日，市委十二届三次全体(扩大)会议在市行政中心礼堂召开。市委书记陈晓东代表市委常委会作题为《创新转型，聚焦富民，努力走在南通全面建成小康社会前列》工作报告。会议通过《中国共产党如皋市第十二届委员会第三次全体(扩大)会议决议》。

**【重要专题会议】** 全市经济工作会议　1月22日，如皋市召开经济工作会议，总结2015年经济工作，分析经济形势，部署2016年经济发展工作，表彰2015年度经济工作先进集体和个人。会议要求全市上下要坚持科学发展，坚持稳中求进、好中求快总基调，坚持以提高经济发展质量和效益为中心，认真践行"五大发展理念"，始终突出"以工强市"第一方略、"招商引资"第一要事、"项目建设"第一抓手，全力推动经济社会又好又快发展。

全市总结表彰大会　1月23日，市委召开全市总结表彰大会，回顾总结2015年全市经济社会发展取得的成就和经验，表彰2015年度先进集体和先进个人、人大和政协工作先进单位、人民武装先进集体和先进个人。

全市农村工作会议暨扶贫开发工作会议　3月7日，如皋市召开农村工作会议暨扶贫开发工作会议，分析2016年和"十三五"时期"三农"与扶贫工作面临的新形势，动员全市上下牢固树立并认真贯彻"五大发展理念"，全力实施农业现代化工程和脱贫致富奔小康工程，加快建设"强富美高"新农村。会议要求全市上下，要深入学习贯彻新理念，加快建设"强富美高"新农村；要着力推进农业供给侧结构性改革，务实发展现代高效农业；要坚决打赢脱贫攻坚战，确保全面完成新一轮扶贫开发任务，精准识别、精准施策、精准帮扶；要凝聚各方力量，统筹推进农村改革建设各项事业。

庆祝中国共产党成立95周年大会暨“七一”大党课　7月1日，市委举办庆祝中国共产党成立95周年大会暨“七一”大党课活动。市委书记陈晓东以《牢记宗旨做表率，干事创业勇担当，始终把争做“四讲四有”合格党员作为第一追求》为题为广大党员干部上党课。会议通报全市被评为南通市先进基层党组织、南通市优秀共产党员、南通市优秀党务工作者人员名单，表彰先进基层党组织、优秀共产党员、优秀党务工作者、“十佳”党员企业家和“双强”型村(社区)党组织书记标兵。

## 重要决策

【激励顶尖人才创新创业】　3月9日，市委、市政府下发《关于加快推进顶尖人才创新创业的若干意见》，提出通过鼓励顶尖人才到如皋创业、鼓励企业引进顶尖人才、强化人才项目配套资助、加快金融服务体系建设、完善人才津贴补助制度、健全人才安居保障机制、加大社会引才激励力度、提升人才配套服务水平八大措施，激励具有国际视野和战略眼光，研究成果在国际上有重要影响，能快速抢占产业制高点的顶尖人才在如皋各行各业创新创业。

【实施脱贫致富奔小康工程】　5月3日，市委、市政府下发《关于实施脱贫致富奔小康工程的意见》。《意见》明确工作措施：全市上下要瞄准目标，加快低收入人口精准脱贫步伐；整合资源，增强经济薄弱村发展能力；广泛动员，凝聚扶贫开发强大合力。实现以下目标：到2020年，所有建档立卡低收入农户人均纯收入达到或超过7000元，低收入农户百分之百实现结对帮扶，做到应帮尽帮，符合“五保”、低保条件的应保尽保，生活水平明显提高，义务教育、基本医疗和公共服务得到有效保障。以增强村级发展能力为目标，创新扶持方式，所有经济薄弱村年集体经营性收入50万元以上，村容村貌显著改善，基本公共服务主要指标接近全市平均水平。黄桥老区富民强村3年行动计划实施完毕。全市基本建立缓解相对贫困长效机制，力争提前1—2年完成脱贫致富奔小康工程任务。

【加快推进项目建设】　5月4日，市委、市政府下发《关于加快推进项目建设的意见》，要求全市落实发展第一要务，适应和引领经济发展新常态，重点突出项目、产业、园区、服务实体经济企业建设，以船舶海工及配套、新能源汽车及汽车零部件、新材料、纺织服装四大支柱产业，高端装备制造、新一代信息技术、新能源、节能环保四大新兴产业，现代物流、软件信息、金融服务、商务中介四大生产性服务业产业体系为重点，以各类园区为平台，以改革开放为动力，加快提升产业竞争能力、创新能力和配套能力，不断壮大经济总量、优化投资结构。要强化精准招商，创新招商方式，提升载体层次，改造传统产业，壮大新兴产业；要保障土地供应，优配环境容量，创新融资方式，强化用工服务；要完善组织架构，健全推进机制，严格落实奖惩，营造良好环境。

【建立重点工作推进五大指挥部】　8月19日，为深入贯彻落实市第十二次党代会精神，强化组织领导，理顺工作体系，明确工作责任，市委、市政府下发《关于建立重点工作推进五大指挥部的通知》，建立高铁新城建设指挥部、城市水系建设和大健康产业发展指挥部、渤商所长江国际交易中心建设指挥部、新能源汽车产业基地建设指挥部五大指挥部，确保相关重点工程、重大项目和重要产业建设高效推进。总指挥长由市委书记陈晓东担任。

【建设现代公共文化服务体系】　12月19日，市委、市政府下发《关于推进现代公共文化服务体系建设的实施意见》，提出在巩固已有文化改革发展成果基础上，加快将如皋建设成为文化凝聚力和引领力强、文化事业和产业强、文化人才队伍强的文化强市，努力构筑思想文化建设高地、道德风尚建设高地，推动宣传思想文化工作南通争第一、全省争领先、全国争影响。目标：到2017年，人均拥有公共文

新能源汽车产业园　　(如皋开发区供稿)

化设施面积0.24平方米以上。市图书馆、文化馆保持国家一级馆水平，全民综合阅读率90%以上，各项主要阅读指标位居全省前列，建成省书香城市。到2020年，人均拥有公共文化设施面积0.26平方米，力争打造国家公共文化服务体系示范项目1个，市博物馆进入国家三级博物馆行列，市少儿馆获评国家一级馆，所有文化站均达到省定二级标准，其中一级站占70%。公共文化服务标准化和均等化程度85%以上，公共文化资源利用率90%以上。推进地面数字电视全覆盖；加快应急广播体系建设，为全民提供突发事件应急广播服务；提高农村电影放映质量，增强观影效果；加快推进电信网、广播电视网、互联网三网融合，大力推动传统媒体与新兴媒体融合发展，打造智慧广电。

（章礼君）

如城街道城东社区举办“两学一做”专题党课宣讲活动

（如城街道供稿）

## 重要活动

**【“两学一做”学习教育活动】** 5月4日，市委召开“两学一做”学习教育工作座谈会，下发《关于在全市党员中开展“学党章党规、学系列讲话，做合格党员”学习教育的实施方案》，集中部署全市“两学一做”学习教育工作。

年内，市委制定《“两学一做”学习教育“一把手”职责任务清单》，市委常委和各镇（区、街道）、各部门、各单位负责人坚持学在前、做在先。开展市委常委“十个一”（赴基层单位讲1次党课，集中学习1次《党委会的工作方法》，每季度参加1次中心组专题讨论，结合“三解三促”深入开展调查研究、牵头解决1批群众关心的实际问题，年底参加1次专题民主生活会，到分管部门分管领域开展1次检查指导，挂钩指导1个基层党建工作点，领衔实施推进1个党建创新项目，挂钩服务1个重点工业项目，结对帮扶1个软弱涣散基层党组织）活动，30名县处级党员领导干部赴基层讲党课70节次。邀请省委组织部副部长盛克勤、南京航空航天大学能源与动力学院党委副书记徐川为市委中心组成员、市管领导干部作“两学一做”专题讲座。组建“雉水讲师团”，开展“送党课到村（社区）”活动，做到全市332个村（社区）宣讲全覆盖。在《如皋日报》开辟《百名书记谈体会》专栏33期。

全市各级党组织先后围绕“坚定信仰信念，保持党员本色”“严守纪律规矩，强化党员意识”“勇于担当作为，发挥党员作用”3个主题开展专题讨论13266次，召开“两学一做”专题民主生活会132次，征求意见建议8963条。在全体党员中开展“三亮一树”（亮身份、亮承诺、亮业绩，树形象）、“领导干部立家规，共产党员正家风”活动。发动全市党员干部参加南通市“两学一做”学习教育有奖竞答、“不忘初心、永念党恩”微作品征集、“江海先锋在身边”优秀摄影展参观活动，市委组织部获优秀组织奖。在南通市级以上媒体刊登推介如皋“两学一做”学习教育信息动态及特色做法29篇，其中国家级媒体刊登17篇、省级媒体刊登3篇。市委书记陈晓东接受人民网专题访谈，谈如皋市“两学一做”学习教育活动。在全省“两学一做”学习教育互学互查活动中，如皋市作为南通县市唯一代表，接受苏州市委组织部检查。

（刘培媛）

**【党政领导考察活动】** 4月14日，市委书记姜永华、市长陈晓东率党政代表团到武进区、泰兴考察，学习转型升级、项目建设、城市建设等方面经验和做法。

4月27日，南通市委常委黄爱军，如皋市委书记姜永华、市长陈晓东率如皋市考察团到上海凯迪拉克工厂、赛麟城市展厅、威蒙（赛麟）集团上海办事处、华谊集团等处考察。

5月13—18日，市委书记姜永华率考察团到台湾，开展为期6天的招商引资和经贸洽谈活动，先后考察电机电子工业同业工会、欣兴电子、台石合、长洲国际、磐亚集团、三阳工业、成威集团等台湾知名企业，宣传推介如皋投资环境，加快推进在谈项目进程。

12月1日，市委书记陈晓东在英国伦敦参加2016世界零碳公交研讨会期间，应邀率队考察英美资源集团(全球性多元化矿业公司，其铂金产品占全球销售总量40%)。

12月3日，市委书记陈晓东应德国沃根集团和SAP公司邀请，赴德国斯图加特考察访问。

光大如皋生物质发电项目开工仪式 (黄友谊摄)

**【重大项目开工活动】** 1月8日，南通海螺水泥有限责任公司海螺水泥、南通华宇通信科技有限公司华灿铁塔、江苏华灿电讯股份有限公司同轴连接线、如皋申通快递服务有限公司电商快递物流园、奔驰4S店5个亿元项目集中开工，总投资10.8亿元，涉及先进制造业、现代服务业等领域。

2月19日，永友粮油集团粮食仓储物流、江苏京典自动化科技有限公司环境检测设备生产、差别化纤维技术改造等8个项目集中开工。

3月8日，总投资1.2亿元江苏联泰纺织有限公司、总投资3000万元阳成商业综合体等重点项目集中开工。

3月21日，中远船务集团与南通瑞泰船务工程有限公司合作的支墩项目在长江镇(如皋港区)开工。

5月10日，南通超达装备股份有限公司大型复杂模具扩产，展志电子科技(南通)有限公司ABS注塑卡技术改造，南通东恒新能源科技有限公司碳纳米管及导电浆料，江苏元升太阳能集团有限公司太阳能热水系统、厨电产品生产线迁建，南通水明楼酒业有限公司标准厂房，南通明德塑胶有限公司研发中心6个重大项目集中开工，计划总投资超10亿元。

6月8日，江苏平易电气有限公司新建电网中性点接地成套装置制造、江苏恒康家居科技股份有限公司记忆棉制品扩建、南通如通物流有限公司物流仓储、南通中铁华宇电气有限公司特种LED照明灯具、南通市顺隆康复器材有限公司病床生产扩建、南通程恒汽车配件有限公司汽车车架冲压件6个重点项目开工建设，总投资近10亿元。

7月16日，新城吾悦广场奠基开工。项目总投资15亿元，总建筑面积15万平方米，涵盖购物中心、第吾大道等多种业态及配套。

8月12日，南通德力克矿山机械设备有限公司二期互感器、南通宇鑫服饰有限公司高档时装技改扩建、由东升南通国际石材产业城有限公司投资的宝藏石展示中心、江安医院康复中心大楼新建等纺织、制造、医疗领域重点项目集中开工，总投资4.6亿元。

8月18日，中国光大国际有限公司在南通地区投资建设的第一个生物质发电项目——光大生物能源(如皋)有限公司如皋生物质发电项目在磨头镇开工建设。项目总投资3.2亿元，占地面积6.4公顷。

8月19日，大唐国际(如皋)热电联产项目开工建设。

8月27日，全省首个标准加氢站——上海氢枫能源技术有限公司如皋加氢站项目开工建设。

9月8日，石庄镇鸿悦府邸、百川化工(如皋)有限公司绝缘树脂及配套公用工程、南通利和工艺品有限公司纱线编织品加工3个亿元以上项目集中开工。

10月29日，全市21个重点项目集中开工，投资总额超132亿元。其中，渤商所华东交割总枢纽一期项目总投资50亿元，江苏巨业杭萧建筑新材料有限公司新型钢构建材、PC板加工项目总投资超10亿元，龙游河1号项目(生态型高端养生社区)总投资12亿元,南通荣威娱乐用品有限公司出口型PVC娱乐用品项目总投资1.56亿美元。

**【"一会两节"】** 10月28日上午,第十三届中国如皋沿江经济洽谈会、第八届如皋中国长寿文化节、第九届中国(如皋)花木盆景艺术节(简称"一会两节")在市行政中心礼堂开幕。

上海社会科学院副院长何建华围绕"如皋如歌、如愿,拥抱发展腾飞新机遇——千年古城迈入世界级都市圈同城新时代"主题,从历史、现在和未来视角,对如皋未来发展战略、机遇和前景进行第三方信息发布。清华大学汽车产业与技术战略研究院、渤海商品交易所、工业信息化部软件与集成电路促进中心(CSIP)有关专家分别就新能源汽车产业发展、如皋港大宗商品交易综合服务平台建设、如皋软件园运营作推介;国际自然医学会会长森下敬一为如皋市颁授"国际健康养生胜地"牌匾;CSIP如皋创新创业基地、渤商所长江国际交易中心、南通大学软件学院揭牌。集中签约重点项目25个,计划总投资135.8亿元,其中内资130.3亿元、外资8750万美元。

在第八届如皋中国长寿文化节活动中,如皋市策划举办首届健康中国如皋论坛,推介如皋健康产业发展规划,与会专家围绕"大健康、大产业、大品牌、大未来"主题进行探讨,为"大健康产业"发展出谋划策。

在第九届中国(如皋)花木盆景艺术节活动中,举办中国花木盆景产业发展论坛、第二届全国花卉旅游论坛、全国盆景交易大会开幕

市委书记陈晓东(前排左二)在江安镇江苏英诺威汽车零部件有限公司调研 (江安镇供稿)

暨中国如皋国际园艺城开业仪式、精品盆景展示会、全国盆景及园艺资材交易会、精品盆景拍卖会等一系列子活动,为全市精品花木盆景提供展示展销平台,并通过加强协同创新,助推如皋花木产业在新品开发、人才培养、种养植技术等方面提升。

"一会两节"期间,各区(镇)、部门推出新能源汽车产业链招商发布会、中国港口产业供应链高峰论坛、智能KY蓝宝石晶体生长专家论坛、高端人才"凤还巢"恳谈会、第二届"梦想之星"创业大赛、中国如皋第五届海峡两岸软件与信息服务业年度峰会、李昌钰刑侦科学博物馆开馆仪式暨中美司法·鉴识及教育研讨会、中国菱镁行业协会成立25周年庆典暨新型墙体材料发展论坛等系列特色活动。其间,签订投资意向、投资协议93个,计划总投资359.6亿元,其中内资310.1亿元、外资7.5亿美元。

## 调查研究

**【概况】** 2016年,市委组织一季度重点工作推进情况调研、7月份全委会调研、9月份重点工作推进情况调研、年终全委会调研等全局性调研活动。《"五色如皋",精彩不容错过》《江苏如皋:靶向攻克相对贫困》《抢抓战略黄金机遇期,打造经济发展新优势》《打造长寿牌大健康产业集聚区》等39篇调研论文在《瞭望》《江苏通讯》等国家级、省级报刊和内刊上发表,在《新华日报》《江苏内参》《智库服务》等主流媒体刊登头版头条报道5篇。通过调研、总结,向外推介如皋经济社会发展亮点。创新建立市、镇、村三级信息网络;完善信息联动平台,与政府市长热线、政协《社情民意》等建立信息联动机制。全年被中共中央办公厅、省委办公厅分别采用信息11条和68条,被新华社政务通手机报采用182条。编印镇(区、街道)、机关部门贯彻重大会议精神落实情况,印发《情况通报》64期;加强与市级机关各部门及各镇(区、街道)部门的沟通联系,全年印发《每日动态》144期;加强媒体沟通,加大亮点报送力度,全年被省级以上媒体和政务通手机报录用信息91条。

(章礼君)

## 组　织

**【概况】** 2016年,全市新建党组织

70个,撤销党组织146个。至年末,全市有基层党组织6004个,党员69937人。有党委72个,其中,政府工作部门党委18个,事业单位党委6个,镇党委11个,村(社区)党委12个,北郊花苑、如意花苑、城南花苑集中居住区党委3个,国有企业党委5个,集体经济控制党委1个,新经济组织党委16个;党总支442个;党支部5490个。全市有科级领导干部756人。其中:市级机关科级领导干部443人,镇(区、街道)科级领导干部295人,事业单位领导干部18人;正科职干部170人,副科职干部586人;女干部126人,占比16.7%;党外干部23人,占比3%。领导干部平均年龄44.6周岁,35周岁以下年轻干部69人,占比9.1%。大学以上学历者667人,占比88.2%;研究生73人,其中博士研究生3人。

【干部教育培训】 年内,市委组织部推行领导干部教育培训"五学一考"(在职自学、党校选学、集中培训、领学导学、网络考学+学分制考核)模式。开展各党委(组)中心组学习活动,全年累计旁听30多场次。改版升级"雉水在线"干部在线学习平台,促进全市干部在职自学。每月开展领导干部"党校选学"活动2次,领导干部全年选学4719人次。全年举办各类主体班次16个、扎口班次26个、各类专题讲座24场,参训干部8000余人次,覆盖机关、镇(区、街道)党政领导,企事业单位领导干部,农村党员等群体。全面加强领导干部、基层党组织负责人、企业家等各类群体培训,进一步加大年轻干部教育培养力度,不断提升各级干部服务发展、服务基层、服务群众的本领和能力。4月,举办机关驻村第一书记培训班,组织30名驻村第一书记赴苏南及浙江等地开展为期4天的培训,参观学习新农村建设优秀典型。8月,组织103名新录用公务员开展为期12天的初任培训。举办全市市管企事业领导干部暨事业单位法定代表人能力提升培训班,组织50名学员到东南大学开展为期5天的培训。10月,举办党建创新工程培训班,组织50名党务干部赴厦门大学专题培训。12月,举办2016年度新任科级领导干部培训班,组织68名新任领导干部在市委党校集中培训5天,促进新任科级领导干部进一步拓宽视野,更新知识结构,提升工作本领。

【干部选拔任用】 年内,市委组织部围绕市镇两级党委、人大、政府及市政协集中换届,聚焦"四好"(绘出思路清、措施实的好蓝图,选出忠诚干净担当的好干部,配出结构优功能强的好班子,换出心齐气顺劲足的好面貌)目标要求,通过"三个对接"(日常研判与集中考察对接、干部结构优化与推动"能上能下"对接、正反双向考评与防止"带病提拔"对接),强化班子"把脉"和"靶向"分析,凸显实绩导向和群众公论,确保班子配备在功能强的基础上实现结构优。围绕培养有激情、敢担当、过得硬"狮子型"干部目标,继续选派优秀年轻干部118人到新农村建设、城市搬迁、招商引资、信访维稳等改革发展主战场、维护稳定第一线、服务群众最前沿砥砺品质,提升能力。选派7名优秀年轻干部到国家部委、省级机关及上海地区等挂职,学习先进经验;选派3名退居二线科级干部到新农村一线发挥余热,助推发展。围绕激发干部工作活力、强化责任担当、树好用人导向等要求,进一步强化干部考核制度建设,探索精准考核、促进干部能上能下等做法。3月,如皋市年轻干部培养经验在省委组织部座谈会上交流。4月11日,作为全省唯一县(市、区)代表,如皋市在中组部公务员管理办公室组织的干部考核工作座谈会上,介绍干部考核方面特色做法和工作成效。6月,中组部党建读物出版社一行专程到如皋调研第一书记工作。7月,如皋市公务员平时考核工作经验在全省公务员平时考核工作推进会上作交流发言。8月,南通市机关驻村第一书记现场会在如皋召开,推广如皋选拔、培养、管理驻村(社区)第一书记工作经验。

【干部监督管理】 年内,市委组织部健全干部监督制度,突出监督重点,注重监督方法。防止干部"带病提拔"调研成果《如何在换届中把好廉政关》被《中国组织人事报》刊用。对各单位任前审核严格职数配备,任中纪实规范程序履行,任后倒查强化责任问责。结合年底考核考察对全市有任免权的单位实施"一报告两评议"测评,选人用人满意度由上年84.5%提升至87%。开展领导干部个人有关事项随机抽查核实和重点抽查核实,先后对352名党委、人大、政府、新提拔领导干部和人大代表个人有关事项报告逐一审核,对照把关,其中,要求6人补填补正、14人作出说明,函询11人并要求作出情况说明,取消3名拟新提拔人员提拔资格。抓监督重点,推行"三责联审”整改报告制、督察制、问责制，对被联审单位“分级分色”（整改不彻底单位由联审部门下发黄色督办单，整改不力单位由“三责联审”领导小组下发橙色督办单，拒绝和拖延整改单位由市委、市政府下发红色督办单）抓整改。全年完成12家单位17名离任或任期较长领导干部联审工作。强化事前预警，全面收集干部监督信息，运用好巡视、考核、审计、信访、个人有关事项报告抽查核实等成果，调查核实、科学研判，早发现、早处理干部苗头性、倾向性问题，全年提醒谈话2人，信访事项函询2人。

【人才培养选拔】 年内，实施“1222”人才引进工程、“名校优生”工程、如皋籍在外人才“凤还巢”工程和“雉水英才”计划、“学子归巢”计划，全力打造人才“皋”地。全年累计引进国家级顶尖人才10人，其中国家“千人计划”专家4人；引进省“双创计划”人才6人、省“双创”博士和科技副总7人、如皋市“雉水英才”9人；引进硕士以上研究生和高级职称人才209人；招录紧缺型高学历人才24人；引进优秀本科毕业生和中级职称人才2085人。引进省及南通市外国专家引智项目9个，全市获批省“六大人才高峰”项目7个。至年末，全市高层次人才总数突破1万人，其中“千人计划”专家、长江学者等国家级顶尖人才35人，省“双创人才”24人，如皋市“雉水英才”58人。1月，开展全市各类人才（项目、载体）年度绩效考核评估工作。2月，做好春节期间优秀人才慰问工作；召开“凤还巢”高端人才新春座谈会。3月，召开市委人才工作领导小组会议，出台《关于加快推进顶尖人才创新创业的若干意见》。到湖北武汉、福建厦门、北京、南京等地开展人才专题活动，并在省第二十三届精英人才对接峰会上作为地方代表进行专题推介。3—4月，先后举办如皋（上海/深圳/北京）投资环境说明会，签约高端人才项目30个。4月，山东省淄博张店区委组织部一行到如皋考察交流人才工作经验。9月，推进高端人才招引百日竞赛活动，实行旬报制度，收集高端人才信息30余条，其中9名高端人才入选市“雉水英才”。10月，召开“凤还巢”高端人才恳谈会。11月，举办海外人才如皋行活动，7名西班牙专家学者现场进行项目路演和推介。开展人才工作专项调研活动，重点对如皋籍在外人才进行梳理，汇编形成《如皋在外人才录》。组织50余名高层次人才到上海健康体检和疗养。12月，启动如皋市第二期“148”高层次人才梯队培养工程培养对象选拔工作，选拔100名人才列入培养计划。

【基层组织建设】 年内，市委组织部围绕市镇村三级换届，推进基层服务型党组织建设，建立健全基层党建工作保障体系。每季度通过随机抽查、实地察看、走访群众等方式，对基层村（社区）开展“四督察”[督察组织架构是否完善、人员配备是否齐全、“三会一课”（定期召开支部党员大会、支部委员会、党小组会，按时上好党课）等组织生活是否正常、各类保障是否到位]暗访活动。探索建立基层党组织书记管党治党“三单双评”（建立责任清单、问题清单、整改清单，组织开展述职评议、考核评定）制度体系，分类细化镇（区、街道）、行政村、城市社区、机关事业单位、“两新”组织、学校、医院七大领域党组织书记“第一责任”清单。在党组织书记基层党建工作年度述职会上增设当场质询、当场作答、当场点评、当场测评环节，开展考核评定，形成“成绩单”。相关做法被《江苏省组工信息》推介。实施村（社区）党组织书记“1336”工程，通过推行1次培训（高配师资开展履职培训）、3轮谈话（乡镇党委书记集体谈、分片领导个别谈、新老书记交接谈）、3项承诺（岗位承诺、任期承诺、年度承诺）、6项行动（壮大集体经济、发展现代农业、创建美丽乡村、精准扶贫开发、推进乡村治理、加强班子建设），组织全市所有村（社区）党组织书记与镇（区、街道）党（工）委签订任期目标责任书，系统性指引村（社区）党组织书记任期内“做什么、怎么做、做成什么”。在大学生村干部中开展“百名村干部进万户”教育引导主题活动，激励大学生村干部立足岗位当好“四大员”（党规党纪宣讲员、远程教育播放员、惠农政策传播员、矛盾纠纷调解员）。全市306名大学生村干部组建党员志愿服务先锋队、文化宣传队、法治调解队、阳光农技服务队等服务队伍14支，创作“两学一做”创意文化墙、“智取威虎山”经典配音等作品8件，先后创办残疾人之家、电商港湾、创业服务中心、正能量加油站、周末大课堂等惠民富民平台16个。1月，做好“三严三实”专题教育活动整改落实阶段工作，完成“三严三实”总结报告。召开党建研究会会员代表大会，审议通过《如皋市党的建设研究会章程（修订草案）》，完成党建研究会换届。2月，按照习近平总书记提出的“两个聚焦”(各项改革任务、制度建设要向全面建成小康社会聚焦、向构建发展新体制聚焦)、“四个突出”(突出问题导向、突出精准发力、突出完善制度、突出督察落实)改革要求,总结全市党的建设制度改革工作所取得的成效及做法,研究出台《关于2016年深入实施农业现代化工程建设“强富美高”新农村的实施意见》。3月,在基层党组织中启动“六强六过硬”(强引领,推动作用发挥过硬;强素质,推动队伍建设过硬;强发展,推动小康业绩过硬;强规范,推动乡村治理过硬;强投入,推动基础保障过硬;强督导,推动责任落实过硬)专项竞赛活动。4月,出台《关于明确全市村(社区)党组织“六到位、三规范、三清楚”工作标准的通知》,要求全市村(社区)党组织“四位一体”联动工作体系运转到位,“一综多专”服务队伍作用发挥到位,“三会一课”组织生活落实到位,村(社区)干部轮岗值班制度落实到位,各类服务事项告知到位,教育引导宣传落实到位;功能站室设置规范,标牌制度设置规范,台账资料设置规范;清楚村情,清楚民意,清楚政策,明确规定村(社区)党组织全面过硬指标。3—5月,全市各镇党委完成换届工作,11个镇选举产生镇党代表1226人,结构比例达到要求。各镇按照议程召开党代会,选举出席中共如皋市第十二届代表大会代表193人。6月,市级机关部门、3个街道及解放军驻如部队选举产生出席中共如皋市第十二届代表大会代表203人。7月1日,举办中国共产党成立95周年大会暨“七一”大党课,表彰先进基层党组织40个、优秀共产党员40人、优秀党务工作者20人、“十佳”党员企业家10人、“双强”型村(社区)党组织书记标兵20人。7月29—30日,中共如皋市第十二届代表大会召开,选举产生中共如皋市第十二届委员会委员37人、候补委员7人,中共如皋市纪律检查委员会委员15人和出席中共南通市第十次代表大会代表59人。8月11日,在白蒲镇召开全市村(社区)党组织换届选举工作会议。与会人员观看《白蒲镇蒲西社区党总支“两推一选”工作纪实》并观摩换届选举现场。组织召开全市大学生村干部工作会议暨“两学一做”学习教育党课,表彰大学生村干部工作先进集体5个、实践“五心工作法”先进个人20人,新任命大学生村干部20人。深入村(社区)暗访,督察组织架构是否完善、人员配备是否齐全、“三会一课”等组织生活是否正常、各类保障是否到位。9月,编写《村(社区)党组织换届选举工作材料汇编》,细化“两推一选”(党员推荐、群众推荐,党内选举)各环节和具体工作流程,严格实施党组织书记人选“资格预审”制,完成全市347个村(社区)党组织书记选举工作。全市通过换届产生新任党组织书记59人,占比17.1%;新一届书记平均年龄46.1周岁,较换届前下降2周岁,其中35周岁及以下者24人;党组织班子成员本科及以上者392人,其中党组织书记97人,分别较换届前增长2.6%和8.9%。在山西省汾阳市贾家庄举办如皋市第二期农业部实用人才培训基地大学生培训班,44名大学生村干部参加培训。10月,组织全市村(社区)党组织履职培训班,为期3天,345名村(社区)党组织书记参加培训。11月,推进基层党建各项重点任务落实,全面推行“三化”(网格化排查、规范化整改、长效化管理)工作法,推进基层党组织按期换届情况专项检查,全市排查出任期届满后、未经上级党组织批准1年内未换届党组织61个,年内全部整改到位。开展党费收缴工作专项检查,敦促31255名党员补缴党费197.87万元。

**【非公有制企业党建】** 年内,市委

如城街道宏坝社区党组织换届选举工作现场　（尤小龙摄）

组织部围绕“五服务”(服务大局、服务企业、服务党员、服务员工、服务社会)要求,探索新形势下抓好“两新”服务型党组织建设的方法和途径,全年新建“两新”党组织18个。年末,全市3903家非公企业建立党组织3890家,组建率99.67%,其中,单独组建2169家,联合或挂靠组建1721家,规模以上企业百分之百单独建支。236家社会组织建立党组织221家,组建率93.64%,其中,单独建支137家、占比62%,联合或挂靠组建党组织84家、占比38%。年内,市委组织部在各镇(区、街道)依托企业服务中心(站、局)成立“两新”联合党委,由镇(区、街道)分管副书记任联合党委书记。出台《关于进一步建立健全非公有制企业和社会组织党建领导体制和工作机制的意见》,构建以市委“两新”工委为龙头、镇(区、街道)“两新”组织联合党委为主体、村(社区)党组织为补充的三级管理推进网络。在全市3个集聚区1878家非公企业中,建立综合性党群服务中心5个,选派党建工作指导员242人,党组织覆盖率100%。把小微企业、个体工商户和专业市场(简称“小个专”)非公党建作为基层组织建设重要突破领域,成立全省首家县级“小个专”非公经济党委,组建党总支3个、党支部27个,编印“小个专”党建工作指南,推行“六统一”(党组织标牌、活动室、制度、档案、党员花名册、“三会一课”记录簿设计和要求统一)阵地建设标准,解决组织设置有盲点,工作延伸不到边问题。

【结对帮扶】 年内,市委组织部在全市持续开展软弱涣散基层党组织整顿工作,市镇两级为全市18个软弱涣散基层党组织所在村(社区)选派“第一书记”驻村帮扶,建立健全组织联建、党员联管、人才联育、活动联谊、困难联帮、发展联姻的整顿、转化、帮带大格局,累计提供帮扶资金110余万元。全年组织123名在职党员到软弱涣散村(社区)开展义务服务,提供致富信息130多条,协调解决各类生产生活难题280余件。加快推进村级公共服务平台建设,奖补81万元,推动19个村(社区)严格按照站室设置、公开标牌、上墙制度、台账资料“四规范”要求,全面完成公共服务中心新建、改扩建工作。

【党员队伍建设】 年内,市委组织部培训入党积极分子525人,发展新党员391人。其中:女性155人,占发展总数39.6%;35周岁以下者256人,占发展总数65.5%;大专以上学历党员307人,占发展总数78.5%;“两新”组织党员191人,占发展总数48.8%;生产一线党员289人,占发展总数73.9%。严格执行发展党员谈话制度,谈话率100%。1月,联合市财政局、市民政局、市卫生和计划生育委员会(简称“市卫计委”)下发《关于下拨2016年度农村老党员定补、困补指标的通知》《关于下发2016年度农村老党员参加新型农村合作医疗费用补助的通知》,下拨各类资金348万余元。3月,下发《关于在全市党员中推行“积分制”管理“星级化”考评的实施意见》,推动党员日常管理精细化、科学化和规范化。4月,制订《关于下达如皋市2016年度发展党员计划的通知》。5月,排查党代表和党员违纪违法未受到相应处理情况10例。6月,成立中共如皋市驻宁流动党员联合委员会,下设临时党支部8个。7月,成功举办入党积极分子培训班3期。9月,中共如皋市驻京、驻沪流动党员联合委员会成立,下设临时党支部20个。

【组工队伍建设】 年内,市委组织部在组工队伍中开展“两学一做”学习教育,以“四比双争”(比政治信念、比公道正派、比业务水平、比作风形象,争创模范部门、争当模范干部)活动为主抓手,通过开展“三创三争”主题活动,打造模范部门和过硬队伍。创设党性提升课堂、业务提升课堂、实践提升课堂三大课堂,推动组工干部争当政治过硬、业务精湛表率。坚持思想政治教育和业务技能培训“两手抓”,常态化开设党性提升课堂、业务提升课堂、一线提升课堂。坚持周三“夜校”、周六集中学习日制度,先后开展组工讲坛、科长讲课、业务竞赛21场(次),邀请6位镇(区)和机关领导走进“经济社会发展讲坛”,组织开展各类党性教育活动15场(次)。创优组工价值文化、组工制度文化、组工关爱文化三大文化,推动组工干部争当公道正派、作风严明表率。构建服务改革工作、服务发展工作、服务基层工作三大载体,推动组工干部争当服务大局、善作善为表率。开展党员干部进社区、志愿服务做表率行动,全年累计参与志愿服务216人次,解决群众生产生活性难题62件。组织21人到新农村建设、城市搬迁、信访维稳等岗位开展脱岗服务,促进组工干部在服务基层和群众中改进工作、转变作风、提升形象。

【组工信息宣传】 年内,市委组织部编辑《信息专报》95期,分别被《江苏组工信息》《南通组织信息》录用8篇、11篇。全市组工人员在国家、省、南通市级重点刊物分别发表宣传稿件108篇、135篇、14篇。全年发表网评文章64篇,其中在中国共产党员新闻网发表46篇,报送发帖587篇。市委组织部被人民网评为优秀党建云平台暨基层党建宣传示范单位。

【党员干部现代远程教育(党员电化教育)】 年内,全市党员干部现代远程教育、党员电化教育、党建网络传播管理工作以"两学一做"学习教育为重点,推进"远教学用工作提升年"主题活动和远教学用提升工程。完善"五个一"(建强一支导学员队伍、选优一张导学单、打造一个样板课堂、培育一批学用基地、完善一套工作机制)工作体系,探索推进"组织导学、党群点学、专家领学、实践促学、群众评学""五学模式",开展远教技能培训、样板课堂推广、远教学用赛课、优秀教育课件(视频)和"双十"典型评选等系列活动。白蒲镇文峰社区远程教育站点被评为省党员干部现代远程教育示范站点,长江青少年素质培训基地被评为省党员干部现代远程教育示范基地。至年末,全市有南通市级远程教育示范站点12个、省级远程教育示范站点2个。围绕"两学一做"学习教育等主题,组织制播精品党员教育片8部、教学课件20件。开发制作的电教片获南通市第十五届党员教育电视片二等奖4部、三等奖4部。先后举办市级远程教育管理员、党建信息员培训班4次,开展"固定学习日""远教培训周"活动,组织基层站点开展学习教育4200余场次,受教育党员68万余人次。6月25日,如皋党建频道开播5周年纪念活动在市文广传媒集团演播大厅举办。中组部党员教育和干部测评中心二处处长徐宝林、省委组织部远程教育中心主任郜成平等参加活动。

在党建频道开播5周年纪念活动中,市委表彰市首届"十佳"时代先锋
(市委组织部供稿)

【如皋市人才竞争力位居全省第八】 12月23日,江苏人才发展战略研究院发布2016年江苏人才竞争力报告,如皋市位列全省县市人才综合竞争力第8位、南通市第1位。

(刘培媛)

## 宣 传

【概况】 全市现有理论学习中心组75个,其中镇(区、街道)党(工)委中心组14个、部门党委(组)中心组55个。全市现有基层党校50所,其中镇(区、街道)党(工)委党校14所、部门党委党校4所、企业单位党委党校32所;有基层党校分校332所,全市村(社区)基层党校分校实现全覆盖。

【理论武装】 年内,全市党委(组)中心组学习活动经常化、制度化、规范化开展,围绕中共十八届六中全会精神、省和南通市党代会精神等主题开展学习活动。市委中心组全年组织学习活动14次。市委中心组(扩大)学习会先后邀请上海同济同捷科技股份有限公司董事长兼首席执行官、同济大学汽车系教授雷雨成作题为《世界汽车工业格局、汽车技术革命与汽车创新创业战略》主题讲座,国务院发展研究中心宏观经济研究部副部长、研究员魏加宁作经济转型升级辅导讲座,全国政协社会法制委副主任施芝鸿深度解读习近平总书记系列重要讲话和"七一"重要讲话,省社会主义学院党组成员、副院长魏晓蕾作统一战线基本理论政策主题讲座。年内,市委宣传部组织开展科级领导干部"党校选学"活动,结合全市经济社会发展实际,邀请专家学者、领导干部开设马克思主义基本问题、领导干部影响力提升、传统产业转型升级、顶天立地谈信仰等专题讲座,全年参加"党校选学"4719人次。深入镇、村、企业、学校，采用小课堂、小座谈、微型党课等模式，创新开展冬训宣讲。组建百名志愿者组成的理论宣讲志愿服务支队，深入基层开展重大理论、形势政策、科技文化等宣讲活动，累计宣讲800余场次。在《如皋日报》上编发“如皋制造对接2025”“绿色如皋织锦绣”“招商引资加速跑”等《雉水论坛》理论专版16期，利用电视、广播、微信公众号等载体开展理论宣传。全年举办“东皋大讲堂”7期、“健康养生吧”2期。组织开展第5个爱国主义和全民国防主题教育月活动。年内，全市新增南通市级国防教育基地3个（华夏电影胶片博物馆、长江青少年素质教育基地、李昌钰刑侦科学博物馆）。12月15日，邀请省委宣讲团成员、省委宣传部副部长、省文明办主任杨志纯以《高水平全面建成小康社会的江苏蓝图》为题，解读省第十三次党代会精神。市委中心组全体成员，各镇（区、街道）、市级机关各部门负责人、市委宣讲团成员等300多人参加学习。

**【舆论宣传】** 年内，市委宣传部围绕“两学一做”学习教育、全面深化改革、文明城市创建、市第十二次党代会、“一会两节”、换届选举等重点工作，加强选题策划，媒体宣传、环境宣传、文艺宣传整体联动，全媒体互动进行系列宣传报道。聚焦项目建设，策划“项目建设镇区行”“争当苏中新一轮发展排头兵——我们在行动”大型新闻宣传活动，为全市抢抓项目建设、争当苏中新一轮发展排头兵营造浓厚氛围。注重典型宣传，从镇（区、街道）、部门、企业等多个层面推出抢抓机遇、奋勇拼搏先进典型、模范践行社会主义核心价值观先进典型，全国优秀法官顾雪红、磨头镇新港村党总支书记鞠久富成为江苏最美典型。围绕“港澳媒体江苏行——走进如皋”、中乙联赛开幕式、国际风景园林设计峰会、李昌钰刑侦科学博物馆开馆等重大活动，在活动前期营造铺垫氛围，活动中邀请相关媒体集中采访，活动后期后续放大报道，持续形成舆论宣传热潮。加大与中央电视台对接力度，《中华医药》《养老中国》《味道》《我们的节日之粽香情更浓》《对话》《中华名城行》《向幸福出发》等栏目相继播出如皋专题。全年在国家、省、南通市及境外媒体刊发宣传如皋经济社会发展亮点新闻稿件1000余篇，其中，《人民日报》、新华社、中央电视台、《新华每日电讯》等国家级媒体新闻宣传报道15篇，《新华日报》头版头条3篇，《南通日报》头版重要报道43篇。

8月24日，世界著名刑侦鉴识专家、科学神探李昌钰做客“东皋大讲堂” （顾宏基摄）

**【中共十八届六中全会精神学习贯彻】** 10月28日，市委中心组召开学习会，专题学习中共十八届六中全会精神，交流学习体会，对全市学习贯彻六中全会精神提出要求。全市各界掀起学习宣传热潮，各镇（区、街道）、各部门党委（组）中心组均开展学习交流活动。12月15日，在市委中心组（扩大）学习会上，南通市委宣讲团成员、如皋市委书记陈晓东专题围绕学习贯彻中共十八届六中全会精神进行宣讲，要求全市上下充分认识党的十八届六中全会的意义，认真学习贯彻《关于新形势下党内政治生活的若干准则》《中国共产党党内监督条例》，全面加强和规范党内政治生活，全面落实党内监督责任，突出抓住领导干部这个“关键少数”，推动全面从严治党再上新台阶。

（周逸旋）

## 文明创建

**【公民道德建设】** 2016年，市文明办突出“爱敬诚善”主题，开展各级各类道德讲堂活动1400多场次；结合春节、清明、端午、中秋、重阳等传统节日举办系列主题文化活动；围绕纪念长征胜利80周年，以“传承长征精神，共建魅力如皋”为主题，开展第5个爱国主义和全民国防主题教育月活动。开展“讲文明树新风”公益广告征集评选活动，征集作品200余篇，评选平面、音频类作品一等奖1件、二等奖2件、三等奖3件、优秀奖6件。组织开展“节俭养德、全民节约”教育实践活动，开展文明交通引导、文明餐桌提升、文明旅游月、绿色科普

如皋乡村教师吴红芳(右二)当选“中国好人”
(市教育局供稿)

流动讲堂等主题活动,引导市民尊道德、守秩序、讲文明。评比表彰市第九届爱心团队爱心大使,制定《如皋市礼遇帮扶道德典型实施办法》,发动社会各界广泛参与“我推荐、我评议身边好人”活动,乡村教师吴红芳、社区民警李百战、爱心邮路乡邮员赵颖东3名基层一线道德典型登上“中国好人榜”。通过媒体宣传、网上传播和设立善行义举榜等形式,弘扬好人文化,举办以“凡人善举、小城大爱”为主题的省道德模范与身边好人现场交流活动。召开诚信建设制度化推进会,构建全市公共信用信息平台,开展文明诚信商户、文明诚信示范街区(市场)创建和市第三届“诚信之星”评选,加大失信行为和个人曝光力度,推动形成讲诚信、守信用良好社会氛围。全市85家企业、843家商户、17家商会分别被表彰为南通市诚信企业、诚信经营示范店和诚信商会组织。

**【未成年思想道德建设】** 年内,市文明办创新未成年人文明礼仪养成教育工作载体,组织创排儿童木偶剧《穿越“无礼国”》,在全省2016年“七彩的夏日”未成年人活动启动仪式上首演,参加第三届江苏文化艺术节展演获特别奖。开展“我唱童谣扬正气”“我做义工学雷锋”“我习非遗作传承”“我行礼仪当表率”系列活动,整合各类文化场馆资源推出“七彩的夏日”暑期系列活动近80项,在全市中小学校全面开展“学党史、学国史,听党话、跟党走”未成年人思想道德主题教育活动。重视未成年人心理健康教育,依托市未成年人成长指导中心,常态化开展中心面询、电话咨询、网络辅导活动,定期组织开展家长沙龙和团体辅导活动,组织20多名志愿者走进学校、社区,为未成年人及家长提供点单式主题宣讲,增强未成年人心理健康教育针对性和实效性。

**【社会志愿服务】** 年内,市文明办着眼建强服务组织,新组建基层理论宣讲、环保、消防3支专业志愿服务队伍。加大对社会志愿服务组织扶持力度,整合社会志愿服务力量建立爱心如皋公益联盟,开展志愿者骨干交流培训,引导社会志愿服务组织健康发展。着眼做优重点项目,于3月份全面启动志愿服务进社区活动,医疗卫生保健、普法宣传、科普宣传、环保宣传、消防安全知识普及、文化指导服务等专业志愿服务进社区逐步形成常态。由市志愿服务总队和市慈善基金会共同发起的“我们的爱心包”项目,惠及100名家庭困难留守儿童、80名生活困难孤寡老人、20个生活困难环卫工人家庭和10户生活困难道德典型家庭。由文明办牵线、企事业单位资助、社会志愿服务组织具体实施的“闲置衣物再利用”“爱心公益书吧”“关爱农民工”“关爱困境儿童”等6个志愿服务伙伴计划项目7月全面启动实施;“同做微公益、实现微心愿”志愿服务活动得到社会各界积极响应,全年累计发布社会困难群体“微心愿”项目223个,达成208个,实现率93%。全年表彰年度优秀志愿服务组织10个和优秀志愿者10人,对优秀志愿者给予礼遇。7名志愿者、2个志愿服务团队和1个志愿服务项目分别被表彰为南通市优秀志愿者、优秀志愿服务组织和优秀志愿服务项目。

**【全国文明城市创建】** 年内,市文明办实施《如皋市创建全国文明城市三年行动计划(2015—2017)》,坚持常态长效推进与难题攻坚突破相结合,通过现场推进、月度考核、季度测评、督察交办等措施推进文明创建工作,组织开展创建重点难点攻坚、交通秩序集中整治、“僵尸车”专项清理和花市路沿线专项整治等活动,纵深推进创建工作。在全省深化文明城市创建工作推进会上,如皋市作经验交流发言。着眼城乡一体文明建设,启动“美丽乡村·幸福家园”建设行动,打造宜居环境,建好道德教育、文体活动两大活动阵地，培育农村志愿服务、乡风文明评管、乡土文化人才骨干队伍，深入开展“爱敬诚善”教育、优良家风培育、文明乡风弘扬、农村文化惠民四大主题活动，促进城乡文明程度同步提升。以新一轮省级文明创建典型推荐申报为契机，推进文明村镇、文明单位、文明社区、文明校园、文明家庭五大创建活动，全市27个单位、7个镇、16个村、3个社区获评省精神文明系列创建先进。在2016年度全国文明城市测评中，如皋市位列全省县级城市第2名。

**【“美丽乡村·幸福家园”建设行动】** 2月，市文明办围绕乡风民风美、人居环境美、文化生活美要求，启动实施“美丽乡村·幸福家园”建设行动。围绕农民群众利益关切点，办好惠民项目、利民实事，吸引群众广泛参与，持续推进全市农村精神文明建设工作，提升农民文明素质和农村文明程度。至年末，建成“江苏最美乡村”3个（如城街道顾庄社区、长江镇长江社区、江安镇周庄社区）、省级三星级康居示范村26个、省级美丽乡村20个，“一村一品、一村一景”格局逐步形成。

全省道德模范与身边好人（南通如皋）现场交流活动 （黄友谊摄）

**【全省道德模范与身边好人（南通如皋）现场交流活动】** 9月20日下午，在第14个全国“公民道德宣传日”，全省道德模范与身边好人现场交流活动（南通如皋）在如皋市举行。省美德基金会、南通市文明办相关人员和如皋市600多名干部群众参加活动。现场交流活动在主题宣传片《凡人善举，小城大爱》中拉开序幕，通过视频短片、现场访谈、网友互动、文艺表演等形式，呈现全国优秀志愿者赵小亭、全国司法行政系统一级英模刘荣贵、“爱心妈妈”杨敏、“情义叔”缪元林等15位如皋道德典型感人事迹。活动现场，市文明委向每位“好人”赠送“道德传家宝”东皋印派印章，道德模范和身边好人代表向社会发出“凝聚向上向善道德力量，共建幸福和谐爱心城市”倡议。

**【全省深化“江苏最美乡村”创建工作座谈会在如皋召开】** 11月12日，省文明办在如皋市召开全省深化“江苏最美乡村”创建工作座谈会。省委宣传部副部长、省文明办主任杨志纯及全省13个地级市文明办负责人参加会议。与会人员参观考察如城街道顾庄社区、磨头镇新港村、江安镇周庄社区、搬经镇综合文化服务中心等“最美乡村”创建工作现场，如皋美丽乡村建设情况在会上介绍。

（吴小燕）

**如皋市爱国主义、全民国防教育、改革创新教育基地一览**

表3

| 序号 | 基地类别 | 单位名称 | 级别 |
|---|---|---|---|
| 1 | 爱国主义教育基地 | 如皋市烈士陵园 | 省级 |
| 2 | | 中国工农红军第十四军纪念馆 | 南通市级 |
| 3 | | 吴庄烈士陵园 | |
| 4 | | 如皋丝毯艺术博物馆 | |
| 5 | | 中国工农红军第十四军纪念碑 | |
| 6 | | 如皋市东方大寿星园 | |

续表3-1

| 序号 | 基地类别 | 单位名称 | 级别 |
| --- | --- | --- | --- |
| 7 | 爱国主义教育基地 | 如皋城市规划展示馆 | 南通市级 |
| 8 | | 如皋科技展示馆 | |
| 9 | | 长江青少年素质教育实践基地 | |
| 10 | | 如皋市李昌钰刑侦科学博物馆 | |
| 11 | | 如皋电影博物馆 | |
| 1 | 全民国防教育基地 | 中国工农红军第十四军纪念馆 | 国家级 |
| 2 | | 如皋市烈士陵园 | 省级 |
| 3 | | 吴庄烈士陵园 | 南通市级 |
| 4 | | 如皋市民兵训练基地 | |
| 5 | | 长江青少年素质教育实践基地 | |
| 1 | 改革创新教育基地 | 如皋城市规划展示馆 | |
| 2 | | 长江青少年素质教育实践基地 | |
| 1 | 社会主义核心价值观基地 | 中国工农红军第十四军纪念馆 | |
| 2 | | 如皋市李昌钰刑侦科学博物馆 | |

## 统一战线

**【概况】** 2016年,全市统一战线工作把握大团结、大联合主题,学习贯彻《中国共产党统一战线工作条例(试行)》《中共江苏省委关于贯彻<中国共产党统一战线工作条例(试行)>实施办法》精神,不断扩大统一战线社会影响力。年内,市委统一战线工作部(简称"市委统战部")被中央统战部宣传办表彰为2016年度《中国统一战线》杂志学习宣传先进单位,3名统战干部被南通市委表彰为南通市优秀统战干部。如皋市商会党建经验做法被《中国统一战线》杂志推介。

**【各界代表人士政治安排】** 年内,全市经过酝酿提名、推荐考察、民主协商产生如皋市第十四届政协委员人选378人,其中党外人士226人。124名党外人士当选如皋市第十七届人大代表。推荐南通市第十二届政协委员22人,其中党外代表人士14人。新的社会阶层人士中有23人当选市第十七届人大代表,34人经协商提名为市第十四届政协委员人选。

**【新一轮非公经济人士综合评价】** 年内,市委统战部启用新综合评价系统,组织开展新一轮非公有制经济代表人士综合评价,录入非公有制经济代表人士信息392人。11月,由市委统战部牵头,市委组织部、市工商联等15家评价单位对392名非公经济人士综合客观评价,确定A级99人、B级226人、C级67人。综合评价结果为非公有制经济代表人士政治安排提供参考。

**【党外干部培养】** 年内,市委统战部会同市委组织部继续推动党外干部实职安排工作,全市安排党外领导干部27人,其中,市人大常委会、政府、政协领导班子成员5人,司法机关领导班子成员1人,群团组织领导班子成员1人,市政府工作机构领导班子成员13人,镇(区、街道)领导班子成员3人,政府直属事业单位领导班子成员4人。4月,联合市委组织部对全市119名党外知识分子代表和后备干部调查摸底,更新完善信息库,从中选出48人列为近期重点关注对象。组织35名党外干部赴浙江大学进行统一战线理论、国际国内形势、转型期社会管理创新、干部文化素养等能力提升培训。

**【新的社会阶层人士统战】** 年内,市委统战部充分发挥党外律师专业优势,指导市同心·律师服务团深入非公企业、宗教场所、机关部门、乡镇村居开展送法服务。走访相关部门和新媒体公司,采集新媒体从业人员和代表人士信息，完善新媒体从业人员信息库。指导成立新媒体代表人士工作室，在相关媒体上发布从业人员自律公约，定期开展联谊活动，引导他们在净化网络空间、弘扬主旋律等方面弘扬正能量。6月，组织各镇（区、街道）对全市年应税销售3000万元以上268家民营企业和外资企业管理技术人员调查摸底，撰写《私营企业和外资企业管理技术人员统战工作调研报告》上报南通市委统战部。

**【联谊】** 年内，市委统战部组织人员到深圳与香港如皋同乡会骨干开展联谊交流活动4次，到香港开展联谊交流活动1次。全年接待回乡考察、探亲、观光香港如皋同乡会骨干及香港同胞5批50多人次。7月，推荐3名中学生参加南通市优秀中学生代表团赴香港参观、交流。10月23日，香港南通同乡会副会长曹元石率香港荃湾北侨福利会南通考察团一行20多人到如皋考察。

**【统一战线基本理论政策主题讲座】** 10月14日，市委书记陈晓东主持召开市委中心组（扩大）学习会议，邀请省社会主义学院党组成员、副院长魏晓蕾作“统一战线基本理论政策”主题讲座。市委中心组全体成员，各镇（区、街道）党（工）委书记和分管副书记、统战委员、民宗助理，市级机关各部门（含垂直管理部门）主要负责人，统战系统全体人员参加集中学习。

（赵本良）

## 农　村

**【概况】** 2016年，全市有镇（区、街道）14个，村（社区）332个，农业人口123.73万人。全市农村人均可支配收入16883元，同比增长8.7%。市委农村工作办公室（简称“市委农工办”）获省农经农业系统工作效能先进单位、省农工办《江苏农村要情》信息报送先进单位、省农业科普宣传工作先进集体和南通市农工办工作综合考核优秀单位等称号，获全省农工办工作优秀奖。

**【农村改革试验】** 年内，市委农工办深化农村土地征用、使用制度改革，探索土地增值收益分配。优选白蒲、九华、磨头和江安等镇进行村庄土地整理，通过国土部门和改革试验办验收4.63公顷，其中，白蒲镇黄行村0.781公顷、新陆村0.603公顷，九华镇耿扇等村1.865公顷，磨头镇十字桥村0.334公顷，江安镇陈庄等村1.047公顷。指导试点村确定拆旧和建新地块，编制方案，办理相关异地置换用地手续。探索土地增值收益分配机制，进一步保障农民合法权益。指导下原镇白李、东陈镇山河等11个试点村，建立社区股份合作社，对土地增值收益进行二次分配。如皋市成为南通唯一省级新一轮农村改革试验区，承担试验任务3个。完善农村产权制度改革，推动城乡生产要素自由流动。市农村土地流转、涉农项目、资产交易应进必进。完善机制、强化监管，全市农村产权流转交易逐步公开、公正、规范运行。自农村集体产权交易平台运行至2016年年末，全市农村产权交易786宗，农村承包土地经营权流转2681.63公顷；资产交易109宗，资产交易额3306.18万元；涉农资金项目378宗，完成总交易额14998.89万元。如皋市产权改革模式在全省农村产权制度改革会议上交流，年终考核名列南通第1位。市委农工办获全省农村产权交易市场建设县级先进集体称号，石庄镇、长江镇农村产权交易服务站获全省农村产权交易市场建设镇级先进集体称号。陕西省委农工办及20多个市县到如皋调研学习如皋产权改革经验。如皋农村产权交易做法在《江苏农村经济》刊登。探索实施土地承包经营权抵押贷款，累计抵押承包土地经营权1424.42公顷，发放承包土地的经营权贷款71笔、10164.5万元，受益农户及新型农业经营主体60户，乡镇覆盖面近90%。

**【农民负担监督管理】** 年内，市委农工办严格执行一事一议制度，一事一议筹劳工日由原来每个劳力8个降至5个。全市各镇村严格把好数据核实、民主议决、自愿以资代劳征求意见、方案编报和卡据使用5个关口。严格执行先发卡后收费、农民凭卡出资出劳和村（居）委会凭卡筹收等政策规定，以规范涉农收费为重点，以强化监督检查为手段，保护农民合法权益，维护社会稳定。5月为全市夏季收款月，全市执行一事一议制度村（社区）293个，占总村（社区）数88.2%。全市应收一事一议资金3577.04万元，比上年减少117.04万元；实际收款3362.41元，收款率94%，收款率90%及以上村（社区）278个，占总收款村（社区）数94.88%。年内，市委农工办确定一事一议奖补项目131个，均为水泥道路，涉14个镇（区、街道）129个村（社区），实施村占执行一事一议制度村（社区）44%。奖补项目全年修建水泥道路220.35千米，资金总投入5740.74万元，其中"一事一议"资金999.49万元、省补资金3506万元、其他资金1185.25万元。所有项目一次性通过验收。7—9月，联合市物价局、教育局、财政局、卫计委和农委等部门在全市开展涉农负担专项清理整顿活动。

【农村土地承包管理】 年内，市委农工办按照江苏省提出的前期准备、入户调查、测量制图、审核公示、登记发证、建档入库6步走工作法，将农村土地承包经营权确权登记颁证工作列入农业农村工作重要议事日程，牢牢把握确权质量，做实"6步走"各个关键环节，始终将广、细、全、准、严、实6个字贯穿于确权工作始终。至年末，全市332个村(社区)，35万农户，8581个村民小组，所需确权的304个村(社区)、7764个组，全面完成前期准备、入户调查、外业测绘等工作，审核公示、签字确认、证书发放完成率分别为96.51%、95.2%、90.46%。12个镇(区、街道)第三方承包地块测绘成果通过专项检查验收。市委农工办组织专家组对282个村(社区)预验收，设立3个点集中对确权资料扫描归档。年内，南通市政府、市委农工办先后4次在如皋市召开确权登记颁证归档现场推进会，检阅如皋市确权工作成果。

【农村公共服务运行维护】 年内，市委农工办组织全市所有村实行民主议事，确定农村公共服务运行维护项目。严格督察考核，对照实施方案和村民议事资金方案，督察项目实施进展情况；对全市所有村(社区)农村公共服务运行维护项目资金用途和票据进行审核，对存在问题限期整改。及时下达补助资金1328万元到各镇村，村均补助4万元。年底下达140万元奖补资金，奖励全市考核位居前60名村(社区)。11月22日，全市农村公共服务运行维护建设工作通过南通市委农工办和南通市财政局绩效评价。

【农村财务管理】 年内，全市实现村级集体收入2.75亿元，村均83万元，所有村(社区)集体经济收入均超过30万元。其中：实现村级集体收入50万元以上村(社区)252个，占比75.9%；70万元以上村(社区)147个，占比44.28%。实施"三年一轮审"制度，结合村(居)委会换届，会同市监察局、民政局联合出台《关于对第十届村(居)民委员会(经济合作社)届满审计的通知》(皋委农〔2016〕32号)，完成届满审计工作。选取城北街道平园池村作为试点村，开展农村集体财务和资产管理"阳光行动"试点工作。在南通市委农工办举办的财务评账活动中，丁堰镇朝阳村、城南街道天堡村分别获第2名、第4名。3月，组织为期3天的"村账村记"试点村会计业务培训，从会计基础业务核算、农村集体"三资"规范化管理软件操作等方面，对有能力、有意愿开展"村账村记"试点村(社区)46名会计和14名镇农村集体财务辅导员进行培训。4月，在搬经镇召开全市农村集体"三资"(资金、资产、资源)规范化管理现场会议，组织各镇农村经济服务中心主任和农村财务辅导员观摩搬经镇一季度财务公开现场，学习该镇农村集体"三资"规范化管理经验，对各镇农村集体"三资"管理提出要求。5月、12月，组织35名新任村会计参加南通市委农工办组织的为期2个月脱产培训。7月，组织全市财务评账工作，在每镇随机抽取1个村(社区)，对其2015年1月至2016年6月村级财务管理情况，从记账、会计资料打印装订、专项资金核算、资金管理、票据管理、备查账簿登记6个方面打分、点评。8—10月，在全市所有镇随机抽取村(社区)54个，专项检查2015年4月—2016年6月农村集体财务管理工作及同时期农经中心代管资金账目，对

6月3日，南通市土地承包经营权确权登记颁证签字确认现场会在如皋市九华镇召开 (九华镇供稿)

存在问题专题通报并整改到位。

【农村扶贫开发】 年内，全市全面启动脱贫致富奔小康工程，持续深入开展“双联双助”工作，组织90家市级机关单位重点与108个经济薄弱村结对帮扶，并从市级机关选派108名副科级以上领导干部到村任职。组织486家镇域企事业单位与其他村(社区)结对，组织7800多名党员干部与16312户建档立卡低收入农户结对帮扶，做到帮村帮户“全覆盖”。据统计，仅市级机关帮扶单位及个人累计直接出资或协调资金2900多万元，为村办实事200多件，受益农户22700多户；帮助新建或扩建现代农业园区58个，新增村级增收项目39个；资助贫困学生600多人。对建档立卡低收入农户实行动态调整管理，将因病、因灾等新增或返贫的577户、1600个低收入对象及时纳入建档立卡范围；对4970户、9493个脱贫对象及时销号，实施精准脱贫，并确保脱贫户在脱贫后2年内继续享受相关优惠政策。2016年全市新一轮建档立卡低收入人口脱贫率28%，完成省、南通市脱贫致富奔小康工程序时目标任务。全年累计发放扶贫小额贷款977户、1640.7万元，农户享受财政贴息45万元。及时拨付黄桥老区富民强村行动计划补助资金利息收入100.8万元到村，为建档立卡低收入农户中63户中华人民共和国成立前困难军烈属、老党员发放困难补助23.25万元。1月，出台《关于做好2016年“三解三促”和“双联双助”工作的通知》，各帮扶单位落实帮村帮户对接，进村入户开展送温暖献爱心活动，因户制宜，制订一户一策帮扶计划。3月，按照公告宣传、农户申请、入户调查、评议公示、审核确认等程序，对全市16312户、33935人人均纯收入低于7000元的农村低收入对象进行新一轮建档立卡，对13个省定经济薄弱村、20个南通市定经济薄弱村建档立卡，进一步锁定帮扶对象。5月，出台《关于实施脱贫致富奔小康工程的意见》，明确到2020年所有建档立卡低收入农户人均纯收入达到或超过7000元，所有经济薄弱村年集体经营性收入50万元以上，力争提前1—2年完成脱贫致富奔小康工程目标任务。8月，南通市扶贫开发工作现场推进会在如皋召开，参观市交通运输局帮扶的搬经镇焦港村帮扶典型、如城街道龙游河村标准厂房项目。9月，为714名未参加新农合的低收入人口补缴个人自筹资金10.7万元，确保参保率100%。免除建档立卡低收入人口“一事一议”筹资筹劳82.4万元。

在国家扶贫日，市委党史办组织物资和资金到帮扶村搬经镇卢庄村慰问困难老党员 (市委党史办供稿)

【农民合作组织】 截至2016年年底，全市工商注册登记农民合作社1578家，工商登记成员46.05万户，农户入社率超100%。其中：农民专业合作社1234家(合作联社23家)，成员20.11万户；农地股份合作社319家，成员17.58万户；社区股份合作社25家，成员8.36万户。年内，市委农工办强化合作社规范化建设，创建南通市级以上“五好”示范社29家，其中国家级2家、省级8家、南通市级19家。工商年报公示合作社1494家，创建农民合作社综合社4家、休闲旅游式民宿社1家。建立合作社名录库，进名录库合作社114家，其中农民专业合作社103家、农地股份合作社9家、农村社区股份合作社2家。争取上级支持，获省财政扶持合作社建设项目15个，获扶持资金328万元。开展合作社业务培训工作，组织各镇农村经济服务中心主任及创建示范社理事长到周边县市参观学习，组织合作社辅导员及财务人员参加财务软件培训和农村电子商务培训。

(陈　祥)

## 政　法

【概况】 2016年，全市公众安全

感、法治建设满意度分别为96%和93.5%。如皋市连续9年获省平安县(市、区)称号,持续保持省法治建设示范县(市、区)称号。

【平安如皋建设】 年内,如皋市坚持源头预防,确保全市社会大局稳定。围绕"两会"、G20峰会、省党代会等重要节点,开展不稳定因素滚动排查、每日研判,累计超前预防化解矛盾45起。加强国家安全人民防线和反邪教工作,实现全市国安条线实体化运作,高度关注境外邪教网站舆情和重点人员情况,没有发生影响国家政治安全的重大事件和暴力恐怖事件。健全信访维稳三级工作机制,圆满完成重大活动和重要时期社会稳定工作,全市政治大局持续稳定。坚持打防并举,增强驾驭社会治安能力。紧扣公共安全实战需求,打造全方位、全时空、多层次社会治安防控体系。改造升级现有防控体系建设,形成地网、天网、人网"三网"合一防控体系。进一步整合资源,成立市平安法治志愿者联盟,形成专兼职巡防队伍与平安法治志愿者队伍相互配合、快速响应的工作格局。加大宣传发动力度,组建保安联勤联防队伍28个,实施企业保安、商圈保安和校园保安联动联勤联防。坚持改革创新,夯实综治平安建设根基。按照资源整合、工作融合、功能聚合要求,加快综治中心建设步伐。自行研发综治信息化技能考试系统,市综治信息系统实战应用技能比武获南通市团体第1名。创新推行"三治融合"(法治、德治、自治融合)治理机制,实现综治平安建设与社区邻里基层治理深度融合,确保信息来自邻里、服务延伸邻里、自治落实邻里。

【法治如皋建设】 年内,如皋市紧扣法治政府建设目标,着力提升依法执政和依法行政能力。创新开展"走进媒体(讲堂)讲法治,走进法庭讲依法行政"双进双讲活动,全面推进领导干部任前法律知识考试制度和述法考评制度,党政主要领导干部法治意识和法治能力明显加强。镇级设立法治工作中心和依治办,村(居)级建立法治工作室,实现实体化运作。继续加大简政放权力度,深入推进行政审批改革,开创市场准入证照联办审批机制,创新工业项目开工许可"五五"审批机制,即咨询环节"帮办协办"1个团队、立项环节"负面清单"1张表、中介环节"多评合一"1个专窗、审查环节"多图联审"1个中心、许可环节"容缺审批"1个通道,实现工业项目从立项到开工许可50天的审批新速度。紧扣保障公平正义目标,着力提升公正司法水平。继续推行执法质量考评、听庭评审、民警执法办案积分制管理等制度,以制度保障执法司法公正。司法体制改革取得初步成效;不断加强涉法涉诉信访工作,探索形成律师参与代理和化解信访案件新模式,化解信访积案15件,交办事项办结率100%。健全完善错案责任追究机制,严肃查处干扰执法司法秩序行为。紧扣法治社会建设目标,着力提升全民法治素养。开展"七五"普法活动,在全市推进平安法治集中宣传月活动,累计发放倡议书15万份、普法资料18万份,推进法治惠民实事项目16件,其中法惠民生"十百千万"被评为南通市法治惠民实事项目。筹建法治驿站志愿服务协会,获民政部门登记法治驿站27家。

【政法队伍建设】 年内,市政法委以"两学一做"学习教育为抓手,组织政法人员收听收看全国政法干部学习讲座、省委政法委"政法大讲堂",切实增强政治定力,永葆忠于党、忠于国家、忠于人民、忠于法律政治本色。常态化开展大培训、岗位大练兵活动,全年组织业务培训班2期;紧扣中心工作,结合政法工作实际,选派347名政法干警担任村(社区)基层一线平安法治

9月2日,市平安法治志愿者联盟成立揭牌暨社会保安联动联勤联防开巡仪式现场 (市政法委供稿)

指导员；在全市政法系统创新开展“双争双评”（争当模范标兵党员、争当平安法治先锋，评选“十佳”和谐卫士、“十佳”人民满意政法单位）活动，评选模范标兵党员和平安法治先锋，经多轮程序评选“十佳”和谐卫士和“十佳”人民满意政法单位。强化纪律作风建设，确保中共中央办公厅、国务院办公厅《领导干部干预司法活动、插手具体案件处理的记录、通报和责任追究规定》和中央政法委《司法机关内部人员过问案件的记录和责任追究规定》落到实处，切实提升司法公信力。组织开展政法队伍满意度调查，对满意度低的单位及时实施专项整治。严格实行“一岗双责”制度，坚决防止司法腐败。年内，全市政法系统中10个集体、18名个人受到省级以上表彰，其中4个集体、2名个人受国家级表彰。

（黄庆庆）

## 对台事务

**【概况】** 2016年年末，全市有如皋籍在台湾人员近1万人，常住如皋台胞52人。9月13日，市台胞台属联谊会第七届会员代表大会召开，选举产生市台胞台属联谊会第七届理事会及理事会会长、常务副会长、副会长。

**【对台经济】** 全市全年新批台资项目6个，新增投资总额6108万美元，实际到账5825万美元。年内，台资企业南通斯密特森光电科技有限公司生产线及研发中心从苏州转移到如皋，当年销售2.31亿元，成为全球最大的天文望远镜生产基地。南通安佑生物科技有限公司于4月建成投产，实现当年销售1.24亿元。顺帆家庭用品（南通）有限公司，投资500万元更新锅炉，产品成品率96%，比上年提高4个百分点；与市技工学校校企合作，自动化改造生产线8条，降低用工成本。南通康比电子有限公司投入500万元进行技改、更新设备，投产后效益增加20%以上。3月，台湾电机电子工业同业公会大陆首席代表颜素秋等到如皋考察投资环境。4月，台资企业展志电子科技（南通）有限公司落户下原镇，注册资金600万美元，设备投入近8000万元，厂房投资3000万元，开发生产ABS注塑卡。7月，台资企业市台莲现代农业有限公司落户吴窑镇，注册资金500万美元，种植、销售水果（葡萄、草莓、西瓜、桃）、有机蔬菜（秋葵、黑塌菜），成为全市农业现代化工程重点项目。9月，台湾工业总会理事长许胜雄到如皋商务考察。10月30日，中国如皋第五届海峡两岸软件与信息服务业年度推进会在如皋举行，会议以“‘互联网+’促进产业转型发展”为主题，探讨新形势下如何提高软件与信息服务业技术、应用和服务水平，促进产业持续、健康、快速发展。12月，台湾纳诺新材料科技有限公司董事长吕鸿图率团队到如皋，与长江镇（如皋港区）洽谈项目落户事宜。

**【交流交往】** 年内，全市组团到台湾招商考察5批35人次，接待台湾各类交流团组11批129人次。接待到如皋旅游探亲等台胞840人次，同比增长11.1%。年内，南通新纳希新材料有限公司、海迪科（南通）光电科技有限公司等15家企业31人次到台湾进行商务活动。市台湾同胞接待站窗口全年接待台胞台属到访49人次，协调办理亲属关系公证和台胞寻亲等事项。4月，台湾知名作家、媒体人陈文茜到如皋交流。5月，市委书记姜永华率队到台湾开展为期6天的经贸交流活动，宣传推介如皋投资环境，推进在手在谈项目，拜会电电公会、欣兴电子、台石合、炎洲国际等台湾知名企业。9月，台湾新北市五股区里长参观访问团一行16人到如皋交流。台湾功德山住持宽如法师到定慧禅寺举办为期3天的弘法活动。10月，台湾致公党主席陈柏光、台湾源浦集团董事长刘文筑到如皋考察，就台湾农业电商产业园项目洽谈对接，达成初步意向。台湾“中华经济文化发展促进会”主席许水树一行14人到如皋考察。11月，代市长何益军率团赴台湾开展为期7天的经贸交流活动，考察新北市长庚养生村、新竹县农会、纳诺新材料科技有限公司、万隆科技有限公司、南港软件育成中心等企业。11月，台湾专家学者代表团到如皋参加李昌钰刑侦科学博物馆开馆仪式。12月，市委副书记司祝建带队赴台湾开展经贸交流活动。台湾财团法人农渔会联合信息中心执行长徐嘉鸿率团到如皋考察特色农业及旅游业项目。12月25日，台湾新北市议员林国春率新北市退休警察人员协会一行38人到如皋参观李昌钰刑侦科技博物馆、东大街等处。

**【对台宣传】** 年内，市台湾工作办公室（简称“市台办”）召开台商座谈会3次，举办台商尾牙迎春活动2次、台商台胞台属中秋联谊活动1次。全年在各级台办主办报刊、网站及《南通日报》《如皋日报》等媒体广泛宣传，被录用稿件100余篇次，其中，国家台办网站录用5篇、省委新闻网录用10篇。对台宣传工作名列南通县(市、区)第1位。8月，市台办服务品牌“台商台胞台属之家”获评如皋网友心中“十佳”优秀服务品牌。

**【江苏省对台交流基地在如皋市揭牌】** 6月15日，江苏省对台交流基地在如皋市长江青少年素质教育实践基地揭牌，省台办副主任张为、南通市台办主任蒋才茂、如皋市委副书记司祝建及长江青少年素质教育实践基地校长吴国建共同为“江苏省对台交流基地”揭牌。

长江青少年素质教育实践基地是全市文化建设重点工程之一，是国家级示范性综合实践基地、全国未成年人思想道德建设工作先进单位、省生态文明教育基地、省科普教育基地，自2013年5月运行后，累计接待青少年综合实践和成人团队拓展近100万人次。

(潘金国)

## 老干部工作

**【概况】** 2016年年末，全市有离休干部397人，其中，行政机关离休干部124人、事业单位离休干部151人、企业单位离休干部122人，80—89周岁离休干部277人、90周岁及以上离休干部120人；有退休干部10778人。全市有老干部党总支部14个；老干部党支部104个，其中市级机关老干部党支部50个，镇(区、街道)老干部党支部54个。年内，市委老干部局《关于加强离退休干部流动党员教育管理的实践与思考》《对做好退休干部服务管理工作的一点思考》被南通市委老干局评为优秀调研文章。

**【落实政治待遇】** 年内，市委老干部局加强老干部思想政治建设，落实离退休干部阅读文件、通报情况、就近参观考察、参加重要会议和重要活动等制度。组织全市离退休干部党员开展“两学一做”学习教育。全年举办老干部党组织书记培训班2期，举办学习贯彻《关于进一步加强和改进离退休干部工作的意见》(中办发〔2016〕3号)等文件精神专题辅导讲座和“认识新媒体，用好新媒体”专题讲座，举办智能手机、移动APP操作培训班，邀请教育部国培班特聘高级讲师、省委老干部局特聘宣讲指导专家杨曙明举办优秀共产党员徐超先进事迹报告会。组织四套班子老领导到福建省古田县开展读书班活动，邀请部分四套班子老领导列席参加市党代会、人代会和政协会议。落实老干部慰问机制，春节和夏季高温期间，市委、市政府负责人分别带队逐个登门慰问市四套班子老领导和享受地市级待遇老干部，各镇(区、街道)、各主管部门负责人组织慰问企业离休干部。

11月24日，市委老干部局举办全市老干部党组织书记培训班

(市委老干部局供稿)

**【落实生活待遇】** 年内，市委老干部局督促落实好离休干部生活待遇。组织开展离休干部大走访活动，全年走访慰问离休干部422人次，通报情况，征求意见，完善档案资料。开展市四套班子老领导、易地安置离休干部、生活困难离休干部及离休干部遗孀、企业离休干部5个层面慰问活动。推动《如皋市离休干部医药费结算暂行办法》《离休干部住院自负医药费补助办法》制定落实，全面落实离休干部医疗待遇。拓展“以老助老”活动，开展经常性党内关爱活动，确保离休干部生病住院、重大节庆日、家庭发生特殊情况时关怀到位。定期走访重点信访对象，筛查救助离休干部和已故离休干部配偶特殊困难情况，落实企业离休干部调资和住房补贴，做好已故离休干部配偶参加职工医疗保险等工作。

**【强化服务管理】** 年内，市委老干部局开展社区老干部党建试点工作，拓展1个城市社区(如城街道长巷社区)、1个农村社区(磨头镇塘湾村)“一方隶属，多方管理”老干部社区党建试点，推进流动老干部党员管理工作。在全市老干部中开展“我看从严治党新气象”专题调研活动，召开座谈会30场，参加座谈300多人。围绕“展示阳光心态、体验美好生活、畅谈发展变化”，开展“增添正能量、共建新如皋”主题实践活动和“立家规，正家风”主题活动。组织市四套班子老领导到市市场监管局、市人民法院、市卫计委等部门和单位调研，举办老干部道德讲堂，主题道德讲堂“坚定信念葆本色”在市电视台《民生零距离》播出。市公安局老干部党支部、长江镇老干部党总支被评为南通市“最美老干部”集体，1位离休干部、2位退休干部被评为南通市“最美老干部”先进个人。老党员李子明扎根教育事业的先进事迹被南通电视台新闻频道报道。

**【老干部文体活动】** 年内，市委老干部局继续推进老干部“文化养老”工程体系建设，投入资金30万元，建成老干部电子阅览室，购置空调、桌椅、橱柜、音响等硬件设施，提高老干部活动中心保障能力。投资近20万元改造装修老年大学办公区。先后组织开展“我们的节日·新春七天乐”老干部专场文艺演出、元宵节趣味游艺活动、庆“三八”常青藤十姐妹国画展、庆“三八”门球赛、庆祝建党95周年暨红军长征胜利80周年老干部书画展、“忆党史·颂党恩·话发展”赛诗会等活动。10月，举办第三届老干部才艺大赛，征集老干部作品300多幅，展示全市“文化养老”新成果。

（薛海华）

## 市级机关工委

**【概况】** 2016年年末，市级机关工委下辖机关基层党组织242个，其中直属机关党委5个、机关党委5个、机关党总支25个、党支部207个，党员4446人。年内，市级机关工委作为南通市唯一县级市代表，在全省机关工委书记培训班上以《大力实施“五·四”工程，助推党建科学发展》为题作专题经验介绍。

**【思想文化建设】** 年内，市级机关工委始终坚持把理论武装工作摆在机关党建工作首要位置，引导各部门党组织将思想政治教育作为开展机关党建工作重要任务。以贯彻十八届六中全会精神为契机，组织领导班子和党员干部系统学习习近平总书记系列重要讲话精神，深入贯彻落实南通和市第十二次党代会要求，全面准确把握全面从严治党要求。依托“两学一做”学习教育、政治日活动、党务干部培训、共享道德讲堂四大培训载体，强化教育培训，推动机关党员干部坚定“四个自信”（道路自信、理论自信、制度自信和文化自信），增强“四个意识”（政治意识、大局意识、核心意识、看齐意识），提升执行力。市级机关各部门全年累计开展“两学一做”学习教育专题学习研讨活动400余次，评选各类党员示范岗、优秀服务标兵30余个（人），在改革发展难点、群众关注热点方面累计查摆和整改问题6000余条。各部门累计开展党员学习心得交流300余次，开展“一把手”上党课活动150余次。机关党务干部人均参加“党校选学”活动4次以上；利用“雉水讲堂”，围绕“习近平治国理政”等主题开展专题辅导6次。各市级机关部门累计开展集中道德讲堂15次，56个部门和单位3000余人次参加。4月，围绕“4·23全民读书月”启动书香进机关、法律进机关、文明礼仪进机关、廉政文化进机关“四进”主题活动。6月，市级机关工委组织机关党务干部赴大别山干部学院开展“两学一做”学习教育主题培训活动。9—11月，举办市级机关第十一届运动会，设置趣味类和竞赛类两大项，机关部门近800名运动员参加活动。

全市第三届老干部才艺大赛颁奖仪式　　（市委老干部局供稿）

**【组织建设】** 年内，市级机关工委规范机关党组织设置，优化完善结构。严格党员发展，全年发展新党员20人，按期转正33人，新党员中本科以上学历者占比90%以上。

严格执行市级机关党组织到期换届制度,指导市农业资源开发局(简称“市农资局”)党支部、市科学技术协会(简称“市科协”)党支部等30个党支部完成换届工作。指导市博物馆党支部、市建筑工程管理局(简称“市建工局”)党总支、市人力资源社会保障局机关第一支部、市安全生产监督管理局(简称“市安监局”)党支部、市科技局党支部、江苏金莱雅集团党支部完成支部书记增补工作。指导市物价局成立市物价局老干部支部。按照“党建带群建”要求,进一步扩大群团组织在机关的覆盖面,指导市城市管理局(简称“市城管局”)、市文化广电新闻出版局(简称“市文广新局”)成立机关团组织。5月,组织开展组织架构规范、人员配备规范、组织程序规范、“三会一课”规范督察行动,调整充实党组织成员4人。9月,结合“两学一做”开展督察,督促指导18个到期未换届党组织完成换届工作,先后对60余个机关党支部“三会一课”开展情况督察检查,发现并整改相关问题20余条。在年终考核测评中,市级机关部门整体满意率90%以上,其中超过2/3部门满意率在95%以上。

【反腐倡廉建设】 年内,市级机关纪工委发挥职能,按照市委、市政府落实党风廉政建设责任制要求,抓好市级机关特别是未派驻纪检监察组织的部门党风廉政建设工作。整顿机关党员干部中存在“四风”“庸懒散奢”和“中梗阻”问题,打造清廉务实工作作风。坚持将党风廉政教育贯穿于党员干部日常工作全过程,深入开展教育活动。突出制度建设,扎紧制度篱笆。初步建立市级机关惩防体系,有效遏制“四风”问题,形成廉洁从政氛围。1月,开展市第13个党风廉政宣传教育月活动。2月,开展春节期间市级机关党风廉政专题教育,切实把好“年关”“廉关”。4月,制定下发《市级机关未派驻纪检组案件线索及纪检工作月报告制度》。5月,组织开展“5•10”思廉日系列活动,围绕“抓党风、传家风、树新风”主题,开展主题廉政教育。6月,录制《党风廉政大家谈》专题节目,在“雉水清莲”微信公众号上发布。12月,开展“12•9”国际反腐败日党风廉政宣传教育活动。

【特色活动】 党员干部进社区志愿服务 年内,市级机关工委以居民点单、社区汇单、组织派单、党员接单“四单”服务模式,深入开展党员干部进社区、志愿服务作表率活动,推动机关党员在联系服务群众中转作风、提效能。市级机关党员干部全年累计实施服务项目1150项,12131人次参加,群众评价满意率99.76%。

结对共建 以理论联学、党课联讲、活动联谊、典型联创“四联”共建模式深入开展机关与村(社区)结对共建活动,推动机关党组织和党员在联系服务社区中转作风、提效能。全市90家市级机关单位与108个经济薄弱村结对帮扶,全年直接或协调资金900多万元,为村办实事180件,帮助新建或扩建现代农业种养园区30个。

年轻干部实践锻炼 55名机关驻村“第一书记”累计走访群众5.57万人次,扶贫帮困4340多人次,任职村人均纯收入平均净增3215.6元,村集体收入平均增加29.5万元。56名参与城市搬迁实践锻炼干部,完成交房任务469户,交拆房屋面积17万平方米。14名参与信访维稳实践锻炼干部,累计协助接待来访人员833批3352人次,参与督察重点信访事项55件,化解信访突出矛盾、处置陈年积案74件。

“千人联千企”服务 以企业生产经营、科技创新、和谐稳定、发展环境、工作思路“五必知”,策划开展银企、产销、用工、产学研、人才引进“五对接”活动,开展“千人联千企”服务,推动机关党员在联系服务企业中转作风、提效能。

(刘　东)

## 机构编制管理

【概况】 全市现有机关部门72个,事业单位384家,其中市属事业单位307个、镇属事业单位77个。

年内,市编办受理镇、部门有关机构编制事宜请示51件,办结51件。按照《如皋市控编减编工作方案》,规范全市机关、事业单位编制使用计划申报事项。与市委组织部、市审计局联合开展“三责联审”,完成石庄镇、白蒲镇、市科协、市工商业联合会(简称“市工商联”)等7家单位原主要负责人2012—2015年间机构编制执行情况审核。全年办理事业单位设立登记81家,变更登记88家,注销登记11家,补领证书1家,公示年度报告355家,赋予61家机关、群团组织(9家事业单位非法人)统一社会信用代码并发证。

(张　龙)

## 史　志

【党史】 2016年,市委党史工作办公室(市地方志编纂委员会办公室)〔简称“市委党史办(市地方志

修复后的中共如皋第一个支部遗址 （顾 健摄）

办）”］持续组织开展党史资料征集，完成《难忘的岁月——改革开放时期党史资料专辑之三》编撰、印刷工作，收录专题资料17篇、回忆文章2篇，计15万字。加强革命遗址保护，现场踏勘革命遗址遗迹及纪念设施64处。被评为南通市党史系统先进集体。6月，修复江安镇鄂埭中共如皋第一个支部遗址。9月29日，党史工作接受市政协主席会议协商。与会人员参观苏中战役遗址、吴庄烈士陵园西部地区革命斗争史展览馆、中共如皋第一个支部遗址等处，听取党史工作汇报。10月10日，省委党史工办主任张亚青到红十四军纪念馆参观调研，对基层党史工作、革命遗址遗迹保护与纪念设施开发利用提出指导意见。12月，在水绘园内完成华中野战军第一师师部遗址挂牌。

【地方志】 年内，市委党史办（市地方志办）整体联动、并联推进《如皋市志》编纂工作。吸收各方面建议意见，全年对志稿全面修改、完善6轮。指导《水利志》《百岁志》《良种场志》等部门志编撰工作，《百岁志》《良种场志》于年内完成初稿。以篇目结构基本稳定为前提，依据全市各项事业发展实际情况，局部调整和充实框架结构。变被动坐等为主动出击，广泛收集资料。重新修订编校规范，优化编校流程，增加校对人员稿件互审的程序，特设数据审核程序。对2016版《如皋年鉴》试行改版，由部分彩印改为全彩印，版面由2栏改为3栏。按时完成《江苏年鉴》《南通年鉴》如皋部分文稿撰写工作。3月29日，《如皋市志》通过由南通市地方志办代表省地方志办组织的终审。7月，向社会公开征集《如皋年鉴（2016）》封面装帧设计方案，征集设计方案16个。好中选优并经过修改、完善，《如皋年鉴（2016）》封面装帧设计融合古色、长寿、长绿等如皋城市特有气质，展示如皋人文之美与生态之美。10月13日，《如皋市志》通过南通市地方志办验收。11月3日，通过方志出版社审核。12月中旬，通过省地方志办审核，正式付印。

【史志宣传、利用】 年内，市委党史办（市地方志办）深入开展史志文化“六进”（进机关、进社区、进校园、进乡村、进企业、进军营）活动。以清明、“七一”及抗日战争胜利纪念日、长征胜利80周年、苏中七战七捷70周年等为契机，开展史志文化宣传活动，为村、社区、企业、机关等送史志书籍12种、928本。协助中央电视台等媒体拍摄电视专题片3部（《七战七捷》《“慰安所”纪实》《新四军对日伪作战战例选》之“高明庄战斗显神威”战例）。9月，组织开展纪念长征胜利80周年党史知识竞赛活动，收到答题卡4678份，评选一等奖5人、二等奖10人、三等奖20人。

（王小星）

【红十四军（新四军）研究会】 市红十四军研究会和新四军研究会是一套班子，两块牌子，现有会员49人，常驻会3人。年内，市红十四军（新四军）研究会先后组织人员到北京、南京、通州、泰州等地征集实物9件、资料30份、书刊33册（部分电子文档）。实地调查红十四军重要活动遗址纪念碑现状。全年接待各地各级考察人员26批次215人。承担市委、市政府交办的如皋“四色”文化丛书之一——《回忆红十四军》增订版新编任务，全书20万字。走访调查红十四军失散老战士吴九成履历，形成调查报告报省民政厅、民政部。经多渠道协调，吴九成红军失散人员身份获姜堰区政府发文认定。先后到镇江、扬州、高邮、如皋档案馆和省档案馆、中国第二历史档案馆查阅档案300余卷。配合扬州大学历史系研究生研究红十四军课题，为江安、搬经江苏省美丽乡村建设现场会陈列展览提供红十四军史料。参加泰兴市新四军研究会举办的纪念建党90周年党史报告会暨苏中七战七捷论文交流会，被收录论文4篇。先后在《大江南北》《江海春秋》《南通铁军》等报刊发表文章15篇、论文6篇。5月10日，专程赴北京陆军军区总医院拜访原如西独立团副团长，成都军区原政委、上将万海峰，获赠照片5张、《老红军上将万海峰画传》1册、

《如皋年鉴(2014)》获全国年鉴一等奖
(市委党史办供稿)

《中国人民解放军高级将领传》2本。10月,市红十四军(新四军)研究会,白蒲镇党委、政府联合编辑的《蒲涛烽火——白蒲地区人民革命斗争史料选编》出版发行,全书共40万字。11月,举行纪念苏中七战七捷70周年座谈会,沈阳军区空军后勤部原政委许映泉,上海市委政策研究室原副主任陈扬,原南通地区行署专员、原南通地委副书记姜祝三等老领导和新四军老战士、曾在如皋战斗过的将士后代代表39人应邀参会。赴湖南省永兴县(红十四军军长何昆家乡)征集史料26件。

(谢建奇)

【党史专题片《七捷三凯奏如皋》面世】 7月,党史专题片《七捷三凯奏如皋》面世。

年内,为纪念苏中战役胜利70周年,市委党史办(市地方志办)策划拍摄党史专题片《七捷三凯奏如皋》。该专题片时长18分钟,追忆在名扬中外的苏中战役七战七捷中,发生在如皋境内的3次战斗(皋南战斗、丁堰林梓战斗、如黄路战斗),再现面对强敌,在如皋人民支持下,粟裕、谭震林指挥华中野战军以少胜多、以弱胜强的血雨腥风、惊心动魄的历史。该专题片被市委列为全市“两学一做”学习教育活动专题学习资料,在“如皋发布”微信平台、如皋电视台党建频道发布,在市图书馆、市文化馆等公众场所播放,其中“如皋发布”微信平台发布3天内,获点击率超过7000人次。

【《如皋年鉴(2014)》获全国地方志优秀成果(年鉴类)一等奖】 7月15日,在山西省太原市召开的第一次全国年鉴工作会议上,中国地方志指导小组通报表扬全国地方志优秀成果(年鉴类),《如皋年鉴(2014)》获一等奖。

全国地方志优秀成果(年鉴类)评选在全国地方志系统最具权威性,也最具影响力。2014版《如皋年鉴》在继承往年年鉴资料翔实、编校严谨的基础上,进一步精益求精、大胆创新,力求框架结构科学合理,资料全面、系统,凸显如皋长寿之乡、花木之乡和港口城市等优势。

(王小星)

## 党校

【概况】 中共如皋市委党校(简称“市委党校”)现有在职教职员工48人,其中专业技术人员35人(高级讲师7人、讲师17人、助理讲师11人)。拥有教学电脑60台、办公电脑32台、中央党校远程教学网站C级站1座,全面实现教学和办公手段现代化。2016年,市委党校被评为南通市高等学校成人教育优秀校外教学点。

【主体班和扎口班班次教学】 年内,市委党校举办主体班、扎口班等班次19个,培训1453人次。4月,与市委统战部联办全市统战干部培训班,培训69人;与市妇联联办百名优秀村(社区)妇代会主任培训班,培训105人。5月,承办市政协党性锤炼培训班,培训70人;承办妇女干部培训班,培训50人;与市城管局联办城管系统干部培训班,培训46人。6月,承办机关党务干部培训班,培训70人。6—7月,承办新疆伊宁青年干部南通如皋培训班,培训30人。7月,承办入党积极分子培训班3期,培训496人;与市城管局联办城管系统干部培训班,培训45人。8月,与市委组织部联办新任公务员、紧缺型高学历人才、大学生村干部初任培训班,培训147人;承办2016年军转干部安置前适应性培训班,培训70人。9月,承办2016年新录用事业人员培训班,培训95人。11月,承办市商务局干部培训班2期,培训46人。12月,承办市商务局干部培训班,培训12人;承办长江航运公安局南通分局中层干部培训班,培训35人;承办新任科级领导干部培训班,培训67人。

【现场教学】 年内,市委党校承办省内外24个班次现场教学任务,培训1119人次。3月,承办云南省委党校师资班第1期,培训53人。4月,承办南通党校优秀基层干部培训班,培训54人;承办云南省委党校师资班第2期,培训54人。5月,承办云南省委党校师资班第3

期，培训52人；承办青海海南州委党校师资班，培训28人。6月，承办新疆伊宁中青班，培训30人；承办云南省委党校师资班第4期，培训53人。7月，承办南通卫生高等职业技术学校党员培训班，培训92人；承办南通国资委“两学一做”学习班，培训35人。9月，承办云南省委党校师资班第5期，培训53人；承办蚌埠市委党校首期选调生培训班，培训31人。10月，承办云南省委党校师资班第6期，培训53人；接待中国浦东干部学院中西部地区中青年干部培训班21名学员到如皋开展社会调研；承办省委党校研究生班，培训42人。11月，承办省委党校渔业指挥中心人员培训班，培训29人；承办南京航空航天大学培训班，培训26人；承办第3期新疆生产建设兵团党政领导干部赴江苏研修班，培训50人；承办安徽党校科级干部培训班，培训49人。12月，承办云南省委党校第38期中青班，培训51人；承办南通党校2016年中青班，培训50人；承办南通国税局党性教育班，培训人数50人。

**【基层宣讲】** 年内，市委党校围绕十八届五中、六中全会及“两学一做”专题教育等主题，深入全市所有村（社区），及团市委、市人民法院、市司法局、市国家税务局（简称“市国税局”）、人行如皋市支行等部门和单位宣讲450场次。策应全市“两学一做”学习教育活动，市委党校选拔12名骨干教师组成专题宣讲团，历时2个多月，到全市14个镇（区、街道），332个村（社区）和6个城市社区开展宣讲活动，首次实现专题党课全覆盖。

市管领导干部“党校选学” （市委党校供稿）

**【党校选学】** 年内，市委党校以“入脑入心入灵魂”为目标，常态化举办“党校选学”，每月为全市市管领导干部提供“点菜式”选学课程2期，全年举办24期，培训4719人次。

**【学历素质提升班次教学】** 年内，市委党校医学类在校生500人，其中函授生321人、全日制中专生179人，向社会输送毕业生77人。党政类研究生函授班2个、本科函授班1个、大专函授班2个、网络学历班2个，在籍学员247人。全年举办素质提升班7个，合计330人。

**【教科研资政服务】** 年内，市委党校教职员工发表科研论文67篇，其中省部级以上27篇；获各类成果奖12项（省级3项、南通市级6项、如皋市级3项）。围绕市委、市政府中心工作，开展专题社会调研，其中省级调研项目2项，形成调研成果10项。省级调研课题“深化简政放权、转变政府职能”结题，南通市重点课题“南通市加快机构养老服务业发展问题研究”获南通市社科联三等奖，课题“如皋市统筹城乡发展研究”获南通市党校系统优秀调研决策咨询成果二等奖。协助市委宣传部在《如皋日报》开设《雉水论坛》专栏，编发12期。编印《时文荐读》《建言献策》各12期，编印《党校视角》2期，为各级领导、企业经营管理者提供理论支撑和服务平台。

（薛瑞敏）

# 如皋市人大

## 综　述

**【概况】** 2016年，市人大常委会履行宪法和法律赋予职责，坚持和完善人民代表大会制度，推进民主法治建设。全年召开常委会会议9次、主任会议15次，听取和审议“一府两院”（市政府、市人民法院、市人民检察院）专项工作报告8个，作出决议、决定和审议意见48个，组织视察、调研、执法检查活动16次，依法任免地方国家机关工作人员91人次。全年受理信访176件，接待来电、来访107批214人次，对重要涉法涉诉信访问题作出批示，跟进督办，促使化解。市人大机关被南通市委、市政府表彰为文明单位，被南通市人大常委会表彰为先进单位。

**【市、镇人大换届选举】** 年内,市人大常委会依法做好市、镇两级人大换届选举工作。指导、帮助各镇(街道)完善换届选举各环节工作方案和工作流程,严格执行换届选举组织纪律、工作纪律以及廉政纪律各方面要求,确保按照时间节点、工作要求、既定程序,顺利完成换届选举各项任务。11月20日前,全市市级代表选区登记选民123982人、镇级代表选区登记选民821218人。11月25—29日,全市提名推荐市十七届人大代表初步候选人1216人,最终协商确定市十七届人大代表正式候选人585人、新一届镇人大代表正式候选人1626人。12月15—19日,全市168个市代表选区、486个镇代表选区组织选民投票选举,选出市十七届人大代表417人、新一届镇人大代表1126人。

**【《如皋人大志》出版】** 10月,《如皋人大志(1949.1—2016.7)》由方志出版社出版。全书81.4万字,设“如皋县各界人民代表会议”“如皋县(市)人民代表大会代表”“如皋县(市)人民代表大会会议”“人大常委会及组织机构”“县(市)人大常委会会议”“人大常委会重要活动和特色工作”“乡(镇)人大”“人大工作研究会”“文件辑存”9个篇章和“附录”,记述县(市)人民代表大会及其常委会发展历程。

## 重要会议

**【市十六届人民代表大会第五次会议】** 1月10—12日,市人大召开第十六届人民代表大会第五次会议。会议听取和审议市政府工作报告,审查和批准市2015年国民经济、社会发展计划执行情况和2016年国民经济、社会发展计划报告,市2015年财政预算执行情况和2016年财政预算报告,市国民经济和社会发展第十三个五年规划纲要,市人大常委会、市人民法院和市人民检察院工作报告;通过《关于如皋市人民政府工作报告的决议》等决议7项。

**【市十六届人大常委会会议】** 第三十八次会议 2月2日,市十六届人大常委会召开第三十八次会议,审议并原则通过《如皋市人大常委会2016年工作要点(草案)》,按法定程序通过相关任职事项,审议通过相关人事免职事项。

第三十九次会议 4月6日,市十六届人大常委会召开第三十九次会议。会议听取和审议市人大常委会执法检查组关于检查《中华人民共和国残疾人保障法》贯彻实施情况报告,审议通过市政府提请相关事项和市人大常委会主任会议提请人事任免事项,接受姜业奎辞去市政府副市长职务申请。

第四十次会议 5月27日,市十六届人大常委会召开第四十次会议。会议听取和审议市政府关于全市建筑业发展情况专项报告、市人大常委会执法检查组关于检查《中华人民共和国档案法》贯彻实施情况报告、市文广新局和体育局关于落实市人大评议意见情况报告,对以上事项实施满意度测评;审议通过《如皋市人大常委会预算审查咨询专家库管理暂行办法》;以无记名投票形式,表决通过相关人事任免事项;接受季淼因到龄退休辞去如皋市第十六届人民代表大会常务委员会委员申请。

第四十一次会议 7月6日,市十六届人大常委会召开第四十一次会议。会议任命何益军为市政府副市长,决定其代理市长职务,接受陈晓东辞去市政府市长、陆雪松辞去市政府副市长职务申请。

第四十二次会议 7月15日,市十六届人大常委会召开第四十二次会议。会议决定任命陈晓彬为市政府副市长、公安局局长,高峰为市政府副市长,章智敏为市人民法院副院长、审判委员会委员、审判员,孙亚为市人民检察院副检察长、检察委员会委员、检察员;会议表决通过关于章智敏代理市人民法院院长、孙亚代理市人民检察院检察长职务决定;接受成明辞去

如皋市第十六届人民代表大会第五次会议现场 (黄友谊摄)

市政府副市长、公安局局长职务，吴存银辞去市人民法院院长职务，何强辞去市人民检察院检察长职务申请；审议通过自来水价格调整及改革报告和相关人事任免事项。

第四十三次会议　8月8—9日，市十六届人大常委会召开第四十三次会议。会议决定任命胡拥军为市政府副市长，接受吴道健、缪爱诚、茅红宇辞去市政府副市长职务申请；听取和审议市政府关于2016年上半年国民经济和社会发展计划执行情况报告，2015年决算、2016年上半年财政预算执行情况及调整预算报告，2015年度市本级财政预算执行和其他财政收支情况的审计工作报告，关于落实《〈老年人权益保障法〉执法检查报告的审议意见》情况汇报，市人民检察院关于反贪污贿赂和反渎职侵权工作情况报告，对以上事项实施满意度测评，表决通过市人大常委会关于批准2015年市级财政决算的决议、批准2016年市本级预算调整方案的决议和开展第七个五年法治宣传教育的决议。

第四十四次会议　9月30日，市十六届人大常委会召开第四十四次会议。会议听取和审议市政府关于畜禽粪便污染治理及综合利用情况报告、幼儿教育发展情况报告、关于落实市人大常委会对社会保险工作审议意见情况报告，对以上事项实施满意度测评；听取和审议关于市、镇两级人民代表大会换届选举有关问题说明；表决通过《关于如皋市市、镇两级人民代表大会换届选举问题的决定》《如皋市第十七届人民代表大会代表名额分配方案》《关于新一届镇人民代表大会代表名额的决定》以及各镇选举委员会组成人员任命名单和市、镇两级人民代表大会换届选举工作计划和相关决议草案；审议通过相关人事任免事项。

第四十五次会议　11月23日，市十六届人大常委会召开第四十五次会议。会议听取和审议市政府关于市十六届人大五次会议代表建议办理情况、为民办实事项目实施情况、行政审批改革工作情况报告，对以上事项实施满意度测评；任命陈杰、程瑞琴为市政府副市长，审议通过其他人事任免事项和市政府提请相关事项，表决通过《如皋市人大常委会关于召开如皋市第十七届人民代表大会第一次会议的决定》。

第四十六次会议　12月28日，市十六届人大常委会召开第四十六次会议。会议审议通过市人大常委会主任会议和市政府提请相关人事任免事项，听取关于市第十七届人民代表大会代表资格审查报告，表决通过市十六届人大常委会工作报告和市十七届人大一次会议有关事项、市人大常委会关于表彰市十六届人大五次会议优秀代表建议的决定和2016年市级财政预算调整方案。

**【"万名代表小康行"推进会】**　7月7日，市人大常委会举行"万名代表小康行"推进会，对"万名代表小康行"主题实践活动进行动员和推进，要求全市各级代表积极投身小康行活动；要求各镇人大和各街道人大工委要根据代表的不同特点和专长，加强分类指导，完成好助推小康民生实事"项目清单"、人大代表助推小康活动项目"认领清单"、认领项目完成情况"公示清单"3张清单。

**【如通快速通道规划建设情况汇报会】**　9月8日，市人大常委会召开会议，专题听取如通快速通道规划建设情况汇报。会上，在市政府及相关设计单位汇报如通快速通道设计方案后，市人大常委会组成人员和部分市人大代表在道路走向、道口设置、路网贯通等方面提出意见和建议。

**【市、镇两级人大换届选举工作会议】**　9月30日，市人大常委会召开市、镇两级人民代表大会换届选举工作会议，部署市、镇两级人大换届选举工作。市委副书记司祝

9月30日，如皋市召开市、镇两级人大换届选举工作会议

（市人大办供稿）

建主持会议,市委书记陈晓东作动员讲话,市人大常委会主任谢新民部署市、镇两级人大换届时间、选区划分、选民登记、选举程序等具体工作,市委组织部部长缪爱诚、宣传部部长茅红宇分别对选举组织工作和宣传工作进行部署。

## 依法监督

**【工作监督】** 2016年,市人大常委会听取和审议市政府关于建筑业发展、幼儿教育发展、行政审批改革、畜禽粪便污染治理及综合利用、为民办实事和办理代表建议批评意见等专项工作报告。调研建设全面小康社会、2017年部门预算编制、快速通道建设、对台经贸交流、地方志工作等情况。听取市政府关于如通快速通道规划与建设情况专题汇报,围绕科学规划、合理施工、确保质量和维护人民群众切身利益等方面提出具体意见和建议。围绕建设全面小康社会总体目标开展调研,分5个小组深入全市14个镇(区、街道),查找和剖析建设全面小康社会短板问题,提出针对性意见和建议。配合省、南通市人大常委会开展医养融合、农村水污染治理、调动企业家积极性和推进重大产业项目建设情况视察调研。先后听取和审议市政府关于全市社会保险专项工作报告审议意见落实情况报告、同级审重点问题整改情况报告、市文广新局和体育局落实市人大评议意见情况报告,并实施满意度测评。根据市委总督察要求,督察国民经济运行情况(公共财政预算收入、增值税、工业和服务业应税销售、工业用电量、到账外资、外贸进出口、新增装机容量、设备抵扣税等指标完成情况)。切实履行人大常委会监督职能,督察主城区搬迁、文明创建等工作。

**【法律监督】** 年内,市人大常委会强化计划预算审计监督,严格按照新《中华人民共和国预算法》要求,开展预决算审查,进一步推动预算监督方式转变,出台《如皋市人大常委会预算审查咨询专家库管理暂行办法》,探索建立全口径预决算审查专家库,增强监督实效。市人大常委会执法检查组检查《中华人民共和国残疾人保障法》贯彻实施情况,要求市政府和相关职能部门切实加强残疾人保护工作,增加对残疾人事业发展的资金投入,加大对残疾人事业支持力度,做好残疾人无障碍环境建设与管理。检查《中华人民共和国档案法》贯彻实施情况,提出全市档案工作要加大宣传力度、强化组织推进,促进档案事业进一步发展。完善再审议机制,跟踪监督"一府两院"落实人大常委会审议意见和整改落实情况。听取和审议市政府关于"六五"普法规划贯彻实施和"七五"普法规划制订情况,作出关于开展第七个五年法治宣传教育的决议;听取和审议市人民检察院关于反贪污贿赂和反渎职侵权专项工作报告,促进市人民检察院进一步增强大局意识,抓住重点,文明办案,加强宣传和预防,深入推进反腐倡廉工作。调研法院司法改革工作,促进市人民法院进一步增强司法为民理念,强化案件质量管理,完善诉调对接机制,加强法官队伍建设,使司法审判工作贴近全市发展实际。听取和审议《中华人民共和国老年人权益保障法》执法检查报告。根据《中华人民共和国各级人民代表大会常务委员会监督法》有关规定,对市政府规范性文件备案审查。配合南通市人大常委会开展评议工作,调研南通市发展改革委等10个南通市政府部门在如皋地区依法履职情况。配合省、南通市人大常委会开展依法治市、《中华人民共和国环境保护法》实施、《南通市城市建筑垃圾管理条例(草案)》立法调研。

## 人事任免

**【概况】** 2016年,市人大常委会坚持党管干部和人大依法任免的有机统一,严格依照法定程序,任免国家机关工作人员91人次。通过任前组织拟任命人员参加法律知识考试、供职发言,为被任命人员颁发任命书,组织被任命人员进行宪法宣誓,增强被任命人员人民意识和法治观念。

## 镇、街道人大建设

**【概况】** 2016年,市人大常委会根据市委《关于加强人大工作和建设的实施意见》精神,选齐配强镇(街道)人大主席团(工委)专职主席(主任),完善市人大常委会领导和各工作机构分工联系镇、街道人大工作制度,按季分片组织召开镇(街道)人大主席团(工委)主席(主任)例会,交流基层人大工作经验。指导各镇人大依法召开年初和年中人代会。邀请基层人大负责人列席市人大常委会会议和参加市人大常委会相关活动。开展人大工作先进单位评选活动,评选搬经镇、长江镇(如皋港区)、如皋工业园区(如城街道)、如皋开发区(城北街道)、吴窑镇为人大工作先进单位。

## 人大代表工作

**【概况】** 2016年,市、镇人大选举产生市十七届人大代表417人、新一届镇人大代表1126人。年内，市人大常委会根据《人大常委会组成人员联系人大代表暂行办法》，深入开展人大代表联系群众"六个一"（全体人大代表每人届内重点联系1个村或社区，每人每年至少参加1次接待选民日活动，每人每年至少参加1次集中走访调研活动，每人每年至少结对帮扶1个困难户，每人每年至少提出1件事关群众利益建议，每人任期内至少向选民集中报告1次履职情况）活动，改进代表建议办理流程和方法，促进建议办理工作取得实效，不断提高代表和人民群众的满意率。坚持市人大代表小组闭会期间活动制度，指导代表小组制订履职计划，开展专题调研、走访选民、代表述职等活动。组织代表参加履职培训，为代表订阅人大工作报刊资料，提高代表履职能力和水平。组织推进"万名代表小康行"主题实践活动，通过层层发动、精心组织、周密谋划，全市各级人大代表积极助力小康。开展优秀代表建议、批评和意见评选表彰活动，表彰优秀建议25条。市人大常委会被南通市人大常委会表彰为"万名代表小康行"主题实践活动先进单位。

**如皋市第十六届人民代表大会第五次会议优秀代表建议**

表4

| 序号 | 建议内容 | 建议人 |
|---|---|---|
| 1 | 关于建立生活垃圾分类回收机制的建议 | 杨　敏 |
| 2 | 关于加大力度推进天然气进户工程的建议 | 黄兆林 |
| 3 | 关于结合海绵城市建设、尽快落实城区河道整治工程的建议 | 王　辉 |
| 4 | 关于加强水环境保护治理、努力提升生态文明建设水平的建议 | 王桂兰 |
| 5 | 关于着力化解实体经济融资难问题的建议 | 石　耀、林　凯 |
| 6 | 关于着力填平补缺、确保全面建成小康社会的建议 | 张秀良 |
| 7 | 关于加大对农资市场监管力度的建议 | 汪正祥 |
| 8 | 关于做大做强如皋大健康产业的建议 | 陈银忠 |
| 9 | 关于进一步加强非物质文化遗产保护的建议 | 缪永涛、冒　燕 |
| 10 | 关于加快实施茅雉河南延工程项目建设的建议 | 费秀平、沈亚林、孙世军 |
| 11 | 关于建立健全如皋市行政综合执法网络预警机制的建议 | 朱玉敏 |
| 12 | 关于贯通城区人行道、打造"步行友好"城市的建议 | 华国瑞 |
| 13 | 关于进一步理顺和调整如皋市医疗服务体系的建议 | 喻耀辉、朱华杰、李淑云 |
| 14 | 关于推进旅游经济发展、加快小康建设进程的建议 | 张建军 |
| 15 | 关于对电动三轮(四轮)车加强源头管理的建议 | 朱凡亚 |
| 16 | 关于进一步规范税收征收秩序，促进财政税收征收良性循环的建议 | 张玉峰 |
| 17 | 关于有效使用和合理培养优秀人才的建议 | 尤素敏 |
| 18 | 关于提升基层医疗能力、推进分级诊疗的建议 | 沈安明 |
| 19 | 关于加强老小区改造项目管理的建议 | 詹文浩 |
| 20 | 关于加强闲置土地管理的建议 | 薛献忠 |
| 21 | 关于加强理财公司监管的建议 | 吴山林 |
| 22 | 关于对村卫生室建设加大投入力度的建议 | 黄爱如 |
| 23 | 关于加强农村基层文化阵地建设的建议 | 沈良华 |
| 24 | 关于政府加大投入、疏通农田排灌水沟系的建议 | 周久海 |
| 25 | 关于加大对农村电商发展扶持力度的建议 | 石　兵、沈　彬 |

## 代表议案、建议、批评和意见督办

**【概况】** 2016年,市十六届人大五次会议收到代表建议、批评、意见(简称建议)282件。市人大常委会围绕满意率、落实率"双提升"工作目标,开展代表建议办理工作。市人大常委会正副主任挂帅督办重点建议,深入承办单位督察办理情况,组织代表现场视察,征求代表意见。市政府、各承办单位遵守程序规范,采取措施,落实代表建议。代表建议答复率100%。代表对建议办理态度、办理结果满意和基本满意率分别为100%、98.9%。

# 如皋市政府

## 重要会议

**【概况】** 年内,市政府共召开全体(扩大)会议2次、政府常务会议13次、各类专题会议51次。

**【市政府全体(扩大)会议】** 4月19日,市政府召开全体(扩大)会议暨项目建设推进会。会议要求全市上下围绕全年规模项目投入325亿元目标,促进项目开工、竣工、投产、达效,在全市掀起项目建设热潮;要精准招商,围绕主导产业定向招商,围绕重点区域高效招商,围绕重大项目猛攻招商;要构筑项目建设"大平台",打通项目建设"要素链",优化项目建设"生态圈"。会议确认依法行政示范单位10家,表彰政府信息公开工作先进单位10家、政务信息先进单位10家。

9月20日,市政府召开全体(扩大)会议,贯彻落实市第十二次党代会、市委十二届二次全体(扩大)会议精神,回顾2016年1—9月份工作。会议要求全市政府系统以项目促稳定增长,以创新促转型升级,以改革激发活力,统筹城乡发展,关注民生实践。

**【市政府常务会议】** 1月15日,市长陈晓东主持召开第十六届市政府第五十二次常务会议,传达习近平总书记在中央政治局常委会上关于安全生产工作的重要讲话和李克强总理关于安全生产重要批示精神。会议讨论2016年全市安全生产工作要点以及《关于印发2016年重点工作目标任务、重点工程任务分解表的通知》《关于分解落实2016年十件为民办实事项目任务的通知》《如皋市相关领域相对集中行政处罚权试行办法(讨论稿)》《市政府关于划转相关管理领域行政处罚权的通知(讨论稿)》《如皋市城中片区防洪及水环境综合整治暨水上旅游项目规划建设方案》《中心城区水系畅通规划方案》等议题。

2月3日,市长陈晓东主持召开第十六届市政府第五十三次常务会议。会议讨论城区水系整治推进机制及任务分解、市国有粮食购销企业与江苏永友粮油经营集团合资组建国有控股公司工作方案等议题。

3月2日,市长陈晓东主持召开第十六届市政府第五十四次常务会议,传达南通市政府全体(扩大)会议精神。会议讨论市政府全体(扩大)会议暨项目建设推进会会议方案、落实新施行的《中华人民共和国大气污染防治法》部门职责分工、城中片区防洪规划修编等议题。

3月30日,市长陈晓东主持召开第十六届市政府第五十五次常务会议,传达全国"两会"精神和李克强总理所作《政府工作报告》。会议明确市政府2016年度督察工作要点,讨论并通过《2016年全市依法行政工作要点》《2016年行政执法监督工作计划》等议题,通报全市一季度安全生产工作情况。各镇(区、街道)和相关部门负责人在会上递交安全生产目标责任书。

5月4日,市长陈晓东主持召开第十六届市政府第五十六次常务会议。会议听取北外附属如皋龙游湖外国语学校建设情况汇报,讨论《如皋市2016年度金融工作考核办法》等相关议题。

6月2日,市长陈晓东主持召开第十六届市政府第五十七次常务会议。会议听取2016中国(南通)如皋国际石材与装备展筹备工作情况汇报,讨论《关于做好2016年工矿废弃地复垦项目库建设工作的通知》等议题。

6月16日,市长陈晓东主持召开第十六届市政府第五十八次常务会议。会议听取当前安全生产工作情况汇报,讨论《关于进一步推进教师队伍"县管校聘"管理改革的意见》《如皋市乡村教师支持计划实施方案》《关于进一步加强幼儿教师队伍建设的意见》等议题。

7月23日,代市长何益军主持召开第十六届市政府第五十九次常务会议,贯彻习近平总书记"七一"重要讲话精神,传达习近平总书记、李克强总理在中央政治局常委会议上关于安全生产工作重要讲话精神。会议研究讨论关于提高城乡低保、"五保"等困难群体救助标准的请示和创建国家食品安全城市工作实施方案等议题。

8月20日，代市长何益军主持召开第十六届市政府第六十次常务会议，传达南通市城市工作会议精神。会议讨论市政府全体(扩大)会议方案、拟开展2016年度重点课题调研活动安排、《关于在全市公民中开展法治宣传教育的第七个五年规划(草案)》等议题。

9月18日，代市长何益军主持召开第十六届市政府第六十一次常务会议。会议讨论《2017年市级部门预算编制方案》和全市危险化学品安全生产攻坚工作方案等议题。

10月21日，代市长何益军主持召开第十六届市政府第六十二次常务会议，传达《省政府办公厅关于改革工业用地供应方式促进产业转型升级企业提质增效的指导意见》。会议听取全市盆景产业发展相关问题汇报，讨论《如皋市职工医疗保险实施办法》《如皋市城镇居民基本医疗保险实施办法》《如皋市职工住院自费补充保险暂行办法》《关于做好2017年度耕地占补平衡和城乡建设用地增减挂钩工作的通知》等议题。

11月23日，代市长何益军主持召开第十六届市政府第六十三次常务会议，传达中共十八届六中全会精神。会议学习南通市生态文明建设工程考核办法和实施细则，研究相关贯彻落实意见，讨论《关于推进现代公共文化服务体系建设的实施意见》《关于加快推进基层综合性文化服务中心建设的实施意见》等议题。

12月14日，代市长何益军主持召开十六届市政府第六十四次常务会议，讨论2017年部门预算方案、市区生活垃圾分类管理试点方案、市区餐厨废弃物规范管理工作试点实施方案、《关于加快特色产业发展的意见》、"十三五"相关重大专项规划等议题。

## 政策制定

**【城市环境综合整治】** 2月5日，市政府印发《2016年度如皋市城市环境综合整治行动方案》，围绕社会广泛关注、群众反映强烈的突出问题，标本兼治，综合施策。计划2016年完成省"九整治"项目30个、"三规范"项目9个，其中，城郊接合部项目3个，城中村3个，棚户区3个，老旧小区8个，背街小巷1个，城市河道6条，建筑工地6个，停车设施1处、新增停车泊位1000个，户外广告7处，便民疏导点1个。结合实际，深化拓展整治违法建设35处，新建公共厕所4座，改造2座，增设休闲座椅80个，新建公交站台8个、改造出新14个，新增果壳箱80个，新增布告栏80个，新建花坛1000个、改造出新350个，新建树池1000个、改造出新3000个。

**【江苏省"四好"农村路示范县创建】** 3月18日，市政府印发《如皋市创建江苏省"四好"农村路示范县实施方案》，提出推进"四好"(建设好、管理好、养护好、运营好)农村路建设，要着力从大规模建设向提质增效、集中攻坚转变，从注重连通向提升质量安全水平转变，从以建设为主向"建管养运"协调发展转变，从适应发展向引领发展转变。通过转变发展思路和发展方式，实现农村公路路网结构明显优化，通畅水平明显提高，安全条件明显改善，质量效益明显提升；养护全面得到加强，真正做到有路必养、养必到位；路产路权得到有效保护，路域环境优美整洁；农村客运和物流服务体系健全完善，率先实现城乡交通一体化，适应全市基本现代化和新型城镇化建设要求，力争2018年高分通过省"四好农村路"示范县考核验收。

**【相关领域行政处罚权相对集中】** 3月28日，市政府印发《市政府关于相对集中相关领域行政处罚权的通知》(简称"《通知》")。《通知》明确，以分批进行的方式，在农林水利、文体旅游、市场监管、城市建设管理领域相对集中行政处罚权及与行政处罚权相关的行政强制措施，2017年1月31日前全部集中到位。

**【机关事业单位工作人员养老保险制度改革】** 6月7日，市政府印发《关于机关事业单位工作人员养老保险制度改革的实施意见》，提出自2014年10月1日始，全市按照公务员法管理单位、参照公务员法管理机关(单位)、事业单位及其编制内工作人员，参加机关事业单位基本养老保险，同时建立职业年金。个人缴纳基本养老保险比例为本人缴费工资基数8%，单位缴纳基本养老保险比例为本单位缴费基数20%；个人缴纳职业年金按本人缴费工资基数4%缴费，单位按本单位工资总额8%缴费。从2014年10月1日起，不再执行原机关事业单位工作人员退休费计发办法，建立待遇与缴费挂钩新机制，多缴多得、长缴多得。

**【国家食品安全城市创建】** 8月2日，市政府印发《如皋市创建国家食品安全城市工作实施方案》,提出力争通过2年时间努力,全面健全完善食品安全工作“六大体系”(组织体系、责任体系、监管体系、考核体系、技术支撑体系、社会治理体系),全面建成惠及民生的食品安全“八大放心工程”[粮油放心工程、肉菜放心工程、水产品放心工程、“菜篮子”市场放心工程、集体食堂放心工程、农村集体聚餐放心工程、餐厨废弃物收运处置放心工程、食品“三小”行业(小作坊、小摊贩、小餐饮)放心工程]和“四大支撑平台”(食品安全智慧监管平台、食品安全检验监测平台、食品安全信用管理平台、食品安全追溯管理平台),食品安全治理水平得到较大提升,食品产业保持较快发展,全市食品安全状况持续稳定在较高水平,确保不发生重大食品安全事故或影响恶劣的食品安全事件,公众对食品安全现状总体满意度达到75%以上,全面建成国家食品安全城市。

**【畜禽禁养区、限养区、适养区划定】** 12月8日,市政府印发《关于划定如皋市畜禽禁养区、限养区、适养区的通知》,设立7类畜禽禁养区、3类限制养殖区标准及适度养殖区范畴。

(倪建军)

## 行政管理体制改革

**【行政审批制度改革】** 2016年,如皋市深入推进相对集中行政许可权改革试点工作,行政审批工作实现重点领域一枚印章管审批和审管分离。精简各类申报材料198份,精简率30%。服务对象综合评议满意率100%,全年未收到有效投诉;第三方测评满意率100%。

年内,如皋市加大简政放权力度,市发展改革委、科技局(地震局)、民政局、文广新局、人防办共725项行政权力事项赋予长江镇行使。探索研究如皋开发区行政审批制度改革模式,印发《如皋经济技术开发区行政审批制度改革实施方案》,通过委托方式下放行政审批权力事项37项,实现区内事区内结。整合市场准入和投资建设领域碎片化审批权,完善权责清单,不断深化相对集中行政许可权。以相对集中行政许可权改革试点评估为契机,不断优化审批流程,简化审批手续,探索建立市场准入“三个融合”(事项融合、流程融合、系统融合)、投资建设“五个环节”(前期核准、土地出让、规划设计、工程施工、竣工验收环节)、审管联动“四大功能”(信息共享、联合会办、交互审控、协同管理有机结合)等审批新机制,将过去纵向型串联式审批流程优化整合为并列式扁平化审批流程,承诺时限在原基础上再压缩50%以上。全面开展网上咨询、辅导,开通网上预审服务,实现市场准入领域100%审批事项、投资建设领域30%审批事项申请材料网上申报、预核,推动审批服务由“集中办”向“网上办”转变。围绕“大众创业、万众创新”常见事项和民生热点事项分类制定套餐式审批标准,对重大项目实行订制式审批服务,形成个性化审批特色服务。建立市场准入证照联办3个工作日办结和工业项目投资建设50天审批服务机制。政务信息《如皋组建行政审批局以来工作成效、面临问题及建议》《如皋市清理规范投资项目报建审批事项的主要做法》被国务院办公厅内刊录用,被作为改革试点样板在全国各地复制推广。“一枚印章管审批”等做法被省委、省政府纳入《关于深化行政审批制度改革、加快简政放权激发市场活力的意见》(苏发〔2016〕42号)在全省推广实施。7月6日,《南通日报》头版深度报道如皋市开展工业项目容缺审批、链式服务情况。8月25日《南通日报》以《将权力“晒”在阳光下》为题,专题报道如皋市行政审批“一窗受理、一网办结”情况。12月8日,南通市相对集中行政许可权改革试点工作推进会在如皋召开。

(袁昌明　张　龙　朱勇伟)

**【综合行政执法体制改革】** 年内,如皋市对市文广新局等13家涉及综合行政执法体制改革单位开展专项调研,做好综合执法队伍机构组建、人员配置、编制划转等工作。整合县级18个部门、26支执法队伍、32个执法科室职能、机构和人员,组建农林水利、交通运输、市场监管、文体旅游、环境保护、城市管理6支综合执法队伍,实现1个领域1支队伍管执法。探索执法配套机制,出台《如皋市相关领域相对集中行政处罚权办法》,推动完善执法联动机制、案件移送机制、相互监督机制、信息共享机制、责任追究机制等,不断提高行政执法效能。顺应“互联网+”发展趋势,研究建立审批、监管、执法三方信息共享平台,探索“集中高效审批、分类监管服务、综合行政执法”政府治理架构。“整合机构职能,全市6支队伍管执法”被列为全省15个行政审批制度典型案例之一。按照从主功能区、南通市级中心镇到其他镇分步实施的做法,将适宜由基层行使的执法职能由市政府

如皋实现"1个领域1支队伍管执法"（陈 明摄）

相关部门逐步下放到各相关镇（区、街道），推进1个区域1支队伍管执法。在巩固和深化长江镇、白蒲镇改革试点基础上，通过召开座谈会、开展专题调研等方式，在江安镇、搬经镇、磨头镇等南通市级中心镇，开展区域综合执法体制改革，通过委托方式下放执法事项172项。

【全国机构编制工作会议暨综合行政执法工作座谈会在如皋召开】 1月26日，全国机构编制工作会议暨综合行政执法工作座谈会在如皋召开，中央编办主任张纪南，副主任王峰、何建中，各司级单位主要负责人，各省（区、市）编办、新疆生产建设兵团编办及各副省级市编办负责人参加会议。与会人员参观考察长江镇综合执法局、市综合检验检测中心、市市场监督管理局等处。如皋市综合行政执法体制改革经验和做法在会上交流。

【全省机构编制工作会议暨综合行政执法改革工作现场会在如皋召开】 3月31日，全省机构编制工作会议暨综合行政执法改革工作现场会在如皋召开。省编办、省交通运输厅、省住房城乡建设厅、省农委、省文化厅、省政府法制办和各省辖市相关部门负责人参加会议。会上，如皋市作题为《创新体制机制，提升执法效能，勇当综合行政执法体制改革的"探路石"》交流发言，与会人员参观考察市行政审批局、综合检验检测中心、市场监管局及长江镇综合执法局等处。

（张 龙）

## 为民办实事工程

【通皋大道建设工程】 年内，市政府启动通皋大道（原如通快速通道）建设工程。至年末，如皋段方面，完成项目立项和规划选址、用地红线划定、土地预审、社会稳定风险评价、工程可行性研究报告编制；通州段方面，与通州区政府、南通市住房城乡建设局、南通市城建集团对接，完善设计方案，协调委托搬迁和代建事宜。

【农村公路提档、农村危桥改造工程】 年内，全市新建通居公路200千米，完成提档升级公路100千米，新建、改造桥梁200座（含危桥20座）。

【学前教育项目工程】 至年末，九华镇营防园、下原镇花园园主体工程竣工，如城街道城东园主体封顶，磨头镇场南园扩建工程开工建设，城北街道第三实验园已确定施工、监理单位，东陈镇东陈园教学楼工程、丁堰镇刘海园挂网招标。

【"五道"医疗保障水平巩固提升】 年内，市政府出台《如皋市职工医疗保险实施办法》，相关政策与南通市接轨。全市参加新型农村合作医疗91.1万人，参合率继续保持100%。列入重大疾病保障范围的病种25个，补偿率70%。市镇两级政策范围内住院补偿比分别为70%、75%，基金使用率99%以上。困难群众医疗救助资金总额4373.9万元，救助2.4万人次，超额完成全年任务。慈善救助、帮扶8250人次，发放善款816.2万元。

【老小区改造工程】 年内，如皋市累计投入1000万元，改造提升华夏紫竹园，百花苑一、二区，健康西村（散居楼），靖海花园，幸福新村，健康东村601—608，蒲行苑一、二区，宏济苑，惠隆苑等老小区，完成改造面积32万平方米，惠及2277户群众。

【农村河道综合整治工程】 年内，如皋市累计投入3750万元，对农村河道进行综合整治。疏浚县级河道1条（龙游河磨头段）；整治镇级河道4条、12.7千米，疏浚土方26.4万立方米；整治村庄河道（含家沟家塘）404条、342.2千米，疏浚土方497万立方米，超额完成全年任务。茅雉河南延工程在招投标准备中。

【畜禽粪污综合利用工程】 年内，

如皋市累计投入1000万元,改造户用蓄粪池731个、1.6万立方米,建设田头调节池767个、4.1万立方米。全市开展畜禽粪污综合利用村(居)264个,占比82.8%,超额完成目标任务。

【城区水系清洁畅通工程】 年内,如皋市完成幸福河(外国语停车场至益寿路段)、城南中心河(志颐路至花市路段、宣化路桥西至海阳路段)、中央商务区河(宣化路至龙游河段)河道整治,共2600米。至年末,大司马河(圃园新路至中央大道段)整治工程已确定施工单位,圃园新路至城南中心河段待搬迁后实施。宏坝河、龙游河北段、宝塔河等工程正在完善规划方案。

【中医院三期改扩建工程】 年内,如皋市启动中医院三期改扩建工程。至年末,项目建议书获市政府批复,投资估算通过财政评审,完成地质灾害评估、项目选址意见书、能评、稳评、环评等相关手续,完成污水处理改造方案设计。搬迁居民35户。项目进度达序时要求。

【脱贫致富奔小康工程】 年内,全市新增脱贫家庭4970户,低收入人口脱贫率28%,完成序时任务。农村低保保障标准提高至480元/人·月,全市9098户19781人应保尽保。退还全市建档立卡低收入人口新农合个人筹资部分,计9474人、141.7万元;为未参加新农合个人筹资低收入人口补缴个人筹资款,计714人、10.7万元。免除一事一议筹资筹劳81.8万元。发放扶贫小额贷款977户、1640.7万元,农户享受财政贴息45万元。划拨上年度省级补助资金利息100.8万元,壮大村级集体经济。

## 政务工作

【概况】 2016年,市政府办全年处理文件电报1200余份、各类会议通知260余份,日均接处电话90余次,接待处理各类信访30多批200多人次。及时办转"人民来信"249件、"市长信箱"信件230件。办理并及时回复上级领导批示20件,办结率100%。牵头服务市政府全局性会议20多次,参与接待省、南通市部门及县(市、区)考察60多次。严格执行公务用车改革制度,加强办公用房清理,推进市领导办公用房、公务用车规范化。

【督办查办】 年内,市政府办以推动市委、市政府重大决策和重要工作部署贯彻落实为主线,创新方式,突出实效,促进督察工作水平不断提高。对《政府工作报告》中梳理出89项重点工作和政府为民10件实事落实情况以现场督察、书面督察、电话催办等形式开展督促检查,确保政府工作有部署、有落实、有回音。加强对代表建议和委员提案办理情况督促检查,对涉及民生重点建议、提案,邀请市人大代表、政协委员现场督察、视察,加快办理速度,提升办理质量,提高代表满意率。全年收到人大代表建议282件、政协委员提案300件,答复率100%。在督办查办基础上,建立工作联系单制度,下发市政府重点工作跟踪落实联系单4件。进一步健全领导批示件办理制度,全年办理市政府主要领导批示件220件,促进群众反映强烈的热点、难点问题解决。

【调查研究】 年内,市政府围绕解决经济社会发展等方面重点、难点问题,梳理产业发展、要素保障等4大类23个调研课题。其中,市发展改革委、农委等部门围绕如何寻求大数据、大健康、大农业产业发展突破口,市旅游局牵头围绕如何在旅游生态空间格局、旅游品牌产品打造和投资营销机制方面进行创新,市财政局围绕如何强化政府性投资项目管理、提高国有资本运行绩效开展调研。市政府办全年在《唯实》《领导科学》等杂志发表调研文章30多篇。强化信息调研工作,全年被《南通昨日要情》采用政务信息99条,被南通市级以上政务信息采用192条,其中省级44条、国务院办公厅4条,获批示1条,信息调研工作位居南通第1位。《紧扣"一二三四五"要求,扎实

市中医院　　(市卫计委供稿)

推进“两学一做”》被《人民论坛》杂志、“人民网”“中国共产党新闻网”刊登。

（倪建军）

## 政府投资项目工程建设

**【概况】** 2016年，市政府投资项目工程建设中心代建工程项目30个。其中：上年结转续建项目6个，计划投资23584.7万元，施工面积116421平方米；当年政府投资代建项目24个，计划投资总额46987.5万元，施工面积13.7万平方米。全年交付使用代建项目10个，拨付工程款5827.96万元。8月，总投资985万元如皋中学建筑维修改造工程如期交付使用。

年内，市政府投资项目工程建设中心组织编制《政府投资项目工程建设管理手册》，为投资、工期、质量、安全、廉洁目标控制提供制度保障。全年办理各项建设单位提请评审工程变更项目69个，涉工程建设资金148473.97万元，预留暂列金8244.77万元，申报工程变更总额5038.03万元，评审确认工程变更总额4810.96万元，占项目总投资3.24%，累计核减工程变更资金227.06万元。审核取消不符合工程变更项目21个，涉工程建设资金1500多万元。全年办理容缺审批政府投资项目8个，建筑面积98383平方米，计划投资总额35142万元。

（徐美燕）

## 人才建设

**【人才引进】** 年内，市人力资源和社会保障局（简称“市人力资源社会保障局”）组织实施“222”人才引进工程。全年引进高层次创新创业人才26人、硕士以上研究生和高级职称人才209人、本科学历和中级职称人才2085人，其中，留学回国人员35人，柔性引进外国专家12人。组织重点企业参加各级各类人才市场68场次、高校招聘15场次，网上发布招应聘信息3200多条。开展人才项目申报。滋生堂生物科技徐见容获省“双创”博士计划自主创业类资助，全市获省第13批“六大人才高峰”项目资助7人，资助金额和数量再创历史新高，继续领跑南通各县（市、区）。江苏隆昌化工有限公司获批设立省级博士后创新实践基地，南通仅5家单位获批；江苏神马电力股份有限公司张舒、双钱集团如皋轮胎有限公司周海超科研项目获国家级博士后科研资助，周海超科研项目同时获南通市博士后创新大赛三等奖（第4名）。留学人员创业园成功引进7名海外人才到园区创业，获批2016年度省市级引进国外智力资助项目12项，其中省级6项、南通市级6项，获批数量居南通县级市前列。

**【人才培育】** 年内，全市新增专业技术人员6459人，专业技术人员知识更新18008人次。高技能人才总数稳居南通首位，新增高级工8299人，新增技师1331人，任务完成率443.66%。市农田水利试验站黄勇入选享受国务院特殊津贴专家，至年末，全市拥有享受国务院特殊津贴专家5人。南通六建建设集团有限公司邹科华、中如建工集团有限公司江林2人当选省有突出贡献中青年专家，全市拥有省有突出贡献中青年专家8人。年内，全市培训各类技能人才23699人。其中，高技能人才5504人（技师954人、高级技师20人），特种作业人员培训2312人，西南交通大学远程与继续教育新招生48人（在籍学员271人），盐城工学院与南通科技职业学院成人高等函授学历教育培训366人次，创业培训（GYB、SYB、网创）1055人次，退役士兵短期技能培训及技能鉴定人数138人，退役士兵免试接受成人高等学历教育人数210人，专业技术人员信息化素质培训考核482人次，机关事业单位工人继续教育培训171人次，招收在职职工“弹性学制”学历班学员643人。全年通过技能鉴定获证16481人，任务完成率137.5%；参加统考914人，完成率152.33%。

**【人事人才服务】** 年内，市人力资源社会保障局核定发放2015年度省“双创”博士、“六大人才高峰”、引进国外智力项目配套资助、博士后生活津贴及2015年度就业资助和引才奖励108.938万元，奖励海外高层次人才孙智江个税15374元。发放163位高层次紧缺人才技术津贴89.88万元。接收高校毕业生档案近9000份，保存毕业生档案近10万份、改制单位在职和退休档案5652份。完成在职人员薪级工资正常晋升、职称变动、新进人员工资核定、退休待遇核定、年度考核、职称报名以及人员流动等各项服务工作5200多人次，调整离退休人员基本养老金3100多人，及时归档相关材料（高校毕业生档案）4万余份。

**【工资福利】** 年内，市人力资源社会保障局按照省、南通市统一部署，及时调整公检法部门1000名人民警察的警衔工资，对符合套改条件民警按警员工资套改。开展公务员分类改革工作,做好法检两院工资改革工作。全年核批机关在职人员、离退休人员死亡后一次性抚恤金61笔计826.25万元。核批551名享受遗属补助对象补助标准,月补助额41.134万元。按照国家和省、南通市统一部署,调整机关事业单位在职人员基本工资标准和增加机关事业单位离休人员离休费,机关事业单位人均增资约300元/月,264名离休干部人均增资约550元/月。将20世纪50年代退职小乡干部年补对象补助标准提高到每人5400元/年。全年核批新录用公务员工资134人、新录用事业人员工资(教师和卫生类)380人,套改军转干部工资23人。继续核批机关事业单位到龄退休人员临时退休手续,机关退休120人,事业单位退休263人。

**【事业单位人事管理】** 年内,市人力资源社会保障局核准18家事业单位岗位设置方案并给予批复。全年招聘事业单位工作人员329人、机关及事业单位合同制人员150人。公开选调卫计系统、农办在城下属单位工作人员3人。协助市委组织部公开招录高学历人才25人。调整事业单位岗位750多人次,重新设岗单位基础信息录入率100%。新一轮岗位聘用合同签订签证率95%以上,新录用人员聘用合同签订签证率100%。组织95名事业单位新录用人员上岗培训,评选优秀学员10人。安置随军家属21人,其中事业人员9人、合同制人员12人。办理学校教师流动66人次(调进45人,调出21人)。办理市农委、城乡住房建设局、文广新局等系统内部交流手续41人。办理其他人员流动手续10多人次。

**【公务员管理】** 年内,市人力资源社会保障局进一步完善绩效考核指标体系和考核工作机制,不断完善考核工作。起草《关于市级机关2016年目标责任制绩效考核意见》,组织市级机关各部门制定2016年目标责任制个性工作考核细则及人才工作、行政审批与政务服务工作、综治平安建设工作、机关事务管理工作、服务业统计考核细则,组织市有关部门制订共性工作考核细则10项,并汇编《市级机关2016年目标责任制绩效考核奖惩细则》。汇编市级机关各部门领导班子成员分管工作考核细则。组织实施政府系统各部门(单位)公务员和参照管理人员2015年度考核结果审核鉴证。制订2015年度机关绩效考核奖金和上级表彰奖金方案,开展奖金核批工作。完成2015年度各单位推荐由市委、市政府嘉奖和记三等功的442名非领导职务人员审核工作。收集市级机关2015年度受南通市以上表彰信息,涉58个部门227个奖项,其中54个部门139个奖项经审核予以计发奖金。规范实施招考工作。会同市委组织部完成公务员(参照管理人员)全省统一招录工作,全市招录114人。审批公务员提前退休人员3人。对新录用公务员开展初任培训150人(公安36人)。对全市公务员开展创新型经济、“践行‘五大发展理念’、引领经济发展新常态建设”等专题培训3次。完成14个参公单位工作人员职务与级别确定工作。如皋市公务员平时考核工作做法先后在全省公务员平时考核工作会议和全省公务员职位管理业务研讨班上作交流发言。

(周亚琴)

## 政府信息公开及电子政务建设

**【政府信息公开】** 2016年,市政府办公室(市政府信息网络管理中心)印发《如皋市2016年政务公开工作要点》,细化信息公开内容,指导、督促各镇(区、街道)、部门围绕经济社会发展和人民群众关切事项,公开权力清单、责任清单、市场监管、政务服务、经济社会政策、重大建设项目、公共资源配置、减税降费、扶贫、社会救助、就业创业、棚户区改造、保障性住房、环境保护、教育卫生、食品药品安全等重点领域信息14567条。运用数字化技术、图表图解、音频视频等开展粮食收购、就业创业等政策解读,让社会公众看得到、听得懂、信得过。全市依法依规办理政府信息公开申请1283件。

**【电子政务服务】** 年内,市政府信息网络管理中心严格按照每日2次、全年365天不间断要求,开展机房环境设施、网络设备巡检工作,确保全市电子政务网络安全畅通。启动电子政务外网升级改造工程,将镇(区、街道)骨干链路升级为千兆裸纤,出口带宽由2GB提升至3GB。为市档案馆视频会议系统、市行政审批窗口监控升级等项目建设,及市行政办公OA系统运行等提供技术支持和服务3600余次;配合51个部门网上办理行政许可等事项1.45万件,各部门通过行政办公系统网上传送公文4552份。

**【政府网站建设】** 年内,市政府信息网络管理中心对照全国政府网站普查要求，实施周抽查、月通报制度，对全市46家政府网站开展专项督察18次，下发情况通报5次，解决政府网站信息发布不及时、不准确，对服务对象申请事项不回应，网站栏目不实用等问题。贯彻落实省、南通市政府网站集约化建设要求，结合全市镇（区、街道）、政府部门网站现状，制订政府网站集约化建设工作方案。年内，推动12家镇（区、街道）、29家政府部门网站按时提交永久关停网站申请，并上报网站栏目设置申请和网站上移数据整理情况。

（章 逸）

## 政务服务

**【概况】** 2016年，市行政审批局（市政务服务中心）围绕"简政放权、放管结合、优化服务"要求，推进相对集中行政许可权改革试点和政务服务工作。全年办理各类行政许可审批事项58829件，按期办结率100%；主持或参与协调市领导交办、服务对象请求协调各类服务事项320余件，召集各类评审会、论证会、协调会、现场踏勘1600多次。政务服务中心窗口（分中心、综合窗口）受理各类政务服务事项76.1万余件，其中，进驻政务服务中心窗口办理各类政务服务事项49.2万件，各分中心办理各类政务服务事项26.9万件，综合窗口办理各类政务服务事项116件，事项到期办结率100%。全年新登记注册企业3332家，同比增长25.26%；注册资本313.52亿元，同比增长168.88%。

**【便民利企服务】** 年内，市行政审批局（市政务服务中心）组建重大项目党员志愿服务队，举办镇（区、街道）项目代理员业务培训班，编制印发重大项目审批服务联系卡，对全市79个亿元以上重大项目实行挂图作战、专题协调，确保项目顺利推进。深化推进行政审批"二集中三到位"，政务服务中心进驻部门事项进驻率、授权窗口办结率均为100%。各进驻部门窗口（综合窗口）、分中心坚持问题导向，想群众所想，急基层所急，全年开展预约服务、上门服务、延时服务等特色服务460多批次，精简各类申报材料100多份，精简率20%以上；优化服务流程、压缩承诺时限，大力推行并联审批模式，承诺时限再压缩30%以上。

（袁昌明）

**【机关事务管理】** 年内，市机关事务管理局强化会务服务，以"零投诉，零误差"为目标，建立会务服务标准化流程，全年服务会议5330场次，未出现一次差错或失误。创造整洁有序机关形象，建立健全保洁工作周评、月检、年结检查评比制度。全年维修行政中心大楼各类设施5374次。以"问题导向"为原则，妥善应对行政中心大楼在维修维保高峰期内出现的各类故障。全年开展安保人员安全技能和消防设施、设备操作考核等安全保卫专题业务学习和测试活动10次，考核通过1300余人次。提升机关餐饮服务质量，在膳食委员会协助下，在河南餐厅增设自助餐厅，机关餐饮满意率90%以上。在全市继续推进公车改革，取消一般公务车辆222辆，其中，拍卖172辆，按规定报废49辆，节约支出率6.92%。严格办公用房执行标准，配合市纪委对全市14个镇（区、街道）和12个市级机关部门开展督察，对超标办公用房进行调整使之符合规定标准。将公共机构节能作为建设节约型机关的重要抓手，探索服务与管理、保障与节约最佳结合点。

（张 敏）

**【市长热线】** 2016年，市长热线"12345"围绕让老百姓有更多获得感，以受理承办工作"办实事"为目标，拓展服务外延，注重办结时效。全年受理来电43920件，平均每天受理120件，办结率98%，群众满意率97%。年内，市长热线将群众反映机关作风问题、工作效能问题作为重点督察办理。对上年度应办未办事项督办查办，召开由人大代表、政协委员、民情采集员、网络媒体人、群众代表参加的交办事项专题督办会，解决武定苑西大门道路、阳光花苑西大门道路维修难题。吸纳如皋浙江商会、金桥职业学校等社会服务资源加入政府公共服务平台，为石庄镇邹蔡村20位贫困户和老党员送去礼品和慰问金，对日本侨民幸子进行捐助，捐助大学生4人，为5名贫困生发放第3学年助学金2万元。至年末，市长热线加盟单位资助贫困学生19人。2月，协调市城管、住房城乡建设局和如城街道，特事特办，解决困扰申港豪园小区居民多年的噪声问题。4月，协助东陈镇政府处理某机械厂劳资事宜，阻止一起跳楼事件。7月，成功协调处理因金茂国际小区投资建设主体被法院查封资产，导致业主无法办理不动产证而引发业主群访事件。12月，召集市环保局、市场监督管理局、发展改革委、白蒲镇、供电公司，对白蒲镇姚家园村玉田塑料制品经营部违规进行塑料粒子加工、粉碎行为采取断电措施。

(解云虎)

## 外事侨务与港澳事务

**【出国(境)管理】** 年内，市政府外事侨务办公室(简称“市外侨办”)严把出国(境)组团关、审核关、教育关。全市全年因公临时出国(境)经贸考察及参加国(境)外培训团组33批101人次，涉及美国、德国、英国、俄罗斯、瑞典、芬兰、法国、日本、韩国、意大利、新加坡、印度尼西亚、泰国等国家和中国香港地区。审批因私出国(境)任务80批89人次，涵盖各镇(区、街道)、部门和学校。外事和国家安全教育率100%，护照收缴率100%。

**【涉外管理】** 年内，市外侨办办理外国人入境审批50批74人次，涉及巴基斯坦、斯里兰卡、突尼斯、土耳其、印度、新加坡、菲律宾等国家。根据企业规模、企业对外国人管理情况、被邀请外国人在如皋表现，建立邀请外国人在如皋企业诚信分级制度。加强对外国记者在如皋采访活动规范管理，联合市委宣传部、市公安局等部门处理外国记者在如皋违规采访事件3起。配合相关部门处理海外劳务事件3起。

**【外事服务】** 2016年，市外侨办为11家外向型企业更新办理APEC商务旅行卡31张。组织外向型企业参加诚信企业评比，9家企业被评为诚信企业。支持和鼓励企业“走出去”，组织各园区及部分企业人员参加南通—荷兰合作恳谈会、海内外企业对口合作恳谈会、走进瑞士合作恳谈会等对外合作交流活动。对全市外向型企业开展摸底调查工作，至年末，全市有在外投资企业28家。为地方经济和社会发展服务，邀请西班牙等国驻沪领事馆人员参加中国(南通)如皋国际石材展；为威格(江苏)电气设备有限公司开业投产仪式、国际盆景赏石协会交流中心揭牌仪式、德国沃根集团等到如皋考察等活动做好外事服务工作。10月26日，法国国际文化中心协会到如皋考察交流，参观市木偶剧团、明清外销瓷展览馆、丝毯博物馆、国际园艺城等处。12月3日，江苏省第三届“丝路青年行”如皋站开启，“一带一路”沿线21个国家51名留学生代表探访水绘园、金岛生态园等地，体验非物质文化遗产如皋杖头木偶戏表演、板鹞风筝组装等。

德国沃根集团副总裁克里斯蒂安(前排右)在如皋考察时拜访百岁老人

(黄友谊摄)

**【为侨服务】** 年内，市外侨办关心困难侨眷，维护归侨侨眷合法权益，全年慰问归侨侨眷40多人次。为回国定居华侨做好服务，协调市教育局等部门办理归侨子女就近入学手续1人、华侨子女入学手续2人。为6名华侨子女办理中考、高考加分事项。助推侨资企业发展，举办《江苏省保护和促进华侨投资条例》讲座，联合市侨联、市人民法院在文峰大世界广场举办《江苏省保护和促进华侨投资条例》宣传活动。出资1万元支持“侨之声”合唱艺术团正常开展活动。5月29日，参加“海外知名侨商南通行”活动的90名知名侨商侨领到如皋，参观考察经济发展情况和投资环境。7月26日—8月3日，海外华裔青少年“中国寻根之旅”夏令营如皋营活动举办，加拿大、比利时、德国等国53名华裔青少年在刻凿喜笺、游览古迹、学习国粹等活动中领略中华文明。11月5日，李昌钰刑侦科学博物馆开馆仪式暨司法、鉴识及教育研讨会在如皋举行，与会专家学者围绕中外刑事司法鉴识领域最新研究成果开展交流活动。

(陈　丽　冒云霖)

## 对口支援

**【概况】** 2016年，如皋市对口支援陕西省旬邑县，定期互派招商、规划建设、经济管理等领域专业人才交流工作经验，全年援助资金15万元。加大对湖北省秭归县支援力度，为当地销售脐橙7000多箱。对口支援新疆维吾尔自治区伊宁县，派遣优秀教师到伊宁县开展支教活动，派遣6名医务工作者与南通其他县市医务工作者组成援疆医疗队支援伊宁县。年内，伊宁县设立在如皋的劳务用工输入基地为如皋输送劳务人才。伊宁县组织党政代表团到如皋考察，组织相关单位业务骨干、后备干部等到如皋培训，组织骨干教师到如皋驻点考察。3月25日，伊宁县县长卡米力江·玉苏甫江率考察团一行到如皋，考察农业产业化和城市建设等方面工作，参观国际园艺城、顾庄生态园、文化广场、龙游河生态公园等处，听取如皋市经济社会发展情况介绍。6月27日，为期1个月的伊宁县青年后备干部培训班在如皋开班。培训班采取模块化教学模式，30名学员通过现场参观、聆听讲座、研讨交流等形式，进行党性锻炼，提升能力素质。7月23—24日，伊宁县委书记杨新平率党政代表团到如皋考察，就促进两地区域经济共同发展进行交流，先后参观高新区软件和信息服务产业园、龙游湖商务风景区、文化广场、顾庄生态园、水绘园、华夏胶片电影博物馆等处。

（白宝平）

## 应急管理

**【应急预案体系建设】** 2016年，市应急管理办完善、修订应急预案37个，新编制预案8个，推动预案体系向村（社区）、企业和学校等基层单位和重点部位延伸，实现专项预案全覆盖。编制预案简本、处置流程图和操作手册，确保预案实用性和可操作性。建立和完善突发事件监测、预测、预报、预警体系。定期召开应急管理成员单位会议，强化风险预警预防。

**【应急防范处置】** 年内，市应急管理办指导各单位做好危险源、危险因素和危险区域风险隐患排查，做到早发现、早报告、早处置。春节期间，组织各单位落实安全防范措施，开展风险隐患排查。紧扣防火防爆、防洪防灾、地质气象等隐患风险，专门预防预测和排查化解。全年启动应急预案4次，发布恶劣天气预警信息12次，发布灾害预警13次。开展预案演练，组织学习观摩活动，建立月度会商研判机制。全年指导各单位开展应急预案演练25次，其中部门演练11次。开展事故灾难类演练9次、公共卫生事件类演练17次、社会安全事件类演练21次。

**【应急知识宣教】** 年内，市应急管理办组织开展安全管理员、特种作业人员培训，为企业发放法律法规宣传册5000多本。对化工企业人员开展《化工企业安全责任实施条例》培训，办班32期。在应急管理宣传月，全市各镇（区、街道），市民政局、地震局、国土资源局、气象局、卫计委等部门围绕防灾减灾科普开展宣教活动。

（段　煜）

# 如皋市政协

## 综　述

**【概况】** 2016年年末，全市有南通市政协委员22人；如皋市政协委员379人，分布在28个界别，分布为：14个镇（区、街道）151人，农业界18人，文化体育新闻界16人，工商界19人，人力资源环境界13人，经济界31人，教育界22人，医疗卫生界21人，民宗侨台界17人，法制界15人，城建界18人，科技科协界12人，工青妇界15人，社会保障界11人。委员中，中共党员193人。年内，增补市政协委员13人，因工作变动等原因调离或转岗13人。年内，市政协组织各类协商活动17次，累计提交专题调研报告17篇。市政协办公室和经济科技委员会分别被评为南通市政协工作先进集体，市政协机关办公室（含5个委员会）被表彰为南通市文明机关。

## 政治协商

**【全委会协商】** 1月8—11日，市政协举行第十三届第五次会议，市委、市人大常委会、市政府全体领导和市人民法院院长、人民检察院检察长列席会议。会议听取并审议市政协第十三届常委会工作报告和提案工作报告。与会委员列席市十六届人大五次会议，听取并协商讨论政府工作报告和其他有关报告，围绕推动科学发展、增进群众福祉、提升城市品质、助推文化繁荣等议题提出建议意见。会议期间收到委员提案319件，立案300件。

**【常委会协商】** 年内，市政协组织开展常委会协商活动2次。

8月5日，在政协常委分组到广东省、浙江省、山东省等地学习考察长寿文化及旅游产业发展、长寿生态农产品开发和健康养老产业发展经验基础上，市政协召开第十三届第十七次常委会，专题协商发展壮大长寿产业议题。结合全市长寿产业发展现状，分析存在问题和困难，提出发展、壮大长寿特

市政协委员视察、协商党史工作，现场视察中共如皋第一个支部遗址
（顾　健摄）

色产业对策和建议。

11月15日，在组织调研小组分组到山东省、浙江省和江苏省常熟市、赣榆区等地学习跨境电商发展及港口开发、口岸建设经验基础上，市政协召开第十三届第十八次常委会，专题协商开放型经济运行情况，提出强化精细化招商、加快产业集聚发展、完善口岸功能配套等建议意见。

**【主席会议协商】** 4月20日，市政协召开主席会议，专题调研、协商工商联工作。

4月28日，市政协召开主席会议，专题协商讨论港口建设管理工作，在现场视察、听取汇报基础上，就如何加快港口行业转型升级、构筑港口新形势提出建议意见。

6月2日，市政协召开主席会议，邀请提出“院前急救体系建设工作提案”相关委员全程参与，专题协商院前急救体系建设工作。

6月11日，在组织人员走访相关部门、部分法律工作者和案件当事人，征求社会各界人士的意见建议基础上，市政协主席会议邀请政协法制委员组委员列席会议，专题协商律师工作。

7月8日，市政协主席会议成员在视察部分家庭农场、种植大户、专业合作社基础上，专题协商全市农村土地流转工作。

7月27日，市政协主席会议专题协商金融业支持地方经济发展工作，围绕进一步发挥金融业对实体经济支持作用、促进地方经济健康发展进行协商讨论。

9月29日，市政协主席会议组织部分委员，视察、协商党史工作。

11月28日，市政协主席会议专题协商全市规划和房地产工作。与会人员察看新城吾悦广场商业综合体、江中世纪城住宅小区建设情况，听取市规划局关于规划和房地产工作情况汇报，针对存在问题和不足提出建议意见。

## 民主监督

**【民主评议】** 10月、11月，市政协组织全体政协委员对市人力资源社会保障局开展民主评议。6个评议小组收集评议建议意见204条。剔除其中与上级政策明显不符、当前已执行到位等建议，市人力资源社会保障局对最终归纳的6大类、25条意见及时整改到位。评议工作取得预期效果。

**【提案办理】** 年内，市政协在十三届五次会议期间，收到提案319件，其中，立案300件，19件作为委员来信转达相关部门研究处理。立案提案分别转送69个承办单位，在规定时间内，办理答复率100%。全年组织、参与部门提案办理协商12次；组织提案委员参与主席会议视察调研10次。获立案的提案所提问题解决或正在解决232件，占比77.3%；列入计划解决52件，占比17.4%；列入研究参考16件，占比5.3%。承办件在5件以上的部门和单位集中见面汇报率95%。对办理结果反馈满意261件，占比87%；基本满意34件，占比11.3%；不满意5件，占比1.7%，经协调二次办理，均转化为满意或基本满意。

**【社情民意】** 年内，市政协发挥社情民意“直通车”作用，编印《如皋政协(社情民意专版)》10期，每期均获市委、市政府领导批示，并转达相关部门办理，其中，门诊医疗急救费用纳入医保等意见年内得到相关职能部门落实。

**2016年市政协委员优秀提案**

表5

| 序号 | 案　由 | 提案人 |
|---|---|---|
| 1 | 如皋革命遗址保护和利用问题的思考 | 政协学习文史委员会 |

续表5-1

| 序号 | 案　　由 | 提案人 |
|---|---|---|
| 2 | 丰富、整合旅游资源，优化水绘园、东大街、定慧寺旅游线 | 陶　进 |
| 3 | 关于加快完善城南新区城市配套的建议 | 陆　彦 |
| 4 | 金融纠纷案件大幅增长需引起重视 | 吴剑平 |
| 5 | 做强大宗商品现货交易平台，助推如皋市经济又好又快发展 | 薛建兵 |
| 6 | 关于加大如皋市工厂环境监测力度的建议 | 葛云彩 |
| 7 | 控制开发规模，有效化解库存，稳定房地产市场 | 李百胜 |
| 8 | 关于促进我市新增税源发展的建议 | 高建秋 |
| 9 | 关于加强政府性投资工程管理的建议 | 朱宏彬 |
| 10 | 加强“120”建设管理，科学安排伤者救治 | 孙德祥 |
| 11 | 关于进一步加强技术标准战略、推动经济社会发展的建议 | 徐　明 |
| 12 | 关于快递业规范化管理的建议 | 张永海 |
| 13 | 关于加快发展如皋市养老服务业的建议 | 谷正芬 |
| 14 | 关于加快农村应急广播预警系统建设的建议 | 佘柳涛等 |
| 15 | 关于支持新型农业经营类主体发展的对策建议 | 汪农生 |
| 16 | 关于应加强中小学生心理健康教育的建议 | 卢海琴 |
| 17 | 关于扶持灯彩等传统民间工艺发展的建议 | 夏建国等 |
| 18 | 关于规范城区小餐饮业设置与管理的建议 | 沙　进 |
| 19 | 关于发展农业适度规模经营的几点建议 | 康晨晖等 |
| 20 | 关于进一步放大如皋盆景优势的建议 | 郝继锋 |

## 参政议政

**【概况】** 2016年，市政府主要领导专题向全体政协常委通报全市经济社会发展情况，邀请部分政协委员列席市政府全体(扩大)会议，面向委员广泛征集2017年政府为民办实事项目线索和对政府工作建议意见，促进政协委员知情明政。政协委员累计报送办实事项目线索19件、对政府工作建议意见60多条。

年内，市政协在南通地区率先推动“政协委员之家”建设，为基层委员协商议政搭建平台，28个界别委员组“政协委员之家”全部建设到位。年内，围绕供电、城乡公交运营、政策性农业保险、侨联、公安经侦工作、校园安全等民生热点问题，相关政协专门委员会开展对口协商活动，形成专题调研报告提交市委。市政协通过牵线在外能人、发动企业家委员扶贫济困，奉献爱心，累计向市慈善基金会捐资100余万元；发动政协委员捐资帮助下原镇桃园社区建成社区公共服务中心。注重发挥政协联谊会、红十四军研究会、历史文化研究会、老科协等社会团体中政协老领导、老委员作用，组织开展座谈、研讨等活动。组织委员参加长江三角洲13县(市、区)政协工作研讨会，围绕如何推动政协协商民主建设与各县(市、区)政协交流研讨。先后接待新疆维吾尔自治区、广东省、河南省等地30多批次友好政协到如皋访问和交流。1月11日，举办委员论坛。政协委员们围绕建设法治如皋，从打造有利于经济建设的法治环境、加强法治政府建设、强化基层和青少年法治教育等角度，为加强全市法治建设建言献策，提交论文49篇。市政协择26篇汇编成册，供市委、市政府决策参考。

## 文史编研

【概况】 2016年,市政协发挥政协文史“存史资政”作用,不断完善文史工作协作机制,编辑出版《如皋文史(28)》。《如皋文史(28)》全书21.5万字,设“峥嵘岁月”“溯源考释”“史海钩沉”“往事纪实”“雉水英才”等板块,收录文章54篇。

(刘亚丽)

# 如皋市纪委(监察局)

## 重要会议

【全市领导干部警示教育大会】 2月2日下午,全市领导干部警示教育大会在市行政中心礼堂召开。市委书记姜永华要求全市领导干部,全面落实“五个从严”(强化政治担当,管党责任要从严;加强日常监管,干部管理要从严;严守纪律底线,权力行使要从严;强化道德修养,家风家规要从严;坚持挺纪在前,正风肃纪要从严)要求,营造风清气正良好政治生态。与会人员观看警示教育片《纪律如铁,“破”者自歼》。会议采取电视电话会议形式,设主会场和各镇(区、街道)分会场,进一步扩大受教育面。

【全市作风效能建设大会】 2月14日,市委、市政府召开全市作风效能建设大会。市委常委、纪委书记蔡忠通报2015年全市作风效能建设方面存在问题。市委副书记司祝建作题为《从严要求,真抓实干,驰而不息推动全市作风效能建设》工作报告。市委书记姜永华作重要讲话,要求全市上下以“从严要求、真抓实干”为主题,以“效能如皋六项制度”为抓手,全力打造主动、高效、低成本的最佳政务环境,持续擦亮“效能如皋”特色品牌,推动全市作风效能建设迈上新台阶。大会表彰2015年度行政服务贡献奖先进集体、先进个人及“百名科长”中经民主考评为优秀的科长。

【中共如皋市第十一届纪律检查委员会第七次全体(扩大)会议】 2月27日,中共如皋市第十一届纪律检查委员会第七次全体(扩大)会议召开。市委书记姜永华作重要讲话,要求全市上下坚定不移地把党风廉政建设和反腐败工作进行到底,推动全面从严治党迈上新台阶,为建设“强富美高”新如皋提供坚强的政治保障。市委常委、市纪委书记蔡忠代表市纪委常委会作题为《坚持挺纪于前,忠诚履行职责,奋力把全市纪律检查工作不断推向深入》工作报告,部署2016年反腐倡廉工作。市纪委副书记、监察局局长沈良高传达中央、省和南通市纪委全会精神。

【中共如皋市第十二届纪律检查委员会第一次全体会议】 7月30日,中共如皋市第十二届纪律检查委员会召开第一次全体会议,选举产生新一届市纪委常委、书记、副书记。马铁军、史有根、刘培林、吴敬民、顾季青、倪新建、焦晓斌当选新一届市纪委常委,史有根当选为市纪委书记,顾季青、马铁军当选为市纪委副书记。

## 党风廉政建设

【党风廉政建设责任制落实】 2016年,市纪委强化市、镇、村三级“两个责任”落实机制,制订“两个责任”工作方案,推行责任清单制度,推动管党治党从宽、松、软走向严、紧、硬。紧盯“关键少数”,将党风廉政建设工作列入党(工)委书记述职测评重要内容,严格执行党风廉政建设主体责任年度“双报告”[各镇(区、街道)党(工)委,县直各单位党委(党组)领导班子和主要负责人以书面形式,分别向市委、市纪委报告上年度履行党风廉政建设主体责任和主要负责人履行第一责任人责任情况;各镇(区、街道)纪(工)委,市直各单位纪检组以书面形式,向同级党委(党组)和市纪委报告履行监督责任情况]制度。全年开展“两个责任”大家谈活动20次,增强责任意识。完善党风廉政建设考评与监管系统,加

9月24日,市行政审批局党委领导班子走进“两个责任”大家谈演播室

(市行政审批局供稿)

强实时监管和过程控制。开展“两个责任”落实情况专项督察，提出整改建议166条，推动责任落到实处。制定《贯彻〈中国共产党问责条例〉实施办法》，进一步细化责任追究的方式方法，问责处理6人，倒逼“两个责任”落实。紧紧围绕换届工作，做好市管干部党风廉政意见回复工作，严防“带病提拔”。贯彻落实市委《巡察工作实施意见（试行）》，突出政治巡察，开展两轮巡察，梳理4个被巡察单位存在问题200多个，移送问题线索26条，落实整改并追究责任。

**【执纪查案】** 年内，市纪委落实纪法分开、纪在法前、纪严于法要求，坚持惩前毖后、治病救人方针，切实用纪律管住大多数。制定施行《关于谈话、函询的实施办法》，科学设计反映问题的线索处置程序，防止误判。制定《教育规劝实施办法》，动员涉嫌违纪人员主动讲清问题。注重抓早抓小，全年接受信访举报477件，按照拟立案、初核、谈话函询、暂存和了结“五类标准”处置问题线索580件，谈话函询124人次，保持“咬耳扯袖、红脸出汗”常态化。实践“四种形态”（党内关系正常化，经常开展批评和自我批评，让咬耳扯袖、红脸出汗成为常态；党纪轻处分和组织处理成为大多数；对严重违纪的重处分、做出重大职务调整是少数；严重违纪涉嫌违法立案审查是极极少数）成效明显，全年党政纪处分471人，轻处分占比81.53%。以“零容忍”态度反对腐败，深入推进执纪审查工作，立案查处违纪案件473件，增幅38.3%，移送司法机关3人。完善腐败案件查办工作协调机制，形成惩治腐败整体合力。推进镇（区、街道）一般性谈话场所规范化建设，新增乡镇规范化谈话室14个，加快审查节奏，提高审查效率。完善纪律审查工作机制，建立谈话报备制度，加强日常监督，保障规范安全文明。严防“灯下黑”，问责纪检监察干部2人。强化执纪审理，规范制定审理报告文书格式，提升审理水平。

**【作风建设】** 年内，市纪委在坚持中深化，在深化中坚持，持之以恒纠治“四风”问题，推动党风政风持续好转。刚性落实中央八项规定精神，开展违规吃请和公款吃喝专项整治行动，围绕重要节点和具体问题，开展明察暗访180余次，从严查处顶风违纪、隐形变异的“四风”问题。全年查处违反中央八项规定问题164起。开展扶贫领域专项整治，着重查纠雁过拔毛、与民争利问题，查处群众身边“四风”和腐败问题245件。

**【惩防体系建设】** 年内，市纪委继续以惩防体系建设和“三清”（干部清正、政府清廉、政治清明）示范区创建为引领，加快构建不敢腐不能腐不想腐的有效机制，彰显如皋特色。组织党员干部专题学习党章和《中国共产党廉洁自律准则》《中国共产党纪律处分条例》，把《中国共产党廉洁自律准则》《中国共产党纪律处分条例》《中国共产党问责条例》《关于新形势下党内政治生活的若干准则》和《中国共产党党内监督条例》5部党内法规纳入党课、党校教育内容，开展党纪党规知识测试活动，切实让党的纪律入脑入心。运用新媒体开展纪律教育，“雉水清莲”微信订阅用户突破3.5万人。召开全市党员干部警示教育大会，运用典型案例制作警示教育片，以案明纪。开展廉政教育示范基地建设长效化管理，推进党风廉政建设主题教育馆建设，打造廉政文化阵地。制订《受处分党员日常教育管理监督制度》，细化管理措施，该制度被南通市纪委评为反腐倡廉好制度。深化道德诚信指数测评，约谈在道德诚信指数测评中出现差评票次的基层党员干部40人。

**【纪检体制建设】** 年内，市纪委在全市深化乡镇纪检体制改革，制定乡镇纪（工）委书记、副书记提名考察办法，进一步强化上级纪委对下级纪委的领导。推进纪检组派驻全覆盖，向党群部门增派常驻纪检组，至年末，全市派驻纪检组34个。加强对派驻纪检组管理，对工作职责全面清理和规范，制订纪检组工作目录，实行反映问题线索报告制度，对纪检组实行个性化考核，促进监督责任落实。

雉水清莲
ZHI SHUI QING LIAN

如皋市廉政服务品牌“雉水清莲”标识
（市纪委供稿）

## 行政监察

【概况】 2016年,市纪委(监察局)聚焦中心任务,紧紧围绕贯彻落实市"十三五"规划以及市十二次党代会确定目标任务,对招商引资、重大项目、重点工程等方面加强监督检查。紧盯重点难点,开展领导交办事项、环保"三整治一化解"、文明城市创建、城区水系改造、整治"地条钢"、清理钢铁行业违法违规建设项目及落后产能淘汰等专项督察,制定问责办法,加强监督检查,保证政令畅通。

年内,市纪委(监察局)针对"为官不为"现象,开展"从严、真抓、实干"作风效能主题督察活动。全年开展"在岗、在行、在状态"等作风建设主题督察90次,发出反馈单30余份,对照《"为官不为"问责办法》,处理不作为、乱作为、不遵守工作纪律责任人46人。鼓励改革创新,结合全市实际制定容错免责机制,进一步激发干部在改革创新中干事创业热情,为敢于担当者担当。开展政风行风热线直播活动,全年安排45个单位主要负责人在线受理群众诉求,全年受理、解决群众诉求95件。调查处理省政风行风热线投诉件214件,办结反馈率100%。规范权力运行。强化"再监督"职能,对安全生产、节约集约用地等加强监督检查,以问责推动相关部门履职尽责。根据《行政机关工作人员行政过错责任追究暂行办法》,加强对执法、搬迁等方面行政败诉、复议变更案件责任追究。注重堵塞漏洞、防控风险,对工程建设、搬迁安置、招投标等重点领域和关键岗位权力运行加强监督制约,发出监察建议书2份。

(李　兵)

# 人民团体

## 如皋市总工会

【概况】 全市现有基层工会3426个,其中独立基层工会3108个、联合基层工会318个,涵盖单位8113家,会员总数32.5万人。有镇(区、街道)总工会9家、镇工会5家,系统(产业)工会12家。市总工会下属事业单位5个(法律顾问处、职工技术交流站、职工学校、文化宫、职工服务中心)。2016年,市总工会被全国总工会表彰为工会财务先进单位,被省总工会评为工会财务会计工作一等奖。

【工会组织建设】 年内,市总工会会同市委组织部、市人力资源社会保障局联合推进和规范工会组建和会员入会工作,全市新建工会157个,其中,独立基层工会新增209个、联合基层工会减少52个。至年底,基层工会组织新增会员1.1万人。围绕规模企业百分之百建会、100人以上企业百分之百建会目标,下发《镇区规模企业组建工会工作情况调查表》,了解全市规模企业工会组建率。组织开展建会企业业主、工会主席基本情况和工会活动主要情况建档工作,建立市、镇两级动态信息库。组织60名工会干部赴江西省井岗山市委党校学习培训,提升素质促担当。

【宣传教育】 年内,市总工会以"工会在身边·心系职工百企行"活动为载体,加强社会主义核心价值观教育引领,引导职工群众听党话、跟党走。继续加大规模企业道德讲堂建设推进力度,全年规模企业累计举办道德讲堂36次,万达轴承举办的道德讲堂在如皋电视台播出。开展南通市"书香企业"与职工书屋创建活动,市供电公司职工书屋获评全国职工书屋示范点。在《如皋日报》开设"中国梦·劳动美"劳模宣传专栏和"寻找身边的'工匠精神'"宣传专栏,弘扬劳模精神、工匠精神、劳动精神。4月28日,市委、市政府召开庆祝五一国际劳动节表彰大会,搬经镇初级中学等7个单位被授予市五一劳动奖状,尤明华等50人被授予市五一劳动奖章,江苏万达特种轴承有限公司装配车间1—2区等40个车间(班组、科室)被授予市五一先锋号称号。

【技能竞赛】 年内,市总工会组织开展"工会在身边·万名职工竞技能"活动,分市级、行业、镇区三个层面,分别开展技能比武活动4场、10场、12场,参赛职工近2万人。授予24名单项冠军市五一劳动奖章、13个胜出单位市五一先锋号、11名优秀选手市技能状元称号。

【职工权益维护】 年内,市总工会指导基层工会按时召开职代会,全市建成规范化建设示范单位30家。开展行业工资集体协商活动,工会工资集体协商员队伍扩充至28人,推荐3名工资集体协商指导员参加省总工会组织的培训活动。开展工资集体协商案例评选,推荐优秀作品10篇,3篇获省总工会表彰,2篇获南通市总工会表彰,市总工会获优秀组织奖。全年参与劳动争议仲裁、调解劳动争议案件41起。市劳动人事争议仲裁庭驻市总工会巡回庭每月公开开庭审理劳动案件1起，组织近100名工会干部、职工参加旁听。

【劳动保护】 年内，市总工会继续推广应用“1+3”（“1”指事故隐患和职业危害监控法；“3”指建立事故隐患和职业危害动态管理、持续改进、系统评价3项机制）安全监控体系，组织开展岗位事故隐患和职业危害排查治理活动，巩固有限作业空间专项整治活动成果，强化职业病防治工作参与机制。组织全市规模以上企业参加“安康杯”竞赛活动，参赛职工10万人次，参赛班组近4000个。组织开展新《中华人民共和国安全法》培训、征文、知识竞赛等活动。投入资金20多万元，深化高温“三送”（送清凉、送健康、送安全）活动。履行各项法定职责，参加建设工程项目“三同时”、生产安全事故调查处理等工作。

【生活保障】 年内，市总工会在全市构建以普惠为重点的服务职工体系，为不同层次职工群体提供多样化服务。加大困难职工精准帮扶和保障力度，深化情感帮扶、健康帮扶、励志帮扶、就业帮扶，帮助他们脱困解难，全年帮扶特困职工75人、困难学子44人，资助近100万元。

【“工会在身边·心系职工百企行”活动】 年内，市总工会开展“工会在身边·心系职工百企行”活动，深入97家企业，播放工会工作宣传短片《主力军，新作为》，围绕安全生产劳动保护、职业心理健康、社会主义价值观等主题授课97次，赠送书籍2.91万本，收到《如皋市基层职工社情民意调查问卷》1.25万份。在“企业行”活动中通过现场有奖答题抢红包、随手拍等活动与职工互动，参与职工12541人，培养出更多工会“粉丝”。

如皋工会劳动保护教育馆、南通市职工劳动保护教育基地揭牌仪式
（市总工会供稿）

【全省首家工会劳动保护教育馆开馆】 11月7日，在如皋召开的全省职工劳动安全卫生知识普及教育现场推进会上，全省首家工会劳动保护教育馆如皋工会劳动保护教育馆开馆。省总工会副主席张海涛、省安监局副局长喻鸿斌为教育馆揭牌。该馆作为“南通市职工劳动保护教育基地”同时揭牌。来自全省工会劳动保护战线工作人员参观教育馆。

如皋工会劳动保护教育馆由市总工会出资300多万元，联合长江镇政府和市第一中专共同兴建，面向省内工会系统，承担职工劳动保护教育培训工作。该馆由政策法规宣传区、事故案例警示区、职业卫生学习区、劳保用品展示区、学习成果检验区5个展厅组成，将250条职工必知必会必做的劳动保护和安全生产知识题分布各展厅内，通过声、光、电等现代展示手段，开展劳动保护与安全生产知识的培训教育，实现劳动安全卫生知识普及教育集约化、形象化、信息化。同时开设公众微信平台，促进互动、体验和交流。

（应　晶）

## 共青团如皋市委

【概况】 全市现有青年44.8万人，团员青年7.9万人，团员在青年中占比17.6%，其中学生团员3.1万人。全市有市直团组织71个，其中青工系统团组织43个、青农系统团组织14个、市直学校团组织14个；市少年先锋队工作委员会直属学校少先队8个。2016年，共青团如皋市委员会（简称“团市委”）被团中央列为全国“网上共青团·青年之声”试点单位，获2015—2016年度省银行业金融机构优秀青年干部赴县级团委挂职工作先进单位、全省宣传工作先进单位、全省团属报刊宣传工作先进单位等称号。

【组织建设】 年内，各镇、区（3个街道除外）完成团组织集中换届选举,选举产生新一届团委委员103人、书记11人、副书记28人。全市团委委员中,大学及以上学历者101人、占97.1%,中共党员94人、占90.3%,平均年龄26.8周岁。年内,团市委举办全市团干部"两学一做"专题教育暨"引领全面小康建设的伟大旗帜"大讨论系列专题党课,举办市级各类学习活动7次、送团课活动10余次,覆盖各镇(区、街道)、村(社区)基层团干部1000余人次。始终坚持党建带团建原则,立足实际,探索"5+x"["5"指凸显1个枢纽(市、镇团组织)、建立1套班子(服务业团工委)、优化1个阵地(青年之家阵地)、完善1个平台(网上平台"网上共青团·青年之声·如皋")、落实1项制度(联系走访基层团支部、基层青年社会组织或青年社团及各领域青年100多人,切实开展服务活动),"x"指推进团建项目x个]团建本地化发展模式,将基层服务型团组织建设融入基层服务型党组织建设整体范畴,形成团建工作合力,全年推进团建项目3个。市如意之城青年之家、丁堰镇青年之家、长江镇(如皋港区)青年之家3家镇级青年之家被评为南通市级示范平台。持续深化省、南通市五四红旗团委(团支部)等争创活动,全市团组织获评省五四红旗团委1家、团支部1家,南通市五四红旗团委3家、团支部3家。5月3日,共青团如皋市委第十七次代表大会召开,选举产生团委委员29人、候补委员16人。共青团如皋市委第十七次代表大会第一次会议选举产生书记1人、副书记2人。召开纪念五四运动97周年暨"两红两优"(五四红旗团委、五四红旗团支部,优秀共青团干部、优秀共青团员)表彰大会,表彰五四红旗团委6家、五四红旗团支部(总支)16家、新长征突击手15人、优秀共青团干部20人、优秀共青团员60人。

【宣传教育】 年内,团市委在各级团组织、少先队中开展"我的中国梦""学党史、知党情、跟党走""与人生对话""彩虹人生"、青年道德讲堂、未成年人"八礼四仪"等主题教育实践活动14次。组织举办以"青春志·中国梦"为主题的14岁青春仪式,集中开展学习月、百家小讲坛等线上线下相结合的学习宣传活动,开展爱国主义、集体主义、社会主义主旋律教育及前途理想教育和法治教育。发挥各级团组织官方微博、团市委微信公众平台"雉水青年""网上共青团·青年之声·如皋"等新媒体平台作用,传播网络文明。收集公益资料,配合南通团市委拍摄《为爱行走》公益宣传片。5月,开通"网上共青团·青年之声·如皋"。11月,团省委副书记司勇率队到如皋,调研共青团微博、微信、网上共青团等新媒体工作。

共青团如皋市委第十七次代表大会现场 (团市委供稿)

【青工工作】 年内,团市委与市财政局、如皋农村商业银行股份有限公司(简称"如皋农商行")加强沟通合作,进一步完善创业贷款贴息管理办法,全年发放贴息贷款1279万元、低息贷款3320万元,惠及农民专业合作社8个、家庭农场5个。新增网络销售超1000万元企业3家、累计5家,新增青年创业孵化基地2个、累计6个,新增青创空间1个、累计2个,新增就业岗位160个,实现直接经济效益1000多万元。8月,牵头成立市青年电商学院,全年累计培训青年电商450多人次,为企业培训电商人才20多人。9月,举办第五届如皋市"创·青春"青年创新创业大赛初赛,67个创业青年团队参赛,6个项目进入决赛。强化青年文明号创建,新申报国家级青年文明号1家、省级青年文明号2家、南通市级青年文明号5家,获命名国家级青年文明号1家(如皋农商行营业部)、省级青年文明号2家(市级机关会计核算管理办公室、如皋农商行丁堰支行)、南通市级青年文明号5家(城北街道北郊花苑服务管理委员会、下原医院、如皋工业园区劳动和社会保障局、市泰雅特针织时装有限公司、南通泰慕士服装有限公司)。培育青年技术人才,4

人获南通市青年岗位能手称号。推进服务青年工作，举办“我们约会吧”系列相亲活动，吸引近1000名单身青年男女参加。开展“乡约你我·乡聚青春”2016共青团联系服务农村青年月活动，联合市人力资源社会保障局举办“春风行动”青年专场招聘会11场，全市86家企业提供岗位568个，招聘3917人，6000人进场求职，现场累计达成就业意向873人。

“共青林”揭牌仪式 （团市委供稿）

【青农工作】 年内，团市委调整优化基层团组织设置，突出重点区域、重点领域、重点行业团组织建设，努力构建纵向到底、横向到边全方位覆盖的服务型团组织网络。加快农民合作社团组织建设，新建农民合作社团组织2个，累计3个。选派优秀金融业务骨干14人，为各镇（区、街道）配备兼职金融编制外团委副书记1人，开展送金融知识下乡活动40次，辐射青年2300人次。3月11日，团市委、市城乡住房建设局在龙游河生态公园举办2016年南通市保护母亲河集中行动月启动仪式暨“绿动雉水·青春先行”植树活动，举办共青林揭牌仪式，各镇（区、街道）团委书记、少先队员、青年志愿者和青少年环保社团代表300余人参加活动。集中行动月期间，组织环保宣传、植绿造林、低碳出行等线上线下活动，进一步引导广大青少年植绿、爱绿、护绿、兴绿。

【学少工作】 年内，团市委推动少先队活动进课堂工程，促进少先队活动规范化、制度化。制订团员发展目标和计划，制定《关于加强新形势下团员发展和团员教育管理工作的意见》，制作如皋市团员发展工作流程图、建档目录及样式、团员纪实发展簿等，规范团员发展程序。进一步推进“希望来吧”建设，不断完善青年志愿者与农民工子女“结对+接力”机制，进一步丰富学业辅导、亲情陪伴、感受城市、自护教育、爱心捐赠等服务内容。年内，南通市如皋地方税务局（简称“市地税局”）吴李曦被评为全国优秀共青团员，如皋中专朱静勺被表彰为省“最美中职生”，如皋开发区实验小学小亭中队、如城小学何昆中队被评为省英雄中队，安定小学钱晓峰被评为省优秀辅导员，市实验初中孙兴波被评为江苏好校长；10人被评为南通市优秀共青团员，5人被评为南通市优秀共青团干部，15人被评为南通市优秀少先队辅导员，8个少先大队被评为南通少先队红旗大队，8个少先中队被评为南通市少先红旗中队。少年先锋队工作委员会课题“‘互动式’体验，让少先队活动课真正‘活’起来”被评为省2015年度少先队工作优秀创新项目，石庄中学被评为省中学中职“六个一”（“一课”即入团第1课，“一月”即团员活动月5月，“一员”即聘请校外团委书记，“一室”即团员活动室，“一角”即团员风采展示角，“一档案”即一团员一档案）团建项目示范校。团市委在南通市“爱科学，学创造”少年儿童科技创新实践能力大赛暨少年儿童科技创新成果展评活动中获团体金奖，在第四届南通市中小学自我保护情景剧大赛、南通市青少年电子信息与智能控制大赛中获优秀组织奖。7月，牵头召开全市预防未成年人违法犯罪工作领导小组会议，在全市建立健全重点青少年群体排查摸底和服务管理工作机制。联合南通大学暑期社会实践团队举办“七彩的夏日”青少年暑期阅读乐园系列活动，为“大学生社会实践知行促进计划”授牌。

【“网上共青团·青年之声·如皋”开通】 5月，作为团中央试点单位，团市委正式开通“网上共青团·青年之声·如皋”网站，实现“网上共青团”和“青年之声”有效对接。该网站设置“团情联播”“青年态度”“活力支部”等板块10个，组建专家联盟8个（拥有专家403人），从线上高层动态、全民热点到线下活动发布、团情实时联播，展现共青团风采。年内，团市委利用该网站加强信息推介,实现"雉水青年"微信平台、共青团如皋市委官方微博和"青年之声"平台良性互促。

(张　淼)

## 如皋市妇联

【概况】 全市现有镇(区、街道)基层妇联组织14个,村(社区)345个、机关企业妇委会24个,有专兼职妇女干部400人。2016年,全市新建机关妇委会4家、企业妇委会3家。市妇女联合会(简称"市妇联")获省"平安家庭"创建先进集体、省妇女报刊宣传工作先进单位称号。

【妇女发展】 年内,市妇联联合如皋农商行发放妇女创业小额贷款608万元。全市成功创建全国巾帼文明岗6个、省巾帼文明岗31个、南通市巾帼文明岗62个、如皋市巾帼文明岗315个,获评省三八红旗手集体1家、省三八红旗手1人,入选江苏百名电商创业女能人2人。建兴生态休闲农庄、长生投资集团被评为省级巾帼农家乐示范基地,如皋科技创业园被评为省级巾帼创业创新孵化基地。2月,举办"留守儿童"父母返乡就业、"春风送岗"女性专场招聘会,提供女性就业岗位200多个,入场2062人次,达成就业意向498人次。3月,为庆祝"三八"妇女节,开展"巾帼创业风采"系列宣传报道活动,举办"她经济"女企业家改革发展论坛,优秀女性人才座谈会、交流会等活动。4月,召开巾帼文明岗创新创优工作交流会,为10家南通市级、22家如皋市级巾帼文明岗授牌。南通市妇联家政服务"送教下乡"培训班在如城街道举办,吸引下岗失业妇女、农村待转移妇女、外来务工妇女等200多人参加。7月,联合市人力资源社会保障局、如皋江海技校举办育婴师、养老护理员、母婴护理人员培训班,为期5天,156人通过高级育婴师、母婴护理专项能力技能鉴定。联合市委宣传部开展"聚焦经济发展中'她风采'"网友线下采风活动,展示全市优秀女企业家、巾帼创业典型、女大学生创业典型风采。8月,联合市总工会、卫计委开展"职场妈妈'喂'爱坚持"母乳喂养宣传活动,举办高级巾帼电子商务培训班,为江海技校妇女劳动力创业就业基地揭牌,60余名从事电子商务创业女性参加培训。9月,开展"走基层、访妇情"调研活动,走访巾帼电商、农家乐、高效农业等妇女创业典型45人,选树各类示范基地13个。11月,举办"农村妇女网上行"技能培训活动。

【宣传教育】 年内,市妇联围绕弘扬新风、建设家庭文明开展宣传活动,加大与报刊、广播等新闻媒体合作力度,开发"如皋妇联"微信公众号,全年推送微信专题132期。实施"邻里守望·家庭互助"巾帼志愿服务项目,在如城街道、下原镇、东陈镇成立"邻里守望"志愿者队伍,召集志愿者40人次,开展"圆梦六一,暖心行动""快乐暑期行"、夏令营、"邻里一家亲"和"包饺子、送邻居"等主题活动。开展寻找"最美家庭"活动,表彰"最美家庭"20户。开展传承好家训、好家风活动。举办"最美家书话家训"书信征文活动,选送作品参加南通市"最美家书话家训"征文比赛,10篇征文获奖。举办"传承好家训,建设好家风"巾帼道德讲堂活动,120人参与。吴窑镇江中小学好家风家训宣传经验在全省"最美家庭讲好家训"工作经验座谈会上交流。年内,姜峰家庭获评全国五好文明家庭,何雪芳家庭获评省"书香之家"家庭。3月,召开纪念"三八"国际劳动妇女节106周年纪念大会,表彰先进集体61个、先进个人138人。联合市文广新局开展"书香满家园"家庭读书交流会,全市优秀书香家庭代表15人参加交流会。邀请南京航空航天大学副教授杨雪花开设"幸福婚恋"课堂,310人到场聆听。

【妇女儿童权益维护】 年内,市妇联在全市开展"平安家庭"创建工作,走进丁堰镇南通天龙畜产品有限公司、如城街道宏坝社区开设

如皋市女律师服务团成立暨女律师与妇女儿童活动之家结对仪式现场

(市妇联供稿)

“平安讲堂”。强化妇女维权队伍建设，全年处理信访86件。《中华人民共和国反家庭暴力法》(简称《反家庭暴力法》)于3月1日起施行。市妇联联合市政法委等部门召开贯彻落实《反家庭暴力法》工作座谈会，出台贯彻落实《反家庭暴力法》实施意见，在全市开展《反家庭暴力法》宣传活动。印制《反家庭暴力法》法律条文、妇女权益维护为主要内容普法宣传单3000份，借助市司法局“普法邮路通万家”活动邮寄到百姓手中；编制小品《家暴不是家务事》在各镇(区、街道)巡演。搬经镇、下原镇、长江镇等镇开展“不要家暴只要爱”“反对家庭暴力，共擎美好蓝天”“远离家暴，共建美好家园”宣传活动。组织女性法律志愿者400人，开展“女律师基层行”活动，将法律知识送到机关、村居、企业、学校30场次。3月，举办“三八”维权周系列活动，联合市法院、如皋开发区法庭分别举办“维权关爱、假日法庭进社区”、巡回法庭等活动。5月8日，市女律师服务团成立，并与25家“妇女儿童之家”结对。如城街道和丁堰镇茄儿园社区“三维”(维护夫妻感情、维护家庭幸福、维护社会稳定)工作室成立。

【儿少工作】 年内，市妇联推进“4:30放学驿站”项目建设，累计建立驿站8所。该项目围绕“感恩·成长”主题，开展“知心姐姐”“我与法同行”“守护童年”等活动，开展“成长标兵”“进步之星”“快乐学生”评比活动。组织200名留守儿童参观博物馆、科技馆、红十四军纪念馆、华夏电影博物馆等，畅游龙游湖。如皋市“4:30放学驿站”项目建设经验在全省妇联系统儿童工作会议上交流。开展家庭教育进学校、进社区工作，市、镇两级举办“感恩教育”、初中生青春期教育、中学生生涯规划意义策略和方法等主题家庭教育沙龙活动12场。探索利用现代传媒手段向基层群众普及科学家教理念和知识，组织近1万名家长利用“江苏先锋网”观看家庭教育指导讲座视频9期。先后邀请著名家庭教育专家孙云晓、国家二级心理咨询师崔娟分别作“习惯的养成与方法”“智慧陪伴，为孩子高考助力”家庭教育专题讲座，组织200多名家长参加南通市妇联“教子有方”最美家庭巡讲活动。全市新开设“春蕾班”5个，累计开设27个，在节假日期间开展“童心同享”等主题活动，全年帮扶孤困儿童730人，比上年新增帮扶133人，其中泰慕士“爱心妈妈”帮扶66人，比上年新增10人。和花木大世界网联合成立“绿荫护苗”助学基金会，举办公益拍卖活动，为孤困儿童筹集善款8.7万元。年内，王钰崧《坚守一方阵地奉献一片青春》获江苏女大学生村干部“我与妇女儿童共发展”征文比赛一等奖，下原镇小燕窝儿童家园被评为省优秀儿童创新工作项目。选送案例参加南通市“妇女儿童之家”优秀服务案例评选，获一等奖1例、三等奖1例，市妇联获优秀组织奖。

(张　峰　胡莹莹)

## 如皋市工商联

【概况】 市工商业联合会(总商会)有市级行业商会42个、镇级商会29个、村级商会2个，异地商会9个；会员5136家，其中，工商联直属会员2221家，行业商会会员2915家，1984年以前入会老会员68家。2016年，新组建杭州如皋商会、市综合商会南通分会，市建筑业商会、市服装商会完成换届工作。南通六建建设集团、江苏江中集团入选全国上规模民营企业500强。12月，市工商联召开第十一次会员代表大会，选举产生市工商联(总商会)第十一届执行委员会。

【友好往来】 3月4日，南京鼓楼区工商联到如皋专题学习商会党建工作。4月25日，海安县统战部携海安县浙江商会一行11人到如皋考察交流。9月22日，河北省沧州市工商联到如皋考察交流。

【光彩事业】 年内，市工商联落实省工商联“百企帮百村”工作要求，

全国如皋商会第四次合作交流(杭州)会议现场　　(市工商联供稿)

从全市挑选10家企业和10家商会,与10个省定经济薄弱村开展村企共建活动,为挂钩村建档立卡贫困户捐款5.3万元。

【全国如皋商会合作交流会议】 3月31日,全国如皋商会第四次合作交流会议在杭州召开,苏州、无锡、深圳、北京、上海、新疆、香港(筹)、徐州(筹)等异地如皋商会,浙江、福建、安徽、靖江4家如皋异地商会,沪皋流动销售商会及部分如皋市级商会会长、秘书长与会,围绕抱团发展、加强商会功能建设、宣传推介如皋等展开交流。

12月2—4日,全国如皋商会第五次合作交流会议在福建省石狮市万佳国际酒店召开,苏州、杭州、北京、上海、新疆5家异地如皋商会,浙江、福建、安徽3家如皋异地商会,如皋福建商会部分理事、沪皋农产品流动销售商会,及部分如皋市级商会会长、秘书长与会。与会人员围绕“回馈家乡、报效桑梓”、新城总部经济建设等议题交流和探讨,并就如皋商会深度合作交流机制、合作发展等问题开展讨论。

【市工商业联合会获全国首批“五好”工商联称号】 自2013年始,市工商业联合会以“领导班子好、会员发展好、商会建设好、作用发挥好、工作保障好”为标准,开展“五好”工商联创建活动。2016年5月,市工商联被全国工商联首批认定为全国“五好”县(市)工商联。

(薛　琪)

## 如皋市科协

【概况】 市科协下辖学会14个,镇(区、街道)科协14个、企业科协96个、专业协会14个。全市现有科普活动站296个,其中镇级14个、村(社区)282个。建有标准科普画廊42个。2016年,市科协获全国农民科学素质网络知识竞赛优秀组织单位,全省《全民科学素质行动计划纲要》“十二五”实施工作先进集体、实施“县级科协创新发展能力提升计划”优秀单位、全国科普日优秀特色活动单位,南通市第二十八届科普宣传周先进集体、全国科普活动日先进集体、第六届学术活动月先进单位称号。推进青少年科技素质提升项目获评省科协单项工作创新案例。

【学术交流】 年内,市科协组织召开学术交流会3次,参加176人,先后围绕“经济发展新常态下,科协系统在改革创新方面如何作为”“科协系统深化改革及学会改革创新工作思路”“如何利用对国外专利信息数据库和技术创新检索平台、整合专利信息资源”开展交流。组织科技人员42人参加省、南通市科技论坛等学术活动。4月28日,6名纺织企业负责人参加南通市高端纺织业技术需求座谈会,围绕“新形势新阶段如何推动南通纺织业向高端化、智能化、绿色化、服务化转型”参与研讨交流。5月5日,15家纺织企业负责人参加南通市“高端纺织业·产业用纺织品”院士专家咨询对接会,与院士、专家“面对面”交流纺织企业技术革新问题。10月20日,19家化工企业负责人参加南通市“功能材料与精细化工产业”院士专家咨询对接会。11月23日,组织相关爱好者参加通州科协举办的“冷链系统与科技创新”研讨会,与专家交流如何通过科技创新以及冷链系统规范化让冷链食品在老百姓的生活中“热”起来。

【科技服务】 年内,市科协组织科技专家深入农业生产和企业一线,开展科技服务。开展“厂会协作”活动,组织4家企业参加南通市“厂会协作”项目评比,获一等奖1项(江苏陆地方舟新能源电动汽车有限公司“RQ6100系列纯电动城市客车”项目)、二等奖1项、三等奖2项。

【科技普及】 参见P252同名分目。

(王建华)

【老科技工作者协会】 如皋市老科技工作者协会(简称“市老科协”)下设分会32个,有会员1082人,其中科普讲师团成员185人。2016年,全市新增老科协社区科普大学教学班7个,总数29个。市老科协获省2014—2015年度先进科普讲师团二等奖、南通市2012—2015年度老科协先进集体、南通市第二十八届科普宣传周活动先进集体等称号。

年内,市老科协围绕市委、市政府工作重点、经济发展难点、社会关注热点,选择具有前瞻性、针对性、全局性课题,深入调研,建言献策,形成调研报告(论文)82篇、书面建议258条,其中110条建议获批示。关于如皋酒厂就地改造建议被采纳,年内该项目启动实施。教授级高级工程师徐荣生向国务院关于授予屠呦呦国家最高科学技术奖的建言被批转科技部。在市广播电台、市电视台播放科普节目35次,举办科普讲座60多场,发放资料5万多份。举办送科技、送法律、送卫生、送文化等活动452场次，受众22万人。与市农业技术推广中心联合编写"农业科普知识丛书"之六《如皋常规蔬菜栽培技术》，发行4000多册。创建、命名农业科技专家组5个、农业科技示范基地10个、农业科技咨询站15个，推动农业新品种引进、新技术应用。新创建的科技示范基地中，获南通市科技示范基地命名4个、省老科协科技示范基地命名2个，各省级科技示范基地获补贴1万元。全年开办职业农民培训班26场次，经考核，颁发职业农民资格证书4500余本。鼓励会员进行二次创业。年内，协会会员主办或协办实体企业，涉工业制造、市政服务、农业、三产等领域。协会会员发挥专长，解决广州市电力工程公司新产品在运行中发生绝缘击穿、上海思源电气公司试验室接地网升压试验放电、海安电容器厂CT二次线安装计量不准确等技术难题。

（王永茂）

## 如皋市侨联

**【概况】** 2016年年末，全市在册归侨侨眷3300余人，其中归侨2人、海外留学人员334人，分布于美国、加拿大、英国、日本、澳大利亚、法国、德国、新加坡等26个国家。2016年，如皋市归侨侨眷联合会（简称"市侨联"）被评为南通市侨联工作先进单位、南通市侨联宣传信息工作二等奖。

**【联络联谊】** 年内，市侨联与美国、加拿大、澳大利亚、匈牙利、比利时、日本等国家华人社团及华人华侨中"四有"（政治上有地位、经济上有实力、学术上有造诣、社会上有影响）人物保持联系。先后接待美国华人联合总会理事长蔡成华、日本南通商会会长王培基、澳大利亚江苏商会会长陈银新及柬埔寨王国副首相索安、内阁事务部部长助理钱明光、旅美侨胞等200余人次。5月，参加2016"海外知名侨商南通行"活动的部分知名侨商、侨领一行到如皋考察，先后参观龙游湖商务区、城市规划展示馆、凌志软件、康迪电动车、东升石材、苏中国际集装箱码头、中林如皋港务集团等处。7月28日—8月5日，海外华裔青少年"中国寻根之旅"夏令营（南通营）在如皋长江青少年素质教育实践基地举行，比利时、意大利、加拿大等国家和地区的51名华裔青少年参加活动。8月，经旅日华侨马树茂牵线，市委副书记司祝建率部分侨港资企业家一行6人到天津学习考察。9月，经南通市侨联组织，市侨联到上海市侨联、上海市浦东新区侨联学习交流。

**【为侨服务】** 3月，市侨联帮助在美侨胞张建伦与石庄镇对接布敦岩天然沥青矿研磨项目合作事宜。5月，市侨联牵线侨资企业市泰雅特服装有限公司在柬埔寨成立西哈努克康雒服装有限公司，为当地增加就业岗位600余个。协助南通华荣建设集团有限公司与南京银莱阁农贸实业有限公司开展农业项目合作。9月，帮助旅美博士居熙与高新区凌志软件股份有限公司对接合作汽车无人驾驶嵌入式芯片外包项目。

**【依法护侨】** 年内，市侨联组织开展《中华人民共和国归侨侨眷权益保护法》和《江苏省保护和促进华侨投资条例》宣传活动，依法维护归侨侨眷合法权益30余次。4月，协调处理美国侨胞陈美华与市永华置业有限公司民间借贷纠纷。6月，协助处理侨眷徐林泉非正常死亡事件。8月，为蒙古国归侨王润桃子女办理就学事宜。

**【凝聚侨心】** 年内，市侨联开展"送温暖、暖侨心"活动。春节期间，深入下原镇、江安镇、长江镇、如城街道等地走访慰问归侨侨眷40余户。建立美国同乡微信群，通过微信群发布如皋信息，增进侨胞与家乡感情。投入1万元支持市侨之声合唱艺术团正常开展活动。

**【参政议政】** 年内，市侨联畅通侨情民意反映渠道，围绕归侨侨眷和海外侨胞普遍关心的热点难点问题，侨界人大代表、政协委员全年撰写建议、提案20余条。

（王晓云）

## 如皋市文联

**【概况】** 市文学艺术界联合会（简称"市文联"）下设专业协会8个（作家协会、戏剧曲艺家协会、美术家协会、音乐家协会、舞蹈家协会、摄影家协会、书法家协会、民间文艺家协会）、行业文联2个（市人民检察院文联、市文广传媒集团文联）。拥有会员近1000人，其中国家级会员16人、省级会员82人。5月31日，如皋青年美术家协会成立。10月20日，如皋市青年书法家协会成立。

**【文艺创作】** 年内，各文艺家协会在如皋市级以上报刊、展览、文艺大赛中发表、参展、参演、获奖作品635件，其中获国家级奖项19项、省级13项。年内，市文联扶持重点文艺创作项目14个,涵盖文学、歌曲、小品、曲艺、广播剧等类别,资助总额38万元。市作协5位会员出版个人作品专辑5部(郭姜燕儿童文学《布罗镇的邮递员》,周荣丽散文集《我终于把世界等成想要的样子》,龙檀石散文集《像风一样奔跑》,周越散文集《记得》,石小华散文集《无臂汉子》)。开展市第三届文学艺术奖评选活动,征集各类作品90余件,评选、表彰优秀作品29件,其中金奖1件、银奖5件、铜奖9件、优秀奖14件。

【文艺活动】 2016年,市文联聚焦纪念建党95周年、全国文明城市创建、中国红木雕刻文化艺术之乡创建等时代主题,组织各类文艺活动46场次,其中专场文艺演出22次、书画摄影展12次,参与艺术家200余人次,惠及群众3万余人次。各协会会员开展送戏下乡12场次,“写春联送祝福”送出春联1000余幅。5月24—28日,中国美术家协会会员、南通大学艺术学院院长吴耀华(如皋籍)中国画作品展在市文化馆举办,主题“绿野心韵”,展出《云隐万源》《长流》《鹊起》等中国画50幅。5月31日—6月18日,市青年美术作品展在市文化馆举办,分国画、油画和综合3大类,由全市青年美术家与特邀如皋藉美术家艺术作品2个板块组成,展出青年美术作品55幅、特邀艺术家作品41件。12月18—30日,“凝望东皋”康健摄影60年作品回顾展在市文化馆举办。中国摄影家协会会员、市摄影家协会名誉主席康健展出摄影作品80幅,时间跨度60年,内容涉如皋政治、经济、文化、城乡风貌、人民生活等方面。

【“五月风”文艺展示月系列活动】 5月,市文联携手各专业协会策划组织“慈爱为民,善行天下”“爱心月”捐赠活动文艺演出、“绿野心韵”吴耀华中国画作品展、儿童木偶剧《穿越“无礼国”》巡演、如皋本土作家作品座谈会、青年书法作品展、首届青年美术作品展、“春旋笛韵”竹笛演奏会、摄影艺术作品展、工艺美术走进第一中专等“五月风”文艺展示月系列活动10项,组织美术、书法、摄影等专题展演8场,参与艺术家300余人。5月4日,儿童木偶剧《穿越“无礼国”》在市大剧院试演,为“五月风”文艺展示月活动拉开序幕。5月15—25日,市摄影家协会在市文化馆举办艺术作品展,展出摄影作品80幅。邀请省摄影家协会副主席范钦尧、南通市摄影家协会副主席朱新通为摄影师作摄影艺术专题辅导。5月23日,邀请文化部原驻外参赞张德生为全市广大文艺工作者作专题讲座,讲解1942年毛泽东在延安文艺座谈会上讲话和习近平2014年在北京文艺座谈会上讲话精神。

《凝望东皋》康健摄影60年作品回顾展　　(邱　宇摄)

【儿童木偶剧《穿越“无礼国”》巡演】 5月7日下午,2016年省“七彩的夏日”未成年人活动启动仪式暨《穿越“无礼国”》江苏巡演首演活动在南京文化馆举行。省委宣传部副部长、省文明办主任杨志纯,省教育厅副厅长朱卫国,省文明办副主任葛莱参加活动。南京市1000多名学生观看演出。

儿童木偶剧《穿越“无礼国”》由市戏剧曲艺家协会、舞蹈家协会等联合创作,以未成年人“八礼四仪”养成教育为主题,以省非物质文化遗产——如皋杖头木偶戏为主要表现形式,人偶同台演出,讲述“自由帅帅”等一批少年体验、感悟、践行文明礼仪并获得心灵成长的故事。

年内,该剧在全省进校园巡演33场次,获全省第三届文化艺术节特别奖、全省宣传思想文化工作创新奖提名奖和南通市宣传思想工作改革创新奖。

【《春泥》杂志复刊】 1935年,如皋进步文艺团体春泥社在如皋《民报》上创办副刊《春泥》,由春泥社社长俞铭璜和社员梁明晖任主编,宣传抗日救亡思想,受到广大青年欢迎。1938年3月,如皋城沦陷停刊。1979年一度复刊,1981年4月停刊。

2016年5月23日,由市委宣传部主管、市文联主办、市作家协会承办的《春泥》杂志复刊。复刊后的《春泥》倡导构建公益文学平台,以扶持文学新人为己任,以内容形式新颖、文学气息浓郁及开放互动为办刊风格,主要栏目有《卷首语》《名家有约》《人间散话》《小说看台》《诗路花语》《雉水钩沉》等,为季刊,16开本,每期发行量1000册。

(丁 群)

## 2016年如皋市文艺创作主要成果一览

表6

| 类别 | 形式 | 作品名称 | 作者 | 刊、展、演及获奖情况 | 级 别 |
|---|---|---|---|---|---|
| 文学 | 图书 | 布罗镇的邮递员 | 郭姜燕 | 中宣部“优秀儿童文学出版工程”、2016年中国好书 | 国家级 |
| | 小说 | 幸运数字3 | 郭姜燕 | 第三届全国文学短篇小说大赛优秀奖 | 国家级 |
| 民间文艺 | 木雕 | 吉庆有余提梁壶 | 刘承林<br>缪 崇 | 汉博杯金奖 | 国家级 |
| | 木雕 | 恋 | 许忠泉 | 汉博杯银奖 | 国家级 |
| 民间文艺 | 木雕 | 和谐共进 | 姜国圣 | 汉博杯银奖 | 国家级 |
| | 木雕 | 心心相印 | 刘承林 | 启迪·苏艺杯金奖 | 国家级 |
| | 木雕 | 福禄延寿 | 许忠泉 | 启迪·苏艺杯金奖 | 国家级 |
| | 木雕 | 秋趣 | 许忠泉 | 工艺美术“百花奖”金奖 | 国家级 |
| | 木雕 | 开泰图 | 薛爱民 | 工艺美术“百花奖”金奖 | 国家级 |
| | 木雕 | 十八罗汉图 | 王金智 | 工艺美术“百花奖”铜奖 | 国家级 |
| | 木雕 | 白鹳图 | 薛爱民 | 工艺美术“百花奖”入围奖 | 国家级 |
| | 木雕 | 百子图笔筒 | 吴海兵 | 工艺美术“百花奖”入围奖 | 国家级 |
| | 竹雕 | 论语 | 杨林才 | 第十届中国(莆田)海峡工艺品博览会银奖 | 国家级 |
| | 木雕 | 千秋大业 | 陈洪生 | 第十届中国(莆田)海峡工艺品博览会银奖 | 国家级 |
| | 木雕 | 生生不息 | 陈尔明 | 第十届中国(莆田)海峡工艺品博览会银奖 | 国家级 |
| | 木雕 | 硕果累累 | 王金智 | 第十届中国(莆田)海峡工艺品博览会铜奖 | 国家级 |
| | 竹雕 | 弟子规 | 杨林才 | 第十届中国(莆田)海峡工艺品博览会入围奖 | 国家级 |
| 音乐 | 歌曲 | 心弦为谁拨响 | 缪新华<br>何沐阳 | 入选“中国梦”主题新创作歌曲 | 国家级 |
| 戏剧 | 木偶剧 | 包龙图打坐在开封府 | 黄晓勇 | 中国木偶皮影中青年技艺传承展演传承新人奖 | 国家级 |
| | 木偶剧 | 断桥 | 康宜红 | 中国木偶皮影中青年技艺传承展演优秀新人奖 | 国家级 |
| 摄影 | 摄影 | 故乡的年味 | 刘万银 | 年味摄影大赛金奖 | 国家级 |
| 美术 | 国画 | 桃花源记 | 周明赋 | 入选中国精神2016年中国百家金陵画展 | 国家级 |
| | 工笔画 | 邕沙遇见 | 祝建华 | 入选2016年中国工笔画作品展 | 国家级 |
| 书法 | 篆书 | — | 吴建军 | 首届沈商文化杯全国书画作品展优秀作品 | 国家级 |
| | 篆书 | — | 吴建军 | 参展首届“容庚奖”全国书法大展 | 国家级 |
| 民间文艺 | 木雕 | 茶盘 | 石太兵 | 第三届紫金奖文化创意设计大赛优秀奖 | 省级 |
| | 香袋 | “和美”系列 | 芮兰芳 | 第三届紫金奖文化创意设计大赛优秀奖 | 省级 |

续表6-1

| 类别 | 形式 | 作品名称 | 作者 | 刊、展、演及获奖情况 | 级　别 |
|---|---|---|---|---|---|
| 民间文艺 | 扎染 | 静等 | 冒朝霖 | 第三届紫金奖文化创意设计大赛优秀奖 | 省级 |
| | 挂毯 | 奔腾 | 李玉坤 | 第三届紫金奖文化创意设计大赛优秀奖 | 省级 |
| | 木雕 | 金玉满仓 | 姜国圣等3人 | 第三届紫金奖文化创意设计大赛入围奖 | 省级 |
| 戏剧 | 木偶剧 | 穿越“无礼国” | 如皋木偶剧团 | 第三届省文化艺术节特别奖 | 省级 |
| | 广播剧 | 看了蚂蚁又看云 | 徐金慧 | 省广电局少儿精品项目二等奖 | 省级 |
| 摄影 | 摄影 | 希望 | 黄友谊 | “中国梦·我心中的梦”摄影展优秀奖 | 省级 |
| 书法 | 篆书 | — | 吴建军 | 参展“林散之”江苏书法作品双年展 | 省级 |
| 美术 | 版画 | 鱼之梦 | 冒朝霖 | 入选首届江苏省美术奖美术作品展 | 省级 |
| | 国画 | 山水 | 吴学根 | | 省级 |
| 民间文艺 | 挂毯 | 奔腾 | 李玉坤 | 南通文化创意设计大赛铜奖 | 南通市级 |
| | 木雕 | 王者归来 | 宗丹阳 | 南通文化创意设计大赛优秀奖 | 南通市级 |
| | 木雕等 | 山之歌等21件 | 李玉坤等21人 | 南通文化创意设计大赛入围奖 | 南通市级 |
| 音乐 | 歌曲 | 心贴心 | 缪新华 戚建波 | 南通市群众文艺优秀作品展演金奖 | 南通市级 |
| | 歌曲 | 你就是最美的人 | 缪新华 高　如 | 南通市群众文艺优秀作品展演铜奖 | 南通市级 |
| | 歌曲 | 溜溜的水乡 | 缪新华 郁洲萍 | 南通市群众文艺优秀作品展演铜奖 | 南通市级 |
| | 号子 | 风调雨顺五谷丰 | 周忠达 | 南通市群众文艺优秀作品展演铜奖 | 南通市级 |
| 戏剧 | 小品 | 请你放过我 | 马　洋 | 南通市群众文艺优秀作品展演银奖 | 南通市级 |
| | 广播剧 | 童眸 | 徐金慧 | 南通市优秀广播文艺奖一等奖 | 南通市级 |
| 摄影 | 摄影 | 故乡情 | 刘万银 | 南通市国际旅游摄影大赛二等奖 | 南通市级 |
| | 摄影 | 流逝、雨巷 | 范建华 | 南通市首届摄影艺术大赛优秀奖 | 南通市级 |
| | 摄影 | 一心一境 | 王海松 | 圣寿寺杯摄影大赛优秀奖 | 南通市级 |
| | 摄影 | 四合院 | 王海松 | 诗画江海摄影大赛优秀奖 | 南通市级 |

## 如皋市残联

**【概况】** 如皋市残疾人联合会(简称“市残联”)下设镇(区、街道)残联14个、残疾人专门协会5个。2016年年末,全市有持证残疾人43235人,其中视力残疾6270人、听力残疾1310人、言语残疾175人、肢体残疾24476人、智力残疾3812人、精神残疾5269人、多重残疾1923人。2016年,市残联在各级媒体刊载宣传稿件208篇,其中,被《中国残疾人》《三月风》《中国日报》等国家级报刊刊载7篇,被省级媒体刊载42篇。

**【残疾人社会保障】** 年内,市残联为16962名无固定收入重度残疾人发放生活救助金2840.72万元,为2497名残疾人发放护理补贴243.54万元。向118名在校残疾学生发放教育补贴14.7万元,为238名肢体残疾人发放燃油补贴6.188万元。

**【残疾人康复服务】** 年内,市残联加大对康复机构管理力度,全市3

家儿童康复定点机构均通过省残疾人康复机构等级一级认证。全年接受康复训练残疾儿童319人，其中，视力残疾人161人，智力、孤独症儿童62人(7—14周岁5人)，多重(脑瘫)及肢体残疾儿童58人(7—14周岁3人)、听力和言语残疾人38人。全年为肢残人安装假肢42例，为肢残儿童打样矫形器和矫正鞋28例，申请残疾儿童人工耳蜗救助项目3例，免费为贫困聋儿配备助听器9例。全年累计为1560名肢体、视力、听力残疾人适配辅助器具38种2032件。免费实施白内障复明手术165例。为1314名贫困精神病人办理免费给药手续。审核同意住院救治狂躁型精神病人31人。

**【残疾人教育就业】** 年内，市残联组织152名残疾人参加职业农民培训和实用致富技术培训。开展福利企业残疾人用工认定工作，新增残疾人就业112人次。至年末，全市26家福利企业安排残疾人集中就业610人次。组织残疾人参加职业技能集训、比赛活动，1人获省计算机组装项目比赛第2名。开展残疾人就业保障金年审工作，申报单位1233家，安排残疾人就业1618人次，比上年新增329人次。5月17日，举办残疾人专场招聘会，11家企业提供就业岗位233个，到会应聘残疾人126人，现场与企业达成就业意向残疾人69人。

**【扶残助残】** 年内，市残联办理残疾人证1140件，完成全市1.7万持证重度残疾人年审工作，入户调查长年卧床残疾人376人。会同市扶贫办推进残疾人精准扶贫、精准脱贫工作，5848名残疾人全部被列入结对帮扶对象，其中3982人被纳入最低生活保障范围。实施阳光浴室助残项目，为70名贫困残疾人家庭安装太阳能热水器，总价值10万元。组织开展送温暖、献爱心活动，全年走访慰问贫困残疾人257人，累计发放慰问金17万元。

**【残疾人文体活动】** 年内，市残联在全市开展特殊艺术人才调查活动。据调查，全市有残疾人艺术类人才35人、体育类人才32人。上报南通市残联残疾艺术人才信息4人。推荐7名残疾人运动员参加南通市级集训，其中2人接受南通残联篮球培训，所在团队在全省第七届全民运动会中获团体总分第2名。会同市肢协、盲协开展“你我牵手、让爱同行”游园踏青、肢体残疾人体验公共场所无障碍、聋人才艺展示等活动。3月，选送3件艺术作品参加省残障儿童和平海报作品征集活动，获优秀奖1件。8月，各镇(区、街道)组织残疾人开展读书、康复、培训、象棋比赛等活动。12月，组织50多名残疾儿童及其父母，开展“爱在路上，与你同行”联欢活动。

2016年残疾人专场招聘会现场　　(市残联供稿)

**【“残疾人之家”建设】** 年内，市残联在如城街道、丁堰镇、吴窑镇试点，启动“残疾人之家”建设。

“残疾人之家”旨在以辅助残疾人就业为主，提供托养、康复、培训、文化体育、维权等服务，为残疾人提供就近、就便常态化基本服务。至年末，丁堰镇、吴窑镇2家“残疾人之家”投入运行，共吸纳残疾人67人。

**【如皋选手在国际残疾人职业技能竞赛中获两枚银牌】** 3月25—26日，在法国波尔多市举行的第九届国际残疾人职业技能竞赛中，如皋选手申季学和杨海霞分别夺得棒针编织和钩针编织项目银牌。

**【斯达克“世界从此欢声笑语”助听项目落户如皋】** 5月，斯达克“世界从此欢声笑语”助听项目落户如皋市。

斯达克“世界从此欢声笑语”助听项目是由省政府、中国市长协会和美国斯达克听力基金会联合组织的慈善救助项目，为符合条件的7—70周岁听障患者免费适配助听器。年内,经摸底筛查、测听取样、助听器适配等过程,该项目为全市195名听障人士免费配备助听器381台。

(谢仁建)

## 如皋市社科联

**【概况】** 市哲学社会科学界联合会(简称“市社科联”)下辖社科群众学术团体30个,涵盖哲学、政治、经济、文化、教育、金融等学科。学会会员全年撰写论文218篇,被国家级报刊刊登9篇、省级报刊刊登28篇、南通市级报刊刊登56篇。

2016年,市社科联着重强化本土应用性课题和省、南通市对策性课题研究。发布年度哲学社会科学研究参考课题18项,立项12项。课题“南通深化行政审批制度改革研究——以如皋市为例”先后获南通市、省社科应用研究精品工程立项,论文《新常态下南通打造现代富硒健康产业研究》被《江海纵横》杂志刊登,并被收入全国健康养老产业论坛文集。市委党校“南通市加快机构养老服务业发展问题研究”课题获南通市热点课题三等奖,论文《南通市人口深度老年化的科学应对》和《新常态背景下地方政府简政放权的困境与突破》分获省第十届学术大会苏中专场优秀论文三等奖、学会专场优秀论文二等奖。全年在《如皋日报》推出“如皋制造对接2025”“口岸兴则城市兴”“勇当苏中全面小康领头雁”“如皋:项目建设跑出加速度”等“雉水论坛”专版12个,结集出版《如皋智库系列——雉水论坛》,为全市经济社会发展提供参考。围绕“如何对接上海”“行政审批制度改革”等主题组织开展社科理论研究,完成省级立项课题“‘一带一路’下县域经济海外发展机遇与策略”研究。开展第三届社科优秀成果政府奖评选活动,《如皋市志》《域外旧书话中国》2部著作获一等奖,《冒辟疆著〈红楼梦〉探源》等2部著作、2篇论文获二等奖,《如皋市人大志》等1部著作、5篇论文获三等奖。组织各学会与省、南通市社科普及示范基地整体联动,全年为市民提供政策解读、文艺展演、图片展览等社科知识咨询服务12次,累计服务5000人次。

**【“东皋大讲堂”】** 年内,市社科联承办“东皋大讲堂”7期,听众累计5000人。先后邀请亚力克斯双语绘本故事馆创始人江华、心理咨询专家杨雪花、家庭教育专家孙云晓、国际神探李昌钰、科普作家焦国立、健康养生专家陆士贤、南通依治办主任杨兴标,分别围绕“影响孩子一生的绘本阅读”“幸福婚恋”“习惯的养成与方法”“人生经历和感悟”“航空母舰探秘”“健康管理”“强化法治理念,推进法治建设”举办知识讲座,并与听众互动交流。

(张　力)

家庭教育专家孙云晓做客“东皋大讲堂”时与听众交流　(吴环宇摄)

## 综 述

【概况】 2016年，全市坚持以农业现代化工程为引领，以结构调整为主线，以“234”现代农业体系建设为重点，以农业增效、农民增收为目标，聚焦现代农业园区、农产品集中加工区建设及休闲农业等重点，强化领导，创新举措，扎实推进，全市农业现代化水平不断提升。全年实现农林牧渔业总产值108.88亿元，同比增长4.51%。其中：农业产值59.63亿元，同比下降0.32%；林业产值0.25亿元，同比增长1.12%；牧业产值35.45亿元，同比增长12.01%；渔业产值6.25亿元，同比增长6.74%；农林牧渔服务业产值7.30亿元，同比增长10.42%。

【设施农业】 年内，全市以种养大户和家庭农场为主体的设施农业发展迅速且建设质量较高，以智能温室、连栋和标准钢架大棚为主体的高效设施普及较快。全年新增设施农业1500公顷，完成年目标任务111.5%，新增百亩以上连片设施村37个，新增500公顷以上连片设施项目8个、百亩以上连片连体钢架大棚项目2个。年内，市农业委员会（简称“市农委”）先后组织召开全市设施农业现场推进会4次，每季度核查、考核各镇（区、街道）完成情况并公布。全市各镇（区、街道）坚持将招商引资作为设施农业发展第一要事，狠抓重点项目落户，重点引导和培养种养大户和家庭农场等新型主体发展设施农业，实行适度规模经营，打造“一村一品”格局。连栋大棚、智能温室、工厂化食用菌生产车间等新型高效设施得到快速发展，涌现出搬经嘉禾润宝农业科技产业园、石庄阳光葡萄采摘园、城北东钊农业科技有限公司、吴窑台莲现代农业有限公司等高标准、规模化高效设施农业项目。蔬菜基地建设取得突破，全市创建省部级园艺作物标准园4个（市润丰果蔬种植专业合作社、禾盛现代农业科技发展有限公司、市金日月果蔬经济合作社、市新柴果蔬种植有限公司）、省级菜篮子基地2个（市如西菜篮子工程蔬菜生产基地、如皋开发区菜篮子工程蔬菜生产基地）。

【项目农业】 年内，全市建成规模农业项目28个，其中，500万元以上种植业项目13个、休闲农业项目2个，3000万元以上加工业项目9个，1000万元以上养殖业及其他项目4个，亿元以上项目7个。年内建成总投资10亿元的如皋国际园艺城、9亿元的江苏永友粮油经营集团有限公司、6亿元的南通尔昕木业有限公司、2.45亿元的九华粮食物流园等重大农业项目。市坝新肠衣有限公司投资300多万元扩建标准厂房1400平方米，配套建设冷库、冷冻及加工设施设备。南通仁寿食品有限公司投资2200多万元，建成建筑面积1.2万平方米、地下1层地上2层的现代冷链物流仓库。江苏联众肠衣有限公司投资1650万元，与北京大学合作建成肝素钠标准生产工艺优化中试生产线1条。年末，全市在建农业项目20个。年内，市委、市政府于2月18日、12月2—5日分别在如皋光华国际大酒店和上海西郊国际农产品交易中心举办2016年现代农业新春招商洽谈会、“苏·皋长寿”如皋特色农产品推介会，推介农业重点项目8个，签订农业项目68个。市农委分别于9月23日、11月5日组织农业龙头企业参加江苏（连云港）国际农业洽谈会、昆明国际农业博览会，在高端平台上宣传推介如皋农业项目。

【农业产业化经营】 年内,全市新增如皋市级及以上农业产业化龙头企业9家,其中南通市级3家。至年末,全市有市级及以上农业产业化龙头企业112家,其中国家级1家、省级9家、南通市级44家。年内,全市实现项目农业投入46.5亿元,全市农业龙头企业实现销售收入255.6亿元。市委农工办完成农业产业化经营相关调研13项。江苏长寿集团通过国家级龙头企业复评监测,市肠衣加工集中区通过省级加工园区复评并获"十佳"省级农产品加工集中区称号。如皋花木大世界获国家林业重点龙头企业和省级"双带型"龙头企业称号,江安镇联络新社区(肉食品)获全国"一村一品示范村"称号,万富禽业专业合作社被评为2015年全国农民合作社农产品加工示范单位。南通仁寿食品有限公司、江苏一品饲料科技发展有限公司、市永兴肠衣有限公司、南通天龙畜产品有限公司、南通市欣洋食品有限公司和市君子食品厂6家企业获省级财政农产品精深加工技术装备升级改造项目资金500万元。3月,省电视台拍摄的如皋盆景专题片在江苏城市频道《走进新农村》栏目播出。9月13日,市委农工办组织各镇(街道)参加在福建漳州召开的南通市农业招商推介会,如皋市16个产业化投资项目被宣传、展示和推介并集中签约。

【开放型农业】 年内,全市新增农业外资企业4家(南通万意畜产品有限公司、南通鸿晟肠衣有限公司、南通顺德生物科技有限公司、南通鸿润肠衣有限公司),累计44家。农产品出口额2.54亿美元,同比增长33.5%,主要出口肠衣,销往欧美、东南亚、日本、韩国。如皋双马化工、江苏涤诺日化集团有限公司在东南亚等地投资开发农业,开启如皋企业境外投资农业的先河。11月27日,全省农业"走出去"工作座谈会在如皋举行。省农委主任吴沛良专程听取15家农业龙头企业负责人"走出去"经验教训、难题及对政府扶持政策建议。

【互联网+农业】 年内,全市农产品网上销售营业额超20万元农产品电商40家,纯线上交易额4357万元,销售产品涵盖果蔬、稻米、肉制品、花木、蚕丝制品等。全市建成农产品电子商务示范企业6家(南通特产一号店、花木大世界、寿都密码、馨缘食品店、花名堂、毛毛蚯蚓淘宝店)、物联网技术应用示范点3个(天一水产养殖场、市池鑫合作社、南通市金阳农场),建成磨头镇天阳社区、长江镇长青社区、江安镇联络村等村级益农信息社50家。市农委依托"12316"三农热线工作站、市农业信息网等平台,全年发布农业信息800多条,向全市5286户农户发送惠农短信331380条次;接听咨询电话85次,专家组远程帮助解决农业疑难问题35个。

【政策性农业保险】 年内,全市开设小麦、油菜、水稻、水稻附加、设施大棚、附加棚内蔬菜或瓜果、能繁母猪、育肥猪、奶牛、养蚕、山羊、种蛋种鸡、肉鸡、养鸭、露地葡萄、螃蟹和农机具等政策性农业保险险种17个。除农机具外,农业保险总保费8377.9万元,其中常规种植业保险保费2931.9万元、高效农业保险保费5446.0万元,高效农业保险保费占总保费65%。参保农户获理赔5973.55万元(水稻理赔972万元待付),简单赔付率71.3%。

(吴婷婷 陈 祥 吴宏霞 项建明)

## 2016年如皋市南通市级及以上农业产业化龙头企业经营情况

表7

| 序号 | 镇(街道) | 数量 | 级别 | 企业名称 | 销售(交易)收入(万元) | 利润(万元) | 税金(万元) | 创汇(万美元) |
|---|---|---|---|---|---|---|---|---|
| 1 | 如城 | 11 | 省级 | 如皋市花木大世界有限公司 | 1485000 | 2130 | 89 | — |
| 2 | | | 省级 | 如皋市绿园有限公司 | 11353 | 1236 | 110 | — |
| 3 | | | 省级 | 如皋市新丝路茧丝绸有限公司 | 19378 | 1014 | 99 | — |
| 4 | | | 南通 | 南通光远冻制品有限公司 | 3782 | 156 | 42 | — |
| 5 | | | 南通 | 南通市宏达肠衣有限公司 | 5023 | 516 | 33 | 753 |

续表7-1

| 序号 | 镇(街道) | 数量 | 级别 | 企业名称 | 销售(交易)收入(万元) | 利润(万元) | 税金(万元) | 创汇(万美元) |
|---|---|---|---|---|---|---|---|---|
| 6 | 如城 |  | 南通 | 江苏城中园林有限公司 | 18495 | 1929 | 864 | — |
| 7 | 如城 |  | 南通 | 江苏百代兰花股份有限公司 | 5094 | 653 | 12 | — |
| 8 | 如城 |  | 南通 | 江苏梅源绿化建设有限公司 | 8427 | 798 | 84 | — |
| 9 | 如城 |  | 南通 | 南通春华食品有限公司 | 5000 | 260 | 150 | — |
| 10 | 如城 |  | 南通 | 如皋市家家乐超市加盟管理有限公司 | 1300 | 8 | 30 | — |
| 11 | 如城 |  | 南通 | 如皋市花木大世界工程有限公司 | 10931 | 4372 | 1144 | — |
| 12 | 城北 | 10 | 国家 | 江苏长寿集团股份有限公司 | 151150 | 1410 | 2102 | 1870 |
| 13 | 城北 | 10 | 省级 | 如皋市联众肠衣有限公司 | 23062 | 610 | 958 | 555 |
| 14 | 城北 | 10 | 南通 | 如皋市太阳肠衣有限公司 | 19878 | 625 | 165 | 720 |
| 15 | 城北 | 10 | 南通 | 南通利都肠衣有限公司 | 5520 | 80 | 32 | — |
| 16 | 城北 | 10 | 南通 | 南通仁寿食品有限公司 | 19700 | 450 | 210 | 2300 |
| 17 | 城北 | 10 | 南通 | 如皋市范氏生态水产专业合作社 | 550 | 25 | 10 | — |
| 18 | 城北 | 10 | 南通 | 如皋市天源肠衣有限公司 | 3400 | 128 | 31 | — |
| 19 | 城北 | 10 | 南通 | 如皋市凤鸣食品厂(旺寿园) | 8250 | 432 | 240 | — |
| 20 | 城北 | 10 | 南通 | 江苏久辉畜产品有限公司 | 11878 | 689 | 122 | 127 |
| 21 | 城北 | 10 | 南通 | 南通汇通肠衣有限公司 | 590 | 8 | 3 | — |
| 22 | 江安 | 5 | 省级 | 南通玉兔集团有限公司 | 8790 | 804 | 820 | — |
| 23 | 江安 | 5 | 南通 | 如皋市兴昌实业有限公司 | 4650 | 256 | 143 | — |
| 24 | 江安 | 5 | 南通 | 如皋市时来牧业有限公司 | 9800 | 4900 | — | — |
| 25 | 江安 | 5 | 南通 | 南通万象牧业有限公司 | 8480 | 1321 | — | — |
| 26 | 江安 | 5 | 南通 | 南通海顺粮食仓储有限公司 | 9560 | 88 | 55 | — |
| 27 | 长江 | 5 | 南通 | 如皋市中心沙水产养殖场 | 150 | 65 | — | — |
| 28 | 长江 | 5 | 南通 | 如皋田王苗木有限公司 | 1200 | 380 | — | — |
| 29 | 长江 | 5 | 南通 | 如皋禾盛现代农业科技发展有限公司 | 10172 | 134 | — | — |
| 30 | 长江 | 5 | 南通 | 南通如意生态农业发展有限公司 | 3000 | 500 | — | — |
| 31 | 长江 | 5 | 南通 | 江苏永友食品科技有限公司 | 50000 | 453 | — | — |
| 32 | 搬经 | 5 | 省级 | 南通华多种猪繁育有限公司 | 4497 | 190 | — | — |
| 33 | 搬经 | 5 | 南通 | 如皋市皋乐面粉有限公司 | 1800 | 180 | 8 | — |
| 34 | 搬经 | 5 | 南通 | 如皋市玉圣禽业有限公司 | 5600 | 330 | — | — |
| 35 | 搬经 | 5 | 南通 | 江苏正禾现代农业有限公司 | 5200 | 800 | — | — |
| 36 | 搬经 | 5 | 南通 | 南通双龙门食品有限公司 | 4124 | 154 | 3 | — |
| 37 | 吴窑 | 5 | 南通 | 南通市赛天蓬牧业有限公司 | 3500 | 260 | — | — |
| 38 | 吴窑 | 5 | 南通 | 南通天之鹿鸽业有限公司 | 2600 | 230 | — | — |

续表7-2

| 序号 | 镇(街道) | 数量 | 级别 | 企业名称 | 销售(交易)收入(万元) | 利润(万元) | 税金(万元) | 创汇(万美元) |
|---|---|---|---|---|---|---|---|---|
| 39 | 吴窑 |  | 南通 | 南通群盛冷冻食品有限公司 | 2000 | 160 | — | — |
| 40 |  |  | 南通 | 南通正丰养殖有限公司 | 3000 | 220 | — | — |
| 41 |  |  | 南通 | 如皋市吴窑山羊市场有限公司 | 15000 | 500 | — | — |
| 42 | 城南 | 3 | 省级 | 如皋市永兴肠衣有限公司 | 21126 | 527 | 416 | 2864 |
| 43 |  |  | 省级 | 南通品德物流配送有限公司 | 14918 | 516 | 87 | — |
| 44 |  |  | 南通 | 南通天恒园林景观工程有限公司 | 22283 | 2330 | 965 | — |
| 45 | 东陈 | 3 | 南通 | 南通福友服饰有限公司 | 5030 | 755 | 1044 | — |
| 46 |  |  | 南通 | 如皋市中萃米业有限公司 | 583 | 56 | 113 | — |
| 47 |  |  | 南通 | 如皋市鑫盛禽业有限公司 | 4122 | 68 | 717 | — |
| 48 | 磨头 | 2 | 南通 | 如皋市华夏花卉有限公司 | 1800 | 100 | 98 | — |
| 49 |  |  | 南通 | 南通盛鑫食品有限公司 | 2800 | 30 | 35 | — |
| 50 | 石庄 | 2 | 南通 | 南通市江中农产品有限公司 | 5260 | 214 | — | — |
| 51 |  |  | 南通 | 南通华君生态养殖有限公司 | 2000 | 200 | — | — |
| 52 | 丁堰 | 1 | 省级 | 南通天龙畜产品有限公司 | 36406 | 1605 | 945 | 3789 |
| 53 | 白蒲 | 1 | 南通 | 南通白蒲黄酒有限公司 | 5573 | 122 | 777 | — |
| 54 | 九华 | 1 | 南通 | 如皋市康丰牧业有限公司 | 3600 | 540 | — | — |

## 种植业

**【概况】** 2016年,全市农作物总播种面积15.22万公顷,同比增长0.46%。全市实现种植业产值59.63亿元,同比下降0.32%,占农业总产值54.77%。

**【粮食作物】** 年内,全市粮食播种面积10.72万公顷,平均亩产441.3千克,总产70.95万吨。与上年相比,播种面积减少1500公顷,同比下降1.36%;亩产减少18.7千克,同比下降4.07%;总产减少3.99万吨,同比下降5.3%。全市夏粮面积4.96万公顷,亩产344.1千克,总产25.61万吨;秋粮面积5.76万公顷,亩产525.21千克,总产45.34万吨,其中水稻面积4.53万公顷,亩产604.9千克,总产41.1万吨。全市承担小麦、水稻高产增效创建万亩示范片10个,其中小麦4个、水稻6个。4个小麦万亩示范片平均亩产451.57千克,比全市平均产量增产23%;6个水稻万亩示范片平均亩产724.31千克,比全市平均产量增产17.2%。全年承担省部级粮油高产创建示范片10个,建立水稻等主要作物苗情点24个、农情点14个。商品化集中育秧1.33公顷以上田块20个。

**【油料作物】** 年内,全市油料作物播种面积1.33万公顷,平均亩产189.3千克,总产3.78万吨。与上年相比,面积减少680公顷;亩产增加4.3千克,同比增长2.3%;总产减少944吨,同比下降2.4%。

**【林业】** 年内,全市完成造林面积800公顷,其中成片造林265.6公顷;更新改造林和苗圃663.67公顷,林木覆盖率25.03%。市农委大力开展森林抚育工作,完成以农村通达工程为主的中幼林抚育900公顷。按省林业局部署完成林地变更工作。结合古树名木保护调查工作,对全市160棵古树名木登记造册、制作二维码、一一挂牌,制订每棵古树名木管护措施等。按照项目建设管理要求完成200公顷沿海防护林建设任务,获中央投资180万元;森林抚育200公顷,获绿色江苏资金投资45万元;开展省级绿化示范村建设,获省级投资

135万元。4—12月,在全市开展产地检疫工作,以人工调查、诱虫灯和引诱剂调查"三结合"方法,开展林业有害生物测报防治,全市未发生大面积林业有害生物危害现象。开展森林植物检疫工作,办理森林植物检疫证书1.28万余份、木材运输证820余份,未发生森林植物检疫事故和投诉事件。5月30日,国家林业局公布第2批国家林业重点龙头企业名单,如皋花木大世界上榜。

**【种子生产】** 年内,市农委在全市供应水稻主推品种2020吨、小麦主推品种4400吨,主推品种市场供应率80%以上。全年引进新品种70个,其中水稻23个、玉米8个、大豆12个、小麦17个、油菜10个;建成试验、展示、示范方累计15个,其中水稻6个、小麦6个、玉米1个、大豆1个、油菜1个。全年组织品种考察论证活动2次。开展地方特色农作物种质资源保护与收集工作,收集地方品种110个,提交省农作物种质资源收集项目组,形成白萝卜优系11个、黑塌菜优系9个,建立白萝卜、黑塌菜繁种田各0.13公顷。年内,种子市场监管成效显著,县域种子市场秩序评价考核排名全省第7名、南通第1名,是南通市唯一连续两年受省通报表扬的县(市)。

**【植物保护】** 年内,全市预报小麦、油菜、玉米、水稻、蔬菜等10多种作物计47个对象病虫草害65个代次,重大病虫测报准确率96%。新增病虫专业化防治组织14个,累计专业化统防统治面积6.23万公顷,其中水稻3.23万公顷、小麦3万公顷,专业化防治覆盖率66.2%。水稻、小麦等主要病虫草害损失控制在4.5%以下,高效低毒、低残留农药使用占比80%。全年申报实施粮食生产全托管服务组织319家,通过验收206家,累计418家。新增粮食生产全托管面积0.27万公顷,累计0.85公顷,村级托管覆盖率81.02%,完成年目标任务,考核位居南通第1名。全年发布《病虫情报》22期,电视预报5期,并通过广播、电视、报纸、网络、微信、手机短信等信息平台进行技术宣传。发布《林木花木病虫情报》8期、1500多份,测报准确率85%,林业病虫害成灾率低于0.4%,无公害防治率85%以上,种

## 2016年如皋市农作物面积、产量一览

表8

| 项目名称 | 面积（万公顷） | 亩产（千克） | 总产（吨） |
|---|---|---|---|
| 复种指数(%) | 190.22 | — | — |
| 一、粮食作物合计 | 10.72 | 441 | 709451 |
| (一)夏收粮食 | 4.96 | 344 | 256072 |
| 1.夏收谷物 | 4.97 | 349 | 251070 |
| (1)小麦 | 4.64 | 350 | 243793 |
| (2)大麦 | 0.15 | 329 | 7277 |
| 2.蚕豌豆 | 0.17 | 195 | 5002 |
| (二)秋收粮食 | 5.76 | 525 | 453379 |
| 1.秋收谷物 | 4.93 | 585 | 431945 |
| (1)稻谷(均为中稻) | 4.53 | 605 | 410842 |
| 粳稻 | 4.52 | 605 | 410572 |
| 糯稻 | 0.003 | 540 | 270 |
| (2)玉米 | 0.35 | 370 | 19267 |
| 其中:杂交玉米 | 0.35 | 370 | 19267 |
| (3)其他谷物 | 0.05 | 242 | 1836 |
| 2.秋收豆类 | 0.67 | 148 | 14918 |
| 其中:大豆 | 0.65 | 148 | 14468 |
| 红小豆 | 0.02 | 141 | 450 |
| 3.秋收薯类 | 0.16 | 277 | 6516 |
| 二、油料 | 1.33 | 189 | 37798 |
| 1.花生 | 0.36 | 180 | 9828 |
| 2.油菜籽 | 0.96 | 193 | 27840 |
| 3.芝麻 | 0.007 | 118 | 130 |
| 三、棉花(皮棉) | 0.008 | 68 | 82 |
| 四、药材类合计 | 0.004 | 503 | 302 |

苗产地检疫率97%以上。

【耕地质量保护】 年内,全市建成省级墒情监测点1个,建设万亩测土配方施肥技术示范片2个、耕地质量提升千亩标准示范区2个。在全市范围内根据不同的土壤类型和作物布局,采集土壤样品近900份,化验土样2000多项次、植株样品400多个。完善测土配方施肥数据库,全市发放测土配方施肥推荐卡20万余份。完成耕地占补平衡项目。结合土壤有机质提升项目,推进以机械化秸秆还田为重点的多种形式秸秆综合利用技术,全年秸秆机械化还田率70.2%,秸秆焚烧乱抛等现象得到有效治理。

## 养殖业

【畜牧业】 年内,全市生猪饲养量219.41万头,其中,存栏94.41万头,出栏125万头。大中型规模饲养生猪出栏78.91万头,占出栏总数63.13%,规模养殖占比90.51%。山羊饲养量44.07万只,其中,存栏13.60万只,出栏30.47万只。奶牛存栏987只。家禽饲养量4250.82万羽,其中,存栏1238.16万羽,出栏3012.66万羽。年内,专用肉鸡出栏1622.14万只;规模养殖肉鸡出栏1551.25万只,占肉鸡出栏总数95.63%。蛋鸡存栏705.32万只,其中规模养殖蛋鸡存栏679.86万只,占蛋鸡存栏总数96.39%。

【蚕业】 全市桑园面积3800公顷,比上年新增13.3公顷。全年发种9.21万张,比上年有所减少,产业规模位居全省第4位。全市蚕桑总产值2.18亿元。其中:产出蚕茧359.5万千克,产值1.60亿元;蚕桑资源综合开发收入0.58亿元。蚕桑亩产值3841.2元。全市桑园套种蔬菜3100公顷,占总面积81.6%,桑园套种收入4109.8万元。开展桑园养鸡、蛹虫草栽培、桑枝综合利用等收益110万元。年内,市农委着力抓好桑疫病防控、蚕种催青、智能小蚕共育工作,一日孵化率均在95%以上。开展技术培训,全年参训2.8万余人次。在如皋电视台宣传茧丝行情和防治桑蚕病虫、防范家蚕农药中毒等技术措施,利用短信、"12316"农业信息平台发送短信2.5万条。推进蚕桑产业发展。年内,江苏现代蚕桑产业园区(全国首家蚕桑产业园)全年饲养蚕种1756张,产出蚕茧43278千克,产值171万余元;桑园养鸡2300多只,产值8万多元。广西、浙江等省蚕业界专家等到如皋学习考察。东陈镇中萃米业有限公司投资200多万元兴建桑叶茶自动化

**2016年如皋市养殖业主要指标情况**

表9

| 项目 | 指标名称 | 单位 | 数量 |
|---|---|---|---|
| 当年出栏量 | 一、猪 | 万头 | 125.00 |
| | 二、羊 | 万只 | 30.47 |
| | 三、家禽 | 万羽 | 3012.66 |
| | 四、兔 | 万只 | 2.60 |
| 期末存栏量 | 一、牛 | 万头 | 0.13 |
| | 其中:良种及改良乳牛 | 万头 | 0.10 |
| | 水牛 | 头 | 308 |
| | 二、猪 | 万头 | 94.41 |
| | 其中:能繁母猪 | 万头 | 3.78 |
| | 三、羊 | 万只 | 13.60 |
| | 四、家禽 | 万羽 | 1238.16 |
| | 五、兔 | 万只 | 1.20 |
| 肉类及其他产量 | 一、肉类总产量 | 吨 | 137406.80 |
| | 1.猪肉 | 吨 | 87499.37 |
| | 2.羊肉 | 吨 | 4570.74 |
| | 3.禽肉 | 吨 | 45296.57 |
| | 4.兔肉 | 吨 | 40.12 |
| | 二、牛奶产量 | 吨 | 5423.00 |
| | 三、蜂蜜产量 | 吨 | 45.32 |
| | 四、禽蛋产量 | 吨 | 101108.49 |
| | 1.鸡蛋 | 吨 | 95196.36 |
| | 2.鸭蛋、鹅蛋 | 吨 | 5912.13 |

生产流水线,生产以桑叶为原料的系列茶,注册商标为“滋生堂”;以桑叶粉为原料开发出桑青汁产品,以桑叶粉为添加物的桑叶面条、糕点在开发中。

【水产业】 年内,全市水产养殖总面积5833.3公顷,其中池塘面积2786.7公顷。全年实现水产品产量2.76万吨,其中养殖产量2.17万吨,实现渔业总产值16.25亿元,同比增长22.18%。新增高效设施渔业200公顷,总面积1499公顷,占水产养殖总面积25.71%。全市现有龟类养殖面积2.5公顷、虾类养殖面积400余公顷,观赏鱼养殖面积30余公顷。观赏鱼、甲鱼、乌鱼3个特色渔业板块交易额均达到亿元以上,其中,观赏鱼年交易额1.8亿元,甲鱼年交易额1.5亿元,乌鱼年交易额16.8亿元。泥鳅、南美白对虾2个新兴产业板块产业面积分别为68公顷、134公顷,分别实现年产值2400万元、3200万元。10月,东陈镇长蝶观赏鱼专业合作社选送“十二红”蝶尾和兰水泡2尾金鱼参加北京中国金鱼大赛,获冠军2项。

【动物疫病防控】 年内,全市免疫接种生猪口蹄疫303.62万针次、猪瘟302.17万针次、高致病性猪蓝耳病158.65万针次、羊(牛)O-亚1型口蹄疫19.78万头次、牛A型口蹄疫4333头、家禽高致病性禽流感防疫3645万羽、鸡新城疫免疫3245万羽、羊小反刍兽疫免疫18.869万头。全年采集、集中检测猪血样1017份、羊血样422份、牛血样698份、禽血样1478份,其中,猪瘟、猪口蹄疫、高致病性猪蓝耳病免疫抗体平均合格率分别为93.12%、96.85%、96.26%,高致病性禽流感(H5N1)Re-6、Re-7免疫抗体平均合格率分别为98.38%和93.97%,鸡新城疫免疫抗体平均合格率为98.99%,羊口蹄疫O型、亚洲1型免疫抗体平均合格率分别为87.62%和96.49%,羊小反刍兽疫免疫抗体平均合格率为97.16%,均超过国家和省级标准。9月21—23日,市农委举办重大动物疫病防控技术培训会议,邀请省动物疫病预防控制中心首席兽医师陈昌海、南通市农委畜牧兽医处处长蔡健康、南通市动物疫病预防控制中心主任刘宗华等专家,就当前动物疫病防控动态、应急管理、相关疫病净化及防治新技术、重大疫病免疫技术规范等内容专题培训,市畜牧兽医站全体人员、各镇畜牧兽医站站长及分管防疫的副站长、防疫督察员、村防疫员等180人参加培训。

东陈镇双群社区金鱼养殖基地 (东陈镇供稿)

【动物检验检疫】 年内,市农委实施产地检疫生猪67万头、牛羊1.8万头(只)、禽类1742.9万羽,屠宰检疫生猪81.5万头、牛和羊3.5万头(只)、禽类51万羽。动物检疫电子出证系统全年开具动物A证4206张、动物B证40472张、产品A证8147张、产品B证111102张。

【病死动物无害化处理】 年内,市农委在户申报、站受理、镇集中、场处理、所监管、市补助“六步法”运行机制下开展病死猪无害化处理工作,全年无害化处理病死猪17.9万头。正常使用无害化处理信息监控平台,52个监控摄像头覆盖全市14个镇(区、街道)。针对病死猪数据上报难建立并逐步完善数据统计分析系统,准确率100%。结合省级无害化处理项目,市利民动物无害化处理中心实施升级改造工程,实现无害化处理机械化,可日处理病死动物32吨以上。

## 农业园区

【概况】 2016年,市农委将农业园区建设作为农业结构调整切入点和高效农业示范点,培育和重点扶持科技含量高、增效潜力大、示范带动能力强、管理规范的农业园区。年内,全市新增如皋市级以上各类农业园区62个,其中省级2个(长江现代农业园区、如城现代农业园区)、南通市级4个(如城花木产业园、长江优质蔬菜产业园、城南街道优质水稻产业园、如皋开发区蔬菜产业园)。

年内,市农委加快推进国家现代农业示范重点园区之一——如城花木产业园建设。中国国际园艺城一期建成开业。建成精品盆景园2个。其中:花木大世界盆景园总面积1.67公顷,设主展馆1个、副展馆8个,有盆景1000多盆;如皋绿园盆景园总面积1.40公顷,有盆景500多盆。推进长江果蔬产业园、如西果蔬产业园、如皋开发区果蔬产业园、高新区优质蚕桑产业园、长江沿江特色渔业产业园、白蒲优质水稻产业园、高新区优质水稻产业园、磨头花木产业园8个产业园区,石庄果蔬集中加工区、白蒲长寿食品集中加工区、江安肉制品集中加工区、如城东郊长寿食品集中加工区4个农产品集中加工区建设,其中长江果蔬产业园、高新区优质水稻产业园、经济开发区果蔬产业园3个标准园和白蒲长寿食品集中加工区年内建成。

**【园区选介】** 城南街道优质水稻产业园区 核心区位于城南街道肖陆、马塘社区,东至石化路,西至杨马路,南至斗私河,北至马北河,涉及肖陆、马塘、育华、杨花桥等村(社区)的农户4271户,面积786.67公顷,其中核心区面积140公顷。项目区内土地相对集中,平整度高,土壤肥力中等,适宜发展优质稻米生产,建有核心区1个、千亩示范方1个,全面建成水利灌排设施、田间道路、农田林网等高标准配套,实现水源排灌自动化、农业生产机械化、田间管理数字化、生产加工一体化、生产管理全托管、实现稻麦生产智能化,全面建成省内一流、南通第一的高标准现代化粮食种植生产基地。2016年,园区内水稻平均亩产650千克以上,高产田达到700千克,粮食单产比上年提高8%,粮食总产比上年增产5%。

长江镇优质蔬菜产业园区 位于长江镇(如皋港区),开发建设主体为市润禾现代农业有限公司(如皋港园区管委会注资2.4亿元设立),现有禾盛现代农业科技园、金阳现代农场、海亚家庭农场、新好牧业、濠河苗木等企业落户。园区总面积约1000公顷,总体布局为“一个中心,两个基地”(公共服务中心,优质稻米种植基地和高效果蔬种植基地),主导产业为蔬菜种植和销售。该园区以建设基础设施、打造公共服务平台为重点,加强优质稻米基地、高效果蔬基地建设。至2016年年末,园区辐射带动周边农户1455户,发展高效设施大棚233.93公顷,年产值平均增加7000元/亩。培育农业龙头企业18家、家庭农场83家、全托管组织53家,配备粮食烘干处理设备20台(套),适度规模经营面积占园区面积70%,其中省级示范家庭农场2家、南通市级农业龙头企业5家。

如皋开发区蔬菜产业园区 涉及桥港、戴庄、天河桥3个行政村,规划面积1万公顷,主要划分为设施蔬菜、有机蔬菜、观光采摘蔬菜标准园3个园区和公共服务中心1个。2015—2016年,如皋开发区管委会出台加快现代农业发展的激励扶持政策,优先扶持“菜篮子”基地建设,确立“蔬菜产业向基地集中”产业扶持政策,开展招商引资活动,重点扶持生产规范、科技含量高、生产管理设施先进的项目共建基地。基地长期种植用工620余人,发放种植工人工资560多万元。聘请南通沿江农科所、扬州大学等单位教授、专家现场培训,先后培训基地及周边农民1500多人次、农民经纪人350多人次。通过培训种植大户和专业经纪人等能人,组建种植专业合作社,促进特色品种规模化种植、产业化经营建设水平,带动农户3000多户,户均年增收2200元。2016年,基地蔬菜生产面积600多公顷,果蔬总产量3.91万吨,总收入11664万元,其中,在如皋、南通当地市场实现销售额5264万元,在湖南、天津、浙江、上海等省市年销售瓜果蔬菜6400多万元。

(吴婷婷)

## 农业科技进步

**【农业科技成果转化】** 2016年,全市申报省级以上农业科技计划项目20项,其中获立项5个,获扶持资金484万元。江苏长寿大红门食品有限公司中式传统肉制品绿色制造关键技术与装备研发及示范国家重点研发计划专项获114万元资助,顾庄生态园开发建设有限公司沿江地区花木产业主导产业链关键技术集成创新与示范项目获300万元资助,南通白蒲黄酒有限公司“苏派”功能性黄酒机械化安全酿造关键技术研究获50万元资助,江南大学(如皋)食品生物技术研究所基于宏基因组的黄酒风味物质合成途径构建及强化和基于辅因子偏好性改造拓宽代谢路径强化2,3-丁二醇生物合成的分子机制2个项目各获10万元资助。全年申报南通市农业科技项目9项,获南通市指导性计划科技立项7项。

【农业项目管理】 年内,市科技局加强各级各类申报项目立项跟踪,对5项国家、省(农业、社会发展、自然科学基金)计划立项加强在研项目管理,特别对省级重点研发计划项目进行中期检查,按合同要求推进项目有序实施。

【国家农业科技园核心区建设】 年内,如皋市加快推进国家农业科技园核心区建设。推进花木盆景产业园建设,按照吃、住、行、游、购、娱等旅游要素,对牡丹园、田园升级改造,完成精品盆景园、五松园等特色园林施工建设工作,相关配套建筑建设速度超过序时进度。加快花木市场及物流贸易园建设,中国如皋国际园艺城项目年内投资5亿元,建设花木交易区、园艺资材区、商业服务区,建筑面积20万平方米,道路、雨污管网等配套设施建设完毕,智能温室主体完工。推进新农村建设示范园建设,围绕“一户一品”“一户一景”“一户一韵”思路,打造特色庭院,年内建成200户;完成主干道路硬化、亮化工程10千米,配备路牌10只。以顾庄生态园为重点,推进花木生态观光园建设,完成道路、管网、游客中心等基础设施建设,完成西大门入口停车场建设并投入使用,完成东大门入口搬迁工作。

(周辉君)

市农业技术推广中心技术人员在丁堰镇指导黑塌菜种植 (沙宏锋摄)

## 农业技术推广应用

【概况】 2016年,全市获批省农业“三新”(新技术、新模式、新品种)工程项目4个(稻麦秸秆还田机械推广应用、设施蔬菜连作障碍防控技术示范推广应用、番茄水肥一体化栽培技术推广、蚕桑资源综合利用技术创新与示范),争取项目建设资金125万元。年内,市农委进一步深化基层农技推广体系建设与改革,不断加强镇农技服务中心“五有”(有先进服务手段、有优良专业人员、有规模示范基地、有严格责任制度、有稳定财政保障)建设,拓宽服务领域,创新服务模式,以生猪、蚕桑、稻麦、蔬菜、渔业五大主导产业为载体,实施科技入户、挂县强农富民工程、基层农技推广补助项目。完善“专家定点到镇、农技人员包村进户”为主要形式的工作机制,组织20名专家建成专家工作组,在市、镇农技人员中遴选指导员241人,培育示范户2410户,建立示范基地2个(稻麦、蔬菜),培训市镇村农技人员500多人次,筛选集成稻麦、蔬菜、家禽、蚕桑、水产品等产业主导品种26个和种养技术18项,重点打造村级农技服务站12家,培训新型农业经营主体负责人200人。加强与南京农业大学、南京林业大学、扬州大学、南通科技职业学院等大专院校科研院所合作,实施科技入户、挂县强农富民工程,推进农科教产学研的结合。利用江苏农业科技服务云平台、江苏为农服务网、《农家致富》手机报等现代传媒手段,推进农业科技信息快捷入户。

【农业技术培训】 年内,市农委按照“科教兴农、人才强农、新型职业农民固农”战略要求,对全市专业大户、家庭农场主、农民合作社骨干、农业企业农工及长期为农业生产服务的人员开展全产业链培训,全年举办培训班39期,培训职业农民8030人,培育新型农业经营主体带头人200人,165人通过国家农业行业职业技能鉴定考试并获国家农业行业农艺工初级工证书。市农林科技与信息中心制作培训课件《如皋盆景发展情况及制作工艺》,获省农业广播电视学校系统课件比赛一等奖。

【畜禽粪污综合治理】 年内,市农委根据市委、市政府《关于切实加快我市畜禽养殖粪污综合治理的意见》(皋办〔2015〕51号)精神，继续开展畜禽养殖粪污综合利用工作，对生猪存栏量20—500头和蛋鸡存栏量2000—10000羽的养殖户，推广“户用蓄粪池+田头调节池+大田利用”模式，将畜禽粪污通过两级贮存发酵熟化后直接还田。全市实施畜禽粪污综合利用村(社区)169个，改造户用蓄粪池1.57万立方米，建设田头调节池718个、3.99万立方米。

**【沼气工程】** 年内，市农委承担畜禽场沼气治理工程12处、农业废弃物资源化利用大田循环项目6处，争取省级项目补助资金714万元。实施农村清洁能源工程和农业废弃物资源利用项目，开展节能减排试点示范工作，新增9家规模养殖场沼气发电并网，累计13家，全年沼气发电46万千瓦时，完成数量、质量及总装机容量居南通第1位。开展农村沼气服务专业人员和职业农民技能培训，培训3000多人次。

(吴婷婷)

## 农业资源综合开发利用

**【概况】** 2016年，市农资局争取农业综合开发项目11个，其中土地治理项目9个、产业化经营补助项目2个。项目建设总投资8838.43万元，其中，争取财政资金5536万元，本级融资2682万元。

**【项目立项】** 年内，全市农业综合开发第1批国家高标准农田建设项目安排在城北街道民实村、朱厦村等，开发面积666.7公顷，项目总投资2575万元，其中，财政投资2500万元(中央财政资金750万元，省级财政资金600万元，县级配套资金150万元，本级融资1000万元)，自筹资金75万元。第2批国家高标准农田建设项目涉丁堰镇(凤山村、皋南村)、长江镇(田桥村、车马湖村)、白蒲镇(钱园村)，开发面积1121.33公顷，项目总投资4057.26万元，其中财政投资3932万元(中央财政资金1125万元，省级财政资金900万元，县级配套资金225万元，本级融资1682万元)，自筹资金125.26万元。省级沿江高沙土项目5个，分别是白蒲镇文著村333.33公顷、城南街道左邬村220公顷、磨头镇天阳社区233.33公顷、江安镇新建村133.32公顷、九华镇营房村213.33公顷，总投资1986.04万元，其中财政投资1700万元，自筹资金286.04万元。全市争取农业综合开发产业化经营财政补助项目2个(年产200吨蔬菜生产基地扩建项目和280吨蔬菜种植基地改扩建项目)，总投资224.13万元，获财政补助资金90万元。

**【项目实施和管理】** 年内，市农资局出台《如皋市高标准农田建设管理办法》《如皋市农业综合开发土地治理项目监管细则》《如皋市高标准农田建设考核办法》。完成2015年度国家农业综合开发土地治理项目建设内容，改(新)建泵站25座，开挖疏浚渠道71千米，新建防渗渠道90.14千米、暗渠16.56千米、渠系建筑物2190座，建筑砼机耕路88.07千米，植树40公顷26795株，对项目区农民进行实用技术培训3690人次，示范推广新技术1640公顷。省级沿江高沙土项目完成改(新)建泵站12座，开挖疏浚渠道38.16千米，新建防渗渠道38.35千米、暗渠2.55千米、渠系建筑物1625座，建筑砼机耕路36千米，植树20公顷10300株。2016年度项目任务完成总工程量70%。7月14—15日，省农资局副局长张学平带队到如皋市调研农业综合开发项目管理工作。11月7—8日，省级沿江高沙土项目通过省农资局、财政厅验收。

(王海兵)

丁堰镇2016年度第二批国家农业综合开发高标准农田项目建设现场
(市农资局供稿)

## 2016年如皋市农业综合开发项目投资情况

表10

| 项目单位 | 开发任务（公顷） | 总投资（万元） | 财政投资(万元) | | | | | 自筹（万元） |
|---|---|---|---|---|---|---|---|---|
| | | | 小计 | 中央 | 省级 | 县级（配套） | 本级融资 | |
| 合计 | 2931.36 | 8838.43 | 8218 | 1920 | 3232 | 384 | 2682 | 620.43 |
| 一、高标准农田建设项目 | 1788.00 | 6632.26 | 6432 | 1875 | 1500 | 375 | 2682 | 200.26 |
| 1.城北街道 | 666.67 | 2575 | 2500 | 750 | 600 | 150 | 1000 | 75.00 |
| 2.丁堰镇 | 333.33 | 1310.41 | 1250 | 375 | 300 | 75 | 500 | 60.41 |
| 3.长江镇 | 454.67 | 1459.35 | 1432 | 375 | 300 | 75 | 682 | 27.35 |
| 4.白蒲镇 | 333.33 | 1287.50 | 1250 | 375 | 300 | 75 | 500 | 37.50 |
| 二、高沙土项目 | 1133.31 | 1986.04 | 1700 | — | 1700 | — | — | 286.04 |
| 1.白蒲镇 | 333.33 | 612.23 | 500 | — | 500 | — | — | 112.23 |
| 2.磨头镇 | 233.33 | 415.34 | 350 | — | 350 | — | — | 65.34 |
| 3.城南街道 | 220.00 | 382.08 | 330 | — | 330 | — | — | 52.08 |
| 4.九华镇 | 213.33 | 353.30 | 320 | — | 320 | — | — | 33.30 |
| 5.江安镇 | 133.32 | 223.09 | 200 | — | 200 | — | — | 23.09 |
| 三、产业化经营财政补助项目 | 10.05 | 224.13 | 90 | 45 | 32 | — | — | 134.13 |
| 1.年产280吨蔬菜种植基地改扩建项目 | 6.67 | 101.45 | 40 | 20 | 16 | — | — | 61.45 |
| 2.200吨蔬菜生产基地扩建项目 | 3.38 | 122.68 | 50 | 25 | 20 | — | — | 72.68 |

## 2016年如皋市农业综合开发土地治理项目完成情况

表11

| 序号 | 项目类别 | 建设地点 | 建设内容 | 单位 | 工程量 | 完成投资额(万元) | |
|---|---|---|---|---|---|---|---|
| | | | | | | 合计 | 财政资金 |
| 1 | 老项目区改造项目 | 搬经镇(群岸村、鲍塔村) | 开发任务 | 公顷 | 666.7 | 1184.12 | 1100.00 |
| | | | 排灌站 | 座 | 2 | 48.15 | 48.15 |
| | | | 衬砌渠道 | 千米 | 17.7 | 126.16 | 126.16 |
| | | | 暗渠 | 千米 | 8.4 | 255.46 | 255.46 |
| | | | 渠系建筑物 | 座 | 700 | 74.52 | 74.52 |
| | | | 机耕路 | 千米 | 24.4 | 604.41 | 520.29 |
| | | | 防护林 | 公顷 | 13.3 | 32.97 | 32.97 |
| | | | 科技技术培训 | 人次 | 1245 | 12.53 | 12.53 |
| | | | 示范推广 | 公顷 | 546.7 | 7.47 | 7.47 |
| | | | 其他工作及措施 | 万元 | — | 22.45 | 22.45 |

续表11-1

| 序号 | 项目类别 | 建设地点 | 建设内容 | 单位 | 工程量 | 完成投资额(万元) | |
|---|---|---|---|---|---|---|---|
| | | | | | | 合计 | 财政资金 |
| 2 | 高标准农田建设 | 丁堰镇(鞠庄村、堰南村) | 开发任务 | 公顷 | 666.7 | 1343.28 | 1300.00 |
| | | | 排灌站 | 座 | 6 | 95.53 | 95.53 |
| | | | 开挖疏浚渠道 | 千米 | 35.0 | 29.64 | — |
| | | | 衬砌渠道 | 千米 | 35.0 | 181.39 | 181.39 |
| | | | 暗渠 | 千米 | 4.7 | 57.24 | 57.24 |
| | | | 渠系建筑物 | 座 | 519 | 206.81 | 206.81 |
| | | | 防护林 | 公顷 | 13.3 | 39.76 | 39.76 |
| | | | 机耕路 | 千米 | 33.0 | 686.39 | 672.75 |
| | | | 科技技术培训 | 人次 | 1230 | 7.38 | 7.38 |
| | | | 示范推广 | 公顷 | 560.0 | 12.62 | 12.62 |
| | | | 其他工作及措施 | 万元 | — | 26.52 | 26.52 |
| | | 如城街道(方庄村) | 开发任务 | 公顷 | 333.3 | 663.00 | 650.00 |
| | | | 排灌站 | 座 | 1 | 11.20 | 11.20 |
| | | | 开挖疏浚渠道 | 千米 | 17.0 | 13.00 | — |
| | | | 衬砌渠道 | 千米 | 17.8 | 115.5 | 115.50 |
| | | | 暗渠 | 千米 | 3.5 | 38.11 | 38.11 |
| | | | 渠系建筑物 | 座 | 679 | 66.71 | 66.71 |
| | | | 防护林 | 公顷 | 6.7 | 16.32 | 16.32 |
| | | | 机耕路 | 千米 | 19.0 | 378.9 | 378.90 |
| | | | 科技技术培训 | 人次 | 615 | 3.69 | 3.69 |
| | | | 示范推广 | 公顷 | 266.7 | 6.31 | 6.31 |
| | | | 其他工作及措施 | 万元 | — | 13.26 | 13.26 |
| 3 | 生态综合治理 | 九华镇(丝渔村、耿扇村) | 开发任务 | 公顷 | 333.3 | 678.56 | 650.00 |
| | | | 排灌站 | 座 | 16 | 168.53 | 168.53 |
| | | | 开挖疏浚渠道 | 千米 | 19.0 | 12.00 | — |
| | | | 衬砌渠道 | 千米 | 19.6 | 108.03 | 108.03 |
| | | | 渠系建筑物 | 座 | 292 | 89.27 | 89.27 |
| | | | 机耕路 | 千米 | 11.6 | 258.51 | 241.95 |
| | | | 防护林 | 公顷 | 6.7 | 18.96 | 18.96 |
| | | | 科技技术培训 | 人次 | 600 | 6.60 | 6.60 |
| | | | 示范推广 | 公顷 | 266.7 | 3.40 | 3.40 |
| | | | 其他工作及措施 | 万元 | — | 13.26 | 13.26 |

续表11-2

| 序号 | 项目类别 | 建设地点 | 建设内容 | 单位 | 工程量 | 完成投资额(万元) | |
|---|---|---|---|---|---|---|---|
| | | | | | | 合计 | 财政资金 |
| 4 | 高沙土项目 | 江安镇(鄂埭村、陈庄村) | 开发任务 | 公顷 | 333.3 | 520.00 | 500.00 |
| | | | 排灌站 | 座 | 5 | 64.53 | 64.53 |
| | | | 开挖疏浚渠道 | 千米 | 16.0 | 20.00 | — |
| | | | 衬砌渠道 | 千米 | 16.4 | 122.77 | 122.77 |
| | | | 暗渠 | 千米 | 1.6 | 54.20 | 54.20 |
| | | | 渠系建筑物 | 座 | 249 | 44.64 | 44.64 |
| | | | 机耕路 | 千米 | 13.1 | 185.24 | 185.24 |
| | | | 防护林 | 公顷 | 6.7 | 14.22 | 14.22 |
| | | | 其他工作及措施 | 万元 | — | 14.40 | 14.40 |
| | | 吴窑镇(大石村、小马村) | 开发任务 | 公顷 | 333.3 | 531.89 | 500.00 |
| | | | 排灌站 | 座 | 4 | 126.48 | 126.48 |
| | | | 开挖疏浚渠道 | 千米 | 8.0 | 20.00 | — |
| | | | 衬砌渠道 | 千米 | 7.8 | 75.56 | 75.56 |
| | | | 暗渠 | 米 | 30.0 | 1.02 | 1.02 |
| | | | 渠系建筑物 | 座 | 193 | 54.98 | 54.98 |
| | | | 机耕路 | 千米 | 14.5 | 211.16 | 199.27 |
| | | | 防护林 | 公顷 | 6.7 | 28.29 | 28.29 |
| | | | 其他工作及措施 | 万元 | — | 14.40 | 14.40 |
| | | 磨头镇(兴韩、严狄、星港村) | 开发任务 | 公顷 | 300.0 | 463.50 | 450.00 |
| | | | 排灌站 | 座 | 3 | 85.46 | 85.46 |
| | | | 开挖疏浚渠道 | 千米 | 14.2 | 13.50 | — |
| | | | 衬砌渠道 | 千米 | 14.2 | 132.83 | 132.83 |
| | | | 暗渠 | 米 | 880.0 | 11.61 | 11.61 |
| | | | 渠系建筑物 | 座 | 1183 | 57.52 | 57.52 |
| | | | 机耕路 | 千米 | 8.4 | 140.64 | 140.64 |
| | | | 防护林 | 公顷 | 6.7 | 8.99 | 8.99 |
| | | | 其他工作及措施 | 万元 | — | 12.95 | 12.95 |
| 合　　计 | | | | | | 5384.35 | 5150.00 |

## 农业机械化

**【概况】** 2016年,全市拥有大中型拖拉机2121台,配套机具3748台(套);联合收割机2018台;插秧机1928台。全市农机总动力81.12万千瓦,粮食生产全程机械化综合水平74.71%,实现农业机械化投入1.743亿元。如皋市被列为全省首批粮食生产全程机械化整体推进示范创建市。市农业机械管理局(简称“市农机局”)被表彰为农机化工作先进单位。

【粮食生产全程机械化】 年内,市政府出台《关于加快推进粮食生产全程机械化的意见》,确定2017年全市粮食生产全程机械化水平达到82%以上、基本实现全程机械化、顺利建成省粮食生产全程机械化整体推进示范市目标。市农机局牵头举办示范镇创建业务、集中育供秧技术、秸秆机械化还田集成机插秧技术等专题业务培训6场次,各镇农业中心负责人、分管负责人、农机大户等400人次参加培训。与14个镇(街道)对接挂钩,指导各镇(街道)推进粮食生产全程机械化。推广应用喷杆式植保机械,全市新增喷杆式喷雾机53台、动力喷雾机96台,高效植保机械化水平46.2%。推进粮食烘干中心建设,全市建设粮食烘干中心12个,新增烘干机组62台(套),日烘干能力新增248吨,实现粮食产地烘干能力22.55%。

【机电排灌】 年内,市农机局推进农田排灌改制工作,采取试点先行、因地制宜、分步实施办法,结合各镇(街道)农田排灌设施管理现状和农业生产特点,确定从易到难、分层梯进的3年改制方案。东陈、丁堰、如城、搬经、城北、城南、下原、石庄、吴窑、江安、磨头等11个镇(街道)提前完成3年改制任务。至年末,完成泵站改制794座,其中,通过灌区调整方式取消私营组营泵站92座,通过管理服务权转让、转换方式取消私营组营泵站702座,完成3年任务94%。推进泵站改造,投入363万元(市财政补助300万元),改造提升农村危旧泵站31座。

【秸秆机械化还田】 年内,市农机局对机械化还田作业面积实行镇级、第三方、市级"三级核查"机制,将省级秸秆机械化还田作业补贴对象调整为实际种植户,实现秸秆机械化还田率71.24%,全年补贴种植户近15万户、1781万元。5月25日,在南通市秸秆机械化还田工作会议上,如皋市秸秆机械化还田工作经验在会上交流。

农技员接受无人机喷洒农药培训 (邱 宇摄)

【农机购置补贴】 年内,全市实施中央和省级财政农机购置补贴2765.165万元,推广各类农机2074台(套),受益农户1254户。新增插秧机347台(折合725标准台),其中高速插秧机189台,占比首次超过50%。完成机插面积4.05万公顷,机插率86.04%,实现机械化种植水平93.27%。新增大中型拖拉机及配套秸秆还田机372台(套),占年计划168.6%;新增联合收割机334台、旋耕机357台、条播机147台。3月,市农机局在全市开展以"送农机、送政策、送检审、送服务"为主题的农机"四送"下乡活动,送拖拉机、收割机、插秧机等主流农机具和航空植保机械、自走式植保机械、捆草机、包膜机等新兴农机具到农户,在农村宣传市委、市政府关于秸秆禁烧禁抛与综合利用和2016年农机补贴政策,检审农机6930台,为农机手提供技术咨询、维修辅导等服务。

【农机化项目建设】 年内,如皋市投入60万元,完成省、南通市农机服务体系建设项目6个,新建农机合作社机库1812平方米,新增维修设备50台(套)。全年举办农业行业职业技能鉴定获证奖补培训班4期,通过鉴定考核300余人。如皋市连续8年被确定为省农机科技入户工程项目实施市。

【农机安全生产】 年内,市农机局建成市与镇、镇与村、村与农机户层层包干负责的网格化农机安全生产责任体系,组织开展农机"安全生产月"、农机安全生产大检查、农机安全生产专项整治等系列活动。强化源头管理,开展送检下乡和免费实地安全检验,全年检验上道路拖拉机4060台、联合收割机1150台、纯农用无挂车拖拉机1720台次,实现农机"三率"(上牌率、年检率、持证率)水平93%,全年农机安全生产无事故。

（袁千竣）

## 农业行政执法

【概况】 2016年，市农业执法部门坚持工作重心下移，采取中队辖区负责制，以是否经营假劣农资、未审定（登记）农资、标识标签不合格农资及禁、限用农资等为重点，对辖区内农资生产、经营单位及网点实行拉网式检查，全年出动执法人员2500多人次，检查农资生产经营户979户（次）、种子品种122个、肥料79个批次、农药品种98个，受理一般程序立案案件19起，销毁假劣农药553千克。做好政府行政权力网上运行指导和监督工作，网上办理案件28件，罚没款32463.45元。

【农资市场治理】 年内，市农业执法部门开展农资市场春季、秋季种子，夏季百日行动，秋季农资、兽药、饲料，“一品一标”使用等专项检查7次。全年检查种子批发企业、经营门店330多家，抽检不同品种和不同来源的种子样品122份。开展种子入户倒查21处，注重从使用环节了解情况。实施新《中华人民共和国种子法》（简称《种子法》），2月和9月，分别召开全市《种子法》培训暨2016年春季、秋季种子工作会议，全市镇农业服务中心、种子生产经营企业和个人共400多人参加会议。开展“一品一标”使用专项检查，先后出动执法人员68人次，检查市场（超市）33个，发放宣传资料180份，发现不规范用标产品2个。开展“放心农资”下乡进村宣传周活动，3月27日—4月2日，放心农资下乡进村宣传周活动期间，市农业行政执法大队出动执法人员110人次，印发宣传资料1万份，制作悬挂横幅标语10条，举办现场咨询培训4场次，接待咨询群众1000人次，走进20个村（社区），深入农户100户，展销农资产品2万千克，受理投诉举报10人次，案件回访2件。全年抽取肥料、农药177份，其中肥料79份、农药98份。所抽产品标签内容均与“江苏省农业行政执法信息系统”内信息完全一致；抽样送检农资样品中有22份抽检产品执行企业标准，根据检验机构检验结果，对相关农资产品履行生产企业确认程序，立案查处不合格产品17件。

【农资监管】 年内，市农业执法部门承办省、南通市查案通知办理案件3件，参加农作物田间鉴定4次，处理“12345”市长热线4次。协助省、南通市农业执法部门，开展跨区域农资市场执法行动，协查种子非法生产经营线索和案件。建立健全农业投入品和高毒农药经营档案，保持动态更新。落实市场巡查制度，对镇村农资经营门店加强日常巡查，查高毒农药、查档案记录、查标签标注、查农资质量等。培育农业投入品全程监控基地（园区）24个，不定期检查农资仓库、台账资料、标志、农药品种，确保农产品质量安全。日常开展涉林企业特别是木材经营加工企业安全专项整治工作，确保林业系统不发生安全生产事故。

【屠宰场清理整顿】 年内，市农委根据省农业委员会、财政厅《关于深入开展生猪屠宰行业清理整顿工作的通知》（苏农计〔2015〕39号），南通市政府《关于做好畜禽屠宰清理整顿工作切实加强行业管理的通知》（通政发〔2015〕67号）等文件精神，在全市开展生猪屠宰行业清理整顿工作。5月30日，一次性关闭不合格生猪屠宰企业18家，在南通首家彻底完成屠宰场清理整顿工作并通过验收。

【市农林水利综合执法大队成立】 年内，根据市委、市政府《关于深化行政执法体制改革，全面推进综合行政执法的实施意见》（皋政发〔2015〕183号）和《市政府关于相对集中相关领域行政处罚权的通知》（皋政发〔2016〕39号）精神，市水务局、农机局原行使的行政处罚权及与之相配套的行政强制权和监督检查权划转至市农委，由市农委统一行使。4月，市编办下发《关于市农林水利综合执法大队主要职责、内设机构和人员编制的批复》（皋编〔2016〕33号），组建市农林水利综合执法大队。撤销市农业行政执法大队，其职能全部划转到农林水利综合执法大队；撤销市动物卫生监督所，其行使的行政处罚权全部划转到农林水利综合执法大队，动物检疫职责划并到市畜牧兽医站；撤销市水政监察大队，其行使的行政处罚权全部划并到农林水利综合执法大队。市水产技术指导站、市林业技术指导站、市农业技术推广中心和市农机安全监理所行使的行政处罚权全部划并到农林水利综合执法大队。农林水利综合执法大队增挂“如皋市动物卫生监督所”“如皋市渔政监督大队”“中华人民共和国如皋渔港监督”“江苏省渔船检验局如皋检验站”“如皋市水生动物卫生监督所”

5块牌子。组建后的市农林水利综合执法大队,为市农委下属相当副科级建制事业单位。9月,市农林水利综合执法大队正式运行。

## 渔政管理

【概况】 2016年,市渔政监督大队召开专业渔民会议7次,先后出动渔政船(艇)105航次、渔政执法车129车次、执法人员620余人次,检查渔船112艘次,拆除违禁插网3口、违禁地笼12口。全年开展打击电力捕鱼联合执法行动3次,查处电力捕鱼案件3起,全年累计查处电力捕鱼案件44起。年审捕捞许可证92本,其中捕捞证(长江)31本、许可刀鲚专项特许捕捞证31张。

【渔业资源保护】 3—6月,市渔政监督大队在长江禁捕渔期间,完成"清江""封江"等工作,先后出动渔政船(艇)65个航次、渔政执法车65个车次、执法人员420余人次,检查渔船112艘次,拆除违禁插网3口、违禁地笼12口,查处违禁捕捞案件2起,协助市电视台、南通电视台等单位制作专题电视宣传节目1期,发放《致长江渔民的一封信》和《禁渔通知》等宣传资料200余份。7月12日,南通市、如皋市在焦港河张黄港粮库码头联合举办淡水渔业资源增殖放流活动,放流包括草鱼、鲫鱼、河鳗、白鲢在内的各类淡水鱼苗500余万尾。

【平安渔业建设】 年内,市渔政监督大队检查渔船180余艘次,排查安全隐患6起,开展长江渔业安全培训10次。检验长江渔业船舶92艘,渔船受检率100%。长江专业渔民责任保证书签订率、渔船船主培训率均为100%,渔业互保实现全覆盖。6月,开展船员落水救助演练比赛,提升船员应变自救意识和能力,全市92名渔船船主参加比赛。

第一次全国海洋经济调查试点工作总结会议现场 (市农委供稿)

【如皋完成第一次全国海洋经济调查试点工作】 2015年12月10日,第一次全国海洋经济调查如皋试点工作正式启动。作为全国3个试点中调查对象数量最多的地区,如皋试点各级调查机构用不到2个月时间,开展1918家涉海单位清查和239家单位产业调查,完成调查工作组织实施、涉海单位清查、海洋及相关产业调查、调查数据质量控制、软件系统应用5项试点任务,检验涉海单位清查技术规范、海洋及相关产业调查和专题调查技术规范、质量控制办法、软件系统平台应用4个技术方法,形成包括数据集、涉海法人单位名录、主要海洋产品名录、工作报告、技术总结及有关分析报告等主要成果。

2016年1月28日,第一次全国海洋经济调查如皋试点工作总结会议在市政府第3会议室召开。如皋市政府、国家海洋信息中心、国家海洋局东海分局分别作试点工作报告、技术分析报告和质控情况报告,调查员代表交流试点工作经验和体会。会议认为,如皋试点调查工作检验涉海法人单位清查方法,验证调查制度的科学性、完整性和可操作性,探索出调查员选聘与培训方法,实践地方政府与海洋部门、海洋部门与统计部门多方配合的组织模式,为下一步海洋经济调查全面铺开打下坚实基础。

## 农产品质量安全管理

【概况】 2016年年末,全市无公害农产品146个、绿色食品8个、有机农产品22个,"三品"农产品占比为50%。拥有农产品地理标志5个,分别是如皋盆景、黑塌菜、白萝卜(鲜食和腌制)、如皋黄鸡、香堂芋。年内,市农委对基层农产品质量安全监管人员开展培(轮)训2次,累计培训120人。对全市规模蔬菜生产基地开展例行抽样监测，全年抽检样品120个，合格率98.3%。组织各镇农产品质量安全监管所每月对辖区内蔬菜基地开展例行抽检，合格率99.66%。

**【种植业农产品质量安全】** 年内，市农委在全市抽检蔬菜样品9474个，其中合格样品9442个，合格率99.66%。在农产品质量安全追溯管理平台上传检测数据9474个，监督巡查967次，发布信息212条。建立市、镇、村三级网格监管系统和“三定一考核”（定监管人员、定监管对象、定监管任务，年终绩效考核）监管模式，对全市165家种植企业开展常态化监管，初步实现农产品质量安全监管责任全覆盖。

**【畜禽产品质量安全】** 年内，市农委对8400多家养殖企业开展常态化监管，全年检查兽药、饲料经营场所180多家次，检查畜禽养殖场（户）3100多家次，抽检畜产品及兽药、饲料样品164份。落实生猪“瘦肉精”抽样检测工作，推行“双检”（屠宰场自检、官方兽医抽检）制度，实施“批批检”，各环节抽样检测4万余份，均未发现阳性。全年签订责任状、承诺书7000多份，排查各类风险隐患场所300多家，对存在问题进行整改。制订畜产品质量安全监测计划、明确监测重点、确定监测范围、统一监测方法，实行一线监管。重点推进畜产品质量专项整治工作，按照专项整治方案要求规范兽药、饲料市场秩序和畜禽养殖行为，防范药物残留，打击各类违法违规行为，进一步完善畜产品质量安全监管体系。

**【水产品质量安全】** 年内，市农委制订《2016年如皋市水产品药物残留快速检测实施方案》。配合省农委监督抽检样品35个，累计检测样品300个，合格率100%。制订《2016年水产品安全监督管理工作要点》下发到各镇（场），落实水产品安全监管工作任务。制订《水产品质量安全风险监测准出试点方案》，确定南通源丰特种水产养殖科技发展有限公司（南美白对虾）作为水产品准出试点单位。该企业全年按计划检测上市样品10个批次，抽检结果均合格。

## 重点农业龙头企业选介

**【江苏永友食品科技有限公司】** 位于长江镇泓北沙路6号，是一家集粮油原料采购、储运、销售、内外贸易于一体的大型粮油加工企业，主要从事国内外粮食流通和油脂、油料加工等业务。建有日产600吨非转基因大豆油生产线，配套建有专业设备从油脚提炼卵磷脂，其豆粕主要用于酱油酿造及蛋白粉生产，实现从食品豆精选到油厂加工一条龙；另建有杂粮生产线1条、食品级小麦生产线1条。主要产品有精品小杂粮系列，精品粮油系列，酿造豆粕、低温豆粕等食品级豆粕系列，植物蛋白系列等产品。2016年，实现销售收入5亿元、利润453万元。

**【如皋市家家乐超市加盟管理有限公司】** 成立于2008年8月，注册资金800万元，现有职工近600人，拥有直营门店26个、连锁加盟店10个、配送中心2个（农副产品配送中心1个、日用品配送中心1个）。以为民、便民、利民为原则，以平价农副产品经营为特色。2016年，实现销售收入1300万元、利润8万元。

**【南通双龙门食品有限公司】** 位于搬经镇搬经社区，是一家肉制品生产销售企业。该企业致力于推动“卤全”牌系列肉制品品牌化运作、规模化发展、特色化经营，研发出“搬经猪头肉”“香酥五花肉”为拳头产品的卤味、腌腊、休闲、礼品四大系列60余种产品。产品线上在欧诺公司官方商城、天猫、京东、淘宝、寿都密码，线下在苏果、上海华联、易买得、家家乐等500余家超市销售，与王府井大酒店、金陵金鼎大酒店等南通地区400多家餐饮酒店形成长期供货合作关系。2016年，实现销售收入4124万元、利润154万元。

**【如皋市花木大世界工程有限公司】** 于2012年4月与如皋市花木大世界有限公司分离，实现业务独立，注册资本金4088万元，专业从事园林绿化综合工程设计、施工、养护，古建筑、建筑装修装饰工程专业承包等。拥有城市园林绿化二级资质、园林古建筑工程专业承包三级资质，建有特色苗木基地1800余公顷和盆景生态园300余公顷，是AAA级资信等级企业、AAA级重合同守信用企业、AAA级绿色环保优秀施工企业、省安全生产文明施工先进单位、省建筑业用户满意单位、省优秀古建园林施工企业、省园林古建明星企业。2016年，实现交易额10931万元、利润4372万元。

（吴婷婷）

# 园艺业

## 花　木

【概况】 如皋是中国花木之乡，素有花木盆景之都美称。如皋花木盆景栽培始于北宋，发展于明清，成熟于20世纪末。现存北宋教育家胡瑗遗存珍品——古桧柏盆景“蛟龙穿云”、南宋曾肇手植落地盆景——古桧“六朝柏”、明代留存珍品——“龙腾虎跃”绒针柏盆景等稀世珍品。如皋盆景以云头雨足美人腰，左顾右盼两弯半独特“S”形造型独领风骚，被全国盆景协会考订为全国盆景七大流派之一。如皋盆景被国家工商总局认定为全国首件盆景类地理标志证明商标。

2016年，全市有花木盆景种植面积1.5万公顷，是华东地区最大的花木盆景出口基地。年内，全市新增花木面积340公顷。如皋花木大世界、华夏花卉、江苏美树城3个花木市场错位发展、优势互补。

**2016年如皋市花木专业研究所情况**

表12

| 序号 | 名称 | 级别 | 研究内容 | 地址 |
|---|---|---|---|---|
| 1 | 紫薇研究所 | 省级 | 紫薇优良品种选育 | 搬经镇高明村 |
| 2 | 樱桃研究所 | 省级 | 樱桃优良品种选育 | 长江镇田王村 |
| 3 | 草坪研究所 | 县级 | 草坪 | 如城街道钱长村 |
| 4 | 乡土树种研究所 | 县级 | 乡土树种培育 | 如城街道沿河村 |
| 5 | 柳树 | 县级 | 柳树优良品种选育 | 下原镇野树村 |
| 6 | 珍珠黄杨 | 县级 | 珍珠黄杨优良品种选育 | 如城街道安定村 |
| 7 | 桂花 | 县级 | 桂花优良品种选育 | 如城街道龙游河村 |
| 8 | 木本蔬菜 | 县级 | 木本蔬菜优良品种选育 | 如城街道城东村 |

盆景“蛟龙穿云”　　（市农委供稿）

【花木繁育】 全市现有乡土树种、柳树、草坪、珍珠黄杨、桂花、木本蔬菜、紫薇、樱桃研究所8个，其中紫薇、樱桃研究所为省苗木商会设立。现有园林园艺等专业大专以上人才100多人,经过专业培训的花卉园艺工、盆景工300多人,与具有丰富实践经验的园林园艺能手,构建成较为合理科技人才体系。年内,市农委调整花木品种繁育结构,逐步缩小大叶黄杨、瓜子黄杨、蜀桧等传统、经济效益下滑品种种植比例,加快榉树、女贞、桂花、紫薇、香樟、栾树、无患子、红叶石楠及花卉、盆景和草皮等市场畅销花木品种繁育和推广。推动南京林业大学、北京林业大学、省林业科学研究院、山东农业大学等大专院校、科研院所与有关园区、企业开展合作,推进先进实用技术,尤其是花木盆景速成栽培、桂花全封闭嫩枝扦插育苗、花木草坪病虫害综合防治、组织培养等技术大面积推广应用,提升花木生产档次和水平。

【花木种植与销售】 全市花木产业格局为"一区六片",即以如城街道为核心的6666.7公顷花木盆景主产区,以204国道、334省道、如港公路、皋高线为主轴向两侧延伸发展的6个花木盆景种植片。全市有花木专业镇(街道)1个(如城)、万亩以上花木特色镇(街道)5个(长江、城北、磨头、东陈、城南)和花木专业村15个。拥有城市园林绿化施工资质企业64家。其中:一级资质2家;二级资质18家,年内新增2家;三级资质44家,年内新增5家。现有花木专业合作社55家,拥有花木经纪人6200多人。

**2016年如皋市花木生产、销售情况**

表13

| 类型 \ 项目 | 种植面积(公顷) | 生产量 | 销售量 | 单位 | 销售额(万元) |
|---|---|---|---|---|---|
| 合计 | 13932 | 153760 | 55185 | — | 239820 |
| 一、鲜切花类 | 12 | 360 | 360 | 万枝 | 1420 |
| 其中:鲜切花 | 12 | 360 | 360 | 万枝 | 1420 |
| 二、盆栽植物类 | 507 | 2200 | 1210 | 万盆 | 34000 |
| 其中:盆栽植物 | 220 | 900 | 600 | 万盆 | 12100 |
| 盆景 | 87 | 600 | 250 | 万盆 | 18800 |
| 花坛植物 | 200 | 700 | 360 | 万盆 | 3100 |
| 三、观赏苗木 | 12800 | 150000 | 53000 | 万株 | 202000 |
| 四、草坪 | 613 | 1200 | 615 | 万平方米 | 2400 |

**2016年如皋市花木市场相关情况**

表14

| 名 称 | 种植规模(公顷) | 2016年销售情况 | 地 址 |
|---|---|---|---|
| 如皋花木大世界 | 1200 | 100亿元 | 如 城 |
| 华夏花卉市场 | 1000 | 20亿元 | 磨 头 |
| 江苏美树城 | 600 | 5000万元 | 城 南 |

**2016年如皋市种植面积20公顷以上花木种植基地情况**

表15

| 序号 | 名称 | 种植品种 | 种植规模(公顷) | 地址 |
|---|---|---|---|---|
| 1 | 土山庙前苗圃 | 香樟、栾树 | 28.36 | 搬经 |

续表15-1

| 序号 | 名称 | 种植品种 | 种植规模(公顷) | 地址 |
|---|---|---|---|---|
| 2 | 花园桥村三程园林 | 香樟、紫薇、榆树等 | 24.68 | 城北 |
| 3 | 绍庄村邓元苗圃 | 香樟、女贞等 | 48.40 | 城北 |
| 4 | 建设村苗圃 | 枇杷、银杏、女贞、桂花、白玉兰、紫薇等 | 61.96 | 城南 |
| 5 | 建设村农户连片苗圃 | 丁香、桂花、枇杷、香樟、合欢、紫薇等 | 37.86 | 城南 |
| 6 | 夏庄村美树城二期 | 桂花等 | 35.33 | 城南 |
| 7 | 夏庄村江苏美树城 | 桂花、香樟、罗汉松、五针松等 | 30.68 | 城南 |
| 8 | 申徐村苗圃 | 榉树、合欢、女贞等 | 21.78 | 城南 |
| 9 | "万顷良田" | 国槐、香樟、蔷薇、樱花等 | 115.25 | 东陈 |
| 10 | 胜利村名贵苗木2号园 | 石楠、小叶栀子、榉树 | 20.32 | 江安 |
| 11 | 胜利村名贵苗木3号园 | 石榴、榉树 | 30.51 | 江安 |
| 12 | 朗庙村朱建圣苗圃 | 栾树 | 27.63 | 江安 |
| 13 | 六团村益多苗圃 | 女贞、紫薇、广玉兰、石楠 | 28.17 | 江安 |
| 14 | 周庄花木基地 | 香樟 | 31.79 | 江安 |
| 15 | 朗庙村苗圃 | 栾树 | 28.23 | 江安 |
| 16 | 马桥村如华生态园 | 香樟、红豆杉等 | 23.21 | 九华 |
| 17 | 马桥村华强苗圃 | 栾树、广玉兰、香樟 | 22.99 | 九华 |
| 18 | 场东村苗圃 | 女贞、榉树 | 21.48 | 磨头 |
| 19 | 新联村苗圃 | 草坪 | 29.24 | 磨头 |
| 20 | 新联、塘垮村苗圃 | 朴树、丝绵木 | 30.65 | 磨头 |
| 21 | 丁冒村苗圃 | 草坪等 | 89.44 | 磨头 |
| 22 | 沿河村通扬路东苗圃 | 广玉兰、桂花、银杏 | 84.77 | 如城 |
| 23 | 十里村苗圃 | 紫薇、栾树等 | 24.34 | 如城 |
| 24 | 大明村苗圃 | 银杏、紫薇、黄杨、海桐等 | 66.76 | 如城 |
| 25 | 宗岱村苗圃 | 白玉兰、红叶李、紫薇、桂花等 | 47.45 | 如城 |
| 26 | 凌青村万顷良田 | 银杏、桂花、红叶石楠 | 109.88 | 如城 |
| 27 | 解放苗圃 | 蚊母、柳树、喜树、香樟等 | 27.90 | 如城 |
| 28 | 贺洋村苗圃 | 草坪、大叶黄杨、朴树、香橼等 | 28.22 | 如城 |
| 29 | 钱长村苗圃 | 草坪、夹竹桃、紫薇、女贞等 | 22.57 | 如城 |
| 30 | 钱长村苗圃 | 草坪、花木 | 43.40 | 如城 |
| 31 | 钱长村苗圃 | 草坪、柳树、罗汉松、广玉兰等 | 25.94 | 如城 |
| 32 | 钱长村苗圃 | 花木草坪 | 20.14 | 如城 |
| 33 | 宗岱村苗圃 | 桂花、女贞、柳树、广玉兰等 | 124.99 | 如城 |
| 34 | 宗岱村苗圃 | 柳树、黄金槐、国槐等 | 33.78 | 如城 |
| 35 | 钱长村苗圃 | 柳树、女贞、紫薇、广玉兰等 | 190.61 | 如城 |

续表15-2

| 序号 | 名称 | 种植品种 | 种植规模(公顷) | 地址 |
|---|---|---|---|---|
| 36 | 大明村苗圃 | 榉树、女贞、紫薇、石榴、椿树等 | 78.32 | 如城 |
| 37 | 大明村苗圃 | 女贞、桃树、鸡爪槭、银杏、法青等 | 62.92 | 如城 |
| 38 | 安定村苗圃 | 紫薇、蜡梅、女贞、罗汉松、海桐等 | 81.83 | 如城 |
| 39 | 安定村苗圃 | 银杏、桃树、女贞、桂花、广玉兰等 | 204.15 | 如城 |
| 40 | 龙游河苗圃 | 桂花、合欢、女贞、青桐等 | 181.30 | 如城 |
| 41 | 贺洋村苗圃 | 桂花、银杏、女贞、香樟等 | 157.05 | 如城 |
| 42 | 贺洋村苗圃 | 瓜子黄杨、女贞、海桐、红枫等 | 69.27 | 如城 |
| 43 | 顾庄村苗圃 | 女贞、罗汉松、桂花、蜡梅、五针松、合欢等 | 229.44 | 如城 |
| 44 | 南通绿化造林有限公司 | 红枫、无患子、合欢 | 21.22 | 石庄 |
| 45 | 南通荣华园林绿化有限公司 | 草坪、女贞、柳树等 | 21.01 | 石庄 |
| 46 | 大石村—小马村志高苗木 | 榉树、朴树、香樟、桂花 | 25.81 | 吴窑 |
| 47 | 平田+立新村长春园 | 马褂木、榉树、垂柳、紫薇、合欢等 | 23.30 | 吴窑 |
| 48 | 陈桥村城中园林 | 广玉兰、香樟、石楠 | 32.26 | 下原 |
| 49 | 沈阳村苗圃 | 合欢、香樟、紫薇 | 24.40 | 下原 |
| 50 | 老204两侧花木带 | 香樟、银杏等 | 46.35 | 下原 |
| 51 | 知青村兴昌苗圃(武警边防) | 女贞、桂花等 | 20.00 | 长江 |
| 52 | 五零村金阳生态园 | 石楠、荷花等 | 21.69 | 长江 |
| 53 | 车马湖人工湖 | 美国红枫、女贞 | 22.61 | 长江 |
| 54 | 田王苗圃 | 金边黄杨、金叶女贞、香橼、紫薇等 | 48.15 | 长江 |
| 55 | 天桥村无土草坪 | 草坪 | 31.61 | 长江 |
| 56 | 金岛生态园 | 银杏、水杉、桂花、香樟等 | 92.05 | 长江 |
| 57 | 药用植物园 | 广玉兰、红枫、香樟 | 246.48 | 长江 |
| 58 | 蔡埠庄苗圃 | 罗汉松、石榴 | 26.68 | 长江 |

**【盆景制作】** 如皋树桩盆景常见的以松、柏、榆、梅、榉、朴及黄杨、六月雪等坯料，造型手法多以棕丝绑扎，注重细扎细剪。棕法相当细腻，主干扎成左弯右曲的"S"形，俗称"一弯半""二弯半"，少数为"三弯半"；树顶扎成半圆形、圆形或扇形，向前倾斜称之为"刘海式"或"如意式"；枝片和短枝参差适宜，错落有致，大有疏可走马、密不容针的境界。如皋盆景的陈设也独特有趣，有2盆成对放置左右的"蹲狮式"，有论"堂"陈设法，国内独此一家。2016年，全市制作盆景600万盆，销售250万盆，销售额1.88亿元。

**【盆景艺术交流】** 4月23日—10月30日，经中国花卉协会盆景分会联合如皋绿园有限公司精心挑选的30盆如皋盆景亮相2016年土耳其安塔利亚世界园艺博览会"中国华园"，其中盆景"洋艾""黄杨""雀舌罗汉松"获土耳其安塔利亚世界园艺博览会组委会特别奖。世园会闭幕后，参展的30盆如皋盆景和"中国华园"一起永久留在土耳其，作为中土两国园艺文化和友好交流见证。

5月12—13日，市花木盆景协会选派2名选手参加全省园林绿化行业花卉园艺师、盆景工职业技能大赛，其中1人获第1名、1人获第9名。

9月25—26日，市花木盆景协会组织盆景参加第四届中国·风景园林学会(沭阳花木节)，获金奖2项、银奖1项、铜奖4项。

9月30日—10月8日，在广州举办的第九届中国盆景展览暨首届国际盆景协会国际盆景赏石协会(BCI)中国地区盆景展览中，如皋盆景获银奖2项、优秀奖4项。

**【第二届国际风景园林设计峰会在如皋举办】** 5月13—14日，第二届国际风景园林设计峰会在如皋举办。峰会以"园林让生活更健康"为主题，由花木大世界网主办。峰会期间，第二届"绿在中国"最美造型树、2015年度全国城市园林绿化50强企业和全国古建行业10强评比结果揭晓，以如皋为基地的中国电子商务协会花木园艺分会宣布成立。市政府在峰会上发布花木盆景产业项目信息。与会全国50强园林绿化企业现场对接，围绕园林绿化行业发展方向开展交流。与会人员参观龙游湖商务风景区、顾庄生态园、江苏熙树园林景观工程有限公司等处，并观摩如皋国际园艺城及其举办的"花木大世界"杯花卉园艺师(盆景)职业技能大赛。

**【中国如皋国际园艺城一期开业】** 10月28日，中国如皋国际园艺城一期开业。

国际园艺城为如皋花木大世界改扩建项目，总投资15亿元，在原有基础上改扩建66.7公顷。年内，一期项目建成，占地46.67公顷，总投入5.5亿元，以国家AAAA风景区为标准规划建设的园艺特色商业文化旅游综合体，设花木交易区、园艺资材区、商业服务区三大核心区域。年末，园艺城花木交易区承租率98%，2016年年成交额超过150亿元。

**【中国(如皋)第九届花木盆景艺术节】** 10月28日—11月2日，中国(如皋)第九届花木盆景艺术节在中国如皋国际园艺城举办，设全国盆景交易大会、精品盆景展、盆景产业发展论坛、第二届中国花卉旅游论坛等活动。

盆景交易大会占地2万平方米，设盆景交易摊位120个，参加交易大中小型盆景1万多盆，涉及品种80多个，另设园艺资材展销展位100多个，广东、安徽、上海、江苏等省市盆景展销商200余人参会。28日当天盆景成交量100多盆，成交额100万元。

精品盆景展设展示馆9个，集中展示川派、岭南派、徽派、海派、苏派、浙派、扬派等八大流派为主的精品盆景1000盆左右。精品盆景拍卖活动中，参加拍卖盆景60盆，拍卖成功29盆(如皋盆景"岁月蹉跎"拍出最高价49万元)，共拍卖资金350多万元，其中10%捐给慈善基金会。

盆景产业发展论坛上，北京林业大学园林学院盆景学、园林植物栽培养护学教授李庆卫，上海海湾国家森林公园盆景园园长盛影蛟，河南农业大学林学院副院长、博士、教授孔德政，杭州六通园艺有限公司董事长朱建分别从不同角度阐述盆景发展现状、未来、对策以及盆景出口方面相关政策。

第二届中国花卉旅游论坛吸引全国花卉旅游优秀城市代表、企业家和知名专家200多人，围绕花卉旅游主题进行深度探讨。

**2016年如皋盆景参赛获奖情况**

表16

| 送展时间 | 举办地点 | 获奖作品名称(作者) | 会展名称 | 获奖等次 |
|---|---|---|---|---|
| 9月 | 沭阳 | 回眸一笑(章明如) | 第四届中国·风景园林学会(沭阳花木节) | 金奖 |
| 9月 | 沭阳 | 盼归(翟本建) | 第四届中国·风景园林学会(沭阳花木节) | 金奖 |
| 9月 | 沭阳 | 登天有路(章明如) | 第四届中国·风景园林学会(沭阳花木节) | 银奖 |
| 9月 | 沭阳 | 叱咤风云(翟本建) | 第四届中国·风景园林学会(沭阳花木节) | 铜奖 |
| 9月 | 沭阳 | 争辉(秦小兵) | 第四届中国·风景园林学会(沭阳花木节) | 铜奖 |
| 9月 | 沭阳 | 高瞻远瞩(郝昌桂) | 第四届中国·风景园林学会(沭阳花木节) | 铜奖 |
| 9月 | 沭阳 | 风韵飘然(夏宝林) | 第四届中国·风景园林学会(沭阳花木节) | 铜奖 |
| 9月 | 广州 | 双英会(章明如) | 第九届中国盆景展览暨首届国际盆景协会国际盆景赏石协会(BCI)中国地区盆景展览 | 银奖 |

续表16-1

| 送展时间 | 举办地点 | 获奖作品名称(作者) | 会展名称 | 获奖等次 |
|---|---|---|---|---|
| 9月 | 广州 | 古韵新姿(王如生) | 第九届中国盆景展览暨首届国际盆景协会国际盆景赏石协会(BCI)中国地区盆景展览 | 银奖 |
| 9月 | 广州 | 峥嵘岁月(翟本建) | 第九届中国盆景展览暨首届国际盆景协会国际盆景赏石协会(BCI)中国地区盆景展览 | 优秀奖 |
| 9月 | 广州 | 贵妃醉酒(陈冠军) | 第九届中国盆景展览暨首届国际盆景协会国际盆景赏石协会(BCI)中国地区盆景展览 | 优秀奖 |
| 9月 | 广州 | 正气凛然(施勇如) | 第九届中国盆景展览暨首届国际盆景协会国际盆景赏石协会(BCI)中国地区盆景展览 | 优秀奖 |
| 9月 | 广州 | 神龙回首(朱拥军) | 第九届中国盆景展览暨首届国际盆景协会国际盆景赏石协会(BCI)中国地区盆景展览 | 优秀奖 |
| 10月 | 土耳其安塔利亚 | 洋艾(如皋绿园) | 土耳其安塔利亚世界园艺博览会 | 组委会特别奖 |
| 10月 | 土耳其安塔利亚 | 黄杨(如皋绿园) | 土耳其安塔利亚世界园艺博览会 | 组委会特别奖 |
| 10月 | 土耳其安塔利亚 | 雀舌罗汉松(如皋绿园) | 土耳其安塔利亚世界园艺博览会 | 组委会特别奖 |

**【精品盆景选介】** 盆景“回眸一笑” 获第四届中国·风景园林学会(沭阳花木节)金奖。作者是中国盆景艺术家协会理事、江苏花协盆景分会会员、如皋花木盆景协会盆景分会秘书长章明如。树种为真柏,其线条流畅而富于变化,枝片似天空云彩,自然优美。

盆景“盼归” 获第四届中国·风景园林学会(沭阳花木节)金奖。作者是中国盆景艺术家协会理事、高级技师翟本建。树种为真柏,其坚挺的主干稍稍前倾,枝条向外舒展探望,似盼望远方的朋友早日归来。

盆景“双英会” 获第九届中国盆景展览暨首届国际盆景协会国际盆景赏石协会(BCI)中国地区盆景展览银奖。作者章明如。树种为雀舌罗汉松,由一个主干和一个支干组成,似兄弟俩互相支持,枝条分布合理,枝片像朵朵白云,浑然一体,自然和谐。

盆景“古韵新姿” 获第九届中国盆景展览暨首届国际盆景协会国际盆景赏石协会(BCI)中国地区盆景展览银奖。作者是中国盆景艺术大师王如生。树种为真柏,其主干粗壮有力,呈现出自身的苍老和深厚;枝条分布合理,宛若天成的一株自然界的老树,未加过多的人为修饰,呈现出返璞归真的质朴感。

## 蔬　菜

**【概况】** 2016年,全市有蔬菜种植面积2.02万公顷,比上年多880公顷;总产量71.06万吨,比上年增产3.09万吨。全市有大棚设施蔬菜1700余公顷,其中年内新增356.40公顷。市润丰果蔬园创建省级果蔬标准园项目通过验收。

**【地方特色蔬菜品种保护与种植技术推广】** 全市地方特色蔬菜中现有国家地理标志证明商标3件,为黑塌菜、白萝卜(鲜食、腌制)和香堂芋。年内,市农业技术推广中心继续开展地方特色蔬菜品种提纯复壮工作,全面完成如皋黑塌菜、如皋白萝卜、白蒲黄芽菜首轮提纯工作。为解决如皋香堂芋因长期无性繁殖而种性退化、病抗性低、产量降低问题,与省农科院合作,开展芋头脱毒组织培养工作。截至年末,完成前期茎尖提取脱毒与病毒鉴定工作,进入幼苗续代培养期。全年组织香堂芋生产技术培训、观摩等培训活动5次,参训200余人次。推广使用芋头机械起垄覆膜栽培技术及芋头机械采收技术,建设芋头机械覆膜起垄配套栽培技术展示基地1个、3.33公顷,建成香堂芋百亩种植基地1个。

**【地方特色蔬菜基地建设】** 全市现有地方特色农产品规模基地690公顷,其中如皋黑塌菜317公顷、如皋白萝卜110公顷、白蒲黄芽菜150公顷、香堂芋45公顷、蘘荷45

公顷、芝麻梨甜瓜20公顷。年内，全市新增黑塌菜、香堂芋、白萝卜地方特色农产品规模基地360公顷。

**【地方特色蔬菜开发利用】** 年内，市政府扶持南通春华食品有限公司、南通光远有限公司、江苏品瑞农业科技开发有限公司，联合周边江苏嘉安食品有限公司等农业龙头企业，加工、保鲜黑塌菜、白萝卜、香堂芋2300多吨。南通光远食品有限公司和江苏品瑞农业科技开发有限公司年加工保鲜黑塌菜920吨，并出口到东南亚地区。

## 2016年如皋市社会蔬菜面积、产量情况

表17

| | 2016年 | | | 2015年 | | |
|---|---|---|---|---|---|---|
| | 面积（公顷） | 亩产（千克） | 总产量（吨） | 面积（公顷） | 亩产（千克） | 总产量（吨） |
| 合计 | 20191 | 35192 | 710558 | 19308 | 35199 | 679628 |
| 1.叶菜类 | 4826 | 26332 | 127078 | 4605 | 26314 | 121175 |
| 其中:芹菜 | 182 | 26022 | 4736 | 176 | 25900 | 4546 |
| 油菜 | 2795 | 30163 | 84305 | 2659 | 30077 | 79966 |
| 菠菜 | 117 | 29333 | 3432 | 185 | 29390 | 5425 |
| 2.白菜类 | 289 | 53014 | 15321 | 279 | 52659 | 14676 |
| 其中:大白菜 | 289 | 53014 | 15321 | 279 | 52659 | 14676 |
| 3.甘蓝类 | 259 | 40193 | 10410 | 252 | 39762 | 10004 |
| 其中:卷心菜(结球甘蓝) | 259 | 40193 | 10410 | 252 | 39762 | 10004 |
| 4.块根、块茎类 | 4449 | 42544 | 189279 | 4224 | 42723 | 180470 |
| 其中:马铃薯 | 437 | 20618 | 9010 | 416 | 20590 | 8566 |
| 白萝卜 | 1486 | 44788 | 66555 | 1403 | 44754 | 62786 |
| 胡萝卜 | 743 | 40183 | 29856 | 708 | 40072 | 28363 |
| 5.瓜菜类 | 1267 | 48578 | 61548 | 1216 | 48414 | 58872 |
| 其中:黄瓜 | 172 | 42215 | 7261 | 165 | 42039 | 6945 |
| 南瓜 | 347 | 48476 | 16821 | 338 | 48030 | 16224 |
| 6.豆类(菜用) | 5389 | 36493 | 196662 | 5146 | 36564 | 188168 |
| 其中:豇豆 | 348 | 26675 | 9283 | 334 | 26490 | 8853 |
| 四季豆 | 246 | 20825 | 5123 | 236 | 20795 | 4910 |
| 7.茄果类 | 1347 | 34457 | 46414 | 1289 | 34382 | 44311 |
| 其中:茄子 | 738 | 37935 | 27996 | 706 | 37982 | 26830 |
| 辣椒 | 38 | 14105 | 536 | 36 | 14352 | 510 |
| 西红柿 | 300 | 32570 | 9771 | 286 | 32485 | 9304 |
| 8.葱蒜类 | 1784 | 23642 | 42178 | 1737 | 23645 | 41066 |
| 其中:大葱 | 10 | 7300 | 73 | 10 | 7479 | 72 |
| 蒜头 | 5 | 5200 | 26 | 5 | 5200 | 26 |

续表17-1

| | 2016年 | | | 2015年 | | |
|---|---|---|---|---|---|---|
| | 面积（公顷） | 亩产（千克） | 总产量（吨） | 面积（公顷） | 亩产（千克） | 总产量（吨） |
| 9. 水生菜类 | 255 | 33043 | 8426 | 246 | 33187 | 8164 |
| 其中：莲藕 | 5 | 11600 | 58 | 5 | 11000 | 55 |
| 10. 其他蔬菜 | 326 | 18472 | 6022 | 315 | 18485 | 5823 |
| 11. 食用菌（干鲜混合） | — | — | 7220 | — | — | 6900 |
| ①干品 | — | — | 147 | — | — | 138 |
| 其中：香菇 | — | — | 139 | — | — | 133 |
| 黑木耳 | — | — | 5 | — | — | 5 |
| ②鲜品 | — | — | 7073 | — | — | 6762 |
| 其中：蘑菇（鲜品） | — | — | 726 | — | — | 696 |

## 瓜　果

**【概况】** 2016年，全市西瓜种植面积1100公顷，产量54320吨；甜瓜种植面积100公顷，产量3278吨；草莓种植面积600公顷，产量31119吨。

全市果树品种有桃、梨、杏、枣、柿、李、枇杷、葡萄、石榴、橘等，水果总产量1万吨。有葡萄园70个，面积235公顷；梨园19个，面积15公顷；枇杷园14个，面积40公顷；桃园45个，面积140公顷；枣园9个，面积25公顷。年内，市农委稳步推进精品示范果园建设工程，新建水蜜桃、蓝莓等精品示范果园5个，新增精品果园面积60.8公顷。

高新区（城南街道）新华村富硒紫桃喜获丰收　　（顾洪基摄）

**【如皋红颜草莓在全国草莓评比中获金奖】** 3月12日，在第十一届中国（辽宁辽阳）草莓文化旅游节中，经中国园艺学会草莓分会组织国内草莓界专家测评，如皋市江苏鹏展现代农业科技发展有限公司种植的红颜草莓摘取金奖。此为如皋草莓在全国性行业评比中首次获金奖。

江苏鹏展现代农业科技发展有限公司位于东陈镇石池村，建有大棚有机草莓生产基地3.33公顷。在市蔬菜办技术支持下，该基地有机草莓种植全程不使用化学农药、化学肥料，花朵饱满，果实大、光泽度好、品质高。2016年，该公司有机草莓年产能力38吨，主要通过订单形式销往北京、上海、浙江等省市。

（吴婷婷）

## 综述

【概况】 2016年,全市实现工业应税销售943.69亿元,同比增长19.17%,计划完成率100.39%。完成工业实缴税金34.32亿元,同比增长7.07%,税金率3.51%。完成工业用电量34.49亿千瓦时,同比增长5.03%。规模企业亩均应税销售245.57万元,同比增长39.2%;亩均税金9.3万元,同比增长31.73%。

【企业结构】 年末,全市有规模企业549家,年内净增41家,其中应税销售1亿元以上企业133家,净增9家。

【产业结构】 年内,船舶海工及配套、新能源汽车及汽车零部件、新材料、纺织服装四大支柱产业规模企业实现应税销售428.35亿元,同比增长22.30%,占全市规模工业应税销售64.5%。高端装备、电子信息、节能环保、新能源四大新兴产业规模企业实现应税销售117.18亿元,同比增长8.61%,占全市规模工业应税销售17.65%。

【工业投入】 年内,全市实施工业项目645个,规模工业投资312.19亿元,同比增长7.3%。计划总投资50亿元如皋港区渤商所华东交割总枢纽一期项目,计划总投资12亿元高新区龙游河壹号项目(生态型高端养生社区),计划总投资1.56亿美元如皋开发区南通荣威娱乐用品有限公司出口型PVC娱乐用品项目,计划总投资超10亿元如皋工业园区江苏巨业杭萧建筑新材料有限公司新型钢构建材、PC板加工项目等亿元重大项目年内开工建设。

【"两化"融合】 年内,全市实现工业企业信息化投入超50万元重点信息化项目11个,总投资额2500万元。成功申报工业信息化部"两化"融合管理贯标试点企业1家、

### 2016年如皋市规模工业部分工业产品产量情况

表18

| 类　别 | 单位 | 全年产量 | 同比增长(%) |
|---|---|---|---|
| 橡胶轮胎外胎 | 条 | 1801363 | 36.4 |
| 民用钢质船舶 | 万载重吨 | 17.30 | -82.1 |
| 钢球 | 万粒 | 607130 | -3.4 |
| 内燃机 | 万千瓦 | 124.04 | -5.9 |
| 印刷机械 | 吨 | 910 | -4.4 |
| 锻压设备 | 台 | 683 | -14.8 |
| 高压电器 | 台 | 26798.00 | 31.9 |
| 半导体分立器件 | 万只 | 571218.00 | -1.2 |
| 纱 | 吨 | 80752.00 | 11.7 |
| 布 | 万米 | 37194.00 | -2.9 |
| 服装 | 万件 | 14240.00 | 1.3 |
| 玻璃纤维纱 | 吨 | 20365.00 | 7.1 |
| 饮料酒 | 吨 | 29854.00 | 8.1 |

省“两化”融合示范区1家、省“两化”融合管理贯标试点企业2家、省互联网与工业融合创新试点企业2家、省“两化”融合信息安全试点企业1家、南通市工业企业融合创新培育工程5家。组织申报省“两化”融合示范试点企业11家、省工业信息基础设施“企企通”示范工程2家、省企业优秀首席信息官(CIO)1个、省制造业与互联网融合创新储备项目2项。江苏九鼎新材料股份有限公司等3家企业被工业信息化部命名为品牌培育试点企业;组织博辕信息BY-HRIM人资智能管理软件V1.0成功申报第十四届江苏省优秀软件产品奖金慧奖;江苏恒康家居科技股份有限公司模塑车间被省经济信息化委批准为省智能车间。9月,如皋开发区被省经济信息化委命名为省“两化”融合示范(试验)区。

## 2016年如皋市销售收入超亿元工业企业一览

表19

| 排名 | 企业名称 | 镇(区) | 2016年实绩(万元) | 2015年实绩(万元) | 增幅(%) |
|---|---|---|---|---|---|
| 1 | 上海制皂(集团)如皋有限公司 | 丁堰镇 | 232703.12 | 208883.42 | 11.40 |
| 2 | 双钱集团(江苏)轮胎有限公司 | 如皋开发区 | 177633.83 | 168179.51 | 5.62 |
| 3 | 华大石化(南通)有限公司 | 如皋港区 | 159470.03 | 7809.55 | 1941.99 |
| 4 | 南通荣威娱乐用品有限公司 | 如皋开发区 | 142557.02 | 119517.69 | 19.28 |
| 5 | 百川化工(如皋)有限公司 | 如皋港区 | 137663.64 | 153291.28 | -10.19 |
| 6 | 德源(中国)高科有限公司 | 如皋港区 | 137600.23 | 84210.67 | 63.40 |
| 7 | 如皋汇业贸易有限公司 | 如皋开发区 | 136351.11 | — | — |
| 8 | 江苏恒康家居科技股份有限公司 | 丁堰镇 | 134361.87 | 119671.51 | 12.28 |
| 9 | 江苏涤诺日化集团有限公司 | 丁堰镇 | 131362.06 | 97742.81 | 34.4 |
| 10 | 江苏陆地方舟新能源电动汽车有限公司 | 如皋开发区 | 130709.51 | 50106.41 | 160.86 |
| 11 | 如皋百川化工材料有限公司 | 如皋港区 | 117175.15 | 123698.80 | -5.27 |
| 12 | 江苏省如高高压电器有限公司 | 如皋开发区 | 110125.03 | 94342.96 | 16.73 |
| 13 | 如皋市亚曼汽车有限公司 | 如皋开发区 | 105767.42 | — | — |
| 14 | 如皋市双马化工有限公司 | 东陈镇 | 105540.58 | 107675.72 | -1.98 |
| 15 | 江苏长寿大红门食品有限公司 | 如皋开发区 | 72971.69 | 67442.16 | 8.20 |
| 16 | 南通三荣实业有限公司 | 九华镇 | 66793.04 | 65211.46 | 2.43 |
| 17 | 江苏九鼎新材料股份有限公司 | 工业园区 | 66184.26 | 69375.69 | -4.60 |
| 18 | 江苏华灿电讯股份有限公司 | 如皋港区 | 65195.40 | 81156.40 | -19.67 |
| 19 | 南通爱康金属科技有限公司 | 如皋开发区 | 63242.80 | 72498.53 | -12.77 |
| 20 | 恒亿贵金属如皋有限公司 | 如皋开发区 | 61998.54 | 35405.17 | 75.11 |
| 21 | 江苏力星通用钢球股份有限公司 | 工业园区 | 58160.81 | 53037.75 | 9.66 |
| 22 | 森松(江苏)重工有限公司 | 如皋港区 | 57370.15 | 57024.27 | 0.61 |
| 23 | 一亿贵金属如皋有限公司 | 高新区 | 56157.5 | 214255.82 | -73.79 |
| 24 | 南通天泽化工有限公司 | 石庄镇 | 54462.21 | 55136.74 | -1.22 |
| 25 | 汤始建华建材(南通)有限公司 | 如皋港区 | 53234.30 | 47343.09 | 12.44 |

续表19-1

| 排名 | 企业名称 | 镇(区) | 2016年实绩(万元) | 2015年实绩(万元) | 增幅(%) |
|---|---|---|---|---|---|
| 26 | 南通泰慕士服装有限公司 | 如皋开发区 | 53149.91 | 50234.41 | 5.80 |
| 27 | 江苏永友食品科技有限公司 | 如皋港区 | 52212.31 | 15092.11 | 245.96 |
| 28 | 江苏神马电力股份有限公司如皋分公司 | 工业园区 | 50679.22 | 34505.88 | 46.87 |
| 29 | 如皋奥尼斯特贵金属有限公司 | 如皋开发区 | 48242.29 | 148173.54 | -67.44 |
| 30 | 南通汇江纺织品有限公司 | 如皋港区 | 43422.14 | 46958.89 | -7.53 |
| 31 | 江苏思源赫兹互感器有限公司 | 如皋开发区 | 42248.30 | 42523.14 | -0.65 |
| 32 | 江苏英田专用车制造有限公司 | 如皋开发区 | 41662.77 | 37780.03 | 10.28 |
| 33 | 江苏宝众宝达药业有限公司 | 如皋港区 | 39874.09 | 37182.45 | 7.24 |
| 34 | 如皋市平顺皮革制品有限公司 | 搬经镇 | 39093.92 | 21350.92 | 83.10 |
| 35 | 江苏金元亚麻有限公司 | 如皋开发区 | 37863.05 | 43541.45 | -13.04 |
| 36 | 江苏中铁山桥重工有限公司 | 如皋港区 | 36132.57 | 61391.96 | -41.14 |
| 37 | 江苏长寿集团南山饲料有限公司 | 工业园区 | 33777.89 | 33897.21 | -0.35 |
| 38 | 江苏里高家具有限公司 | 丁堰镇 | 33276.38 | 18654.64 | 78.38 |
| 39 | 如皋市逸人服饰有限公司 | 白蒲镇 | 32777.99 | 34511.19 | -5.02 |
| 40 | 南通超达装备股份有限公司 | 高新区 | 31895.83 | 25162.17 | 26.76 |
| 41 | 如皋市天鹏冶金有限公司 | 如皋港区 | 31624.13 | 15769.77 | 100.54 |
| 42 | 南通明龙时装有限公司 | 工业园区 | 30738.23 | 23844.29 | 28.91 |
| 43 | 南通通茂船舶制造有限公司 | 如皋港区 | 30367.03 | 5812.93 | 422.40 |
| 44 | 南通华东油压科技有限公司 | 白蒲镇 | 29521.37 | 29264.35 | 0.88 |
| 45 | 江苏国胶化学科技有限公司 | 如皋港区 | 29371.19 | 20965.26 | 40.09 |
| 46 | 南通诺佰恩化工科技有限公司 | 丁堰镇 | 29083.47 | 30306.99 | -4.04 |
| 47 | 江苏天南电力器材有限公司 | 工业园区 | 28614.84 | 18031.15 | 58.7 |
| 48 | 如皋市宏茂重型锻压有限公司 | 如皋港区 | 27633.79 | 28331.71 | -2.46 |
| 49 | 延康汽车零部件如皋有限公司 | 如皋开发区 | 27366.25 | 18000.97 | 52.03 |
| 50 | 南通东润实业有限公司 | 九华镇 | 27116.71 | 22476.29 | 20.65 |
| 51 | 江苏如皋钢铁有限公司 | 如皋港区 | 25962.66 | 40740.92 | -36.27 |
| 52 | 康迪电动汽车江苏有限公司 | 如皋开发区 | 25727.82 | 2011.84 | 1178.82 |
| 53 | 南通金帝贵金属有限公司 | 高新区 | 25700.86 | 22450.01 | 14.48 |
| 54 | 南通海泰科特精密材料有限公司 | 搬经镇 | 23299.95 | 14446.93 | 61.28 |
| 55 | 南通斯密特森光电科技有限公司 | 工业园区 | 23104.63 | 7200.83 | 220.86 |
| 56 | 如皋市丁堰纺织有限公司 | 丁堰镇 | 23095.64 | 21049.20 | 9.72 |
| 57 | 如皋市宏茂铸钢有限公司 | 如皋港区 | 23089 | 33922.32 | -31.94 |
| 58 | 江苏汤臣汽车零部件有限公司 | 江安镇 | 22485.1 | 13468.36 | 66.95 |

续表19-2

| 排名 | 企业名称 | 镇(区) | 2016年实绩（万元） | 2015年实绩（万元） | 增幅（%） |
|---|---|---|---|---|---|
| 59 | 南通锻压设备股份有限公司 | 如皋开发区 | 22301.99 | 23515.68 | -5.16 |
| 60 | 如皋市太阳肠衣食品有限公司 | 如皋开发区 | 21850.94 | 12252.64 | 78.34 |
| 61 | 如皋市永兴肠衣有限公司 | 高新区 | 20635.03 | 20828.58 | -0.93 |
| 62 | 南通波涛化工有限公司 | 如皋港区 | 20611.75 | 2790.94 | 638.52 |
| 63 | 南通仁寿食品有限公司 | 如皋开发区 | 20014.78 | 20150.71 | -0.67 |
| 64 | 如皋市大禾肠衣有限公司 | 如皋开发区 | 20004.7 | 18016.62 | 11.03 |
| 65 | 南通通用钢球有限公司 | 工业园区 | 19995.61 | 21503.91 | -7.01 |
| 66 | 南通伟越电器有限公司 | 九华镇 | 19992.83 | 28222.11 | -29.16 |
| 67 | 江苏双龙健制衣股份有限公司 | 如皋开发区 | 19782.07 | 14337.7 | 37.97 |
| 68 | 南通星球石墨设备有限公司 | 九华镇 | 19219.28 | 18045.23 | 6.51 |
| 69 | 如皋市飞利来肠衣有限公司 | 石庄镇 | 19056.70 | 19979.31 | -4.62 |
| 70 | 如皋市德惠农副产品有限公司 | 石庄镇 | 18790.20 | 6326.95 | 196.99 |
| 71 | 如皋市海华毛纺织有限公司 | 如皋港区 | 18469.68 | 14511.57 | 27.28 |
| 72 | 南通市宇强金属制品有限公司 | 搬经镇 | 18469.13 | 17798.38 | 3.77 |
| 73 | 南通恒绮纺织有限公司 | 搬经镇 | 18201.12 | 17200.38 | 5.82 |
| 74 | 南通市振华宏晟重型锻压有限公司 | 如皋港区 | 18152.29 | 36857.53 | -50.75 |
| 75 | 江苏奇鹰电线电缆有限公司 | 工业园区 | 17952.44 | 13009.50 | 37.99 |
| 76 | 南通鹏鹞水务有限公司 | 如皋港区 | 17728.48 | 17005.95 | 4.25 |
| 77 | 如皋市青年氢燃料发动机有限公司 | 如皋开发区 | 17542.27 | — | — |
| 78 | 上海电气环保热电(南通)有限公司 | 石庄镇 | 17104.45 | 17779.21 | -3.8 |
| 79 | 江苏万达特种轴承有限公司 | 工业园区 | 16867.55 | 16882.51 | -0.09 |
| 80 | 如皋市中如化工有限公司 | 吴窑镇 | 16624.46 | 17699.11 | -6.07 |
| 81 | 南通明德塑胶有限公司 | 丁堰镇 | 16622.25 | 13941.02 | 19.23 |
| 82 | 江苏祥源电气设备有限公司 | 如皋开发区 | 16230.91 | 11911.69 | 36.26 |
| 83 | 江苏九鼎天地风能有限公司 | 工业园区 | 16165.5 | 10196.88 | 58.53 |
| 84 | 江苏华文时装有限公司 | 白蒲镇 | 15942.33 | 10118.39 | 57.56 |
| 85 | 南通恒源制衣有限公司 | 如皋开发区 | 15932.75 | 13323.18 | 19.59 |
| 86 | 南通杰克拜尼服帽有限公司 | 如皋港区 | 15701.42 | 14837.92 | 5.82 |
| 87 | 威格(江苏)电气设备有限公司 | 如皋开发区 | 15508.11 | 49.4 | 31292.94 |
| 88 | 如皋市长江食品有限公司 | 如皋港区 | 15395.94 | 15087.42 | 2.04 |
| 89 | 南通市泰尔佳针织制衣有限公司 | 工业园区 | 15182.96 | 14848.22 | 2.25 |
| 90 | 南通百正电子新材料股份有限公司 | 如皋开发区 | 14944.81 | 17447.87 | -14.35 |
| 91 | 南通泰尔特服装有限公司 | 如皋开发区 | 14890.18 | 12850.83 | 15.87 |

续表19-3

| 排名 | 企业名称 | 镇(区) | 2016年实绩(万元) | 2015年实绩(万元) | 增幅(%) |
|---|---|---|---|---|---|
| 92 | 如皋市正大肠衣有限公司 | 高新区 | 14751.03 | 6378.82 | 131.25 |
| 93 | 如皋市大昌电子有限公司 | 如皋开发区 | 14750.27 | 15960.3 | -7.58 |
| 94 | 南通美能得新能源科技股份有限公司 | 如皋开发区 | 14648.47 | 8368.84 | 75.04 |
| 95 | 威世药业(如皋)有限公司 | 如皋开发区 | 14512.93 | 9771.41 | 48.52 |
| 96 | 江苏瑞晨化学有限公司 | 如皋港区 | 14405.29 | 17264.69 | -16.56 |
| 97 | 江苏英田集团车辆配件制造有限公司 | 如皋开发区 | 14396.76 | 11534.1 | 24.82 |
| 98 | 江苏闽江矿业有限公司 | 如皋港区 | 14246.56 | 5772.26 | 146.81 |
| 99 | 江苏英田集团有限公司 | 如皋开发区 | 14085.41 | 23536.85 | -40.16 |
| 100 | 江苏海通海洋工程装备有限公司 | 如皋港区 | 13947.19 | 32875.21 | -57.58 |
| 101 | 江苏意瑞达纺织科技有限公司 | 如皋开发区 | 13860.59 | 11623.55 | 19.25 |
| 102 | 南通市云峰铜材有限公司 | 白蒲镇 | 13833.13 | 17123.88 | -19.22 |
| 103 | 沈阳金杯车辆制造有限公司如皋分公司 | 如皋开发区 | 13733.44 | — | — |
| 104 | 江苏中伟业通讯设备有限公司 | 如皋港区 | 13728.63 | 11494.01 | 19.44 |
| 105 | 江苏中伟业通信科技有限公司 | 如皋港区 | 13567.54 | 10831.44 | 25.26 |
| 106 | 国鼎(南通)管桩有限公司 | 如皋港区 | 13304.67 | 10930.63 | 21.72 |
| 107 | 南通华凯重工有限公司 | 如皋港区 | 13094.90 | 19190.22 | -31.76 |
| 108 | 南通中技桩业有限公司 | 石庄镇 | 13055.94 | 23069.32 | -43.41 |
| 109 | 南通百应能源有限公司 | 如皋开发区 | 12538.89 | 2053.03 | 510.75 |
| 110 | 如皋市创能电子科技有限公司 | 高新区 | 12506.74 | — | — |
| 111 | 江苏中电振华晶体技术有限公司 | 高新区 | 12448.51 | 12196.99 | 2.06 |
| 112 | 如皋市兴武化工有限公司 | 工业园区 | 12434.22 | 12257.26 | 1.44 |
| 113 | 江苏震宇化工有限公司 | 如皋港区 | 12378.04 | 15043.42 | -17.72 |
| 114 | 南通市振兴精细化工有限公司 | 搬经镇 | 11962.81 | 12142.89 | -1.48 |
| 115 | 如皋市凯凯电信器材有限公司 | 如皋港区 | 11917.66 | 12254.03 | -2.74 |
| 116 | 南通德玛瑞机械制造有限公司 | 如皋港区 | 11887.88 | 13827.41 | -14.03 |
| 117 | 如皋市协和印染有限公司 | 工业园区 | 11847.04 | 11770.18 | 0.65 |
| 118 | 如皋市苓美服装有限公司 | 白蒲镇 | 11823.61 | 15876.63 | -25.53 |
| 119 | 江苏联众肠衣有限公司 | 如皋开发区 | 11786.50 | 12817.27 | -8.04 |
| 120 | 南通聚星铸锻有限公司 | 搬经镇 | 11597.30 | 11493.02 | 0.91 |
| 121 | 如皋金久混凝土有限公司 | 工业园区 | 11586.73 | 10031.83 | 15.50 |
| 122 | 华泰重工(南通)有限公司 | 如皋港区 | 11583.09 | 56522.49 | -79.51 |
| 123 | 南通沿江管业有限公司 | 如皋港区 | 11431.42 | 13978.27 | -18.22 |
| 124 | 江南德瑞斯(南通)船用设备制造有限公司 | 如皋港区 | 11354.60 | 32881.15 | -65.47 |

续表19-4

| 排名 | 企业名称 | 镇(区) | 2016年实绩（万元） | 2015年实绩（万元） | 增幅（%） |
|---|---|---|---|---|---|
| 125 | 江苏新核力机电有限公司 | 东陈镇 | 11288.35 | 10010.33 | 12.77 |
| 126 | 江苏永大化工机械有限公司 | 九华镇 | 11270.13 | 12868.59 | -12.42 |
| 127 | 南通市新空间幕墙材料制造有限公司 | 东陈镇 | 11178.75 | 11665.24 | -4.17 |
| 128 | 如皋市荣泰贵金属有限公司 | 如皋开发区 | 11165.09 | — | — |
| 129 | 如皋市盈栋贵金属有限公司 | 如皋开发区 | 11159.91 | — | — |
| 130 | 南通雷成运动休闲服饰有限公司 | 如皋开发区 | 11133.89 | 11173.91 | -0.36 |
| 131 | 南通新邦化工科技有限公司 | 如皋港区 | 11110.01 | 8702.35 | 27.67 |
| 132 | 南通腾达包装纸业有限公司 | 如皋开发区 | 11070.92 | 9963.96 | 11.11 |
| 133 | 如皋市恒安贵金属有限公司 | 江安镇 | 10934.59 | — | — |
| 134 | 江苏泰仓农化有限公司 | 石庄镇 | 10798.56 | 7469.45 | 44.57 |
| 135 | 南通瑞泰船务工程有限公司 | 如皋港区 | 10712.56 | 5010.1 | 113.82 |
| 136 | 南通泽禾新能源科技有限公司 | 如皋开发区 | 10578.22 | 2177.08 | 385.89 |
| 137 | 南通宇鑫服饰有限公司 | 白蒲镇 | 10510.55 | 10092.91 | 4.14 |
| 138 | 如皋市宏新医药原料有限公司 | 如皋港区 | 10428.81 | 13414.61 | -22.26 |
| 139 | 如皋市英田铸造有限公司 | 如皋开发区 | 10375.82 | 5154.21 | 101.31 |
| 140 | 江苏海力达机电制造有限公司 | 工业园区 | 10366.54 | 8936.35 | 16 |
| 141 | 南通江森电子科技有限公司 | 如皋开发区 | 10336.66 | 7406.37 | 39.56 |
| 142 | 南通嘉炜塑胶有限公司 | 工业园区 | 10216.34 | 10951 | -6.71 |
| 143 | 江苏亚信电子科技有限公司 | 如皋港区 | 10209.88 | 16648.65 | -38.67 |
| 144 | 南通市电站阀门有限公司 | 如皋开发区 | 10195.93 | 10837.24 | -5.92 |
| 145 | 江苏阳恒化工有限公司 | 如皋港区 | 10086.68 | 12922.11 | -21.94 |

## 2016年如皋市实缴税金50强工业企业一览

表20

| 序号 | 企业名称 | 镇(区) | 实缴税金额(万元) |
|---|---|---|---|
| 1 | 江苏恒康家居科技有限公司(含数控、里高) | 丁堰镇 | 15939 |
| 2 | 江苏省如高高压电器有限公司 | 如皋开发区 | 10171 |
| 3 | 双钱集团(江苏)轮胎有限公司 | 如皋开发区 | 8930 |
| 4 | 江苏九鼎集团有限公司(含新材料、针织) | 工业园区 | 7590 |
| 5 | 德源(中国)高科有限公司 | 如皋港区 | 7479 |
| 6 | 江苏华灿电讯股份有限公司(含亚信、高分子) | 如皋港区 | 6229 |
| 7 | 江苏力星通用钢球股份有限公司(含南通通用) | 工业园区 | 5364 |
| 8 | 森松(江苏)重工有限公司(含海油) | 如皋港区 | 5232 |

续表20-1

| 序号 | 企业名称 | 镇(区) | 实缴税金额(万元) |
|---|---|---|---|
| 9 | 南通荣威娱乐用品有限公司 | 如皋开发区 | 5175 |
| 10 | 南通泰慕士服装有限公司(含英瑞) | 如皋开发区 | 4844 |
| 11 | 江苏思源赫兹互感器有限公司 | 如皋开发区 | 4389 |
| 12 | 江苏神马电力股份有限公司(含分公司) | 工业园区 | 4270 |
| 13 | 百川化工(如皋)有限公司 | 如皋港区 | 4070 |
| 14 | 南通超达装备股份有限公司 | 高新区 | 3998 |
| 15 | 汤始建华建材(南通)有限公司 | 如皋港区 | 3986 |
| 16 | 江苏陆地方舟新能源电动汽车有限公司 | 如皋开发区 | 3338 |
| 17 | 南通天泽化工有限公司 | 石庄镇 | 2955 |
| 18 | 江苏万达特种轴承有限公司 | 工业园区 | 2818 |
| 19 | 江苏金元亚麻有限公司(含紫微) | 如皋开发区 | 2653 |
| 20 | 南通三荣实业有限公司 | 九华镇 | 2616 |
| 21 | 南通锻压设备股份有限公司 | 如皋开发区 | 2324 |
| 22 | 江苏宝众宝达药业有限公司 | 如皋港区 | 2239 |
| 23 | 南通斯密特森光电科技有限公司 | 工业园区 | 2199 |
| 24 | 江苏祥源电气设备有限公司 | 如皋开发区 | 2186 |
| 25 | 南通东润实业有限公司(含时装) | 九华镇 | 1881 |
| 26 | 江苏涤诺日化集团有限公司(含制皂、亚雅、诺佰恩) | 丁堰镇 | 1863 |
| 27 | 江苏中铁山桥重工有限公司 | 如皋港区 | 1826 |
| 28 | 延康汽车零部件如皋有限公司 | 如皋开发区 | 1774 |
| 29 | 南通华东油压科技有限公司(含液压、机械) | 白蒲镇 | 1774 |
| 30 | 上海电气环保热电(南通)有限公司(含水处理) | 石庄镇 | 1684 |
| 31 | 南通通茂船舶制造有限公司 | 如皋港区 | 1580 |
| 32 | 南通市星球石墨设备有限公司(德诺尔、星瑞) | 九华镇 | 1555 |
| 33 | 南通皋鑫电子股份有限公司(含皋鑫科技、印花、印业) | 工业园区 | 1535 |
| 34 | 南通爱康金属科技有限公司 | 如皋开发区 | 1464 |
| 35 | 威世药业(如皋)有限公司 | 如皋开发区 | 1408 |
| 36 | 江苏英田集团(含车辆、铸造、柴油机厂、专用车辆) | 如皋开发区 | 1384 |
| 37 | 如皋市宏茂铸钢有限公司(含振华、锻压) | 如皋港区 | 1377 |
| 38 | 南通百正电子新材料有限公司(含奔多) | 如皋开发区 | 1353 |
| 39 | 南通泰尔特服装有限公司(含三泉、源泉、染整) | 如皋开发区 | 1325 |
| 40 | 如皋市大昌电子有限公司 | 如皋开发区 | 1323 |
| 41 | 南通永林船舶配套有限公司 | 石庄镇 | 1314 |
| 42 | 南通中技桩业有限公司 | 石庄镇 | 1314 |

续表20-2

| 序号 | 企业名称 | 镇(区) | 实缴税金额(万元) |
|---|---|---|---|
| 43 | 如皋市逸人服饰有限公司(含苓美) | 白蒲镇 | 1297 |
| 44 | 如皋市平顺皮革制品有限公司 | 搬经镇 | 1247 |
| 45 | 江苏中伟业通讯设备有限公司(含科技) | 如皋港区 | 1230 |
| 46 | 南通明德塑胶有限公司 | 丁堰镇 | 1216 |
| 47 | 如皋市大生线路器材有限公司(含机电) | 如皋开发区 | 1180 |
| 48 | 南通海泰科特精密材料有限公司 | 搬经镇 | 1132 |
| 49 | 南通明龙时装有限公司 | 工业园区 | 1064 |
| 50 | 如皋市凯凯电信器材有限公司(含五金、金属) | 如皋港区 | 1014 |

## 2016年如皋市应税销售50强工业企业一览

表21

| 序号 | 企业名称 | 镇(区) | 应税销售额(万元) |
|---|---|---|---|
| 1 | 江苏涤诺日化集团有限公司(含制皂、亚雅、诺佰恩) | 丁堰镇 | 531007 |
| 2 | 百川化工(如皋)有限公司 | 如皋港区 | 254839 |
| 3 | 双钱集团(江苏)轮胎有限公司 | 如皋开发区 | 177634 |
| 4 | 江苏恒康家居科技有限公司(含数控、里高) | 丁堰镇 | 175180 |
| 5 | 南通荣威娱乐用品有限公司 | 如皋开发区 | 142557 |
| 6 | 德源(中国)高科有限公司 | 如皋港区 | 137600 |
| 7 | 江苏陆地方舟新能源电动汽车有限公司 | 如皋开发区 | 130710 |
| 8 | 如皋市双马化工有限公司(含新邦、赛孚、庞蓉) | 东陈镇 | 121823 |
| 9 | 江苏长寿集团股份有限公司(含大红门、南山饲料、米业) | 如皋开发区 | 118151 |
| 10 | 森松(江苏)重工有限公司(含海油) | 如皋港区 | 114740 |
| 11 | 江苏省如高高压电器有限公司 | 如皋开发区 | 110125 |
| 12 | 江苏九鼎集团有限公司(含新材料、针织) | 工业园区 | 98046 |
| 13 | 江苏英田集团(含车辆、铸造、柴油机厂、专用车辆) | 如皋开发区 | 83105 |
| 14 | 江苏华灿电讯股份有限公司(含亚信、高分子) | 如皋港区 | 81655 |
| 15 | 江苏力星通用钢球股份有限公司(含南通通用) | 工业园区 | 78156 |
| 16 | 如皋市宏茂铸钢有限公司(含振华、锻压) | 如皋港区 | 68875 |
| 17 | 南通三荣实业有限公司 | 九华镇 | 66793 |
| 18 | 南通爱康金属科技有限公司 | 如皋开发区 | 63243 |
| 19 | 南通天泽化工有限公司 | 石庄镇 | 54462 |
| 20 | 南通泰慕士服装有限公司(含英瑞) | 如皋开发区 | 54452 |
| 21 | 汤始建华建材(南通)有限公司 | 如皋港区 | 53234 |
| 22 | 江苏神马电力股份有限公司(含分公司) | 工业园区 | 50679 |

续表21-1

| 序号 | 企业名称 | 镇(区) | 应税销售额(万元) |
|---|---|---|---|
| 23 | 如皋市逸人服饰有限公司(含苓美) | 白蒲镇 | 44602 |
| 24 | 江苏思源赫兹互感器有限公司 | 如皋开发区 | 42248 |
| 25 | 江苏金元亚麻有限公司(含紫微) | 如皋开发区 | 40476 |
| 26 | 江苏宝众宝达药业有限公司 | 如皋港区 | 39874 |
| 27 | 如皋市平顺皮革制品有限公司 | 江安镇 | 39094 |
| 28 | 江苏中铁山桥重工有限公司 | 如皋港区 | 36133 |
| 29 | 南通华东油压科技有限公司(含液压、机械) | 白蒲镇 | 33737 |
| 30 | 华泰重工(南通)有限公司(含船务、华凯、方正) | 如皋港区 | 33490 |
| 31 | 江苏如皋钢铁有限公司(含万象、新材料) | 如皋港区 | 32086 |
| 32 | 南通玉兔集团有限公司(含肠衣、金陵化工、康爱特、波涛) | 江安镇 | 32058 |
| 33 | 南通超达装备股份有限公司 | 高新区 | 31896 |
| 34 | 南通东润实业有限公司(含时装) | 九华镇 | 31680 |
| 35 | 如皋市天鹏冶金有限公司 | 如皋港区 | 31624 |
| 36 | 江苏天南电力器材有限公司 | 工业园区 | 30780 |
| 37 | 南通明龙时装有限公司 | 工业园区 | 30738 |
| 38 | 南通通茂船舶制造有限公司 | 如皋港区 | 30367 |
| 39 | 江苏国胶化学科技有限公司 | 如皋港区 | 29371 |
| 40 | 延康汽车零部件如皋有限公司 | 如皋开发区 | 27366 |
| 41 | 江苏中伟业通讯设备有限公司(含科技) | 如皋港区 | 27296 |
| 42 | 康迪电动汽车江苏有限公司 | 如皋开发区 | 25728 |
| 43 | 江苏汤臣汽车零部件有限公司(含德玛吉) | 江安镇 | 24007 |
| 44 | 南通海泰科特精密材料有限公司 | 搬经镇 | 23300 |
| 45 | 南通斯密特森光电科技有限公司 | 工业园区 | 23105 |
| 46 | 如皋市丁堰纺织有限公司 | 丁堰镇 | 23096 |
| 47 | 南通泰尔特服装有限公司(含三泉、源泉、染整) | 如皋开发区 | 22531 |
| 48 | 南通锻压设备股份有限公司 | 如皋开发区 | 22302 |
| 49 | 如皋市太阳肠衣食品有限公司 | 如皋开发区 | 21851 |
| 50 | 南通泰利达化工有限公司(含宜雅、高诚、新材料) | 丁堰镇 | 21240 |

## 2016年如皋市新增规模工业企业一览

表22

| 序号 | 企业名称 | 行业代码 | 镇(区) | 2016年实绩(万元) | 2015年实绩(万元) | 增幅(%) |
|---|---|---|---|---|---|---|
| 1 | 南通天瑞生物科技有限公司 | 1320 | 丁堰镇 | 4339.34 | 95.04 | 4465.80 |

续表22-1

| 序号 | 企业名称 | 行业代码 | 镇(区) | 2016年实绩(万元) | 2015年实绩(万元) | 增幅(%) |
|---|---|---|---|---|---|---|
| 2 | 南通荣诚手套有限公司 | 1923 | 丁堰镇 | 4153 | 1806.44 | 129.90 |
| 3 | 南通安宇家居用品有限公司 | 4190 | 丁堰镇 | 2783.92 | 1117.37 | 149.15 |
| 4 | 南通欧意姆制冷设备有限公司 | 3464 | 丁堰镇 | 2783.72 | 1983.46 | 40.35 |
| 5 | 南通领航纸品有限公司 | 2239 | 丁堰镇 | 2246.3 | 1809.8 | 24.12 |
| 6 | 南通宜雅纺织品有限公司 | 1771 | 丁堰镇 | 2016.88 | 1849.22 | 9.07 |
| 7 | 如皋市华生工艺品有限责任公司 | 1711 | 丁堰镇 | 2012.94 | 1536.39 | 31.02 |
| 8 | 如皋市顺源电力绳网带织造有限公司 | 1782 | 东陈镇 | 2472.2 | 1831.93 | 34.95 |
| 9 | 如皋市永益织造有限公司 | 1771 | 东陈镇 | 2308.76 | 1377.33 | 67.63 |
| 10 | 如皋久源传动机械有限公司 | 3452 | 东陈镇 | 2171.46 | 1628.12 | 33.37 |
| 11 | 如皋市凯瑞纺织机械有限公司 | 3551 | 东陈镇 | 2116.92 | 1292.98 | 63.72 |
| 12 | 南通宝格丽服装有限公司 | 1810 | 白蒲镇 | 2448.94 | 1379.11 | 77.57 |
| 13 | 南通唐人发制品有限公司 | 2039 | 白蒲镇 | 2120.79 | 9.31 | 22679.70 |
| 14 | 南通市金喜纺织品有限公司 | 1711 | 白蒲镇 | 2053.33 | 1269.46 | 61.75 |
| 15 | 南通凯必富工艺织造有限公司 | 1761 | 白蒲镇 | 2013.28 | 1148.7 | 75.27 |
| 16 | 南通威明服饰辅料有限公司 | 4119 | 下原镇 | 2724.66 | 1655.12 | 64.62 |
| 17 | 南通飞鲸发电设备有限公司 | 3811 | 下原镇 | 2261.06 | 1621.7 | 39.43 |
| 18 | 南通富尔特机械科技有限公司 | 3444 | 下原镇 | 2019.02 | 1172.82 | 72.15 |
| 19 | 南通市琦馨服饰有限公司 | 1810 | 下原镇 | 2009.65 | 1387.27 | 44.86 |
| 20 | 南通伊索热能材料有限公司 | 3089 | 下原镇 | 2002.35 | 804.79 | 148.80 |
| 21 | 南通源正油脂有限公司 | 1399 | 吴窑镇 | 3663.22 | 1683.09 | 117.65 |
| 22 | 如皋市泰德龙服装有限公司 | 1830 | 磨头镇 | 4355.33 | 1310.6 | 232.32 |
| 23 | 博尔德南通汽车零部件有限公司 | 3660 | 磨头镇 | 4109.1 | 1774.62 | 131.55 |
| 24 | 南通盛扬玻钢科技有限公司 | 3061 | 磨头镇 | 3358.83 | 1923.28 | 74.64 |
| 25 | 南通科迪医用材料科技有限公司 | 4190 | 磨头镇 | 2275.68 | 1335.08 | 70.45 |
| 26 | 南通恒通铝业有限公司 | 3399 | 九华镇 | 5466.74 | — | — |
| 27 | 江苏华培动力科技有限公司 | 3660 | 九华镇 | 3848.37 | 375.13 | 925.88 |
| 28 | 南通华胜数码纺织科技有限公司 | 3551 | 九华镇 | 3214.72 | — | — |
| 29 | 南通辉华钢结构工程有限公司 | 3311 | 九华镇 | 2806.01 | 1763.06 | 59.16 |
| 30 | 江苏苏宇化工设备有限公司 | 3490 | 九华镇 | 2335.04 | 1825.29 | 27.93 |
| 31 | 如皋市沃特纺织有限公司 | 1781 | 九华镇 | 2242.75 | 1628.09 | 37.75 |
| 32 | 南通优科机电有限公司 | 3524 | 九华镇 | 2115.75 | 83.76 | 2425.97 |
| 33 | 南通九天船艇制造有限公司 | 3733 | 九华镇 | 2095.76 | 1901.44 | 10.22 |
| 34 | 如皋市桦儒肠衣有限公司 | 1399 | 石庄镇 | 3481.99 | 1253.84 | 177.71 |

续表22-2

| 序号 | 企业名称 | 行业代码 | 镇(区) | 2016年实绩(万元) | 2015年实绩(万元) | 增幅(%) |
|---|---|---|---|---|---|---|
| 35 | 江苏大生红鹿家纺有限公司 | 1779 | 石庄镇 | 2354.23 | 998.82 | 135.70 |
| 36 | 南通雅萌服装有限公司 | 1830 | 石庄镇 | 2311.45 | 1762.39 | 31.15 |
| 37 | 南通雷圣特种电机有限公司 | 3812 | 石庄镇 | 2150.16 | 1678 | 28.14 |
| 38 | 如皋市恒安贵金属有限公司 | 4310 | 江安镇 | 10934.59 | — | — |
| 39 | 南通铭凯威纺织有限公司 | 1751 | 江安镇 | 2991.31 | 1992.52 | 50.13 |
| 40 | 南通安贝瑞纱业有限公司 | 1711 | 江安镇 | 2860 | 1929.64 | 48.21 |
| 41 | 如皋市协大纺织有限公司 | 1771 | 江安镇 | 2339.72 | 881.47 | 165.43 |
| 42 | 江苏海纳空调净化设备有限公司 | 3463 | 江安镇 | 2191.8 | 1635.32 | 34.03 |
| 43 | 南通瑞吉电子科技有限公司 | 3971 | 江安镇 | 2052.83 | 642.61 | 219.45 |
| 44 | 江苏航泰机械科技有限公司 | 3439 | 江安镇 | 2010.93 | 1702.78 | 18.10 |
| 45 | 南通普蒙盛机械制造有限公司 | 3490 | 搬经镇 | 7131.98 | 82.88 | 8505.19 |
| 46 | 江苏富翔汽车科技有限公司 | 3660 | 搬经镇 | 3642.61 | 175.05 | 1980.90 |
| 47 | 南通翔森服装有限公司 | 1830 | 搬经镇 | 2487.04 | — | — |
| 48 | 如皋市亚东时装有限公司 | 1830 | 搬经镇 | 2240.39 | 10.9 | 20454.04 |
| 49 | 江苏威晟新材料科技有限公司 | 3140 | 如皋港区 | 6608.14 | 782.56 | 744.43 |
| 50 | 江苏星梦家居用品有限公司 | 4190 | 如皋港区 | 5164.35 | 1647.18 | 213.53 |
| 51 | 南通国岩石业股份有限公司 | 3033 | 如皋港区 | 4240.2 | 442.62 | 857.98 |
| 52 | 江苏明驰矿业有限公司 | 1099 | 如皋港区 | 3670.57 | 277.38 | 1223.30 |
| 53 | 南通佳磊石材有限公司 | 3033 | 如皋港区 | 3198.24 | 635.87 | 402.97 |
| 54 | 南通中杰建材有限公司 | 3033 | 如皋港区 | 2601.53 | — | — |
| 55 | 南通戈雅石业有限公司 | 3099 | 如皋港区 | 2575.33 | 615.92 | 318.13 |
| 56 | 南通正达农化有限公司 | 2631 | 如皋港区 | 2555.1 | 1242.36 | 105.67 |
| 57 | 南通紫云石业发展有限公司 | 3033 | 如皋港区 | 2524.88 | — | — |
| 58 | 南通万翔石材发展有限公司 | 3033 | 如皋港区 | 2503.98 | — | — |
| 59 | 南通市华通纤维有限公司 | 2822 | 如皋港区 | 2269.25 | 158.97 | 1327.47 |
| 60 | 江苏阿尔法电梯制造有限公司 | 3435 | 如皋港区 | 2255.04 | — | — |
| 61 | 南通嘉海钢结构有限公司 | 3311 | 如皋港区 | 2200.63 | 1170.85 | 87.95 |
| 62 | 南通致远机械铸造有限公司 | 3250 | 如皋港区 | 2196.46 | 1872.83 | 17.28 |
| 63 | 如皋市皋港自来水有限公司 | 4610 | 如皋港区 | 2181.84 | 1975.3 | 10.46 |
| 64 | 南通市山泉工贸有限公司 | 1711 | 如皋港区 | 2113.25 | 1953.62 | 8.17 |
| 65 | 如皋汇业贸易有限公司 | 3660 | 如皋开发区 | 136351.11 | — | — |
| 66 | 如皋市亚曼汽车有限公司 | 3660 | 如皋开发区 | 105767.42 | — | — |
| 67 | 如皋市青年氢燃料发动机有限公司 | 3899 | 如皋开发区 | 17542.27 | — | — |

续表22-3

| 序号 | 企业名称 | 行业代码 | 镇(区) | 2016年实绩(万元) | 2015年实绩(万元) | 增幅(%) |
|---|---|---|---|---|---|---|
| 68 | 威格(江苏)电气设备有限公司 | 3859 | 如皋开发区 | 15508.11 | 49.4 | 31292.94 |
| 69 | 沈阳金杯车辆制造有限公司如皋分公司 | 3660 | 如皋开发区 | 13733.44 | — | — |
| 70 | 如皋市荣泰贵金属有限公司 | 3399 | 如皋开发区 | 11165.09 | — | — |
| 71 | 如皋市盈栋贵金属有限公司 | 3399 | 如皋开发区 | 11159.91 | — | — |
| 72 | 南通巨荣润滑油有限公司 | 2669 | 如皋开发区 | 6922.44 | 79.49 | 8608.57 |
| 73 | 南通永盛肠衣有限公司 | 1399 | 如皋开发区 | 5260.45 | 1403.11 | 274.91 |
| 74 | 南通今天食品有限公司 | 1353 | 如皋开发区 | 4752.93 | 984.3 | 382.87 |
| 75 | 如皋市宇顺肠衣有限公司 | 1353 | 如皋开发区 | 4553.07 | 94.96 | 4694.72 |
| 76 | 如皋市神速超导器材有限公司 | 3340 | 如皋开发区 | 4215.93 | 381.77 | 1004.31 |
| 77 | 如皋市慧安电子科技有限公司 | 3990 | 如皋开发区 | 3903.47 | — | — |
| 78 | 进顺汽车零部件如皋有限公司 | 3660 | 如皋开发区 | 3674.2 | 1569.63 | 134.08 |
| 79 | 南通易事制刷有限公司 | 4111 | 如皋开发区 | 2998.02 | 1972.16 | 52.02 |
| 80 | 如皋市瑞鼎肠衣有限公司 | 1353 | 如皋开发区 | 2929.66 | 1889.42 | 55.06 |
| 81 | 江苏森豪仕软木有限公司 | 2039 | 如皋开发区 | 2671.67 | 892.72 | 199.27 |
| 82 | 南通市荣泰肠衣有限公司 | 1353 | 如皋开发区 | 2657.53 | 1697.95 | 56.51 |
| 83 | 如皋市柴油机厂 | 3412 | 如皋开发区 | 2584.51 | 1300.84 | 98.68 |
| 84 | 南通市纽莱顿皮革制品有限公司 | 1910 | 如皋开发区 | 2574.91 | 1636.63 | 57.33 |
| 85 | 南通优护优家卫生用品有限公司 | 1781 | 如皋开发区 | 2505.53 | 1794.67 | 39.61 |
| 86 | 江苏省如皋肉联厂肠衣分厂 | 1320 | 如皋开发区 | 2498.36 | — | — |
| 87 | 如皋市明润化纤有限公司 | 4190 | 如皋开发区 | 2303.06 | 874.72 | 163.29 |
| 88 | 南通秋阳农产品有限公司 | 1399 | 如皋开发区 | 2249.69 | 577.54 | 289.53 |
| 89 | 江苏如高送变电工程有限公司 | 3829 | 如皋开发区 | 2200.58 | 1840.66 | 19.55 |
| 90 | 如皋市鑫泰肠衣有限公司 | 1353 | 如皋开发区 | 2055.82 | 1002.4 | 105.09 |
| 91 | 如皋市诺澜时装有限公司 | 1830 | 如皋开发区 | 2033.04 | 1980.26 | 2.67 |
| 92 | 南通中能机械制造有限公司 | 3811 | 如皋开发区 | 2005.06 | 1653.46 | 21.26 |
| 93 | 南通安佑生物科技有限公司 | 1320 | 工业园区 | 12434.22 | — | — |
| 94 | 如皋市耀如农电有限公司 | 4420 | 工业园区 | 8018.87 | — | — |
| 95 | 如皋市图腾电力科技有限公司 | 3823 | 工业园区 | 2176.32 | 1409.49 | 54.40 |
| 96 | 江苏天南铝材锻造有限公司 | 3399 | 工业园区 | 2165.33 | — | — |
| 97 | 江苏天睿塑胶有限公司 | 2929 | 工业园区 | 2040.65 | 491.52 | 315.17 |
| 98 | 如皋英瑞高压电器有限公司 | 3891 | 工业园区 | 2029.19 | 1692.39 | 19.90 |
| 99 | 佐佐木爱克赛路机械(南通)有限公司 | 3574 | 工业园区 | 2023.29 | 1821.46 | 11.08 |
| 100 | 南通光远速冻制品有限公司 | 1432 | 工业园区 | 2003.66 | 1484.75 | 34.95 |

续表22-4

| 序号 | 企业名称 | 行业代码 | 镇(区) | 2016年实绩(万元) | 2015年实绩(万元) | 增幅(%) |
|---|---|---|---|---|---|---|
| 101 | 如皋市创能电子科技有限公司 | 3990 | 高新区 | 12506.74 | — | — |
| 102 | 南通炜旭服饰有限公司 | 1810 | 高新区 | 2680.68 | 1945.91 | 37.76 |
| 103 | 南通市冯继纺织有限公司 | 1711 | 高新区 | 2439.97 | 1540.52 | 58.39 |
| 104 | 南通市蓝潮石油化工有限公司 | 2511 | 高新区 | 2276.14 | 1589.36 | 43.21 |
| 105 | 南通顺德生物科技有限公司 | 1353 | 高新区 | 2183.03 | — | — |
| 106 | 如皋市梦缘织造有限公司 | 1712 | 高新区 | 2163.65 | 1351.12 | 60.14 |
| 107 | 申模南通机械科技有限公司 | 3429 | 高新区 | 2092.98 | 115.61 | 1710.38 |

## 2016年如皋市退出规模工业企业一览

表23

| 序号 | 企业名称 | 镇(区) | 2016年实绩(万元) | 2015年实绩(万元) |
|---|---|---|---|---|
| 1 | 南通金华府服饰有限公司 | 白蒲镇 | — | 3013.12 |
| 2 | 南通亚发针织制衣有限公司 | 白蒲镇 | 1844.87 | 2466.37 |
| 3 | 南通泰玥服装有限公司 | 白蒲镇 | 1782.51 | 2247.31 |
| 4 | 江苏辉腾重型钢构有限公司 | 白蒲镇 | 1776.17 | 2008.96 |
| 5 | 南通钧达化工有限公司 | 白蒲镇 | 1766.73 | 2006.40 |
| 6 | 江苏南天农科化工有限公司 | 白蒲镇 | 1346.98 | 4603.82 |
| 7 | 江苏皋泰汽车部件有限公司 | 白蒲镇 | 512.62 | 2468.24 |
| 8 | 江苏南天化肥有限公司 | 白蒲镇 | 318.07 | 4558.2 |
| 9 | 南通诚茂服装有限公司 | 搬经镇 | — | 2694.89 |
| 10 | 如皋市鞠桥棉纺织有限责任公司 | 搬经镇 | 1788.52 | 2067.34 |
| 11 | 南通市锦丝源纺织有限公司 | 搬经镇 | 1747.19 | 2047.83 |
| 12 | 如皋市鑫润纺织有限公司 | 搬经镇 | 1601.01 | 2321.23 |
| 13 | 锦冠制衣(南通)有限公司 | 搬经镇 | 1312.93 | 2786.36 |
| 14 | 如皋市富丝达茧丝绸有限公司 | 搬经镇 | 12.56 | 2162.72 |
| 15 | 南通市腾达锻压机床厂 | 如皋开发区 | 1968.92 | 2896.05 |
| 16 | 江苏昂跨环保科技有限公司 | 如皋开发区 | 1944.59 | 2339.03 |
| 17 | 如皋吉奥思家纺有限公司 | 如皋开发区 | 1915.16 | 2480.20 |
| 18 | 如皋路翔混凝土有限公司 | 如皋开发区 | 1650.4 | 2340.21 |
| 19 | 如皋市林达线路金具有限公司 | 如皋开发区 | 1625.28 | 2079.22 |
| 20 | 南通顺驰橡胶制品有限公司 | 如皋开发区 | 1373.47 | 2117.40 |
| 21 | 南通鸿瑞金业有限公司 | 如皋开发区 | 1198.76 | 3168.99 |
| 22 | 圣密克洁具(如皋)有限公司 | 如皋开发区 | 907.51 | 2146.46 |

续表23-1

| 序号 | 企业名称 | 镇(区) | 2016年实绩(万元) | 2015年实绩(万元) |
|---|---|---|---|---|
| 23 | 如皋市华利照明电器有限公司 | 如皋开发区 | 868.94 | 2220.98 |
| 24 | 南通汇通肠衣有限公司 | 如皋开发区 | 593.43 | 3432.57 |
| 25 | 如皋市杰林织造有限公司 | 高新区 | 1909.82 | 2297.50 |
| 26 | 南通中海钢结构有限公司 | 高新区 | 1385.95 | 2955.90 |
| 27 | 江苏沪南船舶工程有限公司 | 高新区 | 1097.94 | 2305.34 |
| 28 | 南通兆宽纺织有限公司 | 丁堰镇 | 1704.13 | 2568.51 |
| 29 | 南通庞蓉包装材料有限公司 | 东陈镇 | 1915.53 | 2432.86 |
| 30 | 南通菲菲茧丝绸有限公司 | 东陈镇 | 1663.57 | 2205.55 |
| 31 | 如皋市欣瑞纺织有限公司 | 东陈镇 | 1490.9 | 2101.31 |
| 32 | 江苏拓邦新材料有限公司 | 东陈镇 | 785.51 | 4298.01 |
| 33 | 南通万洲纺织有限公司 | 江安镇 | 1958.11 | 2314.87 |
| 34 | 南通谢氏时装有限公司 | 江安镇 | 1494.58 | 3041.96 |
| 35 | 南通勤磊服饰有限公司 | 江安镇 | 1359.17 | 2979.58 |
| 36 | 南通浩普帽业有限公司 | 九华镇 | 1800.57 | 2137.65 |
| 37 | 如皋市百瑞服饰有限公司 | 九华镇 | 1765.11 | 5747.98 |
| 38 | 南通宾利有色金属材料有限公司 | 九华镇 | 1748.28 | 5596.85 |
| 39 | 南通全健纺织有限公司 | 九华镇 | 1668.70 | 2414.72 |
| 40 | 南通锦程护理垫有限公司 | 九华镇 | 1465.69 | 1972.23 |
| 41 | 南通美阳纺织服饰有限公司 | 九华镇 | 502.63 | 2043.10 |
| 42 | 南通伟鑫混凝土有限公司 | 磨头镇 | 1880.91 | 4746.03 |
| 43 | 如皋市佳丽绗缝制品有限公司 | 磨头镇 | 1273.40 | 2058.77 |
| 44 | 南通恒信混凝土有限公司 | 磨头镇 | 993.34 | 2255.09 |
| 45 | 如皋市航天工贸有限公司 | 磨头镇 | 696.44 | 2559.07 |
| 46 | 南通裕昌运润滑油有限公司 | 磨头镇 | 66.48 | 2287.81 |
| 47 | 南通太平洋润滑油有限公司 | 磨头镇 | 65.56 | 2546.36 |
| 48 | 如皋市花神糖业有限责任公司 | 磨头镇 | — | 4171.31 |
| 49 | 江苏如神重工有限公司 | 工业园区 | 1737.09 | 2438.35 |
| 50 | 如皋市福顺油脂有限公司 | 工业园区 | 1550.95 | 2061.50 |
| 51 | 江苏元升太阳能集团有限公司 | 工业园区 | 1433.98 | 3941.01 |
| 52 | 南通华汽材料科技有限公司 | 工业园区 | — | 29243.47 |
| 53 | 盛威尔(南通)电装科技有限公司 | 工业园区 | — | 3458.93 |
| 54 | 如皋市龙阳染整有限公司 | 石庄镇 | 1897.00 | 2071.86 |
| 55 | 南通市华峰化工有限责任公司 | 石庄镇 | 627.59 | 3635.54 |
| 56 | 如皋市四方炭业有限公司 | 石庄镇 | 384.66 | 3264.41 |

续表23-2

| 序号 | 企业名称 | 镇(区) | 2016年实绩(万元) | 2015年实绩(万元) |
| --- | --- | --- | --- | --- |
| 57 | 南通智达光缆材料有限公司 | 下原镇 | 1755.07 | 2027.7 |
| 58 | 如皋市凯拓服饰有限公司 | 下原镇 | 942.53 | 3132.76 |
| 59 | 南通市瑞鑫发制品有限公司 | 下原镇 | 551.19 | 3234.57 |
| 60 | 南通市恒固建材科技有限公司 | 如皋港区 | 1885.63 | 2195.96 |
| 61 | 南通兴达工艺品有限公司 | 如皋港区 | 1713.13 | 2582.86 |
| 62 | 南通祥升纱业有限公司 | 如皋港区 | 1623.38 | 2032.78 |
| 63 | 江苏星瑞化工工程科技有限公司 | 如皋港区 | 1468.08 | 4549.62 |
| 64 | 南通永兴船务有限公司 | 如皋港区 | 1265.46 | 2377.62 |
| 65 | 南通驰宇钢管制造有限公司 | 如皋港区 | 969.88 | 3879.52 |
| 66 | 南通长江镍矿精选有限公司 | 如皋港区 | 893.12 | 9825.10 |
| 67 | 江苏南通瑞舶莱焊业科技有限公司 | 如皋港区 | 759.07 | 2678.39 |
| 68 | 江苏德峰药业有限公司 | 如皋港区 | 523.99 | 2318.89 |

## 船舶海工及配套产业

【概况】 全市船舶海工及配套产业应税销售2000万元以上企业28家,年内减少2家。2016年,受复杂宏观经济形势影响,该产业在南通通茂船舶制造有限公司、南通瑞泰船务工程有限公司、森松(江苏)重工有限公司、南通长青沙船舶工程有限公司等重点企业支撑拉动下,累计实现应税销售28.59亿元,同比下降31.45%,占规模工业应税销售4.31%;实缴税金1.42亿元,同比下降16.08%,占规模工业实缴税金5.64%。年内,江苏翔晟重工有限公司投入1亿元建成海洋平台锚项目。

【华泰重工(南通)有限公司】 成立于2006年8月,位于如皋港区,地处长江黄金岸线北岸,拥有长江岸线1200米,主要从事船舶制造、海洋工程、特种钢结构及大型成套设备制造。占地总面积约62万平方米,建筑面积约20万平方米,包括装焊车间、涂装车间、3000平方米仓库等,拥有8万吨级舾装码头2座、5万吨船台1座、8万吨船台2座,最大起重能力600吨。2016年,实现销售收入3.34亿元,实缴税金304万元。

【江苏海通海洋工程装备有限公司】 成立于2008年11月,位于省重点船舶制造园区——如皋港泓北沙,主要生产海洋工程模块、大型钢结构、大型船舶分段,制造特种船舶。占地总面积近40万平方

华泰重工(南通)有限公司制造的H0020号散货船下水试航
(如皋港区供稿)

米，拥有长江深水岸线660多米，拥有长380米、宽50米干船坞1座，配有420吨、1100吨门吊各1台和3272门座机2台，拥有总长度620米（320米+300米）、最大水深10米的舾装码头1座，配有4075门座机2台，建有船体加工车间、分段车间、管加工车间、分段涂装车间、钢板预处理车间和舾装品车间等主要生产车间总面积10万平方米，配备各类起重、加工设备近100部，年钢材加工能力25万吨。2016年，实现销售收入1.39亿元，实缴税金990万元。

## 新能源汽车及汽车零部件产业

【概况】 2016年年末，全市新能源汽车及汽车零部件产业有应税销售2000万元以上企业29家，年内净增5家。实现应税销售94.50亿元，同比增长88.47%，增速较上年同期上升70.77个百分点；实缴税金3.33亿元，同比增长6.31%。现有江苏赛麟汽车科技有限公司、如皋亚曼汽车有限公司、康迪电动汽车江苏有限公司、沈阳金杯车辆制造有限公司如皋分公司、江苏陆地方舟新能源电动汽车有限公司、江苏英田集团6家整车制造企业，拥有双钱集团（江苏）轮胎有限公司、江苏力星通用钢球股份有限公司、南通超达装备股份有限公司、江苏汤臣汽车零部件有限公司、南通泽禾新能源科技有限公司、南通百应能源有限公司等关键零部件配套企业。

（张 军 葛 波 常学飞）

【节能与新能源汽车产业园】 成立于2009年，规划面积20平方千米，先后获省新能源汽车生产基地、新能源汽车特色产业集群、新能源汽车及零部件产业园等称号。拥有国内外知名新能源汽车整车企业6家（陆地方舟、吉利康迪、金杯如皋分公司、英田集团、青年亚曼、赛麟），双钱轮胎、百应能源、泽禾新能源、龙能锂电池、延康汽车零部件、创源电化学等新能源汽车配套企业24家，建立国内新能源汽车产业中唯一集大中型客车、乘用车、专用车等于一体，混合动力、纯电动、燃料电池3类新能源汽车动力系统并行发展的产业集群。2016年，该产业园产值超过120亿元，实现销售收入91.2亿元，同比增长114.48%。4月6日，新能源汽车及零部件产业集群被省经济信息化委认定为省特色产业集群。

（陈 鹏）

【江苏力星通用钢球股份有限公司】 创办于1989年。公司注册资本1.12亿元，占地面积24万平方米，拥有总资产64363万元，主营业务为高精度轴承钢钢球制造与销售，主导产品有G3级高精密度轴承钢球、精密无异音轴承钢球、汽车轮毂轴承钢球、高强度不锈钢球、风能发电专用钢球、高档轿车三代轮毂轴承单元专用钢球等，是当前国内规模最大、实力最强、技术最先进的专业化钢球生产和出口基地，是中国机械工业核心竞争力百强单位、国家火炬计划重点高新技术企业、国家实施火炬计划优秀高新技术企业、国家和省级火炬计划实施单位、机械工业部优秀企业，连续17年各项经济技术指标位列国内钢球行业第1位，连续10年获评中国工业行业（其他通用零部件）排头兵。“力星”商标被认定为中国驰名商标。2015年2月17日，在深圳证券交易所创业板挂牌上市。2016年，实现应税销售5.82亿元，纳税4685万元。

【南通超达装备股份有限公司】 成立于2005年。占地面积约10万平方米，员工800多人，具备月产量发泡聚丙烯/聚苯乙烯泡沫模具120套、聚氨基甲酸酯模具50套、热压成型模具50套的稳定生产能力，90%以上发泡聚丙烯/聚苯乙烯泡沫模具出口欧美等20多个国家和地区。该企业始终坚持走科技强企、人才强企发展之路，以“超过国内同行，达到国际水平”为目标，不断增加科技研发投入资金，连续多年年均技术改造投入超3000万元，实现由传统模具生产向聚氨基甲酸酯、发泡聚丙烯、聚苯乙烯泡沫发泡模具及检具和自动化设备设计生产转型升级，申请注册国家专利15项，先后被评定为省企业工程研发中心、国家高新技术企业，是行业标准起草单位，中国和省模具协会会员、模具协会理事单位。2016年，实现应税销售3.19亿元，纳税3998万元。

【江苏陆地方舟新能源电动汽车有限公司】 位于如皋开发区新能源汽车及零部件产业园，由深圳市陆地方舟电动车有限公司于2011年9月投资兴建。一期投入13亿元，用地48.9公顷，客车厂房、展销大厅等建筑面积为27.2万平方米；乘用车生产线厂房2016年全面竣工。该企业具备插电式混合动力和纯电动客车、专用车生产资质，乘用车生产资质申请进入国家候选企业名单。自主研发出包括乘用车、客车、专用车等8大类新能源和清洁能源汽车,有近30款新能源汽车获得国家车辆产品公告并进入国家节能与新能源汽车推荐目录,其中7米纯电动客车、10米插电式混合动力和纯电动城市客车、12米纯电动城市客车先后在南通、福建省彰州市、广东省佛山市、盐城展开示范运营。12米纯电动公交大巴以一次充满电续航里程突破360千米成绩刷新国内纯电动大巴纪录。2016年,公司实现应税销售13亿元,缴纳税金3338万元。

**2016年如皋市新能源汽车及汽车零部件工业投入5000万元以上竣工项目一览**

表24

| 序号 | 镇(区) | 项目名称 | 建设单位 | 投资额(万元) |
|---|---|---|---|---|
| 1 | 如皋开发区 | 新能源电动汽车项目 | 江苏陆地方舟新能源电动汽车有限公司 | 150000 |
| 2 | 如皋开发区 | 电动车汽车车身总成制造项目 | 康迪电动汽车江苏有限公司 | 121950 |
| 3 | 如皋开发区 | 新建汽车零部件加工项目 | 江苏英田专用车制造有限公司 | 10000 |
| 4 | 江安镇 | 轻量化汽配项目 | 江苏汤臣汽车零部件有限公司 | 25000 |

## 新材料产业

**【概况】** 2016年年末,全市新材料产业有应税销售2000万元以上企业114家,年内净增11家。累计实现应税销售187.33亿元,同比增长26.67%,增速较上年同期上升37.01个百分点,占规模工业应税销售比重28.21%;实缴税金5.22亿元,同比增长30.16%,应税销售和实缴税金增长率都较高,产业优势较为明显。拥有江苏九鼎集团有限公司、上海制皂(集团)如皋有限公司、江苏涤诺日化集团有限公司、百川化工(如皋)有限公司、德源(中国)高科有限公司、江苏宝众宝达药业有限公司等龙头企业,涉石油化工、精细化工、医药化工、化工新材料、工程新材料等领域。年内,江苏九鼎新材料股份有限公司投资2亿余元,完成“二元组份高硅氧玻璃纤维制品生产线”技术改造项目。

**【江苏九鼎新材料股份有限公司】** 成立于1994年,于2007年在深圳证券交易所挂牌上市,是国内规模最大、技术最先进的纺织型玻纤制品生产企业,是全球规模最大的增强砂轮用玻纤网片制造商,是国家高新技术企业、全国守合同重信用企业、中国玻纤制品深加工基地、中国建筑建材优秀民营科技企业、中国建材500强企业。主要产品有砂轮增强材料、建筑增强材料、高温过滤材料、装饰装修材料等纺织型玻纤制品及化工防腐、车辆通用、风力发电等玻璃钢系列产品,产品均为新型环保材料,为中国航天科技集团耐温纤维面料指定供应商。该公司拥有授权专利109个,累计制定或参与制定国家行业标准14个。“鼎”牌商标被评定为中国驰名商标,“鼎”牌玻璃纤维土工格栅获中国名牌产品称号,“鼎”牌纺织玻璃纤维制品为省名牌产品、省重点培育和发展的国际知名品牌。2016年,该公司实现应税销售6.62亿元,缴纳税金5886万元。

**【百川化工(如皋)有限公司】** 是上市公司无锡百川化工股份有限公司全资子公司,专业从事高新技

江苏九鼎新材料股份有限公司连续毡生产车间 (黄友谊摄)

术精细化工产品生产，长期致力于有机溶剂类、酸酐类、增塑剂、多元醇类等多种环保节能型化工产品研发生产，拥有30万吨乙酸酯类、4万吨偏苯三酸酐、5万吨丙二醇甲醚乙酸酯及2万吨三羟甲基丙烷年生产能力，其中偏苯三酸酐和乙酸酯装置产能为国内最大。是偏苯三酸酐及乙酸酯国家标准的制修订单位，是国内唯一能够使用非电子级设备生产电子级丙二醇甲醚类产品的厂家，是荷兰阿克苏诺贝尔，美国PPG工业集团、杜邦，德国巴斯夫、拜耳，新加坡立邦，韩国LG，日本花王等世界500强企业稳定的原材料供应商和合作伙伴。

2016年，该公司5万吨/年绝缘树脂项目开工建设。引进、启动新能源汽车锂电池新材料研发技术，形成系列科研成果。年内，实现应税销售25.48亿元，缴纳税金4426万元。

## 高端装备制造业

【概况】 2016年年末，全市高端装备制造产业应税销售2000万元以上企业51家，年内净增16家。年内，全市高端装备制造业实现应税销售50.9亿元，同比增长8.74%；实缴税金3.65亿元，同比增长25.27%。江苏神马电力股份有限公司如皋分公司、江苏思源赫兹互感器有限公司、江苏省如高高压电器有限公司、南通锻压设备股份有限公司、南通华东油压科技有限公司等龙头企业产品在国内形成较强的竞争优势。以南通锻压、华东液压为代表的液压机械设备和以如高高压、思源赫兹、神马电力为代表智能输变电设备发展较为突出，行业整体集聚明显。

【江苏省如高高压电器有限公司】 始建于1967年。现为上市企业思源电气股份有限公司的全资控股子公司，是国家研制和生产输变电系统高压电器的骨干企业，主要产品有750千伏及以下高压隔离开关、550千伏及以下的六氟化硫断路器和40.5千伏真空断路器，在全国同行业中综合排名第1位。该公司重视科技创新和新产品研发，先后通过省级以上鉴定新产品13项，42种型号产品在国家级检测机构试验通过133项，被评为国家重点新产品1项、国家机械科技进步三等奖1项、国家火炬计划1项、省优秀新产品3项、省高新技术产品10项、南通市科技进步奖2项。先后被认定为省创新型企业、省高新技术企业、国家重点火炬高新技术企业，首批通过全省AAAA级标准化良好行为企业确认。2016年，实现应税销售11亿元，缴纳税金10171万元。

【江苏思源赫兹互感器有限公司】 由思源电气股份有限公司于2005年投资1.2亿元兴建。占地14.7公顷，主要生产35千伏—500千伏油浸电流互感器和电压互感器、六氟化硫电流互感器和电压互感器、电子式电压互感器，是新型、高精度输变电设备研发与生产基地。2016年，实现应税销售4.22亿元，缴纳税金4389万元。

**2016年如皋市高端装备制造工业投入5000万元以上竣工项目一览**

表25

| 序号 | 镇(区) | 项目名称 | 建设单位 | 投资额(万元) |
|---|---|---|---|---|
| 1 | 如皋开发区 | 高、低压工业电机项目 | 威格(江苏)电气设备有限公司 | 90000 |
| 2 | 东陈镇 | 电梯配件项目 | 江苏新核力机电有限公司 | 5000 |

## 电子信息产业

【概况】 2016年年末，全市电子信息产业有应税销售2000万元以上企业38家，年内净增1家。行业发展整体较为平稳，完成应税销售39.41亿元，同比增长1.45%；完成实缴税金2.25亿元，同比增长6.38%。威格(江苏)电气设备有限公司、江苏天南电力器材有限公司、江苏中伟业通讯设备有限公司、江苏奇鹰电线电缆有限公司等龙头企业增长稳定，对行业整体拉升有着重要作用。

【威格(江苏)电气设备有限公司】 位于如皋开发区，由巴西WEG电力设备有限公司于2014年投资兴建，注册资本金5000万美元，总投资2.5亿美元，总占地面积约40万平方米。其中一期占地面积约18.7万平方米,投资1.3亿美元,具备年产45万台高、低压工业电机生产能力,生产各类高、低压电机近15种,各类零部件约100多种。2016年,该公司实现应税销售1.55亿元,缴纳税金140万元。

【江苏天南电力器材有限公司】 创建于1956年。主要制造与销售1000千伏及以下输变电线路金具,产品远销东南亚、中东等10多个国家和地区,通过国家电网、南方电网、内蒙古网三大电网集中招投标。拥有国家级重点新产品1个、科技部无偿资助研发项目1个、国家级鉴定成果9个、省高新技术产品6个,拥有具有自主知识产权的授权专利43个(发明授权专利5个),获南通市科技进步奖3个。其“天南”牌商标为省著名商标。2016年,实现应税销售2.86亿元,缴纳税金1341万元。

**2016年如皋市电子信息工业投入5000万元以上竣工项目一览**

表26

| 序号 | 镇(区) | 项目名称 | 建设单位 | 投资额(万元) |
|---|---|---|---|---|
| 1 | 如皋港区 | 年产3000千米射频同轴线缆、8000千米电线电缆生产线项目 | 江苏华灿电讯股份有限公司 | 12000 |
| 2 | 如皋开发区 | 高、低压工业电机项目 | 威格(江苏)电气设备有限公司 | 90000 |
| 3 | 工业园区 | 超高压、特高压复合绝缘子技改项目 | 江苏神马电力股份有限公司如皋分公司 | 6000 |
| 4 | 高新区 | 电力设备项目 | 南通世睿电力科技有限公司 | 5000 |

## 节能环保产业

【概况】 2016年年末,全市节能环保产业有应税销售2000万元以上企业7家,年内减少2家。完成应税销售5.51亿元,同比增长8%,增速较上年回升21.1个百分点,产业发展整体较为平稳。南通星球石墨设备有限公司、南通鹏鹞水务有限公司作为该产业龙头型企业,企业效益回升较快。

【南通星球石墨设备有限公司】 位于九华镇,创办于1987年,占地面积15万平方米。拥有浸渍、热固化系统8套,其中全球行业最大规格自控制系统2套(直径4.5米釜)、数控与多孔钻孔设备16套(最大钻孔深度2米)、起重设备56台、车床68台等配套设备,拥有研发人员58人,致力于为客户提供系统化的传质、传热、防腐设备及工艺解决方案,是国内唯一通过A4级非金属与A2级金属压力容器设计与制造许可的专业型制造企业,产品远销法国、美国、印度、埃及、越南、伊朗、土耳其等国家。拥有发明与实用新型专利66项。“通球”商标被认定为省著名商标。该企业为行业AAA级资信企业、省高新技术企业、国家火炬计划项目实施企业和产学研示范企业。2012年被评为全国防腐行业20强企业(非金属压力容器专业第1名),2013年被授予中国大型石墨化工设备研发生产基地称号。2016年,实现应税销售1.92亿元,缴纳税金1363万元。

## 新能源产业

【概况】 2016年年末,全市新能源产业应税销售2000万元以上企业20家,年内净增1家。完成应税销售21.36亿元,同比增长24.65%;实缴税金8093万元,同比增长3.32%。南通爱康金属科技有限公司、江苏九鼎天地风能有限公司、南通百应能源有限公司、南通泽禾新能源科技有限公司、南通美能得新能源科技股份有限公司、上海电气环保热电(南通)有限公司等重点企业经济增长对行业推动作用明显。

【南通爱康金属科技有限公司】 设立于2009年,是江苏爱康科技股份有限公司子公司,公司注册资本27930万元,占地面积24万平方米,专业生产高档太阳能铝型材、建筑铝型材和工业铝型材。现有挤压生产线12条、卧式氧化生产线2条,年产铝型材近4万吨。2016年,该公司实现应税销售6.32亿元,缴纳税金1464万元。

【上海电气环保热电(南通)有限公司】 2008年10月建成投产,占地面积8万平方米,专业从事城市生活垃圾无害化处理,是江苏省可再生能源行业协会常务理事单位、国家节能环保政策扶持的资源综合利用环保型企业。拥有75吨循环流化床垃圾焚烧炉3台、15兆瓦汽轮发电机组2台、半干法+袋式除尘器+活性炭喷射工艺装置等先进生产设备,配备自动化DCS系统,实现整个生产环节全数字化覆盖。具备日处理生活垃圾1500吨、年处理垃圾量54万吨的处理能力,每小时可向周边工业企业供应蒸汽120吨,年供热100万吨,年发电上网1.8亿千瓦时。该公司集中处理南通市区、如皋市、通州区及靖江市生活垃圾,是国内首个跨区域共享的城市生活垃圾发电厂。2016年,该公司实现应税销售1.71亿元,缴纳税金1684万元。

【江苏九鼎天地风能有限公司】 成立于2008年,专业从事风力发电机组的研发、制造与销售及风力发电场的投资、运营。拥有从特种纤维—织物—叶片—整机完整的自主知识产权的风电产业链,自主研发与设计的1.5兆瓦风力发电机组,经并网运行证明各项性能指标达到国内同类产品领先水平。与内蒙古自治区、新疆维吾尔自治区等富风区地方政府、电力公司开展战略合作,进行风力发电场开发、投资与运营。2016年,启动3兆瓦近海型与5兆瓦海上型风机研发。实现应税销售1.62亿元,缴纳税金407万元。

**2016年如皋市新能源工业投入5000万元以上竣工项目一览**

表27

| 序号 | 镇(区) | 项目名称 | 建设单位 | 投资额(万元) |
|---|---|---|---|---|
| 1 | 如皋开发区 | 氢燃料电池生产线 | 南通百应能源有限公司 | 10120 |
| 2 | 石庄镇 | 环保系统技术改造及扩建项目 | 上海电气环保热电(南通)有限公司 | 15000 |

## 纺织服装产业

【概况】 2016年年末,全市纺织服装产业有应税销售2000万元规模以上企业154家,与上年持平。作为全市老牌传统产业,发展较早,增幅稳定,规模企业数最多,对全市经济发展贡献较大。年内,该产业实现应税销售117.94亿元,同比增长6.72%,占规模工业比重17.76%;实缴税金5.45亿元。江苏恒康家居科技有限公司、南通泰慕士服装有限公司、江苏双龙健制衣股份有限公司、南通明龙时装有限公司等龙头企业稳定增长,对全行业转型升级起到良好示范作用。

【江苏恒康家居科技股份有限公司】 始建于2003年5月,主营业务为记忆绵床垫、枕头及其他家居制品的研发、生产、销售,主要产品包括记忆绵复合床垫、记忆绵薄垫、记忆绵枕等,其中记忆绵床垫系列产品为核心产品。拥有连续性记忆绵发泡生产线、床垫复合压缩生产线、智能吊挂缝制生产线和数控切割生产线等多种现代化大型生产设备。原始设计制造业务范围覆盖北美、欧洲、东南亚及非洲等地区,是省高新技术企业。以子公司金睡莲科技、金睡莲用品、美国梦百合(MLILY)、西班牙MLILY作为业务平台,不断加强MLILY等自有品牌市场推广及渠道建设,直

江苏恒康家居科技股份有限公司生产车间一角 (如皋日报社供稿)

营、加盟、酒店合作和电子商务等多渠道交叉销售网络初具规模。2016年10月，在上海证券交易所挂牌上市。全年实现销售13.44亿元，实缴税金1.13亿元。

【南通泰慕士服装有限公司】 成立于1992年，占地面积3.5万平方米，注册资本7851万元，员工1500多人。专业从事高档针织面料与针织服装的生产，年产各类针织面料5000吨、服装2000万件。组建省级高档针织面料工程研发中心，与东华大学、南通大学等建立产学研合作基地，引进行业高端人才，实现设备、产品高端化，在行业内率先实现信息化，是中国纺织服装500强企业、中国服装行业百强企业、省服装行业50强企业、金蜜蜂社会责任企业。成功研发多种以新型纤维为原料的时尚针织面料，尤其是自主研发的超薄、抗起球、低缩水羊毛针织面料。2016年，该公司实现应税销售5.32亿元，实缴税金4588万元。

## 其他工业产业

【概况】 2016年年末，全市其他工业企业有应税销售2000万元以上企业108家。累计实现应税销售118.5亿元，同比下降10%，占规模工业应税销售总额17.85%；实缴税金2.61亿元，同比增长53.47%，占规模企业应税销售总额10.38%。南通荣威娱乐用品有限公司、江苏长寿大红门食品有限公司、江苏永友食品科技有限公司等龙头企业支撑作用明显。

【南通荣威娱乐用品有限公司】 由荣威国际控股有限公司于2007年投资设立，总投资1亿美元，一期项目占地23.1万平方米，致力于研发、生产、销售新颖、高品质的塑胶运动娱乐用品，产品销往全球120多个国家和地区。

2016年，为满足不断增长的市场需求，该公司投资1.56亿美元扩建出口型PVC娱乐用品生产项目，新增面积14.7万平方米，规划新建厂房及附属用房约27万平方米，新增年生产出口型PVC塑胶充气地上水池800万套生产能力。至年末，1号、2号厂房均已投产，3号厂房主体封顶。年内，实现应税销售14.26亿元，利税2.2亿元，实现外贸进出口2.1亿美元。6月，为进一步提升荣威公司产品全球市场占有率及知名度，该公司与如皋开发区管委会签订投资地上水池、注塑电子、物流配送项目协议书，项目总投资约2亿美元，其中注册资本金6000万美元，用地面积约26万平方米，新建厂房及附属用房约20万平方米。至此，该公司第二期项目占地面积40.7万平方米。

(张　军　葛　波　常学飞)

**2016年如皋市其他工业投入5000万元以上竣工项目一览**

表28

| 序号 | 镇(区) | 项目名称 | 建设单位 | 投资额(万元) |
|---|---|---|---|---|
| 1 | 如皋开发区 | 塑胶泳池项目 | 南通荣威娱乐用品有限公司 | 55000 |
| 2 | 如皋开发区 | 恒发污水处理提标改造 | 南通恒发水处理有限公司 | 7072 |
| 3 | 如皋港区 | 粮食加工 | 江苏永友食品科技有限公司 | 39181 |
| 4 | 如皋港区 | 高档石材项目 | 南通创辉石业有限公司 | 11000 |
| 5 | 工业园区 | 能量配合饲料加工项目 | 南通安佑生物科技有限公司 | 21800 |
| 6 | 丁堰镇 | 记忆海绵制品扩产项目 | 江苏恒康家居科技股份有限公司 | 10800 |
| 7 | 白蒲镇 | 新型墙体材料项目 | 迪亚爱柯节能科技(南通)有限公司 | 5000 |
| 8 | 磨头镇 | 绝缘复合材料 | 江苏沃能电气科技有限公司 | 5000 |
| 9 | 九华镇 | 体育用品 | 南通嘉舜体育用品有限公司 | 5000 |

## 综述

【概况】 2016年年末，全市有年产值超亿元建筑企业62家，其中，产值超100亿元2家、超50亿元3家、超20亿元7家、超10亿元12家。全市纳税百强企业中，有南通六建建设集团有限公司、江中集团有限公司、中如建工集团有限公司、标龙建设集团有限公司、戴庄建筑安装工程有限公司等建筑企业13家。全市建筑队伍人数约20万人，其中工程技术人员约2万人，建筑队伍遍及全国28个省、市、自治区以及俄罗斯、美国、日本、新加坡、阿联酋等国家和地区。全市境外建筑业劳务人员1000余人。

2016年，面对错综复杂的经济形势，全市建筑系统立足良好基础，创新发展思路，凝聚发展合力，激扬发展斗志，建筑业呈现出量增质优、量质并举良好态势，为行业转型奠定良好发展基础。全市完成建筑业总产值931.57亿元，同比增长22%；新签合同额779.27亿元，同比增长34%；施工面积1.25亿平方米，同比增长16%；承建高层5894幢，同比增长29%；承建超高层1029幢，同比增长3%；缴纳企业所得税3.2亿元。建筑业主要经济技术指标完成情况好于预期，位于全省县(市)第4名。

### 2016年如皋市建筑业施工产值超10亿元企业情况

表29

| 序号 | 企业名称 | 注册地 | 主要资质 | 等级 | 施工产值(亿元) |
|---|---|---|---|---|---|
| 1 | 江苏南通六建建设集团有限公司 | 城南街道 | 建筑工程施工总承包 | 特级 | 252.18 |
| 2 | 江苏江中集团有限公司 | 吴窑镇 | 建筑工程施工总承包 | 特级 | 160.74 |
| 3 | 中如建工集团有限公司 | 城南街道 | 建筑工程施工总承包 | 一级 | 85.25 |
| 4 | 江苏标龙建设集团有限公司 | 城南街道 | 建筑工程施工总承包 | 一级 | 35.29 |
| 5 | 南通市常青建筑安装工程有限公司 | 搬经镇 | 建筑工程施工总承包 | 一级 | 24.05 |
| 6 | 江苏辉业集团有限公司 | 如城街道 | 建筑工程施工总承包 | 一级 | 23.18 |
| 7 | 南通市戴庄建筑安装工程有限公司 | 城北街道 | 建筑工程施工总承包 | 一级 | 20.45 |
| 8 | 江苏宏景集团有限公司 | 下原镇 | 建筑工程施工总承包 | 一级 | 18.05 |
| 9 | 南通永基建设工程有限公司 | 如城街道 | 建筑工程施工总承包 | 二级 | 14.80 |
| 10 | 江苏昌盛建设集团有限公司 | 东陈镇 | 建筑工程施工总承包 | 一级 | 12.50 |
| 11 | 江苏巨业建设集团有限公司 | 如城街道 | 建筑工程施工总承包 | 一级 | 10.70 |
| 12 | 南通市大陆建设工程有限公司 | 城南街道 | 建筑工程施工总承包 | 一级 | 10.02 |

**【产业结构调整】** 年内,全市建筑企业资质结构日趋优化,一级以上资质建筑企业施工总产值652.1亿元,占全市建筑业总产值70%。南通六建集团有限公司成功实施"股本结构、资产债务"改革重组。中如建工集团注资控股51%,解决管理及债务等方面问题。南通六建建设集团位居中国民营企业500强第196位,位居全球工程承包商第65位和国际工程承包商第204位,位次分别前移3位和18位。优化调整经营方式,江中集团有限公司房建施工转向"超高、特大、难"高端项目,房产开发聚焦精品住宅;中如建工集团有限公司、常青建筑安装工程有限公司、标龙建设集团有限公司等企业改革创新管理体制,分离决策层与经营层,提升决策管理质效。加快商业模式转型。中如建工集团有限公司、常青建筑安装工程有限公司、源丰建设工程有限公司、九华建筑安装工程有限公司、新飞扬建筑安装有限公司等结合自身优势,注重对接产业链上下游优质企业,与中国建筑工程总公司、中国铁路工程总公司、中国冶金科工集团有限公司等中央企业和恒大集团、碧桂园集团、万科集团等上市企业及金科集团、中南集团等实力强劲的民营企业结成战略同盟,成功拓展市政公用、铁路桥梁、水利水电、装修装饰、园林绿化等专业领域,高附加值市场占有份额12.3%,比上年提升7.5个百分点。

**【建筑科技创新创优】** 年内,全市建筑行业创国家级工法2项、省级工法12项、省级建筑业新技术示范工程10项,发明专利获授权6项,实用新型专利获授权4项。中如建工集团有限公司、标龙建设集团有限公司两家企业不断加大科研投入,筹建省级技术中心;南通六建建设集团有限公司、江中集团有限公司、标龙建设集团有限公司、戴庄建筑安装工程有限公司等企业应用工程智能控制管理技术控制项目施工过程,进一步提升工程质量。全市建筑行业人才队伍不断壮大,全年取得建筑工程类中级以上职称者200余人,拥有省"333"人才和市"226"人才培养对象6人;一级建造师1075人、二级建造师2756人。

德佳窗业幕墙有限责任公司参建的泰州公安局业务技术用房获鲁班奖 (市建工局供稿)

**【工程创优】** 年内,全市建筑行业创鲁班奖1项、国优奖3项、省级以上优质工程奖17项。德佳窗业幕墙有限责任公司获装饰工程参建鲁班奖,实现如皋建筑业装饰工程鲁班奖零突破。

**2016年如皋市建筑业获省级以上优质工程奖情况**

表30

| 序号 | 获奖企业名称 | 工程名称 | 所获奖名 | 批准部门 | 批准时间 |
|---|---|---|---|---|---|
| 1 | 南通德佳窗业幕墙有限责任公司 | 泰州市公安局业务技术用房 | 参建鲁班奖 | 中国建筑业协会 | 2016.11 |
| 2 | 南通蓝星装饰工程有限公司 | 南通市图书馆及综合服务中心等业务用房幕墙工程 | 中国建筑工程装饰奖 | 中国建筑装饰协会 | 2016.11 |
| 3 | 江苏江中集团有限公司 | 淮海人力资源交流服务中心 | 国优 | 中国施工企业管理协会 | 2016.12 |
| 4 | 江苏元辰安装集团有限公司 | 如皋市广播电视传媒中心机电安装工程 | 中国安装工程优质奖(中国安装之星) | 中国安装协会 | 2016.12 |

续表30-1

| 序号 | 获奖企业名称 | 工程名称 | 所获奖名 | 批准部门 | 批准时间 |
|---|---|---|---|---|---|
| 5 | 江苏江中集团有限公司 | 泰州茂业天地地块2工程-9号楼 | 扬子杯 | 江苏省住房和城乡建设厅 | 2016.02 |
| 6 | 江苏江中集团有限公司 | 如皋市中医院门急诊综合楼 | 扬子杯 | 江苏省住房和城乡建设厅 | 2016.02 |
| 7 | 江苏南通六建建设集团有限公司 | 如皋市公安局业务用房暨0708 | 扬子杯 | 江苏省住房和城乡建设厅 | 2016.02 |
| 8 | 江苏南通六建建设集团有限公司 | 如皋市体育中心 | 扬子杯 | 江苏省住房和城乡建设厅 | 2016.02 |
| 9 | 江苏南通六建建设集团有限公司 | 中国移动华东大区物流中心库房2、3、4楼 | 扬子杯 | 江苏省住房和城乡建设厅 | 2016.02 |
| 10 | 南通蓝星装饰工程有限公司 | 南通市图书馆及综合服务中心等业务用房幕墙工程 | 扬子杯 | 江苏省住房和城乡建设厅 | 2016.02 |
| 11 | 南通蓝星装饰工程有限公司 | 如皋市档案馆外装饰工程 | 扬子杯 | 江苏省住房和城乡建设厅 | 2016.02 |
| 12 | 江苏城中园林股份有限公司 | 唐闸公园扩建工程B标段 | 扬子杯 | 江苏省住房和城乡建设厅 | 2016.02 |
| 13 | 江苏元辰安装集团有限公司 | 如皋市广播电视传媒中心机电安装工程 | 扬子杯 | 江苏省住房和城乡建设厅 | 2016.02 |
| 14 | 江苏元辰安装集团有限公司 | 如皋汇智湖高层办公楼机电安装工程 | 扬子杯 | 江苏省住房和城乡建设厅 | 2016.02 |
| 15 | 南通市戴庄建筑安装工程有限公司 | 如皋经济开发区总部经济大厦 | 扬子杯 | 江苏省住房和城乡建设厅 | 2016.02 |
| 16 | 南通市戴庄建筑安装工程有限公司 | 徐州工程学院新校区三期综合教学楼 | 扬子杯 | 江苏省住房和城乡建设厅 | 2016.02 |
| 17 | 南通德佳窗业幕墙有限责任公司 | 如皋市体育馆 | 参建扬子杯 | 江苏省住房和城乡建设厅 | 2016.02 |
| 18 | 江苏江中集团有限公司 | 徐州市中心医院内科医技病房大楼 | 扬子杯 | 江苏省住房和城乡建设厅 | 2016.02 |
| 19 | 江苏南通六建建设集团有限公司 | 盛景家园居住组团J座 | 泰山杯 | 山东省住房和城乡建设厅 | 2016.02 |
| 20 | 江苏南通六建建设集团有限公司 | 内蒙古伊泰广联煤化红庆河煤矿1号、2号单身宿舍工程 | 太阳杯 | 中国媒炭建设协会 | 2016.12 |
| 21 | 江苏南通六建建设集团有限公司 | 维多利·新天地 | 草原杯 | 内蒙古自治区住房和城乡建设厅 | 2016.12 |

## 建筑市场拓展

**【传统市场】** 年内，南通六建建设集团有限公司、江中集团有限公司抢抓“一带一路”倡议、京津冀区域一体化等国际、国家战略实施机遇，统筹谋划市场布局，不断优化市场结构，在热点区域设立总部公司，充实技术管理人员，加大市场开拓力度，全年分别完成建筑业总产值252亿元、160.74亿元。

**【新兴市场】** 年内，全市建筑企业在拓展海南、江西、贵州、广东等新兴市场同时，加快走出去步伐，国内国外两个市场齐头并进，市场份额大幅提升。中如建工集团有限公司加快走出去步伐，在印度尼西亚、马来西亚、玻利维亚等国家和地区成功设立海外分公司，全年施工面积289万平方米,在建项目49项,新接合同总额超100亿元。标龙建设集团有限公司先后与华夏幸福、大润发、中南集团等上市企业强强合作,全年新建项目20个,施工总面积350多万平方米。常青建筑安装工程有限公司开拓京津冀和长江沿线等新兴市场,拓展市政基础设施建设市场,全年总产值约10亿元。路翔交通工程有限公司拓展市外市场,在泰州、徐州、无锡等市场取得突破;水建安装有限公司在贵州水利和桥梁市场承接超亿元工程项目2个;新飞扬建筑安装有限公司与中国建筑工程总公司合作,成功进军广东、广西市场。

## 行业管理

**【企业资质管理】** 全市现有建筑企业285家,其中,特级资质企业2家、一级资质企业27家、二级资质企业100家、三级资质企业80家,劳务分包企业14家。按企业主要资质序列分:有总承包企业109家,占企业总数38.3%;专业承包企业162家,占企业总数56.7%;劳务分包企业14家,占企业总数5%。年内,市建工局组织建筑业企业对照新资质标准,更换启用新版资质证书,全市原312家建筑业企业中,除原资质被取消外,其余285家企业确保应换尽换。

**【施工图审查】** 年内,皋城建设工程施工图审查中心(二类施工图审查机构)在资质范围内开展建筑工程施工图设计文件审查(含勘察文件审查)和抗震技术审查,对违规现象及时纠正,确保工程质量安全。全年审查各类建设工程136个、单体工程367个,建筑面积156.84万平方米。发现违反强制性条文473条、违反强制性标准1098条,提出合理化建议1888条。审查勘察报告99项,发现违反强制性条文8条、违反强制性标准301条,提出合理化建议269条。

**【建筑市场和施工现场管理】** 年内,市建工局组织特种作业人员岗位教育培训1350人、安全生产管理培训2000余人、岗位教育培训3000余人,考试合格率98%。全年受监上年结转工程87个、建筑面积337万平方米,当年新工程40个、建筑面积390.2万平方米,实现工程结构安全、使用功能和观感质量三大保证目标,住宅工程分户验收覆盖率100%、合格率98.5%、质量终身责任承诺制度落实率100%、永久性责任标牌制度执行率100%。定期检查工程项目建设、勘察、设计、施工、监理单位5个方面责任主体质量行为。突击检查商混企业,涉工程项目104个,发现问题和隐患1948条,下发隐患整改通知书59份,及时整改回复59份,下发停工通知书6份,整改率99.1%。全市全年未发生较大安全生产事故,35个工地被评为如皋市以上安全文明标准化工地。年内,江中集团有限公司创国家AAA级安全文明标准化工地2个,全市建筑行业获评省级以上安全文明标准化示范工地8个。

**【工程质量监管】** 年内,市城乡住房建设局累计监督工程83个,建筑面积141.19万平方米。其中:新受监工程47个,建筑面积97.69万平方米;上年结转工程36个,建筑面积43.5万平方米。实施建设、施工、监理、勘察、设计五大责任主体质量行为检查3次,涉项目57个;突击检查商砼企业2次,涉商砼企业9家。发现问题隐患456条,下发隐患整改通知书32份,收到整改回复32份,整改率99.1%。

**【白蚁防治】** 年内,市城乡住房建设局签订白蚁防治工程施工合同95份,合同面积242.6万平方米,预防面积135.8万平方米;验收工程项目41个,验收面积135万平方米;回访面积154万平方米。免费为82户家庭和单位灭治白蚁,灭治面积1.45万平方米。对学校等公益建设项目及招商引资重点项目,减免收费面积135.8万平方米,免收费用164.39万元。加强白蚁危害和防治知识宣传,全年发放宣传资料1100余份。被省住房城乡建设厅授予全省优秀白蚁防治单位称号,被省白蚁防治协会表彰为全省白蚁防治先进单位。

(张台锋　孙　颖)

## 综述

**【概况】** 2016年,受全面营业税改增值税、重点企业增长后劲不够、贸易平台贡献不稳定等影响,全市服务业经济面临较大的下行压力。全市上下凝心聚力,迎难而上,主要指标实现稳步回升,较好地完成全年各项目标任务。全年新增服务业纳税申报企业7423家,累计26058家,其中新增规模以上服务业企业19家,累计336家。实现全部服务业应税销售983.10亿元(南通市统计局反馈数据,下同),增量122.23亿元,同比增长14.2%,服务业应税销售总量、增速、增量均位列南通县(市)首位。实现税收36.66亿元,税收总量位列南通县(市)第3位,同比减少28.8%。实现服务业增加值406.92亿元,同比增长11.0%,占地区生产总值45%。完成社会消费品零售总额342.21亿元,同比增长10.8%,其中限额以上消费品零售额121.64亿元,同比增长10.7%。完成服务外包执行额17.86亿元,同比增长32.3%。全市服务业综合考核在第三季度位居南通各县(市)第1位,全年位居第3位。

**【项目投入】** 年内,全市规模以上服务业企业投入262.03亿元,同比增长24.1%,增幅高于全社会固定资产投资9.8个百分点。完成服务业设备抵扣款9741万元,同比增长472.3%,增量8039万元,总量、增速、增量均位列南通县(市)第1位。新开工亿元以上服务业项目36个,投资总额48.6亿元,项目个数、投资额均居县(市)中第3位。年内,渤商所长江国际交易中心被确定为2016年省重大项目,中国国际园艺城被确定为5亿元以上南通服务业重点项目,新城吾悦商务中心被确定为10亿元以上南通服务业重点项目。

**【集聚区建设】** 年末,全市有省级服务业集聚区1家(如皋港现代物流园)、南通市级服务业集聚区6家(如皋软件产业园、如皋科技创业园、如皋电商产业园、医疗器械产业园、花木大世界、东升石材创意产业园)。年内,全市坚持以服务业集聚区为抓手,推动产业集聚集约发展,不断加快重点集聚区提档升级步伐。花木大世界、如皋港现代物流园成为百亿级集聚区。10月,如皋软件园和工业信息化部软件与集成电路促进中心(英文缩写CSIP)达成全面托管合作协议,由CSIP负责软件园管理、运营、招商等工作。12月,如皋港现代物流园被省发展改革委命名为省级生产性服务业集聚示范区。

(曹　霞　徐亚锋)

## 商品零售

**【概况】** 2016年,全市消费品市场运行稳中有升,实现社会消费品零售总额342.2亿元,比上年净增33.2亿元,同比增长10.8%。实现限上企业销售额556.8亿元,比上年净增193亿元,同比增长52.9%;实现限上企业零售额105.6亿元,比上年净增11.2亿元,同比增长11.8%;新增限上企业30家。年末,全市有限上批发和零售企业562家,与如皋市建立进出口贸易关系的国家和地区146个。

**2016年如皋市限额以上批发和零售业零售额分类情况**

表31

| 指　　标 | 零售额(亿元) | 同比增长(%) |
|---|---|---|
| 食品、饮料、烟酒类 | 12.30 | 12.7 |
| 服装鞋帽、针、纺织品类 | 9.41 | 19.3 |
| 家用电器及音像器材类 | 7.36 | 13.9 |
| 汽车类 | 35.66 | 9.9 |
| 石油及制品类 | 20.39 | 4.0 |
| 家具类 | 1.01 | 15.0 |
| 日用品类 | 2.59 | 11.9 |
| 化妆品类 | 1.96 | 9.7 |
| 金银珠宝类 | 2.46 | -12.9 |
| 书报杂志类 | 1.38 | 6.9 |

**【项目建设】** 新城吾悦广场、花木大世界二期扩建工程、南北绿色农产品交易中心、新生桥市场改扩建工程等重大项目正按序时进度加快推进,万都广场建成投入使用。5月2日,万都广场开业,总投资10亿元,建筑面积20万平方米。7月16日,新城吾悦广场奠基开工,总投资15亿元,总建筑面积15万平方米,涵盖购物中心等多种业态及配套,目标打造集购物、餐饮、娱乐、休闲于一体的商业综合体。

**2016年如皋市亿元以上商品交易市场情况**

表32

| 名　　称 | 年末摊位数(个) | 市场营业面积(平方米) | 市场管理费(万元) | 成交额(亿元) |
|---|---|---|---|---|
| 天平市场 | 508 | 8864 | 170 | 43.94 |
| 西皋市场 | 205 | 5500 | 68 | 6.75 |
| 苏浙大市场 | 1540 | 105000 | 58 | 19.54 |
| 花木大世界 | 982 | 125000 | 240 | 32.44 |
| 丁堰农贸市场 | 196 | 8000 | 22 | 2.19 |
| 苏中综合市场 | 355 | 7960 | 10 | 1.89 |
| 吴窑山羊市场 | 295 | 3015 | 260 | 2.98 |
| 搬经农贸市场 | 108 | 8000 | 155 | 2.19 |
| 磨头集贸综合 | 131 | 7700 | 14 | 1.20 |
| 城北市场 | 480 | 18000 | 21 | 13.00 |
| 亿丰商贸城市场 | 180 | 20000 | 50 | 2.77 |

## 电子商务

**【概况】** 2016年,全市电子商务交易额约60亿元。市电商产业园和电商物流园两大园区基础设施完善,中通、青软、韩秀等50多家企业入驻。花木大世界网注册用户8万多家,寿都密码网上线品种500多个,两大特色平台区域影响力逐步显现。农村电商快速发展,市邮政局建成市电商运营中心、镇电商服务站、村邮站三级农村电商网络服务格局,打通农村电商服务“最后1千米”。如城街道、如城街道贺洋社区分别被评为省农村电子商务示范镇、示范社区。

(白　洁)

## 农资供销

**【概况】** 2016年,市供销合作总社(简称“市供销社”)依托上海蔬菜

1月15日，第二届世界长寿之乡——如皋农产品进上海展销会在上海宝山区江杨市场开幕
（市供销社供稿）

集团和如皋农产品沪皋流通销售商会，在上海举办如皋特色农产品展示展销会4场次；指导如皋农产品沪皋流通销售商会组织产销对接活动，组织商会会员参观如皋现代农业园区、农业龙头企业、家庭农场，互通供需信息，搭建产销对接平台，为优质如皋农产品进入上海菜市场提供“快车道”。鼓励社会各界人士开设“苏·皋”长寿农产品直营店，在上海、南通、如皋开设直营店、连锁专卖柜台4家。全年组织农业龙头企业、农民专业合作社等参加各类农产品展示展销会3场次。市供销社获南通市供销合作社系统综合业绩考评特等奖，被省供销合作总社表彰为创新工作优胜单位、农村综合服务社提升工程先进单位。

**【农业综合开发供销合作总社项目建设】** 年内，市供销社组织参股企业推进农业综合开发项目建设，全市完成农业综合开发项目总投入3100多万元，其中，南通市品德物流配送有限公司投资1100多万元推进农产品产业融合项目，市中萃米业有限公司投资2000多万元推进稻麦种植土地托管项目。

**【为农服务社建设】** 全市现有为农服务社310家，均为三星级。年内，市供销社继续推进为农服务社长效管理，更新为农服务社标志、标牌125家。全市通过省供销合作总社三星级为农服务社复审验收22家。对4家省定经济薄弱村为农服务社实施改造并通过省供销合作总社验收。逐步对全市为农服务社实施信息化改造，开展电子商务服务，至年末，全市有10家为农服务社实现网上农资购销服务。

**【专业合作社建设】** 年内，市供销社围绕花木、果蔬、畜禽、稻米等优势农业产业，引导、扶持农民经纪人发展专业生产合作社，全年与镇村联办专业合作社13家。

（石玉建）

## 粮食流通

**【概况】** 市粮食局现有下属国有（控股）企业4个，分别是市粮食储备库、市粮食购销公司、市粮食资产管理中心、市通粮麦业有限公司。2016年，完成夏粮收购71182吨，其中托市收购35661吨；秋粮收购45756吨，其中托市收购28948吨。

**【粮食市场监管】** 年末，全市有“五放心”粮油店22家。年内，市粮食局不间断巡查全市各粮食收购网点，出动40多人次。加强对“五放心粮油店”（质量放心、计量放心、价格放心、卫生放心、服务放心）长效监管，建成“半小时放心粮油消费圈”。

**【储备粮、军粮管理】** 年内，全市地方粮食储备实储到位、保管到位、轮换到位，完成市政府下达地方粮食储备任务。市粮食局开展“一站式”服务及“满意在军营”活动，根据官兵需求及时调整军供品种，免费代储战备物资，军粮供应保障有力。5月16日，市粮食局、市总工会联合举办粮食系统保管及收购信息化技能比赛活动，评选一等奖1人、二等奖3人、三等奖6人，市粮食储备库被评为优秀团队。一等奖获得者被市总工会授予五一劳动奖章，优秀团队获得者被市总工会授予五一先锋号，市粮食系统工会被市总工会评为“万名职工竞技能”活动优秀组织单位。

**【粮食系统改革】** 年内，市粮食局在全市实施新一轮基层粮食库站内部承包经营改革，7个基层库站转由内部职工承包经营，协议借用在职职工20人。将储备库大米加工设备租赁给江苏润科商业公司，支持其发展粮食全产业链。

市通粮麦业有限公司成立大会现场　　　　（市粮食局供稿）

**【全市粮食系统首家国有控股公司成立】** 5月28日，全市粮食系统首家国有控股公司——市通粮麦业有限公司成立。年内，市粮食局将九华粮库由市粮食购销公司划出，由江苏永友粮油经营集团出资1100万元购买其46.5%股权组建市通粮麦业有限公司。该公司的成立，解决粮食收购仓容不足矛盾，促进国有资产保值增值。

（张韦维）

## 烟草业

**【概况】** 市烟草专卖局(南通市烟草公司如皋分公司)辖区有在册卷烟零售客户5613户。2016年，实现卷烟含税销售额148782万元，实现利税42747万元，同比分别增长2.64%、9.58%，在南通烟草系统综合绩效考评中位居第1名。市烟草专卖局专卖管理工作受南通市烟草专卖局通令嘉奖7次，受到省烟草专卖局通令嘉奖5次。10月，在全省烟草系统县级局(分公司)创优工作现场推进会上交流创优经验做法。市烟草专卖局获评2013—2015年度省文明单位、省安全文化示范企业、省质量信得过班组、省工会“职工书屋”示范点，南通市价格诚信单位、书香示范企业、法制宣传教育先进集体。

**【营销管理】** 年内，市烟草专卖局推进供给侧结构改革，执行“三去一降一补”(去产能、去库存、去杠杆、降成本、补短板)政策，加速清理滞销品牌、全规格卷烟社会库存。关注企业价值地图，定期收集各项信息数据，采取“城市保量提结构”“农村提量保结构”差别化营销策略，促进卷烟销量和结构整体向上平移。9月，正式推行全省“新商盟”统一订货平台。挖掘各档次客户销售潜力，有效货源订足率在南通地区最高。调整配送线路，把原有12条配送线路整合为10条，全年出车2727车次，送货及时率100%，送货差错率为零。

**【专卖管理】** 全年查获案件105起，其中案值1万元—5万元16起、5万元—20万元5起、20万元—50万元8起、100万元以上3起。查获各类违法卷烟27327.4条，案值600.43万元，罚没款166.8万元。

（卢雅卿）

## 盐　业

**【概况】** 2016年年末，全市有生产加工及食品加工用盐企业580家。2016年，市盐务管理局(江苏省盐业公司如皋支公司)销售各类盐品44000吨，实现销售收入4942万元，同比分别增长2.4%和33.5%。年内，查获各类盐业违法案件69起，查处私盐7.3吨，没收私盐3.3吨，罚没、变价款共计人民币59780.45元。组织、参加各类法治宣传咨询活动4场次，发放各类宣传资料2.5万多份。全年与相关部门联合执法18次，与相邻县(市)边界市场联合执法检查3次，出动执法人员782人次。检查全市零售商店、超市、用盐企业、饮食摊点及机关、学校、企业食堂3200多家，调查居民灶台用盐情况1200余户。严格执行国家各项食盐专营政策和盐产品质量标准，加大营销体系改革，主动应对体制变化，推进客户经理到岗履职，组织货源，保证市场供应，用户满意度95%以上。

（马　如）

## 金融业

**【概况】** 2016年年末，全市本外币各项存款余额1150.27亿元，比年初增加157.73亿元，增幅15.89%。本外币各项贷款余额715.80亿元，比年初增加105.48亿元，同比多增25.38亿元，增幅17.28%。贷款增量、增幅分别位居南通六县(市、区)第2、第3位。年末，全市有银行业金融机构16家(不含人民银行)；保险公司分支机构35家，其中财产保险机构17家、人寿保险机构18家；证券营业部5家；小额贷款公司5家，其中农村小额贷款公司4家、科技小额贷款公司1家；创业投资和股权投资机构8家；融资性担保公司2家；上市公司6家，"新三板"挂牌企业8家。2016年新增融资性担保公司1家（江苏再保南通信用担保有限公司）、上市公司1家（江苏恒康家居科技股份有限公司）、"新三板"挂牌企业5家［南通苏马游艇设备股份有限公司、凯晖皮草科技（南通）有限公司、南通国电电站阀门有限公司、江苏恒祥化工有限责任公司、南通泰利达新材料有限公司］。

**【货币政策】** 年内，市政府金融办（人民银行如皋支行）不断加强窗口指导，解读、落实稳健货币政策，营造适宜货币金融环境，保持信贷规模合理增长。农业发展银行如皋市支行2016年度贷款增加额位居南通六县（市）农发行第1位；工商银行如皋市支行2016年贷款增量在南通系统内、全市四行同业中均为第1位；如皋农商行2016年年末制造业贷款余额48.75亿元，居全市各行之首。用足用好再贷款再贴现政策，发挥好货币政策工具与价格"双引导"作用。全年办理支农再贷款4笔、金额8000万元；引导金融机构扩大对"三农"和小微企业等薄弱环节票据融资，办理回购式再贴现业务20笔、5.31亿元，不断扩大再贴现受益覆盖面。引导商业银行做好项目储备、注册发行和风险控制，直接债务融资实现新突破，全年发行定向票据7亿元，成功注册首单PPN（非公开定向债务融资工具英文简称）项目，发行债务2期、10.5亿元。引导银行法人机构创新金融市场业务。如皋农商行成功发行二级资本债6亿元，累计发行同业存单38.1亿元、大额存单5.62亿元。做好供给侧结构性改革金融服务。分区域、分行业、分类别开展个性化银企合作活动22场，发布资金需求113.28亿元，签约金额78.15亿元。各金融机构相继推出"苏科贷""税易贷"等一系列无担保金融创新产品，解决小微企业担保难问题。引导金融机构针对制造业企业落实差别化信贷政策。至年末，制造业企业贷款余额108亿元，其中采用商标权质押、股权质押、财政补贴质押等新型抵质押方式贷款余额2.1亿元。成立市场利率定价自律机制，组织成员单位签订诚信经营承诺书、《支持工业经济发展公约》《联合惩戒恶意逃废债公约》，共同维护存贷款利率定价秩序。

建行如皋支行召开小微企业家座谈会，推出"税易贷"金融产品

（建行如皋支行供稿）

**【金融生态】** 年内，市政府金融办（人民银行如皋支行）稳步推进存款保险评级、核查工作，进一步完善存款保险工作宣传、监测和保费交纳机制。做好金融风险监测、预警、化解工作，落实重大事项报告工作制度，加强对船舶、建筑、纺织等重点行业和地方债务、房地产市场等重点领域风险监测，关注、跟踪金融风险潜在问题和线索，对潜在风险进行提示和预警。全年累计收到重大事项专项报告50期，上报专报件10期。为企业协调资金，促成南通银监分局召开国鼎（南通）管桩有限公司债权银行专题协调会，协调解决市如兴纺织有限责任公司与江苏昌昇集团股份有限公司之间担保事宜和"熔盛系"在国家开发银行江苏省分行贷款抵押问题，推进码头、船坞抵押登记办理。与南通银监分局专题协调南通市级各金融机构对如皋市建筑业支持。年末，全市建筑业贷款余额86.85亿元，比年初增加11.69亿元，全市建筑行业总体稳定。组织相关部门对有恶意逃债倾向的江苏昌盛建设集团实施清产核资，查清企业资金流向，维护银行债权。引导银行业金融机构积极参与防范和打击非法集资活动，杜绝非法金融活动风险向正规金融体系蔓延。做好金融生态县申报非现场审核工作，确保如皋市通过江苏省金融优秀县"3年回头

看”验收。继续做好“两管理、两综合”(开业管理、营业管理,综合执法检查、综合评价)工作,推动银行业合规经营。年内,对辖区4家二级支行做好开业管理审核验收;对16家银行业金融机构2015年执行人民银行政策情况实施综合评价,依据评价结果,对招商银行如皋支行开展综合执法检查,对违规行为实施行政处罚;开展单项执法检查18家次。加强监督,规范外汇市场秩序,对辖区银企开展外汇现场检查14家次,立案查处违规行为5起,罚款235万元。落实“控流出”政策,开展监测约谈工作,防范跨境流动资金风险,监测企业130家,约谈企业7家、银行4家。

12月7日,金融IC卡智慧菜场闪付工程在新生桥市场启动

(建行如皋支行供稿)

**【金融秩序维护】** 年内,市政府金融办开展非法集资及互联网金融风险专项整治工作,成立专项整治领导小组,并根据上级反馈的314家企业名单,联合市市场监督管理局、市公安局出动近100人,组成20个排查小分队上门摸底排查,最终确定重点核查企业36家,落实部门责任,完善监管格局。对理财类公司坚持采取“紧盯式”“网格化”监管模式,由市市场监管局、公安局经侦大队相关责任人驻点监管,市政府金融办每周对所有理财公司暗访一轮,掌握理财公司最新动态,研判潜在风险。印发防范处置非法集资和互联网金融风险宣传折页10万份,通过发放给义务教育阶段学生转请家长阅读并签字、各社区干部结合换届选举工作登门发放等方式,提高全民防范意识。组织主城区16个社区对从事互联网金融活动的36家企业及房东开展“送法到业主,打非进楼宇”专项活动,对楼宇业主宣传教育并签订相关承诺书。联合如城实验小学举办“小手拉大手,远离非法集资”主题讲座,对现场近1000名学生家长宣讲远离非法集资常识。在微信平台“读懂如皋”开设《如皋金融汇》专栏,在官方公众号“如皋发布”及“如城发布”宣传防范非法集资知识。

**【金融服务】** 年内,市政府金融办(人民银行如皋支行)依托微信公众号、电台直播、电视台访谈等媒体资源,做到线下面对面宣传与在线移动宣传有机融合,保证多渠道宣传不间断。如皋高等师范学校继如皋中专之后,成为全市第二家金融知识普及教育示范基地。全年开展金融知识宣传活动20余场次,处理金融投诉5起。组织各镇(区、街道)政府、企业服务中心和各行业商会对企业需求情况开展调查,先后搜集有资金需求企业97家,需求总额30.73亿元。将调查情况反馈给各金融机构,促成一批合作意向,10家企业获贷款6905万元。定期向金融机构反馈全市规模企业和亿元以上产业项目资金需求情况,促进金融机构明确服务对象,加大服务力度。研究制定《2016年如皋市人民币流通净化工程实施细则》,组织开展现金服务安全知识和点钞识假技能竞赛,巩固商业银行现金代理和社会化集中清分业务创新工作。开展硬币自循环试点,采用“1+N”城乡结合模式成立硬币鉴定清分中心9个,建立重点硬币需求客户信息库和硬币投放回笼大户微信平台,全年清分硬币业务量158.58万枚。推动2家金融机构成功完成冠字号码同步流转测试工作。强化科技支撑,在菜市场创新实施金融IC卡“智慧菜场闪付工程”,合作菜市场签约商户50家。深入推进农村支付环境建设,组织如皋农商行继续推进客户经理定期坐班制度,拓展服务站功能。组织开展金融系统反洗钱知识培训、支付结算和反洗钱知识竞赛,全面提升辖内支付结算服务水平。对辖区获批开展跨国公司外汇资金集中运营管理的试点企业双马化工进行宣传和辅导,促进各项优惠政策效用最大化。至2016年年末,该企业国际和国内外汇资金主账户累计发生业务35笔、金额1674.2万美元。

**【中国如皋国际园艺城、如城街道美丽乡村建设项目被纳入国家发展改革委重大项目库】** 年内,农业发展银行如皋市支行利用第三批基金政策调整时期,促成中国如皋国际园艺城、如城街道美丽乡村建设2个项目入围国家发展改革委重大项目库,总规模分别为7.1亿元和42.5亿元。

**【应收账款融资服务平台成交总量居南通六县(市、区)之首】** 年内,中国人民银行如皋支行在全市金融机构推动应收账款融资服务平台推广应用。截至年末,该平台注册用户覆盖全市所有银行、小额贷款公司,企业注册350户,启用率近80%。通过平台成交业务157笔,折合人民币93.47亿元,形成核心企业供应链5条,注册数、成交量、完成企业供应链数均居南通六县(市、区)之首。

**【如皋农村承包土地经营权抵押贷款总量居南通六县(市、区)之首】** 年内,中国人民银行如皋支行推动"两权"抵押贷款试点工作,推动财政出资设立贴息资金100万元、风险专项补偿基金1100万元。至年末,如皋农村承包土地经营权抵押贷款余额1.06亿元,受益农户及新型农业经营主体65家,参贷机构5家,累计在11个乡镇发放83笔贷款1.4亿元,贷款笔数和总量居南通六县(市、区)首位。

**【如皋农商行开展阳光金融活动】** 年内,如皋农商行开展"逐户对接,走千家访万户""银政企座谈会""了解你的市场、了解你的客户"等阳光金融活动,全年走访企业6509户,建立合作关系4076户,授信152亿元,用信118亿元;走访农户95673户,授信农户51877户,授信34.73亿元。

**【江苏银行如皋支行开通投资银行业务】** 年内,江苏银行如皋支行开通投资银行业务。首单县区级非国家级开发区PPN项目注册成功,注册额度13.9亿元,首期发行10.5亿元。如皋沿江开发投资有限公司成功发行北京金融资产交易所债权融资计划,注册额度2亿元。如皋新能源汽车产业基金(30亿元)成功投放,组建首期基金12亿元,此为江苏银行南通分行单笔金额最大的业务。

(马　晖　张维曦)

5月12日,全市承包土地经营权抵押贷款工作推进会在如皋农商行召开　(如皋农商行供稿)

**【银行机构】** 中国工商银行股份有限公司如皋支行　中国工商银行股份有限公司如皋支行(简称"工行如皋支行")下辖二级支行12个,其中城区支行6个、集镇支行6个。2016年年末,本外币各项存款余额105.08亿元,人民币对公存款、储蓄存款两大存款账面比年初新增8.58亿元,同比多增1.76亿元,其中储蓄存款账面新增3.76亿元,同比多增2.85亿元;对公存款新增4.82亿元,同比少增1.09亿元。各项贷款余额79.09亿元,新增18.38亿元,同比多增10.11亿元,其中人民币贷款新增12.66亿元,同比多增5.65亿元。实现中间业务收入17679万元,比上年同期增加3041万元,增幅20.77%。实现拨备前利润35640万元,比上年同期增加4286万元,增幅13.67%。拨备后利润25394万元,净利润21141万元。年内,工行如皋支行蝉联省分行精品县支行称号,营业部、白蒲支行分别获南通行精品营业部、精品二级支行称号。

(徐煜程)

中国农业银行股份有限公司如皋市支行　中国农业银行股份有限公司如皋市支行辖营业机构15个,其中城区网点5个、乡镇网点10个;设立离行式自助银行13个、金融便利店3个、惠农取款点345个。年末,本外币各项存款余额107.76亿元,年内增加11.05亿元,总量保持"四行"第2位。

其中:个人存款余额77.82亿元,年内增加6.18亿元,个人核心存款日均增量5.52亿元;对公存款余额29.94亿元,比年初增加4.86万元,人民币对公核心存款日均余额28.15亿元,全年日均增量4.29亿元。全行各项贷款余额60.2亿元,年内净增1.51亿元,其中个人贷款余额17.22亿元(不含信用卡透支),年内增加2.26亿元。个人网银新增活跃客户2.06万户,个人短信通新增4.35户,企业网银新增活跃客户131户,企业短信通新增客户383户,新增有效特约商户数52户。实现中间业务收入7319万元,其中,个金类中间业务收入1657万元,对公类中间业务收入168万元,电子银行中间业务收入1144万元,信用卡中间业务收入770万元。

(戴莉君)

中国银行股份有限公司如皋支行　中国银行股份有限公司如皋支行(简称"中行如皋支行")下辖网点(含营业部)12个,其中城区8个、乡镇4个。2016年年末,中行如皋支行本外币各项存款余额94.1亿元,比年初增加9.1亿元。其中:本外币储蓄存款49.6亿元,比年初增加5亿元;本外币公司存款44.5亿元,比年初增加4.2亿元;本外币同业存款372万元,比年初增加242万元。各项贷款余额78.2亿元,较年初增加6.8亿元。其中:短期贷款余额30.8亿元,中长期贷款余额45.2亿元,票据融资余额2.2亿元。外汇贷款余额0.73亿美元。工业贷款余额21.2亿元,表外融资余额17.57亿元(银行承兑汇票5.51亿元、委托贷款0.55亿元、其他贸易融资4.51亿元、产业基金7亿元)。新批表内授信客户34户,批复总金额32.23亿元。其中:大中型客户14户,获批31.08亿元;小型企业20户,获批1.15亿元。表外非标理财客户2户,获批10.8亿元。批准政府融资16.65亿元,占比38.69%;批准实体经济融资26.38亿元,占比61.31%。年内,中行如皋支行获评省文明单位,营业部被中国银行业协会评为四星级营业网点。如皋港区支行被江苏银行业协会评为"普惠金融乡镇"五星级网点。

(张雨薇)

中国建设银行股份有限公司如皋支行　中国建设银行股份有限公司如皋支行(简称"建行如皋支行")下辖网点型支行9个、营业部1个、分理处6个,其中乡镇网点6个。设自助渠道24个,其中年内新增自助渠道4个。年末,一般性存款余额147.7亿元,贷款余额为72.67亿元(贴现贷款余额3.21亿元)。当年贷款净投放3.77亿元,新增占比为12.37%。不良贷款余额7646.66万元,比年初减少6869万元,不良率1.05%,比年初下降1.05个百分点。全年实现中间业务收入14755万元,比上年同期增加2745万元,完成全年计划指标105.31%,全市同业排名第2位,份额为30.17%,新增份额比上年同期提升1.77个百分点。中间业务收入在主营收入中占比32.27%,比上年同期提升4.58%。实现税前利润29802万元、净利润22351万元、经济增加值16121万元。年内,建行如皋支行继续保持南通市文明行业称号和总行文明单位称号。

(朱忠宁)

交通银行股份有限公司如皋支行　交通银行股份有限公司如皋支行(简称"交行如皋支行")下辖营业机构3个、自助服务区6个。2016年年末,各项存款余额14.19亿元,其中,储蓄存款余额2.59亿元,企业存款余额11.60亿元,两项存款指标均超额完成南通分行下达指标。各项贷款余额21.22亿元,比年初增加5.28亿元。其中:对公贷款余额16.88亿元,比年初增加5.94亿元,增幅54.3%;小企业贷款余额1.54亿元;个人贷款余额0.8亿元;票据融资余额2亿元。实现经营利润3297.34万元,其中,支行本部完成3278.91万元,广福路支行完成16.71万元。实现中间业务收入474.3万元。其中,公司类153万元,个金类227万元,投行类94万元,国际类0.3万元。年内,交行如皋支行蝉联南通市青年文明号称号。

(张阆峰)

中国农业发展银行如皋市支行　中国农业发展银行如皋市支行(简称"农发行如皋市支行")现有开户企业11个。2016年年末,各项贷款余额603416万元,比上年增加104500万元,增幅20.95%,累计发放贷款236393万元。企事业单位存款余额155335万元,企事业单位日均存款191457万元,比上年增加90195万元,增幅89%。同业存款日均余额13579万元,比上年增加9387万元,增幅224%,实现账面利润11756万元,实现非利息业务收入266万元,无不良贷款。农发行如皋市支行获评省行先进基层党组织,被省农发行授予2016年度达标行、信贷资产优质行称号,被农发行南通分行评为优秀基层党组织。

(顾俊峰)

**中国邮政储蓄银行如皋市支行** 中国邮政储蓄银行如皋市支行(简称“邮储银行如皋市支行”)下辖营业机构9个,其中城区2个、乡镇7个。2016年,累计实现业务收入1.003亿元,同比增长13.17%,完成邮储银行南通市分行下达预算目标114.07%,南通县市排名第3位。累计实现利润4843.13万元,同比增长21.56%,南通县市排名第4位。年末,储蓄余额29.94亿元,比上年净增2.45亿元;对公存款余额7.9亿元,比上年净增2.55亿元;实现票据贴现21.61亿元;代收农保资金2.27亿元。年末,小额贷款结存余额1.36亿元,同比净增1588万元;商业贷款结存2.31亿元,同比净增2632万元;房贷结存5.55亿元,同比净增1.7亿元;个人消费贷款余额9.96亿元,同比净增2.32亿元。全年代理各类保险1.56亿元,销售量位列南通县市第2位。

(肖 宁)

**江苏如皋农村商业银行股份有限公司** 江苏如皋农村商业银行股份有限公司(简称“如皋农商行”)下辖营业部1个、支行61个、离行式自助银行12个,设有ATM等自助服务设备161台。2016年,各项指标符合银行业监管BB级标准和人民银行合规审慎评估、宏观审慎评估标准,保持省联社等级行考核AAAAA级。年末,各项存款余额314.98亿元,比年初增加45.55亿元,增幅16.91%。各项贷款余额184.23亿元,比年初增加15.37亿元,增幅9.10%。其中:实体贷款余额148.14亿元,比年初增加12.55亿元,增幅9.26%;涉农贷款余额137.19亿元,比年初增加4.04亿元,增幅3.04%;小微企业(含小微企业主、个体工商户)贷款余额125.98亿元,比年初增加10.53亿元,增幅9.12%。实现小微企业贷款余额、小微企业客户数、小微贷款申贷率不低于上年同期目标。新增手机银行33950户、微信绑卡34601户、第三方支付68558户,电子银行客户覆盖率25.15%,电子银行活跃客户占比30.95%,电子银行离柜率74.65%。获社保卡发卡资格,采集社保信息数据17.31万条,上传并成功制卡16.47万张。

(孙艳芳 硕圣杰)

**江苏银行股份有限公司如皋支行** 江苏银行股份有限公司如皋支行(简称“江苏银行如皋支行”)下辖经营性支行1家、离行式自助银行1个。2016年,江苏银行如皋支行营业部获南通巾帼文明岗称号。年末,各项存款余额46.42亿元,较年初新增8.23亿元。其中:对公存款余额39.57亿元,较年初新增7.67亿元;储蓄存款余额6.85亿元,较年初新增0.55亿元。各项贷款余额41.44亿元,较年初新增5.3亿元。全年实现中间业务收入3014.89万元,其中投行业务中间收入1457.49万元,公司业务中间收入1346.63万元。

(朱路平)

**招商银行股份有限公司如皋支行** 2016年年末,招商银行股份有限公司如皋支行各项存款余额12.45亿元,其中,储蓄存款余额2.08亿元,对公存款余额10.37亿元。各项贷款余额10.99亿元,其中,个人类贷款余额2.77亿元,对公贷款余额8.22亿元。表外资产余额18.88亿元。对公开户536户,银行卡1.2万张。理财余额5.60亿元,累计办信用卡4500张。全年代发薪2800户,发放二手房贷1.2亿元。逾期贷款余额7421.11万元,较年初下降1216.1万元。支持小企业发展,全年新增授信金额16654.23万元。与市政府在教育、卫生、城建、交通等公共事业加强合作,营销如皋棚改基金,推进如皋沿江永续债审批进程。

(刘 熙)

**无锡农村商业银行股份有限公司如皋支行** 无锡农村商业银行股份有限公司设如皋支行和如皋港支行2家支行。截至年末,各项存款余额2.29亿元,比年初增加1.12亿元,增幅95.73%;贷款余额5.29亿元,比年初增加3.59亿元,增幅211.18%。实现小微企业贷款余额、小微企业客户数、小微贷款申贷率不低于上年同期目标。

(秦 超)

**江苏南通如皋包商村镇银行股份有限公司** 江苏南通如皋包商村镇银行股份有限公司(简称“如皋包商村镇银行”)开设营业网点5家(如城街道、长江镇、白蒲镇、搬经镇、九华镇)。年末,如皋包商村镇银行总资产9.93亿元,各项存款余额73536.30万元,各项贷款余额72032.82万元,累计发放贷款33.11亿元,支持小微企业896户,支持农户1256户,累计利税2391.21万元。推出信贷产品“农机贷”,为购买农机具农民提供信贷服务。与新能源光伏企业合作,为光伏项目量身定做“绿科贷”信贷产品,为南通法兰克新能源科技有限公司在如皋销售的光伏产品提供信贷支持,发放贷款13笔,总额78.7万元。

(范彬洁)

**南京银行如皋支行** 2016年年末,南京银行如皋支行存款余额

53.5亿元,其中,企业存款45.6亿元,储蓄存款7.9亿元。表内外敞口余额85.7亿元。其中:贷款余额44.39亿元,较年初增长10.95亿元;表外敞口余额41.31亿元,其中,银行承兑汇票敞口额8.87亿元,商业承兑汇票敞口额2.3亿元,信用证敞口额8.54亿元,结构化融资12.05亿元,贷款转让6.55亿元,融资租赁3亿元。全年累计销售理财产品34亿元、信托产品21.2亿元。实现国际结算量9033万美元,实现国际业务中间业务收入648万元。

(鞠晓燕)

**中国民生银行股份有限公司如皋支行** 2016年年末,中国民生银行股份有限公司如皋支行总存款余额28.23亿元,比年初新增8.58亿元,其中储蓄存款5.39亿元,较年初新增1.80亿元。各项贷款余额17.05亿元,其中短期贷款余额2.05亿元、中长期贷款余额15亿元。10月28日,市政府与中国民生银行股份有限公司南通分行签订战略合作备忘录,在互利互惠基础上建立产业引导基金,对如皋港深度开发。

(王栋波)

**上海浦东发展银行如皋支行** 上海浦东发展银行如皋支行成立于2014年2月28日。2016年年末,存款余额15.18亿元,较年初增加4.09亿元。其中:企业存款余额13.82亿元,较年初增加3.81亿元;储蓄存款余额1.38亿元,较年初增加0.3亿元。各项贷款余额15.7亿元,较年初增加9.63亿元。累计销售理财产品2.4亿元。全年实现对公中间业务收入1512万元,超全年目标任务312万元。

(黄鎏鎏)

**中信银行股份有限公司如皋支行** 中信银行股份有限公司如皋支行(简称"中信银行如皋支行")成立于2015年8月19日,位于如城海阳南路300号。2016年,中信银行如皋支行被中信南京分行授予零售负债贡献奖和零售管理资产规模贡献奖。年末,各项存款余额9.64亿元,较年初新增8.59亿元。各项贷款余额7.2亿元,较年初新增5.65亿元。营业净收入989万元,增幅384%;税前利润280万元。中间业务净收入170万元。

(杨　晨)

**【保险、证券机构选介】** **中国人民财产保险股份有限公司如皋支公司** 中国人民财产保险股份有限公司如皋支公司有乡镇保险营销服务部13个,专、兼代理网点33个,拥有固定资产1500余万元。2016年,完成保费4.19亿元,同比增长15.28%,占全市保险市场份额53.56%,较上年增长1.91个百分点。其中:车险保费32929万元,同比增长15.85%,占总保费78.66%;非车险保费4745万元,同比增长3.4%,占总保费11.34%;农险保费4188万元,同比增长26.7%,占总保费10%。全年处理各类理赔案39732件,支付各类赔款23248万元。

(陈　闯)

**中国人寿保险股份有限公司如皋支公司** 中国人寿保险股份有限公司如皋支公司(简称"人寿保险如皋支公司")现有员工69人、代理人3000多人。2016年,人寿保险如皋支公司在全省中国人寿保险股份有限公司县域各支公司中位列综合经营单位第6位,个险持证人力突破3000人,10年及以上期交保费破1亿元。年内,人寿保险如皋支公司实现总保费75386万元。其中:新单保费收入25160万元,完成年度目标22577万元111%;标准保费8596万元,完成年度目标7251万元118%,南通全辖贡献度占比21.7%,与上年持平;10年期及以上期交保费11512万元,完成年度目标9778万元118%,南通全辖贡献度占比22.6%,较上年提升0.1个百分点;实现首年期交保费18803万元,完成年度目标16668万元112%,南通全辖贡献度占比20.8%,较上年下降0.5个百分点;大短险保费3992万元,完成年度目标3845万元103%,南通全辖贡献度占比16.5%,较上年提升1.1个百分点。处理理赔案件9420件,短期险赔款1753.89万元,长期险赔款1597.51万元。开展老年人意外伤害保险业务和服务领域,全年为15.7万名老人提供31.4亿元意外风险保障。联合市计生协会为全市1227名失独老人办理失独保险,风险保障2454万元。

(王小非　胡　桐)

**中信证券如皋营业部** 中信证券如皋营业部营业面积1300多平方米。年内,中信证券如皋营业部新增客户1730户,新增资产1.83亿元。融资融券新开户25户,累计996人。授信额度30亿元,使用额度3.52亿元。股指期货客户新开户2户,商品期货客户新开户15户,信投签约1100多户。年内,组织客户参加新产品等培训40多次,参培客户2100多人。全年开展渠道营销活动50多次,服务客户1200多人次。

(张　蕾)

## 房地产业

【概况】 2016年,全市房地产开发投资52.68亿元,同比下降12.2%;房屋施工面积522.68万平方米,同比下降9.3%,其中,施工住宅面积360.73万平方米,同比下降13.9%。全市全年销售商品房14512套、178.9万平方米,销售额87.6亿元,居南通县(市、区)第2位。主城区销售129.5万平方米,同比增长43.5%;销售额69.3亿元,同比增长38.7%。商品房去库存周期降至18个月。

年内,中心城区新开工商品房118.6万平方米。新城吾悦广场、"金科·世界城""绿润·瑞景华府""碧桂园·龙游湖""平凡·翠湖苑""城开·时代广场龙游府"等项目开工建设。市规划局制作、推广专题片《梦里寿乡》,吸引上海民众到如皋休闲养生、旅游度假、投资创业、选房购房。9月29日—8月4日,在主城区海阳路与福寿路交汇处举办国庆房产展销会,21个精品楼盘参展。展销期间,预定商品房410套,成交228套。

7月16日,市委书记陈晓东在新城吾悦广场奠基仪式上致辞
(市规划局供稿)

【房地产业招商】 年内,如皋市以规划为龙头,开展精准规划招商。中国房地产行业前20强企业——新城控股集团新城吾悦广场项目落户中央商务区。有序推进市人民医院东侧旧城改造项目搬迁工作。龙游河生态公园东侧配套商业区成功挂牌,西侧实现招商签约。策应区位发展优势,主动对接上海,叫响城市品牌,搭建沟通桥梁。11月8日,由市政府和上海房产商会主办、市规划局承办如皋(上海)城市推介会在上海召开,150家房地产开发企业和经纪机构参加会议。会议从要素汇聚高地、产业发展高地、人文荟萃高地、生态宜居高地、亲商富商高地5个方面,展示如皋城市形象,对如皋城市总体规划、城市定位进行推介,重点推介拟出让房地产项目13个、热销房产项目8个。GJ2008-83号和84号、GJ2010-127号两个地块在会上集中签约。

【房产开发经营监管】 年内,市规划局组织开展房地产开发经营行为专项检查,制止和查纠违法违规行为。会同中行如皋支行发布《如皋市新建普通商品房预售资金监管工作办法》,拟自2017年1月1日起,对新开发建设并进行预售的商品房项目,全面实施商品房预售资金监管。7月,市规划局正式启用新版《商品房买卖合同》。

【房产交易管理】 年内,市房产交易管理中心开展楼盘表建立管理、存量房交易备案、商品房交易备案、抵押备案、测绘备案等工作。全年办理商品房交易备案4012件、抵押备案3510件、存量房交易备案1696件、测绘备案79件。6月,启动不动产统一登记改革工作。8月,市二手房网上交易管理平台投入使用,有效防止二手房"炒买炒卖""一房两卖"现象。

(卢德美)

## 旅游业

【概况】 全市现有AAAA级景区2家、AAA级景区8家,省四星级乡村旅游区4家、三星级乡村旅游区5家、二星级乡村旅游区1家。2016年,全市各旅游景点全年接待游客985万人次,同比增长15.38%;实现旅游综合收入118.2亿元,同比增长15.42%。市旅游局被省人力资源社会保障厅、省旅游局联合表彰为省旅游系统先进集体。

【旅游项目建设】 年内,市旅游局加快旅游环境打造,有序推进创优升级工作,全年完成旅游项目投入29.6亿元。如皋衣园成功获批江苏省三星级乡村旅游区。金岛生态园正式对外运营,跑马场等项目投入使用;长江药用植物园新建文化景点全部对游客开放;花木大世界国际园艺城项目一期建成,加快推进国家AAAA级旅游景区创建工作;绿园花木盆景精品园建成对外开放;蒲新农庄、恒冠农庄、金鱼大观园和下原衣园等乡村旅游点建成开放。

**【旅游市场开发】** 年内,市旅游局借助《人民日报》《新华日报》《江苏卫视》《南通日报》等媒体,从产业特色、资源优势、发展模式等方面宣传报道如皋旅游业。编印新版《导游手册》《旅游指南》《旅游地图》等对外进行宣传。4月,举办"美好江苏·享寿如皋"第五届旅游文化节启动仪式,邀请上海、苏南100多家旅行社负责人和来自全国各地的微博达人到如皋开展深度体验游。10月,举办"金秋十月游寿乡"和"带上爸妈去寿乡"等活动,邀请微博达人利用新媒体开展宣传。

**【旅游行业管理】** 全市现有旅行社16家(旅游集散中心1家)、营业部40家、分社9家。现有四星级旅游饭店2家、三星级旅游饭店8家;国家金叶级绿色饭店1家,银叶级绿色饭店8家。年内,市旅游局深入推进旅游行业标准化建设,研究出台《如皋市旅游行业标准化示范点建设工作实施方案》。全年组织旅游从业人员培训13次,参训人员2100人次;组织各类评选、评比活动5次,进一步提高从业人员整体服务水平。加强市场监管,全年组织开展各类大检查近200人次,发现违规行为5起,发放行政指导意见书25份。

**2016年如皋市主要景区(点)一览**

表33

| 景区类别 | 景区名称 | 级　别 |
|---|---|---|
| 国家级旅游景区(10家) | 水绘园风景区 | AAAA级 |
| | 红十四军纪念馆 | AAAA级 |
| | 定慧禅寺 | AAA级 |
| | 中国长寿城 | AAA级 |
| | 内外城河风光带 | AAA级 |
| | 法宝禅寺 | AAA级 |
| | 金岛生态园 | AAA级 |
| | 长江药用植物园 | AAA级 |
| | 中华长寿文化谷 | AAA级 |
| | 龙游湖风景区 | AAA级 |
| 省级乡村旅游点(10家) | 森果休闲农庄 | 四星级 |
| | 通利生态农庄 | 四星级 |
| | 金岛生态园 | 四星级 |
| | 长江药用植物园 | 四星级 |
| | 云轩竹业生态园 | 三星级 |
| | 苏通生态园 | 三星级 |
| | 佳寿农庄 | 三星级 |
| | 龙盘山庄 | 三星级 |
| | 如皋衣园 | 三星级 |
| | 弘然休闲农庄 | 二星级 |

**【"长寿•人文•养生"特色旅游线路】** 一日游线路之一:市文化广场→城市规划馆→科技馆→博物馆→文化馆→品特色长寿宴→中国长寿城→水绘园→红十四军纪念馆。

一日游线路之二:红十四军纪念馆→品特色长寿宴→中国长寿城→水绘园→工艺丝毯博物馆→东大街→迎春桥→李渔纪念馆。

二日游线路之一:

第一天:集贤里→文武双桥→定慧寺→品特色长寿宴→内外城河风光带→靖海门→工艺丝毯博物馆。

第二天:品长寿特色早餐→水绘园→东大街→迎春桥→拜访百岁老人→李渔纪念馆→品特色长寿宴→中国长寿城→李昌钰刑侦技术博物馆→江苏花木大世界。

二日游线路之二:

第一天:红十四军纪念馆→品特色长寿宴→水绘园→工艺丝毯博物馆→东大街→迎春桥→李渔纪念馆。

第二天:中国长寿城→拜访百岁老人→长青沙岛长生风情园→品特色长寿宴→长江药用植物园。

三日游线路:

第一天:集贤里→文武双桥→

## 2016年如皋市国内旅行社一览

表34

| 旅行社名称 | 旅行社地址 | 联系方式 |
|---|---|---|
| 东方国际旅行社 | 如皋市广福路148号 | 87612315 |
| 假日国际旅行社 | 如皋市秀水路1号 | 87510000 |
| 天天假期国际旅行社 | 如皋市福寿路199号 | 87311066 |
| 扬子国际旅行社 | 如皋市海阳南路288号 | 87289199 |
| 星际国际旅行社 | 如皋市健康路58号 | 87280811 |
| 天海国际旅行社 | 如皋市广福路99号 | 87983111 |
| 南国国际旅行社 | 如皋市集贤一条街202#2号店 | 87311536 |
| 大众国际旅行社 | 如皋市福寿路紫竹园4号综合办公楼10号 | 87625366 |
| 东皋国际旅行社 | 如皋市江中花园二区56号 | 87980600 |
| 苏通国际旅行社 | 如皋市健康新村10幢402室 | 87656667 |
| 光辉国际旅行社 | 如皋市大司马路180号 | 87519293 |
| 平安国际旅行社 | 如皋市宁海路88号 | 87522077 |
| 风行国际旅行社 | 如皋市福成路1号 | 88568855 |
| 金鹰国际旅行社 | 如皋市健康东路604幢5号店面 | 87632301 |
| 如皋市旅游集散中心 | 如皋市福兴路3号 | 87289299 |
| 惠蒲国际旅行社 | 如皋市白蒲镇通扬路99号 | 80679758 |

## 2016年如皋市星级(绿色)旅游饭店一览

表35

| 级别 | 企业名称 | 所属镇(街道) |
|---|---|---|
| 四星级 | 惠蒲大酒店 ★ | 白蒲镇 |
| | 汇金大酒店 ▲ | 长江镇 |
| 三星级 | 浅水湾大酒店 ▲ | 如城街道 |
| | 丽泽华庭大酒店 ▲ | 如城街道 |
| | 泰华大酒店 | 如城街道 |
| | 佩尔斯大酒店 ▲ | 如城街道 |
| | 绿园商务酒店 ▲ | 如城街道 |
| | 东森国际大酒店 | 城北街道 |
| | 江中集团宾馆 ▲ | 吴窑镇 |
| | 涤诺(泛亚)大酒店 ▲ | 丁堰镇 |

★金叶级绿色饭店 ▲银叶级绿色饭店

定慧寺→品特色长寿宴→内外城河风光带→靖海门→安定广场。

第二天:靖海门→水绘园→品特色长寿宴→东大街→迎春古桥→灵威观→中国长寿城→李昌钰刑侦技术博物馆→江苏花木大世界。

第三天:拜访百岁老人→城市规划馆→科技馆→博物院→文化馆→品特色长寿宴→长江药用植物园。

(江萌萌)

# 物流业

【概况】 2016年,全市实现物流业增加值45.67亿元,同比增长6.66%,占地区生产总值5.05%。港口物流是全市物流业重点。如皋港新开通“广州直航”“皋申快航”航线及“水铁联运”专线,进一步拓展集装箱业务。全年完成港口吞吐量5016.48万吨,同比增长43.3%。其中:如皋港完成吞吐量4209.28万吨,同比增长57.1%;集装箱吞吐65056标箱,同比增长128.8%。年内,咖啡豆国际中转贸易项目、进口红酒集散中心项目相继落户如皋港。

【平台打造】 年内,市发展改革委以港口物流为依托,推动贸易税收落地,平台建设不断取得新突破。成功打造长三角石化交易中心、华东煤炭矿石交易中心、渤商所长江国际交易中心、南通大宝赢化学品结算中心等综合性平台,联仓大宗商品服务中心等项目签约落户如皋港。长三角石化交易中心、华东煤炭矿石交易中心、渤商所长江国际交易中心、南通大宝赢化学品结算中心全年累计交易总额326亿元。

(曹 霞 徐亚锋)

【如皋港现代综合物流园】 如皋港现代综合物流园(以下简称“园区”)位于如皋港区,处于长江下游航道、长江三角洲中心位置,组建于2010年。规划面积16.88平方千米,分“一核三区”,其中长青沙综合物流核心区5.89平方千米、又来沙临港产业物流服务区3.52平方千米、友谊沙中转物流服务区0.8平方千米、富港临港产业物流服务区6.67平方千米。规划长江岸线27.7千米,内港池岸线14.3千米。累计入驻企业362家,引进中储棉、中储粮、中国林业集团、渤商所长江国际交易中心等重大物流项目。园区先后获中国十佳物流园区、最有投资价值——中国物流园区50强、省重点物流基地、省现代服务业集聚区、南通市现代服务业示范集聚区等称号。

2016年,如皋港保税物流中心(B型)正式开关运行。园区完成新批工商注册外资4000万美元,实现到账外资3085万美元。完成应税销售520亿元,同比增长229%。新注册服务业企业60家,累计413家。新增营业收入超1000万元服务业企业13家,累计58家;新增营业收入超1亿元企业7家,累计31家。12月8日,如皋港现代综合物流园区被省发展改革委认定为省级首批生产性服务业集聚示范区。

(陈嘉文)

【如皋电商快递物流园】 1月,如皋电商快递物流园开工建设。该园由申通、中通、圆通、韵达4家快递物流企业联合投资兴建,总投资约1亿元,占地2.93公顷,建设物流仓储用房1.8万平方米,用于快递物流分拣及仓储。一期投资约3000万元,年内建成投入使用。截至年底,该物流园进驻快递物流企业8家。

【如皋港保税物流中心(B型)正式开关运行】 7月12日,江苏恒运国际货运代理有限公司的首单业务——从越南进口的咖啡粉经如皋检验检疫局检验合格后通关,标志如皋港保税物流中心(B型)正式开关运行。

(曹 霞 徐亚锋)

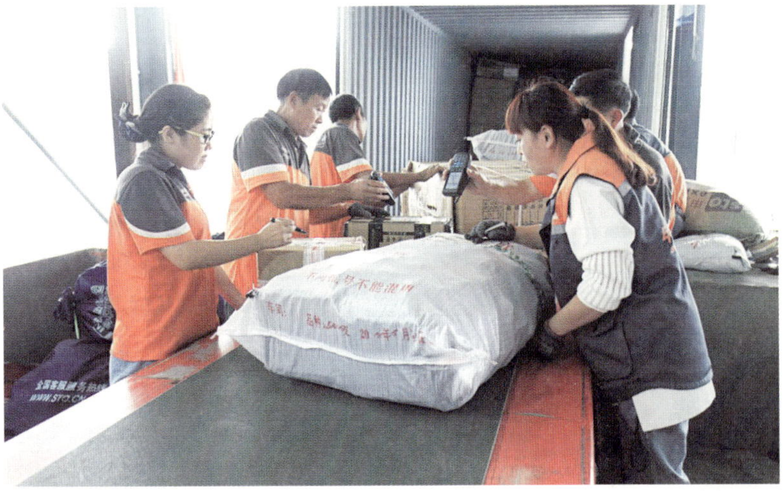

电商快递物流园内忙碌的快递员们 (邱 宇摄)

## 软件与服务外包

【概况】 全市现有软件企业305家,其中通过工业信息化部“双软认定”(软件企业认定和软件产品登记)企业59家,从业人员1.3万人。年内,全市新批服务外包企业114家,通过南通市商务局认定服务外包企业数40家。实现服务外包企业执行额17.86亿元,同比增长46.99%;实现服务外包执行额4300万美元。

年内,全市服务外包业创新管理模式,引入工业信息化部CSIP对软件园实行托管。依托工业信息化部及CSIP产业资源背景,建立如皋信息经济产业高端人才智库,通过定期专题会议,就全面加快推进如皋市信息经济的战略构想、产业规划、发展目标、工作举措等重大决策提出发展纲要和行动计划,在涉及如皋信息经济重大决策上,提供智力支撑。江苏欧孚电子商务有限公司与全国领先的电子商务运营商慧聪网强强联手,为中小型企业搭建可靠的供需平台,提供专业一站式采购服务。淘金信息科技如皋有限公司与阿里巴巴、亚马逊、京东等各大电商平台建立合作关系,提供包括电商策划、拍摄、美工、推广、客服、人才培训等系列服务。

(白 洁)

## 通信服务业

【概况】 2016年年末,全市拥有固定电话用户25.56万户,同比减少10.03%;移动电话用户125.66万户,同比增长8.7%;互联网宽带接入用户57.27万户，同比增长0.3%。

【邮政】 全市拥有邮政网点56个，邮运汽车15辆，投递邮路144条，其中农村投递邮路125条。2016年，中国邮政集团公司江苏省如皋市分公司(简称“邮政如皋分公司”)邮政业务总量15.27亿元，同比增长3.68%；实现业务收入2.59亿元，同比增长10.52%；完成收支差额1.01亿元；全员劳动生产率45.05万元。

“村邮站”便民服务 年内，邮政如皋分公司抢抓全省农村电子商务示范县建设机遇，发挥邮政资金流、信息流、实物流优势，推动“村邮站”建设，打通邮政服务三农和农村电商建设“最后1千米”。与九华镇政府签订合作协议，在九华镇19个村(居)委会推动“村邮站”全覆盖工程。全年新增村邮站46个，建成村邮站166个。发挥邮政渠道优势，参与精准扶贫，全年建成邮政速递加盟店351家。

邮政文化建设 年内，邮政如皋分公司将集邮融入地方人文产业发展，依托邮票文化宣传推介如皋，开发运作《五色如皋》《古今神探》《中国工农红军长征胜利八十周年纪念邮票》首发式和《李昌钰纪念博物馆》邮册发行等项目。其中《五色如皋》被国际奥委会主席巴赫点赞，获巴赫签名留念。参与书香皋城建设，推进“日报村”建设工程，全年新建“日报村”24个。

“爱心邮路”品牌建设 年内，邮政如皋分公司与市人民检察院联合开展“预防邮路”春风巡讲10场，发放宣传资料200余册，受众600余人次。开展“微心愿·爱心邮路”活动，向46户家庭送去社会爱心人士捐助物资。与市志愿服务大队共建“爱心包”邮路，为贫困家庭留守儿童、家庭困难环卫工人、孤寡老人送“爱心包”200个；与市全民阅读办共建公益书吧项目，全年新建公益书吧8个。推进“普法邮路”建设，全年发放普法邮册1000余份，被授予南通市“六五”普法工作先进集体称号。

(刘 稷)

《中国工农红军长征胜利八十周年纪念邮票》首发式现场

(市邮政局供稿)

【电信】 中国电信股份有限公司如皋分公司辖农村支局27个、城市支局6个、政企支局10个。2016年，增设农村支局7个、城市支局1个、政企支局7个。全年实现电信业务收入12.8亿元，同比增长2.4%，总量为南通六县(市、区)之首。进一步优化服务平台，新增服务渠道16家。多种形式开展服务进村入户活动，全年走出去服务100多场次。4G网络实现深度覆盖，全年新建基站221个，建设总数列南通六县(市、区)之首。不断提升光网能力，覆盖用户51万户，光纤端口32万个。助力智慧城市建设，持续推广信息化技术在教育、城市管理、平安创建领域的应用，建设A-WiFi热点23个、其他公共无线热点(无线商机)20个。白蒲政企、如城商客支局获2016年南通地区优秀支局称号，市电信公司蝉联2014—2015年度南通市文明单位称号。

(陈 红)

【移动】 中国移动通信集团江苏有限公司如皋分公司(简称“移动如皋分公司”)拥有城乡各类营业厅274家，其中新一代卖场202家、乡村便民店160个，网络覆盖率99.9%。2016年年末，全市有移动用户81万户，4G流量用户近50万户。年内，移动如皋分公司在巩固企业固定电话、互联网专线、数据专线等传统业务优势基础上，推动物联网、大数据、云计算等新兴业务发展，助力市政府搭建新型智慧城市。推进蜂窝物联网(NB-IOT)试点建设，与产业链各方携手拓展物联网产业新价值，共筑物联网产业发展新生态；发挥千里眼视频监控平台、物联网等信息化技术优势，推出“蓝天卫士”“工地监控”等监控设备，为行政执法和生产经营提供科学高效的管理手段；推动大数据、云计算发展应用，着力发掘数据资源、打造创新创业新引擎，推动政府治理新模式。面向市场需求，保持高品质网络优势，进一步推动自主创新，不断提升2G网络质量，持续做好TD-LTE(4G)建设和运营工作。至年末，全市有4G基站1300个，实现乡镇以上区域连续覆盖，核心商圈、中小类集团等重点场景深度覆盖。推进移动光纤驻地网工程建设，至年末，有线宽带工程建设覆盖近48万户。

（吴　银）

**【联通】** 中国联合网络通信有限公司如皋市分公司现有营业受理网点95个、零售网点250余家。2016年年末，拥有通信站点360座，用户总数137563户，其中年内新增43231户。实现通信服务收入6500万元，同比增长5.9%。

（柳宏巍）

中国如皋国际园艺城　（来源于国际园艺城官网）

## 重点服务业企业选介

**【中国如皋国际园艺城】** 由如皋花木大世界有限公司投资兴建，计划总投资15亿元，占地66.7万平方米。项目占地43.3万平方米，设有花木交易、园艺资材、商务配套三大主题区。其中：花木交易区28万平方米，划分成盆景区、苗木区、大树区、景石盆花区、南方植物批发区五大区域；园艺资材区10.6万平方米，规划设计200多套风格各异的店铺；商务配套区4.7万平方米，配套建设金融、培训、餐饮、酒店、超市、医疗等设施。2016年，当年完成投资7亿元，花木交易区摊位承租率98%以上，汇聚全国各大流派盆景精品的盆景馆布置到位。

**【南通市远邦石油有限公司】** 成立于2001年，占地6万平方米，拥有长江内河岸线80米，是一家主营石油汽油的商贸流动企业。2016年，企业新增固定资产投资1890万元，兴建办公及实验大楼，建成苏北最完整的燃料油质量检测中心，引进储罐液位指示仪，购置多功能燃料油供应船。11月，进入新加坡普氏燃料油交易市场(全球两大燃料油交易市场之一)，成功实现和央企“背靠背”交易，当月增加销售5亿元。2016年，公司实现应税销售71.3亿元，上缴税费2500万元。

**【江苏联仓大宗商品服务中心】** 由江苏联仓科技有限公司投资，总用地面积100万平方米。拟建设江苏联仓大宗商品服务中心，包括联仓华东交割监管枢纽中心、联仓全国监管培训中心、华东监管系统研发中心、海铁联运运营中心、资产管理公司。2016年，联仓科技核心系统中的仓储模块和监管模块已经上线，搭建以煤炭、石油化工、有色金属为主要方向的3个大宗商品监管平台进入实施阶段。

（曹　霞　徐亚锋）

## 利用外资及港澳台资

【概况】 2016年,全市新批外资及港澳台资项目35个,其中注册资金超1000万美元项目25个、超3000万美元项目8个(如皋开发区赛麟汽车4个项目,如皋港利恒能源、国豪能源、铠盛新能源及忠天新能源),新批项目平均单体规模5061万美元。完成工商注册外资及港澳台资14.18亿美元,同比增长123.33%;实现到账外资及港澳台资3.03亿美元。其中,港澳台项目22个,注册金额3.04亿美元,实现到账资金1.13亿美元。新批外资及港澳台资项目中,增资项目4个,实现到账外资及港澳台资3733亿美元,占全市到账总量12.32%。

【利用外资及港澳台资结构】 年内,全市开展精准化、专业化招商,着力招引主导产业上游高端项目和下游品牌项目,加快构建完整产业链,推动产业集群发展,提升产业质态。坚持引资金与引业态、引技术并重,着力提高新兴产业、高新技术产业、服务业、功能机构和研发平台的招商比重。新批外资及港澳台资项目中,先进制造业项目5个、现代服务业项目2个、现代农业项目10个,占项目总量49%。

### 2016年如皋市各镇(区、街道)利用外资及港澳台资情况

表36 单位:万美元

| 镇(区、街道) | 工商注册外资及港澳台资 | | | | 实际到账外资及港澳台资 | | | | 综合名次 |
|---|---|---|---|---|---|---|---|---|---|
| | 年考核目标 | 年累计完成 | 占年考核目标% | 增幅% | 年考核目标 | 年累计完成 | 占年考核目标% | 增幅(%) | |
| 全市完成 | 60000 | 141776 | 236.29 | 123.33 | 35000 | 30317 | 86.62 | -2.33 | — |
| 丁堰镇 | 1000 | 1750 | 175.00 | -6.91 | 600 | 615 | 102.50 | 0.33 | 2 |
| 东陈镇 | 1000 | 1000 | 100.00 | -56.52 | 600 | 620 | 103.33 | -48.33 | 1 |
| 白蒲镇 | 1000 | 1000 | 100.00 | -4.76 | 600 | 609 | 101.50 | 1.33 | 5 |
| 下原镇 | 1000 | 1000 | 100.00 | -9.09 | 600 | 613 | 102.17 | 36.22 | 3 |
| 吴窑镇 | 1000 | 1508 | 150.80 | -32.32 | 600 | 603 | 100.50 | 50.75 | 8 |
| 磨头镇 | 1000 | 1000 | 100.00 | -41.18 | 600 | 606 | 101.00 | -11.40 | 6 |
| 九华镇 | 1000 | 1010 | 101.00 | | 600 | 604 | 100.67 | -0.08 | 7 |
| 石庄镇 | 1000 | 1190 | 119.00 | 19.00 | 600 | 610 | 101.67 | 1.67 | 4 |
| 江安镇 | 1000 | 1680 | 168.00 | 22.81 | 600 | 600 | 100.00 | 0.00 | 9 |

续表36-1

| 镇(区、街道) | 工商注册外资及港澳台资 | | | | 实际到账外资及港澳台资 | | | | 综合名次 |
|---|---|---|---|---|---|---|---|---|---|
| | 年考核目标 | 年累计完成 | 占年考核目标% | 增幅% | 年考核目标 | 年累计完成 | 占年考核目标% | 增幅(%) | |
| 搬经镇 | 1000 | 1600 | 160.00 | 52.38 | 600 | 450 | 75.00 | -25.00 | 10 |
| 长江镇(如皋港区) | 21900 | 15951 | 72.84 | 89.60 | 12000 | 5409 | 45.08 | 25.94 | 4 |
| 如皋开发区(城北街道) | 15900 | 109044 | 685.81 | 453.19 | 9000 | 10055 | 111.72 | 16.92 | 1 |
| 如皋工业园区(如城街道) | 5900 | 1933 | 32.76 | -85.62 | 4000 | 2795 | 69.88 | -22.36 | 3 |
| 高新区(城南街道) | 5900 | 5900 | 100.00 | -9.23 | 4000 | 2765 | 69.13 | -23.19 | 2 |

## 对外及对港澳台贸易

【概况】 2016年,全市实现对外及对港澳台贸易进出口总额25.29亿美元,同比下降17.2%。其中:出口额20.15亿美元,同比下降22.8%;进口额5.13亿美元,同比增长16%,进出口、出口、进口总量分别居南通县(市、区)第3、第3和第2位。与港澳台贸易额为11094万美元。年内,与如皋市建立进出口贸易关系国家和地区237个。

【外贸经营主体】 年内,全市进出口和出口企业分别为574家、532家,比上年分别净增516家、478家。进出口超1000万美元企业46家,出口超1000万美元企业41家。

【出口商品分类】 年内,全市机电产品出口4.92亿美元,同比下降51.3%;纺织品出口4.23亿美元,同比下降4.8%;高新技术产品出口1.70亿美元,同比下降19.7%。

### 2016年如皋市进出口贸易主要方式分类情况

表37

| 指　标 | 总量(亿美元) | 比上年增长(%) |
|---|---|---|
| 进出口总值 | 25.28 | -17.20 |
| 出口 | 20.15 | -22.80 |
| 其中:一般贸易 | 15.90 | -12.60 |
| 加工贸易 | 4.18 | -47.10 |
| 进口 | 5.13 | 16.00 |
| 其中:一般贸易 | 3.12 | 21.40 |
| 加工贸易 | 1.10 | -23.00 |

### 2016年如皋市进出口贸易主要市场情况

表38

| 国家和地区 | 出口总值(亿美元) | 比上年增长(%) | 进口总值(亿美元) | 比上年增长(%) |
|---|---|---|---|---|
| 印度 | 0.30 | -75.8 | 0.03 | 9.5 |
| 日本 | 2.89 | -7.2 | 0.56 | -15.9 |
| 泰国 | 1.56 | 57.5 | 0.19 | 2143.1 |
| 比利时 | 0.34 | -15.6 | 0.03 | -45.1 |
| 英国 | 0.65 | -6.9 | 0.12 | 409.4 |

续表38-1

| 国家和地区 | 出口总值（亿美元） | 比上年增长(%) | 进口总值（亿美元） | 比上年增长(%) |
|---|---|---|---|---|
| 德国 | 0.92 | 11.4 | 0.15 | 142.1 |
| 法国 | 0.30 | -2.2 | 0.28 | 17.7 |
| 意大利 | 0.29 | -5.9 | 0.07 | 128.6 |
| 荷兰 | 0.58 | -15.1 | 0.21 | 6.4 |
| 西班牙 | 0.45 | 12.5 | 0.14 | 34.3 |
| 俄罗斯 | 0.16 | -10.8 | 0.00 | -67.9 |
| 巴西 | 0.49 | -10.4 | 0.02 | 20.4 |
| 美国 | 0.42 | -24.1 | 0.42 | -33.8 |
| 澳大利亚 | 0.30 | -63.9 | 0.01 | -27.7 |
| 东盟组织 | 2.96 | -26.4 | 2.58 | 81.9 |
| 欧盟组织 | 4.74 | -11.7 | 1.04 | 38.0 |

## 对外及对港澳台经济技术合作

**【概况】** 2016年，全市实现对外及对港澳台劳务营业额4.28亿美元，同比增长24.3%。当年新派劳务人员4617人，年末在国外和港澳台地区劳务人员11076人。

**【对外及对港澳台直接投资】** 全市新批境外投资企业6家、增资3家，境外投资协议额1.29亿美元。至年末，全市有30多家企业在美国、日本、印度尼西亚、马来西亚、德国等国家投资兴业，涉建筑业、生物制品农业、纺织、服务业等行业。

江苏涤诺日化集团厂区 （邱 宇摄）

**【境外承包工程】** 年内，新增中如集团、南通常青建筑工程有限公司、南通蓝星装饰工程有限公司3家境外承包工程企业，至年末，全市有5家建筑企业具对外承包工程资格。年内，南通六建建设集团开拓东南亚及东非塞舌尔市场，在柬埔寨签约项目1个，全年实现外经营业额1.94亿美元。中如集团参与马来西亚2.38亿马币的公寓楼项目投标，跟踪洽谈总投资2.68亿马币马来西亚高架桥项目及赞比亚部队5.6亿美元营房项目。

**【劳务合作】** 年内，全市外派劳务人员实际收入总额1.4亿美元，与上年持平。新派劳务人员主要派往日本、新加坡、南非3个国家和地区。市商务局对外劳务合作企业举办外派劳务适应性培训班，培训合格劳务人员4982人，同比增长36%。外经综合业务在南通县(市、区)中排名第4位，江苏涤诺日化集团在南通地区对外投资合作企业中排名第2位，南通六建和境外劳务2家公司在对南通市外承包劳务排名中分别位列第2和第6位，中澜劳务、环宇劳务、中江劳务公司在南通市外派劳务培训排名分别位列第1、第3、第4位。

（白 洁）

# 如皋港

## 港口码头

【概况】 如皋港地处长江入海口北侧的长江三角洲中心位置，位于长江下游黄金航道和上海1.5小时经济圈。距上海吴淞口127千米，与上海、苏州、无锡隔江相望。是国家一类开放口岸上海组合港南通港群重要港区、省沿江开发新兴港口；拥有国家级长江主航道2条，是联结长江南北岸、中下游重要水运枢纽。如皋港沿江资源丰厚，拥有长江岸线48千米，其中深水岸线18.6千米，且岸线深水逼岸，微冲不淤，河势相对稳定，可建万吨级码头30多座。

【港口开发】 如皋港港口开发由5个作业区组成。其中：又来沙作业区，从上游远邦石化至下游华泰重工，含长江深水岸线约7.6千米（仅长源物流1052米未开发），4号港港池（1000吨级）两侧开发2千米，又来沙港池（5000吨级）两侧岸线5千米（海螺水泥项目，开发2个泊位、208米），戴案港港池（1000吨级）两侧岸线3千米未开发；长青沙作业区，取水口两侧岸线约2千米未开发，如皋港集团苏中国际集装箱码头248米（岸线申请材料年内报省港口局），长青沙港池1572米（开发1万吨级泊位2个、5000吨级泊位9个、3000吨级泊位1个），中林港务集团长江泊位1025米；泓北沙作业区，含皋张汽渡，规划支持系统泊位225米，熔盛重工长江岸线3700米，泓北沙港池两侧（1万吨级）岸线4400米（开发利用2290米），泓北沙港池下游长江预留岸线869米；长江北汊作业区，含长青沙大桥至长江主航道两侧5千米岸线（已开发完成）、长青沙大桥至如海河口门处两侧岸线约10千米（生态岸线）；友谊沙作业区，预留发展岸线约5.7千米未开发。

【货物吞吐】 年内，全市沿江和内河吞吐总量为5500万吨，同比增长32%。其中：沿江港口4500万吨；外贸580万吨；煤炭及制品运量1500万吨，石油、天然气及制品运量684万吨，金属矿石运量623万吨，钢铁运量39万吨，矿建材料运量968万吨，水泥运量233万吨，化肥、农药运量10万吨，粮食运量98万吨，机械、设备、电器运量39万吨，化工原料及制品运量61万吨，农、林、牧、渔业产品运量36万吨，其他运量102万吨。集装箱运量10.5万标箱，其中外贸集装箱动量2万标箱。

苏中国际码头的货轮在卸货　　（丁宏波摄）

## 2016年如皋港主要码头泊位一览

表39

| 码头名称 | 泊位性质（货种） | 靠泊吨级（载重吨） | 泊位数（个） | 岸线长度（米） | 设计通过能力（万吨） | 建成与否 | 开放与否 | 备注 |
|---|---|---|---|---|---|---|---|---|
| 诚源仓储 | 散杂 | 500 | 12 | 1200 | 300 | 已建 | 否 | — |
| 远邦石油 | 石化 | 500 | 1 | 150 | 10 | 已建 | 否 | — |
| 华大石化 | 石化 | 50000 | 1 | 296 | 200 | 已建 | 否 | — |
| 诚晖石化 | 石化 | 50000 | 1 | 300 | 200 | 已建 | 1 | — |
| 焯晟石化 | 石化 | 80000 | 1 | 418 | 300 | 已建 | 1 | — |
| | | 3000 | 1 | | | | 否 | |
| | | 500 | 1 | | | | 否 | |
| 东方石化 | 石化 | 50000 | 1 | 260 | 210 | 已建 | 1 | — |
| | | 3000 | 1 | | | | 否 | |
| 阳鸿石化 | 石化 | 80000 | 1 | 330 | 234 | 已建 | 1 | — |
| 沿江公司 | 石化 | 30000 | 1 | 270 | 165 | 已建 | 1 | 阳鸿托管 |
| 中铁山桥 | 件杂 | 3000 | 1 | 80 | 40 | 已建 | 否 | 专用港池 |
| 国鼎管桩 | 件杂 | 2000 | 1 | 200 | 30 | 已建 | 否 | 专用港池 |
| | 散杂 | 5000 | 1 | | 60 | 已建 | 否 | — |
| 华泰重工 | 舾装 | 37000 | 1 | 1200 | 30 | 已建 | 否 | — |
| | | 2000 | 1 | | | | | |
| 通宝船舶 | 舾装 | 10000 | 1 | 486 | — | 已建 | 否 | 北汊北岸 |
| 通茂船舶 | 舾装 | 10000 | 1 | 278 | — | 已建 | 否 | 北汊北岸 |
| 通城船舶 | 舾装 | 10000 | 1 | 79 | — | 已建 | 否 | 北汊北岸 |
| 长青沙船舶 | 舾装 | 40000 | 2 | 943 | — | 已建 | 否 | 北汊南岸 |
| 华祥船舶 | 舾装 | 3000 | 1 | 150 | — | 已建 | 否 | 北汊北岸 |
| 长江船舶 | 舾装 | 5000 | 1 | 100 | — | 已建 | 否 | 北汊北岸 |
| 江南德瑞斯 | 件杂 | 3000 | 1 | 150 | 40 | 已建 | 否 | 长青沙内港池 |
| 江苏如皋港集团 | 通用 | 5000 | 4 | 800 | 300 | 已建 | 2 | 长青沙内港池 |
| | | 10000 | 2 | | | | 2 | |
| 港务集团 | 通用 | 100000 | 2 | 1025 | 560 | 已建 | 2 | 靠15万吨级 |
| | 通用 | 50000 | 1 | | | | 1 | 靠10万吨级 |
| | 通用 | 50000 | 1 | | 170 | 已建 | 1 | |
| | 通用 | 5000 | 5 | 570 | 250 | 已建 | 否 | 长青沙内港池 |
| 熔盛重工 | 件杂 | 5000 | 1 | 120 | 60 | 已建 | 1 | 一期 |
| | 舾装 | 300000 | 2 | 660 | — | 已建 | 2 | |

续表39-1

| 码头名称 | 泊位性质(货种) | 靠泊吨级(载重吨) | 泊位数(个) | 岸线长度(米) | 设计通过能力(万吨) | 建成与否 | 开放与否 | 备注 |
|---|---|---|---|---|---|---|---|---|
| 熔盛重工 | 船坞 | 30万吨(兼40万吨) | 3 | 596 | — | 已建 | 否 | 二期 |
| | 舾装 | | 4 | 1294 | — | 已建 | 否 | |
| | 船坞 | 40万吨 | 1 | 103 | — | 已建 | 否 | 三期 |
| | 舾装 | 30万吨(兼40万吨) | 2 | 646 | — | — | 3 | 三期 |
| | 件杂 | 1000 | 4 | 400 | 400 | 已建 | 否 | |
| 森松重工 | 件杂 | 10000 | 1 | 259 | 40 | 已建 | 1 | — |
| | | 1000 | 1 | 31 | 15 | 已建 | 否 | 自用港池 |
| 海通海洋 | 舾装 | 70000 | 1 | 410 | 60 | 已建 | 1 | — |
| | 件杂 | 5000 | 1 | | | 已建 | 否 | — |
| | 船坞 | 70000 | 1 | | | 已建 | 否 | — |
| 瑞泰船务 | 舾装 | 100000 | 1 | 500 | | 已建 | 1 | — |
| | | 50000 | 1 | | | 已建 | 1 | — |
| 海螺水泥 | 散货 | 5000 | 2 | 234 | 390 | 已建 | 否 | 富港10号、11号 |
| 长源钢铁 | 件杂 | 20000 | 1 | 450 | 295 | 在建 | 否 | — |
| | | 50000 | 1 | | | | 否 | — |
| 华电 | 散货 | 5000 | 1 | 155 | 131 | 拟建 | 否 | 富港9号 |
| 合计 | | | 79 | 15233 | 4520 | — | 23 | — |

## 港口管理

**【港口规划编制】** 2016年,市港口局以《南通港如皋港区总体规划》为蓝本,开展《南通港如皋港区友谊沙作业区规划》和《如皋港整体定位与发展规划》修编工作。《南通港如皋港区友谊沙作业区规划》被南通市港口管理局纳入《南通港总体规划》,年内形成中间成果。与如皋港集团合作,邀请新加坡邦诚规划顾问有限公司从如皋港外部环境与内部发展条件、如皋港战略定位、如皋港产业发展规划和实施策略4个方面开展研究,共同完成《如皋港整体定位与发展规划》编制。

**【项目建设管理】** 年内,市港口局完成4个新项目和3个未批先建项目审批。新项目中,苏中国际长江码头岸线利用申请通过岸线专家论证会,长源物流项目岸线利用报交通运输部待批准,富港物流获省交通运输厅岸线利用批文,永友粮油工可报告已再次修改完成,待通过专家审查后,报省交通运输厅审批。未批先建项目中,推动江南德瑞斯码头项目获省交通运输厅批文,启动后续报批工作;完成熔盛内港池物流码头岸线申报前期准备工作。推动泓北沙内港池森松、海通、瑞泰3个码头项目后续行政审批工作。推进中林如皋港务集团1号、2号泊位靠泊能力提升。年内,东方石化15.4万立方米储罐扩建项目及码头工程辅助设施改造通过竣工验收并投入使用,仓储容量37.6万立方米。

**【码头管理】** 年内,市港口局开展岸线普查,实地勘测境内连申线、通扬线等沿线码头,全面掌握全市110家码头具体数据和运行状况。为港口岸线规范化管理建立基础台账。强化内河码头管理,对到期未续证、未按时检测码头质量及操作设备的码头,注销经营许可证并在政府网站上发布公告。开展如皋港沿江非法码头整治工作,对辖区内拆除27家非法码头及相关设施，按要求彻底整治。

【港口安全监管】 年内，市港口局开展港口安全生产管理年活动、受限空间作业专项排查整改、特种作业人员持证排查整治、落实企业安全生产主体责任专项推进行动、港口危险化学品安全专项整治等系列专项活动，全年先后采用专项检查、联合检查和专家会诊等方式对企业开展重点监督检查12次，参与检查人员98人次，责令2家企业停业整顿，查出各类安全隐患162条，整改到位160条，限期整改2条。全年开展安全演练活动2次，累计6家企业42人参加演练活动，聘请专家现场认证指导3次，解决危化品安全管理不到位、设备设施运行不正常等问题。如皋港口全年未发生安全责任事故。

（高学煌）

## 口岸管理

【概况】 2016年，如皋港新增开放泊位2个。市口岸办服务中小船企船舶下水、试航、交船114艘次，审批港务集团大船靠泊40艘次。市水运口岸被评为省文明口岸，市口岸办被评为省文明口岸先进组织者。

【码头泊位开放】 2月29日，省政府批文同意苏中国际集装箱码头有限公司2个泊位对外开放。至此，如皋港口岸开放泊位数量增加至23个，其中公用泊位8个、化工品泊位5个、舾装泊位8个、件杂货泊位2个。

如皋港进口红酒集散中心项目签约仪式 （如皋港区供稿）

【物流业务拓展】 年内，苏中国际集装箱码头有限公司获南通市财政补贴7.4万元。7月12日，保税物流中心正式开关运行，引进企业9家，仓库利用率89%。咖啡豆项目进出口量突破1万标箱，进出口贸易额4.37亿美元。11月2日，江苏圣果葡萄酒业有限公司进口红酒集散中心项目签约落户如皋港，注册成立南通美酒港供应链管理有限公司。12月28日，如皋港至上海港直达航线“皋申快航”正式开通，其首航——荣威国际的外贸集装箱运达上海洋山港。

【文明口岸创建】 年内，如皋市加快电子口岸建设，实施关检一次申报、一次查验、一次放行通关模式，与南通电子口岸公司签订平台合作建设协议，召集海事、海关、检验检疫、边防部门召开电子口岸工作推进会2次，邀请南通电子口岸公司技术人员现场指导。至年末，船舶系统上线试运行。3月29日，市口岸办联合市海事局召开如皋口岸暨国际航行船舶进出口岸监管工作会议，表彰口岸工作先进个人。

（徐　蔚）

## 海　关

【概况】 2016年，如皋海关全年征收税款23.72亿元，同比增长47.23%。审结报关单4328票，同比增长13%，其中无纸化报关单3898票，报关单无纸化率89.2%。监管货运量763万吨，同比增长57.5%；监管货物总值31.21亿美元，同比增长98.9%。备案加工贸易合同1074份，同比下降16.6%，合同备案金额2.04亿美元，同比下降12%。新增注册企业144家，同比增长7.5%。稽查作业8家，核查作业43家；移交案件线索5起，案值逾1.72亿元，稽核查补税246.2万元，案值和补税数量同比分别增长1236%、293%。推动符合条件企业申报高信用类别，至年末，全市有海关高级认证企业1家、一般认证企业30家。7月12日，如皋港保税物流中心正式开关运作，在省内首家采用海关监管L账册管理系统和卡口物流监控自动核放系统。12月，在省内首家成功引入以手机二维码为载体的物流通关新模式“掌上物流系统”。

年内,如皋海关被评为省青年文明口岸先进单位、南通市文明单位,获评省级“青年文明号”;备案科、监管科获评南京关区四星科室;正诚伟业公司行政诉讼案件应诉小组被国家海关总署嘉奖。1人被评为省青年岗位能手。

**【加工贸易监管一体化改革】** 年内,如皋海关推进加工贸易监管一体化改革,采取个别试点、扩大范围、整体切换3步走方式,启用加工贸易监管一体化管理平台,以信息化手段实现加工贸易海关执法作业无纸化,以集中管理、专业审核实现集约化,完善风险参数实现运行监控的智能化,通过信息互联互通和相关部门广泛参与、错位监管、协同施力,最终实现加工贸易监管的一体化,实现让数据多跑路、企业少跑腿。该平台分别于6月、11月与南通海关、南京海关作业平台实现对接。全年设立手册1074本,同比下降16.6%;备案金额2.04亿美元,同比下降12%;内销征税2157.4万元,同比增长138.8%。持续推进区域通关一体化、通关作业无纸化、税费电子支付、“双随机”查验布控、“主动披露”“报送式稽查”等业务改革,全面实现进出境运输工具单一窗口申报和报关单修撤无纸化运行。

(丁韵佳)

## 出入境检验检疫

**【概况】** 2016年,如皋出入境检验检疫局(简称“如皋检验检疫局”)全年受理出入境货物报检及原产地证签发8768批次,货值12.9亿美元,同比分别增长25.3%、70.7%。完成原产地证新企业注册42家,审核并签发原产地证书4168份,签证金额2.1亿美元,如皋出口企业凭原产地证书在进口国海关享受关税优惠约906万美元。全年法检鉴定进口货物311批次、622万吨,出境货物包装2414批次、77.2万件,危化品出口1571批次、5.6万吨,批次同比分别增长57.1%、39.2%和33.9%。检疫各类出入境船舶936艘次,同比增长30.73%,卫生监督船舶642艘次,发现问题船舶392艘次。检疫交通员工18363人次,同比增长30.43%。办理免控证书45份,申请水质监测23次,开具卫生证书9份。除虫熏蒸卫生处理8次,压舱水排放消毒7次,外供食品查验372批次,快速监测126批次。出口新造船舶微小气候监测13次,熏蒸处理进境货物木质包装9批次。检疫查验进境集装箱4736标箱。

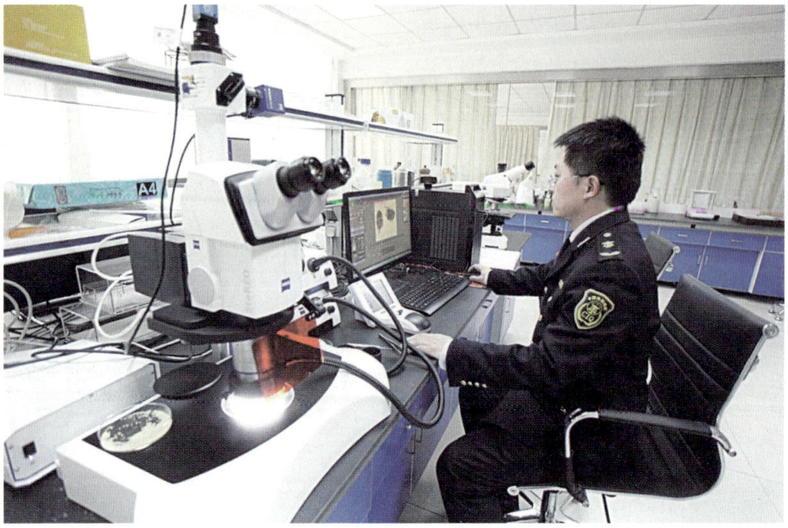

出入境检验检疫人员远程鉴定外来有害生物　　(邱　宇摄)

**【疫情疫病检疫监测】** 年内,如皋检验检疫局严把疫情疫病传入关,保障国门生物安全。截获医学媒介生物6种63批次,截获动植物有害生物41种219批次,其中检疫性有害生物6种19批次。集装箱查验截获有害生物54种125批次,并首次截获肿腿象、二点象等;木质包装中首次截获拟松材线虫等多种有害生物。首次截获号称“小麦杀手”的印度腥黑穗病菌、多次从印度籍船员携带物中截获植物香料等案例先后获省检验检疫局发通报警示。全年排查疑似传染病患者68例,确诊22例。参与国家检验检疫局医学媒介生物调查、白纹伊蚊专项调查和实蝇、舞毒蛾输入性调查工作。

**【进出口商品检验】** 年内,如皋检验检疫局进一步降低口岸查验率,提高非侵入、非干扰式查验比例;整合优化内部查验职能,参与推进检验检疫综合查验试点改革,探索口岸查验新模式。全年检出各类超过允许范围短重74批,提赔金额169万美元,全年上报严重短重案10多起,其中8个短重索赔案例获国家检验检疫总局通报,获通报案例数位列全国各口岸首位。加大出口危化品及其包装检验工作力度,实施逐批检验、严密监管,检出21批9530件危险货物包装使用鉴定不合格，督促企业有效整改。进一步加强与地方职能部门合作，齐抓共管力保当地出口危险化学品及包装质量安全。7月，检出一批朝鲜进口煤炭短重率36.68%，刷新如皋港口岸开检后最高纪录。

【通关业务改革】 年内，如皋检验检疫局加快检验检疫一体化步伐，推进出口直放、进口直通通关改革模式。顺利对接电子检验检疫主干系统并上线运行。全面推进检验检疫全程无纸化改革，简化原产地证办理手续，推行一站式作业与服务，简化内部工作环节，缩短检验出证周期，提高放行速度，降低企业成本。加强与地方政府及其他联检单位合作，推进电子口岸建设，探讨研究关检港查检协作系统、国际航行船舶管理系统及平台功能配置建设。进一步完善如皋关检"三个一"（一次申报、一次查验、一次放行）合作机制，优化查验流程，共享查验场地等资源。全年实现一次申报一次放行611批，一次查验139批，进一步提升口岸通关效率。

（丁广进）

## 海　　事

【概况】 如皋海事局设立海巡执法支队和政务中心2个办事机构，又来沙、长青沙、泓北沙3个办事处。2016年，如皋辖区全年进出港船舶4.59万艘次，实现港口货物吞吐量3777.63万吨、同比增长32.94%。

【水上安全监管】 年内，如皋海事局以交通运输部"平安船舶"创建活动为契机，结合长江雷霆行动、汛期百日安全活动、安全生产月等活动要求，加大对客运、危险品、易流态化固体散装货物运输、砂石"四类重点船舶"和水上安全突出问题检查与治理。全年度累计查处各类违法案件85起。在G20峰会期间，成立专门工作小组，联合长航公安如皋派出所对进入浙江省船舶现场检查11艘次，发现并纠正缺陷77条，船上人员及船舶信息报送率均为100%。如皋海事局及下辖办事处分别被江苏海事局评为G20峰会水上安保先进单位、先进集体。做好源头管控，对辖区12个较大及以上隐患进一步加强跟踪管理。全面开展船舶排放控制区监管、防治船舶污染水域工作，加强集中式饮用水水源地巡查。研究制定防污染责任清单，推进主体责任落实。开展防污作业许可审批101艘次，完成燃油抽检10艘次。强化客汽渡船舶安全管理，指导开展渡船消防逃生演习，推进辖区3艘客汽渡船完成抗风等级核定工作。吸取靖江"4•22"火灾事故及海南"丰盛油8"轮燃爆事故教训，突出做好危险品码头作业现场监管，严格把关危险品作业网上审批环节，执行内河单壳化学品船和单壳油船禁航要求。全年累计保障危险品船舶进出港5480艘次，实现危险品货物吞吐量774.63万吨，同比增长110.78%。

【水上应急搜救】 年内，如皋海事局妥善处置水上险情18起，救助船舶35艘，救助遇险人员176人，人命救助成功率100%。及时掌握气象水文信息，做好预警信息发布，累计发布航行通（警）告18次、安全信息1032条。加强在港船舶动态监控，强化水工作业及港池长期锚泊船值班管理，防止断缆、走锚、碰撞等险情发生。认真做好事权内事故调查工作，立案调查事故3起，未发生人员死亡失踪及大规模水域污染现象。

【大型船舶进出港服务】 年内，如皋海事局推进"大船"品牌战略，及时跟踪受限船进出港动态，做好现场核查与维护，优质服务大型船舶进出港。全年累计核准受限船进出港356艘次，其中15万吨级以上36艘次，同比分别上涨45.3%和24.1%，保障受限船进出港实现"零事故"目标要求。

关检联合查验现场　　（如皋出入境检验检疫局供稿）

【涉水工程服务】 年内,如皋海事局做好沪通长江大桥、长江南京以下12.5米深水航道二期工程等重点工程维护,确保施工、通航安全。助推泓北沙港池工程建设,主动与如皋港区管委会对接,帮助企业反复修改完善《通航安全报告》,保障其顺利通过江苏海事局通航安全核查。为苏中国际件杂货码头和永友粮油码头做好通航安全影响论证工作,指导两码头工程取得通航安全岸线使用许可。

(吕香为)

## 边防检查

【概况】 2016年,如皋边防检查站(简称"如皋边检站")全年检查出入境(港)船1114艘次,其中,出入境船舶747艘次,出入港船舶367艘次;检查出入境(港)员工22071人次,其中,出入境员工14403人次,出入港员工7668人次;办理各类证件5237份。累计出动警力2544人次,保证口岸顺畅通关和安全稳定。

【口岸管控】 年内,如皋边检站坚持围绕边检主业抓改革、强根本,建立以散货码头为主体,修造船码头、化工码头为两翼的区域管控格局,推行散杂货码头全介入、修造船码头半自管、化工码头全自管"三类三级"管控模式,实现警力部署从"平均用力"向"精确投放"转变。建立"企业自查+边检核查"双查机制,细化企业自管职责4类20项,明确口头警告、约谈整改、降低诚信、取消自管4项追责措施,推动企业由"被管"向"自管"转变。与口岸联检单位、长航公安等建立协作机制,在预警响应、联合处置等方面加强合作,先后联合开展应急处突、夜间巡查、疫情防控等专项行动5次, 查获冒用他人证件登轮案1起、涉嫌非法传播反动视频图片案1起。

【边检服务】 年内,如皋边检站提前介入码头新建、开放等项目规划,先后走访苏中国际等拟开放码头26次,全力跟进边检配套设施指导建设工作。针对口岸服务对象不同需求,量身订制服务举措,便利涉外企业和服务对象。全年开通"绿色通道"9次,救助帮扶群众56人次。7月,在如皋口岸出口汽油分馏塔和急冷塔大型设备首单业务中,如皋边检站为荷兰籍"正义领袖"号外轮开通绿色通道,为快速装载设备提供便捷服务,实现零等待、零滞港、零距离"三零"服务承诺。

【规范化执法】 年内,如皋边检站依托"法制夜校"学习班,先后开展伪假证件鉴别、执法办案技巧、情景模拟演练等培训10场次,提升一线检查员执法办案能力和水平。升级改造执法办案场所,购买配发执法记录仪6台,严格执行执法全程视音频记录和执法办案场所管理使用等制度规定,构建安全执法办案环境。开展"秉公执法,人民公安为人民"教育活动,通过一案一评、倒查管理系统——梅沙系统记录、实时视频监控等手段加强内部执法监督,先后开展执法专项检查12次,召开监督员座谈会3次,开展送法进港区活动10场,发放意见表800余份,增强执法工作透明度。

(刘俊杰)

如皋边检站检查员在码头一线开展普法教育 (如皋边检站供稿)

## 如皋经济技术开发区（城北街道）

【概况】 如皋开发区成立于1992年6月，1993年12月获批为首批省级开发区之一，2013年1月升级为国家级经济技术开发区。2013年3月20日，如皋开发区与城北街道实行“以区带街、街区合一”管理体制，总体规划面积150.41平方千米，辖村（社区）39个，其中村20个、社区19个。2016年，如皋开发区（城北街道）紧扣“创新驱动、特色发展”核心战略，培育壮大主导产业，大力发展传统产业，转型升级现代服务业，经济保持稳中向快的发展势头。全年完成地区生产总值132.10亿元，同比增长10.08%。一般公共财政预算收入10.16亿元。完成增值税6.03亿元，同比增长15.5%。

【工业与服务业】 年内，如皋开发区（城北街道）节能与新能源汽车、长寿生物科技、新能源三大新兴产业和纺织服装、电子电气及装备、特色食品三大传统产业集聚效应不断凸显，以高新技术产业为主导、先进制造业为主体、现代服务业为支撑的产业体系初步形成。其中：新能源汽车产业为全市六大主导产业之一，拥有江苏陆地方舟新能源电动汽车有限公司、康迪电动汽车江苏有限公司、沈阳金杯车辆制造有限公司如皋分公司、江苏英田集团、如皋市亚曼汽车有限公司、江苏赛麟汽车科技有限公司6家国内外知名新能源汽车整车企业，双钱集团（江苏）轮胎有限公司、南通百应能源有限公司、南通泽禾新能源科技有限公司、延康汽车零部件如皋有限公司、南通创源电化学科技有限公司等24家新能源汽车配套企业。拥有省级名牌产品企业9家。全年新增规模企业17家，累计124家；新增亿元企业11家，累计44家；新增5亿元企业1家（恒亿贵金属如皋有限公司），累计4家；新增10亿元企业4家（如皋汇业贸易有限公司、江苏陆地方舟新能源电动汽车有限公司、江苏省如高高压电器有限公司、市亚曼汽车有限公司），累计6家，超额完成全年目标任务。年内，实现工业总产值1535.43亿元，同比增长2.22%。完成工业增加值306.69亿元，同比增长11.72%。其中，规模以上工业企业增加值265.52亿元，同比增长12.78%；主导产业增加值291.85亿元，同比增长14.64%。完成高新技术企业工业产值504亿元，同比增长17.08%，占全区规模以上工业产值比重40%。节能与新能源汽车产业产值超过120亿元，实现销售收入91.2亿元，同比增长114.48%；氢能产业产值20亿元，实现销售收入14.64亿元。实现全部工业应税销售233.16亿元，同比增长24.9%，净增46.43亿元，高于全市平均增幅14.1个百分点。实现全部工业实缴税金8.62亿元，同比增长4.5%，约占全市份额1/4。完成工业用电量57822万千瓦时，同比增长11.5%。实现服务业应税销售35.53亿元，同比增长22.6%。7月28日，由南通嘉禾科技投资开发有限公司与中融国际信托有限公司共同设立的新能源汽车产业发展基金签约设立仪式在如皋开发区举行。

【招商引资】 年内，如皋开发区（城北街道）新注册项目45个，其中：内资项目35个，注册资金108亿元；外资及港澳台资项目10个，注册资金10.8亿美元。完成工商注册外资10.8亿美元,占全年考核目标685.8%,同比增长453.2%。实际到账外资10055万美元,同比增长16.9%,首次突破1亿美元大关。全年重点围绕新能源汽车、新能源(氢能)和长寿生物科技三大新兴产业开展招商活动,举办投资环境说明会12场次、氢能产业峰会和新能源及新能源汽车产业链招商活动2次,累计邀请客商300余人,成功引进总投资178亿元的美国赛麟汽车等新能源汽车项目、张家港富瑞特种装备股份有限公司氢能战略合作项目等新能源(氢能)项目和薏仁酒薏仁醋等长寿生物科技项目,引进国家级基金工银瑞信投资管理有限公司。收集有效招商信息8条。对接上海产业合作促进中心和上海生物医药协会,成功取得上海生物医药协会会员资格。8月3日,中国检验认证集团江苏有限公司如皋中心成立签约暨揭牌仪式在如皋开发区时代大厦举行。

**【项目建设】** 2016年,如皋开发区(城北街道)完成固定资产进项抵扣税9097.87万元,同比增长26.9%。新增装机容量41645千伏安。亿元以上新开工项目38个,其中,工业项目18个、服务业项目20个、重大外资项目1个(新能源汽车项目),综合得分在南通开发园区考核中排名第3位。总投资1.6亿元的华灿电讯射频同轴连接器项目、全国第6家(江苏首家)加氢站项目和江苏赛麟汽车零部件项目开工建设。年内,联合国开发区计划署"中国氢经济示范城市"建设项目挂牌,沈阳金杯车辆制造有限公司如皋分公司生产线和焊装线完成改造,"千人计划"专家章伟的多维环境监测项目、My car项目厂房改造基本结束。木爷机器人项目工厂装修结束,累计生产发货126台(销售、租赁试用、展会推广)。如慧云车联网车载终端项目正式投产,年内销售产品2000套。陆地方舟乘用车项目车间设备到位,荣威娱乐4号楼实现主体封顶,华灿2—4号楼气象图审图结束。维记牛奶加工项目完成稳评、能评、环评等相关审批程序。汽车文化体验馆开工建设,新悦广场预销售、北郊商业综合体招商工作正式启动。

**【科技创新】** 年内,如皋开发区(城北街道)全年新增PCT专利申请15件,万人发明专利拥有量24件。拥有高新技术企业107家,同比新增14家。全区实现高新技术产业工业产值504亿元,同比增长17.08%。新增中融信托有限公司、上海华领资产管理有限公司等产业引导基金3家,累计7家。江苏如高高压电器有限公司、江苏顺远新材料科技股份有限公司获批省研究生工作站,全区累计建成省级以上研发机构57家。南通神马线业有限公司获批南通工程技术研究中心,南通锻压设备股份有限公司获省重大成果转化项目立项,江苏顺远新材料科技股份有限公司、南通百应能源有限公司、江苏长寿大红门食品有限公司获省重点研发计划项目立项。江南大学(如皋)食品生物技术研究所、福州大学如皋研究院、北大如皋创新中心三大平台引进产学研合作项目15个,获科技立项4项。中汽中心汽车试验研究所、国家轿车质量监督检验中心正式揭牌。全年新增领军人才4人,累计68人。木爷机器人蒋化冰董事长入选省"六大人才高峰"和省"双创"人才。如皋六维环境科技有限公司章伟、南通泰慕士服装有限公司蔡再生获"雉水英才"称号。如皋开发区被认定为示范型国家国际科技合作基地、省新能源汽车产业集群。

赛麟新能源汽车项目建设现场 (邱　宇摄)

**【社会事业】** 年内,如皋开发区(城北街道)推进"家文化"建设,举办春节系列文艺演出、"阅读让生活更美好"全民阅读、"奔跑吧,兄弟"微程马拉松、"幸福城北,粽叶飘香"庆端午、"健康生活,幸福城北"百人瑜伽公益展演、才艺大赛及送戏下乡、农民"乐一天"文体艺术节和全民健身运动会等活动,营造"幸福城北,和美经开"文化氛围。全年发放各类抚恤补助金1300多万元、80周岁以上老人尊老金599万元、慈善救助资金38万余元，慰问百岁老人40人，上门服务老人2436人次。开发区实验小学特色排舞参加国家级比赛获金牌1枚、银牌1枚，何庄小学被评为省小学特色文化建设项目学校。司法所获省优秀司法所称号。

**【村(社区)选介】** 鹿门社区　东起通扬运河，西至邓园路，南起惠民路，北至红旗河，总面积4.68平方千米，是省三星级康居乡村、和谐社区建设示范社区、民主法治示范社区、农家书屋，南通市“四有一责”建设示范区、平安法治先进单位。2016年，实现村营总收入120万元。

平园池村　地处如皋市北部，由原太平井、藕池、竹园村合并而成，是省卫生村、水美乡村、绿化先进村，总面积3.24平方千米。该村发展特色旅游产业，设立农副产品展示区，建成集种植、采摘、休闲、旅游观光为一体的生态藕池文化园和休闲垂钓中心，与花木大世界联合建成以微型盆景为特色的集草庄，与上海旅游公司共同开发建成集停车、购物、住宿、餐饮多功能于一体的旅游集散地。拥有专业合作社7家、家庭农场6家、种养大户15户。2016年，浇灌硬质渠道31.5千米，整治河道10千米、垃圾池180座，全村99%以上农户通水泥道路。全年实现村营收入151.32万元、农民人均收入21685元。

北郊花苑　南距如城街道4千米、北与海安县接壤、东临花市路、西至杨宗村，住宅建筑面积71万平方米，住房4430套。2016年，完成周庄小学搬迁和戴庄大道修建，百姓大舞台首期工程竣工，完成小区技防监控改造，建成南通地区首家基层“智慧党建平台”。

**【南通华灿电讯科技有限公司开工建设】** 1月8日，南通华灿电讯科技有限公司开工建设。该公司位于如皋开发区，由南通华灿电讯科技有限公司兴建，是江苏华灿电讯股份有限公司全资子公司。该公司是产、学、研合作重要成果，注册资本3200万元，总投资1.6亿元，占地面积3.56公顷，拟新建生产厂房及附属用房5.4万平方米，主要从事射频同轴连接器生产和销售。

**【江苏木爷机器人有限公司生产基地揭牌】** 4月12日，江苏木爷机器人有限公司生产基地揭牌仪式在如皋开发区科创园举行。江苏木爷机器人有限公司在智能语音、无轨导航、机器人图像识别等领域拥有先进核心技术，是首批通过国家机器人认证的3家企业之一，拥有原创核心专利100多项，拥有研发人员100多人，占所有员工60%。生产的智能机器人广泛用于政府办事大厅和税务、银行等行业。

**【南通首家农民合作社综合社在平园池村成立】** 5月13日，南通首家农民合作社综合社在如皋开发区平园池村成立。该综合社以村农户为成员，以村集体资产、资源、资金等要素利用为纽带，以社区股份合作、土地股份合作、农业生产经营合作为主要形式，组织农民以村组集体资产量化的股份和承包土地经营权折算股份、资金、劳务等生产要素入股组建而成，会员单位包括专业合作社7家、家庭农场6家、养殖大户15家。综合社成立之后，具备承接国家扶持的农业项目建设能力。

**【南通荣威地上水池项目落户如皋开发区】** 6月8日，南通荣威地上水池项目签约仪式在如皋开发区举行。该项目由荣威实业有限公司投资兴建，发展地上水池、注塑电子、物流配送等项目。项目总投资额约1.56亿美元，征用土地26公顷。

**【苏州龙能科技锂电池(材料)生产项目落户如皋开发区】** 6月8日，龙能科技(苏州)有限责任公司投资的锂电池及相关材料生产项目签约落户如皋开发区。该项目总投资12亿元，在国家“千人计划”专家黄碧英挂帅的研发团队带领下，研发、生产与销售高安全性、高能量密度、可快速充电的新能源汽车锂离子电池及其相关材料。该项目落户，填补如皋开发区节能与新能源汽车产业链锂电池生产的空白。

**【省华侨华人文化交流基地揭牌】** 7月12日，江苏省华侨华人文化交流基地揭牌仪式在如皋开发区华夏胶片电影博物馆举行。华夏胶片电影博物馆成为省侨联扩大涉侨文化交流、提高江苏海外知名度和美誉度的重要平台。

华夏胶片电影博物馆是由侨眷刘建投资建立的一家文化企业，占地面积3600平方米，是专业从事胶片电影收藏展示、抢救修复、文化交流和电影技术科研等工作的胶片电影资料馆，是南京大学影视研究基地。经过近10年努力，收藏胶片电影、胶片洗印设备、修复设备、放映设备、电影剧本、海报及相关老电影藏品20余万件。

【中检集团江苏公司如皋中心成立】 8月3日,中国检验认证集团(简称“中检集团”)江苏有限公司如皋中心成立签约暨揭牌仪式在如皋开发区时代大厦举行。

中检集团是经国家质量监督检验检疫总局许可、国家认证认可监督管理委员会资质认定、中国合格评定国家认可委员会认可,以检验、鉴定、认证、测试为主业的独立第三方检验认证机构,致力于质量、安全、健康、环保领域,为全球客户提供“一站式”综合解决方案,是在国际上享有盛誉、在中国最具影响力的综合性、跨国检验认证机构。

【中汽中心汽车试验研究所等三家汽车质量检测服务专业机构揭牌成立】 8月12日,中汽中心汽车试验研究所、国家轿车质量监督检验中心、天津汽车检测中心如皋办事处揭牌仪式在如皋开发区时代大厦举行。中汽中心汽车试验研究所隶属于中国汽车技术研究中心,国家轿车质量监督检验中心前身为中国汽车质量监督检验所。天津汽车检测中心是由中国汽车技术研究中心投资建立,具有独立法人地位的汽车产品检测机构,被国家授权为国家轿车质量监督检验中心,是经国家认证认可监督管理委员会(CNCA)资质认定、中国合格评定国家认可委员会(CNAS)认可的独立第三方检测实验室,是国内唯一的新车评价规程评价试验检测机构。

大唐国际如皋热电联产项目开工现场 (如皋开发区供稿)

【大唐国际如皋热电联产项目开工建设】 8月19日,江苏大唐国际如皋热电有限公司热电联产工程第一罐混凝土浇筑暨工程开工仪式在如皋开发区邵庄村举行。该项目占地5.4公顷,首期建设3台75吨高温高压循环流化床锅炉和2台12兆瓦抽背式汽轮发电供热机组,同步建设配套供热管网和码头工程,供热能力为242万吉焦/年。

【全省首个标准加氢站在如皋开发区开工建设】 8月28日,全省首个标准加氢站——上海氢枫能源技术有限公司如皋加氢站项目开工建设。该项目位于益寿北路惠民西路交叉口,总投资2473.91万元,拟建设氢气长管拖车停车位及卸气装置2个,5.76立方米固定式储氢瓶组1套、1小时耗气量500标准立方米的氢气压缩机组4套。

【如皋开发区成为全国节能与新能源汽车产教联盟副理事长单位】 10月29日,在江西省南昌市召开的全国节能与新能源汽车产教联盟成立大会上,如皋开发区作为该联盟的发起人之一,被推举为副理事长单位。该联盟的成立,旨在通过整合新能源汽车产业链资源,加强产学研用的有效衔接,开展新能源汽车共性技术研发,聚集和培育应用型人才,开展新能源汽车应用技术交流合作与资源开放共享,打造开放协作平台,建成具有国际影响力和国家示范作用,集产学研于一体,政府、行业、企业、院校联动,推进新能源汽车产业链发展和服务的新型产教联盟。

(陈 鹏)

**2016年如皋经济技术开发区(城北街道)前50强规模企业应税销售、税金完成情况**

表40 单位:万元

| 序号 | 企业名称 | 应税销售 | 实缴税金 |
|---|---|---|---|
| 1 | 双钱集团(江苏)轮胎有限公司 | 177634 | 8930 |
| 2 | 南通荣威娱乐用品有限公司 | 142557 | 5175 |

续表40-1

单位:万元

| 序号 | 企业名称 | 应税销售 | 实缴税金 |
|---|---|---|---|
| 3 | 如皋奥尼斯特贵金属有限公司(含恒亿、神速、荣泰、盈栋、慧安) | 140685 | 82 |
| 4 | 如皋汇业贸易有限公司 | 136351 | 1170 |
| 5 | 江苏陆地方舟新能源电动汽车有限公司 | 130710 | 3338 |
| 6 | 江苏省如高高压电器有限公司 | 110125 | 10171 |
| 7 | 如皋市亚曼汽车有限公司 | 105767 | 374 |
| 8 | 江苏英田集团有限公司(含专用车制造、铸造、车辆配件、柴油机厂、沈阳金杯) | 96839 | 1404 |
| 9 | 江苏长寿大红门食品有限公司 | 72972 | 69 |
| 10 | 南通爱康金属科技有限公司 | 63243 | 1464 |
| 11 | 南通泰慕士服装有限公司(含英瑞印绣花) | 54452 | 4844 |
| 12 | 江苏思源赫兹互感器有限公司 | 42248 | 4389 |
| 13 | 江苏金元亚麻有限公司(含紫薇亚麻) | 40476 | 2653 |
| 14 | 延康汽车零部件如皋有限公司 | 27366 | 1774 |
| 15 | 康迪电动汽车江苏有限公司 | 25728 | 1 |
| 16 | 南通锻压设备股份有限公司 | 22302 | 2324 |
| 17 | 如皋市太阳肠衣食品有限公司 | 21851 | 270 |
| 18 | 南通仁寿食品有限公司 | 20015 | 317 |
| 19 | 如皋市大禾肠衣有限公司 | 20005 | 152 |
| 20 | 江苏双龙健制衣股份有限公司 | 19782 | 922 |
| 21 | 南通泰尔特服装有限公司(含三泉、源泉) | 18959 | 1096 |
| 22 | 江苏联众肠衣有限公司(含坝新) | 17933 | 65 |
| 23 | 如皋市青年氢燃料发动机有限公司 | 17542 | 120 |
| 24 | 江苏国泰(集团)如皋服装有限公司(含恒业纺织、恒昌印染) | 16669 | 885 |
| 25 | 江苏祥源电气设备有限公司 | 16231 | 2186 |
| 26 | 南通恒源制衣有限公司 | 15933 | 481 |
| 27 | 威格(江苏)电气设备有限公司 | 15508 | 140 |
| 28 | 南通百正电子新材料股份有限公司 | 14945 | 1353 |
| 29 | 如皋市大昌电子有限公司 | 14750 | 1323 |
| 30 | 南通美能得新能源科技股份有限公司 | 14648 | 85 |
| 31 | 威世药业(如皋)有限公司 | 14513 | 1408 |
| 32 | 江苏意瑞达纺织科技有限公司 | 13861 | 647 |
| 33 | 南通创源电化学科技有限公司(含柏源) | 13371 | 202 |
| 34 | 南通百应能源有限公司 | 12539 | 0 |
| 35 | 南通江森电子科技有限公司(含双诚电器) | 11702 | 514 |
| 36 | 南通雷成运动休闲服饰有限公司(含制衣、染整) | 11431 | 402 |

续表40-2

单位:万元

| 序号 | 企业名称 | 应税销售 | 实缴税金 |
|---|---|---|---|
| 37 | 南通腾达包装纸业有限公司 | 11071 | 280 |
| 38 | 南通泽禾新能源科技有限公司 | 10578 | 16 |
| 39 | 如皋市大生线路器材有限公司(含大生机电) | 10462 | 1180 |
| 40 | 南通市电站阀门有限公司 | 10196 | 1010 |
| 41 | 江苏聚源电气有限公司 | 9575 | 213 |
| 42 | 伟达塑胶工业(南通)有限公司 | 8990 | 877 |
| 43 | 如皋市如兴纺织有限责任公司(含润德机械) | 8933 | 395 |
| 44 | 南通市莱特电气科技发展有限公司(含华利照明) | 8787 | 386 |
| 45 | 如皋兔子米业有限公司 | 8588 | 3 |
| 46 | 如皋市懋泰肠衣有限公司 | 7876 | 137 |
| 47 | 如皋市嘉好热熔胶有限公司 | 7747 | 327 |
| 48 | 南通巨荣润滑油有限公司 | 6922 | 25 |
| 49 | 南通和巨塑料再生资源有限公司 | 6483 | 6 |
| 50 | 南通汉德家用电器有限公司 | 6385 | 500 |

## 2016年如皋经济技术开发区(城北街道)招商引资情况

表41

| 序号 | 项目名称 | 注册资本 | 注册时间 |
|---|---|---|---|
| 1 | 如皋新泰投资有限公司 | 3000万元 | 2016.01 |
| 2 | 如皋维记牛奶有限公司 | 2500万美元 | 2016.01 |
| 3 | 如皋市金鹰大酒店有限公司 | 1000万元 | 2016.01 |
| 4 | 南通卓见新媒体技术有限公司 | 1000万元 | 2016.01 |
| 5 | 江苏邦泰电气有限公司 | 1000万元 | 2016.02 |
| 6 | 南通威蒙汽车科技有限公司 | 177627万元 | 2016.03 |
| 7 | 南通狮迈汽车科技有限公司 | 188042万元 | 2016.03 |
| 8 | 如皋萨林混合动力汽车科技有限公司 | 189452万元 | 2016.03 |
| 9 | 如皋积泰电动汽车科技有限公司 | 110692万元 | 2016.03 |
| 10 | 江苏赛麟汽车科技有限公司 | 965863万元 | 2016.03 |
| 11 | 如皋六维环境科技有限公司 | 3061万元 | 2016.03 |
| 12 | 江苏玖恒物流有限公司 | 6000万元 | 2016.03 |
| 13 | 南通北开置业有限公司 | 2000万元 | 2016.03 |
| 14 | 如皋市大观园影视传媒有限公司 | 1000万元 | 2016.04 |
| 15 | 江苏晟元景观工程有限公司 | 1000万元 | 2016.05 |
| 16 | 南通天狗影视文化传播有限公司 | 1000万元 | 2016.05 |

续表41-1

| 序号 | 项目名称 | 注册资本 | 注册时间 |
|---|---|---|---|
| 17 | 江苏润露生态农业发展有限公司 | 1000万元 | 2016.05 |
| 18 | 江苏品瑞农业科技开发有限公司 | 1000万元 | 2016.05 |
| 19 | 如皋汇业贸易有限公司 | 3亿元 | 2016.05 |
| 20 | 龙能科技如皋市有限公司 | 25000万元 | 2016.06 |
| 21 | 东旭如皋高端智能制造产业投资管理有限公司 | 1000万元 | 2016.06 |
| 22 | 南通中源新能源建设管理有限公司 | 3000万元 | 2016.06 |
| 23 | 如皋市航锐机电设备有限公司 | 3000万元 | 2016.06 |
| 24 | 如皋诚阳农业科技有限公司 | 1000万美元 | 2016.06 |
| 25 | 江苏顺晟新材料科技有限公司 | 1000万元 | 2016.07 |
| 26 | 如皋市青年氢燃料发动机有限公司 | 5000万元 | 2016.08 |
| 27 | 如皋市智慧汽车销售有限公司 | 5000万元 | 2016.08 |
| 28 | 南通柏源设特思汽车饰件有限公司 | 1050万元 | 2016.08 |
| 29 | 江苏盈润人工智能科技有限公司 | 1000万元 | 2016.08 |
| 30 | 江苏嘟嘟电子科技有限公司 | 1000万元 | 2016.09 |
| 31 | 南通准航商贸有限公司 | 1800万元 | 2016.09 |
| 32 | 南通明山国际物流有限公司 | 500万美元 | 2016.09 |
| 33 | 珈伟龙能固态储能科技如皋有限公司 | 10000万元 | 2016.10 |
| 34 | 南通涵娵智能科技有限公司 | 1000万元 | 2016.10 |
| 35 | 江苏鼎盛检测中心有限公司 | 1000万元 | 2016.10 |
| 36 | 如皋市迈迪智慧汽车零部件有限公司 | 5000万元 | 2016.11 |
| 37 | 江苏天美环保科技有限公司 | 1000万元 | 2016.11 |
| 38 | 江苏天寿堂食品科技有限公司 | 1000万元 | 2016.11 |
| 39 | 南通亚伏能太阳能发电有限公司 | 500万美元 | 2016.12 |
| 40 | 如皋光忠贸易有限公司 | 200万美元 | 2016.12 |
| 41 | 江苏力神建筑工程有限公司 | 5000万元 | 2016.12 |

## 2016年如皋经济技术开发区（城北街道）社会经济主要指标完成情况

表42

| 项　　目 | 计量单位 | 2016年 | 2015年 | 项　　目 | 计量单位 | 2016年 | 2015年 |
|---|---|---|---|---|---|---|---|
| 一、乡镇基本情况 | | | | 企业实缴税金 | 万元 | 103810 | 105041 |
| 乡镇行政区域面积 | 公顷 | 15041 | 15041 | 建筑业企业单位数 | 个 | 11 | 10 |
| 居民委员会个数 | 个 | 19 | 19 | 建筑业总产值 | 万元 | 289915 | 254400 |
| 村民委员会个数 | 个 | 20 | 20 | 六、贸易与投资 | | | |

续表42-1 单位:万元

| 项　　目 | 计量单位 | 2016年 | 2015年 | 项　　目 | 计量单位 | 2016年 | 2015年 |
|---|---|---|---|---|---|---|---|
| 耕地面积 | 公顷 | 8507 | 8512 | 社会消费品零售总额 | 万元 | 363444 | 319239 |
| 有效灌溉面积 | 公顷 | 7388 | 7392 | 其中:限额以上社会消费品零售总额 | 万元 | 57306 | 62569 |
| 农业机械总动力 | 千瓦 | 69017 | 70539 | 集贸市场成交额 | 万元 | 414000 | 411483 |
| 二、人口与就业 | | | | 进出口总额 | 万美元 | 64428 | 65394 |
| 乡镇总户数 | 户 | 47183 | 47296 | 实际到账注册外资 | 万美元 | 10055 | 8600 |
| 乡镇总人口 | 人 | 146754 | 147106 | 固定资产投资完成额 | 万元 | 898075 | 765504 |
| 乡镇从业人员数 | 人 | 72006 | 72038 | 七、财政收入 | | | |
| 其中:外来从业人员 | 人 | 8963 | 8788 | 财政总收入 | 万元 | 203477 | 221590 |
| 第一产业 | 人 | 16010 | 15896 | 其中:公共财政收入 | 万元 | 101573 | 173567 |
| 第二产业 | 人 | 37451 | 37573 | 八、社会事业 | | | |
| 第三产业 | 人 | 18545 | 18569 | 本乡镇公路里程 | 千米 | 629 | 572 |
| 三、乡镇经济 | | | | 各类科技人员 | 人 | 2710 | 2470 |
| 地区生产总值 | 万元 | 1321033 | 1189156 | 学校总数 | 所 | 8 | 8 |
| 第一产业 | 万元 | 84464 | 86750 | 其中:小学数 | 所 | 5 | 5 |
| 第二产业 | 万元 | 773053 | 692275 | 在校学生总数 | 人 | 10087 | 9437 |
| 第三产业 | 万元 | 463516 | 410131 | 其中:小学在校学生数 | 人 | 5946 | 5719 |
| 工商业企业应税销售收入(国税) | 万元 | 2680732 | 2038008 | 教师总数 | 人 | 802 | 763 |
| 四、农业生产 | | | | 其中:小学专任教师数 | 人 | 344 | 330 |
| 农作物播种面积 | 公顷 | 14732 | 15180 | 幼儿园、托儿所 | 所 | 20 | 5 |
| 其中:粮食作物播种面积 | 公顷 | 10987 | 11447 | 医疗卫生机构个数 | 个 | 56 | 53 |
| 农业保险面积(种植业) | 公顷 | 6762 | 10119 | 医疗卫生机构床位数 | 床 | 674 | 664 |
| 其中:设施农业保险面积 | 公顷 | 13 | 94 | 执业(助理)医师数 | 人 | 324 | 434 |
| 市级以上农业龙头企业个数 | 个 | 10 | 10 | 自来水用水户数 | 户 | 47200 | 47200 |
| 市级以上农业龙头企业销售收入 | 万元 | 135424 | 208915 | 燃气用气户数 | 户 | 42674 | 42674 |
| 粮食总产量 | 吨 | 76046 | 83318 | 有线电视入户率 | % | 92 | 92 |
| 肉类总产量 | 吨 | 11045 | 11102 | 人均住房面积 | 平方米 | 45 | 45 |
| 禽蛋产量 | 吨 | 9155 | 9092 | 互联网宽带上网用户 | 户 | 34991 | 32102 |
| 水产品产量 | 吨 | 2103 | 2123 | 各种社会福利收养性单位数 | 个 | 2 | 2 |
| 五、企业情况 | | | | 各种社会福利收养性单位床位数 | 床 | 250 | 412 |
| 企业个数 | 个 | 1488 | 1372 | 各种社会福利收养性单位收养人数 | 人 | 140 | 166 |

续表 42-2

单位:万元

| 项目 | 计量单位 | 2016年 | 2015年 | 项目 | 计量单位 | 2016年 | 2015年 |
|---|---|---|---|---|---|---|---|
| 其中:规上工业企业 | 个 | 148 | 143 | 新型农村合作医疗参保人数 | 人 | 94330 | 98182 |
| 企业从业人员 | 人 | 62496 | 58185 | 新型农村社会养老参保人数 | 人 | 35814 | 37580 |
| 其中:规上工业企业 | 人 | 32973 | 31064 | 农村居民最低生活保障人数 | 人 | 1965 | 1286 |

## 2016年如皋经济技术开发区(城北街道)各村(社区)基本情况

表 43

| 名称 | 党组织书记 | 主任 | 村(居)民小组数(个) | 人口数(人) | 耕地面积(公顷) | 农村经济总收入(万元) | 农民人均纯收入(元) |
|---|---|---|---|---|---|---|---|
| 东风社区 | 王竹青 | 王竹青 | 12 | 1074 | 3. 14 | 17626. 19 | 29177. 41 |
| 城北社区 | 章金元 | 徐海旭 | 13 | 2502 | 10. 44 | 43829. 83 | 34503. 90 |
| 新生社区 | 谭洪兵 | 洪小军 | 17 | 4695 | 39. 95 | 35467. 16 | 29151. 42 |
| 新王庄社区 | 李　勇 | 田爱华 | 25 | 5582 | 97. 95 | 75114. 99 | 30431. 42 |
| 太平社区 | 徐　龙 | 徐　龙 | 28 | 6908 | 16. 63 | 79571. 42 | 29128. 18 |
| 邓元社区 | 施林友 | 宗式华 | 32 | 5773 | 108. 22 | 42808. 95 | 28901. 17 |
| 鹿门社区 | 戴小兵 | 张春燕 | 27 | 5600 | 13. 12 | 46437. 26 | 33042. 02 |
| 里庄村 | 高兴勇 | 高兴勇 | 27 | 3432 | 183. 24 | 53996. 01 | 26317. 92 |
| 复兴村 | 卢忠林 | 许　兵 | 28 | 3516 | 304. 75 | 28838. 70 | 27288. 86 |
| 双楼庄村 | 王正华 | 王正华 | 25 | 3562 | 252. 84 | 31754. 27 | 25881. 68 |
| 万新村 | 高兴勇 | 张　浩 | 26 | 3675 | 93. 53 | 37892. 24 | 27558. 26 |
| 柴湾社区 | 徐相民 | 张英兰 | 32 | 3841 | 208. 73 | 36915. 10 | 32619. 45 |
| 志勇村 | 于传益 | 于传益 | 36 | 4590 | 345. 82 | 46257. 57 | 25264. 93 |
| 镇南社区 | 张　伟 | 张国友 | 22 | 4866 | 54. 33 | 101726. 54 | 28296. 72 |
| 杨宗社区 | 谢同兴 | 陈　勇 | 23 | 3336 | 94. 37 | 47214. 99 | 29059. 80 |
| 戴庄村 | 孙兴建 | 孙兴建 | 26 | 3399 | 262. 77 | 26986. 85 | 27163. 05 |
| 平园池村 | 刘炜建 | 秦德来 | 24 | 3221 | 223. 37 | 45119. 57 | 28008. 18 |
| 双龙社区 | 陈兆青 | 陈兆青 | 24 | 4010 | 258. 17 | 64866. 94 | 30398. 60 |
| 天河桥村 | 刘培璋 | 刘培璋 | 27 | 3780 | 320. 77 | 51461. 78 | 31204. 07 |
| 桥港村 | 谢同兴 | 谢同兴 | 27 | 3436 | 350. 45 | 40413. 15 | 27303. 90 |
| 陆姚社区 | 朱从俊 | 朱从俊 | 31 | 4515 | 289. 57 | 49046. 82 | 24358. 27 |
| 十里墩社区 | 秦炎圣 | 秦炎圣 | 17 | 2657 | 168. 76 | 22459. 29 | 23767. 50 |
| 纪港村 | 贾恩德 | 章开明 | 17 | 2643 | 200. 65 | 29289. 89 | 24466. 30 |
| 袁桥社区 | 刘培华 | 刘培华 | 31 | 3789 | 289. 88 | 91027. 77 | 24542. 88 |

续表43-1

| 名　称 | 党组织书　记 | 主　任 | 村(居)民小组数(个) | 人口数(人) | 耕地面积(公顷) | 农村经济总收入(万元) | 农民人均纯收入(元) |
|---|---|---|---|---|---|---|---|
| 浦东社区 | 张本荣 | 张本荣 | 33 | 4220 | 277.43 | 43865.77 | 23355.87 |
| 何庄社区 | 谢仁国 | 陈业男 | 27 | 4322 | 258.08 | 55746.27 | 24596.21 |
| 八角井村 | 汤小霞 | 吴海兵 | 25 | 3568 | 233.03 | 36825.82 | 23003.05 |
| 野林村 | 朱谦军 | 孙国平 | 23 | 3015 | 244.71 | 27422.33 | 22774.68 |
| 花园桥社区 | 纪显龙 | 郭祥安 | 26 | 3484 | 260.42 | 35536.37 | 24125.79 |
| 民实村 | 朱正来 | 朱伯明 | 27 | 3351 | 282.16 | 32096.94 | 22491.60 |
| 顾巷村 | 陈久龙 | 陈久龙 | 21 | 2629 | 208.44 | 28604.55 | 23308.01 |
| 复兴庄村 | 谢荣山 | 谢荣勤 | 26 | 3900 | 271.13 | 30569.20 | 22724.08 |
| 狮垛村 | 张永龙 | 张永龙 | 16 | 2596 | 203.79 | 32689.12 | 23721.00 |
| 朱厦村 | 张爱军 | 陈怀宽 | 21 | 2711 | 199.89 | 25753.23 | 22815.70 |
| 陆桥村 | 张昌建 | 张昌建 | 23 | 4240 | 175.82 | 97218.66 | 28830.06 |
| 邵庄村 | 薛　华 | 薛　华 | 30 | 4076 | 260.38 | 42932.30 | 28604.42 |
| 阚庄村 | 刘松志 | 刘松志 | 29 | 4272 | 237.32 | 45344.51 | 28288.52 |
| 庆余社区 | 谢智鹏 | 郑国权 | — | 7511 | — | — | — |
| 普济社区 | 周　鹏 | 周魏魏 | — | 5549 | — | — | — |
| 北郊花苑 | 张叶平 | 顾昌军 | — | — | — | — | — |
| 如意花苑 | 施红俊 | 张爱军 | — | — | — | — | — |

## 如皋港区(长江镇)

**【概况】** 如皋港区(长江镇)位于如皋市南部,与苏州张家港市隔江相望。省级重点工业园区——如皋港区与长江镇实行区镇一体化管理体制,规划总面积204平方千米,辖社区27个、村6个、场圃4个和江滩开发经营办事处,常住人口20万人。拥有长江岸线48千米和国家级长江主航道2条,其中15米以上的长江深水岸线20.2千米,可建万吨级码头30多座。2016年,如皋港区(长江镇)实现地区生产总值157.2亿元,同比增长12.4%。受“营改增”政策性减收效应影响,完成全口径财政收入18.4亿元,同比下降17.1%,其中一般公共预算收入13.9亿元,同比下降20.1%。三次产业比例进一步优化为3.5:52.13:44.37。获全省基层党员冬训工作示范乡镇、省文明乡镇、省文明口岸等称号。

**【工业】** 年内,如皋港区(长江镇)园区内船舶海工及重型装备、绿色新材料、高端石材产业集群初具规模。完成全部工业应税销售279.8亿元,同比增长36.8%,全区有26家企业跻身全市应税销售百强企业行列。全年净增工业规模企业9家,累计133家;净增亿元企业3家(瑞泰船务、波涛化工、闽江矿业),累计29家。实现固定资产抵扣税8271万元,同比增长52.3%。实现工业用电量8.5亿千瓦时,新增装机容量4.2万千伏安。

**【服务业】** 年内,如皋港区(长江镇)完成服务业应税销售455.7亿元,同比增长77.6%,其中港口服务业应税销售429.6亿元,同比增长238%。有限上企业61家,其中年内新增如皋甬大贸易有限公司等限上企业11家。如皋甬大贸易有限公司实现应税销售32.31亿元,纳税539.47万元。净增规模服务业企业5家,累计55家。如皋港现代综合物流园区实现营业收入376.9亿元,同比增长138%;实现税收4.2亿元,同比增长30%。12月8日,如皋港现代综合物流园区被省发展改革委认定为首批省

东升产业城　　（如皋港区供稿）

级生产性服务业集聚示范区。12月，东升南通国际石材产业城被全国工商联石材产业商会评为2016年度中国石材业十大最具竞争力交易市场(产业园区)。

【招商引资】 年内，如皋港区(长江镇)实现到账外资5409万美元，同比增长25.9%。全年完成项目签约26个。其中：内资项目24个，投资总额100亿元人民币(华今集团丙烯制聚丙烯项目总投资50亿元、江苏富德化学高端MMA项目总投资20亿元、金桥油脂硬脂酸项目总投资14亿元)；港资项目1个(香港纳诺科技纳米新材料项目)，总投资6000万美元；外资项目1个(渤海商品交易所塑化城项目)，总投资5000万美元。在谈项目43个，包括投资15亿元的泰坦充电桩产业孵化基地项目、投资1.1亿美元的旭化成高端涂料项目等。

【项目建设】 年内，如皋港区(长江镇)新开工重大项目31个，项目总投入45亿元，其中工业项目21个，完成项目投入30亿元。华灿线缆、广典石材等8个项目年内竣工，磐泰石业、雄豪钢构等4个项目投入生产。新开工服务业项目10个，项目投入15亿元，易扬石材物流、如皋港务集团门机技改等4个项目年内竣工，荣鸿石材物流、易扬石材物流、如皋港务集团门机技改3个项目投入生产。

【科技创新】 年内，如皋港区(长江镇)31家规模企业完成技改投入，新增技改项目12个，累计完成高新技术产业投入18亿元，实现高新技术产业产值260亿元。培育高新技术产业企业43家。申报专利680件，其中发明专利308件；新增发明专利75件。全年组织产学研活动8次，成功对接产学研合作项目15项。新增省级研究生工作站1家[百川化工(如皋)有限公司]。江苏国胶化学业科技有限公司高杰峰、开源塑业科技(南通)有限公司黄海军成功申报省“双创”博士。如皋市凯凯电信器材有限公司、江苏泰利达新材料股份有限公司、百川化工(如皋)有限公司等8家企业获批国家高新技术企业。江苏隆昌化工有限公司“固体酸催化剂外循环硝化反应技术在新型氮肥增效剂生产中的应用”项目获中国循环经济协会科学技术二等奖，“绿色催化技术在芳烃硝化中的应用”项目获中国石油和化学工业联合会科技进步三等奖。南通德佳窗业幕墙有限责任公司参建的泰州市公安局业务技术用房工程获鲁班奖。

【农业与农村经济】 年内，如皋港区(长江镇)完成农业项目投入4.16亿元，列全市各镇(区、街道)第2位。新增设施农业173.3公顷，累计560公顷。新增慈姑、莲藕、黑塌菜等特色农业146.7公顷。新增家庭农场9家，累计60家。粮食全托管组织18家、面积357.1公顷，均通过如皋市级验收。禾盛农业园区新增4种绿色食品，其中无公害水稻、小麦和金诚肉鸽专业合作社鸽蛋获无公害食品认证。各村(社区)大力盘活农村“三资”(资金、资产和资源)，规范经营管理，不断提升村营收入，累计实现村营收入3248.26万元，10个村(社区)完成村集体收入超100万元，在全市排名第2。全年化解村级债务186.32万元，化解率21.36%。全年投入730万元，常态化开展“七位一体”长效管护，建成农村通达工程46.6千米，新建桥梁32座、农灌泵站35座，完成16个村(社区)150个养殖户蓄粪池改造，建成防渗渠18.1千米，渠系配套建筑物230座。完成河道整治41条，涉及7个社区，疏通镇区水系。推进新跃河强排站、通江河强排站等水利工程，提升防洪能力。年内，实现农村居民人均可支配收入2.8万元，同比增长15%。全面小康指标检测综合得分98.53分，达到全面小康水平。

【社会事业】 年内，如皋港区(长江镇)农村社会养老保险扩面1800人，参保2.55万人；新型农村合作医疗参合率100%。低保应保尽保,累计进保1042户、2223人,全年发放低保救助金860万元。常态化开展各类救助活动,累计发放救助资金387.4万元。识别建档立卡低收入农户1471户,全年实现低收入农户脱贫426户,脱贫率28.6%,超额完成全年目标任务。全力推动就业增收,举办大型人力资源招聘会6场,提供就业岗位4000余个,达成就业意向1900余人;开展企业高技能人才和失地农民就业创业培训,培训高技能人才2888人次、失地农民12000人次。完成郭园小学、郭园初中校安工程建设和长江高中一期工程建设并投入使用。如皋第一中专通过省高水平现代化职业学校建设验收。全区(镇)52名学生中考成绩达如皋中学分数线,比上年增加9人。全面启动15个村级卫生室改造方案,通过国家卫生镇复核验收。完成30个社区文化活动室和文化广场建设,成功举办首届长江旅游文化节、第五届广场舞大赛、第十三届全民健身运动会和第十四届群众文化艺术节。11月7日,如皋港安全警示教育展示馆建成开馆。

**【村(社区)选介】** 田王村　位于长江镇东北部,东临下原镇,北连浦黄路,总面积6.5平方千米。2016年,实现村级收入85万元,债务化解率34%。完成土地占补平衡0.67公顷、增减挂钩25公顷。修建水泥路1千米、防渗渠1千米、泵站2座,拆坝建桥2座。田王苗木种植园(以下简称种植园)采用日光温室、钢架设施配合滴喷灌系统的生产栽培模式,主要栽培园林小苗、彩色树种、绿化小乔木及大树盆景等苗木,带动周边赋闲农民发展特色农业。种植园全年育苗木7000万株,销售4000万株,销售额1000万元。

长青社区　位于长青沙岛东部,由原长青、东围、南围、北围4个村合并而成,是江苏最具魅力休闲乡村、中国美丽乡村建设示范村、江苏水美乡村、江苏最美乡村,总面积3平方千米。长青社区是优良粮种和绿色食品基地,良种覆盖率100%,机插秧率98%。“千重浪”大米、“绿沙王”西瓜获绿色食品认证,长青沙西瓜因甜度高、水分足深受人们喜爱,2015年、2016年连续举办长青沙西瓜文化节。引入金岛生态园、长江药用植物园、如意生态园等项目,大力发展休闲农业,形成“农旅结合、以农促旅、以旅强农”产业格局,2016年全年接待游客11万人次。全年新建水泥路1千米,疏浚河道3.7千米,拆坝建涵5座。实现村级收入210万元、人均纯收入2.1万元。

如皋港区(长江镇)长青社区居民在社区文化广场载歌载舞

(黄友谊摄)

**【首届中国(南通)如皋国际石材与装备展在如皋港区举办】** 6月18—20日,首届中国(南通)如皋国际石材与装备展在如皋港区东升国际石材交易中心举办。展会由中国建筑装饰协会和中国石材协会联合主办,东升(南通)国际石材产业城有限公司承办,十一届全国政协委员、中华全国供销总社监事会原副主任林乃基,中国建筑装饰协会会长李秉仁,中国五矿化工进出口商会会长陈峰,中国石材协会会长陈国庆等及全国各地建筑装饰协会、石材行业协会嘉宾与来自全球12个国家和地区200余家海内外客商参加展会,参展人员5万余人次,其中,境外客商1000余人次,专业参展人员3500多人次。

展会以“沟通、合作、共赢”为主题,展览面积6万多平方米,设置国际标准展位3000个,全面呈现全球石艺精品及石文化特色。展会期间,达成贸易总额24.8亿元,签订购销合同530个,签订外贸订单1.82亿美元。中国建筑装饰协会授予南通市中国建筑装饰之乡称号、授予如皋市中国装饰石材采购基地称号。

(陈嘉文)

## 2016年如皋港区(长江镇)前50强规模企业应税销售完成情况

表44

单位:万元

| 序号 | 企业名称 | 园区 | 应税销售 |
|---|---|---|---|
| 1 | 百川化工(如皋)有限公司(含百川材料) | 新材料 | 254838.79 |
| 2 | 德源(中国)高科有限公司 | 新材料 | 137600.23 |
| 3 | 江苏华灿电讯股份有限公司(含亚信、高分子) | 通讯 | 81655.25 |
| 4 | 如皋市宏茂重型锻压有限公司(含宏茂铸钢、振华宏晟) | 通讯 | 68875.08 |
| 5 | 森松(江苏)重工有限公司 | 船舶 | 57370.15 |
| 6 | 汤始建华建材(南通)有限公司 | 郭园 | 53234.30 |
| 7 | 江苏永友食品科技有限公司 | 船舶 | 52212.31 |
| 8 | 江苏宝众宝达药业有限公司 | 新材料 | 39874.09 |
| 9 | 江苏中铁山桥重工有限公司 | 船舶 | 36132.57 |
| 10 | 如皋市天鹏冶金有限公司 | 新材料 | 31624.13 |
| 11 | 南通华凯重工有限公司(含华泰重工) | 船舶 | 31025.69 |
| 12 | 南通通茂船舶制造有限公司 | 船舶 | 30367.03 |
| 13 | 江苏国胶化学科技有限公司 | 新材料 | 29371.19 |
| 14 | 江苏中伟业通讯设备有限公司(含通信科技) | 通讯 | 27296.17 |
| 15 | 江苏如皋钢铁有限公司 | 通讯 | 25962.66 |
| 16 | 南通波涛化工有限公司 | 新材料 | 20611.75 |
| 17 | 国鼎(南通)管桩有限公司(含国盛) | 船舶 | 18913.62 |
| 18 | 如皋市海华毛纺织有限公司 | 通讯 | 18469.68 |
| 19 | 南通鹏鹞水务有限公司 | 船舶 | 17728.48 |
| 20 | 南通杰克拜尼服帽有限公司 | 郭园 | 15701.42 |
| 21 | 如皋市长江食品有限公司 | 新材料 | 15395.94 |
| 22 | 江苏瑞晨化学有限公司 | 新材料 | 14405.29 |
| 23 | 江苏闽江矿业有限公司 | 船舶 | 14246.56 |
| 24 | 江苏海通海洋工程装备有限公司 | 船舶 | 13947.19 |
| 25 | 江苏震宇化工有限公司 | 新材料 | 12378.04 |
| 26 | 如皋市凯凯电信器材有限公司 | 新材料 | 11917.66 |
| 27 | 南通德玛瑞机械制造有限公司 | 郭园 | 11887.88 |
| 28 | 南通沿江管业有限公司 | 船舶 | 11431.42 |
| 29 | 江南德瑞斯(南通)船用设备制造有限公司 | 船舶 | 11354.60 |
| 30 | 南通新邦化工科技有限公司 | 新材料 | 11110.01 |
| 31 | 南通瑞泰船务工程有限公司 | 船舶 | 10712.56 |
| 32 | 如皋市宏新医药原料有限公司 | 新材料 | 10428.81 |
| 33 | 江苏阳恒化工有限公司 | 新材料 | 10086.68 |

续表44-1

| 序号 | 企业名称 | 园区 | 应税销售 |
|---|---|---|---|
| 34 | 南通宝聚颜料有限公司 | 新材料 | 9960.96 |
| 35 | 南通派斯第农药化工股份有限公司 | 新材料 | 9936.59 |
| 36 | 南通德佳窗业幕墙有限责任公司 | 新材料 | 9720.92 |
| 37 | 江苏翔晟重工有限公司 | 通讯 | 9298.76 |
| 38 | 如皋市鑫泰特钢铸锻有限公司 | 通讯 | 8835.49 |
| 39 | 如皋市江北添加剂有限公司 | 船舶 | 8585.51 |
| 40 | 开源塑业科技(南通)有限公司 | 通讯 | 7888.13 |
| 41 | 江苏隆昌化工有限公司 | 新材料 | 7506.37 |
| 42 | 南通生光化工有限公司 | 新材料 | 7420.87 |
| 43 | 南通长青沙船舶工程有限公司 | 船舶 | 6935.21 |
| 44 | 江苏泰利达新材料股份有限公司 | 新材料 | 6781.31 |
| 45 | 江苏威晟新材料科技有限公司 | 通讯 | 6608.14 |
| 46 | 南通亨得利高分子材料科技有限公司 | 新材料 | 6418.59 |
| 47 | 江苏万和铝业有限公司 | 通讯 | 5193.83 |
| 48 | 江苏星梦家居用品有限公司 | 郭园 | 5164.35 |
| 49 | 南通意特化工有限公司 | 新材料 | 5143.43 |
| 50 | 如皋市永航纺织有限公司 | 郭园 | 5008.04 |

## 2016年如皋港区(长江镇)招商引资情况

表45

| 序号 | 项目名称 | 总投资 | 注册资本 | 注册时间 |
|---|---|---|---|---|
| 1 | 江苏创客工程科技有限公司 | 3000万元 | 1000万元 | 2016.01 |
| 2 | 渤海交易中心物流园项目 | 150000万元 | 50000万元 | 2016.01 |
| 3 | 南通鑫尚石业高档石材项目 | 10000万元 | 3088万元 | 2016.03 |
| 4 | 久王环保设备项目 | 10000万元 | 6000万元 | 2016.04 |
| 5 | 万翔石材发展有限公司高档石材项目 | 15000万元 | 5000万元 | 2016.05 |
| 6 | 中传影视文化基地项目 | 3000万元 | 1000万元 | 2016.06 |
| 7 | 南通长青无人机设备项目 | 3000万元 | 1000万元 | 2016.08 |
| 8 | 南通紫云石业发展有限公司高档石材项目 | 10000万元 | 3000万元 | 2016.08 |
| 9 | 铠盛光伏发电项目 | 10000万美元 | 4000万美元 | 2016.10 |
| 10 | 江苏国德石化有限公司 | 50000万元 | 20000万元 | 2016.10 |

## 2016年如皋港区(长江镇)社会经济主要指标完成情况

表46

| 项目 | 计量单位 | 2016年 | 2015年 | 项目 | 计量单位 | 2016年 | 2015年 |
|---|---|---|---|---|---|---|---|
| 一、乡镇基本情况 | | | | 企业实缴税金 | 万元 | 78424 | 108105 |
| 乡镇行政区域面积 | 公顷 | 12209 | 12209 | 建筑业企业单位数 | 个 | 10 | 9 |
| 居民委员会个数 | 个 | 27 | 27 | 建筑业总产值 | 万元 | 98800 | 76787 |
| 村民委员会个数 | 个 | 6 | 6 | 六、贸易与投资 | | | |
| 耕地面积 | 公顷 | 7658 | 7668 | 社会消费品零售总额 | 万元 | 476956 | 420152 |
| 有效灌溉面积 | 公顷 | 6490 | 6498 | 其中:限额以上社会消费品零售总额 | 万元 | 141122 | 114315 |
| 农业机械总动力 | 千瓦 | 55223 | 54223 | 集贸市场成交额 | 万元 | 99890 | 99610 |
| 二、人口与就业 | | | | 进出口总额 | 万美元 | 69638 | 119258 |
| 乡镇总户数 | 户 | 44896 | 45004 | 实际到账注册外资 | 万美元 | 7572 | 8888 |
| 乡镇总人口 | 人 | 121195 | 121486 | 固定资产投资完成额 | 万元 | 1233811 | 1114830 |
| 乡镇从业人员数 | 人 | 84701 | 84974 | 七、财政收入 | | | |
| 其中:外来从业人员 | 人 | 23811 | 24000 | 财政总收入 | 万元 | 172324 | 175068 |
| 第一产业 | 人 | 15001 | 15055 | 其中:公共财政收入 | 万元 | 128426 | 122012 |
| 第二产业 | 人 | 47089 | 47120 | 八、社会事业 | | | |
| 第三产业 | 人 | 22611 | 22799 | 本乡镇公路里程 | 千米 | 640 | 630 |
| 三、乡镇经济 | | | | 各类科技人员 | 人 | 7210 | 7180 |
| 地区生产总值 | 万元 | 1572222 | 1399274 | 学校总数 | 所 | 8 | 8 |
| 第一产业 | 万元 | 54800 | 56518 | 其中:小学数 | 所 | 5 | 5 |
| 第二产业 | 万元 | 819686 | 752728 | 在校学生总数 | 人 | 14183 | 13457 |
| 第三产业 | 万元 | 697736 | 590028 | 其中:小学在校学生数 | 人 | 6763 | 6739 |
| 工商业企业应税销售收入(国税) | 万元 | 1126564 | 3433318 | 教师总数 | 人 | 864 | 760 |
| 四、农业生产 | | | | 其中:小学专任教师数 | 人 | 343 | 333 |
| 农作物播种面积 | 公顷 | 13276 | 13157 | 幼儿园、托儿所 | 所 | 6 | 6 |
| 其中:粮食作物播种面积 | 公顷 | 10639 | 10216 | 医疗卫生机构个数 | 个 | 50 | 50 |
| 农业保险面积(种植业) | 公顷 | 7704 | 8960 | 医疗卫生机构床位数 | 床 | 210 | 206 |
| 其中:设施农业保险面积 | 公顷 | 2 | 96 | 执业(助理)医师数 | 人 | 240 | 236 |
| 市级以上农业龙头企业个数 | 个 | 5 | 3 | 自来水用水户数 | 户 | 44800 | 44950 |
| 市级以上农业龙头企业销售收入 | 万元 | 12800 | 12409 | 燃气用气户数 | 户 | 44200 | 44150 |
| 粮食总产量 | 吨 | 67900 | 65178 | 有线电视入户率 | % | 97 | 97 |
| 肉类总产量 | 吨 | 6843 | 6920 | 人均住房面积 | 平方米 | 65 | 60 |

续表46-1

| 项　　目 | 计量单位 | 2016年 | 2015年 | 项　　目 | 计量单位 | 2016年 | 2015年 |
|---|---|---|---|---|---|---|---|
| 禽蛋产量 | 吨 | 18401 | 18381 | 互联网宽带上网用户 | 户 | 31200 | 31000 |
| 水产品产量 | 吨 | 2031 | 1971 | 各种社会福利收养性单位数 | 个 | 2 | 2 |
| 五、企业情况 | | | | 各种社会福利收养性单位床位数 | 床 | 556 | 556 |
| 企业个数 | 个 | 1235 | 1128 | 各种社会福利收养性单位收养人数 | 人 | 150 | 277 |
| 其中:规上工业企业 | 个 | 134 | 139 | 新型农村合作医疗参保人数 | 人 | 93550 | 93400 |
| 企业从业人员 | 人 | 59280 | 55732 | 新型农村社会养老参保人数 | 人 | 53610 | 53180 |
| 其中:规上工业企业 | 人 | 24383 | 26518 | 农村居民最低生活保障人数 | 人 | 2200 | 1854 |

## 2016年如皋港区(长江镇)各村(社区)基本情况

表47

| 名　称 | 党组织书记 | 主　任 | 村(居)民小组数(个) | 人口数(人) | 耕地面积(公顷) |
|---|---|---|---|---|---|
| 田王村 | 任跃华 | 于玉兵 | 15 | 2995 | 194.5 |
| 车马湖社区 | 樊玉萍 | 邹永利 | 25 | 3860 | 210.9 |
| 顾桥社区 | 张光林 | 邹济胜 | 29 | 4189 | 313.7 |
| 郭南村 | 郭建清 | 吴永华 | 30 | 3475 | 179.1 |
| 薛窑社区 | 薛凤鸣 | 刘翔起 | 28 | 4040 | 248.7 |
| 蔡埠庄村 | 陈　健 | 薛建中 | 27 | 3173 | 201.3 |
| 刘胜村 | 余玉梅 | 薛海鹰 | 21 | 3035 | 182.0 |
| 范刘社区 | 吴建美 | 朱桂华 | 23 | 3801 | 235.8 |
| 谢楼村 | 杨建成 | 朱玉树 | 25 | 3506 | 308.7 |
| 田桥社区 | 邹永红 | 包永荣 | 26 | 4055 | 209.4 |
| 郭园社区 | 郭载林 | 郭载林 | 42 | 5195 | 231.3 |
| 义圩社区 | 薛井全 | 李　猛 | 28 | 4130 | 248.0 |
| 富圩村 | 刘明忠 | 刘明忠 | 20 | 3176 | 188.7 |
| 杨洲社区 | 李玉书 | 吴美平 | 24 | 4020 | 264.2 |
| 场东社区 | 万翠兰 | 丁　飞 | 4 | 528 | 33.3 |
| 头案社区 | 魏国圣 | 冯贞贤 | 18 | 3506 | 213.4 |
| 蒲港社区 | 吴新建 | 周桂平 | 31 | 4840 | 289.0 |
| 永丰社区 | 王德根 | 王德根 | 30 | 4828 | 340.2 |
| 知青社区 | 黄春轩 | 黄春轩 | 27 | 3496 | 261.4 |

续表47-1

| 名　称 | 党组织书记 | 主　任 | 村(居)民小组数(个) | 人口数(人) | 耕地面积(公顷) |
|---|---|---|---|---|---|
| 长青社区 | 孙建华 | 黄永生 | 32 | 4732 | 221.0 |
| 二案社区 | 王　勇 | 王　勇 | 32 | 5951 | 254.9 |
| 海坝社区 | 朱玉华 | 孙荣书 | 19 | 3963 | 64.4 |
| 永平社区 | 尹　颖 | 吴宏明 | 14 | 2963 | 55.1 |
| 平南社区 | 孙玉才 | 刘锦光 | 31 | 4788 | 219.8 |
| 三洞口社区 | 褚建武 | 张　兵 | 21 | 3940 | 279.2 |
| 永福社区 | 袁志兵 | 吴永永 | 19 | 4058 | 296.7 |
| 镇龙社区 | 陈玉红 | 陈玉红 | 15 | 2812 | 261.1 |
| 永建社区 | 蔡志华 | 金卫锋 | 27 | 4812 | 1056.5 |
| 五零社区 | 曹亚军 | 顾兴林 | 17 | 3833 | 376.3 |
| 长江社区 | 龚建坤 | 龚建坤 | 26 | 4941 | 239.3 |
| 永平闸社区 | 朱松洁 | 周小兵 | 27 | 4009 | 131.6 |
| 中心沙社区 | 陈刘平 | 杨　捷 | 17 | 3604 | 191.2 |
| 二百亩社区 | 邢国华 | 沈来芳 | 18 | 3502 | 130.5 |

## 如皋高新技术产业开发区(城南街道)

**【概况】** 高新区(城南街道)位于如皋主城区东南方向,与市政府毗邻,下辖行政村(社区)17个,其中村7个、社区10个,总人口5.6万人,总面积73.61平方千米。全区形成以软件外包和电子商务为主导,以电子信息、节能环保、现代装备制造为支撑的现代高新技术产业体系。2016年,全区实现地区生产总值24.8亿元,同比增长10.2%。实现财政收入5.18亿元,同比增长7.9%,其中公共财政预算收入3.9亿元,同比增长0.6%。实现建筑业施工产值311亿元,建筑业所得税3072万元。目标责任制考核综合排名列全市主功能区第1位,获中国软件和信息服务最佳产业环境园区、省级众创空间、省“双创”示范园区、南通市安全生产先进集体、南通市平安法治区(街道)、南通市平安铁路建设先进集体等称号,获如皋市级表彰26项。

高新区电子商务产业园　　　　(高新区供稿)

**【工业与服务业】** 年内,高新区(城南街道)实现全部工业应税销售29.7亿元,实体工业经济应税销售21.5亿元,同比增长16.1%。工业企业全年实缴税金9822万元,同比增长1.27%。新增规模企业7家。新增亿元企业1家,实现规模以上工业投入20.6亿元,同比增长12.7%,其中技改投入11.81亿元,同比增长23.3%。实现固定资产抵扣税1837万元,同比增长52.3%。新增装机容量5.5万伏安,同比增长6.6%。实现工业用电量9522万千瓦时,同比增长2%。实现增值税(不含营改增)8612万元,同比增长10.8%。全年实现服务业应税销售14.52亿元,同比增长23.7%。实现软件外包执行额17.86亿元,同比增长42.9%。实现离岸外包执行额4318万美元。新增注册资本100万元以上软件和服务外包企业112家;通过南通市服务外包企业认证40家,至年末,全区通过南通市服务外包企业认证165家。

【招商引资】 年内,高新区(城南街道)实现工商注册外资5900万美元,实际到账外资2765万美元。全年引进项目66个,其中,双睿节能环保科技、世睿电力科技、正品高能锂业科技等先进装备制造项目7个,高新设备安装工程、创能电子科技、道尔顿生物科技等总部经济13家,南通乐麦新材料科技、江苏韩秀电子商务等软件服务外包和电商企业46家。新洽谈项目28个,其中超亿元重大项目包括中国电信数据中心、银河映像控股集团影视基地项目、上海世纪华联1+super精品超市项目、环保新材料、超达科技高档仪表台模具及生产线项目等。成功举办2016年中国如皋第五届软件与信息服务业年度推进会等活动,其间签订意向及正式协议12个。

【科技创新】 年内,高新区(城南街道)实现高新技术产业产值59亿元,高新技术产值占比增幅12.3%。实现高新技术投入16.8亿元。全年完成专利申报403件,职务发明申报233件,新增有效发明专利39件,同比增长21%。新增高新技术企业4家、省级民营科技企业10家、省科技型中小企业10家,新增高新技术产品13个。南通国电电站阀门股份有限公司、莱鼎电子材料科技有限公司获省国际合作项目立项,海迪科(南通)光电科技有限公司获批省研究生工作站,海迪科(南通)光电科技有限公司、南通超达装备股份有限公司入围省级产业转型升级专项资金扶持项目。全年引进"千人计划"、长江学者等顶尖人才3人,新增其他人才项目6个。南通恒隆机械制造有限公司胡国华入选省第13批"六大人才高峰"高层次人才选拔培养对象。全区入选省外国引智专家项目2人、南通市外国引智专家项目3人。

【项目建设】 年内,高新区(城南街道)新开工亿元工业项目4个,新开工亿元服务业项目11个。与工业信息化部软件与集成电路促进中心(英文简称CSIP)建立软件园托管运营合作关系,CSIP如皋创新创业基地和"开源空间"平台成功搭建,与SAP、上海蚁城网络科技合作的中小企业电商服务平台成功落户高新区,与上海洪门投资管理有限公司合作设立首个政府产业引导基金。南通乐麦新材料科技有限公司、南通恩埠商贸有限公司等28家知名电商企业入驻电子商务产业园。2万平方米快递物流园投入使用,申通、圆通、中通、安能等8家物流企业入驻运行。南通国电电站阀门股份有限公司在"新三板"成功挂牌上市,成为全区首家上市企业。永兴肠衣、成安铝业、天泽线业、勇军模具盘活装备制造产业园闲置厂房,德禄家具、冠恒纺织等一批技改项目相继建成投入生产。

【农业和农村经济】 年内,高新区(城南街道)实现项目农业投入2.63亿元,实现村集体收入2216.97万元,农村产权交易平台全年完成交易总金额664.28万元。全年化解村级债务100.15万元,下降率13.94%。完成规费征收200.65万元,征收率100%。新增高效农业68.5公顷、百亩以上设施农业3个。完成特色产业62公顷,建成百亩以上基地村2个。

高新区与SAP、上海蚁城网络科技合作签约仪式　　(高新区供稿)

新增家庭农场15个、示范农场3个，新培育百亩以上特色产业基地村3个。新增粮食生产全托管面积166.7公顷。完成有机农业面积46.7公顷，新建畜禽粪污综合利用合格村17个。新增交易量20万元以上农产品电商8家。

【社会事业】 年内，高新区（城南街道）“三大保险”（企保、居保、医保）分别扩面1719人、19950人、4919人，分别完成目标任务286%、108%、164%。新增征地24个地块，征地81.84公顷，涉9个村（社区），完成777人刚性进保。社会保障体系不断健全，累计发放各类民政补助776万元。发放独生子女父母奖励金3015人、133780元；发放计划生育特扶奖扶金3223人、379.8万元。

【政治文明、精神文明建设】 年内，全区排查化解矛盾304件，化解复杂矛盾42件，接待来访群众216人，处理信访48件，办理市长公开电话239件，应对行政诉讼52件、民事诉讼19件、行政复议12件，总量呈现下降趋势。打造四村（马塘、天堡、申徐、建设）、二企（南通超达装备股份有限公司、南通国电电站阀门股份有限公司）、一校（城南小学）特色平安法治文化阵地，组织开展各类普法宣传、咨询活动22次，成功举办法治文艺会演。治安巡防联勤联动示范社区、三社联动示范社区建设工作成为全市现场会参观点。村（社区）均举办春节、元宵专场文艺巡演及“乐一天”农民艺术节、书法比赛、读书比赛、灯谜活动及文化展览等文体活动。

【村（社区）选介】 桃北村 地处高新区（城南街道）中部，海阳南路、204国道分别穿过村东、西两翼，新旧丁磨路穿村而过，总面积447公顷。村内特色经济以纺织、花木为主，有纺织企业7家，从事花木生产农户700余户，苗木生产面积180公顷，花木经纪人196人。高新区电子信息创业园位于该村，拥有中电振华、莱鼎电子、鸿昌汽配、世睿科技等高新技术产业项目。2016年，桃北村实现农民人均纯收入24000元，被评为省人民调解委员会规范化建设示范点、省老年人文化体育工作先进集体。

【孙智江入选国家“千人计划”创业人才】 1月，海迪科（南通）光电科技有限公司董事长兼总经理孙智江成功入选第12批国家“千人计划”创业人才，成为如皋本土培育的首个国家“千人计划”专家。

孙智江，毕业于美国德克萨斯州州立大学材料学专业，曾任美国Intel逻辑研发中心资深主管工程师。2012年创办海迪科（南通）光电科技有限公司，致力于蓝宝石图形化衬底（PSS）及LED芯片研发和销售。他自主研发“LED倒装高压白光芯片”项目获南通科技进步一等奖，主打产品蓝宝石图形化衬底销售额处于国内前5名，下一代产品高效智能高压阵列LED汽车大灯芯片正在被市场逐步接受。2012年入选如皋“雉水英才”计划，2013年入选省“六大人才高峰”高层次人才、优秀创新创业者。截至年末，海迪科（南通）光电科技有限公司累计申请各类专利31项，其中发明专利22项，获授权4项，其中PCT国际专利2项，为国家高新技术企业。

【国电阀门“新三板”挂牌上市】 5月9日，南通国电电站阀门股份有限公司在“新三板”挂版上市，证券简称“国电阀门”，证券代码“837330”，成为全市第6家“新三板”挂牌上市企业。南通国电电站阀门股份有限公司是一家集电站阀门研发、设计、生产、销售为一体的国家高新技术企业，建有全省唯一核能流体控制工程技术研究中心，拥有自主知识产权，产品达到国际领先水平，广泛应用于火电、石油化工、钢铁、环保等行业，远销欧美、非洲、中东等地区。

【高新区与CSIP开展如皋软件园全面托管运营合作】 10月，高新区与CSIP达成软件园全面托管运营合作协定，CSIP将以“技术支持+资源共享+金融服务+孵化+加速+产业聚集+产业升级”的形式，对如皋软件园产业服务、资本服务、招商服务和基础服务整体创新，力求打造国内一流的新兴软件和信息技术服务产业园区。CSIP在如皋软件园设立工业信息化部软件与集成电路促进中心如皋创新创业基地，建立全国首个倡导开源精神、以发展开源软件为主题的创客空间——“开源空间”，进一步提升园区专业化运营水平。

（倪　伟）

## 2016年如皋高新技术产业开发区(城南街道)规模企业应税销售收入、税金完成情况

表48　　单位:万元

| 序号 | 企业名称 | 应税销售收入 | 实缴税金 | 序号 | 企业名称 | 应税销售收入 | 实缴税金 |
|---|---|---|---|---|---|---|---|
| 1 | 一亿贵金属如皋有限公司 | 56158 | 23 | 14 | 南通国电电站阀门股份有限公司 | 2005 | 120 |
| 2 | 南通金帝贵金属有限公司 | 25701 | 9 | 15 | 如皋市金圣混凝土有限公司 | 3493 | 134 |
| 3 | 南通超达装备股份有限公司 | 31896 | 3998 | 16 | 南通齐天纺织有限公司 | 3049 | 76 |
| 4 | 如皋市永兴肠衣有限公司 | 20635 | 324 | 17 | 如皋市灵敏除尘设备厂 | 2979 | 134 |
| 5 | 江苏中电振华晶体技术有限公司 | 12449 | 27 | 18 | 南通中海钢结构有限公司 | 1386 | 72 |
| 6 | 凯迈(江苏)机电有限公司 | 8025 | 441 | 19 | 江苏沪南船舶工程有限公司 | 1098 | 85 |
| 7 | 如皋新丝路茧丝绸有限公司 | 4635 | 28 | 20 | 如皋市杰林织造有限公司 | 1910 | 54 |
| 8 | 海迪科(南通)光电科技有限公司 | 8665 | 276 | 21 | 南通中邦微电子股份有限公司 | 2040 | 10 |
| 9 | 如皋市正大肠衣有限公司 | 14751 | 173 | 22 | 南通佳宝机械有限公司 | 2198 | 204 |
| 10 | 如皋市吉泰服饰有限公司 | 3283 | 152 | 23 | 南通市蓝潮石油化工有限公司 | 2276 | 1 |
| 11 | 德禄家具(南通)有限公司 | 4355 | 292 | 24 | 如皋市创能电子科技有限公司 | 12507 | 404 |
| 12 | 江苏桑耐电气有限公司 | 3356 | 70 | | 合　计 | 233504 | 7225 |
| 13 | 如皋市宏图纺织有限公司 | 4654 | 118 | | | | |

## 2016年如皋高新技术产业开发区(城南街道)部分招商引资情况

表49

| 序号 | 项目名称 | 注册资本 | 注册时间 |
|---|---|---|---|
| 1 | 南通能美光伏科技有限公司 | 50万元 | 2016.01 |
| 2 | 南通威兰德信息科技有限公司 | 1000万元 | 2016.02 |
| 3 | 南通橙意教育咨询有限公司 | 100万元 | 2016.02 |
| 4 | 江苏茂隆石化有限公司 | 1000万元 | 2016.02 |
| 5 | 如皋仲量国际贸易有限公司 | 10000万元 | 2016.03 |
| 6 | 如皋麟沛国际贸易有限公司 | 10000万元 | 2016.03 |
| 7 | 如皋朝日新材料有限公司 | 1500万元 | 2016.03 |
| 8 | 南通双睿节能环保科技有限公司 | 2000万元 | 2016.03 |
| 9 | 如皋市云众人力资源管理有限公司 | 200万元 | 2016.03 |
| 10 | 南通翰如贸易有限公司 | 1500万美元 | 2016.03 |
| 11 | 南通从彬贸易有限公司 | 1212万元 | 2016.03 |
| 12 | 南通长泰新能源有限公司 | 500万元 | 2016.03 |
| 13 | 江苏长融新能源有限公司 | 1000万元 | 2016.03 |
| 14 | 如皋耐斯信息技术有限公司 | 300万元 | 2016.03 |
| 15 | 南通航氏深冷设备服务有限公司 | 300万元 | 2016.03 |

续表49-1

| 序号 | 项目名称 | 注册资本 | 注册时间 |
|---|---|---|---|
| 16 | 如皋市天源服装有限公司 | 500万元 | 2016.03 |
| 17 | 南通悦兆国际贸易有限公司 | 100万元 | 2016.03 |
| 18 | 南通成安金属材料有限公司 | 1000万元 | 2016.03 |
| 19 | 南通龙沐国际贸易有限公司 | 188万元 | 2016.03 |
| 20 | 南通俞越建筑工程有限公司 | 500万元 | 2016.04 |
| 21 | 如皋尊信进出口贸易有限公司 | 500万元 | 2016.04 |
| 22 | 如皋武进进出口贸易有限公司 | 500万元 | 2016.04 |
| 23 | 如皋市威尼斯国际贸易有限公司 | 100万元 | 2016.04 |
| 24 | 如皋市洪门基金小镇投资管理有限公司 | 20000万元 | 2016.04 |
| 25 | 南通乐麦新材料科技有限公司 | 500万元 | 2016.04 |
| 26 | 南通思创新材料科技有限公司 | 500万元 | 2016.04 |
| 27 | 南通清逸食品有限公司 | 200万元 | 2016.04 |
| 28 | 南通科雕雕刻设备有限公司 | 200万元 | 2016.04 |
| 29 | 江苏韩秀电子商务有限公司 | 1000万元 | 2016.04 |
| 30 | 江苏百悦网络科技有限公司 | 1000万元 | 2016.05 |
| 31 | 南通市初夏电子商务有限公司 | 100万元 | 2016.05 |
| 32 | 南通伊莎多拉文化发展有限公司 | 100万元 | 2016.05 |
| 33 | 江苏斯可娇服饰电子商务有限公司 | 500万元 | 2016.05 |
| 34 | 如皋湖霸电子商务有限公司 | 100万元 | 2016.05 |
| 35 | 南通美汐教育设备有限公司 | 500万元 | 2016.05 |
| 36 | 南通鹏程文化传媒有限公司 | 100万元 | 2016.05 |
| 37 | 如皋市中元超市管理有限公司 | 100万元 | 2016.05 |
| 38 | 南通奇点电子商务有限公司 | 200万元 | 2016.05 |
| 39 | 如皋市华都贸易有限公司 | 200万元 | 2016.05 |
| 40 | 如皋市创收贸易有限公司 | 350万元 | 2016.05 |
| 41 | 如皋市诚盛贸易有限公司 | 100万元 | 2016.05 |
| 42 | 南通市雄涂工贸有限公司 | 588万元 | 2016.05 |
| 43 | 如皋市沐迦贸易有限公司 | 3000万元 | 2016.05 |
| 44 | 如皋市常清宜贸易有限公司 | 3000万元 | 2016.05 |
| 45 | 如皋市创能电子科技有限公司 | 3000万元 | 2016.05 |
| 46 | 上海申模模具制造有限公司 | 2000万元 | 2016.06 |
| 47 | 南通恩埠商贸有限公司 | 50万元 | 2016.06 |
| 48 | 南通市众惠模具有限公司 | 88万元 | 2016.06 |
| 49 | 南通腾英贸易有限公司 | 500万元 | 2016.07 |

续表49-2

| 序号 | 项目名称 | 注册资本 | 注册时间 |
| --- | --- | --- | --- |
| 50 | 江苏颖然物流有限公司 | 1000万元 | 2016.07 |
| 51 | 如皋市荣海建材有限公司 | 800万元 | 2016.07 |
| 52 | 如皋蚁人拓展训练有限公司 | 100万元 | 2016.08 |
| 53 | 如皋雨慧信息技术有限公司 | 50万元 | 2016.08 |
| 54 | 南通世睿电力科技有限公司 | 5000万元 | 2016.08 |
| 55 | 如皋棣飞网络信息有限公司 | 300万元 | 2016.08 |
| 56 | 如皋市金钱归信息技术有限公司 | 300万元 | 2016.08 |
| 57 | 如皋市星宇家居有限公司 | 200万元 | 2016.08 |
| 58 | 如皋市永安建筑劳务有限公司 | 100万元 | 2016.08 |
| 59 | 如皋掌上科技有限公司 | 1000万元 | 2016.09 |
| 60 | 江苏绿润商务信息咨询有限公司 | 1000万元 | 2016.09 |
| 61 | 南通苏利建筑劳务有限公司 | 300万元 | 2016.09 |
| 62 | 南通兴通建筑设备有限公司 | 300万元 | 2016.09 |
| 63 | 南通振翔置业有限公司 | 100万元 | 2016.09 |
| 64 | 南通君乾商贸有限公司 | 300万元 | 2016.10 |
| 65 | 如皋市高新设备安装工程有限公司 | 2000万元 | 2016.10 |
| 66 | 江苏省景行环保科技有限公司 | 2000万元 | 2016.10 |
| 67 | 南通双创化工贸易有限公司 | 100万元 | 2016.10 |
| 68 | 如皋康硒无花果科技开发有限公司 | 800万元 | 2016.11 |
| 69 | 江苏正品高能锂业科技有限公司 | 3500万元 | 2016.11 |
| 70 | 如皋文达电子科技有限公司 | 500万元 | 2016.11 |
| 71 | 南通道尔顿生物科技有限公司 | 300万元 | 2016.12 |
| 72 | 南通搜蛭网络科技有限公司 | 200万元 | 2016.12 |
| 73 | 如皋雷奥环保科技有限公司 | 2900万美元 | 2016.12 |
| 74 | 江苏德广建设工程有限公司 | 21000万元 | 2016.12 |
| 75 | 南通明伦贸易有限公司 | 1500万美元 | 2016.12 |

## 2016年如皋高新技术产业开发区(城南街道)社会经济主要指标完成情况

表50

| 项　　目 | 计量单位 | 2016年 | 2015年 | 项　　目 | 计量单位 | 2016年 | 2015年 |
| --- | --- | --- | --- | --- | --- | --- | --- |
| 一、乡镇基本情况 | | | | 企业实缴税金 | 万元 | 77853 | 95596 |
| 乡镇行政区域面积 | 公顷 | 7361 | 7361 | 建筑业企业单位数 | 个 | 12 | 13 |
| 居民委员会个数 | 个 | 10 | 10 | 建筑业总产值 | 万元 | 3594369 | 2791272 |

续表50-1

| 项　　目 | 计量单位 | 2016年 | 2015年 | 项　　目 | 计量单位 | 2016年 | 2015年 |
|---|---|---|---|---|---|---|---|
| 村民委员会个数 | 个 | 7 | 7 | 六、贸易与投资 | | | |
| 耕地面积 | 公顷 | 3162 | 3153 | 社会消费品零售总额 | 万元 | 101812 | 95174 |
| 有效灌溉面积 | 公顷 | 3152 | 3143 | 其中:限额以上社会消费品零售总额 | 万元 | 14141 | 4520.8 |
| 农业机械总动力 | 千瓦 | 26654 | 33052 | 集贸市场成交额 | 万元 | 9052 | 8631 |
| 二、人口与就业 | | | | 进出口总额 | 万美元 | 12324 | 9940 |
| 乡镇总户数 | 户 | 15924 | 15962 | 实际到账注册外资 | 万美元 | 3265 | 3600 |
| 乡镇总人口 | 人 | 56375 | 56510 | 固定资产投资完成额 | 万元 | 451535 | 383477 |
| 乡镇从业人员数 | 人 | 32326 | 32747 | 七、财政收入 | | | |
| 其中:外来从业人员 | 人 | 2366 | 783 | 财政总收入 | 万元 | 51821 | 48023 |
| 第一产业 | 人 | 4129 | 4389 | 其中:公共财政收入 | 万元 | 39045 | 38812 |
| 第二产业 | 人 | 15945 | 15791 | 八、社会事业 | | | |
| 第三产业 | 人 | 12252 | 12567 | 本乡镇公路里程 | 千米 | 346 | 311 |
| 三、乡镇经济 | | | | 各类科技人员 | 人 | 467 | 451 |
| 地区生产总值 | 万元 | 248330 | 225365 | 学校总数 | 所 | 3 | 3 |
| 第一产业 | 万元 | 26400 | 25970 | 其中:小学数 | 所 | 2 | 2 |
| 第二产业 | 万元 | 125064 | 116670 | 在校学生总数 | 人 | 2722 | 2415 |
| 第三产业 | 万元 | 96866 | 82725 | 其中:小学在校学生数 | 人 | 1837 | 1717 |
| 工商业企业应税销售收入(国税) | 万元 | 977548 | 514352 | 教师总数 | 人 | 179 | 175 |
| 四、农业生产 | | | | 其中:小学专任教师数 | 人 | 105 | 103 |
| 农作物播种面积 | 公顷 | 7800 | 8548 | 幼儿园、托儿所 | 所 | 8 | 3 |
| 其中:粮食作物播种面积 | 公顷 | 5389 | 6258 | 医疗卫生机构个数 | 个 | 20 | 25 |
| 农业保险面积(种植业) | 公顷 | 7087 | 4416 | 医疗卫生机构床位数 | 床 | 85 | 85 |
| 其中:设施农业保险面积 | 公顷 | 2 | 7 | 执业(助理)医师数 | 人 | 115 | 123 |
| 市级以上农业龙头企业个数 | 个 | 3 | 5 | 自来水用水户数 | 户 | 14852 | 14769 |
| 市级以上农业龙头企业销售收入 | 万元 | 42658 | 69783 | 燃气用气户数 | 户 | 15867 | 15762 |
| 粮食总产量 | 吨 | 36281 | 43655 | 有线电视入户率 | % | 87 | 86 |
| 肉类总产量 | 吨 | 4710 | 4906 | 人均住房面积 | 平方米 | 50 | 50 |
| 禽蛋产量 | 吨 | 704 | 694 | 互联网宽带上网用户 | 户 | 4356 | 3739 |
| 水产品产量 | 吨 | 1259 | 1299 | 各种社会福利收养性单位数 | 个 | 1 | 1 |
| 五、企业情况 | | | | 各种社会福利收养性单位床位数 | 床 | 99 | 99 |

续表50-2

| 项　　目 | 计量单位 | 2016年 | 2015年 | 项　　目 | 计量单位 | 2016年 | 2015年 |
|---|---|---|---|---|---|---|---|
| 企业个数 | 个 | 658 | 599 | 各种社会福利收养性单位收养人数 | 人 | 51 | 46 |
| 其中：规上工业企业 | 个 | 27 | 26 | 新型农村合作医疗参保人数 | 人 | 44647 | 48942 |
| 企业从业人员 | 人 | 46060 | 42668 | 新型农村社会养老参保人数 | 人 | 34355 | 31366 |
| 其中：规上工业企业 | 人 | 5983 | 4931 | 农村居民最低生活保障人数 | 人 | 870 | 875 |

## 2016年如皋高新技术产业开发区（城南街道）各村（社区）基本情况

表51

| 名　称 | 党组织书记 | 主　任 | 村（居民）小组数（个） | 人口数（人） | 耕地面积（公顷） |
|---|---|---|---|---|---|
| 张八里社区 | 刘春和 | 何晓冬 | 28 | 3812 | 212 |
| 建设社区 | 陈建平 | 王国藩 | 21 | 3155 | 152 |
| 平明社区 | 陈小兵 | 王国平 | 18 | 2896 | 145 |
| 新庄社区 | 任缪根 | 丁正龙 | 24 | 3472 | 283 |
| 宋家桥社区 | 陈　勇 | 李世明 | 24 | 3284 | 212 |
| 杨花桥村 | 汪　洁 | 顾王卫 | 39 | 4381 | 302 |
| 桃北村 | 杨明华 | 胡　华 | 27 | 4106 | 274 |
| 明池村 | 张　磊 | 张海建 | 25 | 2830 | 145 |
| 肖陆村 | 施明荣 | 杨志中 | 28 | 3467 | 241 |
| 新华社区 | 张志勇 | 洪晓云 | 29 | 3806 | 229 |
| 申徐村 | 陈大彬 | 陈大彬 | 23 | 3247 | 205 |
| 左邬村 | 张　伟 | 朱友国 | 27 | 3805 | 230 |
| 育华村 | 郭张林 | 郭张林 | 36 | 3750 | 223 |
| 马塘社区 | 邓晓彬（副书记） | 张　锋 | 40 | 5048 | 298 |
| 桃林社区 | 佘友建 | 吴小海 | 36 | 4212 | 302 |
| 天堡社区 | 李世俊 | 曹国建 | 22 | 3428 | 193 |
| 夏庄社区 | 阮建林 | 郭　磊 | 21 | 3996 | 216 |

# 如皋工业园区（如城街道）

**【概况】** 如皋工业园区（如城街道）是市委、市政府所在地，是如皋经济、政治、文化、交通中心，辖城市社区8个、行政村（社区）26个，总面积132.4平方千米，常住人口26.5万人。2016年，如皋工业园区（如城街道）围绕建设碧水环绕、生态宜居的现代都市型产业示范区推进各项重点工作。完成增值税5.42亿元，同比增长15.5%。综合考核位居主功能区第2位。

**【工业与服务业】** 年内，如皋工业园区(如城街道)完成工业应税销售69.34亿元,同比增长13%;完成服务业应税销售212.11亿元,同比增长1.68%。实现工业用电量35531万千瓦时,同比增长1.51%。新增装机容量64896千伏安,同比增长29.72%。完成固定资产进项抵扣税4649.35万元。实现进出口总额2.58亿美元,同比增长14.22%。培养亿元企业3家(南通斯密特森光电科技有限公司、南通安佑生物科技有限公司、江苏海力达机电制造有限公司)、5亿元企业1家(南通市神马电力科技有限公司),新增规模企业8家[南通安佑生物科技有限公司、市图腾电力科技有限公司、市耀如农电有限公司、江苏天睿塑胶有限公司、江苏天南铝材锻造有限公司、佐佐木爱克赛路机械(南通)有限公司、南通光远速冻制品有限公司、如皋英瑞高压电器有限公司],新增上市企业1家(戴氏家藏博物馆)。至年末,全区有亿元企业15家、5亿元企业2家、规模企业66家,有上市公司2家。

**【农业和农村经济】** 年内,如皋工业园区(如城街道)34个村居年收入全部超过30万元。其中:21个村居收入超过50万元,完成市交任务111%;18个村居超过70万元,完成市交任务138%。拥有设施农业85.33公顷,其中年内新增40公顷,完成目标任务213.3%;特色农业93.33公顷,其中年内新增53.33公顷,完成目标任务175%。全年新增家庭农场20个,培育示范农场2个;新增全托管服务组织5个,面积73.33公顷,完成托管面积183.13公顷,占全年任务249.7%。实现项目农业投入6亿元,完成市交任务238%。整治河道12条,拆坝建桥8座(人行桥4座、一跨桥4座)、拆坝不建26座。组织村居干部、规模企业、种养专业户与贫困户结对帮扶,脱贫391人,占比26.1%,脱贫人数超过原计划25%。

**【科技创新】** 年内,如皋工业园区(如城街道)持续深化特种新材料、精密机械制造、天文望远镜、特高压输变电四大优势产业发展。江苏九鼎新材料股份有限公司获批国家知识产权示范企业,江苏力星通用钢球股份有限公司获批成立全国滚动轴承标委会滚动体分委会,江苏天南电力器材有限公司获省级重大成果转化基金支持,南通中铁华宇电气有限公司获批省级重点研发计划项目。顾庄生态园被科技部认定为花木盆景星创天地,东南大学—如皋装配式建筑联合研发中心正式签约。全年新增高新技术企业4家,获各类科技奖励扶持资金1600万元,万人发明专利拥有量15.36件。与各高校、科研院所签订产学研合作平台4个(扬州大学—如皋花木产业研究院、国家北斗民用化产业研究院、清华大学特高压输变电产业研究院、东大装备式建筑产业研究中心)。获批省级“双创”人才项目3个(朱美芳、孙勇健、何晋伟),引进国家级人才2人(国家级杰出青年俞炜、国家“千人计划”专家张品佳),获全市人才工作先进单位一等奖。

**【招商引资】** 年内,如皋工业园区(如城街道)实现工商注册外资1933万美元,实际到账外资2795万美元。全年签约美国哥伦比亚木业家具、迈冠体育用品设施、比高新能源光电科技等重大项目14个。

**【项目建设】** 年内,如皋工业园区(如城街道)通过南通重大项目办认定亿元以上产业项目20个,竣工6个。新增技改项目35个,技改投入18.2亿元。至年末,神马电力新型复合输电杆塔、九鼎池窑漏板更新、奔驰4S店、同源污水处理厂等项目实现当年开工、当年建成、当年投产。元升太阳能迁建项目主厂房施工至一层,中铁华宇特

南通中铁华宇电气有限公司产品展示区 (如皋工业园区供稿)

尔昕木业项目建设现场　　(如皋工业园区供稿)

种LED照明项目厂房主体封顶,渤海商品交易所总部成功落户如城。尔昕木业实木家具加工项目正在加紧设备安装。

**【社会民生】** 年内,如皋工业园区(如城街道)社会保险基金征缴率和参保覆盖率居全市第1位,居保征缴22315人,征缴基金1730.6万元。居保续保率、覆盖率分别占市交任务数105.76%和143.86%。全年完成企业养老保险3138人、失业保险3138人、医疗保险3138人、工伤保险2970人、生育保险3138人,各项险种完成率占市政府下达目标任务165%—174.33%。如城街道获批全国社区教育示范街道,西城幼儿园、光华幼儿园被评为省优质园,实验小学获评省教育工作先进集体。“雉水港湾 如城有爱”等爱心品牌效应不断扩大。

**【村(社区)选介】** 顾庄社区　东至龙游河,南至丞相大道,西至花城大道,北至中央大道,总面积230.13公顷。2016年,实现生产总值5.36亿元、村营收入226.669万元、农民纯收入3.28万元。年内,社区流转土地7.82公顷。开展花王路、花海路特色庭院创建工作,开工45户,在建42户,年末验收合格31户。开展美丽乡村美丽农家创建评比活动,创建经验在苏中地区扬州大学美丽乡村建设论坛上交流,通过省美丽乡村现场会调研。先后获全国文明村镇、省文明村、省传统村落保护与示范村、省休闲观光农业示范村、省特色景观旅游示范村、南通市文明村称号。

孔庙社区　位于如城核心区,东起护城河,西至海阳路,南起护城河,北至中山路,总面积约38万平方米,下辖武定苑、文定苑、迎春花园3个居民小区及集贤里古民居,有居民2162户,常住人口5639人,有个体工商户103户。年内,开展未成人缤纷冬日、家长学校等文明创建系列活动12次,志愿服务主题活动18次,道德讲堂4次。全年实现总收入20.8万元。先后获南通市文明社区、南通市拥军优属模范村、南通市党建工作示范点等称号。

城西社区　地处城郊,花城大道贯通南北,316线穿越东西。2016年,流转土地面积133.33公顷,辖区内有各类民营企业63家(规模企业4家)。实现村营收入540万元,群众获土地年分配收入500万元,该村先后获省民主法制示范社区、江苏法制文化示范点、省地震安全社区、南通市安全社区等称号。

(范　越)

**2016年如皋工业园区(如城街道)前50强规模企业情况**

表52　　单位:万元

| 序号 | 企业名称 | 应税销售收入 | 实缴税金 | 序号 | 企业名称 | 应税销售收入 | 实缴税金 |
|---|---|---|---|---|---|---|---|
| 1 | 江苏九鼎集团有限公司 | 98046 | 7590 | 26 | 南通德浩服装有限公司 | 3596 | 3 |
| 2 | 江苏力星通用钢球股份有限公司 | 78156 | 5364 | 27 | 江苏浴普太阳能有限公司 | 3082 | 109 |
| 3 | 江苏神马电力股份有限公司如皋分公司 | 50679 | 4270 | 28 | 南通市力沛流体阀业有限公司 | 2723 | 173 |
| 4 | 江苏长寿集团南山饲料有限公司 | 33777 | 665 | 29 | 南通市宏达肠衣有限公司 | 2564 | 9 |

续表52-1　　单位:万元

| 序号 | 企业名称 | 应税销售收入 | 实缴税金 | 序号 | 企业名称 | 应税销售收入 | 实缴税金 |
|---|---|---|---|---|---|---|---|
| 5 | 南通明龙时装有限公司 | 30738 | 1064 | 30 | 如皋强绅服饰有限公司 | 2543 | 225 |
| 6 | 江苏天南电力器材有限公司(含天南铝材锻造) | 28615 | 1374 | 31 | 如皋市图腾电力科技有限公司 | 2176 | 73 |
| 7 | 南通斯密特森光电科技有限公司 | 23105 | 2199 | 32 | 江苏润天服饰有限公司 | 2114 | 92 |
| 8 | 江苏奇鹰电线电缆有限公司 | 17952 | 341 | 33 | 如皋市红星制皂厂 | 2090 | 70 |
| 9 | 江苏万达特种轴承有限公司 | 16868 | 2818 | 34 | 如皋英瑞高压电器有限公司 | 2029 | 187 |
| 10 | 南通市泰尔佳针织制衣有限公司 | 15183 | 606 | 35 | 佐佐木爱克赛路机械(南通)有限公司 | 2023 | 63 |
| 11 | 南通安佑生物科技有限公司 | 12434 | 58 | 36 | 南通光远速冻制品有限公司 | 2004 | 21 |
| 12 | 如皋市协和印染有限公司 | 11847 | 477 | 37 | 如皋市井上捏和机械厂 | 1951 | 74 |
| 13 | 如皋金久混凝土有限公司 | 11587 | 439 | 38 | 江苏元升太阳能集团有限公司 | 1947 | 90 |
| 14 | 江苏海力达机电制造有限公司 | 10367 | 437 | 39 | 如皋市天元服饰印业有限公司 | 1868 | 121 |
| 15 | 如皋市自来水厂 | 10250 | 308 | 40 | 如皋市东方电缆有限公司 | 1782 | 3 |
| 16 | 南通嘉炜塑胶有限公司(含天睿塑胶) | 10216 | 488 | 41 | 江苏如神重工有限公司 | 1737 | 91 |
| 17 | 南通康比电子有限公司 | 9440 | 676 | 42 | 江苏光远食品有限公司 | 1652 | 14 |
| 18 | 如皋市兴武化工有限公司 | 8890 | 953 | 43 | 如皋市鑫马油脂有限公司 | 1551 | 40 |
| 19 | 南通皋鑫电子股份有限公司 | 8260 | 1328 | 44 | 南通新敦煌染业有限公司 | 1469 | 92 |
| 20 | 南通蓝星装饰工程有限公司 | 7599 | 80 | 45 | 南通豪力液压设备有限公司 | 1456 | 66 |
| 21 | 南通市盟泰服饰有限公司 | 6685 | 284 | 46 | 如皋市欣鹤服饰抽纱有限公司 | 1375 | 117 |
| 22 | 南通中铁华宇电气有限公司 | 6336 | 309 | 47 | 如皋市双诚电器有限公司 | 1365 | 38 |
| 23 | 江苏昌昇集团股份有限公司 | 6452 | 682 | 48 | 南通优优纸品有限公司 | 1362 | 70 |
| 24 | 南通力威机械有限公司 | 5932 | 480 | 49 | 南通市福坤钢结构工程有限公司 | 1257 | 14 |
| 25 | 如皋市擎天建材有限公司 | 3714 | 216 | 50 | 如皋市通达机械制造有限公司 | 1140 | 47 |

## 2016年如皋工业园区(如城街道)招商引资情况

表53

| 序号 | 项目名称 | 注册资本 | 注册时间 |
|---|---|---|---|
| 1 | 南通壹伽超市有限公司 | 777万美元 | 2016.03 |
| 2 | 南通利星汽车销售服务有限公司 | 606万美元 | 2016.06 |
| 3 | 南通若洋服饰有限公司 | 300万美元 | 2016.07 |
| 4 | 如皋康荷环境工程有限公司 | 250万美元 | 2016.10 |
| 5 | 如皋市力星滚子科技有限公司 | 4000万元 | 2016.01 |
| 6 | 江苏迈冠体育产业有限公司 | 3000万元 | 2016.05 |
| 7 | 江苏菜篮子食品科技有限公司 | 5000万元 | 2016.07 |

续表53-1 单位:万元

| 序号 | 项目名称 | 注册资本 | 注册时间 |
| --- | --- | --- | --- |
| 8 | 江苏三路汽车科技有限公司 | 3000万元 | 2016.12 |
| 9 | 江苏通旭自动化科技有限公司 | 2000万元 | 2016.11 |

## 2016年如皋工业园区(如城街道)社会经济主要指标完成情况

表54

| 项　　目 | 计量单位 | 2016年 | 2015年 | 项　　目 | 计量单位 | 2016年 | 2015年 |
| --- | --- | --- | --- | --- | --- | --- | --- |
| 一、乡镇基本情况 | | | | 企业实缴税金 | 万元 | 139334 | 127979 |
| 乡镇行政区域面积 | 公顷 | 13242 | 13242 | 建筑业企业单位数 | 个 | 61 | 66 |
| 居民委员会个数 | 个 | 23 | 23 | 建筑业总产值 | 万元 | 1371932 | 1476656 |
| 村民委员会个数 | 个 | 11 | 11 | 六、贸易与投资 | | | |
| 耕地面积 | 公顷 | 4020 | 4025 | 社会消费品零售总额 | 万元 | 1002417 | 932056 |
| 有效灌溉面积 | 公顷 | 3498 | 3502 | 其中:限额以上社会消费品零售总额 | 万元 | 520070 | 498066 |
| 农业机械总动力 | 千瓦 | 54638 | 63206 | 集贸市场成交额 | 万元 | 2821220 | 2821220 |
| 二、人口与就业 | | | | 进出口总额 | 万美元 | 27998 | 25138 |
| 乡镇总户数 | 户 | 51725 | 51849 | 实际到账注册外资 | 万美元 | 3495 | 3600 |
| 乡镇总人口 | 人 | 156508 | 156883 | 固定资产投资完成额 | 万元 | 1321636 | 1123153 |
| 乡镇从业人员数 | 人 | 129205 | 125593 | 七、财政收入 | | | |
| 其中:外来从业人员 | 人 | 18079 | 18021 | 财政总收入 | 万元 | 224999 | 292590 |
| 第一产业 | 人 | 9697 | 9698 | 其中:公共财政收入 | 万元 | 173232 | 221792 |
| 第二产业 | 人 | 63945 | 63902 | 八、社会事业 | | | |
| 第三产业 | 人 | 55563 | 51993 | 本乡镇公路里程 | 千米 | 758 | 727 |
| 三、乡镇经济 | | | | 各类科技人员 | 人 | 3605 | 3598 |
| 地区生产总值 | 万元 | 2021158 | 1795372 | 学校总数 | 所 | 15 | 15 |
| 第一产业 | 万元 | 35175 | 36308 | 其中:小学数 | 所 | 7 | 7 |
| 第二产业 | 万元 | 571130 | 577123 | 在校学生总数 | 人 | 33067 | 33747 |
| 第三产业 | 万元 | 1414853 | 1181941 | 其中:小学在校学生数 | 人 | 13811 | 13759 |
| 工商业企业应税销售收入(国税) | 万元 | 2703881 | 2148342 | 教师总数 | 人 | 2537 | 2479 |
| 四、农业生产 | | | | 其中:小学专任教师数 | 人 | 812 | 776 |
| 农作物播种面积 | 公顷 | 5431 | 6359 | 幼儿园、托儿所 | 所 | 11 | 10 |
| 其中:粮食作物播种面积 | 公顷 | 2558 | 3091 | 医疗卫生机构个数 | 个 | 70 | 69 |
| 农业保险面积(种植业) | 公顷 | 1750 | 2039 | 医疗卫生机构床位数 | 床 | 1933 | 1905 |
| 其中:设施农业保险面积 | 公顷 | 1 | 2 | 执业(助理)医师数 | 人 | 842 | 830 |

续表54-1

| 项　　目 | 计量单位 | 2016年 | 2015年 | 项　　目 | 计量单位 | 2016年 | 2015年 |
|---|---|---|---|---|---|---|---|
| 市级以上农业龙头企业个数 | 个 | 11 | 9 | 自来水用水户数 | 户 | 51630 | 51210 |
| 市级以上农业龙头企业销售收入 | 万元 | 119465 | 97744 | 燃气用气户数 | 户 | 51650 | 51622 |
| 粮食总产量 | 吨 | 17503 | 19427 | 有线电视入户率 | % | 96 | 95 |
| 肉类总产量 | 吨 | 3058 | 3203 | 人均住房面积 | 平方米 | 45 | 52 |
| 禽蛋产量 | 吨 | 756 | 766 | 互联网宽带上网用户 | 户 | 50744 | 50688 |
| 水产品产量 | 吨 | 1957 | 2007 | 各种社会福利收养性单位数 | 个 | 1 | 1 |
| 五、企业情况 | | | | 各种社会福利收养性单位床位数 | 床 | 200 | 200 |
| 企业个数 | 个 | 2848 | 2742 | 各种社会福利收养性单位收养人数 | 人 | 93 | 110 |
| 其中:规上工业企业 | 个 | 66 | 67 | 新型农村合作医疗参保人数 | 人 | 59379 | 58844 |
| 企业从业人员 | 人 | 62656 | 64327 | 新型农村社会养老参保人数 | 人 | 29450 | 29375 |
| 其中:规上工业企业 | 人 | 11599 | 12164 | 农村居民最低生活保障人数 | 人 | 814 | 890 |

## 2016年如皋工业园区(如城街道)各村(社区)基本情况

表55

| 名　称 | 书　记 | 主任 | 村(居)民小组数 | 人口数(人) | 耕地面积(公顷) | 农村经济总收入(万元) | 农民人均纯收入(元) |
|---|---|---|---|---|---|---|---|
| 大殷社区 | 张　勇 | 张　勇 | 26 | 4250 | 264.00 | 698 | 25300 |
| 新民社区 | 蔡建明 | 陈晓燕 | 24 | 4870 | 131.79 | 235 | 26100 |
| 方庄村 | 徐家涛 | 徐家涛 | 31 | 4375 | 222.40 | 20873 | 24315 |
| 凌青村 | 殷海军 | 殷海军 | 25 | 4130 | 360.47 | 14645 | 21200 |
| 新官村 | 吴　健 | 吴　健 | 20 | 3002 | 222.25 | 2645 | 23550 |
| 沿河村 | 刘　卫 | 韩长建 | 24 | 3379 | 288.56 | 2650 | 23850 |
| 长港村 | 李忠根 | 朱正元 | 19 | 2752 | 220.00 | 3850 | 21500 |
| 老南村 | 冒兴华 | 冒兴华 | 18 | 2699 | 200.07 | 2615 | 23108 |
| 十里社区 | 周新民 | 周新民 | 34 | 6640 | 626.67 | 21000 | 35000 |
| 光华村 | 范广建 | 徐金明 | 21 | 3810 | 234.87 | 15240 | 24100 |
| 纪庄社区 | 纪昌俊 | 明兴建 | 25 | 4601 | 368.31 | 650 | 51000 |
| 顾庄社区 | 明正奎 | 明正奎 | 17 | 3681 | 230.13 | 227 | 32800 |
| 钱长村 | 钱晓彬 | 钱爱东 | 24 | 3611 | 260.80 | 10480 | 22500 |

续表55-1

| 名　称 | 书　记 | 主任 | 村(居)民小组数 | 人口数(人) | 耕地面积(公顷) | 农村经济总收入(万元) | 农民人均纯收入(元) |
|---|---|---|---|---|---|---|---|
| 贺洋社区 | 刘俊富 | 胡恩明 | 26 | 3579 | 242.07 | 1465 | 32500 |
| 龙游河村 | 秦虎跃 | 秦虎跃 | 21 | 3209 | 232.67 | 1850 | 23000 |
| 大明社区 | 孙学梅 | 郝维林 | 19 | 3680 | 201.93 | 253 | 24000 |
| 安定村 | 王霞宏 | 石建平 | 19 | 3447 | 147.13 | 3150 | 25120 |
| 宗岱村 | 阚志伟 | 阚志伟 | 23 | 3217 | 254.37 | 55 | 18500 |
| 孔庙社区 | 周常辉 | 周亚玲 | — | 5882 | — | — | — |
| 宏坝社区 | 章志华 | 章志华 | 14 | 16213 | — | 45200 | 25860 |
| 仙鹤社区 | 朱春华 | 朱春华 | 7 | 4172 | 0.27 | 15244 | 22503 |
| 城东社区 | 季银冠 | 季银冠 | 24 | 5768 | 5.33 | 21342 | 23550 |
| 长巷社区 | 许　燕 | 李沁亚 | — | 3860 | — | — | — |
| 秀水社区 | 储湘君 | 宋镜文 | — | 4050 | — | — | — |
| 城南社区 | 吴山林 | 陆小建 | 12 | 27460 | — | 149625 | 42653 |
| 蒲行社区 | 黄　勇 | 丁　健 | — | 4980 | — | — | — |
| 红星社区 | 孙　建 | 孙　建 | 9 | 1780 | 37.00 | 21500 | 29370 |
| 西郊社区 | 曹俊飞 | 曹俊飞 | 10 | 14692 | — | 113 | 22600 |
| 城西社区 | 陈召建 | 陈召建 | 25 | 6523 | 59.47 | 305885 | 28760 |
| 许庄社区 | 黄　辉 | 范从兵 | 14 | 13060 | — | 199 | 21000 |
| 迎新社区 | 吴仕兰 | 吴仕兰 | — | 4482 | — | — | — |
| 安定社区 | 郝　蕾 | 唐　红 | — | 4932 | — | — | — |
| 花园社区 | 宣海燕 | 潘雰虹 | — | 6280 | — | — | — |
| 陆桥社区 | 朱晓燕 | 李春燕 | — | 3512 | — | — | — |

## 宏观经济管理

【概况】 2016年,全市实现地区生产总值904.27亿元,按可比价计算(下同),同比增长9.6%。按产业分类:第一产业增加值62.99亿元,同比增长1.2%;第二产业增加值434.36亿元,同比增长9.6%,其中工业增加值364.3亿元,同比增长9.9%;第三产业增加值406.92亿元,同比增长11%。三次产业比例调整为7:48:45。人均地区生产总值72255元。一般公共预算收入占地区生产总值7.8%。全年实现全体居民人均可支配收入26683元,同比增长9.1%;实现城镇居民人均可支配收入37133元,同比增长8.1%;农村居民人均可支配收入17119元,同比增长8.2%。

【规划制订】 年内,市发展改革委完成《如皋市国民经济和社会发展第十三个五年规划纲要》起草工作,《纲要》经市第十六届人民代表大会第五次审议通过并批准实施。协调推进经济转型升级、基础设施建设、城乡建设与管理、生态文明建设、社会发展与民生、支撑与保障、主功能区发展7个专题在内的45个重点专项规划编制工作。承担工业转型升级规划、战略性新兴产业发展规划、现代服务业发展规划、信息化发展规划、现代物流产业规划、健康养生产业发展规划和互联网经济发展规划专项规划7项。

【政策制定】 年内,为应对严峻经济形势,化解经济下行压力,市发展改革委牵头研究制定《关于2016年经济稳增长调结构促转型上台阶的激励意见》《关于加快推进项目建设的意见》《关于进一步促进服务业转型升级的激励意见》《关于加快重点产业发展的意见》等政策文件,助推经济稳步发展。

【项目建设】 年内,如皋市始终突出项目建设"第一抓手",持续加大有效投入,推进项目"一周一会办"工作机制。以船舶海工及配套、新能源汽车及汽车零部件、新材料、纺织服装四大支柱产业,高端装备制造、新一代信息技术、新能源、节能环四大新兴产业,现代物流、软件信息、金融服务、商务中介四大生产性服务业产业体系为重点,以各类园区为平台,加快提升产业竞争能力、创新能力和配套能力。2016年,全市完成固定资产投资577.5亿元,同比增长14.8%。其中:完成规模工业投入312亿元,同比增长7.3%;第三产业投资262亿元,同比增长24.03%;旅游业投资36.94亿元,同比增长12%;完成技改投入215亿元,占规模工业投入68.9%。全年新开工亿元以上产业项目76个,其中,如皋港区渤商所华东交割总枢纽一期项目计划总投资50亿元,高新区龙游河壹号项目(生态型高端养生社区)计划总投资12亿元,如皋开发区南通荣威娱乐用品有限公司出口型PVC娱乐用品项目计划总投资1.56亿美元,如皋工业园区江苏巨业杭萧建筑新材料有限公司新型钢构建材、PC板加工项目计划总投资超10亿元。

【项目服务】 年内,市发展改革委协助市委、市政府开展重大项目现场推进会、重大项目建设情况点评会、项目集中开工等活动,实地掌握项目建设进度,客观分析全市在建项目现状,研究解决项目推进中遇到的重大问题和矛盾,推进项目快建设、早达产。通过开展重大项目巡访、设立重大项目服务平台、制作并发放"重大项目服务指南”卡片等途径,及时收集项目推进中存在问题。通过编制《如皋市工业项目投入情况》《全市5亿元以上重大工业项目快报》和市重大项目智能监督管理系统网上平台等方式,实时反馈全市主要投入指标完成情况、各重大项目推进情况。协调相关职能部门开展“用地预审”工作,确保优质项目顺利供地。全面推进重特大项目“容缺审批”制度,最大限度为通过预审项目压缩审批时限。创造性开展“容缺建设”工作,加快项目建设进度。牵头申报全国农村产业融合示范试点城市并成功获批。争取上级政策资金扶持,全年获批省重点项目3个,争取土地指标88.1公顷,为企业、项目争取专项资金9.53亿元,助推企业、项目快速发展。

**【企业直接融资】** 年内,全市新增上市公司1家(江苏恒康家居科技股份有限公司),累计6家;新增上市入轨企业1家(南通明德塑胶有限公司),累计3家。新增新三板挂牌企业5家[南通苏马游艇设备股份有限公司、南通国电电站阀门有限公司、凯晖科技(南通)有限公司、江苏恒祥化工有限责任公司、南通泰利达化工有限公司],累计8家,江苏华灿电讯股份有限公司成功跻身新三板创新层。戴氏家藏博物馆在深圳文交所挂牌,是全国首家挂牌民营博物馆,全市首家进军资本市场的文化产业企业。培育上市(挂牌)后备企业30多家。新增创投机构2家(如皋市洪门基金小镇投资管理有限公司、如皋中融锦时产业投资发展基金中心)。上市(挂牌)企业实现股权融资15.7亿元,企业引进创投资金1.2亿元。

(黄爱军 葛 波 吴建忠 顾 建)

## 财 政

**【概况】** 2016年,全年一般公共预算收入71.21亿元,同比下降7.6%。一般公共预算支出96.40亿元,同比下降4.1%。市财政局获省文明单位、南通市促进教育事业发展先进集体称号;市财政结算管理中心被表彰为省青年文明号,巾帼志愿服务队被表彰为省“十佳”巾帼志愿服务队。小型农田水利工程管理、政府采购监督管理、政法经费保障绩效考核、农产品质量安全绩效评价等工作获全省先进,财政总决算、部门决算工作被评为南通市先进。

**【组织收入】** 年内,全市一般公共预算收入总量位居全省县(市)第9位。受“营改增”和减税降费等政策性因素影响,一般公共预算收入中税收收入完成542588万元,与上年同口径相比增长0.82%。

**【预算管理】** 年内,市财政局深化财税体制改革,完善财政预算管理制度,提升财政支出效益和风险防范能力。争取政府性债务置换债券资金479215万元,债券期限为3—10年,年节约利息支出34000万元。加强预算绩效管理,开展14个项目重点评价、7个部门整体支出绩效评价和14个镇(区、街道)财政管理绩效综合评价工作。2月,出台《如皋市镇(区、街道)政府性债务管理工作考核办法》(皋政办发〔2016〕21号),严格债务管理考核,严控债务源头增长。除涉密部门外,179家市级部门(单位)全面进行2016年预算公开和“三公经费”单独公开。3月,全面清理“四本预算”(一般公共预算、政府性基金预算、国有资本经营预算、社会保险基金预算),清理往来9524万元,整合结转指标104809万元。4月,对各镇(区、街道)及市级各相关部门开展债务情况检查。出台《如皋市全面推开营业税增加间距改征增值税试点工作实施方案》(皋营改办〔2016〕1号)。5

12月9日,戴氏家藏博物馆在深圳文交所挂牌,为全国首家挂牌上市的民营博物馆 (来源于深圳新闻网)

5月21日，市财政局举办"营改增"知识培训活动　（市财政局供稿）

月，落实减税降费要求，全面推开"营改增"试点。8月，182家市级部门（单位）全面进行2015年决算公开。9月，试编2017—2019年中期财政规划，首次将结余结转资金、转移支付资金编入年初预算。11月，开展债务成本、规模控制专项核查。

【国库管理】 年内，市财政局加强财政资金管理，规范财政账户管理和资金安全管理，努力发挥财政资金效益。全年累计办理市本级国库集中支付业务80972笔，支付资金345712万元。规范财政和预算单位账户管理，撤销归并财政账户10个，审批市级预算单位开设银行账户5个，督促市级预算单位撤销银行账户4个。2—6月，根据《江苏省财政厅关于全面开展财政资金安全检查工作的通知》（苏财库〔2016〕3号）要求，开展市本级财政资金安全自查和镇（区、街道）财政资金安全核查工作。5月，出台《如皋市市本级财政国库内部管理制度》（皋财库〔2016〕2号），明确国库管理工作流程、岗位职责、控制程序、管理要求等。8月，完成2015年权责发生制政府综合财务报告试编工作。

【社会保障】 年内，市财政局加大社会保障投入，支持养老、扶贫、助残、保险、优抚等政策落实。全年社保基金收入440548万元，社保基金支出357933万元。调整各类社会保障标准，企业退休（退职）人员基本养老金人均每月增资169元，城乡居民基础养老金由每人每月105元增至115元，城市居民最低生活保障由每人每月580元增至590元，农村居民最低生活保障由每人每月420元增至480元。支持公共卫生改革，安排基本公卫、基本药物补助、医疗救助、计划生育奖励扶持等资金25631万元。实施困难群众救助，拨付危房改造补助资金229万元、困境儿童保障资金100万元。发放尊老金4500万元，投入1545万元为20.6万名65周岁以上老人免费体检。实施积极就业政策，补贴各类促进就业和创业资金3220万元。通过社保资金比对分析系统，核减死亡人员7751人，停发基础养老金534万元。5月，阶段性降低企业职工养老保险费率。8月，专项核查2015年度农村免费计生技术服务经费管理情况。

【会计管理】 年内，市财政局强化服务，提升会计管理工作水平。持续推进会计继续教育改革，组织全市企事业单位7000余人参加网上继续教育培训，举办继续教育面授培训班3期、培训1000余人，举办新领会计证人员面授培训班3期。1343人通过初、中级职称资格考试报名审核，新增初级职称资格122人、中级职称资格52人、高级职称资格8人。落实会计从业资格"一年四考"政策，组织如皋考点二、四季度考试，合格人数分别为215人、146人，合格率分别为32.28%、31.81%。全年发放新证618本，换发新证513本，行政权力网办件168件。7月，组织全市少儿珠心算技术比赛，选拔优秀选手参加南通市比赛，获一、二、三年级组团体三等奖。11月，组织2016年财政支农、惠农政策培训班，全市331个村（社区）会计参加。

【农财管理】 年内，市财政局着力推动农业供给侧结构性改革，支持"三农"发展。向上争取农业项目92个、资金44000万元；"一折通"发放各类涉农补贴58批次、30700万元。经竞争性立项，争取财政部扶持村级集体经济发展试点县项目，获补助资金3200万元。突出支农投入重点，整合安排"双整治"土地复垦项目建设资金19100万元、农村环境"七位一体"长效管护资金8000多万元等；组织实施农村桥梁改造104座，一事一议奖补道路建设131条、219千米，危旧泵站改造31座。实施2016年中央财政小型农田水利重点县工程项目,总投资3500万元。支持特色农业、设施装备、新型农业经营主体培育项目,兑现奖补资金2101万元。拨付农村土地承包经营权确权资金524万元。5月,通过省财政厅和省扶贫开发协会对小额扶贫贷款贴息项目审计。7月,通过财政部专员办对示范试点建制镇白蒲镇中期绩效评价。出台《如皋市2016年农业支持保护补贴(耕地地力保护)管理工作实施方案》(皋政办发〔2016〕119号)。12月,出台《2016年如皋市农业支持保护补贴(粮食适度规模经营)实施方案》(皋政办发〔2016〕189号)。

【社会事业发展】 年内,市财政局进一步完善社会事业发展保障机制。发放各类助学补助资金3743.02万元,拨付校安工程及校舍维修资金4023.02万元。推进机关事业单位养老保险改革,同步建立职业年金制度,实现与企业职工基本养老保险统一制度模式。支持文化体育事业发展,申报争取文化、体育、现代服务业发展专项资金1187万元,拨付文化产业引导资金200万元。加强政法专项转移支付资金管理,政法经费保障绩效考核连续6年获省表彰。6月,出台《如皋市义务教育经费保障机制实施方案》(皋政办发〔2016〕81号)、《关于完善市级教育专户资金管理的通知》(皋财行〔2016〕13号)等政策,强化教育专项资金监管。9月,会同相关部门开展中等职业教育免学费人数核查,确保实现精准资助。

【财政监管】 年内,市财政局着力构建财政大监督格局。全年累计查纠违规资金397万元,清退违规发放津补贴和奖金590581元,清理往来612.37万元,清收土地租金413.61万元,提出整改建议196条。2月,对2015年度7家会计信息质量被查单位回头看,对问题整改不到位单位上门约谈,首次运用行政告诫手段指导问题整改落实。3月,落实市委、市政府工作要求,牵头组织对14个镇(区、街道)和100家市级非报账制预算单位财政开展财务检查。6—9月,对3家医疗机构和3家非税收入行政事业单位开展会计信息质量全省联动检查。10月,对国土资源税、交通非税收入收缴情况开展专项检查。12月,对全市市级预算单位预决算公开情况专项检查,部门预算公开率100%,决算公开率100%。

【政府采购】 年内,市财政局加强制度建设,规范政府采购管理。审核并下达政府采购计划10095项,预算总额约26400万元;实施集中采购项目260项,成交总额约13500万元,节约资金近4000万元,资金节约率22.9%。实施采购政府购买服务50万元以上项目45个,合同金额5844万元。完善政府采购备案制度,推进政府采购档案电子化管理工作。1月,下发《关于公布2016—2017年如皋市政府集中采购目录和采购限额标准的通知》(皋政办发〔2016〕6号),修订政府集中采购目录和公开招标限额标准。2月,下发《关于加强政府采购项目履约验收工作管理的通知》(皋财购〔2016〕1号),规范政府采购项目履约验收工作。3月,印发《如皋市政府采购评标工作纪律规范》(皋财购〔2016〕2号),规范政府采购评标行为。4月,印发《如皋市政府采购协议(定点)供应商监督考核办法(试行)》(皋财购〔2016〕4号),加强对政府采购协议(定点)供应商管理。5月,招标确定118家协议(定点)供应商,组织协议(定点)供应商培训。6月,对121名评审专家进行培训。12月,下发《关于在如皋市政府采购领域应用信用报告制度的通知》(皋财购〔2016〕8号),推进政府采购领域社会信用体系建设。

【国资企财管理】 年内,市财政局积极策应供给侧结构性改革,发挥职能作用,支持经济转型升级、健康发展。发挥财政资金撬动作用,兑现工业、科技等奖励资金8800多万元;为60多家企业申报工业、科技等项目48个,补助资金19941万元。鼓励金融资本支持实体经济,建立2个1000万元、1个1300万元贷款风险补偿资金池,引导银行为33家企业发放贷款1.92亿元。设立青年创业基金,审批发放青年创业贴息贷款68笔、1149万元。财政部PPP示范项目——市城市污水处理三期扩建项目基建工程建设全面完成。通皋大道项目列入省PPP试点项目库。

【国有资产管理】 年内,市财政局加快构建完善财政资产监管制度框架,强化国有资产管理。全年审批核销行政事业单位固定资产11014万元。按时做好交投公司一期、二期债券存续期间管理工作。1月,印发《2016年如皋港集团工作目标责任制考核办法》(皋办〔2016〕15号)、《2016年如皋市文广传媒集团工作目标责任制考核办法》(皋办〔2016〕16号)。2月,完成2015年国有企业国有资产年报表编报。3—4月，全市所有镇(区、街道)和市级机关部门完成政府资产报告编制。5—8月，清查全市379家行政事业单位资产，清查资产总额1137481万元。

**【投资评审管理】** 年内，市财政局切实加强政府性投资项目计划管理，完善概预算评审机制，将政府性项目建设与债务管理相结合，源头控制政府性债务增长。加强项目概(预)算评审，完成整体概算评审项目67个，审减902万元；完成预算评审项目385个，确认122705万元，核减3411万元。2月，开展政府投资计划联合审核，控减项目计划101个、金额228129万元。

**【非税收入管理】** 年内，市财政局规范土地出让收支管理，完善非税收入票据管理。全年实现土地出让收入412009万元。3月，接受财政部青岛专员办、国家审计署南京特派办国家新能源汽车推广应用补贴专项检查。5月，配合南通市审计局对2015年度国家土地审计整改情况进行专项调查；制订《2016年如皋市行政事业性收费项目目录》(皋财综〔2016〕3号)，推行行政事业性收费报告及目录清单制度，取消、停征和免征收费基金项目42项，减少涉企和个人收费1800多万元；在全市范围开展收费清理改革落实情况监督检查。12月，考核、发放平价商店奖励资金115万元；开展收费单位诚信等级评价，129家收费单位被评定为四星级，47家收费单位被评定为三星级。

**【镇财政管理】** 年内，市财政局加强基层规范管理，努力提升基层财政管理水平。2月，印发《如皋市2016年镇(区、街道)财政所(局、分局)基础工作和文明创建工作考核细则》(皋财党〔2016〕1号)，确定债务管理、资金监管、法治建设、政府采购4项重点工作。5—10月，率先在全省组织乡镇财政干部业务技能知识竞赛，选拔优秀选手参加南通、省级比赛，获省优秀组织奖。6月，对全市14个财政所(局、分局)开展内控突击检查。9月，对白蒲、九华、丁堰、东陈、吴窑5个镇财政所开展会计基础工作抽查。11月，对部分镇(区、街道)财政所(局、分局)国库集中支付改革运行情况及2016年预算执行情况进行抽查。11月，布置镇级部门预算编制工作，规范镇(区、街道)预算收支。

(许瑞兵　冒银飞)

**2016年如皋市一般公共预算收入完成情况**

表56　　单位:万元

| 项目 | 完成数 | 增收数 | 增长(%) |
|---|---|---|---|
| 国税 | 167457 | 73290 | 77.83 |
| 地税 | 375131 | -67023 | -30.81 |
| 财政 | 169497 | 34797 | 26.00 |
| 合计 | 712085 | -58936 | -7.64 |

## 国　税

**【概况】** 市国税局设基层分局8个(纳税服务分局1个、专业应对分局6个、稽查局1个)，拥有“三师”(注册会计师、注册税务师、注册评估师)资格人才23人、省国税局专业等级高级人才79人、高层次复合型人才2人。至2016年年末，全市在国税机关办理税务登记纳税人36059户(“营改增”纳税人7396户)，其中企业14731户(“营改增”纳税人4733户)、个体21328户(“营改增”纳税人2663户)。2016年，如皋国税系统继续保持省文明单位称号，被表彰为全省国税系统信息工作先进单位。1人被表彰为省国税系统优秀共产党员，1人被表彰为全省国税系统信息工作先进个人。

**【组织收入】** 年内，全市累计完成全口径收入41.59亿元，同比增长16.07%；完成财政总收入38.65亿元，同比增长21.89%，总量居南通六县(市、区)第3位，增幅排名第1位，其中完成增值税32.87亿元，在南通六县(市、区)排名第1位，同比增长22.07%。完成公共财政预算收入16.75亿元，同比增长77.83%，总量在南通六县(市、区)中排名第3位，增幅排名第1位。主动服务经济发展大局，开展税收形势、税收风险、政策效应和经济运行分析，梳理南通课题7个和如皋课题6个，形成《全年经济税收分析课题参考目录》，打造税收分析系列“拳头产品”；聚焦市委、市政府关切问题，研究制定国税助力供给侧结构性改革举措20条，主动对接市级重大项目建设。全力做好税收政策服务，开展“百人访企”送春风活动，落实国家重大税制改革措施，加大“营改增”、科技创新、小微企业等方面税收支持力度，确保税收优惠应享尽享。全年累计兑现各类税收优惠10多亿元、固定资产抵扣税款3.41亿元。

## 2016年如皋市国税收入情况

表57

| 项　　目 | 年度计划（万元） | 累计实绩（万元） | 占计划（%） | 上年同期（万元） | 增减（%） |
|---|---|---|---|---|---|
| 一、收入完成情况 | 376500 | 415871 | 110.46 | 358288 | 16.07 |
| 1.国内增值税 | 300000 | 330587 | 110.20 | 269258 | 22.78 |
| ①直接征收 | 256000 | 282087 | 110.19 | 222858 | 26.58 |
| 其中:营改增增值税 | 230000 | 42238 | 18.36 | 11014 | 283.49 |
| 省级 | — | 1904 | — | — | — |
| ②免抵调库 | 44000 | 48500 | 110.23 | 46400 | 4.53 |
| 2.消费税 | 1500 | 1153 | 76.87 | 1375 | -16.15 |
| 3.企业所得税 | — | 68759 | — | 66399 | 3.55 |
| ①县级企业 | 75000 | 56700 | 75.60 | 46478 | 21.99 |
| 待分配 | — | 5 | — | 5 | — |
| ②省属企业 | — | 12054 | — | 19916 | -39.48 |
| 4.个人所得税 | — | 1 | — | 2 | -50.00 |
| 5.车辆购置税 | — | 15371 | — | 21254 | -27.68 |
| 二、政府完成情况 | 376500 | 386536 | 102.67 | 317111 | 21.89 |
| 1.增值税 | 300000 | 328683 | 109.56 | 269258 | 22.07 |
| 2.消费税 | 1500 | 1153 | 76.87 | 1375 | -16.15 |
| 3.企业所得税 | 75000 | 56700 | 75.60 | 46478 | 21.99 |
| 三、退税情况 | — | 8389 | -90.21 | 7646 | 9.72 |
| 1.增值税 | — | 6605 | — | 4070 | 62.29 |
| 2.企业所得税 | — | 1784 | — | 3576 | -50.11 |
| 四、出口退税 | — | 97692 | — | 96459 | 1.28 |
| 五、海关代征 | — | 209148 | — | 143053 | 46.20 |
| 1.进口增值税 | — | 165444 | — | 104203 | 58.77 |
| 2.进口消费税 | — | 43704 | — | 38850 | 12.49 |
| 六、一般预算收入 | 120000 | 167457 | 139.55 | 94167 | 77.83 |
| 七、中央级收入 | — | 248055 | — | 244199 | 1.58 |
| 八、中央级收入占比 | — | 59.65% | — | 68.16% | — |

**【税收改革】**　“营改增”　年内，市国税局在全市全面推开“营改增”。3—7月，成立统筹协调、调查核实、咨询专家3个团队，深入“营改增”一线，开展集中办公。组织开展“营改增”基本政策、发票使用业务专场培训13场，纳税申报、财务处理等专场培训11场，通过5月1日凌晨首份“营改增”开票关、5月3日首个“营改增”工作日关、6月1日首个“营改增”申报日关，全市5134户“营改增”纳税人税制实现平稳转换。4月30日，省国税局局长胡道新全面考察如皋市“营改增”准备工作时，对市国税局做法

给予肯定，认为是“听到的最满意的回答”。

金税三期工程优化版系统上线　金税三期工程优化版系统(简称“金税三期”)融合税收征管变革和技术创新，统一国税、地税征管信息系统，实现全国税收数据大集中，是规范税收执法、优化纳税服务、管控税收风险、加强信息共享的主引擎、大平台、信息池、安全阀。年内，市国税局制订金税三期上线工作方案，成立专项工作组，建立工作机制，科学统筹规划，按序时保质保量完成初始化数据统计、流程清理、数据补录及对纳税人宣传解释等各项准备工作。组织全市1140名办税人员参加金税三期优化版上线及相关政策培训。设立“预约取件”窗口，建立前台快捷受理、后台集中批量处理、预约取件或邮递送达、全程免填单配套的预约取件模式，减少纳税人大厅滞留时间。9月1日，金税三期推广上线“大双轨”试运行。10月8日，金税三期正式上线，实现征管核心系统平稳切换和迭代升级。

国地税征管体制改革　年内，市国税局深化国地税征管体制改革，与市地税局在协同管理非正常户、联合开展欠税管理、联合采集第三方涉税信息、纳税服务、税务稽查、信息宣传等多个领域开展重点合作达成共识。至年末，市国、地税确定凸显如皋特色、覆盖大部分业务与行政领域合作内容48项，力求实现服务深度融合、执法适度整合、信息高度聚合工作目标。4月24日，与市地税局联合举办委托代征开票业务专题培训，国税、地税纳税服务部门60余人参加培训。

市国税局税务人员在威格电器设备有限公司了解企业发展情况

（孙　燕摄）

【税收征管】　年内，市国税局制订指定媒体情报采集目录，编制《外部涉税情报采集指南》，保障情报采集质效。优化风险办工作机制，对区域重大风险监控报告及风险分析项目进行责任分解。开展行业模型完善工作，拓展风险分析项目，建立非居民企业投资方股权减持分析项目指标进入省国税局“四库”，提升风险防控能力。关注发票异常信息，对接国家国税总局风险企业发票专项核查任务。加强风险应对任务跟踪督察和考核评价，发布《税收风险应对情况通报》4期，通过风险应对评析会、应对任务竞标、应对典型案例交流讲评等，不断提升风险应对质效。全年累计完成风险应对375户次，应对总成效1.22亿元。厘清纳税服务与应对序列工作职责，开展欠税追征培训，明确工作要求，规范操作流程，实施欠税管理专项考评。全年清收陈欠税1917.39万元。

【依法治税】　年内，市国税局强化内控抽查复审，组织开展6项重点事项、23个批次、223户次抽查复审工作。加强税收执法督察，开展专项督察活动12项，抽取疑点涉及纳税人68户，发现问题39户。根据督察情况，第一时间厘清缘由，整改落实。全年执法质量基础指标差错21条，准确率99.90%，超过南通市国税局99.85%考核要求。

【纳税服务】　年内，市国税局推广电子税务局、增值税发票查询平台。年初，新投入使用发票代开设备4台、发票供应自助办税设备6台。5月，启动“百人访百企”活动，成立纳税服务项目组7个，围绕“报好税、分析好”目标，考察重点企业100户，解读重点政策，解决重点难题。

（陶建国）

## 地　税

【概况】　市地税局下设纳税服务分局、基础管理分局、风险评估分局、3个风险应对分局及稽查局、南通稽查执行四科和7个职能科室、2个事业机构。2016年，实现全口径税收收入465580万元，公共财政预算收入375131万元，剔除“营改增”影响,同比分别增长8.2%、8.15%;组织入库各项基金费301710万元,同比增长30.1%,其中社保费274000万元,同比增长37.7%。市地税局获省文明单位称号、省青年志愿服务活动组织奖、省五四红旗团支部称号等省级以上奖项8项。吴李曦被评为全国优秀共青团员。

市地税局“金税三期”课件操作演练现场 (黄友谊摄)

【组织收入】 年内,市地税局面对经济持续下行与“营改增”结构性减收双重压力,迎难而上,构建收入责任共担机制,健全收入预测分析和绩效考核管理机制,做优税源税种征管,做精风险监控应对,做实社保基金费管理,做强欠税欠费清缴,聚力挖潜增收,实现组织收入量增质更优。1月,开展收入预测,统筹年度收入进度。组织开展年收入12万元以上个人自行申报及外籍人员年度申报工作。2月,开展2015年度税收收入完成情况分析。4月,完成“营改增”各行业对地方税收收入影响测算,向市“营改增”领导小组提出相关工作建议。5月,开展企业所得税和个人独资合伙企业汇缴工作并取得2处及以上工薪个人所得税催报。6月,开展所得税复审和土地增值税清算。8月,确定“营改增”后地税收入全年目标并分解落实。9月,开展行政事业单位个人所得税清理,进行数据比对。10月,与国税数据比对,确保建筑、房地产业两个所得税和城建税、土地增值税足额申报。11月,开展大额税款清查。12月,完成市委、市政府2017年及“十三五”全市经济运行情况调研。

【税收征管】 年内,市地税局通过统筹推进“营改增”,纵深推进国、地税合作,合力推进“金税三期”运行。制订《“营改增”试点工作实施方案》,全面梳理分析全市“营改增”企业税源情况,强化“营改增”行业税收联合清理,清理入库营业税3650余万元。纵深推进国、地税合作。制定并落实国、地税合作规范3.0版,构建国、地税合作框架。全年组织“金税三期”系统应用操作培训32场8760人次,实现“金税三期”系统顺利上线。1月,开展企业所得税、个人所得税汇缴培训。2月,加强涉税情报采集和利用,开展建筑项目管理征管分析。3月,开展季节性税款征收,制订办税服务、征收管理预案。4月,开展社保费参保单位欠费清理工作。6月,开展企业所得税汇缴复审工作。7月,巡察各综合治税点代征票证使用情况。8月,制订“金税三期”上线工作方案,完成国、地税户籍状态比对。9月,开展大集中、“金税三期”“双轨运行”工作。10月,开展高净值个人风险应对工作。11月,新个人所得税申报客户端上线。12月,开展存量房系统标准房价格维护工作。

【依法治税】 年内,市地税局探索建立司法联动机制,与市人民法院、检察院等执法部门联合执法,加大陈欠税款、社保费强制执行力度。引入律师审查机制,对提请强制执行案件进行合法性审查,提升依法行政水平。加大稽查打击力度,推行“双随机”(检查对象随机抽取,检查人员随机抽定)稽查模式,对房地产业、建筑业开展专项检查,加强发票违法案件和举报案件查处,加大积案清理力度,全年查处、结案58件,入库税款、滞纳金、罚款计3460万元,打击偷漏税行为。在市政府2016年度依法行政考核中列第1名。2月,推进依法行政工作,研究制定中风险应对资料规范,调整重大案件审理标准,规范证据采集要求。4月,审核欠税欠费清理工作中强制执行案例。5月,整理欠税欠费追缴强制文书模板,规范强制执行行为。6月,建立外聘律师团队司法保障机制。8月,制订对重点欠税单位强制执行方案。9月,制订信访案件答复模板,规范信访答复行为。10月,开展积案清理和欠税清欠工作。11月,对5家企业开展国、地税联合稽查。12月,开展欠税强制执行工作。

(姜汉兵)

## 2016年度如皋市地税收入情况

表58

| 项　　目 | 年度计划(万元) | 本期(万元) | 同期(万元) | 占计划(%) | 增幅(%) |
|---|---|---|---|---|---|
| 一、税收合计 | 464836 | 465580 | 625603 | 100.16 | -25.58 |
| 1.增值税 | 1100 | 1120 | — | 101.82 | — |
| 2.营业税 | 151200 | 151398 | 312030 | 100.13 | -51.48 |
| 3.企业所得税 | 37100 | 37119 | 45720 | 100.05 | -18.81 |
| 4.个人所得税 | 76700 | 76772 | 57798 | 100.09 | 32.83 |
| 5.资源税 | 36 | 36 | 45 | 100.00 | -20.00 |
| 6.城市维护建设税 | 29000 | 29072 | 35057 | 100.25 | -17.07 |
| 7.房产税 | 16600 | 16691 | 15888 | 100.55 | 5.05 |
| 8.印花税 | 10500 | 10590 | 7569 | 100.86 | 39.91 |
| 9.城镇土地使用税 | 28200 | 28236 | 22217 | 100.13 | 27.09 |
| 10.土地增值税 | 71300 | 71314 | 76845 | 100.02 | -7.20 |
| 11.车船税 | 5100 | 5146 | 4408 | 100.90 | 16.74 |
| 12.契税 | 34900 | 34983 | 40704 | 100.24 | -14.06 |
| 13.耕地占用税 | 3100 | 3103 | 7322 | 100.10 | -57.62 |
| 二、地方公共财政预算收入 | 375100 | 375131 | 542152 | 100.01 | -30.81 |
| 三、非税收入 | — | 301711 | 231949 | — | 30.08 |
| 合　计 | — | 767291 | 857552 | — | -10.53 |

## 审　　计

【概况】　2016年,市审计局实施审计项目40个。其中:当年项目28个,含预决算执行审计7个、财政财务收支审计12个(离任审计9个)、专项审计调查6个(审计署“一条鞭”项目2个、市本级“一条鞭”项目1个)、政府投资工程项目3个(跟踪审计项目1个);专项审计调查1个;其他审计项目11个。推动政府或相关部门出台规范性文件2个,全年发出审计整改交办事项64个。全市内审机构完成审计项目311个,其中,财务收支类88个,经济责任类124个,效益类4个,内部控制类7个,基本建设类73个,其他类型15个。内部审计涉及资金33.15亿元,审计建议意见被采纳384条,移送案件线索5起,受到党纪政纪处理13人。全年被上级报刊、网站录用信息稿件149篇次。

【预算执行审计】　年内,市审计局根据《中华人民共和国审计法》和《江苏省地方预算执行情况审计监督试行办法》,对全市2015年度市本级预算执行和其他财政收支情况进行审计,对市财政局本级预算执行、市地税局税收政策执行和征管、长江镇等10个镇(区、街道)财政决算、市环保局等10个部门单位预算执行、搬迁安置房等情况重点审计或审计调查,对462个政府投资项目工程结算情况进行审计。审计出主要问题涉资金20.87亿元,其中,违规资金1.07亿元,管理不规范资金19.80亿元。

【经济责任审计】　年内,市审计局根据《党政主要领导干部和国有企业领导人员经济责任审计规定》及实施细则,结合市“三责联审”新要求,推进经济责任审计工作。依托“三责联审”平台,对领导干部实施综合监督,有机融合审计监督与组织人事监督,拓展审计功能,放大审计影响,提升审计权威。着重围绕“权力”和“责任”开展审计,对单位存在问题,根据职责分工情况和领导干部在决策过程中所起作用,合理界定领导干部应当承担的责任类型。以项目质量为龙头,以过程控制为抓手,强化对审计报告审核把关,提升审计报告针对性、权威性,达到准确界定领导干部应负经济责任,提升审计评价科学性和合理性。全年实施经济责任审计项目12个。其中:乡镇6个,涉主要负责人12人;行政事业单位6个,涉主要负责人5人。审查出违规资金23.25万元,管理不规范资金19144.93万元。

**【固定资产投资审计】** 年内,市审计局创新政府投资工程审计管理方式,着眼政府投资工程审计全覆盖,在政府投资工程审计中,实现审计队伍选择市场化、项目分配随机化、质量控制精细化、考核管理常态化。通过招投标确定12家社会中介机构参与政府投资建设项目审计,抽签确定项目分配顺序,交叉复审工程审计项目。改进审计管理制度和复审方式,提高审计绩效。全年累计完成工程审计项目374个,报审额63.90亿元,审定额53.11亿元,审计核减10.79亿元,核减率16.89%,其中核减额100万元以上项目107个,报审额57.08亿元,审定额46.82亿元,核减额10.26亿元,有效遏制投资领域的失范行为。

**【民生审计(调查)】** 年内,市审计局围绕社会保障资金和群众关注社会热点问题,组织实施全市城镇保障性安居工程跟踪审计、产业引导资金管理使用情况绩效审计、农业综合开发资金审计专项审计调查等项目。针对社会关注为民、惠民、利民等政策落实和资金到位情况,组织全市搬迁安置房建设安置管理情况专项审计调查、社会救助

审计人员民生资金审计现场 (市审计局供稿)

资金专项审计调查、"一事一议"财政奖补资金专项审计调查等专项审计与审计调查工作。注重树立查案意识和审计成果运用,发现、移送违法违纪线索15起,相关责任人被立案查处。在搬迁安置房建设安置管理情况专项审计调查中,重点关注被审计单位在支付安置房工程款等方面存在问题并报送《审计专报》3份,获市委、市政府主要负责人批示4次,推动市政府出台《如皋市房屋征收档案管理办法》《如皋市搬迁资产管理办法》,向市纪委等相关部门移送问题线索9起。

**【"一事一议"财政奖补资金专项审计调查】** 年内,市审计局创新审计组织方式,首次采用市本级"一条鞭"项目审计方式,统筹组织全市内审人员,统一程序,统一标准,统一食宿,统一管理,分组实施。选取2013—2015年"一事一议"财政奖补项目调查为民生"一条鞭"审计项目,历时两个半月,对涉及全市278个村居的392个财政奖补项目(水泥路397条、615.7千米)进行详查和抽查,审计财政奖补资金10288万元,发现财务管理、工程管理、养护管理3个方面问题19个,移送违法违纪线索1条,发出审计建议书1份,为加强"一事一议"财政奖补项目规范管理提出可行性审计建议。

**【计算机大数据审计】** 年内,市审计局探索将计算机大数据审计运用于所有审计项目。在地税审计中,收集国土、工商、国税等数据,进行分析、筛选比对,确定疑点企业626家,最终确定重点企业139家,移交市地税局核对清理74家、入库税金68.91万元;抽查审计6家企业补缴14.11万元。在民政社会救助专项资金审计中运用大数据分析方法,开展跨部门、跨行业数据分析,广泛采集财政、民政、社保、农机等部门数据44.24万条,通过分析比对发现各类审计疑点2458条。调阅290份低保及"五保"户管理档案资料,有针对性入户走访核实590户,涉14个镇(区、街道)250个村(社区),核查发现2015年及以前已死亡人员仍享受优抚、"五保"、低保资金,部分享受低保人员缴纳住房公积金等问

题,向相关部门移送违法违纪线索8条。

【审计绩效管理】 年内,市审计局先后出台《“鼓励当主审、激励好项目”活动方案》《优秀审计项目评选办法(试行)》《审计项目质量检查办法(试行)》《如皋市优秀内部审计项目评比办法(试行)》《如皋市2016年内部审计工作指导意见》《如皋市镇(区、街道)内部审计工作考核奖励办法(试行)》《政府投资项目审计操作规程》《社会中介机构参与政府投资建设项目审计管理暂行办法》等政策文件,对每个审计项目都制定严格的质量标准、时间计划,做到时间服从质量,质量效率并重。开展优秀审计项目评比、优秀内审项目评比、优秀协审单位评比活动,评选优秀项目主审28个、优秀审计项目3个、优秀内审项目5个。市农委2013—2014年财政财务收支审计项目被南通市审计局表彰,如城街道审计办1个任期经济责任审计项目获南通市一等奖,城北街道审计办“杨宗社区财务收支审计”等4个项目获南通市审计局三等奖。

(吴从军)

## 统　计

【概况】 2016年,全市14个镇(街道)均设立统计办公室,配备专职统计助理。166个村和163个涉农居委会及所有纳入统计的机关、企事业单位都配备专兼职统计人员。全市在职统计人员中,有高级统计职称12人、中级统计职称95人、初级统计职称186人。年内,市统计局开设农村(产量、畜牧业、农综)、工业、能源、科技等统计专业20多个,全面完成2016年度全市统计年、定报工作,联网直报率100%。全年组织统计人员教育培训1126人。市统计局被南通市统计局评为统计工作先进单位。

【专项调查】 年内,市统计局组织第三次全国农业普查(简称“三农普”),先后开展普查试点、“两员”(普查指导员、普查员)培训、小区划分、清查摸底、农作物面积遥感测量等各项工作。承担南通市“三农普”规模户专项试点,现场登记规模农业经营户56户。获省“三农普”专项经费110万元,如皋市被列入省级自然资源资产负债表编制试点县(市)。开展1%人口抽样调查工作、月度劳动力调查、城乡一体化住户调查、居民消费价格调查、工业生产者价格调查等各项调查工作,配合相关部门开展全市体育产业专项调查、省级机关绩效管理社会公众满意度微信调查、党风廉政建设民意问卷调查及文明城市创建满意度调查等专项调查任务8项。

【统计改革】 年内,市政府办牵头建立如皋市GDP核算改革联席会议制度,联席会议成员单位由政府办、统计局、发展改革委、金融办、财政局、国税局等18个部门和单位组成。通过联席会议,强化经济运行监测,提高GDP核算数据质量。对固定资产投资统计制度进行改革,投资数据采集将新增5000万元及以上投资项目纳入“一套表”,采用联网直报数据采集模式。启动建立行政指导与数据质量检查相结合的监督检查制度,建立统计“双随机”(检查对象随机抽取,统计执法人员随机选定)检查机制,选取8家规模以上服务业企业和限额以上批零住餐企业、20家规模工业企业、4家工业能源企业、8个固定资产投资项目、4家房地产开发企业、4家建筑业企业实施统计监审和行政指导,处理统计违法案件1起。

【统计服务】 年内,市统计局按季编印《经济运行分析报告》,分别就综合、农业、工业、投资、房地产、贸易、服务业、居民收入、物价等专业开展系列分析,及时反映经济运行中新情况、新问题及经济指标变动状况,为党政领导提供专业统计监测和预警报告。及时向市委、市政府主要负责人报送《统计专报》,其中3期受到市委、市政府主要负责人批示。全年撰写统计信息860篇、统计分析报告89篇,其中被南通以上统计内网采用信息665篇、分析报告81篇。市“两会”期间,编印《数说“十二五”》统计宣传画册,向人大代表、政协委员宣传“十二五”期间全市社会经济发展成果。开通微信公众号“如皋统计”,完善“统计知识”“统计数据”和“统计宣传”板块功能。通过如皋统计局网站发布各类统计信息326条,方便公众对统计数据查询和运用。全年向社会各界提供统计咨询服务983人次。

【依法治统】 年内,市统计局利用“如皋统计”微信公众平台宣传《统计法》《江苏省统计条例》,开辟“统计开放日”网络宣传专栏。对规模以上工业、建筑、房地产、贸易和固定资产投资等专业104家单位实施统计监审,发现存在问题32家,现场指导整改14家,发出整改通知13家,未发现严重统计违法行为。对统计行政权力进行梳理、细化,修改行政处罚事项10项,废止行政处罚事项2项,新增其他审批备案2项。

(朱　健)

## 公共资源交易管理

【概况】 2016年,市公共交易中心国有资金项目进场交易1392项。其中:工程建设项目778项,标的额19.22亿元,节资额4.58亿元;政府采购项目343项,标的额1.67亿元,节资额0.443万元;产权交易项目37宗,标的额2714万元,增值440.25万元;土地交易项目234宗,596.47公顷,标的额42.03亿元。

【工程招投标】 年内,市公共资源交易管理办公室(简称"市公管办")根据省招标办要求,结合如皋实际,融合"营改增",修改完善市房屋建筑与市政设施施工招标文件范本、监理项目电子招标文件范本、工程货物电子招标文件范本。全面放开对非国有资金投资的房屋建筑和市政基础设施工程必须公开招标限制,实行直接发包备案,对市重大项目零收费服务。全年完成直接发包备案项目183个,投资额27.2亿元。将纸质招标文件备案改为通过省招投标综合监管系统(5.0)网上备案,提高备案效率,节约办公资源。全年网上备案招标文件180件。

【政府采购】 年内,市公管办通过公开招标确定协议(定点)供应商118家,包括办公自动化设备及耗材、空调、办公家具等12项货物类项目。严格执行单一来源审批管理

### 2016年如皋市招投标项目情况

表59

| 项目分类 \ 主要内容 | | 项目数(个) | 标的额(万元) | 与预算资金相比节资额(万元) | 与控制价相比节资额(万元) |
|---|---|---|---|---|---|
| 公开招标 | 房屋建筑 | 54 | 76732.11 | 17334.18 | 9350.11 |
| | 装饰装修 | 48 | 12438.76 | 4337.02 | 2932.97 |
| | 市政设施 | 149 | 26495.38 | 10386.20 | 6538.35 |
| | 勘测监理设计 | 19 | 1761.11 | 543.83 | 543.83 |
| | 材料设备 | 46 | 8765.55 | 1947.97 | 1947.97 |
| | 农路农桥 | 210 | 12927.07 | 3114.30 | 2515.83 |
| | 交通水利 | 37 | 13195.32 | 4701.07 | 2500.63 |
| | 其　他 | 54 | 20235.56 | 1612.75 | 1612.75 |
| 公开交易 | 限额以下 | 98 | 2358.53 | 829.93 | 680.48 |
| 邀请招标 | | 32 | 61473.66 | 14343.48 | 7295.65 |
| 直接发包备案 | | 265 | 323476.26 | 546.21 | 546.21 |
| 合　计 | | 1012 | 559859.31 | 59696.94 | 36464.77 |
| 其中:国有投资项目 | | | | | |
| 项目分类 \ 主要内容 | | 项目数(个) | 标的额(万元) | 与预算资金相比节资额(万元) | 与控制价相比节资额(万元) |
| 公开招标 | 房屋建筑 | 54 | 76732.11 | 17334.18 | 9350.11 |
| | 装饰装修 | 48 | 12438.76 | 4337.02 | 2932.97 |
| | 市政设施 | 149 | 26495.38 | 10386.20 | 6538.35 |
| | 勘测监理设计 | 19 | 1761.11 | 543.83 | 543.83 |
| | 材料设备 | 46 | 8765.55 | 1947.97 | 1947.97 |
| | 农路农桥 | 210 | 12927.07 | 3114.30 | 2515.83 |
| | 交通水利 | 37 | 13195.32 | 4701.07 | 2500.63 |
| | 其　他 | 54 | 20235.56 | 1612.75 | 1612.75 |
| 公开交易 | 限额以下 | 98 | 2358.53 | 829.93 | 680.48 |
| 邀请招标 | | 16 | 11415.39 | 435.35 | 383.98 |
| 公开招标二次流标转直接发包备案 | | 47 | 5869.60 | 586.29 | 586.29 |
| 合　计 | | 778 | 192194.38 | 45828.90 | 29593.19 |

## 2016年如皋市政府采购项目情况

表60

| 项目分类＼主要内容 | 项目数(个) | 标的额(万元) | 节资额(万元) |
|---|---|---|---|
| 公开招标 | 34 | 5284.93 | 993.78 |
| 竞争性谈判 | 155 | 5175.43 | 2019.49 |
| 竞争性磋商 | 26 | 2012.46 | 806.28 |
| 询价 | 65 | 1344.07 | 339.27 |
| 单一来源 | 63 | 2925.34 | 278.41 |
| 合计 | 343 | 16742.23 | 4437.23 |

制度,全年实施单一来源采购63项,标的额2925.34万元,节约资金278.405万元。组织实施政府购买服务工作,进一步扩大政府购买服务范围,全年采购50万元以上政府购买服务项目94个,金额6674.295万元,涉数据统计、物业管理、道路保洁、调查统计、第三方核查、运维服务、财务服务、PPP项目编制等方面。

【国有资产产权交易】 年内,市公管办联合市监察、财政、审计等部门,对现有国有资产全面摸底调查,建立待交易国有资产目录库,实现多部门信息资源共享和到期交易项目网上黄色预警。夯实产权交易基础工作,制定市财政局审核、市公共交易中心操作、市公管办及财政监管的操作程序,先后制定产权出租、转让交易等相关程序性文件和规范性范本,明确各部门在涉及质疑、投诉等方面职责和义务。

【评标区建设】 5月中旬开始,市公管办将评标区27台电脑设置成只能访问本地招投标系统和省、市、县(市、区)远程异地评标系统,禁止访问其他网站,禁止使用通信聊天工具;购置正版还原软件,设置还原功能,使评委或其他人员不能自行安装任何软件脚本。评标区南北两个出口均设置门禁系统,评委进入评标区需通过身份证认证方可进入,相关工作人员则通过指纹认证方可进入,且进出评标区电子记录与管理软件实现实时对接,便于对评委或代理机构实现“一标一考核”日常管理目标。

(苏秀银)

# 物价管理

【概况】 2016年,全市居民消费价格总指数101.7,即物价总水平同比增长1.7%,分别低于全国、全省和南通0.3、0.6和0.6个百分点。其中,交通和通信类价格略有下降,其他均有不同程度上涨。

## 2016年如皋市八大类商品及服务价格涨跌构成情况

表61

| 类别 | 同比增长(%) | 对总指数影响(增减百分点) |
|---|---|---|
| 食品烟酒 | 2.7 | 0.79 |

续表61-1

| 类别 | 同比增长(%) | 对总指数影响(增减百分点) |
|---|---|---|
| 衣着 | 1.5 | 0.1 |
| 居住 | 1.0 | 0.2 |
| 生活用品及服务 | 1.8 | 0.11 |
| 交通和通信 | -0.7 | -0.1 |
| 教育文化和娱乐 | 0.8 | 0.1 |
| 医疗保健 | 5.0 | 0.43 |
| 其他用品和服务 | 2.0 | 0.05 |

【价格调控】 年内,市物价局围绕贯彻省物价局《关于印发开展“平价商店规范年”活动实施方案的通知》,制订《如皋市物价局关于开展“农副产品平价商店规范年”活动实施方案》,运用价格调节基金17.86万元,用于全市38家平价商店购买电视、监控、软件,实现线上监控全覆盖。全年上报各类监测数据1170条、动态信息68篇,被国务院办公厅录用1篇,省级及南通物价部门录用63篇。发挥全市23个价格监测点作用,做好全市粮食、副食品、农业生产资料、生猪(仔猪)、苗木等重要商品价格监测日报、周报和月报工作,确保各类数据采集、汇总及时准确上报,无迟报漏报错报现象发生。

【价格管理】 年内,市物价局根据省物价局、省环保厅《关于根据环保信用评价等级试行差别电价有关问题的通知》精神,依照《企业环境信用评价办法(试行)》规定,配合市环保局组织实施企业环保信用评价,对环保信用评价结果等级定为红色、黑色的部分高污染企业试行差别电价政策,用电价格在现行价格基础上每千瓦时分别加价0.05元和0.10元。根据省物价局《关于明确电动汽车充换电设施用电价格和服务价格的通知》和《江苏省定价目录》规定,出台《关于电动汽车充电服务价格的通知》,对全市电动汽车充电服务价格进行定价,最高结算价格为1.07元/千瓦时,下浮不限。落实《市政府关于降低实体经济企业成本的实施意见》文件要求(2015年6月1日起,非居民用管道天然气最高销售价格由原4.35元/立方米调整为4.20元/立方米;工商业用天然气到户价格由原4.2元/立方米调降为3.48元/立方米,下浮不限,工业用气价格从11月20日抄表量执行,商业用气价格从12月15日抄表量执行;车用天然气由原4.60元/立方米调降为3.88元/立方米,下浮不限,从12月15日零时执行),降低非民用管道天然气价格,减轻用气企业成本压力。根据《市政府办公室关于调整自来水价格的通知》文件精神,从9月1日起调整自来水价格,实施居民阶梯水价政策,调整后居民生活用水价格为3.00元/立方米,生产用水价格为4.93元/立方米,特种用水价格为5.98元/立方米。

**【收费管理】** 年内,市物价局开展2009—2016年省、南通市清费降本减负相关政策落实情况清查。经统计,2009—2016年,全市28个部门清费降本减负总额12863.57万元,其中减轻涉企收费负担11313.71万元,减轻涉民收费负担1493.49万元,减轻其他收费负担56.37万元。严格落实国家明令取消、停征和减免收费项目规定,落实好对小微企业、养老医疗服务业等减免收费优惠政策。全年放开经营服务性收费35项,取消、降低、免征行政事业性和经营服务性收费项目24个。2016年秋季新学期起,上调全市公办幼儿园保育教育费收费标准。制定江安镇黄市幼儿园等6家普惠性民办幼儿园收费标准。加强收费监管信息化建设,动态调整并公布行政事业性收费项目目录。进一步清理规范涉房收费,动态公布涉房收费项目目录。发挥价格收费管理政策在促进房地产"去库存"中作用,以人防、建设等涉房行业为重点,进一步清理涉房收费。进一步清理行政审批中介服务项目和收费项目,全年清理规范行政审批中介服务事项44项,其中涉政府定价事项10项。开展景区门票价格专项整治工作,实行辖区内市民免费开放日优惠政策。清理涉企经营服务性收费,推动企业减负工作。贯彻落实《江苏省律师服务收费管理办法》,规范律师服务收费行为。加强养老服务收费监管,规范收费行为。将城区公交由分段票制调整为一票制。开展试点公立医院医疗服务价格动态考核评估。

**【成本监审】** 年内,市物价局为规范和加强对农产品成本调查补助资金使用管理,提高资金使用效益,在全国基层县市中率先出台《农产品成本调查补助资金使用实施细则》。制定《如皋市农产品成本调查工作考核评比暂行办法》,进一步提升农产品成本调查工作质量,增强农调户工作责任心,推动农产品成本调查工作深入开展。如皋市被省物价局列入手机软件上报试点县市。序时完成2015年度小麦、粳稻、生猪、桑蚕茧等调查品种成本数据审核汇总上报。对城市供水进行成本监审,开展乡镇水厂成本调查工作,对区域供水二期工程进行成本测算。对全市公办幼儿园保育教育成本全面实施成本监审,与南通市物价局共同完成辖区内机动车安检机构检验定价成本监审、殡仪馆专用车辆遗体接运服务收费成本监审。全年通过成本监审核减10248.27万元,核减率29.51%。

**【价格监督】** 年内,市物价局强化节日市场价格监管。小长假期间,开展对主副食品市场、应节商品、旅游景点、停车等重点领域价格行为专项检查,出动检查人员160人次,发出检查通知书92份,发放政策提醒函150余份,召开约谈会3次,有效防范旅游及下游配套行业"天价事件"发生。强化涉企收费监管,重点检查市港口局、旅游局、民政局、交通局、航道管理站、地方海事处6家单位。开展价格诚信创建活动,按照控制数量、提高质量、树立典型原则,培育省级价格诚信单位3家。完善"12358"价格举报管理系统建设,全年受理各类举报61件、咨询件208件,办理市长公开电话32件,通过举报查处案件2件,实施经济制裁12353.57元,其中,罚款10000元,退还消费者2353.57元。4月、11月,组织开展商品房销售明码标价专项检查,重点对在售商品房明码标价、销售房源公布、"一套一标"执行、标价信息规范性和完整性等全方位检查。5月,根据《关于开展机动车安全技术检验收费专项检查的通知》要求,对5家机动车安全技术检验机构进行检查。6—10月,组织2个检查组、检查人员40人次,专项检查2家药品生产企业、42家药店和14家医疗机构药品价格。

【价格认定】 年内,市物价局通过个人自查、组织专题学习、上廉政党课等形式开展价格认定法治建设年活动,排查业务岗位风险点6条。加大与市公安、人民检察院、城管、市场监管、农业执法等部门沟通、协调力度,开展涉案、涉税价格认定工作。全年完成刑事涉案价格认定435件,金额516万元;行政执法价格认定26件,金额648.9万元。涉税财物价格认定252件,金额15.2亿元。开启存量房税基价格调整新模式,首次采用“专业机构评估+价格认定+地税核定”新模式,完成存量房税基价格调整23起。

【平价商店建设】 全市现有平价商店38家,其中省级18家、南通市级20家。年内,各平价商店销售平价农副产品1076万千克,销售总额5256万元,市民节约支出1029万元,受益68万人次。年内,市物价局、财政局联合下发《如皋市农副产品平价商店考核奖励办法(试行)》,促进平价商店提档升级,提高惠民效果。出台《如皋市物价局关于开展“农副产品平价商店规范年”活动实施方案》,对全市各平价商店安装电子显示屏、摄像头、掌上终端等视频监管电子化设备,实现平价商店远程监管和数据传输自动化、智能化。实现全市统一监管平台、统一考核标准,促进平价商店管理进一步提质增效。

(曹小健　周小宏)

## 如皋市区域供水自来水价格(农村)构成一览

表62　　单位:元/立方米

| 分类 | | 代收费用 | | | 到户价 |
|---|---|---|---|---|---|
| | | 污水处理费 | 水资源费 | 水利工程水费 | |
| 居民生活用水阶梯水价 | 第一阶梯(年用水量≤200立方米) | 0.60 | — | 0.04 | 3.00 |
| | 第二阶梯(200立方米≥年用水量≥300立方米) | 0.60 | — | 0.04 | 3.88 |
| | 第三阶梯(年用水量300立方米以上) | 0.60 | — | 0.04 | 6.52 |
| 非居民生活用水 | 学校、幼儿园、福利院、养老院、敬老院、宗教场所、机关事业单位、部队、医院、社区服务设施、居民住宅小区共用设施、环卫消防绿化等市政设施用水等 | 0.60 | 0.20 | 0.04 | 3.04 |
| 生产用水 | | 1.56 | 0.20 | 0.04 | 4.93 |
| 特种用水 | | 1.74 | 0.20 | 0.04 | 5.98 |

## 如皋市区域供水自来水价格(城区)构成一览

表63　　单位:元/立方米

| 分类 | | 水价组成 | | | | 到户价 |
|---|---|---|---|---|---|---|
| | | 基本水价 | 污水处理费 | 水资源费 | 水利工程水费 | |
| 居民生活用水阶梯水 | 第一阶梯(年用水量≤200立方米) | 1.76 | 1.00 | 0.20 | 0.04 | 3.00 |
| | 第二阶梯(200立方米>年用水量≤300立方米) | 2.64 | 1.00 | 0.20 | 0.04 | 3.88 |
| | 第三阶梯(年用水量>300立方米) | 5.28 | 1.00 | 0.20 | 0.04 | 6.52 |
| 非居民生活用水 | 学校、幼儿园、福利院、养老院、敬老院、宗教场所、机关事业单位、部队、医院、社区服务设施、居民住宅小区共用设施、环卫消防绿化等市政设施用水等 | 1.80 | 1.00 | 0.20 | 0.04 | 3.04 |
| 生产用水 | | 3.13 | 1.56 | 0.20 | 0.04 | 4.93 |
| 特种用水 | | 4.00 | 1.74 | 0.20 | 0.04 | 5.98 |

## 如皋市电网销售电价情况

表64 单位:元/千瓦时

| 用电分类 | | | 电度电价 | | | | | | 基本电价 | |
|---|---|---|---|---|---|---|---|---|---|---|
| | | | 不满1千伏 | 1—10千伏 | 20—35千伏 | 35—110千伏 | 110千伏 | 220千伏及以上 | 最大需量(元/千瓦·月) | 变压器容量(元/千伏安·月) |
| 一、居民生活用电 | 阶梯电价 | 年用电量≤2760千瓦时 | 0.5283 | 0.5183 | — | — | — | — | — | — |
| | | 2760千瓦时<年用电量≤4800千瓦时 | 0.5783 | 0.5683 | — | — | — | — | — | — |
| | | 年用电量>4800千瓦时 | 0.8283 | 0.8183 | — | — | — | — | — | — |
| | 其他居民生活用电 | | 0.5483 | 0.5383 | — | — | — | — | — | — |
| 二、一般工商业及其他用电 | | | 0.8439 | 0.8289 | 0.8229 | 0.8139 | — | — | — | — |
| 其中:1.限制类高耗能生产用电 | | | 0.9439 | 0.9289 | 0.9229 | 0.9139 | — | — | — | — |
| 2.淘汰类高耗能生产用电 | | | 1.1439 | 1.1289 | 1.1229 | 1.1139 | — | — | — | — |
| 三、大工业用电 | | | — | 0.6601 | 0.6541 | 0.6451 | 0.6301 | 0.6151 | 40 | 30 |
| 其中:1.限制类高耗能生产用电 | | | — | 0.7601 | 0.7541 | 0.7451 | 0.7301 | 0.7151 | 40 | 30 |
| 2.淘汰类高耗能生产用电 | | | — | 0.9601 | 0.9541 | 0.9451 | 0.9301 | 0.9151 | 40 | 30 |
| 四、农业生产用电 | | | 0.5090 | 0.4990 | 0.4930 | 0.4840 | — | — | — | — |

## 如皋市管道天然气价格情况

表65

| 类别 | 阶梯(户籍人口4人为基数) | 年用气量(立方米) | 销售价格(元/立方米) | 类别 | 阶梯(户籍人口4人为基数) | 年用气量(立方米) | 销售价格(元/立方米) |
|---|---|---|---|---|---|---|---|
| 居民生活用气 | 第一阶梯 | 0—300(含) | 2.40 | 居民生活用气 | 第三阶梯 | 600以上 | 3.60 |
| | 第二阶梯 | 300—600(含) | 2.88 | 工商业用气 | — | — | 3.48 |

# 市场监督管理

【概况】 市市场监督管理局下设分局14个和综合指挥中心,内设13个科室和纪检监察室,挂靠市政府直属单位1个(市综合检验检测中心)。2016年,全系统管辖各类市场主体93736户,其中,食品生产经营单位11555家,药械妆生产经营单位3099家,医院、诊所及医务室200家,特种设备使用单位2538家,监管电梯、压力容器、大型游乐设施等各类特种设备16385台(件)。

【食品安全监管】 年内,市市场监督管理局加强学校食堂、农家宴、肉制品和酒类产品生产企业监管。开展农村食品安全“扫雷”行动,立案9起,依法取缔无证照生

市市场监管人员检查食品生产企业　（市市场监督管理局供稿）

产经营单位2个。制定《食品小作坊登记管理办法和准入目录》，开展卤菜、豆制品、糕点等小作坊综合整治，抽检卤菜、农产品651个批次，检测不合格产品均立案查处。重视食用农产品监管，与市农委建立联合监管衔接机制，以西皋、城北市场为试点建立追溯体系，设立便民快检中心，免费向市民开放。开展节日食品、肉制品、校园及周边食品安全等8个专项整治活动，下达责令改正通知书458份，立案查处173起，依法向公安机关移送案件6起，追究刑事责任8人。召开全市食品安全工作会议，专题部署食品安全城市创建工作。对全市生产企业负责人集中培训，督促企业落实主体责任。在"食品安全宣传周"举办启动仪式、走访、现场咨询、媒体宣传等系列活动，构建食品安全共治网络。

【药品、医疗器械监管】　年内，市市场监督管理局建立完善药械妆市场主体台账1775户，按一户一档要求建立监管档案，包括主体证照资料、监管记录、信用记录、处罚文书等。制订日常监管计划，明确监管企业名单、检查频次、事项和内容，统一各类检查登记表和统计表格报表资料。组织业务培训4场，参训人员585人次，初步建立包括药品GSP认证人员和医疗器械内审员的专业监管队伍。扎实推进药品零售企业GSP认证，年内获认证药店26家。推进三类医疗器械经营企业建立和完善信息管理系统，年内安装试用信息管理系统120家。突出信用评价，将信用评定由原来零售药店拓展到药械妆经营、使用单位全覆盖，将日常监督检查与信用评定有机结合、同步实施，促进信用监管简化高效。强化事中事后监管，对381家药械行政审批事项实施后续监管。全年出动监管人员5370人次，检查药械妆单位2685家次，组织开展注射用透明质酸钠、疫苗、药品医疗器械风险防控检查等专项检查14项，飞行检查零售药店27家，下发整改通知书1172份，提出检查意见5840条，办理药械妆案件89件。上报评价药品不良反应报告2251份、医疗器械不良事件报告474份。

【质量管理与监督】　年内，市质量强市工作领导小组办公室推动出台《如皋市贯彻实施〈质量发展纲要〉2016年行动计划》，下发《2016年度如皋市质量强市工作目标任务分解表》。开展"南通制造质量2025"先进质量管理技术和方法推广孵化公益活动，鼓励引导企业落实质量主体责任，不断提升管理质量，助推企业快速发展。双钱集团（江苏）轮胎有限公司获评省质量信用AAA级企业。百川化工（如皋）有限公司、江苏华灿电讯股份有限公司、江苏思源赫兹互感器有限公司、汤始建华建材（南通）有限公司、江苏天南电力器材有限公司、江苏九鼎新材料股份有限公司、上海制皂（集团）如皋有限公司、江苏隆昌化工有限公司、南通荣威娱乐用品有限公司、如高高压电器有限公司、南通思瑞机器制造有限公司、江苏长寿集团股份有限公司、南通白蒲黄酒有限公司13家企业的13个产品获评江苏名牌产品，德源（中国）高科有限公司等39家企业39个产品获评南通名牌产品。双钱集团（江苏）轮胎有限公司、江苏万达特种轴承有限公司、江苏思源赫兹互感器有限公司等10家企业获评南通市质量标兵企业。德源（中国）高科有限公司等5家企业获评南通市现场管理良好行为企业。组织开展QC小组成果发布赛，推荐优秀课题参加南通市质监局组织的QC小组发布赛，获一等奖1个、三等奖2个。组织开展市长质量奖评审活动，江苏万达特种轴承有限公司获评如皋市市长质量奖。全年抽检9个品种544个批次产品、商品质量，完成省工商局下达的流通领域商品12个品种199个批次抽检任务，立案查处不合格商品39个批次。

【标准化建设】　年内，市市场监督管理局指导3家企业参与制定国际标准4项、4家企业主导制定国家标准8项、11家企业主导制定行业标准16项、38家通过标准化良好行为企业确认。监督检查全市范围内868家规模工业企业标准实施情况。实施企业产品标准备案制度改革,全市企业标准自我公开声明406项。南通思瑞机器制造有限公司、市包装食品机械有限公司分别获批组建全国轻工机械标委会制革机械标准化工作组、全国机械安全标委会食品机械安全卫生标准化工作组,实现如皋标准化专业技术机构建设零突破。江苏力星通用钢球股份有限公司获批筹建全国滚动轴承标委会滚动体分委会。百川化工(如皋)有限公司、南通力威机械有限公司分别获批筹建全国化学标委会有机化工分委会多元醇工作组、全国船用机械标委会甲板机械和机舱辅机分委会辅助船用绞车工作组。指导江苏祥源电气设备有限公司制定的"±800千伏直流棒形悬式复合绝缘子"企业标准获评中国标准创新贡献奖。组织申报如皋第一个国家地理标志保护产品——如皋黄酒,通过国家质检总局公示。11月,如皋市启动全国县级标准化综合改革试点工作。

【计量管理】 年内,市市场监督管理局深化诚信计量工作,对2010年后培育的省级诚信计量示范单位开展"回头看"监管,涉全市26家单位,其中集贸市场4家、加油站2家、餐饮业5家、商店5家、医院5家、眼镜店5家。推荐5家单位申报省计量诚信示范单位,均一次性通过省质监局核查。推进民生计量管理。全年免费检定26个集贸市场在用衡器2055台,受检率100%,检定合格率100%;检定全市222家乡镇医院、村卫生室、生育指导站、福利院在用医疗计量器具1134台(件)。加强商品计量监管工作。以春节、五一、中秋、国庆为节点,对辖区内生产经营企业计量行为进行监督检查,在南通市质监局下达的任务基础上,增加抽检批次和对象,做到全市全覆盖,累计检查828批次,检验381批次,合格批次365批次,不合格批次16批次,合格率95.8%。在全市范围内开展规模工业企业在用强检计量器具监督检查,督促企业依法管理、使用、检定强检计量器具,涉全市868家规模以上工业企业,初步建立企业强检计量器具台账,对不符合规定问题,责令企业限期整改。

【特种设备安全监察】 年内,市市场监督管理局召开全市及乡镇特种设备安全管理会议3次,组织电梯安全进社区活动2期,与全市2538家特种设备使用单位签订安全责任承诺书,强化企业安全主体责任。组织开展小锅炉、压力管道、码头起重机械、电梯、场内机动车和气瓶6项专项整治,检查特种设备使用单位478家,下发整改建议895条,立案查处45件。全市5409台电梯全部粘贴维保信息公示卡和"96333"(电梯应急处置服务平台电话)安全警示牌,电梯贴牌覆盖率100%。推广电梯责任保险,投保率超过50%。开展电梯、大型游乐设施应急救援演练40场次,化工企业压力容器、压力管道泄漏应急救援演练14场次,提高企业安全意识和事故处置能力,确保特种设备安全运行。

【个体、私企及外企监管】 年内,市市场监督管理局推进市场主体有序开展年报公示工作。2015年度应年报市场主体87625户,实际年报84175户,年报率96.1%。及时做好上年度3731户列入和移出经营异常名录市场主体书式资料整理、归档、造册、移交。将年内2735户未按期年报企业、112户查无下落企业列入经营异常名录,将344户补报年报企业、10户重新取得联系企业移出经营异常名录。组织定向和不定向抽查企业年报公示信息、即时公示信息、商品交易市场主体、农资经营主体4

特种设备应急处置演练现场　　(市市场监督管理局供稿)

次，被抽查主体641户，抽查率100%。开展无照经营专项整治，排查经营户7917户，发现无照户1025户，动员领照924户，涉前置抄告112户，立案查处41起。

【市场培育与监管】 年内，市市场监督管理局实现网络监管系统——江苏省网络交易监测中心和江苏省电子商务企业信用信息公示服务网系统上线运行，通过网络交易监管系统对全市1340家网站逐个进行数据比对，将650家虚假网站转入淘汰库。推进企业申领“工商网监”电子标识，465家电子商务企业申领工商网监电子标识，通过408家，成功标识343家。开展网络市场监管专项行动：对违法网站责令改正32起；发现网络案件线索25起，其中立案查处9起，办结8起，罚没款23万元。配合市文明办、城管局等部门和各街道，做好城市建成区卫生精细化管理及道路分级管理检查考核；开展城区集贸市场“僵尸车”清理整治工作，排查清理僵尸车109辆。开展文明城市创建活动，做好城区15家集贸市场创建点位督察。全年处理数字化城管交督办件26件。开展诚信经营创建活动，将66家诚信企业单位法定代表人列为候选人，在全市开展“十佳”诚信企业之星网上推选活动。推进“千家诚信企业”“万家诚信经营示范店”创建活动，创建诚信企业60家、诚信经营示范店570家。继续推进文明诚信经营示范街和市场创建活动，对中山路、广福路示范街符合条件的文明诚信星级户进行升级，19家参创商户提升为三星级，6家三星级商户提升为四星级，8家四星级商户提升为五星级。

【商标管理】 年内，市市场监督管理局加强品牌宣传培训，开展“4·26”知识产权日大润发广场宣传活动，发放宣传资料100多份。组织80家企业和个人参加南通市工商局举办的迎接知识产权日商标法律知识竞赛活动。推动品牌培育发展，全年新注册商标1086件；中国驰名商标申请1件，省著名商标申请9件、到期复评15件，南通知名商标申请12件，国家地理标志证明商标申请1件；注册国际商标4件。至年末，全市拥有注册商标6121件，其中，中国驰名商标5件、省著名商标48件、南通知名商标117件、国家地理标志证明商标5件，国际注册商标20件。强化品牌保护工作，将全市商标印制、商标使用、商标代理三类企业列入重点监管抽查范围，全年检查企业78家，立案查处涉嫌侵权行为企业6家。

【广告管理】 年内，市市场监督管理局开展户外广告日常巡察工作，全年出动检查人员736人次，检查各类广告524条次，立案查处涉嫌违法广告18起。强化媒体广告实时监测，对如皋广播电视台等4个媒体频道进行监测，监测各类媒体广告654条次，对43条涉嫌违法广告责令限期整改。加强对投资、理财类广告监管，全年排查清理投资理财类广告90余条，收缴传单广告近22万份，拆除、清理不规范投资理财类门头广告牌7处、户外广告9处、霓虹灯5处、流动字幕6处。在全面排查清理基础上，跟踪督察互联网金融重点企业36家。

【合同管理】 年内，市市场监督管理局受理拍卖合同备案登记24份，合同委托金额8529.57万元。办理动产抵押登记165件，注销95件，变更6件，协助法院执行7件。办理股权出质设立登记43件，注销登记28件。组织开展“守合同重信用”企业创建活动，推荐上报国家级“守合同重信用”企业，完成2014—2015国家级“守合同重信用”企业继续申报和新申报工作，推荐符合条件的6家新申报企业、7家继续申报企业申报国家级证书。推荐35家企业申报南通市级“守合同重信用”单位，认证公示33家。做好原AAA级“守合同重信用”企业复查工作。

【市场监管稽查执法】 年内，市市场监督管理局以关注民生和促进发展为重点，部署开展打击侵犯知识产权和制售假冒伪劣商品、食品药品专项打假、红盾护农、质监利剑等专项执法行动。立案查处一般程序案件814件，罚没入库1277万元，其中罚没100万元以上案件1件、30万元—50万元案件4件、10万元—30万元案件17件。查处违反食品安全管理案件141件、违反产品质量管理案件138件、无照经营案件114件、违反特种设备安全管理案件61件、“四品一械”（药品、餐饮食品、保健食品、化妆品、医疗器械）违法案件85件、商标侵权案件45件、广告违法案件21件、不正当竞争案件9件。受理投诉举报1271件，其中转立案查处96件，按期办结率100%，满意率98.3%。

【消费者权益保护】 年内，市消费者协会及所属分会累计接受消费者咨询23623人次，受理调解消费纠纷624件，为消费者挽回经济损

消费维权新闻发布会现场　　（市市场监督管理局供稿）

失340万元。“3•15”期间，牵头15家行政机关和部分企事业单位及消协基层分会，在市区和各镇区主要公共场所，围绕“新消费我做主”主题，组织策划新闻发布会、走进电台“政风热线”、广场咨询等系列活动。以汽车消费、通信服务两大行业为重点，针对购买汽车强制保险、通信服务强制消费、格式合同不规范等侵权热点问题，组织暗访和点评曝光，警示广大消费者注意防范和抵制，责成经营者改正。

【检验检测】　2015年5月，根据《如皋市人民政府关于组建如皋市综合检验检测中心的通知》(皋政发〔2015〕53号)，原市质检所、计量所、农产品检测中心和粮油检测中心4家单位合并，组建市综合检验检测中心。市综合检验检测中心为市政府直属副科级全额拨款事业单位，设事业编制52个。4月5日，市综合检验检测中心获检验检测机构资质认定证书，获批计量认证项目为296个产品及397个参数，成为全省首家通过实验室资质认定并获得证书的县级综合检验检测机构。年内，市综合检验检测中心通过职能、设施和人员3项整合，实现检验检测人员、仪器设备、基础设施统一高效利用，提高检验检测工作科学水平和综合效能。全年检定、校准各项计量器具9215台(件)，出具计量检定证书3862份、质量检验报告596份。

（张　悦　胡　俊）

## 安全生产监督管理

【安全责任体系】　2016年，市安监局不断优化考核体系，调整完善安全生产目标管理责任制，细化部门工作考核标准。研究制定《2016年安全生产目标管理考核办法》，安排专项经费奖励安全生产先进集体和个人。不断强化“党政同责、一岗双责、失职追责”责任体系，全面落实安全生产工作党政“一把手”负全面领导责任、分管安全生产工作负责人负综合监管责任、其他领导负直接领导责任总要求。不断落实企业主体责任，将企业主要负责人安全生产履职情况作为事前执法必查内容，进一步强化企业主要负责人履职意识。推进企业安全生产责任体系建设，建立健全企业全员、全过程、全天候安全生产责任体系。形成齐抓共管局面，充分发挥市安委会综合协调职能，不断强化整体联动机制，及时协调、解决重大事故隐患整改等重点、难点问题。

【监管监察】　年内，市安监局组织对38家一般化工企业开展制度化检查，组织对55家危险化学品生产企业和124家危险化学品经营单位进行执法检查，下发整改指令书37份，实施行政处罚3家。组织对液氨制冷企业和涉粉尘企业进行监督执法检查行动，下发整改指令书127份，责令停产整改企业12家，实施行政处罚企业13家。组织开展集中式执法检查活动，以镇(区、街道)为单元，牵头相关部门组成联合安全生产执法检查组，于每月集中时间对所辖区域生产经营单位进行集中式安全生产执法检查行动，执法检查173家，检查出隐患415条，立案查处非法违法企业70家。

【隐患整治】　年内，市安监局组织开展检查督察活动。春节、国庆等重要节日和“两会”等重点时段，重点督察重大挂牌事故隐患、重点工程、重点部门、重点镇(区、街道)。按照管行业必须管安全、管业务必须管安全和属地监管要求，各专项整治牵头部门、各镇(区、街道)分别组织相关执法人员，对管辖范围内企事业单位安全生产工作开展执法检查活动。组织开展重大事故隐患挂牌、整改、验收和销号工作。严格执行《南通市生产经营重大事故隐患排查行政责任追究规定》，建立健全安全生产事故隐患排查长效机制，进一步强化企业安全生产事故隐患排查整改主体责任。对36个重大事故隐患实行市政府挂牌督改，对5个重大事故隐患实行南通市政府挂牌督改，年内全部整改销号。针对安全生产工作薄弱环节和突出问题，按照依法整顿、综合治理、巩固提高、讲求实效原则，深入开展道路交通、长江渔业、水上交通、危险化学品、建筑工程、人员密集场所(含消防)、特种设备、职业危害、烟花爆竹、旅游、校车、餐饮场所燃气安全、液氨制冷、涉爆粉尘、“三合一”场所(加工或生产、仓储、经营场所设置在同一建筑内的多合一场所)等专项整治项目15个，进一步提升重点行业领域整体安全保障能力。根据南通市安委会统一部署，组织推进安全生产大检查活动，消除涉消防安全、建筑施工和危险化学品事故隐患，重点行业领域安全状况得到明显改善。

【基层安监所标准化建设】 年内，市安监局全面推进基层安监所标准化建设。组织全市安监干部到常熟理工学院参加安监干部能力素质提升班，提升安监队伍理论水平和工作能力。年内，按照“强基层、夯基础、重实效”要求，全市13个镇(区、街道)安监所(局)通过省安监局基层安监机构能力建设验收，通过验收率居南通各市县(区)首位。14个镇(区、街道)安监机构全部实现单独设置，配备具有安全执法资格基层安监人员118人。

【安全生产宣教培训】 年内，市安监局贯彻落实习近平总书记对安全生产工作一系列重要讲话精神，结合2016年安全生产宣传教育重点，借助于市广播电台、电视台、《如皋日报》等主媒体，开辟“领导谈安全”“安全生产访谈”“听如皋安全生产”等专栏，宣传《中华人民共和国安全生产法》《中共中央、国务院关于推进安全生产领域改革发展的意见》和《江苏省安全生产条例》。围绕“强化安全发展观念，提升全民安全素质”主题，组织开展全国第15个安全生产月活动，进一步普及企业职工安全常识，增强广大群众安全法治意识。继续深化“4·16”安全生产事故警示教育日活动，牢记教训，警钟长鸣。加大安全文化建设示范企业培育创建力度，4家企业通过南通市级安全文化示范企业创建验收，1家企业通过省级安全文化示范企业创建验收。深入开展安全生产培训工作，全年培训企业主要负责人、安全管理人员等8683人，培训特种作业人员2287人。协调、督导企业有计划推进“三级”教育(入厂教育、车间教育和班组教育)培训工作，全市参加“三级”教育培训人员12万人。

(李洁华)

## 住房公积金管理

【概况】 2016年年末，全市累计建立住房公积金制度单位2079个，开户职工100456人，已建单位数和已建人数均居六县(市、区)第1位。年内，南通市住房公积金管理中心如皋管理部(简称“如皋住房公积金管理中心”)被评为全省住房公积金管理先进管理部，被评为省巾帼文明示范岗、省青年文明号、南通市文明单位。

【住房公积金归集】 年内，全市新增住房公积金开户单位187家，新增14348人，新开户单位数和新建人数均位居南通六县(市、区)第2位。全年归集住房公积金9.77亿元，归集总额56.46亿元，归集余额25.70亿元，3项指标均居南通六县(市)第1位。

【住房公积金贷款】 年内，如皋住房公积金管理中心为2525户职工发放个人贷款8.68亿元，同比分别增长32.13%和41.14%。至年末，贷款总额44.02亿元，贷款余额26.57亿元。当年贷款发放户数、贷款发放额和贷款总额、贷款余额均居南通六县(市、区)第1位。

【住房公积金新政】 年内，如皋住房公积金管理中心适应去库存、控房价、稳市场新要求，出台公积金贷款政策，规范父母子女公积金互用行为、异地购房贷款业务等公积金贷款行为；停止执行一次性缴存6个月即可申请贷款规定；取消贷款公证环节，取消贷款人抵押登记费用，减轻贷款人负担。

【廉租房建设补充资金】 年内，如皋住房公积金管理中心上缴财政廉租房建设补充资金1205.25万元，累计上缴财政廉租房建设补充资金9245.31万元。

(朱宇翔)

## 城乡规划

【城市规划】 2016年,市规划局完成城市总体规划修改,提交省政府批准。完成《"十三五"城市近期建设规划》《城市人口导入规划》,报市政府审批。启动"三规合一"下城镇体系规划、城市片区色彩规划编制。开展新城规划研究,围绕"五年愿景、三年规划、一年行动"目标,完善新城区功能提升、城市综合交通、城市道路绿线、中央商务区城市交通影响评价、中央商务区城市设计提升及龙游河北延、宏坝河、宝塔河等水系连通方案。完成城市地下管线基础信息普查,搭建信息系统平台,该平台于12月24日通过省级验收。4月27日,如皋市历史文化名城保护经验在全省规划局局长座谈会上交流。6月,《江苏城市规划》杂志刊载《如皋:留下历史基因,提升城市气质》。8月,《如皋历史文化名城保护规划(2015—2030)》获省政府批准。该规划明确如皋历史城区保护范围为外城河围合区域,面积172.68公顷;历史街区东大街和武庙保护范围面积分别为4.11公顷和3.2公顷。12月,东大街、武庙历史文化街区保护规划通过专家论证。

【村镇规划】 年内,丁堰、东陈、九华、吴窑4个镇总体规划通过专家评审,下原镇完成总体规划初步成果,长江镇总体规划在完善中。白蒲、九华、东陈3镇在总规划指导下启动控制性详细规划编制。加强村镇规划管理人员业务培训和面对面技术交流,规范村镇规划、建设行为。11月,《白蒲镇总体规划(2016—2030)》获省政府批复同意实施。11月17日,南通市村镇规划管理工作座谈会在如皋召开,南通六县(市、区)规划局、住房城乡建设局分管负责人、业务科室负责人及5家规划设计单位负责人参加会议。

【规划管理】 年内,市规划局执行《中华人民共和国城乡规划法》《江苏省城乡规划条例》,严格建设项目开工前验线、规划巡察、竣工规划核实制度。全年对59个新开工项目192栋建筑物实施开工前规划验线,对25个项目79栋建筑物实施正负零复验,对20个项目124栋建筑物实施主体封顶复验,对65个项目实施竣工规划核实。实行规划区域专人负责制,通过每周巡回检查,批后跟踪管理项目210个。全年下达整改文书28份,约谈55人次,建设单位主动整改、消除违法建设19起,移交市城管局查处违章建设行为13起。规范经营性用地容积率管理,全年审核32个重点工业项目设计方案,出具规划设计要点146份、规划红线263份、建设项目选址意见64份、建设用地规划许可意见100份、建设工程规划许可意见485份,办理规划核实408份。推行重大工业项目容缺预审,先后为青年赛麟、荣威塑胶、杭萧钢构、华灿电讯等重大项目办理容缺预审,为91个工业项目补办工程规划许可。坚持阳光规划,全年实施规划批前公示183次,召开规划听证会6次,200多人参与听证。6月,"如皋规划"微信平台正式上线。

(卢德美)

## 城市建设

【概况】 2016年,如皋市在中心城区完成基础设施投入7亿元,在长江以北县级市中率先创成江苏人居环境奖,跻身全省首批海绵城市建设省级试点城市。《中国建设报》先后以《如皋迈上生态节水新高地》《建设海绵城市，打造宜居皋城》为题，报道如皋市城市建设新成效。

**【配套设施建设】** 年末，市区道路面积712万平方米，比上年新增18万平方米；排水管道676千米，比上年新增21千米；污水处理厂3个；垃圾处理站4个，比上年新增2个。公共自行车投放点66处，投放自行车1700辆，比上年新增100辆。年内，市城乡住房建设局实施惠隆路、育贤路、宏坝社区路改造工程，新建133号拆迁地块区间路。实施解放路北侧管网、海阳北路排水改造工程，重点实施皋南河、幸福河、中央商务区河道整治工程，累计完成河道整治2600米。对海阳路与惠政路实施渠化改造，完成紫光路与惠政路渠化隐蔽工程施工。全年整修坑塘、龟裂问题路面3.4万平方米，维修人行道1240平方米，出新道路标线1.3万米，管网清淤2.4万米。污水处理率90%，其中污水集中处理率90%。

**【建设档案管理】** 市城建档案馆馆藏档案总量4.5万卷。年内，累计接收房屋建筑工程档案3300多卷、市政园林工程100多卷，标准化整理各类档案4300多卷。全年接待城市建设、工程备案、房产办理、资质年审、司法部门取证、房屋维修等咨询、查档者300多人次，提供案卷800多卷次，出具建筑工程档案接收证明424份。全市新增省特级村镇建设档案室4个，实现村镇建设档案室特级目标管理市域全覆盖。

**【园林绿化】** 年末，建成区绿化覆盖面积1679公顷，比上年新增55公顷，绿化覆盖率43.67%。绿地面积2251公顷，比上年新增728公顷；公园绿地面积550公顷，与上年持平。年内，市城乡住房建设局新建通城桥东侧“海绵型”生态停车场，建成面积5000平方米，通过渗、滞、蓄、净、用、排等海绵城市建设举措自然渗透排放雨水，周转停放车辆50辆，缓解周边停车压力。完成中央商务区小区四期配套绿化及圃园路南侧街头1万平方米公园绿地建设。完成海阳路与惠政路交叉路口、紫光路与惠政路对接处绿化工程。完成皋南河等河道畅通整治工程配套绿化建设工程。对接指导江中世纪城二期、中南世纪城、金地城邦、御龙湾二期等开发小区高起点高标准实施小区配套园林绿化景观建设。

**【照明建设】** 年末，中心城区有道路灯具3.80万盏，城市亮化率99.0%。年内，市城乡住房建设局完成29号、30号、70号B、133号地(一期)安置房小区道路照明，青云路停车场照明施工，中央商务区四期、新民路、育贤路、桃源路、惠隆路、学府南苑路灯隐蔽工程施工。完成沿东大街、集贤里主要街巷亮化提升，灵威观新建部分亮化照明。完成中心城区桥梁与楼宇亮化监测系统47套。安装龙游河景观信息化控制器8套。推广绿色照明，在中山东路(李渔路至万寿桥)安装LED灯具136套，在解放路安装LED灯具19套；指导配合如皋开发区花城大道LED路灯改造176盏。全年新装和改造路灯450盏，新装路灯控制箱9台，新装路灯、亮化监控108台；维修路灯控制箱465台次，维修亮化控制箱380台次，修复线路故障86次，增加地埋管线9000米，维修各类路灯2796盏，维修亮化景点160多处，确保亮灯率、设施完好率均在98%以上。

**【江苏人居环境奖创建】** 参见P1“如皋市被授予江苏人居环境奖”。

**【海绵城市创建】** 参见P2“如皋市入选全省首批海绵城市建设省级试点城市”。

(孙　颖)

整治后的红星河　　(如城街道供稿)

【如城街道建设】 年内,如城街道完成房产交易税收1.78亿元,同比增长32%。开展依法搬迁,推进搬迁扫尾地块13个,顺利搬迁1021户,完成渤海商交所、中央商务区、国际园艺城等重点地块搬迁任务,全面交付安置房768户。完成红星河、姜桥港、冒庄河等河道整治。钱长村被评为省水美乡村,福寿路被命名为江苏城市管理示范路。完成国家农业科技园区、花木盆景产业园、花木市场及物流贸易园、新农村建设示范园、花木生态观光园"一区四园"建设任务。

(范　越)

【城北街道建设】 年内,城北街道新开工商品房13.2万平方米,竣工22万平方米。全力推进安置房配套建设,加快水电配套和安置交房速度。全年在建安置房全部竣工交房,如意花苑三组团交付28幢、27万平方米,碧桂园东侧交付4幢、3.5万平方米,新王庄三角区交付23幢、9.1万平方米,老油厂交付5幢、8.91万平方米,如意花苑东组团交付7幢、6.84万平方米,总交房面积55.35万平方米,完成年初目标167.2%。完成实验初中一期、二期工程并交付使用,建筑面积21616平方米;三期工程建筑面积6350平方米,通过初验。完成红星美凯龙、中交美庐城和新悦广场等商业综合体宣传包装及海阳北路、益寿路和花市路绿化提标升级改造工程,辖内老小区路管网维护,庆余老小区和康锦苑整体出新等工程。

(陈　鹏)

【城南街道建设】 年内,城南街道实现房产交易税收4183万元,首次突破4000万元,同比增长19.5%。耕地占补平衡复垦入库10.75公顷,城乡建设用地增减挂钩拆旧复垦入库32.34公顷,在全市率先完成市交任务并高质量通过验收,被认定为全市土地复垦"样板示范点"。全年完成搬迁223户,竣工安置房7.4万平方米,新建安置房444套,交房667套。加强文明城市创建,绿化养护提档升级,城市整体形象得到提升。全年累计制作公益广告200多幅、灯杆旗1000多幅,清理"牛皮癣"1100余处。规范店牌35块,清理建筑垃圾28车,新建(修补)围挡(墙)900多米,规范流动摊点51处,出新标识标线18处,规范各类交通标志牌信号灯8处,绿化提升12000平方米。龙游湖游客中心、龙游花苑安置小区、平明110千伏变电所交付使用,党校综合楼、消防站等公共服务项目工程基本竣工,观风路、皋南路、湖心路建成通车。新建提档升级农村道路6千米、通达工程35千米,新建农桥6座,拆坝建桥11座。

(倪　伟)

长江镇综合执法局数字指挥中心内景　　(黄友谊摄)

【如港新城建设】 年内,如皋港区(长江镇)拆迁户全部安置到位,实现零过渡。全年搬迁群众302户,安置1453套,其中对接商品房267套。城乡建设用地增减挂钩127.9公顷,占用耕地补偿52.1公顷。房地产开发开工15万平方米,竣工21万平方米。加快学府御园二期、金水苑、华源山水别墅区等地产项目建设。完成广州路、福州路、福建大道建设。投资800万元实施绿化工程11项,新增绿化面积13.8万平方米。完成广州路、福州路、福建大道、环岛西路路段路灯施工,实现14个安置小区路灯亮化。完成15平方千米范围的电子地图数据采集,整合安装摄像头300个。将市容、交通、治安、环保、建工等职能部门共同纳入数字执法综合指挥中心,搭建网格化监管信息平台,实现数字化、网络化、智能化综合管理。

(陈嘉文)

## 村镇建设

【概况】 2016年,市城乡住房建设局推动白蒲镇蒲东社区、磨头镇新联社区和如城街道贺洋社区3个村(社区)跻身省“美丽乡村”建设示范村;磨头镇天阳社区跻身省级“康居村庄”;石庄镇张杨园社区和如城街道顾庄社区跻身为省级“传统村落保护”村庄;下原镇跻身省级重点及特色镇保护与发展城镇。完成40户农村危房改造等工作。白蒲镇获省小城镇建设人居环境范例奖,被评为省特色旅游名村。

(孙 颖)

【村庄建设管理】 年内,全市新增集居区12个。市委农工办遵循“只画路线图、不设时间表”工作理念,加强村庄建设管理,指导完善集居区配套建设。优选如皋工业园区(如城街道)龙游河村、高新区(城南街道)杨花桥村、如皋开发区(城北街道)平园池村3个村参加南通市级美丽乡村创建,年底通过南通市级验收。

(陈 祥)

【村庄环境整治】 年内,市水务局强化农村环境长效管理,持续开展农村环境长效管护工作,全面启动农村河道整治、农路渠桥涵管护、绿化管护、垃圾收集处理、畜禽粪污治理、秸秆禁烧禁抛、农民违建治理“七位一体”长效管理机制。每月对14个镇(区、街道)332个村居暗访、巡察、考核,月度行程5000千米,月拍摄图片600余张。对全市一、二级河全面实行机械化保洁,保洁长度448.19千米。提高垃圾收运频次,垃圾无害化处置量25.8万吨,做到日产日清,应收尽收。以城北街道、白蒲镇为试点,组织并落实全域农村环境长效管护市场化外包;磨头镇实施分片承包制,为市场化运作打下基础。5月24日,省水利厅公布2015年度全省“水美乡村”建设名单,如皋工业园区(如城街道)、高新区(城南街道)入选省水美乡镇,如皋工业园区(如城街道)贺洋社区、江安镇徐柴村、高新区(城南街道)宋家桥社区、搬经镇鞠桥社区、如皋开发区(城北街道)平园池村、白蒲镇蒲西社区、吴窑镇何柳村、丁堰镇新堰社区、石庄镇永兴社区9个村(社区)被评为省水美村庄。至此,如皋成功创建省水美乡镇4个、省水美村庄20个。

(李 霁)

【农村河道综合整治工程】 参见P75同名条目。

【畜禽粪污综合利用工程】 参见P75同名条目。

【白蒲镇建设】 年内,白蒲镇投入1500多万元对中心街、文昌路两条镇区主干道进行等级提升,同步实施道路雨污水管网及其他管线配套工程、绿化亮化工程。至年末,中心街道路搬迁工作全部结束,正在封闭施工阶段;完成文昌路路面改造工程。全年完成中心街12户、四院地块20户、印池东岸2户和2家企业搬迁。新建拓宽环乡公路、林新路、新蒲西路、陈岱南路等主干道42千米,农村道路密度229千米/百平方千米;新增农村道路列养里程22千米,达到302千米。改造危桥17座。投资170万元打造印池公共绿地广场,完成石拱桥工程,进入绿化及构筑物设计阶段。实施水系畅通和污水管网并网工程,新建仿木桩护坡2000米、提水泵站和排涝闸各1座,完成投资800万元,镇区基本实现水清、坡绿、岸洁、景美。

(张亚丛)

【搬经镇建设】 年内,搬经镇累计投入4300万元,完善城镇基础设施建设。全年招投标项目108项,竣工103项,5项正在施工。全年房产竣工3.9万平方米,其中安置房1.8万平方米,鼎昌家园101—104号、S01号楼全面竣工,完成管网、弱电、道路、绿化等配套建设。全年销售房屋200套,销售面积2.5万平方米,实现房产交易税收300万元。缘龙东路、便民服务中心、搬经北大桥引桥等惠民实事工程投入使用;地税大楼改造、室外配套工程均已竣工;全面完成C地块搬迁扫尾工作。整理拆旧复垦111.07公顷,占补平衡24.07公顷,通过省市县组织的地块面积核定和土壤质量评定验收。城乡建设用地增减挂钩和占补平衡任务验收确认面积总量位居全市第1位。

(宋倩云)

【江安镇建设】 年内,江安镇不断加快城镇建设,实现秀景名豪小区15幢、华锦名城小区3幢建筑主体工程封顶,基本完成装饰装修及配套工程。完成黄市、葛市老镇区路灯及人行道改造工程和镇区主要路段维修和排水管道疏通工程。实施镇区及周边主干道江曲线亮化提升,新增LED路灯150盏。深入开展“环保清风行动”,实施畜禽粪污综合治理,完成44家企业10蒸吨/小时及以下燃煤锅炉淘汰或清洁能源改造任务。

(石建海)

【磨头镇建设】 年内,磨头镇区完成基础设施投入2160万元,基本完成育贤南路、凤鸣路改造等道路工程,完成育贤北路管线路基工程,邓高西路、204国道、皋高线亮化到位。投入330万元,集中对邓高西路、卓吾北路、振兴路等镇区道路及8个镇区广场实施绿化建设和提升。龙栖湾福家商贸综合体、天虹商业广场顺利开业,福源雅居项目开工,金沙城、丽园二期项目有序推进。全年实现房地产交易税580万元。完成城乡增减挂钩面积49.33公顷、占补平衡项目6.53公顷,工矿废弃地复垦6.33公顷。

(谢 橦)

【丁堰镇建设】 年内,丁堰镇稳步提升城镇品质,镇区总体规划(2016—2030)通过市政府审批。同步推进城镇开发和旧镇改造,完成房地产开发4.2万平方米,建成丁西小镇和润泽园精品小区2个,房产销售超额完成全年目标任务。投入600多万元,完善基础设施,新增绿化面积7000多平方米,新修镇区道路9千米,新增"十个优"项目2个。

(顾如兵)

【东陈镇建设】 年内,东陈镇以科学规划引领特色小镇建设,不断加大环境改造力度,统筹推进城乡协调发展。新建府前街、槽坊路、胜利大桥,年内通车;完成雪岸中路路网改造招投标程序,逐步完善镇区雨污水管网布局,完成许庄桥、跃进中桥、友谊桥主体施工,完成乐园大桥改造方案制订。不断完善沈海高速东陈道口周边房地产和服务业格局。翠湖湾二期工程即将交付,左岸洋房一期建成销售,丁香花园建设完成前期审批工作,水绘东陈初步方案通过规划局评审,滨湖小区相关配套全部到位,顺洋文化传媒中心即将封顶,九号温泉进入审批程序。成功申报国家基础设施建设投融资体系改革特色镇,获中央扶持资金3000万元。不断优化人居环境,新增绿化面积25.33公顷,整治河道23条,不断提升居住小区物业管理与服务品质。

(章丽娟)

九华镇镇区一角 (九华镇供稿)

【下原镇建设】 年内,下原镇为策应通皋大道建设,进一步调整镇区总体规划。完成新一轮镇村布局规划、村庄建设规划编制。育贤路、惠原路、惠业路提升工程全面建成通车,同步完善雨污管网、人行道、绿化带等配套工程,成功申报省特色镇基础设施项目。对镇区绿化全面补缺,安装护栏,提升镇区形象品味。富贵园二期、吉祥苑按期竣工并交房,农民进镇购房50套。实现房地产税收360万元,同比增长16.5%。以文明城市创建为契机,加大镇区秩序维护,拆除乱搭乱建,清理乱堆乱放,配齐环卫设施,垃圾日产日清,镇区污水收集处理率100%。成功申报全省首批特色小镇建设项目。

(谢 鹏)

【吴窑镇建设】 年内,吴窑镇小城镇建设总投入2000多万元,实施镇区入口、雨污管网延伸、镇区道路绿化亮化提升等工程,进一步提升镇区形象。强化农村基础设施建设,推进省投项目,新增耕地15公顷。"双整治"工作超额完成市交任务,获市占补平衡一等奖、增减挂钩三等奖。完成移民工程、兴业路东延工程、金盛路提档升级工程并交付使用。督促房地产开发商进一步完善小区道路、绿化、照明、下水、用电等配套设施建设,房产销售回暖,佳鼎新村、阳成房产等小区销售态势良好,全年完成房产交易税收950多万元,完成市交任务270%。开展燃煤锅炉整治、"三整治一化解"工作,全年检查39家单位,督促责任主体整改存在问题,完成环评预审项目14个。镇区污水管网基本实现全覆盖,日均处理污水1051吨,生活污水集中处理率80%以上。

(尤亚敏)

【九华镇建设】 年内,九华镇小城

镇“十个优”创建累计获镇区路网、生态公园、商品房小区、文体中心、安置房小区、工业集中区6个优，居全市榜首。完成镇区基础设施投入600万元。华实路二期、滨河东路、郭李小区配套、兴隆路西延工程全面完成。国家卫生镇创建通过国家级复审考核和明察暗访。

（刘建云）

**【石庄镇建设】** 年内，石庄镇推进新型城镇化建设，完成镇区控制性详规文本编制。全年出让土地2宗、5.74公顷，完成房产交易税收350万元。鸿悦华庭房产项目，临江东苑、临江西苑等安置区配套提升工程推进建设。实施基础设施修缮项目40余个，改造东大街、南大街（北段），对永安路、万福东路实施绿化配套，推进环西路北延工程建设。启动省历史文化名镇创建工作，新增金泰熙典当行、华侨张德成故居、宋代弯砖井、闵氏院士故居、生泰和中药店旧址、石庄汤氏老宅、石庄酱醋厂、日军侵华地堡（石庄子堡）市级文保单位8处，被列为“乡村记忆——南通乡村影像志”文化工程指定拍摄乡镇。不断健全城镇综合管理体制，农村环境“七位一体”长效管理机制得到巩固。

（谭文豪　金浩然）

## 公用事业

**【供电】** 市供电公司辖供电所14个。2016年年末，全市有公用变电站43座，其中500千伏变电站1座、220千伏变电站8座、110千伏变电站19座、35千伏变电站15座；有主变压器80台，总容量746.2万千伏安；有配电变压器14378台，总容量440.85万千伏安；有220千伏线路32条计500.4千米、110千伏线路50条计543千米、35千伏线路38条计316.4千米、20千伏线路11条计52.7千米、10千伏线路354条计4951.58千米。

全社会供用电　年末，全市有电力客户63.63万户，其中工业用电客户3.59万户、居民照明客户53.27万户、非居民照明客户5.08万户、农业生产客户1.69万户。全市全年用电量50.31亿千瓦时，同比增长8.36%，总量位居南通五县（市）第1位，其中工业用电量34.49亿千瓦时，同比增长5.03%。全年完成供电量49.78亿千瓦时，同比增长8.35%；完成全口径售电量48.31亿千瓦时，同比增长8.97%。7月26日，如皋电网最高负荷首次突破100万千瓦，达到100.33万千瓦。

电力建设　年内，市供电公司累计完成电网建设投资8.9亿元。全年完成配网项目投资2.46亿元、农网项目投资1.78亿元。全年实现35千伏及以上输电线路104.18千米建成投产，完成110千伏永平、邓高、葛市3个变电站改造（扩建）工程。5月30日，高新区110千伏平明输变电工程竣工投产，首期投入6592万元，50兆伏安主变压器1台、110千伏进线2回、10千伏出线12回建成投运。8月28日，长江镇总投资8562万元的110千伏永丰输变电工程开工建设。9月30日，石庄镇110千伏石北输变电工程竣工投产，首期投入4143万元，31.5兆伏安主变压器1台、110千伏进线2回、10千伏出线6回建成投运。12月6日，总投资2.62亿元的220千伏惠民输变电工程竣工投产，首期240兆伏安主变压器1台、220千伏进线6回、110千伏出线6回、10千伏出线13回投运。

供电服务　年内，市供电公司主动当好党委政府“电参谋”，靠前服务全市政府重大项57个，按照流程最简、方案最优、时间最短、费用最省原则，完成其中31项重大项目送电任务（其余为2017年续建项目）。主动当好企业客户“电顾问”，从提升用电能效、优化用电结构等方面，免费为全市1414家企业进行电力体检，提供优化用电建议书，合计为客户节约电费约963万元。主动当好居民百姓“电

供电人员冒着酷暑施工　（市供电局供稿）

保姆”,开展“优质服务进万家”活动,创建台变微信群9176个,全天候开通24小时服务热线“81788110”和“81799110”,加强与客户友好互动,随时为客户解决用电难题。获国家电网江苏省电力公司供电服务先进单位称号。

电网安全 年内,市供电公司坚持以严、细、实作风加强安全管理,严格安全生产责任落实。携手1421家电力客户开展AAAAA级电力客户创建工作,推进客户治理安全隐患,提升客户端安全管理水平。以“平安电力”创建为抓手,借助政府力量,全面加强电力设施保护,在全市累计清理线下树障2.72万棵,拆除电力线路保护区内违章建筑5处、塑料大棚43处,清除10千伏线路上拉线隐患14处。全年未发生220千伏及以上线路外破事件。加强故障跳闸停电管控,10千伏配网故障同比下降13.39%,累计245天实现10千伏线路“零跳闸”。截至年末,实现连续安全生产6622天,连续12年获全国“安康杯”竞赛优胜企业称号,连续4年被表彰为全国“安康杯”竞赛安全文化宣传工作先进单位。

(江 翔)

【供水】 年内,全市新增自来水管网34.56千米,自来水日供水能力40万吨。市城乡住房建设局全年组织供水日常巡察85次,召集全市各镇(区、街道)分管负责人及水厂负责人召开镇级水厂安全运行和规范化管理现场工作会议,组织市级督察8次,对存在问题建言献策。应急处置供水事故16起,接待省、市政风行风热线记者调查2次,快速平息供水矛盾3起。升级改造石庄、桃园、磨头3座泵站设备14台,推进远程实时监控和镇级水厂远程闭路电视监控系统全覆盖。

【供气】 年内,两家管道燃气企业新建中低压管道73千米,新增天然气居民用户1万户,用气人口32.7万人,年销气1.49亿立方米。9家汽车加气站年销气2676.5万立方米,11家石油液化气公司销售瓶装汽化气1.12万吨。市城乡住房建设局全年开展供气行业专项整治活动5次,组织各类检查8次,发现大小安全隐患420个,均整改到位。全年新发和换发燃气经营供应许可证13家。

(孙 颖)

## 城市管理

【概况】 市城市管理局(简称“市城管局”)下辖事业单位3个(城管执法大队、环卫处、物业管理中心),代市政府管理市城市管理监督指挥中心。2015年10月,市城市管理行政执法大队由全额拨款事业单位转为参照公务员法事业管理单位。2016年,市民对城管工作满意率为94.2%。市城管局被省文明办评为省文明单位,市城管执法大队被省住房城乡建设局表彰为省城市环境综合整治先进集体。如城街道福寿路成功创建省城市管理示范路。

【数字城管】 年内,市城市管理监督指挥中心进一步发挥“大城管”效能,全年上报城市综合管理问题5.50万件,立案5.40万件,结案5.38万件,按期处置率95%,结案率99%。开展市容整治、设施排查、文明城市创建等专项巡察538件,实施“代履行”事项1330项。拓展管理手段,建设视频导听系统,通过视频监控与音频实时引导相结合,实施远程现场城市管理。3月,数字城管视频导听系统建成并交付使用。9月,完成户外广告系统数据普查,设置分层管理模式,完成户外广告管理系统初步建设,对户外广告设置年代、审批年限及安全系数予以记载。

【法治城管建设】 年内,市城管局行政服务窗口完善店招标牌备案制度,受理行政许可服务事项915件,办理物业服务企业备案55件,被评为省住房和城乡建设系统窗口单位和服务行业优质服务竞赛先进单位。规范执法行为,全面推进行政处罚案件办案标准化,全年查处行政处罚案件1100件,其中简易程序案件913件、一般程序案件193 件。改进管理方式,加强行政指导,全年发放行政指导提示函等指导文书1019件。城管“110”受理中心受理“12345”市长热线527件、城管“110”投诉电话387件、信访件86件和“如皋发布”“如皋城管”微博(微信)及“如皋老乡会”等网络平台网友投诉66件,全部按期处置回复。

【市容整治】 年内,市城市环境综合整治领导小组办公室(市城管局)全面完成省“九整治”(城郊接合部、城中村、棚户区、老旧小区、背街小巷、城市河道环境、低洼易淹易涝片区、建设工地、农贸市场9个方面整治)项目26个,“三规范”(规范占道经营、规范车辆停放、规范户外广告设置)项目9个,争取省专项补助资金465万元。市城

道路保洁"以克论净"精细化管理　（市城管局供稿）

管局强化市容环卫责任制管理，中心城区主干道商业街市容环卫责任状签约率100%，履约率100%。强化户外广告管理，消除安全隐患。拆除大型高炮广告3座、大型户外广告27处，面积2016平方米；拆除沿街LED显示屏388个，督促相关广告公司拆除布标杆205对。强化建筑物外立面管理，结合老小区改造，推进宏济苑、蒲行苑等主干道、重点区域建筑物外立面整体包装出新。加强违法建设管理，拆除违法建设338起，总面积13678.8平方米，全年违法建设零增长。联合市公安局、交通运输局、安监局等部门组织流动摊点、停车秩序、车窗抛物等专项整治活动36次，发放法律文书68份。

**【环境卫生】** 年内，市环卫处在3个月成功试点基础上，全面推行深度保洁模式，建立"以克论净"作业管理体系，确保城区12条道路的快车道、人行道、慢车道每平方米积尘分别不超过5克、8克、10克，垃圾落地滞留时间控制在20分钟内，基本达到路见本色的效果，机械化清扫率从75%提高到80%。新建中央大道公厕1座，改造大司马路、新皋桥南、南门桥、新皋桥北、东皋公厕5座，同步建设环卫职工休息室与道班房。完善垃圾循环快速收集模式，合理调整线路、班次，增加收集频率，实现主城区垃圾桶装满后0.5小时内清理干净。全年清运垃圾4.2万吨，无害化处置率100%。开展工程渣土和装潢垃圾整治工作，确保建筑垃圾管理规范化、常态化，全年查处带泥上路、擅自倾倒建筑垃圾、无资质清运装潢垃圾行为29起。

**【物业管理】** 全市现有物业服务企业78家。其中：当地物业服务企业57家、南通及其他省市物业服务企业21家；一级资质9家、二级资质12家、三级资质57家。物业从业人员近4500人，物业服务项目160个，管理面积约1600万平方米，服务居民户数9万余户，业主近30万人。年内，市城管局强化业主自治和行业培训。指导如城街道组建航运公司宿舍楼、鸿运花苑、金九华府、绿润明都小区业主委员会4个，指导华夏紫竹园业主委员会完成换届选举。常态开展季度"大物业"考核，通过举办"最美小区"评选、全市物业项目经理培训、物业管理沙龙等活动，不断提高物业从业人员服务水平。推进住房维修专项资金管理系统建设，新增电梯专项维修资金、消防专项维修资金、年度计划使用模块、外网申请模块、线上审批模块和资金缴款后复核审批程序。简化和规范房屋专项维修资金应急使用程序，全年审批世纪光华、龙游御境、健康东村、如意湾等维修项目14个，核准维修资金125.27万元。推进物业管理网络数字平台建设，完成外网管理平台、维修资金系统物业服务企业及项目经理信用平台建设工作。全年验收物业项目22个，归集房屋维修资金4741.95万元。畅通物业纠纷"绿色司法通道"，"四位一体"（业主委员会、社区街道组织、城管局、司法机关）调处中心全年受理物业费纠纷492件，调解判决402件。君御豪庭、中交美庐城、城北碧桂园、龙游河物业小区成功创建南通市优秀物业小区。1月，市城管局出台《如皋市物业项目经理信用档案评定方法》，在全市推进物业行业信用体系建设。

（虞钦钦）

## 土地资源管理

**【土地利用管理】** 3月，如皋市土地利用总体规划修改方案获省国土资源厅批复通过，涉及面积386公顷。年内，全市争取用地计划指标589.87公顷，其中省重大项目计划88.07公顷。获批土地出让13个批次153宗，总面积303.60公顷；出让土地244宗，总面积553.70公顷，合同出让金39.2亿元，存量建设用地供应占比

6月30日,如皋市颁发第一本不动产权证书　　(市国土资源局供稿)

73.1%。开展工业用地调查工作2次,对全市工业用地面积、容积率、投出产出、应税销售等情况进行更新调查,累计核查工业企业2243家,涉43个行业。推动存量建设用地盘活和低效用地再开发,盘活原江苏昌昇集团低效用地、原森松(江苏)重工有限公司空闲土地、原元升太阳能集团"退二进三"(缩小第二产业,发展第三产业)等土地利用再开发项目,完成低效再开发土地面积100公顷。

**【地籍矿产测绘管理】** 年内,市国土资源局完成2015年度土地变更调查工作,完成国土资源征、供、用、补、查"一张图"工程系统建设,12月试运行。组织编制《如皋市矿产资源总体规划》,提请市政府办出台《如皋市砖瓦窑企业压减关闭实施办法》,全年拆除砖瓦窑厂7座。制订《如皋市矿产资源总体规划》,规范矿业布局。全年完成淤泥挂牌出让80宗,总出让量47.6万吨。完成全市地下水监测和地面沉降观测2个监测项目。深化地质灾害危险性评估制度改革,在长江镇(如皋港区)试点,同时推动如皋开发区(城北街道)、如皋工业园区(如城街道)、高新区(城南街道)地质灾害危险性区域评估工作。完成《如皋市地质灾害应急预案》编制,避免或最大限度地减少突发地质灾害造成人员和财产损失。12月17日,长江镇(如皋港区)等4个镇(区、街道)地质灾害危险性区域评估工作通过省国土资源厅专家评审。

**【"同一乡镇"试点】** 年内,市国土资源局继续推进如城街道同一乡镇范围内村庄建设用地布局调整试点工作。城北街道、长江镇被省国土资源厅批准为全省第2批试点乡镇,试点工作方案获南通市政府批准,实施总规模154.27公顷。至年末,长江镇、城北街道、如城街道3个试点完成复垦项目库195个,新增农用地128.4公顷。

**【土地征用权益维护】** 年内,市国土资源局严格执行"两公告一登记"("两公告"指征收土地方案公告、征地补偿安置方案公告,"一登记"指对被征收土地所有权人、使用权人办理征地补偿登记)制度,进一步加强地质灾害危险性评估和征地项目社会稳定风险评估管理。信息公开358件,对各项申请及时办理和回复。办理行政复议34件,应诉行政诉讼案件106件,负责人参与行政应诉率100%。

**【土地执法监察】** 年内,市国土资源局通过完善系统内部巡察机制和巡察网络,在全系统形成巡察监管片区88个、巡察线路140条,通过巡察发现违法用地24起,有效制止违法用地24起。通过落实违法用地抄告制度,强化部门联合督导作用,推进全市违法用地整改,进一步深化全市党委领导、政府负责、部门协同、公众参与、上下联动的依法管地用地共同责任机制。全年拆除非农建设地块16宗2.12万平方米,其中强制执行6宗9000平方米;拆除改变用途或未经批准设施农业用地9宗1200平方米。

**【不动产登记】** 6月30日,市不动产登记中心正式成立并受理不动产登记业务,不动产统一登记改革正式启动。年内,颁发不动产权证书5756本、不动产登记证明3058份,受理注销登记2793件,接受不动产登记查询17368件,查封登记1368件。

(郑淑一)

## 水　务

**【防汛应急减灾】** 2016年,沿江焦港闸、如皋港闸、碾砣港闸3个中型闸全年引水8.51亿立方米,排水9.06亿立方米。年内,全市主要受梅雨期强降雨及第1号台风"尼伯特"、第9号台风"莫兰蒂"、第17号台风"鲇鱼"等台风外围影响，尤其7月1—3日，全市普降大到暴雨，市防汛防旱指挥部及时启动防汛Ⅲ级应急响应。全年在沿江储备编织袋8.59万只、土工布1.73万立方米，木材43.9立方米、铁丝1520千克、块石2.6万吨，配备移动防汛抢险器械，确保沿江防汛抢险需要。全面落实防汛防旱工作责任制要求，开展汛前、汛后检查工作，对隐患及时整改。市防汛防旱指挥部在沿江焦港闸、如皋港闸、碾砣港闸三大闸及部分重点堤段安装远程监控设备，实现24小时监控。委托专业机构定期开展长江堤防沉降、位移等变形观测和重要河段水下地形测量，及时掌握岸线动态，发现隐患及时上报处理。加强涉水建设项目管理。年内，富港工程建设有限公司又来沙码头工程通过省水利厅批准建设，江苏九恒物流如海运河码头工程、江苏光大生物能源如皋公司如海运河取水工程通过南通市水利局批准建设。推进防汛项目工程建设。投入234万元，对如皋港闸上游翼墙等安全设施及巡察道路进行维修，为碾砣港闸更换止水闸门、清理下游挡墙前淤泥，维修碾砣港闸管理所闸房，对市河道堤防管理所堤防管理设施实施维修。8月，总投资560万元的久隆闸改造工程竣工。9月，总投资2069万元的焦港闸下游港道(近闸段)整治工程开工建设。

【农田水利建设】 年内，市水务局完成中央财政小型农田水利重点县工程及奖补工程、新增千亿斤粮食产能规划田间工程、通扬中型灌区节水配套改造工程、农田水利维修养护工程等6个重点水利工程项目建设，拆建、维修泵站60座，新建防渗沟渠238.90千米、各类配套建筑物5998座，发展高效节水灌溉面积80.67公顷，新建田间道路11.47千米，完成总投资11358万元，所有工程全部投入运行。在全省水利建设绩效考核中，如皋市小型农田水利重点县项目获评优秀等级。焦港闸管理所、碾砣港闸管理所分别通过省水利厅组织的省一级水利工程管理单位考核验收、省一级水利工程管理单位复核验收。2月，总投资3500万元的2016年小型农田水利重点县项目开工建设。3—7月，完成总投资49.98万元的2015年水利维修养护项目建设并通过如皋市级验收。6月，总投资3000万元的2015年千亿粮田项目通过南通市级竣工验收。7—12月，完成总投资150.25万元的2016年农田水利维修养护项目(水务信息管理系统开发及维护工程)建设并通过如皋市级验收。9月，总投资4500万元的2012年如海灌区和总投资2025万元的2013年如海灌区项目通过省级竣工验收。10月，总投资3500万元的2015年小型农田水利重点县项目、总投资2196.57万元的通扬灌区项目和总投资1000万元的2011年千亿粮田项目通过南通市级验收。12月，总投资300万元的2015年重点县奖补资金项目通过如皋市级竣工验收。12月14日，南通市冬春水利工程建设现场推进会在如皋召开。与会人员参观长江镇永平闸排涝站、新跃河疏浚及其支港整治工程、高新区桃北中心居住河整治工程等施工现场。

如海灌区续建配套与节水改造项目之城北街道北杨祠1号供水站
(市水务局供稿)

【水环境综合整治】 参见P243同名条目。

(李　霁)

# 交　通

## 交通建设

【概况】 市交通运输管理局(简称“市交通运输局”)下辖交通运输综合执法大队、地方海事处、市交通工程质量技术监督所、如港公路磨头收费站、汽车综合性能检测站5家事业单位，代管企事业单位市公路管理站、市航道管理站、南通汽运集团如皋分公司。2016年,全市完成交通基础设施建设投资8亿元。

年内,全市完成农村公路提档升级工程100千米、农村通居公路200千米。完成白江线(江曲线)北段强度提升工程。完成蒲黄线东段、皋高线西延、花市路花木大世界段等绿化工程和锡通高速征地搬迁工作。危桥改造25座。启动通皋大道建设工程。市交通运输局被表彰为省文明单位、省"六五"普法先进单位。

**【355省道东段主体工程竣工】** 10月,跨年工程355省道东段主体工程竣工,通过交工验收。该工程于2015年3月开工建设,总投入2.6亿元,总里程6.3千米,路基顶宽25.5米,路面宽21米。

(苏　丹)

**2016年全市农村公路实施情况**

表66　　单位:千米

| 序号 | 镇(街道) | 计划里程 | | 完成里程 | | |
|---|---|---|---|---|---|---|
| | | 省计划 | 市计划 | 省计划 | 市计划 | 小计 |
| 1 | 白蒲镇 | 3.18 | 20.00 | 3.18 | 20.00 | 23.18 |
| 2 | 丁堰镇 | — | 11.00 | — | 11.00 | 11.00 |
| 3 | 东陈镇 | 8.10 | 12.00 | 8.10 | 13.00 | 21.10 |
| 4 | 城北街道 | 4.60 | 15.00 | 4.60 | 18.00 | 22.60 |
| 5 | 磨头镇 | — | 12.00 | — | 15.00 | 15.00 |
| 6 | 如城街道 | — | 13.00 | — | 16.00 | 16.00 |
| 7 | 城南街道 | 1.45 | 12.00 | 1.48 | 10.00 | 11.48 |
| 8 | 搬经镇 | 2.70 | 25.00 | 2.70 | 35.00 | 37.70 |
| 9 | 长江镇 | — | 13.00 | — | 10.00 | 10.00 |
| 10 | 江安镇 | 1.50 | 25.00 | 1.50 | 30.00 | 31.50 |
| 11 | 九华镇 | — | 12.00 | — | 12.00 | 12.00 |
| 12 | 石庄镇 | — | 11.00 | — | 12.00 | 12.00 |
| 13 | 吴窑镇 | 3.65 | 9.00 | 3.65 | 16.00 | 19.65 |
| 14 | 下原镇 | — | 10.00 | — | 13.00 | 13.00 |
| 合计 | | 25.18 | 200 | 25.21 | 231 | 256.21 |

## 公路管理

**【概况】** 市公路管理站辖如皋超限检测站、如皋应急处置中心,设如城、如皋港、丁堰、磨头、搬经、机动6个中队。全站固定资产2500万元,拥有各类车辆28辆,实现办公自动化。2016年,全市国道、省道技术状况指数(英文简称"MQI")94%,路面损坏状况指数(英文简称"PCI")93%、路面行驶质量指数(英文简称"RQI")95%,县道MQI89.7%。

年内,市公路管理站主攻集镇段长效管理,持续提升非标整治、路面治污、马路市场规范、沿线垃圾箱清理、桥下隐蔽部位攻坚5项工作。全年维护公路标志615处,清除非公路标志(或悬挂物)1051块,查处路面污染案件685起。清除国道、省道障碍物2564立方米,清理公路用地内违规种植15万平方米、堆积物2564立方米、摊点5000多个。对重要桥梁隐蔽部位进行设计,制订方案,设置桥下护网1142米。依法办理许可67起。推进阳光执法,收取路赔费199万元、罚款58万元。依托204国道线不停车检测系统,查获违法超限车辆276辆,对其中103辆轻微违法车辆教育放行,实施处罚173起,罚款38.6万元,驳载货物1587吨,204国道线超限率控制在0.4%,

远远低于省交通运输厅1.5%指标。推进养护监管现代化、小修保养项目化、路面保洁机械化和应急处置快捷化,确保迎检外业达标。推进干线公路“六项整治”(绿化、边沟、道口、路缘石、桥头跳车、护栏整治),处置桥头跳车、路肩边坡、绿化提升、桥梁维护等难题。提前组织大中修改造项目,如期完成334省道大修、204国道线12千米路面车辙处理和336省道线桥梁拆除重建2座,完成工程量2000万元。完成334省道路面维修等小修项目,完成工程量360万元。市公路管理站被评为全省公路系统公路工作先进集体。

(蔡敏全)

## 公路运输管理

【概况】 2016年,全市完成公路客运量451万人次,完成公路货运量2174万吨。年末,全市有编制出租汽车357辆,实有统一标志出租汽车349辆,其中油气混合动力出租汽车108辆;有客车312辆,均为高一等级客车;有旅游包车22辆。

【运政管理】 全市现有机动车驾驶员培训学校15家,其中AA级信誉驾校1家、A级信誉驾校2家,拥有教练车847辆、教练员994人,年培训机动车驾驶员2.8万人。年内,市交通运输综合执法大队推进驾改新模式,驾培车辆均更新安装新型车载终端,实行智能化管理。发挥运政信息平台动态监控、运力调度、电子站牌显示、出租车电召、手机叫车等功能,推出“皋城公交”微信公众号。全年利用运政信息平台运力调度8次,先后接受群众投诉、咨询、失物查询2000余次,电话(手机)召车1800余次。

【城乡道路客运一体化】 年内,市交通运输综合执法大队全面展开新一轮镇村公交线路优化调整工作,优化镇村公交运营模式,开通通达毗邻县市重要换乘节点镇村公交线路2条,新增城区1路公交线路,优化调整城区公交线路2条、城乡公交线路2条,新建公交站亭10座、公交站牌40块,华夏花卉、双楼庄村两个公交始末站建成并投入使用。全年新增新能源公交车30辆,城南新能源公交车充电停车场建成并投入使用。升级公交车辆报站器,在全市211辆城市、城乡公交车上安装随车免费WiFi。完成《“十三五”如皋市城乡公交一体化及线网规划》编制工作,推进公交一卡通建设工程。完善公交运营质态综合考核机制,采用企业管理层参与互查、邀请第三方暗访、业务科室明察暗访方式组织开展全面考核12次,将考核结果直接与财政补贴发放挂钩,全年考核发放公交财政补贴2980.97万元,申报和发放2015年度公交、农村客运、水路客运及出租企业燃油补贴1326.2万元。如皋市城乡道路客运一体化发展水平被省交通运输厅认定为AAAAA级。

(樊东燕)

【汽车综合性能检测】 年内,市汽车综合性能检测站对全市辖区内客、货、危道路运输车辆做好技术等级评定检测工作,全年累计技术等级评定道路运输车辆5212辆,未发生车辆检测质量问题。11月30日,市汽车综合性能检测站被撤销,停止车辆检测服务工作。

(宋 强)

【运政市场整治】 年内,市交通运输综合执法大队在全市车流密集及高速出口路段安装动态执法监控点11个,组织开展“打黑”专项整治、出租车专项整治、驾培异地经营行为专项整治及危化品专项整治行动,全年查处行政处罚案件343起,其中处理重大案件53起(无证经营“黑车”案件42起、“黑机修店”案件9起、“黑驾培点”案件1起、非法汽车租赁案件1起)。实施行政许可1273件。处理投诉

驾培市场专项整治 (市交通运输局供稿)

举报712件,完成人大代表建议、政协委员提案答复26件。

【市交通运输综合执法大队成立】 3月29日,如皋市撤销原市运输管理处、乡镇交通运输综合管理所、城北中心交通管理所、搬经中心交通管理所、丁堰中心交通管理所、磨头中心交通管理所、石庄中心交通管理所7家单位,新组建成立市交通运输综合执法大队。市交通运输综合执法大队是交通运输局所属副科级建制全额拨款事业单位,下设7个科室、6个中队,人员总编制93人。

(樊东燕　宋　强)

## 道路交通安全管理

【道路秩序管理】 2016年,市公安局维护更新交通标志329块、交通标线52千米、信号灯6组、占路停车泊位3216个,渠化改造海阳路中山路转盘、海阳南路等复杂路口、路段9个。新增监控36组、测速点3个,建成缉查布控系统13个。全年纠处各类交通违法行为62.3万起,查获饮酒后驾驶机动车案件1489起、醉酒驾驶机动车案件215起,依法吊销机动车驾驶证219本。

【车辆管理】 年内,全市登记在册机动车336852辆,其中汽车208646辆。登记在册机动车驾驶人503261人,其中汽车驾驶人359328人。当年受理驾驶人注册业务38968笔,办理新车上牌业务32044笔,完成驾驶人科目一考试36998人次。推进"黄标车"和老旧机动车治理淘汰工作,淘汰"黄标车"1768辆。

【事故调处】 年内,全市发生一般以上交通事故497起,直接经济损失160.6万元。没有发生一起死亡3人以上和涉危涉校车交通事故。破获重大交通肇事逃逸事故24起。

(许　虎)

## 航道管理

【概况】 市航道管理站与市航政执法大队为一套班子两块牌子,下辖执法中队3个,履行辖区内213.11千米等级航道、242.01千米等外级航道建设、养护和管理职能。

年内,市航道管理站(市航政执法大队)实施辖区等级航道清障扫床2次、等外级航道清障扫床1次,清除沉石3.6吨,拔除暗桩2根。完成境内等级航道测量和观测工作,测量里程216.78千米,测量横断面899个。完成如泰运河新民社区航段、丁堰镇区航段及连申线如皋水上服务区船舶停泊区疏浚工程,疏浚土方3.7万立方米。对连申线搬经段、塔园桥东侧、连申线与北焦港十字河等多地实施应急抢险,增设通扬线、如泰运河等标牌11块,修复连申线如皋辖区内里程桩42个。加大航政管理力度,依法清除违章52处,处理违章行为4起,处罚1起。开展环境集中整治行动,清除航道边坡垃圾及废弃物10余吨。加强巡航检查,全年出动航政艇232艘次、执法车111车次、执法人员1510人次,航政车(艇)总里程19850千米,维护航标120座次。全年辖区航道未发生因管理不善造成航道堵塞事件或其他突发事件。

(张　倩)

## 地方海事

【概况】 市地方海事处(市船舶检验处、市水上执法大队)下辖城郊海事所、焦港海事所。2016年,市地方海事处累计上航上线8016人次,巡航8501小时,巡航里程35521千米,检查船舶10416艘次,纠正各类违章1868起。办理船舶进出港签证2435艘次,受理危险品运输船舶进出港申报559起,检查危桥21座次,危货码头18次,风景游览船446艘次。检查水工活动通航安全12次。

年内,市地方海事处对连申线

市地方海事处送水上交通安全知识进校园　　(黄友谊摄)

搬经旧桥等桥拆除工程、海启高速丁堡河大桥钢便桥搭建工程和搬经大桥维修工程加强施工水域通航安全监管，累计现场监护227天，参加监护人员2040人次，确保施工水域安全畅通。开展危险化学品运输船舶专项整治，检查危化品运输船舶16艘，发现缺陷39个，均予以及时纠正或限期整改。开展船舶配员专项整治，检查航运企业9个、运输船舶269艘，依法查纠船舶配员不足和人证不符违法行为42起。深化安全文化建设，在如城小学设立南通市首家水上交通安全教育基地，在如师附小等小学开展冬季水上交通安全知识进课堂活动，组织开展"安全生产月"系列活动。全年实施行政处罚81起，未发生行政复议和行政诉讼案件。完成7艘海巡艇、8条危化品运输船、100条300总吨以上普通货船船舶身份识别与轨迹传感器(VITS)免费安装任务，正式启动智慧海事建设工程。全年受理各类营运船舶检验265艘，65604总吨，未发生因船舶检验质量问题被滞留现象。完善水上搜救应急机制，提升应急处置能力，全年成功救助遇险船舶5次，救助船民12人，挽回经济损失360万元。与环保等部门密切配合，及时制止安徽籍货船从上海、常熟装载建筑、生活和工业垃圾进入如皋水域准备偷倒行为2次，将其驱离返回。6月30日，在焦港船闸上游远调站待闸区举办内河水上搜救综合演习活动，开展水上救生、船舶消防灭火和水上防污染3项演习，动用船艇12艘，参演人员80多人，是市内河水上搜救中心成立后首次大规模演习。

（樊东燕）

## 铁路管理

**【概况】** 如皋境内现有铁路3条，分别为宁启铁路、新长铁路、海洋铁路；规划建设铁路3条，分别为盐通铁路、北沿江铁路、如皋港铁路专用线。2016年，铁路客运发送旅客34.5万人次，最高日发送4200人；货运站收发货物11.9万吨，较往年略有增长。5月13日，如皋火车站新站房建成启用。站房面积6800平方米，候车室设置座椅600多个，增设自动售票机、自动验票机。5月，如皋火车站站前广场开工建设。一期工程总投资8000多万元，占地36136平方米，地上部分主要为公交站场、人员集散广场等，地下部分结合人防工程，设置出租车、私家车停放区域。

**【如皋迈入"动车时代"】** 5月15日上午8时26分，由南通开往南京的D5508次动车组准点停靠如皋火车站。自此，如皋正式迈入"动车时代"。

此班次动车组从南通始发，途经如皋、海安、姜堰、泰州、江都、扬州、仪征、六合8个站点，最终抵达南京站。开通动车后，如皋至南京运行时间由原来3小时50分缩短至2小时左右。

（杨小鹏）

乘客通过动车自动验票机进站　　（邱　宇摄）

## 环境质量

【空气环境】 城市空气质量 2016年,全市环境空气中二氧化硫、二氧化氮、颗粒物($PM_{10}$)、颗粒物($PM_{2.5}$)指标年均值分别为每立方米28微克、29微克、79微克和45微克,自然降尘浓度年均值为每月每平方米4.9吨。全年空气质量优良天数270天,优良率74.0%。

酸雨 全市降水总体呈弱酸性,降水pH均值为6.06,酸雨频率为9.3%。

废气和主要污染物排放 全市工业废气排放量为$3.18\times10^{6}$万标立方米,二氧化硫排放量为9523吨,氮氧化物排放量为4313吨,烟(粉)尘排放量为8712吨。

【水环境】 饮用水源水质 全市以长江水作为饮用水源,集中式水源地水质全年均符合国家地表水环境质量Ⅲ类标准,水质达标率100%。

地表水水质 全市设碾砣港闸、焦港桥、夏堡北大桥、曙光电灌站、新省道334公路桥、新国道204公路桥、长庄大桥、林梓大桥、东陈大桥、环西大桥10个考核断面,各断面均达到相应功能区标准。全年总体水质为轻度污染,Ⅰ—Ⅲ类水质断面占70%,Ⅳ类水质断面占30%。

地下水水质 2座地下水测井所测指标均值,除化肥厂氨氮超国家地下水质量Ⅳ类标准外,其余所测指标均值均符合标准。

废气和主要污染物排放量 全市工业废水排放总量2368万吨。工业废水中主要污染物化学耗氧量(COD)排放量5357吨。城市生活污水排放量(全市各乡镇污水处理量)3173万吨。

【声环境】 区域环境噪声 市区区域声环境质量白天平均等效声级值为52.6分贝,总体质量等级为二级(较好)。

道路交通噪声 全市道路交通噪声白天加权平均等效声级值为63.8分贝,质量等级为一级(好)。白天道路交通噪声等效声级污染减轻。

功能区噪声 三类区声环境质量达到相应功能区要求,一类区白天、2类区全天和4a类区夜间声环境质量未达到相应功能区要求。

【固体废物】 全市工业固体废物产生量55.21万吨。其中:危险废物产生量0.84万吨;工业废物综合利用量54.67万吨,处理量为0.08万吨,贮存量0.46万吨。年末,全市有城镇污水处理厂22座,每天实际处理污水量12.04万吨,日产生污泥量28.76吨,污泥规范化处置率100%。

## 资源保护

【生态保护】 生态红线管控 全市现划定水源保护区、清水通道维护区、风景名胜保护区、水产种质资源保护区、特殊物种保护区等重要生态功能保护区在内生态红线区域15块,总面积329.33平方千米,其中,被列入省生态红线区域保护规划8块、239.47平方千米,被列入南通市生态红线区域保护规划7块、89.86平方千米。两级生态红线区域占全市土地面积22.3%。年内,市环境保护局(简称"市环保局")加强生态红线区域保护监督管理,查处在生态红线区域内违规开发建设行为。加快构建生态红线区域保护制度体系,全面落实生态空间、环境影响、排污总量"三位一体"环境准入要求。

建立生态环境监察制度，出台《如皋市生态红线区域保护监督管理暂行办法》，明确生态红线区域分级管控要求。建立资金管理制度，出台《如皋市生态红线区域保护专项资金管理暂行办法》，明确专项资金补偿区域、专项资金补助具体内容和违规处理办法。全市生态环境质量保持稳定，年内通过全省生态红线保护区域监督管理现场核查。

生态文明建设　年内，如皋市制定《关于加快推进生态文明建设的实施意见》，全面部署"十三五"全市生态文明建设工作。结合"4•22"世界地球日、"6•5"世界环境日等重要纪念日，通过开展绿色科普宣传进社区、"雉水之夜"环境保护专场演出和送戏下乡等科普宣传活动，全面营造绿色低碳生活理念。围绕改善环境质量，推进绿色创建工作，创建省级绿色学校1所、南通市级绿色学校11所，如皋市被环保部命名为国家生态县（市、区）。至年末，全市累计建成国家生态村1个、省生态村14个、南通市生态村170个，省绿色社区8个、南通市绿色社区16个，省级绿色学校17所、南通市绿色学校57所，基层绿色创建总数居南通各县（市）之首。开展农村环境综合整治，加快农村小型生活污水处理站建设，2013—2014年投资2748万余元的41个项目全部实施到位，在南通市首家通过省级验收，每天新增污水收集能力1390吨、畜禽粪便处理能力100吨，每年新增COD减排能力892.49吨、氨氮减排能力43吨。完成2015年农村环境综合整治工程，总计投资1696万元。年内，投资1090万元，在九华镇和吴窑镇启动8000米污水管网铺设和小型生活污水处理设施建设工程。

（许海霞）

环保知识进校园　（市环保局供稿）

【耕地资源保护】　年内，全市建成工矿废弃地项目库12个，项目总规模80.71公顷，新增耕地指标面积80.7公顷；实施城乡建设用地增减挂钩项目1270个，10月份全部通过验收，实现新增农用地769.06公顷；实施耕地占补平衡项目库144个，新增耕地192.39公顷。年内，市国土资源局在全市部署开展永久基本农田划定工作，城市周边新划入基本农田259.02公顷，城市周边永久基本农田占耕地总面积60.06%。完成5333.33公顷高标准基本农田建设任务，完成省以上投资土地整治项目4个。11月，在全市启动200公顷耕地占补平衡、200公顷城乡建设用地增减挂钩项目"双整治"行动。

（郑淑一）

【水资源管理】　年内，市水务局严守总量控制、效率控制、限制纳污控制3条红线，全年用水总量6.87亿立方米，低于南通下达用水总量计划7亿立方米；万元国内生产总值用水量为84.65立方米，同比下降5.13%。严格限制纳污，加强水源保护，及时监测全市骨干河道43个水功能区48个断面，全年水功能区水质平均达标率82.6%，其中，Ⅰ—Ⅲ类水质断面占70%，Ⅳ类水质断面占30%，达标河长占评价河总长83.9%；长江近岸水功能区断面达标率100%，内河水功能区断面达标率84.7%。2016年全市下达用水计划指标16637万吨，其中地表水15887万吨、地下水750万吨。推进节水型社会建设，建成省级节水型学校1家、省级节水示范项目2个。加强地下水管理与保护，开展井台标准化建设，严格控制地下水开采，全市地下水水位呈逐年上升趋势。推进水资源管理现代化建设，全年更换电子远传水表26只；建立水资源管理信息系统，对全市水资源管理和水规费征收实行制度化、流程化和信息化管理，全年征收各类水规费1068.76万元。在"世界水日""中国水周"和"城市节水宣传周"期间，以广场宣传、节水知识竞赛、节水签名、在电视等媒体循环播放

市高效节水智能化灌溉控制中心　　（市水务局供稿）

节约用水动漫宣传短片等形式，普及涉水法律、法规知识，增强广大市民节水、爱水、护水意识。6月，如皋市被省水利厅、省发展改革委命名为江苏省节水型社会示范区。

（李　霁）

## 节能减排

【节能降耗】　2016年，全市规模以上工业企业综合能源消费量120.32万吨标准煤，同比增长0.33%；万元产值综合能耗60.3千克标准煤，同比下降8.89%。重工业企业综合能源消费量87.44万吨标准煤，同比下降0.38%，万元产值能耗61.4千克标准煤，同比下降10.25%；轻工业企业综合能源消费量32.88万吨标准煤，同比上升2.28%，万元产值能耗57.4千克标准煤，同比下降5.31%。市发展改革委全年组织实施节能和工业循环经济重点项目26个。推进万家企业节能管理，经年初考核，被省经济信息化委列入万家低碳行动的13家企业全部完成“十二五”节能目标。推动26个节能与工业循环经济重点项目实施技术改造，挖掘节能降耗潜力；配合相关部门对全市49家重点用能企业开展节能专项执法检查，挖掘企业节能降耗潜力。全年淘汰落后产能企业25家。

（许海霞　黄爱军　葛　波　吴建忠　顾　建）

**2016年如皋市十大工业产业能源消耗情况**

表67

| 行　业 | 综合能源消费量（万吨标准煤） | 单位产值能耗（吨标准煤/万元） | 单位产值能耗同比增长（%） |
|---|---|---|---|
| 纺织服装业 | 2.41 | 0.0240 | -3.61 |
| 化学原料及化学制品制造业 | 28.08 | 0.0759 | -13.49 |
| 纺织业 | 11.97 | 0.1157 | -6.18 |
| 黑色金属冶炼及压延业 | 11.76 | 0.1664 | 5.74 |
| 橡胶和塑料制品业 | 7.67 | 0.1585 | 5.91 |
| 通信设备、计算机设备业 | 16.22 | 0.0502 | -19.61 |
| 通用设备制造业 | 2.22 | 0.0475 | -6.66 |
| 非金属矿物制品业 | 4.77 | 0.0444 | -17.77 |
| 电气机械及器材制造业 | 3.34 | 0.0225 | -3.25 |
| 汽车制造业 | 3.39 | 0.0380 | -1.17 |
| 铁路、船舶、航空航天及其他交通运输设备制造业 | 2.14 | 0.0371 | 44.96 |

【主要污染减排】　年内，全市实施重点减排项目15个。其中：水方面减排项目14个，含工程性减排项目2个、结构性减排项目12个，关闭市优佳油脂有限公司、南通市鑫日色织有限公司等“十小”企业

12家；大气污染减排项目1个，淘汰10蒸吨/小时及以下燃煤锅炉或实施清洁能源改造。到年末，化学需氧量和氨氮排放总量（含工业、生活、农业）分别削减520吨、64吨，二氧化硫和氮氧化物分别削减600吨、250吨。

【清洁生产】 年内，市环保局对化工、金属表面处理、印染等重点行业的11家企业开展清洁生产审核。延康汽车零部件如皋有限公司等11家企业清洁生产审核通过市发展改革委、环保局组织的终期评估及验收，累计投入资金近2000万元，获经济效益1687万元。

（许海霞）

【墙体材料改革】 年内，市城乡住房建设局完成省新墙材企业换证12家，完成墙体材料、门窗、太阳能3大类节能产品备案及换证50家，完成墙体验收工程30个、节能验收工程35个，办理返退基金19家，涉金额近980万元。完成绿色建筑方案审查20个项目，涉面积123.9万平方米；完成工程节能专项备案28个项目，涉面积81.78万平方米。新建技改项目1家，隧道窑立项1家。城南安置区、新生桥市场、中交美庐城3个项目获评二星级绿色建筑，白蒲镇被命名为全省禁粘合格乡镇。

（孙 颖）

## 污染防治

【环境重点工程建设】 2016年，如皋恒发水处理有限公司完成一、二期4万吨/日处理设施的提标改造，同源污水处理厂完成一、二期提标和三期扩建项目土建工程。年内，市环保局推进如皋开发区大唐热电联产集中供热工程及长江镇（如皋港区）华电热电联产项目建设。完善危险废物安全处置设施，年焚烧处置1万吨危险废物项目一期建成并投入试运行，城镇污水处理厂污泥无害化处置项目建成并具备试运行条件，危险废物集中填埋处置项目进入环评审批阶段。开展覆盖拉网式农村环境综合整治，2013—2014年度农村环境综合整治项目通过省级考核验收。全市新增污水管网工程总长8485.93米、生活污水处理设施工程15座，每天增加污水处理能力1390吨，受益村居24个，受益人口5.47万人。

【大气污染防治】 年内，市环保局推动南通天泽化工有限公司等4家企业建成大气VOCs（挥发性有机化合物英文缩写）处理装置并投入运行，江苏融达新材料股份有限公司实现原辅材料封闭式输送和堆场覆盖，苏中国际集装箱码头有限公司等4家企业建成低压岸电系统或小容量接电装置；治理重点堆场粉尘1家。开展秸秆禁烧和综合利用工作，夏收、秋收期间均无被省、南通市两级通报火点。全市建成省标准化示范工地2个、南通市标准化示范工地5个，全年淘汰“黄标车”2000辆。

（许海霞）

【水环境综合整治】 年内，市环保局制订水污染防治工作方案、“十三五”水环境保护规划、水环境三年行动方案，化学需氧量、氨氮排放总量分别削减2.36%、2.37%，完成上级减排目标任务。配合调研分析全市畜禽禁养区划定情况，制定《如皋市畜禽养殖区域划分管理办法》。年内，市水务局完成幸福河（外国语停车场至益寿路段）、城南中心河（志颐路至花市路段、宣化路桥西至海阳路段）、中央商务区河（宣化路至龙游河段）河道整治，共2600米。至年末，大司马河（圃园新路至中央大道段）整治工程已确定施工单位，圃园新路至城南中心河段待搬迁后实施。宏坝河、龙游河北段、宝塔河等工程正在完善规划方案。全面推进“河长制”，建立组织机构，落实专业管护人员，开展综合整治。全面完成小型水利工程运行管理体制改革。开展河道疏浚整治工作，打造“水清、水畅、水美”优美河道水环境。全年疏浚整治县级河道1条段、镇级河道4条、村庄河道（含家沟加塘）404条，总疏浚土方532.4万立方米，新建排水涵洞8座。中小河流治理重点县综合整治和水系连通试点工程二期工程（如城、白蒲2个项目区）疏浚河道30条，总长度117千米，完成工程总投资6068万元，10月底通过县级验收。开展拆坝建桥工作，拆除坝头坝埂643座，其中，拆除不建336座，拆坝建桥133座（人行桥16座、一跨桥117座）。启动茅雉河综合整治一期工程。

（李 霁 许海霞）

【专项整治】 年内，市环保局处置中央环保督察组交办件45件，取缔企业5家，责令停产整顿13家，责令限期改正10家，依法处罚15家、罚款128.94万元。开展化工园区“春风行动”“三整治一化解”等专项行动，整治环保违法违规建设项目1793个，整治10蒸吨/小时及以下燃煤小锅炉518台,解决突出环境问题21个,集中化解突发环境信访91起。

## 环境监管

【企业环境信用评价】 2016年,市环保局推进环境污染责任保险工作,参保企业50多家。完成国控企业环保信用评级初评上报工作。对全市286家非国控主要工业污染源企业实施环保信用评级,评定绿色企业10家、蓝色企业268家、黄色企业7家、黑色企业1家。将评级信息录入省环保厅信用管理系统,评级结果在如皋环保网、《如皋日报》等媒体公布。与物价、银行业联动,对红色、黑色企业执行差别水价,对黄色以下企业实行限制或不予贷款,推进诚信法治建设。

【环境监控】 年内,市环保局提升现场执法装备,将"双随机"(随机抽取检查对象、随机抽取检查执法人员)抽查与环境监察移动执法系统相结合,在南通各县(市、区)率先建成环保信息平台,实现覆盖污水处理厂、排污企业、大气监测等联网监控,对全市空气质量、饮用水水源、企业排污行为等实施全天候远程监控。饮用水源地水质自动监测站、2座环境空气自动监测站和2套噪声自动监测系统平稳运行。开展环境质量监测、污染源监测、建设项目竣工环境保护验收监测、污染事故及纠纷仲裁监测等各类监测工作,全年分析样品5475份,分别获水、气、声手工监测数据12335个、1654个、891个,分别获水、气、声自动监测数据19710个、105120个、17520个,编制各类监测报告报表801份。全年参加中国合格评定国家认可委、省环境监测中心、南通市监测站实验空间比对和能力验证及资质认定复评审等各项考核5项次,全部合格。

【环境执法】 年内,市环保局加强环境监管执法网格化管理,开展环保综合行政执法体制改革,在全市范围设立基层环保分局6个。深入开展化工、电镀、纺织印染、畜禽养殖等行业和化工园区、危险废物处置等环境整治,打击环境违法行为。全年出动环境监察6374人次,检查企业2498厂次。下达行政处罚决定书86份,处罚金额480.85万元。强化生态环境监察,保护生态红线、底线,立案查处在生态红线保护区域内非法建设、非法排污的畜禽养殖场5起,依法采取停水、断电、封猪舍等强制应急措施,限期关停,恢复生态。落实排污申报登记制度,强化排污核定工作,对重点企业实行网上申报、动态收费,全年申报1092家次,核定981家次,征收排污费1762万元,超额完成征收任务。开展环境应急预案备案和环境事故应急演练活动,全年有51家企业按照环保部《企事业单位突发环境事件应急预案备案管理办法》,开展环境风险评估和应急预案备案工作。12月23日,南通市突发环境事件应急演练、南通市集中式饮用水源地突发环境事件应急演练在长江镇(如皋港区)举行。

(许海霞)

南通市突发环境事件应急演练、南通市集中式饮用水源地突发环境事件应急演练现场 (市环保局供稿)

## 科技载体

【概况】 2016年,市科技局发挥国际科技合作示范效应,指导如皋开发区围绕新能源汽车产业成功申报国家国际科技合作基地。全年新增省国际科技合作项目2项,至年末,全市累计有国际科技合作项目8项,其中国家级4项、省级4家。加强企业研发机构建设。全市新增省工程技术研究中心2家、南通市工程技术研究中心11家,立项率居南通第1位。至年末,全市有各级工程技术研究中心115家,其中省级42家、南通市级73家。各工程技术研究中心运转情况良好,在各级绩效评估中,获优秀等次23家,优秀率20%,其中在省工程技术研究中心(企业类)绩效考评中获评优秀项目2个。全市新增企业研究生工作站3家。至年末,全市建有创新型园区1家、创新型乡镇3家、创新型企业28家,初步形成以创新型城市为目标,以创新型企业、创新型乡镇、创新型园区为主体的区域创新体系。

年内,市科技局进一步推进众创空间建设。全市获批国家级星创天地1家(如皋花木盆景星创天地)、省级众创空间1家[梦想之家(高新区)]、南通市级众创空间2家[蜗壳道场(如皋开发区)、下驾园(下原镇)众创空间]。至年末,全市拥有南通市级以上众创空间5家,其中省级1家、南通市级4家。累计建成各类集中办公众创空间1.5万平方米,入驻企业93家。推进市科技创业园、科技城创业中心2个国家级科技企业孵化器建设,加大如皋开发区创业中心、光华科技创业园、下原镇创业中心3个省级孵化器建设力度。全市全年累计孵化企业246家,成功孵化企业53家,引进省"双创"人才2人、海外归国留学人员5人、硕士和博士16人、本科及以上科技人员763人,为社会提供就业岗位1953个。

(韩方舟)

【如皋开发区获国家国际科技合作基地称号】 11月28日,如皋开发区被科技部命名为示范型国家国际科技合作基地,成为2016年度全省唯一获此命名的国家级示范型基地。

自2009年始,如皋开发区稳步推进国际科技合作工作,"请进来"和"走出去"相结合,协调推进项目、人才、平台、基地建设,促进区域经济加速发展。截至2016年年底,累计承担国际科技合作项目87项、引进国际人才220人,国际科技项目投资总额2.2亿美元,助推氢经济等经济快速发展。

(陈 鹏)

### 2016年新增南通市级以上科技载体平台名单

表68

| 类　别 | 载体平台名称 | 承担单位 |
|---|---|---|
| 国家示范型国际合作基地 | 国家国际科技合作基地 | 如皋开发区 |
| 省国际科技合作项目 | 高导热氮化铝(AlN)陶瓷基片关键技术的合作研发 | 莱鼎电子材料科技有限公司 |

续表68-1

| 类　　别 | 载体平台名称 | 承担单位 |
|---|---|---|
| 省国际科技合作项目 | 核电岛心再热蒸汽主流量控制阀的联合开发 | 南通国电电站阀门股份有限公司 |
| 省工程技术研究中心 | 海迪科(南通)光电科技有限公司 | 海迪科(南通)光电科技有限公司 |
| 省工程技术研究中心 | 百川化工(如皋)有限公司 | 百川化工(如皋)有限公司 |
| 省工程技术研究中心(企业类)绩效考评优秀项目 | 省智能化小型化移动基站天线工程技术研究中心 | 江苏华灿电讯股份有限公司 |
| 省工程技术研究中心(企业类)绩效考评优秀项目 | 省吡咯类药物中间体工程技术研究中心 | 江苏恒祥化学股份有限公司 |
| 省企业研究生工作站 | 省企业研究生工作站 | 百川化工(如皋)有限公司与扬州大学 |
| 省企业研究生工作站 | 省企业研究生工作站 | 江苏顺远新材料科技股份有限公司与南通大学 |
| 省企业研究生工作站 | 省企业研究生工作站 | 江苏省如高高压电器有限公司与东南大学 |
| 省优秀研究生工作站 | 省优秀研究生工作站 | 南通锻压设备股份有限公司 |
| 省产业研究院 | 江南大学(如皋)食品生物技术研究所 | 江南大学(如皋)食品生物技术研究所 |
| 省创新能力建设计划(联合载体类) | 扬州大学(如皋)花木产业研究院 | 扬州大学(如皋)花木产业研究院 |
| 国家星创天地 | 如皋花木盆景星创天地 | 顾庄生态园建设开发有限公司 |
| 省众创空间 | “梦想之家”众创空间 | 如皋众创电商投资有限公司 |
| 南通市众创空间 | “蜗壳道场·皋起点”众创空间 | 如皋蜗壳道场信息科技有限公司 |
| 南通市众创空间 | “梦想之家”众创空间 | 如皋科技城创业中心管理有限公司 |
| 南通市众创空间 | “金鑫岛”众创空间 | 南通市鑫众创业投资有限公司 |
| 南通市众创空间 | “如商汇”众创空间 | 中青智谷信息科技江苏有限公司 |

## 产学研合作

【概况】 2016年,市科技局以技术支持为服务导向,征集企业技术需求251项,搜集最新高校院所科研成果5000多项。组织各类产学研活动41次。新建立产学研合作关系11家,其中扬州大学与如皋市合作共建花木研究院,南通大学与海迪科(南通)光电科技有限公司、哈尔滨工程大学与南通力威机械有限公司、黑龙江大学与梦百合家居科技股份有限公司、江苏大学与江苏汤臣汽车零部件有限公司、浙江工业大学与南通创源电化学科技有限公司建立紧密型合作关系。新增产学研合作项目54项,北京大学如皋创新中心、福州大学如皋研究院、江南大学(如皋)食品生物研究所等共建载体运行情况良好。国际科技合作再创佳绩,南通国电电站阀门股份有限公司与德国DRW技术有限公司核电岛心再热蒸汽主流量控制阀的联合开发项目、莱鼎电子材料科技有限公司与美国CMC实验室控股有限公司高导热氮化铝(AlN)陶瓷基片关键技术合作研发项目获省科技厅立项(南通地区仅此2个国际合作项目获省科技厅立项),共获资助80万元。

## 高新技术产业

【概况】 全市现有高新技术产业企业214家、高新技术产业企业127家、民营科技型企业360家。2016年,全市高新技术产业企业实现产值946.96亿元,占规模以上工业产值比重47.44%,同比增长17.56%;新增高新产业投入156.3亿元,占规模工业投入50.1%,同比增长7.3%;全社会研发投入占地区生产总值比重

### 2016年如皋市新增高新技术企业名录

表69

| 序号 | 企业名称 | 镇(街道) |
|---|---|---|
| 1 | 江苏恒康家居科技股份有限公司 | 丁堰镇 |
| 2 | 江苏汤臣汽车零部件有限公司 | 江安镇 |
| 3 | 如皋市华阳铝制品有限公司 | 下原镇 |
| 4 | 如皋市凯凯电信器材有限公司 | 长江镇 |
| 5 | 百川化工(如皋)有限公司 | 长江镇 |
| 6 | 江苏海通海洋工程装备有限公司 | 长江镇 |
| 7 | 江苏泰利达新材料股份有限公司 | 长江镇 |
| 8 | 江苏天南电力器材有限公司 | 如城街道 |
| 9 | 江苏田园新材料股份有限公司 | 城北街道 |
| 10 | 江苏沃能电气科技有限公司 | 磨头镇 |
| 11 | 江苏浴普太阳能有限公司 | 如城街道 |
| 12 | 江苏中铁山桥重工有限公司 | 长江镇 |
| 13 | 南通柏源汽车零部件有限公司 | 城北街道 |
| 14 | 南通波涛化工有限公司 | 长江镇 |
| 15 | 南通美能得新能源科技股份有限公司 | 城北街道 |
| 16 | 南通斯密特森光电科技有限公司 | 如城街道 |
| 17 | 南通泰慕士服装有限公司 | 城北街道 |
| 18 | 南通天鸿镭射科技有限公司 | 东陈镇 |
| 19 | 南通源瑞电子有限公司 | 磨头镇 |
| 20 | 如皋市中如化工有限公司 | 吴窑镇 |
| 21 | 南通中邦微电子股份有限公司 | 城南街道 |
| 22 | 江苏城中园林股份有限公司 | 如城街道 |
| 23 | 江苏泰普电力设备有限公司 | 如城街道 |
| 24 | 南通百正电子新材料股份有限公司 | 城北街道 |
| 25 | 南通久久液压机械制造有限公司 | 白蒲镇 |
| 26 | 南通市华业石油机械有限公司 | 城北街道 |
| 27 | 南通泰利达化工有限公司 | 丁堰镇 |
| 28 | 南通天龙畜产品有限公司 | 丁堰镇 |
| 29 | 南通伟越电器有限公司 | 九华镇 |
| 30 | 南通新邦化工科技有限公司 | 长江镇 |
| 31 | 南通中能机械制造有限公司 | 城北街道 |
| 32 | 如皋市嘉好热熔胶有限公司 | 城北街道 |
| 33 | 如皋市凯瑞纺织机械有限公司 | 东陈镇 |
| 34 | 如皋市通达机械制造有限公司 | 如城街道 |
| 35 | 双钱集团(江苏)轮胎有限公司 | 城北街道 |
| 36 | 苏州工业园区凌志软件如皋有限公司 | 城南街道 |
| 37 | 南通东庚机械有限公司 | 城南街道 |
| 38 | 南通世睿电力科技有限公司 | 城南街道 |

2.56%。新增高新技术企业38家，进入省科技企业上市培育计划后备库企业7家，新增数居南通第1位。新增威格(江苏)电气设备有限公司、江苏高泰电气有限公司等高新技术产业企业10家，新增民营科技型企业86家。

## 科技项目

【概况】 2016年，市科技局培育和申报各级各类科技项目997项，其中获立项627项，获扶持资金5187.9万元。南通锻压设备股份有限公司“绿色重组材成形智能化装备的研发及产业化”项目、江苏汤臣汽车零部件有限公司“新能源汽车轻量化底盘关键零部件的研发与产业化”项目、江苏天南电力器材有限公司“特高压交直流输电线路减灾智能金具的研发及产业化”项目3个省科技成果转化资金项目获资助2600万元。扬州大学(如皋)花木产业研究院获省科技厅产学研重大创新载体项目支持资金500万元，是省科技厅年内立项的10个重大创新载体中唯一农业类科技项目。4月26日，由南通市政府主办的首届南通市专利奖获奖名单揭晓，如皋市参评专利获金奖1件(江苏神马电力股份有限公司“一种绝缘管缠绕挂纱系统”专利)、优秀奖3件(江苏力星通用钢球股份有限公司“圆锥滚子四工位精密成型系统”、江苏恒康家居科技股份有限公司“适用于平泡发泡工艺的MDI体系的非温感记忆绵”、南通星球石墨设备有限公司“四合一石墨盐酸合成炉”)，江苏神马电力股份有限公司董事长马斌获南通市发明人奖。

## 2016年如皋市新增国家、省科技计划项目一览

表70

| 序号 | 计划类别 | 项目名称 | 承担单位 |
|---|---|---|---|
| 1 | 国家重点研发计划专项项目 | 传统干腌火腿快速成熟及绿色加工关键技术与装备研发及示范 | 江苏长寿大红门食品有限公司 |
| 2 | 国家国际科技合作基地 | 如皋开发区国际科技合作基地 | 如皋开发区 |
| 3 | 国家知识产权管理贯标项目 | 贯国标项目 | 南通超达装备股份有限公司 |
| 4 | 国家知识产权管理贯标项目 | 贯国标项目 | 南通华东油压科技有限公司 |
| 5 | 国家知识产权管理贯标项目 | 贯国标项目 | 南通天泽化工有限公司 |
| 6 | 国家知识产权管理贯标项目 | 贯国标项目 | 江苏远业液压机械公司 |
| 7 | 国家知识产权优势企业 | 国家知识产权优势企业 | 双钱集团(江苏)轮胎有限公司 |
| 8 | 国家知识产权示范企业 | 国家知识产权示范企业 | 江苏九鼎新材料股份有限公司 |
| 9 | 省重点研发计划项目(产业前瞻与共性关键技术) | 生态节能自清洁抗菌复合功能材料研发 | 江苏顺远新材料科技股份有限公司 |
| 10 | 省重点研发计划项目(产业前瞻与共性关键技术) | 基于纳米膜电极的智能化燃料电池动力系统研制 | 南通百应能源有限公司 |
| 11 | 省重点研发计划项目(产业前瞻与共性关键技术) | AlN陶瓷基板高效LED模组关键技术的研发 | 南通中铁华宇电气有限公司 |
| 12 | 省创新能力建设专项资金项目 | 省重点研发机构 | 江苏汤臣汽车零部件有限公司 |
| 13 | 省创新能力建设专项资金项目 | 省重点研发机构 | 江苏力星通用钢球股份有限公司 |
| 14 | 省创新能力建设专项资金项目 | 省重点研发机构 | 南通超达装备股份有限公司 |
| 15 | 省工程技术研究中心 | 省工程技术研究中心 | 海迪科(南通)光电科技有限公司 |
| 16 | 省工程技术研究中心 | 省工程技术研究中心 | 百川化工(如皋)有限公司 |
| 17 | 省工程技术研究中心(企业类)绩效考评后补助项目 | 江苏省智能化小型化移动基站天线工程技术研究中心 | 江苏华灿电讯股份有限公司 |
| 18 | 省工程技术研究中心(企业类)绩效考评后补助项目 | 江苏省吡咯类药物中间体工程技术研究中心 | 江苏恒祥化学股份有限公司 |
| 19 | 省企业研究生工作站 | 省企业研究生工作站 | 百川化工与扬州大学 |
| 20 | 省企业研究生工作站 | 省企业研究生工作站 | 顺远与南通大学 |
| 21 | 省企业研究生工作站 | 省企业研究生工作站 | 如高高压电器有限公司 |
| 22 | 省优秀研究生工作站 | 省企业研究生工作站 | 南通锻压设备股份有限公司 |
| 23 | 省战略推进计划项目 | 省战略推进计划重点项目 | 江苏力星钢球股份有限公司 |
| 24 | 省战略推进计划项目 | 省战略推进计划一般项目 | 如皋市包装食品机械有限公司 |
| 25 | 省知识产权维权援助项目 | 省知识产权维权援助项目 | 江苏翔晟重工有限公司 |
| 26 | 省企业知识产权管理贯标项目 | 省企业知识产权管理贯标优秀企业 | 南通星球石墨设备有限公司 |
| 27 | 省研究开发示范类项目(现代农业) | 沿江地区花木产业主导产业链关键技术集成创新与示范 | 顾庄生态园开发建设有限公司 |
| 28 | 省研究开发示范类项目(现代农业) | “苏派”功能性黄酒机械化安全酿造关键技术研究 | 南通白蒲黄酒有限公司 |

续表70-1

| 序号 | 计划类别 | 项目名称 | 承担单位 |
|---|---|---|---|
| 29 | 省基础研究计划(自然科学基金) | 基于宏基因组的黄酒风味物质合成途径构建及强化 | 江南大学(如皋)食品生物技术研究所 |
| 30 | 省基础研究计划(自然科学基金) | 基于辅因子偏好性改造拓宽代谢路径强化2,3-丁二醇生物合成的分子机制 | 江南大学(如皋)食品生物技术研究所 |
| 31 | 省科技成果转化资金项目 | 特高压交直流输电线路减灾智能金具的研究与产业化 | 江苏天南电力器材有限公司 |
| 32 | 省科技成果转化资金项目 | 新能源汽车轻量化底盘关键零部件的研发与产业化 | 江苏汤臣汽车零部件有限公司 |
| 33 | 省科技成果转化资金项目 | 绿色重组材成型智能化装备的研发及产业化 | 南通锻压设备股份有限公司 |
| 34 | 省国际科技合作项目 | 高导热氮化铝(AlN)陶瓷基片关键技术的合作研发 | 莱鼎电子材料科技有限公司 |
| 35 | 省国际科技合作项目 | 核电岛心再热蒸汽主流量控制阀的联合开发 | 南通国电电站阀门股份有限公司 |
| 36 | 省创新能力建设计划(联合载体类) | 扬州大学(如皋)花木产业研究院建设 | 扬州大学(如皋)花木产业研究院 |
| 37 | 省产业研究院 | 江南大学(如皋)食品生物技术研究所 | 江南大学(如皋)食品生物技术研究所 |
| 38 | 省"双创博士"(科技副总类) | 高杰峰 | 江苏国胶化学业科技有限公司 |
| 39 | 省"双创博士"(科技副总类) | 黄海军 | 开源塑业科技(南通)有限公司 |
| 40 | 省"双创博士"(科技副总类) | 许田 | 海迪科(南通)光电科技有限公司 |
| 41 | 省"双创博士"(科技副总类) | 张华 | 如皋市大生线路器材有限公司 |
| 42 | 省"双创博士"(科技副总类) | 倪培永 | 南通欧意姆制冷设备有限公司 |
| 43 | 省"双创博士"(科技副总类) | 万晓峰 | 南通超达装备股份有限公司 |

## 科技成果

**【概况】** 2016年,全市有4项科技成果获国家级行业科技进步奖,其中二等奖2项、三等奖2项;有14项科技成果获南通市科技进步奖,其中二等奖6项、三等奖8项。

### 2016年如皋市获南通市级以上科学技术奖情况

表71

| 序号 | 项目名称 | 承担单位 | 获奖类别 | 等级 | 所属镇(街道) |
|---|---|---|---|---|---|
| 1 | 固体酸催化剂外循环硝化反应技术在新型氮肥增效剂生产中的应用 | 江苏隆昌化工有限公司<br>南京师范大学 | 中国循环经济协会科学技术奖 | 二等奖 | 长江镇 |
| 2 | 超特高压输电线路防灾金具研发及其产学研合作 | 江苏天南电力器材有限公司<br>华北电力大学 | 中国产学研合作创新成果奖 | 二等奖 | 如城街道 |
| 3 | 绿色催化技术在芳烃硝化中的应用 | 江苏隆昌化工有限公司 | 中国石油和化学工业联合会科技进步奖 | 三等奖 | 长江镇 |

续表71-1

| 序号 | 项目名称 | 承担单位 | 获奖类别 | 等级 | 所属镇(街道) |
|---|---|---|---|---|---|
| 4 | 澄星综合体项目超大深基坑关键施工技术 | 江苏江中集团有限公司<br>中如建工集团有限公司 | 国家建设工程施工技术创新成果奖 | 三等奖 | 吴窑镇<br>如城街道 |
| 5 | 新型0.5T-10T叉车门架专用轴承的研发 | 江苏万达特种轴承有限公司 | 南通市科技进步奖 | 二等奖 | 如城街道 |
| 6 | 蛋鸽高效健康养殖技术集成创新和应用 | 如皋市畜牧兽医站<br>南通天之鹿鸽业养殖股份有限公司<br>如皋市金诚肉鸽专业合作社<br>江苏省家禽科学研究所<br>扬州大学 | 南通市科技进步奖 | 二等奖 | 如城街道 |
| 7 | POREL纳米聚酯功能纤维剪花色织面料关键技术 | 江苏顺远新材料科技股份有限公司<br>南通大学 | 南通市科技进步奖 | 二等奖 | 城北街道 |
| 8 | 特高压电网电力金具精密成型关键技术研究与应用 | 如皋市大生线路器材有限公司<br>南通大学 | 南通市科技进步奖 | 二等奖 | 城北街道 |
| 9 | 晶体光阀光学电流互感器 | 江苏思源赫兹互感器有限公司 | 南通市科技进步奖 | 二等奖 | 城北街道 |
| 10 | 750千伏复合横担 | 江苏神马电力股份有限公司 | 南通市科技进步奖 | 二等奖 | 如城街道 |
| 11 | 500千伏斜拉阻拦式防风偏绝缘拉索 | 江苏祥源电气设备有限公司 | 南通市科技进步奖 | 三等奖 | 城北街道 |
| 12 | 叠合式受弯预应力转换结构关键技术研究 | 中如建工集团有限公司<br>南京理工大学泰州科技学院 | 南通市科技进步奖 | 三等奖 | 如城街道 |
| 13 | 超(超)临界超大口径锻钢闸阀 | 南通市电站阀门有限公司 | 南通市科技进步奖 | 三等奖 | 城北街道 |
| 14 | Y型阀体螺纹连接高温高压截止阀 | 南通国电电站阀门股份有限公司 | 南通市科技进步奖 | 三等奖 | 城南街道 |
| 15 | 波浪纹型结构4英寸蓝宝石衬底 | 海迪科(南通)光电科技有限公司 | 南通市科技进步奖 | 三等奖 | 城南街道 |
| 16 | 双频双极化集束美化天线 | 江苏华灿电讯股份有限公司 | 南通市科技进步奖 | 三等奖 | 长江镇 |
| 17 | VISION商业轮转印刷机 | 如皋市中罗印刷机械有限公司 | 南通市科技进步奖 | 三等奖 | 如城街道 |
| 18 | YAN79NKS-1000A辊环及顶锤自动成型液压机 | 南通国谊锻压机床有限公司 | 南通市科技进步奖 | 三等奖 | 白蒲镇 |

## 知识产权保护

**【概况】** 2016年,全市新增专利申请5142件,其中发明专利申请1861件、实用新型专利申请1432件、PCT专利申请69件;获专利授权2422件,其中发明专利授权349件。万人发明专利拥有量15.60件。

年内,市科技局(市知识产权局)推进国家知识产权试点市建设工作。着力培育知识产权密集型企业,获批国家知识产权优势企业2家。推进规模以上企业专利消零和贯标工作,完成专利消零企业150家,通过国家知识产权管理贯标认证企业4家。组织开展保护知识产权执法行动6次,打击假冒知识产权行为,先后在大润发、文峰、乐天玛特、沃尔玛及各大药店开展执法活动,查处假冒案件60起。江苏翔晟重工有限公司获省知识产权维权项目援助资金30万元。9月,如皋市被省知识产权局确定为省知识产权强省建设区域示范县市创建单位。

(韩方舟)

## 地震监测

**【概况】** 全市设地震台1个、地震

如城实验幼儿园开展防震应急演练活动 （李海清摄）

宏观测报点9个。2016年，市地震局制订《2016年度如皋市震情监视和短临跟踪工作方案》，按照法律法规开展各项工作。指定专人负责设备与环境管理，依法保护地震监测设施和观测环境，确保地震台站运行良好，保证监测设备可靠性与数据连续性、真实性。市地震台和各地震前兆宏观监测点监测资料收集、传递、分析与上报率均为100%。全年地震宏观观测未发现异常。

【地震灾害防御】 年内，市地震局进一步加强群测群防工作，完善"三网一员"（地震宏观测报网、地震灾情速报网、防震减灾知识宣传网和防震减灾助理员）群测群防工作体系。结合农村危房改造，全年培训农村建筑工匠160余人。推进农村民居地震安全示范点建设，新建全市首家农村民居地震安全示范点。将防震减灾知识纳入国民素质教育体系、中小学公共安全教育纲要和各级领导干部及公务员培训教育的重要内容。全年举办防震减灾科普讲座3次，开展防震减灾知识进机关、进学校、进企业、进社区、进农村、进家庭活动10次，发放宣传资料2000余份（册），接受群众咨询1000多人次。

【地震应急救援】 年内，市地震局不断完善防震减灾应急预案，加强应急救援体系建设。与市委宣传部、市人民武装部（简称"市人武部"）、团市委、教育局、卫计委、科协等部门联合加强防震减灾志愿者队伍建设，在全市建立防震减灾志愿者队伍1个。至2016年年末，全市建有地震应急避难场所29处，其中Ⅰ类避难场所1处、Ⅱ类11处、Ⅲ类17处，避难场所总面积487091平方米。

（陆忠峰）

## 气象测报

【概况】 2016年，市气象局综合探测系统运行稳定。组织人员检查区域站社会化保障工作，确保仪器运行稳定，数据传输正常。新安装能见度仪、新型站和备份ZQZ-II型站均按时按规定进行校标，年底将备份站更换为DZZ4新型站。全年完成冬小麦、油菜、物候资料、土壤水分观测及对比资料正常业务并上传数据。农气、酸雨观测总错比为0.0%；气象探测业务质量达省气象局要求，全年地面综合气象探测业务质量指标99.89%，其中自动土壤水分观测数据资料传输及时率99.67%，综合探测业务质量维持在较高水平。

【气象服务】 年内，市气象局在春运、春播春耕、夏收夏种、三麦赤霉病防治、中高考、梅雨、台风、秋收秋种及重要节假日等气象服务中，发布预警信号70次、重要天气报告32期、专题气象服务材料214期，微博及微信公众号服务2000余次，月均发布服务短信3万余条，服务公众1万余人次。建立气象服务QQ群、政府决策气象服务微信群等，及时发布气象预报预警信息。年内，"如皋气象"新浪微博净增粉丝430个，日最高阅读量1万人次以上，"气象如皋"微信公众号新增关注558个，日最高阅读量985次。服务品牌"风云前哨"在市级机关工委组织的网友心中优秀服务品牌评选活动中，名列网友心中"十佳"优秀服务品牌第1名，互联网舆论宣传工作被市委宣传部《互联网工作情况专报》以"案例分析"形式专题报道。撰写农气服务材料、生态与农业气象80期，特色农业气象服务材料44期，开展田间农情调查活动20余次。因梅雨期多强降水、秋季多连阴雨，市气象局农气人员参与夏收夏种、秋收秋种进度巡查，深入田间地头指导,加强部门间信息共享与联动联防,力争将粮食作物损失降到最低程度。

**【气象科研】** 年内,市气象局的4项南通市气象科研开发项目通过结题验收。科普PPT《直面更热更早更涝的未来——"3·23"世界气象日》获气象南通市科普PPT比赛一等奖,《"莫兰蒂"台风暴雨技术总结》获2015—2016年南通市重大天气预报技术总结评比三等奖。全年发表技术论文4篇,其中,被核心期刊录用1篇,在全省气象学会第八届学术交流年会和第十三届长三角气象科技论坛上交流论文2篇。

**【气象科普宣传】** 年内,市气象局在借助市电视台、《如皋日报》等媒介平台基础上,拓展社会传播渠道,探索气象科普新模式。在微博、微信等平台上与公众互动,解读气象灾害,普及气象知识,提供防灾避险指南。在"3·23"世界气象日、"5·12"防灾减灾日、科普宣传周、安全生产月、暑期气象夏令营、"12·5"志愿者日等期间,开展系列气象科普活动,微信、微博线上线下互动,科普活动过程图文直播,电视等媒体全程跟踪报道。全年在《中国气象报》、中国气象局网站发表稿件各1篇,省气象局平台及地方媒体发表稿件60多篇。

**【防雷减灾】** 年内,市气象局通过跨部门联合执法、定期重点排查等方式开展防雷安全工作。与市安委会联合发文《关于做好2016年重点监管单位防雷防静电安全工作的通知》,进一步强化安全生产责任制。专项检查全市中小学及危化品企业防雷安全情况,联合南通市文广新局对水绘园实施文物建筑防雷检查。联合市安监局对南通东方石油化工港储、中油燃气等4家防雷重点单位实施专项检查。全面梳理全市易燃易爆危化品单位,根据《南通市危化品企业防雷安全专项检查方案》开展防雷安全检查,排查出南通康鑫药业有限公司等5家企业存在隐患,对其督促整改。开展权力清单梳理工作,新建、扩建、改建建筑物防雷装置竣工检测由审批前置中介服务转为审批受理后免费技术服务;精简防雷审批办理材料,减轻企业负担。与市安委会联合发文《关于加强施放气球安全管理工作的通知》,开展升空气球现场安全监管巡查活动,及时纠正和查处各类非法施放气球活动。对人工影响天气作业点规范性进行检查,按照新要求重新选点,取消原磨头作业点,新增高明作业点,适度调整江安和夏堡作业点。年内,市气象局人工影响天气业务通过省人工影响天气办公室安全督察,完成新火箭架安装及调试。

(刘　娟)

气象科普宣传志愿者为市民讲解气象知识　　(罗金茹摄)

## 科技普及

**【科普宣传】** 年内,市科协举办科普讲座122次、听众12170人次,组织科技人员开展科普咨询10次,发放宣传资料41种、6.9万份。联合市农委、市农林学会举办农业职业技能培训班和农产品电子商务培训,培训职业农民7360人,其中165人获职业技能证书。利用新媒体开展科普宣传,微信公众平台发布信息1000多条,《如皋日报》专版《如皋科普》每月出版1次、如皋电视台《科普大篷车》每周播出2次。在社区和学校安装科普e站设备10台,累计28台,联网状态下定期推送科普知识、动画、游戏,向市民推广科普知识。5月,牵头举办以"创新引领,共享发展"为主题的全国科技活动周暨如皋市第二十八届科普宣传周活动,组织送科技下乡8次、科普进校园活动5次,印发科普资料5.1万多份,举办科普讲座71次,设置科普橱窗116处,举办科普文艺专场演出、科普图片展,摆设科技、气象、普法、卫

科普志愿者走进九华镇营房社区宣传节能减排知识　（顾洪基摄）

生等咨询服务台12个。9月，举办以“创新放飞梦想，科技引领未来”为主题的“全国科普日”活动，开展科普进校园2次、科普进村（社区）9次。在全国农民科学素质网络知识竞赛活动中，全市参加比赛5万人次。

【科普示范体系建设】　年内，市科协新培育市科普示范镇2个、市科普示范村（社区）17个；南通市科普示范镇2个、科普示范村（社区）10个、科普教育基地1个、科普惠农服务站3个、“基层科普行动计划”先进项目1个；省级科普示范村（社区）1个、科普惠农服务站2个、科普教育基地1个。年内，全市科普示范体系建设获南通市级以上基层科普行动计划奖补资金29.5万元。市种植业协会被中国科协、财政部评为全国科普惠农兴村计划先进单位，市农林科技信息中心席日峰被中国科协、财政部评为全国科普惠农兴村带头人，江安镇周庄社区科普惠农服务站被评为省优秀科普惠农服务站，市华日水稻种植专业合作社科普惠农服务站被命名为省科普惠农服务站。

【青少年科技创新教育】　年内，市科协出台《全市青少年科技创新教育工作五年行动纲要》，明确今后5年如皋市青少年科技创新教育以深入推进青少年素质教育为准则，以培养青少年科学兴趣、创新意识和实践能力为主线，以科技知识普及、科技能力提升和科学素质培养为主要内容，以课程建设、队伍建设、设施建设、实践基地建设为主要抓手的总体思路，健全政府引导、学校主导、社会支持科技创新教育工作机制，分别从深化科技教育课程改革、建设科学教育特色学校、搭建科技创新活动平台、加快培养科技创新英才、构建校外科技教育机制、建强科技创新教育队伍6个方面明确5年内全市科技创新教育工作24项重点工作内容。组织全市科技教师开展STEM（科学、技术、工程、数学4门学科英文首字母缩写）项目、机器人、3D打印等课程培训，推进科普大篷车进校园。邀请东南大学教授周建中，中国科普作家协会、国防委员会副主任焦国力，省地震局巡视员张振亚，伊朗纳米专家侯赛因·吉拉尼分别开设中小学科技创新教育、“航空母舰的探秘”、防震减灾、纳米知识等科普知识讲座，全年邀请专家在如师附小、安定小学、外国语学校开展发明创造、纳米知识、健康安全、防震减灾、航空母舰等讲座9次。投资30万元，在如师附小建设机器人实验室1个。11月18—20日，组织选手参加第十届华东地区青少年机器人联赛暨2017VEX机器人美国国家公开赛选拔赛，在足球机器人竞赛项目中获季军（一等奖）、二等奖2个、三等奖4个；在IQ项目中获三等奖2个。如师附小获评“最佳未来之星”。

（王建华）

## 综 述

【概况】 2016年,如皋教育紧扣办人民满意教育总体目标,以建设省教育现代化示范区为统领,深化教育领域综合改革,深入实施素质教育,促进教育优质、均衡、特色、和谐发展。如皋市成为全省中小学校责任督学挂牌督导创新县(市、区)、全省社区教育示范区,通过国家教育资源公共服务平台规模化应用试点验收。如皋市教育现代化建设水平监测综合得分89.97分,列全省县(市)第5名。市教育局被评为国家义务教育质量监测实施县级优秀组织单位、南通市促进教育事业先进集体;学生资助工作绩效评价获省优秀等次。

【德育工作】 年内,市教育局印发《如皋市中小学(幼儿园)"生活德育·生态体验"五年规划(2016—2020年)》,推进德育工作生活化、课程化。加强社会主义核心价值体系、中华传统文化、文明礼仪教育,加强中小学心理健康教育和德育队伍建设。加强法治教育,组织教师参加南通市法治微课比赛,获一等奖7个。举办教育系统"讲好家庭故事,弘扬优良家风"教职工演讲比赛。如师附小被表彰为省文明单位(校园),如皋中学、市实验初中经复查确认继续保留省文明单位(校园)称号。6月15日,省对台交流基地揭牌仪式在如皋市青少年素质教育实践基地举行。7月,海外华裔青少年"中国寻根之旅"夏令营——南通营在市青少年素质教育实践基地举行,比利时、意大利、加拿大等国家和地区的51名华裔青少年参加活动。《中国德育》杂志第14期以《给学生一片成长的天地——聚焦江苏省如皋市生活德育》为题,专题报道如皋市学生生活德育工作经验。10月,市教育局、工业园区(如城街道)联合举办"践行八礼·濡养文明"道德讲堂。第九届中小学(幼儿园)德育工作暨第四届特色学校建设现场会在如城小学召开,全市各学校校长、部分家长代表、媒体界人士等观摩精品学生社团实践工作坊展示、学校特色项目现场展演等。11月,由省教育学会名校文化研究中心主办的传统文化与德育研究联盟暨明达教育成果展示活动在安定小学举行,省教育学会名校文化研究中心联盟学校,及全市各市直小学、各镇(区、街道)教育管理中心负责人300多人参加活动。

【素质教育】 年内,市教育局继续把特色建设作为深入实施素质教育的突破口。加强特色学校建设,新增省绿色、书法、心理等特色学校5所,至年末,全市有省级特色学校35所。加强大文科建设,强化阅读展示、考核、评估,如皋市课外阅读情况被《江苏教育》第1期专题报道。如皋中学学生胡子昂、顾宇庭,市第一中学学生王浩东、佘远迎作品在全省第十五届"中学生与社会"作文大赛中获一等奖。年内,市政府办出台《如皋市青少年科技创新教育工作行动纲要(2016—2020)》,强化科技教育。中国下一代教育基金会"少年硅谷"机器人实验室落户安定小学。加强学生体育工作,推进"每天锻炼1小时"活动、阳光体育运动和"体育、艺术'2+1'项目"。开齐上足艺术课程,举办艺术节,开展艺术活动,切实改进艺术教育。市教育局、体育局联合制订《如皋市校园足球改革发展三年行动计划(2016—2018年)》。市教育局出台《关于进一步加强体育、艺术教育工作的意见》,建立学校体艺教育督察考核和年度报告制度。何庄

新民小学剪纸版《清明上河图》展示　　　　（市教育局供稿）

小学龙腾青少年体育俱乐部被评为国家示范性青少年体育俱乐部。外国语学校获省青少年校园足球特色学校体育大课间评比一等奖。少体校学生陈子怡在第四十二届世界投掷单项大赛上夺冠。开发区戴庄小学成为省青少年科技模型运动活动基地。实施“非遗进校园”项目18个，新民小学剪纸特色、永平小学风筝特色、白蒲小学跳绳特色被中央电视台专题报道。4月25—26日，南通市小学科学阅读专题研讨活动在市外国语学校举行。8月1—5日，在全国少儿毽球比赛中，磨头小学毽球队获男子计数赛、女子计数赛、团体接力赛3枚金牌。10月12—16日，如皋开发区实验小学在“舞动中国”——排舞联赛全国总决赛串烧项目中获全国小学生甲组第1名，规定项目中获全国小学生甲组第2名。11月4—5日，市教育局举办全市中小学生阳光体育运动会，全市30支中小学生代表队参加8个组别、21个项目、122个单项比赛，11个项目11人次打破市纪录。11月22—25日，举办市第八届校园艺术节节目展演活动，281个文艺节目分片在全市各学校展演。11月，举办小学阶段2016年秋季“读书节”活动。12月，以“科学领航，绿色生活”为主题，举办第五届青少年科技节，举办青少年科技发明作品评比、青少年科技实践活动方案评比、“一气冲天”、纸牌搭高、塑珠道、“筷”乐腾飞等科技活动。与市体育局联合举行市校园足球总决赛。

【教育教学研究】 年内，市教育局深化“活动单导学”教学模式系列专题研究，开展合作学习、分层教学、学习评价等主题研讨活动。出台《如皋市中小学集体备课的指导意见》，加强集体备课指导。制定各学科学习习惯养成清单，举行“抓管理，促质量”习惯专题现场会，加强学生良好习惯养成教育。开通“微型课题镇（校）网络管理平台”，对课题动态管理。出版教育教学专著6本，在国家级刊物上发表论文49篇、省级刊物上发表论文2200篇。组织教师参加全省班会课设计比赛，获一等奖6个；参加南通市优秀班会课比赛，获一等奖7个，获奖数列南通第1位；参加南通市班主任论文比赛，获一等奖论文61篇，总数列南通第1名。教师发展中心教育科学研究部获第三届长三角教育科研优秀团队称号。

【师资队伍建设】 年内，如皋市加强联盟学区建设，加大年度考核权重。推进乡村教师定向培养计划，录取43名如皋籍本二线以上考生。出台《如皋市乡村教师支持计划实施方案（2016—2020年）》，如皋市乡村教师队伍建设经验做法先后在省教育厅、教育部专题会议上交流。健全师德师风常态化建设机制，加强师德师风建设。印发《如皋市中小学教师礼仪行为规范》，开展“十大美语”和“十大忌语”征集评选。在省教育厅师德满意度抽测中，满意率为96.17%。冒晓飞被评为南通市首届“十佳”师德之星，季小军获南通市第十三届园丁奖，崔娟和张鸣、韩敏（支教夫妻档）当选为2016年“感动南通·教育人物”（群体），郝霞当选“感动江苏教育人物”——2016最美幼儿教师，吴红芳当选“中国好人”。推进教师专业成长，建立乡村教师培育站2个。开展班主任基本功比武活动，获南通市一等奖3个、省一等奖1个。坚持应用驱动，推进教育信息化，获“领航杯”省信息化教学能手比赛一等奖2个、省小学科学技能大赛一等奖1个，在第四届全国中学理科说课比赛中，获国家级一等奖和省级一等奖各1个。开展“一师一优课、一课一名师”评比活动，132节课获评教育部优质课，占全南通市1/3。制定《“雉水校长讲坛”管理办法》。落实近600万专项经费，奖励优秀教师711人。年内，新增省特级教师6人（姚新国、赵永红、冒晓飞、章小英、陈志华、周兰梅）、省教学名师1人（郭姜燕）、省“333”高层次人才培养对象2人

(姜树华、朱爱华)、正高级教师2人(万国全、姜树华),新增南通市学科带头人53人、骨干教师73人、教坛新秀46人,3人被评为省优秀教育工作者。全年末,全市有省人民教育家培养对象1人(姜树华)、省特级教师16人、省“333”高层次人才培养对象5人、正高级教师6人,南通市“226”高层次人才培养对象13人、学科带头人100人、骨干教师105人、教坛新秀52人。

**【基础设施建设】** 年内,全市教育系统新开工项目27个,建筑面积70530平方米,其中年内竣工项目15个,建筑面积14674平方米;完成跨年度项目9个,建筑面积81717平方米。年内,7个学前教育工程被列入政府为民办实事项目,总投入6102.75万元,其中,九华镇营防幼儿园、下原镇花园幼儿园基本完成主体施工,如城街道城东幼儿园封顶,如皋开发区第三实验幼儿园、磨头镇场南幼儿园扩建工程完成招投标并签订施工合同,东陈镇东陈幼儿园教学楼工程、丁堰镇刘海幼儿园已挂网招标。完成校安工程项目3个(如皋中学教学楼、食堂,白蒲中学宿舍楼,石庄中学宿舍楼加固、改造工程),总加固面积14400平方米,总投资1099.1万元。

**【依法治教】** 年内,市教育局规范权力运行,被评为市依法行政先进集体。加强学校制度建设,学校章程审核、公布率100%。新增南通市依法治校示范校38所,南通市依法治校示范校占比98.9%。出台《如皋市校园超市(小商店)管理办法》,明确义务教育阶段学校(含幼儿园)不得开设校园超市(小商店)。开展“十佳”食堂、“十佳”司务长、A级示范食堂评选,对26名司务长轮岗。建立校园安全责任体系,53所学校获省平安校园称号,69所学校被评为南通市长安学校创建先进校。12月13日,全省学前教育经费投入制度建设研讨会在如皋召开。

**【教育督导】** 年内,如皋市完善责任督学挂牌督导工作机制,调整督学责任区为20个,新聘责任督学52人。承办苏中地区督导年会暨全国责任督学挂牌督导创新县创建工作会议,如皋市在会上作经验介绍。建成全省中小学校责任督学挂牌督导创新县(市、区),并被推荐申报全国中小学校责任督学挂牌督导创新县(市、区)。如皋被国家义务教育质量监测中心抽取为全国义务教育质量监测样本县,蝉联国家义务教育质量监测实施县级优秀组织单位称号。

**【困难学生资助】** 年内,市教育局贯彻落实国家政策性资助政策,确保没有学生因贫失学,全年资助学生45745人次,资助金额3743.03万元。其中:中职免学费18695人次,免学费金额2011.27万元;中职国家助学金资助学生1885人次、188.5万元;普通高中免学费270人,免学费22.68万元;核准享受高中国家助学金3248人次,资助324.8万元;落实义务教育阶段学生生活补助15059人次、866.24万元;资助学前教育儿童6588人次、329.54万元。全年办理新增生源地信用助学贷款313人,累计贷款257.54万元;当年收回助学贷款325笔,收回本息166.51万元。完成2015年学生资助绩效评价工作,该项工作获省优秀等次。开展社会捐助活动,据不完全统计,全年爱心机构(个人)资助家庭贫困学生1200多人,资助总额325万余元。市教育局被评为市慈善工作先进单位。

**【《沙元榘事略》首发式暨沙元榘教育思想研讨会】** 5月22日,市委、市政府在如皋中学举办《沙元榘事略》首发式暨沙元榘教育思想研讨会。

沙元榘(1880—1962年),字士度,如城人,清末廪生,南通师范学堂首届毕业生,如皋近代教育先驱者。他会同如皋其他教育先贤和办学同仁,同心协力,发展普通教育、女子教育、蒙养教育、社会教育、孤贫教育、盲哑教育,在如皋建成较为全面的教育体系。《沙元榘事略》(沙旅著)一书以年代为线索,

(市教育局供稿)

讲述沙元榘生平和他的日常言行，重现沙元榘在如皋的教育人生，展示如皋近代教育的精彩瞬间。

**【如皋市成为全国首批语言文字研究实验区】** 4月22日，如皋市获首批“全国语言文字研究实验区”授牌。

近年，如皋以贯彻落实《国家通用语言文字法》为重点，开展区域语言文字规范化达标乡镇创建工作，语言文字工作走向常态化、规范化、特色化，成为中国语言资源有声数据库建设第2批试点地区。至2016年年末，全市拥有语言文字规范化国家级示范校2所、省级示范校5所、省级诵读基地学校2所、南通市级示范校70所、南通市级书写教育特色学校16所。

**【北外附属如皋龙游湖外国语学校开工建设】** 12月16日，全市首家民办国际学校——北京外国语大学附属如皋龙游湖外国语学校开工建设。该校位于高新区(城南街道)城东路南侧、凰台路东侧、双龙路北侧，总用地面积22万平方米，总投资8亿元，涵盖幼儿园、小学、初中、普通高中和国际高中，办学规模暂定2550人。

(吴兴红)

## 学前教育

**【概况】** 全市现有幼儿园73所，在园幼儿33092人。其中：公办园66所，就读公办幼儿园幼儿30169人，占91.2%；民办园7所，就读民办幼儿园幼儿2923人，占8.8%。全市学前三年教育入园率99.2%。全市幼儿园教职工2928人，其中专任教师1912人。专任教师达标(中专)率100%。其中：研究生学历7人，占0.4%；大学本科学历者845人，占44.2%；专科学历者1060人，占55.4%。全市现有普惠性民办幼儿园6所，其中2016年新增1所(铁草幼儿园)。

**【优质幼儿园创建】** 年内，全市新增省优质幼儿园3所(如城街道西城园、光华园，高新区实验园)。至年末，全市拥有省优质幼儿园50所、南通市优质幼儿园5所。

**【幼儿园课程游戏化】** 年内，高新区实验幼儿园建成“咕咚堡”课程游戏化建设基地，占地面积3800平方米，总投资50万元。下原幼儿园“亲亲自然、乐乐童年”游戏化课程被纳入省幼儿课程游戏化项目，戴庄幼儿园“原色儿童村”课程、大明幼儿园“花开木荣”课程、石北幼儿园“自然教育”课程、场北幼儿园“乡野拾趣·缤纷童年”课程成为南通市幼儿课程游戏化项目。至年末，全市拥有省幼儿课程游戏化项目1个、南通市幼儿课程游戏化项目11个。

**【学前教育改革】** 年内，如皋市深化学前教育体制改革，出台《关于进一步加强幼儿教师队伍建设的意见》，健全幼儿教师队伍管理体制。为59所公办幼儿园办理事业单位设立登记，核定编制953个。10月24—25日，全省幼儿园课程改革现场推进会在如皋召开，全省各地级市、县(市、区)幼教教研员、幼儿教师代表200余人参加会议。与会人员听取省中小学教学研究室教研员毛曙阳所作题为《环境优化与品质提升》报告；分4个小组分别到如师附小幼儿园、外国语学校附属幼儿园、西城幼儿园、磨头镇磨头幼儿园、下原镇下原幼儿园现场考察观摩，并在相关幼儿园开展集中研讨、课程沙龙等活动，分享幼儿园课程改革经验。

## 义务教育

**【概况】** 全市现有小学54所，在校学生61448人，教职工3528人，其中专任教师3430人。现有初中23所，在校学生31919人，教职工2726人，其中专任教师2588人。2016年，初中毕业生升高中率49.8%。

**【义务教育均衡发展】** 年内，开发区实验初中易地新建工程，下原小学教学楼、磨头小学综合楼、郭园小学教学楼等12个跨年度校安工程交付使用。出台《关于进一步推进教师队伍“县管校聘”管理改革的意见》，统筹“全市统管、学区协调、学校聘用”管理体制改革，交流

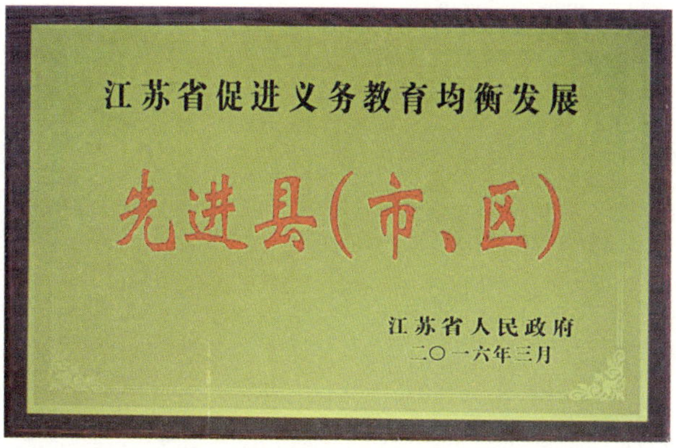


3月，如皋市被省政府命名为省促进义务教育均衡发展先进县(市、区)

(市教育局供稿)

教师371人。加强联盟学区建设,加大年度考核权重,促进义务教育均衡发展。年内,全市中考平均分为585.21分,高出南通全市平均分14分。如皋市被评为全省促进义务教育均衡发展先进县(市、区)。

【课程改革】 年内,全市中小学加强大文科建设,强化阅读展示、考核、评估。《江苏教育》第1期推介如皋市初中课外阅读活动情况。加强教学资源库建设,开设"雉水课堂",拍摄微课978节。"活动单导学"教学模式入选全省教育改革创新典型案例。年内,城北初中"慧读"项目被列为省课程基地建设项目,如师附小"小学'主题整合'课程实践研究"项目被列为省基础教育前瞻性教学改革实验项目。5月19—20日,南通市基础教育(初中)课程改革现场推进会在实验初中举行。10月21日,如师附小、白蒲小学、实验初中、搬经初中4所学校课堂教学创新成果亮相全省小学教学改革与创新现场观摩会暨第四届全国中小学课堂教学创新成果博览会。12月30日,人民网以《江苏如皋学校普及免费社团:学生视野宽了灵气足了》为题,深度解读如皋市学校社团建设经验。

【教育交流】 年内,安定小学与美国佐治亚州弗农山科研学校初步确定以分享课堂、分享教研、分享管理、分享环保实践及师生访学5个层面为主的结对交流构想,成功申报教育部组织的中美"千校携手"工程项目。市第一中学、如皋初中与澳大利亚亚历山大山中学签订友好学校。3月,如城小学组织28名学生对韩国仁川海源小学开展友好访问。

(冯建卫)

## 特殊教育

【概况】 市特殊教育学校现有班级13个,配备专任教师33人,在籍学生194人。2016年,全市残疾儿童入学率99.6%。作为南通市规模最大的聋儿语训机构,市特殊教育学校全年语训聋儿31人。3月,市特殊教育指导中心在市特殊教育学校成立。

年内,市特殊教育学校加强校本课程建设,"生存·生活·生命"校本课程被列为省课程基地建设项目。组织全体教职工为全市64名重度残障儿童,以送特教资讯、送基础知识、送康复技术、送生活技能、送爱心关怀等方式开展送教上门活动。全年安排2名特殊儿童到普通学校随班就读。9月25日,在第59个国际聋人节,与青草公益服务社联合在如皋大剧院举办庆祝"国际聋人节"特别活动暨"和你一样"大型公益晚会。9月,学前教育综合楼投入使用,建筑面积2500平方米,设学前听障幼儿语言康复训练中心、感觉统合训练室、多感官教室、蒙台梭利教室、心理咨询室、家政室等10多个功能室。11月10—11日,在全国首届特殊教育学校排舞公开赛中,市特殊教育学校教师组舞蹈《舞动中国》《注满舞池》获特等奖,智障组《三字经》获一等奖,听障组《唱首歌》《塞西莉亚》获二等奖,市特殊教育学校获团体总分第2名。12月,南通市"随班就读"课堂教学研讨活动在开发区实验小学举行。

(冯建卫)

## 高中教育

【概况】 全市现有普通高中8所,其中四星级高中6所、三星级高中2所;有班级380个;在校生15854人;教职工2110人,其中专任教师1901人,专任教师学历达标率100%。其中:研究生学历者172人,占9.0%;具有中学高级职称者563人,占29.6%。易地新建长江高中,石庄中学综合楼及如皋中学、白蒲中学等学校加固改造工程交付使用。

【普通高中课程改革】 年内,白蒲中学成为南通市课改样板学校,构建学科、班级、学校三级评价机制。石庄中学"人文体育"被列入省课程基地建设项目。至年末,全市有普通高中课程基地5个。

【学业水平测试】 年内,全市报考普通高中信息技术学业水平测试考生5464人,其中高二5437人、高三27人,比上年减少432人,一次性合格率99.72%。参加普通高中学业水平测试考生5781人,比上年减少417人。达AAAA级2213人,人均获加分2.96分;选修学科双B及以上达成率87.83%,列全省第1位。

【高考】 2016年,全市有普通高校招生统考考生6478人,被高职院校提前单招录取505人,较上年增加213人。实际参加普通高校招生统考考生5923人,比上年减少552人。其中:报考普通高校类考生6087人(文科1615人、理科4472人),比上年减少77人;体育类考生10人,艺术类考生365人。全市普通高中本科上线4709人，本一上线率32.18%，本二以上上线率79.71%、列全省第1位，高分段（全省前8000名）人数710人，较历史上最多的2015年增加181人，其中8人列全省前100名。录取总人数6180人，录取率95.4%。其中：本科录取5391人（普通高考本科和职教对口高考本科），占录取总数87.23%；专科录取284人。飞行学员录取6人，其中空军飞行员录取3人（占全省10%）、海军航空兵录取3人（占全省15%）。市教育局连续28年获省空军招飞工作先进单位称号。如皋中学入围2016年全国自主招生500强中学排行榜第70名（在南通位列第1位）。

（冯建卫　阚先锋）

**2016年全国部分高校（本科）录取如皋考生情况一览**

表72

| 院校名称 | 类别 | 录取人数 | 院校名称 | 类别 | 录取人数 |
|---|---|---|---|---|---|
| 北京大学 | 文科 | 1 | 河海大学 | 文科 | 3 |
| 清华大学 | 理科 | 1 | 南京航空航天大学 | 理科 | 31 |
| 清华大学 | 文科 | 1 | 南京航空航天大学 | 文科 | 6 |
| 南京大学 | 理科 | 13 | 南京航空航天大学 | 艺术美术 | 1 |
| 南京大学 | 文科 | 6 | 南京理工大学 | 理科 | 31 |
| 东南大学 | 理科 | 23 | 南京理工大学 | 文科 | 3 |
| 东南大学 | 文科 | 1 | 南京理工大学 | 艺术美术 | 1 |
| 中国人民大学 | 理科 | 1 | 南京师范大学 | 理科 | 38 |
| 复旦大学 | 理科 | 6 | 南京师范大学 | 文科 | 13 |
| 复旦大学 | 文科 | 1 | 南京师范大学 | 艺术类 | 3 |
| 同济大学 | 理科 | 4 | 南京师范大学 | 艺术美术 | 7 |
| 上海交通大学 | 理科 | 8 | 苏州大学 | 理科 | 102 |
| 浙江大学 | 理科 | 2 | 苏州大学 | 文科 | 19 |
| 浙江大学 | 文科 | 1 | 北京航空航天大学 | 理科 | 3 |
| 浙江大学 | 艺术美术 | 1 | 北京理工大学 | 理科 | 1 |
| 河海大学 | 理科 | 26 | 哈尔滨工业大学 | 理科 | 4 |

## 中等职业教育

**【概况】** 全市现有中等职业学校2所，即如皋中等专业学校（简称“如皋中专”）、如皋第一中等专业学校（简称“如皋第一中专”）。全市现有职业高中生9055人。2016年，招收高一新生3253人，毕业2229人。两所中专共有专任教师645人、专业教师492人，“双师”（同时具备理论教学素质和实践教学素质）型教师占比78.08%，兼职教师占比16.12%，专任教师本科以上学历者占比86.2%，专任教师研究生学历者占比20.78%，专任教师高级职称教师占比44.8%。2016年，新增专业教师143人、“双师”型教师32人、硕士以上学历教师48人。全市职业教育毕业生“双证”（学历证书、职业资格证书）率100%。如皋第一中专创建省高水平现代化职业学校工作通过省教育厅验收。

**【专业建设】** 全市现有国家级实训基地2个，省级品牌专业7个、特色专业5个。年内，如皋中专机电技术应用专业群被省教育厅认定为中等职业教育现代化专业群。如皋第一中专赵永红服装创艺名师工作室被省教育厅认定为省职业教育名师工作室。4月，市教育局举办职业学校教学大赛，组织3个项目19个大类专业比赛。选拔优秀选手参加南通市和全省课堂教学大赛，在两级大赛中获一等奖总数和总积分均位居南通各县(市、区)第1名，其中获省课堂教学大赛一等奖2个，在全省所有县(市、区)中名列第1名。9月，举办市职业学校技能大赛，组织12个大类竞赛项目70个。选拔优秀选手参加省职业学校技能大赛，获一等奖5个。

**【对口高考】** 年内，全省对口高考本科录取计划比上年减少1000人，全市1309名职业学校学生参加对口高考。本科上线人数669人，占全省本科计划1/7；本科上线率51.1%，是全省本科上线率3倍，连续12年列全省第1名。参考的14个专业中11个专业总平均分居南通第1名，3个专业总平均分居南通市第2名；所有专业技能总平均分居南通第1名，超过第2名11分。如皋中专本科上线人数和上线率在全省所有职业学校中均名列第1位，如皋第一中专本科上线人数和上线率分别名列全省第3和第2位。

**【毕业生就业】** 年内，如皋中专和如皋第一中专开展校企合作，组织毕业生841人到当地企业就业，当地就业率91%。推进现代学徒制试点，通过学校、企业深度合作与教师、师傅联合传授，培养学生技能，实现专业设置与产业需求对接、课程内容与职业标准对接、教学过程与生产过程对接、毕业证书与职业资格证书对接、职业教育与终身学习对接。如皋第一中专服装与设计专业被列为省教育厅现代学徒制试点项目，如皋中专机电技术应用专业被列为南通市教育局现代学徒制试点项目。全市毕业生实现就业率99%。

(陈 斌)

**2016年全省对口高考如皋各职业学校本科线上线情况一览**

表73

| 专业 | | 建筑 | 机械 | 机电 | 电子电工 | 计算机 | 化工 | 农业 | 财会 | 市场营销 | 旅游 | 艺术 | 烹饪 | 汽车 | 纺织服装 | 体育 | 合计 |
|---|---|---|---|---|---|---|---|---|---|---|---|---|---|---|---|---|---|
| 2016年本科线(分) | | 802 | 685 | 722 | 784 | 751 | 776 | 736 | 810 | 710 | 745 | 248/210 | 691 | 757 | 733 | 516 | — |
| 全省2016年本科计划(人) | | 200 | 455 | 500 | 480 | 675 | 200 | 125 | 535 | 290 | 265 | 680 | 165 | 80 | 120 | 230 | 6000 |
| 如皋 | 实考生总数(人) | 98 | 83 | 166 | 123 | 165 | 77 | 80 | 83 | 85 | 56 | 68 | 51 | 81 | 93 | — | 1396 |
| | 本科上线数(人) | 61 | 48 | 85 | 48 | 97 | 32 | 24 | 47 | 49 | 26 | 24 | 33 | 46 | 49 | — | 873 |
| | 上线率(%) | 62.2 | 57.8 | 51.2 | 39.0 | 58.8 | 41.6 | 30.0 | 56.6 | 57.6 | 46.4 | 35.3 | 64.7 | 56.8 | 52.7 | — | 62.5 |
| | 占取全省份额(%) | 30.5 | 10.5 | 17.0 | 10.0 | 14.4 | 16.0 | 19.2 | 8.8 | 16.9 | 9.8 | 3.5 | 20.0 | 57.5 | 40.8 | — | 14.6 |
| 如皋中专 | 实考考生数(人) | 55 | 49 | 105 | 80 | 97 | 39 | 50 | 48 | 48 | 32 | 45 | 35 | 48 | 49 | — | 764 |
| | 本科上线数(人) | 34 | 32 | 58 | 35 | 59 | 15 | 15 | 26 | 27 | 19 | 20 | 22 | 28 | 27 | — | 463 |
| | 上线率(%) | 61.8 | 65.3 | 55.2 | 43.8 | 60.8 | 38.5 | 30.0 | 54.2 | 56.3 | 59.4 | 44.4 | 62.9 | 58.3 | 55.1 | — | 60.6 |
| | 占取全省份额(%) | 17.0 | 7.0 | 11.6 | 7.3 | 8.7 | 7.5 | 12.0 | 4.9 | 9.3 | 7.2 | 2.9 | 13.3 | 35.0 | 22.5 | — | 7.7 |
| 如皋第一中专 | 实考考生数(人) | 43 | 34 | 61 | 43 | 68 | 38 | 30 | 35 | 37 | 24 | 23 | 16 | 33 | 44 | — | 632 |
| | 本科上线数(人) | 27 | 16 | 27 | 13 | 38 | 17 | 9 | 21 | 22 | 7 | 4 | 11 | 18 | 22 | — | 410 |
| | 上线率(%) | 62.8 | 47.1 | 44.3 | 30.2 | 55.9 | 44.7 | 30.0 | 60.0 | 59.5 | 29.2 | 17.4 | 68.8 | 54.5 | 50.0 | — | 64.9 |
| | 占取全省份额(%) | 13.5 | 3.5 | 5.4 | 2.7 | 5.6 | 8.5 | 7.2 | 3.9 | 7.6 | 2.6 | 0.6 | 6.7 | 22.5 | 18.3 | — | 6.8 |

#说明：如皋第一中专参加省级及省级以上技能大赛获奖直升本科生6人，其中机电专业1人、计算机专业5人

## 成人教育和社会教育

**【成人高考】** 年内,全市成人高考报名1432人,录取专升本532人、高起专616人、高起本9人,合计1157人,录取率80.80%。

**【自学考试】** 年内,全市自学考试报名2461人次,比上年增加465人次。大专毕业28人,本科毕业39人。

**【现代农民教育培训】** 2016年,全市社区教育工作以实施现代农民教育培训工程为主体,广泛开展各级各类社区教育培训活动。全市举办各类培训班1102个,培训52万多人次,其中,现代农民教育培训工程培训1.2万人次,劳动力转移培训2.5万人次,“农村妇女网上行”培训241人次,老年教育3万多人次。全市累计在县级以上网站、刊物上发布社会教育信息360多条,其中国家级网站、刊物录用信息23条,省级网站、刊物录用信息79条。

(宋寿山)

**【老年教育】** 市老年大学设班级33个,在聘教师36人,在校学员630人。开设文学、书法、国画、民间文学、中国近代史、中国传统文化、葫芦丝、旅游地理、英语、舞蹈、音乐、电脑等28门课程。

年内,市老年大学改善教学设施,为每个教室安装空调、防盗视频监控系统,配备教学专用平板电视,添置课桌椅60套、讲台6张、大教室多媒体教学设备1套,拓宽改造多功能教室舞台和灯光设备,在走廊里安装流动字幕电子显示屏和电子打钟上课铃,设立电子琴专用教室。光纤宽带网实现校园全覆盖。在省老年大学协会举办的老年大学教材评选和交流展览中,市老年大学教师编写的教材《舌尖上的如皋》《如皋民间文学》《家庭养花》《旅游地理》《果树栽培与管理》获评优秀教材,1人被评为全省老年教育百佳优秀教师,1人被评为全省“十佳”文化老人。市老年大学被评为全省老年大学教材建设先进单位。市老年大学艺术团快板说唱《夸夸老年人权益保障法》、古典舞《最忆是江南》在市委老干部局第三届退休干部才艺大赛中获二等奖。全校师生在《中国老年报》《老年教育》《老年周报》和《如皋日报》等报刊发表教学体会、报道或创作作品48篇。3月9日,江苏省示范老年大学在市老年大学揭牌。10月,组织师生参加市人力资源社会保障局举办的全市退休人员“颂党恩、爱祖国、赞家乡”书画摄影作品和声乐比赛,获书法类一等奖1个、二等奖3个、三等奖2个,绘画类一等奖1个、二等奖2个、三等奖4个,摄影类一等奖1个、二等奖3个、三等奖5个,声乐类二等奖1个。11月,摄影班师生作品在“江苏银行杯”国际风筝节摄影比赛中获一等奖1个、二等奖2个、三等奖3个。

(时益平)

**【如皋开放大学】** 2016年,如皋开放大学与大连理工大学、福建师范大学、中国石油大学等8所名校合作办学,开设行政管理、财务管理、工程管理等专业100多个。年内,招生1380人,毕业1430人。年末,在读学员4465人。

年内,如皋开放大学立足于培养多元化素质学员。开放教育网上学习小组被江苏开放大学评为优秀学习小组;组织学员参加福建师范大学网络与继续教育学院网络教育歌咏大赛,获一等奖。强化教职工教学质量意识,教学质量在全省县级开放大学办学系统中位居第1名,被评为江苏地区2016年度优秀学习中心,获中央广播电视大学现代远程教育公共服务体系2016年度最佳贡献奖。在中央广播电视大学奥鹏远程教育中心优秀教育工作者、优秀班主任评比中,3人被评为优秀教育工作者,3人被评为优秀班主任。2人被江苏开放大学评为优秀教师,2人获江苏开放大学网上教学活动设计优胜奖。

(刘 晖)

**【终身教育活动周】** 11月20—27日,市教育局举办市第二届终身教育活动周活动,开办市级专家讲座3场、镇(区、街道)讲座23场,征集专题经验总结21篇,制作专题展板80多件,开展专项培训86次,2万多人次参与活动。

**【国家级农村职业教育与成人教育示范县创建】** 年内,如皋市紧扣“三农”发展需求,大力发展农村职业教育和成人教育。如城街道成功创建国家级社区教育示范乡镇,九华镇、石庄镇、搬经镇社区教育中心建成省标准化社区教育中心,如城街道、城北街道成为全省首批社会教育百强单位,城北街道北郊花苑社区居民学校等35个社区居民学校建成省级标准化居民学校。11月,如皋市被教育部列为国家级农村职业教育与成人教育示范县创建单位。

(宋寿山)

## 学校选介

**【如城光华幼儿园】** 创建于2014年8月，位于如城街道桃源路318号，是全市首家融合教育和南通高等专科学校学前教育科研实验基地。占地面积14644平方米，建筑面积11716平方米，总投资3400万元。以塑造品质、启蒙希望，为孩子终身发展奠定基础为办园宗旨，以在生活中体验，在体验中享受童年时光为办园理念，以学会做人、学会做事、学会求知、学会共处为培养目标，着眼回归本真的体验式学习，打造“生活教育”园本特色。现有教职员工81人，其中南通市骨干教师1人、如皋市骨干教师1人、如皋市教学能手 3人，先后通过南通市优质幼儿园、省优质幼儿园验收，获中国关心下一代委员会“妈妈您最美”示范园、南通市绿色学校等称号。

光华幼儿园开展“关爱你我他”活动。图为孩子们拥抱保安爷爷 （市教育局供稿）

**【搬经镇夏堡小学】** 创建于1965年，总占地面积16183平方米，建筑总面积6953平方米。现有师生近700人，拥有市学科带头人、骨干教师、教坛新秀等优秀教育人才12人。围绕养成好品格、形成好习惯、练就好本领育人宗旨，秉承“笃实”校训，致力于书香校园、阳光校园、特色校园建设，先后获省平安学校、南通市语言文字规范化示范学校、南通市非物质文化遗产传承基地学校、南通市体育先进学校。注重习惯养成教育，承办市第一届“抓管理促质量”习惯教育现场会。莲湘和篮球项目先后参加南通市体艺“2+1”现场会和市阳光体育运动会开幕式展演，校篮球队参加南通及如皋比赛分别获第3名和第1名。莲湘社团被评为市优秀社团，校本课程“古诗文诵读”被评为南通市优秀校本课程。学生在市级以上报刊发表习作近30篇。老师参加全市级优课评比、基本功大赛中获奖10多人次。

**【开发区实验初中】** 坐落于城北街道惠民路与万寿路交汇处，建筑面积2.8万多平方米，办学规模为16轨。以开明、开放、开拓为办学理念，以“行胜于言”为校训，以“分层活动导学”教学模式为突破口，以书香校园、法制教育为办学特色。拥有南通市和如皋市级学科带头人、骨干教师、教坛新秀、教学能手35人。20多名学生参加各级各类竞赛获等级奖，其中张刘缘创作的作文在全省“中学生与社会”作文大赛中获一等奖。

**【长江高级中学】** 位于长江镇(如皋港区)教育路6号，前身为薛窑中学(白雁桥中学、二案中学高中部先后并入)，2016年6月因教育区划调整整体搬迁至长江镇并更名为如皋市长江高级中学。学校占地面积12万平方米，总投资3亿多元，一期工程于2016年9月正式投入使用。现有教学班36个，学生1500多人，教职员工200多人。80多位老师获各级各类优秀教育人才称号，30多位老师获得或在读教育硕士学位。学校遵循让每个学生都成才办学宗旨，全力打造“大美长中”教育品牌，着力打造“大爱铸校”“质量立校”“特色强校”“文化润校”4张名片。

（吴兴红）

## 文化设施

### 镇村公共文化服务体系

【概况】 2016年年末，全市有乡镇文化站14个。丁堰、九华、搬经、石庄4个镇新型文体中心达到5000平方米，14个镇（区、街道）文化广场均在15公顷以上，265个村（社区）文化活动室面积200平方米，270个村（社区）文化广场0.5公顷以上。全市村（社区）农家书屋实现全覆盖，有文化信息资源共享终端346个，图书馆分馆14家、文化馆分馆4家。全市有110个村（社区）公共电子阅览室拥有电脑10台以上，其他村（社区）电子阅览室拥有电脑1—6台。年内，各镇村全面落实公共文化服务阵地免费开放制度，定期发布文化信息，组织开展群众文化活动，阵地开放率100%。

【基层综合文化服务中心建设】 年内，如皋市推进基层综合文化服务中心建设，出台《关于推进现代公共文化服务体系建设的实施意见》《关于加快推进基层综合文化服务中心建设的实施意见》等文件，举办基层综合文化服务中心建设专题培训班，以九华镇、丁堰镇、城北街道3个文化站和城南街道桃北村、搬经镇湖刘社区、磨头镇天阳村3个村（社区）先行试点。全年新建镇（区、街道）综合文化站3个、图书馆分馆4个、文化馆分馆4个和村（社区）综合性文化服务中心67个，并通过省级验收。

### 公共图书馆

【概况】 全市现有市图书馆、市少儿图书馆2家公共图书馆，均为国家一级图书馆。全市现有农家书屋、社区书屋345家。

【市图书馆】 市图书馆总建筑面积约10153平方米，设期刊借阅室，视障阅览室，少儿借阅室，亲子活动室，少儿电子阅览，视听、动漫室及图书借阅室，新市民读者俱乐部，电子阅览室等。现有藏书106.207万册、电子图书8.5293万册。年内，采购图书27.08万册，订购期刊590种。全年办证1.04万份，接待借阅人员25.3万人次，借阅图书32万册。编制《书香信息服务（机关事业版）》12期，发放720份；编制《数字图书馆使用手册》《读者服务手册》《少儿数字图书馆使用指南》，发放400余份。加强数字图书馆建设。更新完善“手机图书馆”APP，全年新增电子书3000册，年末，手机客户端拥有电子书3万册。新增博看电子期刊阅览器1台，拥有电子期刊3000余种。“书香如皋”“如皋市图书馆”微信公众号累计发布信息142期，总阅读量2万次。加强图书馆总分馆制建设。全年新建驻如部队分馆、市航道管理站图书分馆、白蒲小学分馆和南通市首个服务船民的“水上流动书屋”图书借阅点、法华寺图书流动服务点，累计赠送政治文学读本514册、少儿读物3000册，免费办理图书证178份。全年累计为各图书馆分馆（站）配送图书3万余册。年末，市图书馆在全市共有分馆30家、流动服务点19处。全年开展“七彩的夏日”“缤纷的冬日”等未成年人系列活动60次，举办各类讲座、培训、展览54次，参与人数3.6万人次。在中国图书馆学会组织的“信息时代，数字未来” 2016年数字图书馆业务技能竞赛中，市图书馆有7人获评2016年数字图书馆业务技能能手，填补南通市空白。市图书馆获国家图书馆颁发“文津图书奖”

联合评审单位证书。

【市少儿图书馆】 市少儿图书馆总面积6500平方米,设低幼儿阅读室、亲子活动室、少儿图书借阅室、儿童影院、电子阅览室、少儿自习室、视频播放室、少儿辅导培训中心、少儿图书采编室、乒乓球室等。年内,市少儿馆采购图书1.12万册,订购期刊100种。全年办理借书证6012份,接待读者11.6万人次,外借图书14.8万册次。"读书直通车"全年为400多位读者采购图书600多册。成立高新区幼儿园图书借阅点,配书近1000册,免费办证700多份。全年举办"七彩的夏日""缤纷的冬日"系列活动、"红色记忆"经典连环画展、妈妈故事大赛等各类少儿、亲子活动56次。举办"亲子共读,传习礼仪"竞赛,全市4000多对母子参赛,选送3个作品参加南通市亲子共读比赛,获一等奖2个、二等奖1个。市少儿图书馆获优秀组织奖。开展红领巾读书征文评奖活动,收到征文100多篇,选送7篇参加南通市读书征文活动,获一等奖3篇、二等奖1篇、三等奖3篇。市少儿图书馆获优秀组织奖。

## 博物馆

【概况】 全市现有各类博物馆和具有博物馆性质的纪念馆、艺术馆17家,其中国有及行业性博物馆13家、民办博物馆4家。

【市博物馆】 市博物馆为中国博物馆协会团体会员,建筑面积9973平方米,设"秀水流韵"历史文化展、"秀水群英"名人展、"常绿家园"自然展、"物华天宝"藏品展四大基本陈列,另有临时展厅。馆藏瓷器、书画、铜器、玉器、印章五大类,共1841件套。

年内,市博物馆接待观众10万余人次,接待各地旅游团体等50批约1.2万人次,接待在校学生约2万人次、闲散游客约2万人次。全年开展"文博之旅""5·18"国际博物馆日等活动80场。8月25日—9月25日,首次引进江苏省三大馆藏精品文物展("暑运时成"

### 如皋市博物馆、纪念馆、艺术馆一览

表74

| 馆　名 | 地址 | 性质 |
|---|---|---|
| 市博物馆(老馆区) | 迎春桥西河边公园路16号 | 国办 |
| 市博物馆新馆区 | 市文化广场 | 国办 |
| 李昌钰刑侦技术博物馆 | 迎春桥西河边1号 | 国办 |
| 李昌钰刑侦科学博物馆 | 圃园新路199号 | 国办 |
| 安定先生纪念馆 | 水绘园风景区内 | 国办 |
| 李渔纪念馆 | 迎春桥西河边1号 | 国办 |
| 市城市规划展示馆 | 市文化广场 | 国办 |
| 市科技展示馆 | 市文化广场 | 国办 |
| 中国工农红军第十四军纪念馆 | 福寿东路148号 | 国办 |
| 长寿博物馆 | 水绘园风景区内 | 国办 |
| 鲁班祠 | 水绘园风景区内 | 国办 |
| 中国师范教育博物馆 | 学宫路 | 国办 |
| 如皋中学校史馆 | 如皋中学内 | 国办 |
| 如皋市工艺丝毯博物馆 | 碧霞路靖海门内 | 民办 |
| 中华长寿博物馆 | 解放西路 | 民办 |
| 江苏盆景博物馆 | 益寿南路279号 | 民办 |
| 戴氏家藏博物馆 | 中山路220号 | 民办 |

如皋市博物馆　　（市文广新局供稿）

古代钟表展、“金玉满堂”江宁博物馆馆藏金银玉器展、“美哉灵鉴”仪征出土汉代铜镜精品展)，累次参观近1万人。11月9日，省文物局局长刘谨胜到市博物馆考察。

(马 洁)

【李昌钰刑侦科学博物馆开馆】 11月5日，李昌钰刑侦科学博物馆开馆。美国专家学者代表团、中国台湾专家学者代表团、国内政法类高校专家学者、国务院侨务办公室副主任谭天星、广东省人大常委会副主任罗娟、最高人民检察院检察技术信息研究中心主任赵志刚等参加活动。

该博物馆位于如城南郊如皋绿园内，于2015年10月开工建设，工程总投入2600万元，建筑面积3100平方米。馆内分成长、家庭、著作、成就、收藏、案件六大核心展区和多功能厅、案件分析室、培训室、情景模拟室等辅助功能区，展出各种标本、模型和刑侦工具31套，荣誉证书、奖牌共256件，各类照片、书籍、邮票、字画、卷宗、碟片、明信片104份，各种展板、雕像、茶杯、陶罐、请柬、证件、饰品、纪念牌、工艺品70份。年内，该馆接待游客6000余人。

(范 越)

## 文化馆

【概况】 市文化馆为国家一级馆，建筑面积10255平方米，有报刊阅览室、电子阅览室、弈棋室、棋牌室、京剧票友活动中心、新市民文化俱乐部、健身房、桌球室、乒乓球室、舞蹈排练室、展览厅、多功能厅、演艺厅、录音棚等活动室。

年内，市文化馆举办声乐、舞蹈、主持、国画、素描、小提琴、钢琴等免费艺术培训3期，其中春、秋季成人班各1期，夏季少儿班1期，学员近1000人。全年辅导市民业余艺术团体、社区、企业、机关、学校群众文艺骨干2000余人。成立文化馆实验艺术团，招聘舞蹈志愿者23人，编排《茉莉花》《让我们舞起来》等大型舞蹈节目，在市级重大文化活动中承担部分表演节目。元旦、春节期间，举办“缤纷的冬日”少儿专场文艺演出、“迎新春”楹联大派送、元宵灯谜竞猜晚会等活动，免费播放电影3场，组织“新春七天乐”专场文艺演出7场。举办如皋进京书法作品展、摄影家协会会员艺术作品展、青年美术家协会会员作品展、精彩江苏美术家作品巡展等各类展览10期。全年举办“雉水之夜”龙游河专场演出9场，在磨头机场、森松重工、文峰大世界等地举办“雉水之夜”演出“六进”系列活动9场。开展掼蛋、象棋、乒乓球、台球、桥牌等各类文体赛事8次，参与人次1000余人次。周周乐市民剧场放映免费电影60余场，举办演出10余场。“城市之光”吴学根山水画写生作品展在南通市个簃艺术馆展出；“大通朴心”吴学根山水画展在南通文联“文艺之家”美术馆、启东文化馆、如东文化馆展出。如皋进京书法作品展在北京钓鱼台国宾馆展出1周。市文化馆被省委宣传部表彰为第五届宣传部“服务农民、服务基层”先进集体。

“雉水之夜”之“潮起龙游”广场文艺演出现场 (王 俊摄)

## 影剧院

【概况】 年内，全市新增影剧院7个，其中市级4个、乡镇级3个。至年末，全市有影剧院13个，其中市级8个、乡镇级5个。

## 群众文化

【概况】 2016年，全市组织送戏下乡75场，送书2.68万册，送电影2015场，送展览34场次，送培训11726人次。

年内，文广新局以全市“雉水之夜”、第二十一届民营表演团体节目调演、第三届公共文化服务展示月、“4•23”全民阅读日暨第三届李渔读书节等重大文化活动为牵引，实施精准服务、高效服务和优质服务。举办第二十一届民营表演团体节目调演，全市30余家民营表演团体的40多个节目同台竞技。举办原创舞台作品征集活动，评选一等奖1件、二等奖2件、三等奖4件、优秀奖14件。组织36件原创舞台作品举办调演活动。

【书香城市建设】 年内，市文广新局在全市实施农家书屋提升工程，新增南通市四星级农家书屋15家；建成南通市首个服务船民的“水上流动书屋”和驻如部队、部分寺庙图书馆分馆；推动数字图书馆建设，完善新华书店、城乡阅报栏、报刊亭以及文保单位、车站码头、宾馆饭店阅读空间建设。举办“4·23”全民阅读日暨第三届李渔读书节，把现场直播连接的高科技手段融入读书节活动，全市1个主现场和18个分现场整体联动，开展播放专题片、表彰奖励、好书荐读、节目表演等常规活动和李渔书籍首发式、主分现场连接、“书香如皋”微信公众号首发式等独创活动。

【中国足球协会乙级联赛开幕式文体表演】 4月16日，中国足球协会乙级联赛开幕式文体表演活动在市奥体中心举行。文体表演活动由“打开春天”“南通好家园”“超越”3个部分组成，以荡旱船、挑花担、舞龙、舞狮、莲湘、旗操、倒花篮、交谊舞、木兰扇、太极拳、独轮车等节目，展示南通足球发展的春天、大美南通和谐家园，2000名足球少年各种足球花样表演，体现超越自我、更快更高更强的体育精神。中央电视台体育高清频道和江苏卫视体育休闲频道现场直播。

【“雉水之夜”龙游河专场演出】 8月10日—9月20日，市文广新局牵头，联合市委宣传部、市公安局、市城乡住房建设局、市城管局等部门，在龙游河生态公园，先后以“潮起龙游”“幸福家园”“改善环境质量，推动绿色发展”“御龙飞歌”“法治创和谐”“关爱女孩携手行”“中国梦，劳动美”“民生为本，人才优先”“阳光下成长”为主题，举办“雉水之夜”广场文艺演出9场，参与演员1600人次，表演节目130个，吸引观众约5万人次。

【第三届公共文化展示月活动】 10月1日—11月30日，市文广新局在全市组织开展第三届公共文化展示活动，安排活动近100项，涵盖舞台艺术精品、展览展示、书法绘画摄影、艺术品欣赏、文化遗产保护、全民阅读、镇村活动七大板块。其中市级重点活动16项，邀请媒体和人大代表、政协委员“走基层，看文化，谈发展，促繁荣”，邀请留守儿童、新市民、老党员、残疾人“请进城·共享文化美”，举办“草根文化十月飘香”市优秀舞台作品展演、“风从东海来”浙江温岭走进如皋文艺演出、如皋·如东文化交流演出、“阳光下成长”中小学优秀文艺节目调演、“桂花飘香·相遇经典”全民阅读诗文朗诵大赛、“创意创造价值·设计改变生活”文化创意设计大赛作品展示、南通市级以上非物质文化遗产展示会、“东皋印社”会员作品展、“阅读圆梦想，影像留书香”全民阅读摄影展、“‘宝’罗万象，淘你所想”靖海门艺术品品鉴会、“悦读在行动”如城地区少儿演讲比赛、“翰墨书香溢满城”如皋文学名人展等活动。

中乙足球联赛开幕式文体表演之足球花样表演　　（花志军摄）

## 文艺创作

参见P93同名条目

## 遗产保护

【物质文化遗产保护】 全市现有文物保护单位54个，其中国家级2个(水绘园、如皋公立简易师范学堂旧址)、省级4个(东水关、文庙大成殿、集贤里明清民居、白蒲镇明清民居古建筑群)、南通市级3个(定慧寺、戴联奎墓石刻、何坤墓)、如皋市级45个(年内新增9个，地点均在石庄镇)。文物安全形势继续保持稳定，全年未发生一

国家级文物保护单位水绘园一角 （市旅游局供稿）

起安全事故。

年内，市文广新局对全市101个部门、547家国有单位文物进行认定，登记博物馆藏品1841件(套)、社会藏品198件(套)。全市2039件(套)可移动文物获“电子身份证”。指导市烈士陵园等5家单位完成普查工作。如皋普查宣传发动、业务培训等工作在省文物局第1次可移动文物普查专题会议上受到点名表扬。加强东大街、武庙巷等历史文化街区保护和管理工作，修缮文物实体1处(药王庙)。指导白蒲、石庄两镇分别申报国家级和省级历史文化名镇，基本划定第4批如皋市级9个文物保护单位两线范围(保护范围、建设控制地带)。1月，东大街、武庙街区被省城乡住房建设厅、文物局首批命名为省历史文化街区。4月，省文物局局长刘谨胜到白蒲考察、指导镇明清民居建筑群保护工作。7月，如皋市作为南通地区县(市、区)唯一代表，参加省人大常委会组织的文化遗产执法调研座谈会，并在会上作专题发言。8月，国家文物局督察司司长刘铭威到如皋考察。

**【非物质文化遗产保护】** 全市现有非物质文化遗产55个，其中国家级1个(如皋盆景)、省级9个(如皋杖头木偶戏、如皋盆景、如皋董糖、如皋倒花篮、如皋莲湘、如皋风筝、如皋丝毯、白蒲茶干、林梓红木雕刻)、南通市级22个。年内，如皋丝毯获省2016非遗项目补助经费10万元。市文广新局公示如皋市第5批非遗名录项目9个。组织如皋香袋传承人参加由省委宣传部、省文明办等单位主办的首届“童声里的中国·成长的歌谣”创作大赛颁奖仪式暨“童心·冬之旅”实践营活动。5月28—30日，组织南通市级以上11个非遗项目参加长三角非物质文化遗产美术类、传统技艺类、医药类项目展示，《倒花篮》《莲湘》《江安号子》参加开幕式展演。《莲湘劲舞》参加“荷风舞韵，追梦江淮”苏皖地区莲湘舞邀请赛获三等奖。开展市首届传统美术与传统技艺展示会、全市非遗传承人培训班暨非遗进校园动员会、非遗进校园等活动。

（马 洁）

**【历史文化研究】** 市历史文化研究会现有团体会员10个、个人会员66人，下设白蒲、石庄、丁堰基层分会3个和在城会员组2个。年内，市历史文化研究会加强协调，完成吴凤山所著《如皋方言词典》编辑、校对等工作，推进该书面世。该书收录如皋方言词条1万多个，近70万字，是如皋方言历史、汉语史研究，如皋方言文化传承的重要成果。协助市政协征集、编辑、校对、出版《如皋文史》第28辑，其中历史文化研究会会员撰稿15篇、6万余字。加强与民政部门沟通，编辑《如皋地名录》，形成初稿40余万字。参与完成“四色如皋”[《古色如皋》《银色如皋》《绿色如皋》《红色如皋》(暂定名)]丛书编写工作，宣传如皋，提高如皋知名度和美誉度。加强调查研究，在传承、保护如皋文物古迹，挖掘、研究历史文化名人等方面提出意见建议，撰写调研文章被如皋市级以上报刊登载160余篇。8月，政府文化工程——会员黄裕龙、刘聪泉合作注译的冒襄《影梅庵忆语》经江苏省凤凰出版社出版发行。

（史有生）

**【《红楼梦》研究】** 如皋《红楼梦》研究会与市长寿研究会合署办公。年内，《红楼梦》研究会继续以“冒辟疆才是《红楼梦》作者”为方向开展研究和探讨，编辑出版《冒辟疆著〈红楼梦〉探源》，从冒辟疆人生经历、文学修养及《红楼梦》中诸多如皋元素等方面阐述冒辟疆著作《红楼梦》可能性和必然性。创办会刊《如皋红学》，年内出版3期，刊载红学研究论文。如皋红学研究吸引上海、北京、浙江、山东等地110多位红学专家、学者到如皋参加研讨。在德国、青岛建立如皋

冒辟疆著作《红楼梦》学术研究高峰论坛 （如皋《红楼梦》研究会供稿）

《红楼梦》研究中心，在北京成立如皋《红楼梦》研究会联络处。如皋《红楼梦》研究会副会长冒廉泉著作《悬案不悬——冒辟疆著作〈红楼梦〉七十三证》由华夏出版社出版。协助成都电视台栏目组到如皋采访、摄制专题片《〈红楼梦〉真正作者之谜》(上、下集)，在成都电视台《新闻背景》等栏目中播出。10月22—23日，举办冒辟疆著作《红楼梦》学术研究高峰论坛，北京、上海、南京及广东、山西、山东、湖南、福建、河北等地50多名专家、学者和诗人参加论坛，与如皋当地学者就“《红楼梦》作者是谁”开展研究和讨论。省委原副书记顾浩、原副省长凌启鸿参加会议并讲话，农业部原副部长、国务院扶贫办原主任刘坚致信祝贺。

（刘伯健　吴希林）

## 档　案

**【概况】** 全市现有综合性档案馆1所、城建档案馆1所。市档案馆馆藏档案主要有民国档案、革命历史档案、中华人民共和国成立后档案，史志谱牒档案和人物、声像档案，科技、专门档案，实物档案等门类。2016年年末，市档案馆馆藏档案193个全宗，纸质档案111674卷、归档文件380468件，光盘、录像带、磁带等92盘，照片档案24卷，印章档案1486枚，题词、字画、信件等86件，荣誉档案224件，石刻档案4件，木质档案3件。另代保管企业档案125家16.8万余卷册，其他馆藏资料8136册。2016年，市档案局(馆)被省档案局评为2016年度全省档案宣传工作先进集体。沈红莲被列为省档案人才“151工程”第三层次高级专家培养对象。

**【档案征集、接收】** 年内，市档案馆开展“如皋老物件”专题档案征集、2016年新闻视频和图片征集工作，征集相关图片245幅、新闻视频635千兆。全年接收机关、部门、名人、市民捐赠图书资料、家谱、书法等实物档案39件，征集参展“凝望东皋”康健从事摄影60年作品展的全部摄影作品80幅进馆。全年接收21家机关单位文书档案323640页，逐件、逐页扫描图片、检查纠错。完成“十一五”期间市级机关文书档案接收和扫描检查工作。

**【档案保管、利用】** 年内，市档案局(馆)强化档案安全保管，建立健全应对自然灾害、突发事件的应急预案和人防、物防、技防“三位一体”档案安全防范体系。检查各镇(区、街道)档案安全和保密工作，建立档案安全常态化机制。编印《档案管理违法违纪行为处分规定》《企业文件材料归档范围和档案保管期限规定》、“普法邮品”2期和《如皋市民生档案服务指南》《家庭档案指导手册》，在全市发放。做好馆藏国家重点档案信息采集工作，完成3030卷40991条目录数据上报。完成国家档案局科技计划项目“基于电影胶片档案社会保管的文化产业建设研究”。江苏华夏电影胶片修复有限公司与省档案局、南通市档案局签订电影资料收藏馆与抢救修复基地合作建设意向书，拟将该基地打造成爱国主义教育基地、档案教育社会实践基地、参观游览基地和胶片档案抢救保护研发基地、国内最大的电影文化产品收藏基地，年内形成初始研究报告和工作报告。依法做好档案查阅利用服务、政府信息公开服务，为党员组织关系排查、各单位人事档案材料核查、人大志编写等工作和出生时间、工龄计算、婚姻状况、房产交易等民生问题提供档案利用服务。全年累计接待查阅利用11175人次，调阅档案23000卷(件)，出具各类证明21515份。

**【档案开发、宣传】** 年内，市档案局(馆)完成《如皋精品档案图集》《如皋档案工作文集》编印，编纂出版《大事如皋(2015)》《千年古船藏雉水》《苏北红书知见录》,序时推进《大事如皋(2016)》编辑工作。整理、汇编《如皋市大事记(2004—2014)》,电子文本100余万字。利用馆藏和社会档案资源,开展文史研究,全年撰写历史研究文章30多篇,被《江海晚报》《如皋日报》《如皋文史》《春泥》录用27篇。在《如皋日报》开辟“史海一粟”专栏,全年开设7期,展示馆内精品档案。编印《珍贵档案》《如皋荣誉》《红色印记》。制作推介反映如皋档案发展历史、馆藏精品档案专题片《兰台花香溢皋城》《“红色印记”——中共如皋县委印章水落“石”出始末》,点击量逾万人次。策划举办“档案·服务·民生”专题道德讲堂活动,联合市外国语学校开展“记录成长、寄存梦想”活动,组织开展“国际档案日”宣传活动。根据发展变化情况,及时更新《如皋印记》展厅6个版面,局部修缮不合理部位。9月底,“光阴的故事”皋城记忆图片展开展,展出珍贵图片440幅,展示明朝以来如皋城市变迁、社会发展、民俗风情等。11月底,结合数字档案室创建和档案宣传工作,实现如皋档案网站改版工作,增设档案文化、档案学会、视频点播、专题栏目等板块。

市外国语学校学生参观《如皋印记》展厅　　（市档案局供稿）

**【档案业务培训、指导】** 年内,市档案局(馆)全面加强档案队伍理论知识和业务能力培训。全年开展“兰台讲座——家庭档案”建档培训活动2次,树立典型,引导建立家庭档案。对市行政服务中心窗口10多名档案人员开展档案整理业务培训,对如城街道档案人员业务水平和基本技能再培训。督促各镇、机关部门档案人员参与网上继续教育学习,组织33名档案人员参加上岗考试并全部取得上岗证书。培训农村合作社档案人员168人。指导14个镇(区、街道)和78家市级机关部门集中整理档案,形成文书档案60600多件。对机关部门直属单位档案实施规范化管理,协同市搬迁办公室检查如城街道等9家单位搬迁档案工作,检查市农委8个所属下属单位、市人力资源社会保障局6个下属单位和市教育局19个直属学校、14个镇(区、街道)教管中心档案工作。指导、推进各镇(区、街道)档案中心数字化建设,至年末,完成10个镇(区、街道)档案中心重要档案全文扫描。指导江苏永大化工机械有限公司、江苏力星通用钢球股份有限公司企业档案管理工作。协助完成省级重大项目东升国际石材贸易中心、西气东输(如皋站)、台商城档案归档整理;对2个省级重大项目(如皋中钢纳米电子陶瓷半导体、如皋长江国际交易中心)、12个南通市级重大项目档案做好登记,明确档案移交要求。

**【“村档镇管”建设】** 4月,市档案局(馆)在高新区(城南街道)召开“村档镇管”动员暨业务培训会议,试点推行“村档镇管”建设。至年末,高新区(城南街道)17个村(社区)中,2个村(社区)建成星级档案室,其余15个村(社区)档案均经整理后集中保管于高新区(城南街道)档案中心,并完成全部村文书档案数字化扫描。

**【土地确权档案归档】** 年内,市档案局(馆)先后对全市各镇(区、街道)农经部门负责人开展土地承包经营权确权登记颁证档案(简称“土地确权档案”)业务培训工作。制作档案整理流程,在九华镇郭洋村试点后向全市推广。10月27日,南通市土地确权档案业务培训研讨班在如皋举办,南通市各县(市、区)农工办、档案局分管负责人、业务科室全体人员,各乡镇档案管理人员、农经负责人、确权档案管理人员共140多人参加培训和研讨活动。如皋市土地确权档案归档整理工作在会上作经验介绍。

**【星级档案室创建】** 年内,市档案局(馆)在全市推进星级档案室创建工作,对全市12家星级档案室创建申报单位开展专题培训和业务指导,成功创建星级档案室9家。其中:法华寺档案室五星级创建工作通过省档案局测评验收,在全省开创农村寺院档案室创五星级先河;白蒲、九华国土所及焦港闸管所3家三星级档案室通过省档案局复查验收;城南街道桃北村、郭园镇观音净院、市总工会、市政社会养老保险管理处4家三星级档案室和城南街道张八里社区二星级档案室创建通过验收。

**【学会建设】** 年内,市档案学会报送的学术论文被中国档案学会、省档案学会、南通市档案学会合计录用27篇(次),其中,中国档案学会录用1篇,获全省档案学术交流大会三等奖1篇,被评为南通档案学会优秀论文2篇。

**【市档案馆建成省AAAA级数字档案馆】** 自2011年始,如皋市稳步推进数字档案馆(室)创建工作。市财政每年拨款65万元,开展档案全文扫描、数字档案馆馆室一体化平台软件开发和硬件配备、档案信息系统三级等级保护测评和安全项目整改等工作。12月8日,市档案馆创建省AAAA数字档案馆工作通过省档案局评估,成为南通市综合档案馆中首家省AAAA数字档案馆。

**【《苏北红书知见录》出版】** 年内,市档案局(馆)立足馆藏和社会档案资源,构建跨部门、跨行业合作档案资源开发利用机制。12月,如皋日报社记者彭伟个人专集《苏北红书知见录》经市档案局、市红十四军研究会联合编辑后,由江苏凤凰出版社出版发行。该书对作者收藏的1944—1949年间,苏北、苏中解放区印行的40本红色书籍、20份红色报刊和8件红色纸品,以书话形式一一介绍。

**【《千年古船藏雉水》出版】** 12月,档案利用研究成果——市档案馆周丽君个人文集《千年古船藏雉水》经江苏凤凰出版社出版发行。该文集“趣闻轶事”“珍贵档案秘闻”“史海钩沉”“人物春秋”专题中,汇集以原始档案为基础,以如皋重要历史事件、重大时世变迁为线索的文史研究性文章30篇,从一个档案人视角,讲述中、晚清以来如皋历史文化长河中的一些往事;“兰台岁月”收录文章5篇,记录作者在档案工作岗位上的一些经历、见闻和感想。

(周丽君)

## 传播媒体

**【概况】** 2016年,市文广传媒集团全面整合内外资源,发挥宣传合力,初步形成大宣传工作格局。围绕全市重大活动和社会热点,各媒体发挥各自优势,注重前期策划,积极改进文风;围绕贯彻习近平总书记重要讲话精神、全面深化改革、“两学一做”学习教育、全国文明城市创建等主题,展开高密度、多视角、全方位宣传报道工作,为全市经济社会发展营造良好舆论氛围。转变产业经营理念,主动应对市场下行和政策管控,全年实现产业收入4206万元。

年内,市文广传媒集团精品文化创作取得新突破,报送的作品在广电节目行业评比中,获省级奖8件、南通市级奖34件,获奖档次和总量位居全省县(市)级广播电视台首位;在省县(市)报研究会组织的年度好新闻评选中,《如皋日报》获奖作品12件。全年在南通及以上媒体发稿425件。其中:国家级媒体29件;省级媒体158件,在省广播电台用稿总量位居全省县级台第一方阵。加强和知名网站合作,被人民网、中国网、中国江苏网等用稿350多条。

(李晓丹)

市文广传媒集团升旗仪式 (黄友谊摄)

**【江苏有线如皋分公司】** 年内，江苏有线如皋分公司发挥广电网络优势、资源优势和品牌优势，组织技术力量介入应急广播系统建设项目，组织调研，测算经费，制订技术方案。争取上级支持，为如皋机关、企事业单位提供数据、专网、弱电、监控等服务。启动数字电视高清化工程，新引进高清频道40多套，以业内顶级高清节目和优质传输质量，提升用户收视体验。全市全年建成高清村10个，升级置换机顶盒近5万台，高清机顶盒覆盖率36%。进一步加快下一代广电网络(NGB)建设进程，推进网络改造和优化工作，扩大双向网覆盖率，农网新增双向光节点666个，完成双向网改用户13066户，全市实现双向网覆盖率29.15%，实现户户可看高清。全年组织开展"春节回馈""五一特惠""看电视、送宽带"等惠民推广活动，让如皋百姓得到真正实惠的同时，扩大了用户覆盖面。完善公司安全播出应急预案、网络巡护考核办法，加强技术维护和线路巡查，全年实现安全播出无事故。

（汤新建）

**【电视】** 如皋电视台拥有摄像机44台、录像机31台，拥有制播存一体网1套(内含31个站点的高清制作网、新闻文稿系统、媒资管理系统、收录系统、5个频道的硬盘播出系统、计费管理系统等)、三维虚拟演播室系统1套、广告管理系统1套、分米波发射机8台、米波发射机4台、电视现场直播系统1套、1200平方米演播厅1个、80平方米演播厅2个、制作播出机房8个。

年内，如皋电视台遵循新闻规律，深入践行走基层、转作风、改文风，不断增强宣传报道针对性、实效性、贴近性，念活"特、精、新"三字经。推出大型新闻行动"美丽如皋镇村行"，集中采访报道全市新农村建设美丽风貌和丰硕成果，展现乡村自然之美、人文之美、生态之美，全方位、多角度展现美丽、绿色、文明、和谐的新农村。《民生零距离》以"做有温度的新闻"为栏目追求，着眼大民生，推出"直击高考""浓情端午"等各类时令策划，从建设性理念出发，反映现实生活中存在问题。注重追踪问题解决，与市司法局合作推出《金牌调解员》栏目。重点打造《帮女郎》子栏目，实现形象出新，节目形态出新。

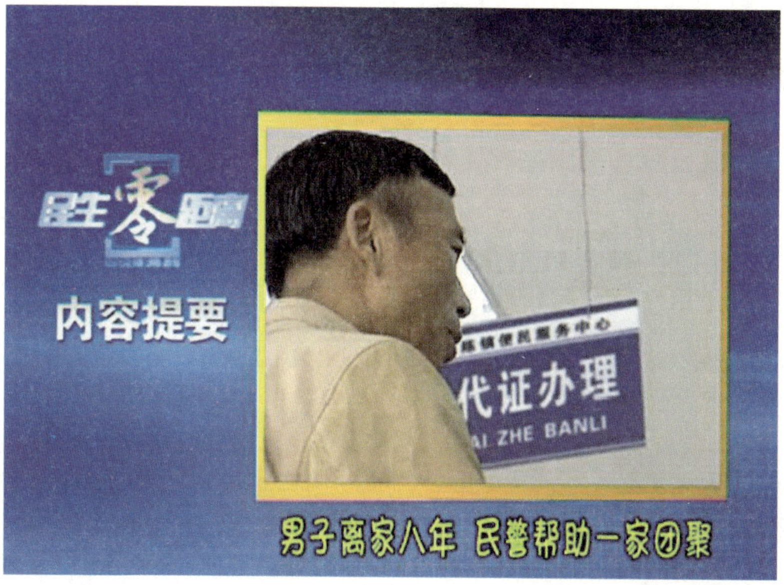


《民生零距离》栏目为民解忧 （市文广传媒集团供稿）

**2016年如皋市电视作品获南通市级及以上奖项一览**

表75

| 作品名称 | 颁奖单位 | 获奖名称 |
|---|---|---|
| 记录如皋 | 省广播电影电视局 | 电视社教优秀栏目一等奖 |
| 电动三轮车　还能行多远 | 省广播电影电视局 | 电视主持新闻一等奖 |
| 如皋试水"一支队伍管执法" | 省广播电影电视局 | 电视新闻专题三等奖 |
| 雉水壮歌 | 南通文化广电新闻出版局 | 电视新闻连续系列报道一等奖 |
| 如皋试水"一支队伍管执法" | 南通文化广电新闻出版局 | 电视新闻专题一等奖 |

续表75-1

| 作品名称 | 颁奖单位 | 获奖名称 |
| --- | --- | --- |
| 最后的渔民 | 南通文化广电新闻出版局 | 电视社教短纪录片一等奖 |
| 记录如皋 | 南通文化广电新闻出版局 | 电视社教优秀栏目一等奖 |
| 风筝少年 | 南通文化广电新闻出版局 | 电视社教少儿节目一等奖 |
| 电动三轮车　还能行多远 | 南通文化广电新闻出版局 | 电视主持新闻一等奖 |
| 如皋籍台商返乡投资 致力打造全球天文望远镜生产基地 | 南通文化广电新闻出版局 | 对港澳台节目消息二等奖 |
| 海峡两岸的守望 | 南通文化广电新闻出版局 | 对外电视节目消息二等奖 |
| 乡村小学来了“洋”老师 | 南通文化广电新闻出版局 | 对外电视节目专题二等奖 |
| “新丝路”带来“新思路”——如皋布局全国最大石材集散地 | 南通文化广电新闻出版局 | 电视新闻短消息二等奖 |
| 企业不能投产,谁之过? | 南通文化广电新闻出版局 | 电视新闻长消息二等奖 |
| 基药制度:让医疗回归公益 | 南通文化广电新闻出版局 | 电视新闻评论二等奖 |
| 星期七 | 南通文化广电新闻出版局 | 电视新闻优秀栏目二等奖 |
| 琴人子安 | 南通文化广电新闻出版局 | 电视社教短纪录片二等奖 |
| 纪律如铁 “破者”自歼 | 南通文化广电新闻出版局 | 电视社教专题片二等奖 |
| 如皋老街道 | 南通文化广电新闻出版局 | 电视社教系列片二等奖 |
| 小蚕蛹 大作为——论蛹虫草人工培育技术 | 南通文化广电新闻出版局 | 电视社教科普节目二等奖 |
| “梦之翼”系列公益广告 | 南通文化广电新闻出版局 | 电视社教电视广告二等奖 |

**【广播】** 市人民广播电台拥有广播直播间3间、制作室2间,广播直播车1辆、音频工作站7台,电台高频广播播出频率为FM98.3兆赫,信号覆盖如皋全境。节目采用无线广播调频发射、数字电视信号共缆传输、网络微电台形式。

年内,市广播节目加强“本土、互动、及时”等维度,重点打造早中晚《轻松早班车》《政风行风热线》《HAPPY下班路》三大节目带,使全天节目架构更加简洁清晰,有效加强黄金段节目,广告布局更符合现代广播特点。创新广播节目新闻编排,新闻可听性更强。加强新闻策划,有计划有目的开展宣传报道,推出《展望“十二五”——新年心愿》《我们的节日——元宵》《第八届如皋爱心大使特别报道》《学雷锋志愿者在行动》《听见——身边的工匠精神》等专题。关注“3·15”国际消费者权益保护日,开展“3·15”消费维权户外直播和政风行风热线“3·15”特别节目,为消费者搭建消费维权平台,当天接听电话40多个,答复和解决问题20多个。

## 2016年如皋市广播作品获南通市级及以上奖项一览

表76

| 作品名称 | 颁奖单位 | 获奖名称 |
| --- | --- | --- |
| 看了蚂蚁又看云 | 省广播电影电视局 | 少儿节目二等奖 |
| 生命的拥抱 | 省广播电影电视局 | 对外广播节目专题一等奖 |
| 神奇的防霾运动馆 | 省广播电影电视局 | 社教知识性节目三等奖 |
| 永远的乡愁 | 省广播电影电视局 | 广播文艺音乐节目三等奖 |
| 七日樱花 | 省广播电影电视局 | 广播剧,广播文艺单本剧三等奖 |

续表76-1

| 作品名称 | 颁奖单位 | 获奖名称 |
|---|---|---|
| 生命的拥抱 | 南通文化广电新闻出版局 | 对外广播节目专题一等奖 |
| 神奇的防霾运动馆 | 南通文化广电新闻出版局 | 社教知识性节目一等奖 |
| 七日樱花 | 南通文化广电新闻出版局 | 广播剧、广播文艺单本剧一等奖 |
| 永远的乡愁 | 南通文化广电新闻出版局 | 广播文艺音乐节目一等奖 |
| 童眸 | 南通文化广电新闻出版局 | 广播文艺文学节目一等奖 |
| 书法有境艺无界 如皋中法书法交流展举行 | 南通文化广电新闻出版局 | 对外广播节目消息一等奖 |
| 永远的敬慕——缅怀国际友人海深德 | 南通文化广电新闻出版局 | 对外广播节目专题二等奖 |
| 江苏恒康家居:借力"一带一路"开启全新海外布局 | 南通文化广电新闻出版局 | 广播新闻长消息二等奖 |
| 创客在如皋 | 南通文化广电新闻出版局 | 广播新闻连续、系列报道二等奖 |
| 让公益慈善餐厅走得更远 | 南通文化广电新闻出版局 | 广播新闻评论二等奖 |
| 声音杂志 | 南通文化广电新闻出版局 | 广播新闻优秀栏目二等奖 |
| 我们爱读书 | 南通文化广电新闻出版局 | 广播新闻现场直播二等奖 |
| 幸福女人花 | 南通文化广电新闻出版局 | 广播社教对象性节目二等奖 |
| 寻找陈列的文化记忆 | 南通文化广电新闻出版局 | 广播社教公众性节目二等奖 |

**【《如皋日报》】** 《如皋日报》对开八版,双面彩印,周一到周六出版,全年印量2万份。年内,《如皋日报》充分发挥市委、市政府喉舌作用,紧紧围绕中心工作,确保各项施政举措及时、准确报道到位。在时政新闻更具权威性、时效性、可读性基础上,不断强化民生报道,带着对基层群众感情,传递温暖。

年内,《如皋日报》以专栏、专版为重点,努力在宣传理念上求创新、在宣传方式上求突破、在宣传手法上求改进,做到意义阐述深刻、基调把握准确、评论引领有力有效、政策解读权威严谨、经验报道不落窠臼。全年开设《学赶百强企业,勇于创先争优》《坚持科学发展,勇于创先争优,为建设"强富美高"新如皋而努力奋斗》《中国梦、劳动美》《为民办实事,群众来检阅》《高度聚焦全力以赴,打好项目建设硬仗》《打好项目建设硬仗,确保实现"双过半"》《抢抓发展机遇期,提升综合竞争力,为争当苏中新一轮发展排头兵而努力奋斗》《开拓创新,攻坚克难,为实现"十三五"首战告捷而不懈奋斗》等大小专栏20余个,在贯彻落实党代会、全委会精神,展现全市项目建设成果等全市重点中心工作上取得良好宣传效果。依托电子版、手机客户端及城区数字移动屏等,全方位加强报纸与读者互动,扩大报纸贴近性和影响力。全年被《新华日报》用稿3件、《新华日报》专版报道2期,《南通日报》头版、二版、三版头条用稿23篇。

(李晓丹)

**2016年《如皋日报》作品获省级奖项一览**

表77

| 作品名称 | 体裁 | 颁奖单位 | 获奖情况 |
|---|---|---|---|
| 市委书记姜永华荐书过年 | 消息 | 省县市报协会 | 一等奖 |
| 我陪老人逛如皋 | 图片 | 省县市报协会 | 一等奖 |
| 如城众果园抱团微信创品牌 | 消息 | 省县市报协会 | 二等奖 |
| 我市推行"容缺"审批服务 提速六成 | 消息 | 省县市报协会 | 二等奖 |

续表77-1

| 作品名称 | 体裁 | 颁奖单位 | 获奖情况 |
|---|---|---|---|
| 为公共文化服务体系注入有生力量 | 通讯 | 省县市报协会 | 二等奖 |
| 云南山区大学生如皋行 | 系列 | 省县市报协会 | 二等奖 |
| 如皋香袋 | 图片 | 省县市报协会 | 二等奖 |
| 看望抗战老兵 | 图片 | 省县市报协会 | 二等奖 |
| 我市为老台胞统一办理医保 | 消息 | 省县市报协会 | 三等奖 |
| 坚守39载的乡村放映员 | 通讯 | 省县市报协会 | 三等奖 |
| 我们有了免费的家庭医生 | 通讯 | 省县市报协会 | 三等奖 |

**【新媒体】** 官方新媒体平台　至年末,全市40个镇(区、街道)、部门开通微信公众号,22个镇(区、街道)、部门开通认证政务微博。年内,市委新闻中心联合“南通发布”,举办“江风海韵、点赞南通”网友采风活动、走进白蒲镇活动。如皋开发区(城北街道)、市场监督管理局、财政局、国土资源局等部门邀请网媒网友围绕各自工作亮点进行专题采风;市国税局、地税局联合举办“国地税联合办税”新闻发布会;市供电公司举办“迎峰度夏”专场新闻发布会。市城管局创新理念通过手游作品推广普及垃圾分类理念。市公安局拍摄微电影《记忆边缘》被中国警察网络电视网展播推荐。“如皋发布”微信公众号、如皋教育网、如皋市委新闻网被省委宣传部、省委网信办评为全省2016年度“文明办网”创建活动先进单位;“如城发布”“如皋市公安局”“如皋旅游”“如皋城管政务微博”进入人民网南通地区政务指数排名前20强。

社会化网络媒体　全市现有西祠胡同·如皋老乡会、如皋论坛、新皋桥网站、网友之家、如皋零距离、如皋商务信息网等社会网站9家,其中有社会影响力社区性论坛2家(网友之家、如皋市网络新闻发言人平台)。随着新媒体飞速发展,网友之家、新皋桥网站等传统论坛推出各自同名微信公众平台,涌现出皋人、乐活如皋、掌上如皋、深度如皋、新如皋等社会化微信公众平台。本地头条、新如皋等资讯类APP强势崛起。

“如皋发布”平台　2016年,“如皋发布”“五位一体”平台(政务微博、政务微信、今日头条号、企鹅媒体平台、网络新闻发言人平台)以亲和而不媚俗、可读而不浅显为定位,始终坚持创新宣传、服务百姓,关注民生百态,全年发布权威信息5000余条,聚焦皋城热点问题1235个。年内,“如皋发布”微信订阅用户突破7万人、微博粉丝数超过170万人,推送阅读数超1万人次微信作品63条、超2万人次微信作品28条。其中,《对不起,我要去如皋了,别再找我了!》《陈晓东同志履新如皋市委书记! 姜永华同志另有重用!》《从城东到城西,从城南到城北! 如皋城区史上最全烧饼地图出炉啦!》《寸土寸金? 土比金贵! 第26个全国土地日,如皋国土人这样过!》4条微信作品阅读数超10万人次。“如皋发布”微博影响力稳居南通地区政务微博排行榜榜首。“如皋发布”政务头条号获评全国最具区域影响力政务头条号(区县);“如皋发布”政务微博获评2016年江苏年度最具影响力区县级发布微博;“如皋发布”政务微信公众号、企鹅号获评2016年度腾讯创新应用奖。

(周海丽)

中共如皋市委新闻网(www.cpcrugao.cn)　是市委官方新闻网站、市委门户网站,由市文广传媒集团主办。以图片、文字、动漫、音视频、访谈、论坛、网上直播报道等多种形式参与重大活动报道,及时准确地把握新闻视点,倾听百姓心声。年内,市委新闻网结合如皋重大新闻事件,策划、设计“工匠精神在如皋”“美好江苏·享寿如皋”“‘两学一做’学习教育”“弘扬爱心城市正能量”“文明家庭”“关爱留守儿童”“构建博馆之城”等专题网站20多个,其中,被南通市政府网站录用10个、省政府网站录用3个。全年被上级媒体录用报道270多篇,其中人民网录用267篇、中国江苏网录用45篇。

(李晓丹)

中国如皋网(www.rugao.gov.cn) 年内,“中国如皋”网站优化调整栏目设置,整合“便民服务”模块分类过细子栏目,在首页增设公众更为关注的“热点专题”“政策解读”等栏目;优化技术后台,提升网站信息发布、内容检索等系统模块访问速度,全力将“中国如皋”打造成“一站式”服务平台。全年更新栏目信息4166条,被省政府网站采用62条、南通政府网站采用620条。发布粮食收购服务、老小区改造、关爱留守儿童等专题26个;开展政府信息公开满意度、关于防范非法集资犯罪、公众网络安全意识网上调查3次;以2017年市政府为民办实事项目,城区食品摊贩经营区域、经营时段及学校周边食品摊贩禁设区域设定,市党风廉政主题教育馆设计等为主题征集民意16次。

(章 逸)

## 文化产业

**【概况】** 全市现有文化产业单位近1300家,其中规模以上文化产业207家,比上年新增15家。全市实现文化产业主营业务收入196.58亿元,同比增加24.56亿元,增幅14.28%。实现文化产业增加值24.56亿元,占地区生产总值5.1%,位居南通各县(市、区)首位。

年内,如皋市对29家文化企业和6个镇(区、街道)兑现2015年文化产业奖励资金200万元。南通伟越电器有限公司被评为省重点文化科技企业,江苏城中园林股份有限公司、南通荣威娱乐有限公司再次被命名为南通市文化产业示范企业。胶片电影主题文化综

如皋电影博物馆收藏的电影胶片 (来源于中国如皋网)

合体项目如皋电影博物馆全年接待国内外参观人员3232人,成功申报南通市爱国主义教育和省科普教育基地,被省侨联授予省华侨华人文化交流基地称号。长江青少年素质教育实践基地累计接待中学生和社会群众5.5万人次。东升(南通)石材产业园及国际石材展示交易中心年内完成投入18亿元。中国如皋国际园艺文化产业园实现销售收入142亿元。市文广新局组织作品参加南通市文化创意设计大赛,获铜奖1件、优秀奖1件、入围奖21件,市文广新局获优秀组织奖。

## 文化市场管理

**【概况】** 全市现有文化经营单位622家,其中网吧72家、歌舞娱乐场所29家、游戏机经营场所16家、演出团体119家、数字院线9家、演出场所3家、出版物经营单位239家、印刷企业108家、打字复印业83家。

年内,市文体旅游综合执法大队组织文化市场管理集中行动10次,取缔无证电子游戏机摊点32个,收缴游戏机85台,收缴各类盗版音像制品、非法出版物1000余张(册),取缔非法音像点1个、书刊点2个,检查网吧850次,检查消除各类安全隐患20余处,立案查处各类案件18起。文慧书店侵犯著作权案被列为省二十大优秀案卷。由市文广新局主办、如皋江南文化发展有限公司承办开发的“如艺在线”微信公众号和如艺网站正式运行,50多家民营剧团入驻加盟。全面放开网吧设立审批,有序放开电子游戏、游艺设立审批,简化网吧和歌舞娱乐场所设立许可流程。全年新审批和变更相关审批事项36家次。开展印刷、网吧、出版物、歌舞娱乐、电子游艺、营业性演出6个行业政策法规培训,组织印刷、娱乐、网吧行业负责人参加全省从业人员资格培训,累计参训800余人次,测试合格率100%。如皋市获评全省“扫黄打非”工作先进地区、南通文化改革发展先进地区。3月8日,如皋市民营剧团管理经验在全省文化市场管理工作会议上作介绍。

(马 洁)

## 综 述

【概况】 2016年,全市有各级各类医疗机构527个,其中,公立医院5个,非营利性民营医院60个,以预防保健为主的医疗卫生机构17个,门诊部10个,社区卫生服务站365个,个体诊所、厂校医务室70个。全市医院共有床位5899张,比上年新增543张;每1000位常住人口拥有床位4.71张;有执业(助理)医师3156人,每1000位常住人口拥有执业(助理)医师2.52人;注册护士2430人,每1000位常住人口拥有注册护士1.94人。全市有卫技人员6413人、乡村医生983人。医疗机构固定资产总值17.23亿元,其中房屋建筑物价值7.38亿元、专业设备价值5.93亿元(价值1万元以上设备5.4亿元),拥有100万元以上大型医疗设备83件。全年一级以上医院门急诊453.62万人次,开放总床日189.17万床日,实际占用总床日154.03万床日,病床使用率81.42%。全市人均期望寿命提高到81.05岁,5岁以下儿童死亡率控制在3.77‰,报告甲乙类传染病发病率为每10万人257.93人。市人民医院建成三级综合医院,博爱医院建成二级甲等医院,如皋港人民医院、江安医院建成二级综合医院。在全省三级医疗机构患者满意度第三方调查中,市中医院、人民医院分别列第3和第4名。市"120"急救指挥中心正式运行,院前急救体系更加完备,新农合医疗保障水平不断提升。如皋市被表彰为"十二五"省人口协调发展先进市,创成南通首家省级卫生应急工作规范市。

【医药卫生体制改革】 年内,市卫计委根据《江苏省公立医院绩效考核评价指标体系》,借鉴福建省三明市公立医院薪酬制度改革经验,立足如皋实际,探索建立可量化的医疗服务产出评价指标体系,强化医院公益性指标,弱化经济责任指标,加大党风廉政建设和作风效能建设考核力度,修订《如皋市院长年薪制考核标准》,使公立医院绩效考核更趋科学化、制度化。以医院等级作为划分三级医疗服务网络依据,由市人民医院、中医院2家三级医院分别牵头组建纵向"医联体",全面对口支援基层医疗卫生机构,实施分级诊疗、双向转诊。

【人才培养与科研】 年内,市卫计委建立健全人才考核培养和激励机制,将人才工作列入《2016年卫生计生系统事业单位目标责任制考核共性内容》。汇集如皋籍医疗卫生方面科研人才信息,提供给各医疗卫生单位,便于各单位根据各自情况与科研人才联系。卫生系统全年招聘134人,其中,在编83人、合同制51人,研究生11人、本科生88人。市人民医院与上海复旦大学生命科学学院联合开展长寿研究,全年调查长寿老人2000余人,联合申报省科技计划1项,发表相关论文4篇,其中SCI论文[被国际公认的科学引文索引(英文缩写"SCI")收录的期刊所刊登的论文]2篇。获省第13期"六大人才高峰"项目资助1人(市人民医院科教科王正栋),科研项目获南通市科技局立项4项,南通市卫计委青年基金项目立项2项、医学新技术引进奖4项、优秀中药项目奖1项,获如皋市科技局立项5项、科技进步奖3项(1项为协作课题)。市中医院科研项目获南通市卫计委青年基金项目立项1项,被列入南通市科技计划3项、如皋市科技计划4项,获如皋市科技进步一等奖、三等奖各1项。如皋博爱医院申报课题获如皋市科研立项1

项;年内结题3项,其中,获如皋市科技进步奖三等奖2项,获南通市新技术引进奖二等奖1项。

【基础设施建设】 年内,市人民医院后勤综合楼一期工程建成并投入使用,总建筑面积1.8万余平方米,二期工程正在加紧实施。市中医院三期改扩建工程被列入市政府为民办实事工程,年内完成地质灾害评估、项目选址意见书、能评、稳评、环评等相关手续和污水处理改造方案设计,搬迁居民35户。市120急救指挥中心和10个急救站全部建设到位并投入运行,覆盖城乡、统一指挥、功能完善、救援快捷的急救网络体系初步形成。

【健康城市建设】 年内,市卫计委整理健康城市建设相关基础数据,制订"十三五"健康城市规划,对各部门"十三五"健康城市工作任务进行分解。8月29日—9月1日,应邀参加在韩国原州市召开的第七届世界健康城市联盟大会,论文《如皋市高血压社区干预效果》在会上交流。

【信息化建设】 年内,市卫计委推动开展卫生计生信息化建设,增设信息科。完成公共卫生服务中心机房建设并投入使用,实现恒温控制、远程环控、远程监控、自动火警处置等功能。按照省三级标准,构建全市区域健康信息平台,实现与市人民医院、中医院、第三人民医院、第四人民医院及妇幼计生中心等单位数据对接。通过平台汇聚个人住院、门诊、检查、手术等居民就诊信息及儿童保健、婚检孕产等居民健康信息1000多万条,向省平台成功传输数据100多万条。不断提升基层医院信息水平,在磨

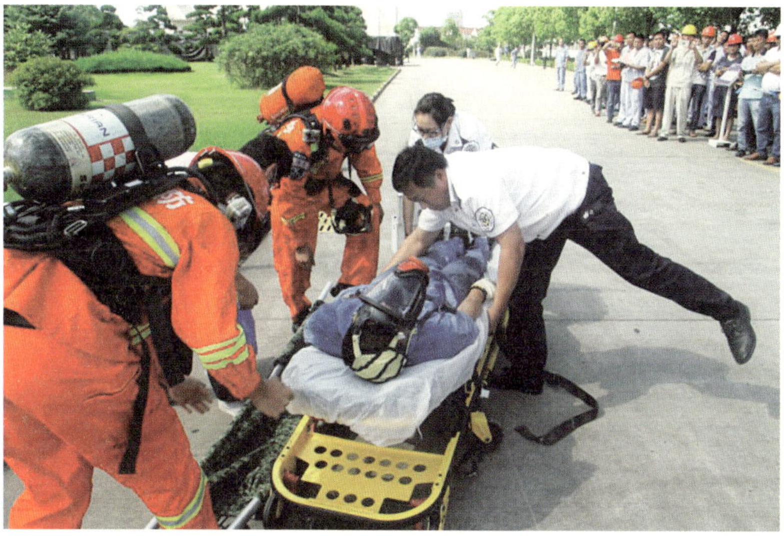

卫生应急演练现场 (市卫计委供稿)

头、江安两家民营医院试点运行医院信息系统。市人民医院开通微信服务,实现预约挂号、线上支付、检验检查结果查询等功能;开展远程医疗系统建设,与上海瑞慈医院实现远程诊疗。

【如皋市在南通首家被命名为省卫生应急工作规范市】 年内,如皋市全面启动卫生应急规范市、镇建设,完善市级卫生应急数据库、专家库、应急队伍和装备、物资储备库以及监测预警体系,建成市级卫生应急决策指挥平台、决策系统及镇级终端,建成南通市卫生应急规范镇13个。12月,如皋市在南通首家被省卫计委命名为省卫生应急工作规范市。

## 疾病防控

【概况】 2016年,全市报告乙、丙类法定传染病17种3706例,报告发病率为每10万人中257.93人,比上年上升31.65%。其中:乙类传染病12种计1350例,报告发病率每10万人发病 93.96人,较上年上升12.65%,前5位依次为梅毒、肺结核、肝炎、淋病、猩红热;丙类传染病5种计2356例,报告发病率为每10万人发病163.97人,比上年上升45.74%,前3位依次为手足口病、其他感染性腹泻病、流行性感冒。全年无甲类及参照甲类报告管理的传染病发生。全年报告死亡4例,均为艾滋病,总报告死亡率每10万人死亡0.28人。

【计划免疫】 全年累计接种一类疫苗272756剂次,建卡率100%,建卡及时率99.92%。基础接种率为:脊灰疫苗98.34%、麻风疫苗96.21%、百白破98.71%、卡介苗99.63%、流脑疫苗97.03%、乙脑疫苗95.07%、甲肝疫苗97.15%、麻风腮疫苗96.60%、乙肝疫苗97.64%。18—24月龄百白破,4岁脊灰,2岁乙脑,3岁、6岁流脑,6岁百白破疫苗加强接种率分别为97.27%、95.36%、96.11%、96.12%、96.15%、95.63%。乙肝疫苗首针及时率96.34%,麻风疫苗及时率93.18%,麻腮风及时率为92.60%。

【急性传染病防治】 年内,市卫计

委重点预防人感染H7N9禽流感、中东呼吸综合征，发现人感染H7N9禽流感确诊病例1例，按规范处置。登记、报告腹泻病人13830例，检索2339例，检索率16.91%，未发现霍乱患者。

【重大疾病防控】 年内，全市发现艾滋病病毒(英文缩写“HIV”)感染者47例、艾滋病(英文缩写“AIDS”)病人23例，对所有感染者和病人定期随访，完成CD4(人体内一种淋巴细胞，是HIV病毒主要受体)监测338人次。开展娱乐场所高危行为干预880场次，干预女性服务员4798人次，发放宣传材料4779份。开展HIV抗体筛查15万人次，总筛查率超过总人口10%。全年新发结核病人496例，继续实行对肺结核病人免费政策，规范开展督导等工作。完成恶性疟病例病情调查和疫点处置4例，完成查螺689万平方米，发现钉螺复现面积0.5万平方米。如皋市通过省、南通市消除疟疾达标考核验收。

【慢性病综合防控】 年内，市卫计委加强慢性病管理，累计建立居民电子健康档案113.6万份，建档率90.7%。为65周岁以上老年人免费健康体检22.79万人。累计为高血压病人建立健康档案197571份，健康管理率68.03%，规范化管理率96.76%；累计为糖尿病病人建立健康档案50680份，健康管理率56.67%，规范化管理率96.74%。

【卫生监测】 年内，市卫计委对全市集中式供水单位平均采样监测4次以上，检测778份，合格率94.60%；检测管网末梢水540份，合格率96.11%；检测二次供水16份，合格率100%。开展职业健康检查和职业卫生服务工作，检查28家单位接触有毒有害作业人员692人次。开展食品安全风险监测，采样87份，对食源性疾病主动监测，哨点医院全年上报食源性疾病主动监测病例200例。

## 妇幼保健

【概况】 1月1日，市婚姻登记处入驻市公共卫生中心。如皋市正式启动免费婚前医学检查、免费孕前优生健康检查、婚姻登记(简称婚检、孕检、登记)一站式服务模式。年内，婚检6826对，孕检5265对，婚孕检一体化服务3165对。早孕建卡率99.22%，孕产妇健康管理率99.21%，产前筛查率91.24%。全市出生婴儿活产数13119人，婴儿出生缺陷发生率3.86‰，婴儿死亡率2.57‰，无孕产妇死亡。年内，市卫计委为366个村卫生室(社区卫生服务站)统一配备功能齐全的产后访视包，产后访视率99.24%，新生儿访视率99.82%。将新生儿苯丙酮尿症筛查列入免费项目，新生儿疾病筛查率99.77%、听力筛查率99.75%。0—6岁儿童健康管理率99.68%，0—3岁儿童系统管理率99.27%，5岁以下儿童死亡率3.77‰。

年内，全市新增农村妇女免费叶酸增补9085人，住院分娩补助8547人、补助424.27万元。全年妇女病普查10.1万人，在全市开展以乳腺癌和宫颈癌为主的“两癌”筛查工作，检查25001人次，检出宫颈癌前病变92例，确诊宫颈癌9例、乳腺癌17例。孕期接受初次产前检查的孕产妇HIV抗体、梅毒、乙肝表面抗原检测率均为100%，梅毒感染产妇和所生婴儿规范随访率100%，乙肝表面抗原阳性孕产妇所生儿童乙肝免疫球蛋白注射率100%。

年内，市卫计委开展已婚育龄妇女孕环情监测和随访服务28.67万人次，发放避孕药具14.65万人次，监测上报各类避孕药具不良反应(事件)449例。启动实施“百姓

幼儿健康检查 (市卫计委供稿)

生殖健康促进工程”(国家卫生计生委能力建设和继续教育中心与北京卫计美联生殖医学研究院共同实施的免费公益项目,如皋是该项目在江苏的试点城市之一),组织190名从事生殖健康咨询服务的人员报考全国四级咨询师资格考试,186人通过,通过率97.9%。在全市推进基层医疗卫生机构妇幼健康技术服务规范化建设,12个镇(街道)达到建设标准,占应建数85.7%。依托市人民医院建成市孕产妇和新生儿危急重症救治中心,完善全市救治网络和体系。举办新生儿复苏技能专题培训,298名产儿科医护人员参加小班化培训。全年办理出生医学证明12087份,其中首次签发11805份、补发143份、换发113份(换证率0.93%)、废证26份(废证率0.22%)。托幼机构卫生保健合格率100%。

## 农村卫生

【新型农村合作医疗】 2016年,全市新型农村合作医疗(简称“新农合”)筹资标准由人均500元提高到585元,其中,农民以户为单位每人缴费150元,市财政每人补贴435元。全市参保91.11万人,统计参合率保持100%。年末,新农合基金总量5.48亿元。全年新列入重大疾病保障范围病种1个(肝豆状核变性),重大疾病病种增至25个。市镇两级政策范围内住院补偿比例分别为70%和75%,住院平均实际补偿率由上年54.75%提高至55%。

【基层医疗机构建设】 年内,市政府推进村卫生室产权公有化建设,

村(社区)卫生室公有化建设典型——城北街道袁桥社区卫生室

(市卫计委供稿)

确定至2017年末全市村卫生室全部实现公有化。强化奖惩考核,将村卫生室产权公有化建设情况纳入对各镇(区、街道)年度绩效考核内容。采取以奖代补方式,按照新建、回购、改扩建3种村卫生室公有化方式,分别给予5万、4万、3万元补助。截至12月底,全市村卫生室产权公有化率81.2%,超额实现既定70%目标。

【卫生村镇创建】 年内,丁堰镇建成国家卫生镇,城北街道、东陈镇、长江镇、九华镇通过国家卫生镇复查;新建省级卫生村13个,62个村(社区)通过省级卫生村复查。至年末,全市有国家卫生镇9个、省级卫生村282个。年内,市卫计委在东陈、九华、吴窑、下原等镇开展生态改厕试点工作,在原有3格式基础上增加1格,通过大块碎石层、小块碎石层、黄沙层、土壤层等层层过滤使粪水达到二级排放标准,加强现场督察,全年生态改厕1650户。

## 卫生监督

【概况】 2016年,市卫生监督所受理许可审批事项684件,对11家单位建设项目实施预防性卫生监督。对全市1421家经营性公共场所单位开展卫生监督检查,对其中1098家单位实施卫生信誉度量化分级,评定A级1家、B级121家、C级933家、不予评级43家。对公共场所卫生监督抽检,采集样品869份,抽检结果全部向社会公示。日常对89所学校监督检查,对其中26所开展卫生综合评价活动。对全市28家自来水厂每季度监督检查1次,全年抽检生活饮用水样品396份。对全市58家医疗机构实施放射卫生检查,查处违法行为23起。严厉打击非法行医行为,查处无证行医案件35件,罚没款16.53万元,向司法机关移送涉嫌犯罪案件2件。开展医疗服务规范提升年活动,立案查处一级以上医疗机构75户次。开展传染病防治分类监督综合评价工作,评价结果向社会公示。对全市预防接种机构专项监督检查2轮。开展餐饮具集中消毒服务单位专项整治,抽检150家次1005个样品,关闭、停办、合并、转产27家。抽检3家卫生用品生产企业产品和10类市售卫生用品,结果全部合格。全年开展美

发场所、沐浴场所、游泳场馆、医疗美容、医疗广告等专项整治15项，办理、回复群众投诉举报及上级交办举报件48件，其中涉非法行医和医疗纠纷28件、饮用水卫生17件、公共场所卫生3件，立案查处10件。查处卫生违法行为，全年查办各类卫生违法案件168件。多措并举提高办案质量，承办的某医院擅自扩大计划生育技术服务项目案卷获省案卷评查一等奖。

## 重点医院选介

**【市人民医院】** 位于如城街道宁海路278号，创建于民国10年(1921年)，集急救、医疗、教学、科研、预防和康复于一体，是国家级爱婴医院、中国县级医院竞争力百强医院、全省县级公立医院首批16家综合改革试点单位，是南通大学和江苏建康职业学院教学医院，是全国农村中医药工作先进市创建工作优秀单位。2016年1月，晋升为三级综合医院。

该医院占地面积6.1万平方米，总建筑面积12万平方米，核定床位1000张，实际开放床位1248张。现有在职职工1130人，其中，高级职称者143人、中级职称者397人、研究生60人、在读博士1人，拥有省“科教强卫”工程医学青年人才1人、南通市“226”高层次人才3人、南通市创新团队与领军人才1人、南通市医学重点人才1人、如皋市“148”人才3人。现有重点专科7个(心血管内科、消化内科、神经内科、普外科、儿科、麻醉科、骨科)、南通市重点建设专科3个(病理科、泌尿外科、放射科)、南通市特色专科1个(检验科)。2016年，门急诊病人72.899万人次，出院4.1371万人次。

市人民医院急诊病房综合楼　　(市卫计委供稿)

**【市中医院】** 位于如城街道大司马路269号，建于1975年12月，是南京中医药大学教学医院、全国首批县级公立中医医院综合改革试点单位、国家三级乙等中医医院。2016年，被列入南京中医药大学非直属附属医院筹建单位。

该医院占地面积3.05万平方米，建筑面积4.97万平方米，其中医疗用房4.63万平方米，医院总资产3.93亿元，其中设备总值8639.3万元，拥有1万元以上设备460台(套)。拥有编制床位500张，开放床位511张，开设病区10个。拥有全国农村医疗机构中医特色专科建设单位2个(妇科、针灸推拿科)、省中医重点专科1个(妇科)、南通市中医重点专科6个(妇科、脾胃病科、肛肠科、心病科、针灸科、肾外科)。现有职工636人，其中，高级职称者77人、中级职称者176人、硕士研究生27人，拥有全国优秀中医临床人才1人、全国中药特色技术传承人才培养对象2人、省名中医1人、省名中西医结合专家1人、南通市名中医4人、南通市中医师承指导老师5人、如皋市名中医8人、南京中医药大学兼职教师34人。

2016年，市中医院举办省级继续教育项目1个、南通市级继续教育项目6个，完成南通市级科研结题1项，获如皋市科技进步奖一等奖、三等奖各1项。医务人员全年发表学术论文168篇。年内，门急诊43.97万人次，同比增长0.95%；出院病人20954人次，同比增长5.12%；业务收入3.03亿元，同比增长6.6%。医院综合满意度在三级医院行列名列全省第3、南通第1位。

(王　璐)

## 综 述

【概况】 2016年，全市体育工作紧紧围绕全面深化省公共体育服务体系示范区建设，以增强全市人民体质、提高群众健康素质为目标，修订《如皋市"十三五"体育事业发展规划》《如皋市全民健身实施计划(2016—2020年)》(征求意见稿)和《如皋市体育产业发展规划(2016—2020年)》，并将各项规划融入全市"十三五"经济社会发展总体规划。完善组织体系，加快设施建设，推动各项体育活动开展。

【体育设施】 全市现有公共体育健身场地设施2660个，年内新增160个，其中以健身路径为主的健身工程950个，年内新增50个。现有全民健身活动站点1958个、晨晚练健身点908个。年内，全民健身场地设施实现镇(区、街道)、村(社区)和城镇社区全覆盖，实现城市社区"10分钟健身圈"向如皋开发区和高新区延伸。年内，市体育局启动位于奥体中心东侧的市校外足球训练基地(全国青少年田径训练基地)建设工程，该工程包括新建标准足球场2片、标准田径训练场1片、田径训练馆1座，年内完成搬迁工作。全年提档升级镇、村标准篮球场56片、健身路径50套，新建龙游河风景区健身步道10千米、省级多功能运动场5个(搬经镇2个，江安镇1个，东陈镇1个，如皋开发区1个)，新建吴窑镇、城南街道市级农村体育公园各1座及标准门球场3片(如皋开发区1片，龙游河公园2片)，在吴窑镇、搬经镇健康养老室内外布置健身器材各1套。为实验初中健身房免费提供器材1套，为如城街道免费提供小学高级乒乓球桌4套，为推动学校体育设施对外开放奠定基础。加快"智慧体育"建设进程，推动群众体育公共信息服务网络建设，持续完善全市全民健身电子地图平台。完成省级国民体质测定与运动健身指导站建站任务，加强体质测试监测骨干人才队伍培养，深入城乡开展有针对性的科学体质监测，全年完成国民体质测试3200人。

【足球改革发展】 年内，根据《如皋市足球改革发展三年行动计划(2015—2017年)》，如皋市不断加大投入，构建政府主导、部门联动、社会参与、协调发展的足球改革发展管理新模式。加强和完善组织体系、培训体系、竞赛体系和人才培养体系建设，全力打造如皋体育新品牌。加快场地建设，如皋奥体中心足球场改建工程通过中国足协联赛委员会验收。保障中国足协乙级联赛2016赛季南通支云队10轮主场比赛，如皋赛区获2016中乙联赛赛区组织工作优秀奖。发展校园足球，在全市组织开展校园足球联赛，为全市88所中小学配备66副足球门、1000只足球、3520个足球比赛标志物、88个比赛球包，全年组织教练员培训4期。全国校园足球特色学校市外国语学校确保每人1个足球、每周1节足球课、每班1个足球筐、每天举办1次足球大课间活动、每月举办1次班级足球联赛。4月27日，市足球协会成立，宋小忠当选首届市足协主席。10月18日，德国沃根集团(全球知名体育管理公司，专注于足球领域咨询服务)副总裁克里斯蒂安一行到如皋奥体中心、如云科技、外国语学校、李昌钰刑侦科学博物馆、长江药用植物园、金岛生态园等处，考察体育及康复基础设施建设情况。

## 群众体育

【概况】 2016年,市体育局始终以全民健身为主线,在全市举办元旦健步行、“迎新春、闹元宵”广场舞比赛、“元辰杯”体育中心乒乓球馆微信群乒乓球团体赛、五一乒乓球比赛、“全民健身日”等节假日系列全民健身活动,参与全民健身活动市民接近83万人次。举办如皋开发区(城北街道)第四届全民健身运动会,长江镇第十三届全民健身运动会,磨头、搬经、丁堰、东陈等镇(区、街道)体育运动会或文体艺术节,城北街道鹿门社区、东陈镇雪岸社区、下原镇白礼社区等村级文体艺术节,推动镇村群众体育活动更具活力。市级机关工委、市场监督管理局、农商行、江苏九鼎集团等市级机关、企事业单位组织开展田径、乒乓球、趣味运动会等健身活动。

【老年体育】 年内,市体育局加强老年人体育项目建设,不断提升老年体育工作水平。推进老年气排球运动项目建设,实现老年气排球运动镇级全覆盖,全市有老年气排球爱好者2万余人。在全市举办老年人体育节,市镇村三级累计组织文体展示交流活动1820次,4.4万人次参与;组织文体类培训406次,培训近1万人次。

【社团体育】 全市现有体育社团25个,年内新增3个(石锁协会、足球协会、铁人三项协会);现有体育健身俱乐部26家,年内新增2家(男子气排球俱乐部、女子气排球俱乐部)。年内,市体育局加强晨晚练健身点和社会体育指导员队伍建设,全年承办南通市二级体育指导员培训3期、如皋市三级社会体育指导员培训3期,累计培训各级各类社会体育指导员500余人。为全市855名一线社会体育指导员购买意外伤害保险,发放统一服装,提高一线指导员工作积极性。在体育竞赛、协会服务、公益性健身技能培训等方面加速试行政府购买公共体育服务,实现行政管理与体育社团有效衔接和良性互动。加速推动体育社团组织发展,强化体育社团组织“三化五有”(“三化”指规范化、社会化、实体化,“五有”指有健全的社团组织和队伍、有规范的管理形式和制度、有较强的社会组织能力和市场运作能力、有持续发展的设施和资产、有推进项目发展的实效)建设和等级评估,推进体育社团创建工作。市老年人文化体育协会被评为AAAA级体育社团,市篮球协会、游泳协会、信鸽协会等6个协会成功创建AAA社团。推动体育社团发展注册会员,2016年新增注册团体会员10个,累计33个;新增个人注册会员250人,累计1660人。

【学校体育】 2016年年末,全市有市少年体育学校1所,南通市体育传统项目学校10所、南通市特色项目体育学校8所,国家级单项业余训练基地1个,国家青少年田径训练基地1个。年内,传统体育项目学校石庄小学参加省体育传统项目学校田径比赛获第8名,男子排球队参加南通市少儿排球赛获第4名;城西小学篮球队参加南通市少儿篮球赛获第2名;何庄小学乒乓球队参加南通市少儿乒乓球团体赛获第3名;飞羽羽毛球俱乐部组队参加南通少儿羽毛球比赛获男子乙组团体第3名。6月,如皋开发区何庄小学龙腾青少年体育俱乐部被国家体育总局命名为国家示范性青少年体育俱乐部。

【全市校园足球总决赛】 12月3日,由市体育局、市教育局联合主办的全市校园足球总决赛在市第一中学、外国语学校举办。比赛采用国际足联最新足球竞赛规则。全市6个校园足球赛区(东部、南部、西部、中部、北部、市直)小学、初中组共24支冠军队参加角逐。最终,九华镇郑甸小学包揽小学男子组、女子组冠军,下原初级中学获初中男子组冠军,外国语学校初中部获初中女子组冠军。

校园足球总决赛女子组比赛现场　　(市教育局供稿)

## 2016年如皋市群众体育竞赛(活动)情况

表78

| 时间 | 赛事(活动)名称 | 主办单位 |
|---|---|---|
| 1月1日 | “庆元旦、迎新春、快乐健身”健步行活动 | 市体育局、市体育总会 |
| 1月9日 | 2016年“元辰杯”体育中心乒乓球馆微信群乒乓球团体赛 | 市体育中心 |
| 2月14日 | 第四届“梦百合杯”全国业余围棋精英公开赛 | 市体育局、市棋类协会、江苏恒康家居科技股份有限公司 |
| 2月20日 | 首届朗牌特曲迎新春闹元宵广场午比赛 | 市体育局、市体育总会 |
| 2月27日 | “庆华杯”乒乓球俱乐部乒乓联赛 | 市乒乓协会、庆华乒乓球俱乐部 |
| 3月23日 | 第一届“泸州老窖特曲杯”掼蛋王大奖赛 | 市体育局、市体育总会 |
| 4月30日 | 首届青少年“电信杯”篮球联赛 | 市体育局、市尚学堂培训有限公司 |
| 5月2日 | 小康村农民广场舞大赛之如皋赛区“红星美凯龙”杯选拔赛 | 市委农工办、市体育局、市农民体育协会 |
| 5月7日 | “今世缘·典藏”杯乒乓球单打比赛 | 市体育局、市乒乓球协会 |
| 5月14日 | “种子杯”职工男子篮球赛 | 市体育总会、市篮球协会 |
| 5月14日 | “中如杯”足球联赛 | 市体育总会、市足球协会 |
| 5月28日 | “长寿知香杯”首届老将田径锦标赛 | 市体育局、市老年人体育协会 |
| 9月30日 | 市级机关第十一届运动会比赛 | 市级机关工委、市体育局、市级机关管理局 |
| 11月13日 | 南通市乒坛老将乒乓球团体赛(如皋站)比赛 | 市乒乓球协会 |
| 11月20日 | 秋季围棋定级升段比赛 | 市棋类协会、市不断樱棋道俱乐部 |
| 12月3日 | 校园足球总决赛 | 市体育局、市教育局 |

## 竞技体育

**【概况】** 2016年,如皋市组队参加省级比赛项目12个,获金牌4枚;参加国家级比赛项目11个,获金牌9枚、银牌7枚、铜牌7枚;参加国际比赛项目1个,获金牌1枚。全年承办国际赛事3项、国家级赛事13项、省级赛事2项。

年内,市体育局组织少儿运动员参加国家少年队集训比赛,获女子铅球第2、男子铅球第3名;参加省阳光运动会暨县组田径赛,所参赛项目均进入全省前15名,徐赟获男子铅球第1名;参加全国少年田径赛,分获女子铅球第3、男子铅球第4名;组织石庄小学田径队参加省体育传统项目学校田径比赛获第8名。年内,包旭东获省青少年摔跤锦标赛第1名,肖涛获省青少年田径锦标赛竞走10000米第1名,黄跃获省青少年赛艇冠军赛第1名。7月8—12日,在2015—2016年全国跳绳联赛总决赛中,白蒲小学青蒲花样跳绳队获金牌7枚、银牌5枚、铜牌4枚。8月1日,磨头小学毽球队作为全省唯一代表队参加2016年全国少儿毽球锦标赛,包揽女子计数赛前3

青蒲花样跳绳队师生合影　　　　　　(如皋日报社供稿)

名,获男子计数赛、团体接力赛第1名。

【业余训练】 市少年体育学校设置四年级到九年级单轨班6个,设田径、举重、篮球专业3个,现有注册运动员112人。年内,市少年体育学校严格加强业余训练管理,借助《江苏省体育后备人才信息系统》开展业余训练管理,初步形成系统数据与实践经验相结合的科学训练模式。全市运动员进入国家投掷项目优秀苗子人才库5人、省体校2人、省田径队集训4人、南通少体校10人,少体校运动员平捷被选拔进入国青队水上运动项目赛艇集训。年内,市体育局发挥国家青少年田径训练基地优势,结合国家奥林匹克高水平后备人才培训,不断提升全市竞技训练水平。4月,组队参加国家少年队集训比赛,陈子怡获女子铅球第2名,徐赟获男子铅球第3名。

【国家青少年田径训练基地】 年内,如皋市国家青少年田径训练基地承办全国营训任务5批,累计近2600名教练员、运动员及专家到如皋参与营训活动。7月12—27日,全国青少年女子投掷单项奥林匹克高水平后备人才基地训练营在市体育中心举行。7月23日—8月6日,全国青少年中长跑项目奥林匹克高水平后备人才基地训练营在市体育中心举行。7月28日—8月12日,全国青少年短跨项目奥林匹克高水平后备人才基地训练营在市体育中心举行。9月11日—9月23日,全国竞走项目国少队单项奥林匹克高水平后备人才基地及后备人才训练营在市体育中心举行。12月10—25日,国家青少年铅球、铁饼奥林匹克高水平后备人才训练营在市体育中心举行。

【中乙联赛在如皋开幕】 4月16日,2016年中国足球协会乙级联赛(简称“中乙联赛”)开幕式和揭幕战在如皋奥林匹克体育中心举行,中央电视台体育高清频道和江苏卫视体育休闲频道对此现场直播。

中乙联赛开幕式由中国足球协会主办,南通市政府、省足球协会承办,如皋市政府、南通市体育局、南通支云足球俱乐部协办。开幕式包含足球俱乐部队旗代表入场、大型文体表演、裁判员及运动员代表宣誓等活动。揭幕战由南通支云队对战上海聚运动队,最终,南通支云队以1:0比分战胜上海聚运动队。

【陈子怡在德国新勃兰登堡投掷传统赛中获冠军】 5月29日,市少年体育学校初三学生陈子怡在德国新勃兰登堡投掷传统赛中,以15米39成绩获跨年龄组女子U18组铅球比赛冠军。

中乙联赛揭幕战现场 (丁松山摄)

## 2016年如皋市承办省级及以上赛事活动情况

表79

| 比赛时间 | 赛事名称 | 主办单位 | 类型 |
|---|---|---|---|
| 1月5日 | 第二届'Mlily梦百合杯世界围棋公开赛\决赛 | 中国围棋协会、江苏恒康家居科技股份有限公司、如皋市政府 | 国际 |
| 2月14日 | 第四届“梦百合杯”全国业余围棋精英赛 | 江苏省棋类运动协会、如皋市体育局 | 全国 |
| 4月17日 | 中乙足球联赛揭幕战(南通支云—上海聚运动) | 中国足协乙级联赛组委会、如皋市政府 | 全国 |
| 4月24日 | 中乙足球比赛南通支云—江西联盛 | 中国足协乙级联赛组委会、如皋市政府 | 全国 |

续表79-1

| 比赛时间 | 赛事名称 | 主办单位 | 类型 |
|---|---|---|---|
| 5月7日 | 中乙级联赛南通支云—深圳人人 | 中国足协乙级联赛组委会、如皋市政府 | 全国 |
| 5月21日 | 全省第七届全民健身运动会暨省第四十七届县级市门球比赛 | 江苏省全民健身运动会组委会、省门球协会、如皋市政府 | 省级 |
| 5月21日 | 中乙足球联赛南通支云　梅县 | 中国足协乙级联赛组委会、如皋市政府 | 全国 |
| 6月10日 | 中乙足球比赛南通支云—成都钱宝队 | 中国足协乙级联赛组委会、如皋市政府 | 全国 |
| 7月2日 | 全省青少年阳光联赛暨“威克多杯”2016少年儿童羽毛球冠军赛(总决赛) | 省体育局、省教育厅、如皋市政府 | 省级 |
| 7月9日 | 中乙足球联赛南通支云—苏州东吴 | 中国足协乙级联赛组委会、如皋市政府 | 全国 |
| 7月13日 | “华强城杯”国际四国男篮亚特拉斯系列赛 | 江苏省对外友协、江苏省体育局、如皋市体育局 | 国际 |
| 7月23日 | 中乙足球联赛南通支云—四川安纳普尔那 | 中国足协乙级联赛组委会、如皋市政府 | 全国 |
| 7月24—29日 | “三星杯”中国国际友城青少年足球邀请赛 | 中国对外友好协会、江苏省体育局、南通市政府、如皋市政府 | 国际 |
| 8月13日 | 中乙足球联赛南通支云—丽江飞虎 | 中国足协乙级联赛组委会、如皋市政府 | 全国 |
| 8月14日 | 中国体彩杯全国业余象棋如皋分站赛 | 中国足协乙级联赛组委会、如皋市政府 | 全国 |
| 8月20日 | 中乙足球联赛南通支云—海口博亚比赛 | 中国足协乙级联赛组委会、如皋市政府 | 全国 |
| 9月15日 | 中乙足球南北排位赛(南通支云—北京理工) | 中国足协乙级联赛组委会、如皋市政府 | 全国 |
| 9月20日 | “梦百合杯”第十六届全国老将田径锦标赛 | 国家体育总局田径管理中心、江苏省体育局、如皋市政府 | 全国 |

## 体育产业

**【概况】** 年内，市体育局结合市情和体育工作实际，修订《如皋市体育产业发展规划(2016—2020年)》，多渠道吸引社会资本参与各类体育健身活动。全面提高大型体育场馆运营管理能力和公共服务水平，优化健身卡结构，拓展游泳、羽毛球、篮球等培训市场，向社会免费或低收费开放，实现经济收入近500万元(包括全民健身中心营业收入)。做好体育产业规划、指导与服务，组织省级体育产业引导资金项目申报。加快体育彩票事业发展，全年销售体育彩票1.5亿元，超额完成全年任务指标，总量继续保持苏中苏北第3名。

（王　勇　花志军）

如皋市奥林匹克体育中心　　（市体育局供稿）

## 收入与分配

【概况】 全市城乡居民抽样调查数据显示,2016年,全年城镇居民人均可支配收入36590元,同比增长8.3%;人均生活消费性支出21810元,同比增长6.1%。年末,全市城镇居民人均住房建筑面积55.4平方米。全年农村居民人均可支配收入16883元,同比增长8.7%;人均生活消费支出12526元,同比增长12%。年末,农村居民人均住房面积62.1平方米。

### 2016年如皋市城镇居民人均消费支出情况

表80

| 指　　标 | 人均消费支出(元) | 同比增长(%) |
|---|---|---|
| 食品 | 6346.7 | 4.1 |
| 衣着 | 1674.4 | 2.6 |
| 居住 | 3684.2 | 4.8 |
| 家庭设备用品及服务 | 1303.6 | 9.1 |
| 医疗保健 | 1528.7 | 9.4 |
| 交通与通信 | 2678.8 | 9.5 |
| 娱乐、教育、文化用品及服务 | 4034.9 | 7.7 |
| 其他商品与服务 | 558.6 | 5.1 |

### 2016年如皋市城镇居民家庭每百户耐用消费品拥有量情况

表81

| 消费品名称 | 计量单位 | 拥有量 | 同比增长(%) |
|---|---|---|---|
| 彩色洗衣机 | 台 | 123 | — |
| 电冰箱 | 台 | 132 | 2.3 |
| 微波炉 | 台 | 108 | — |
| 空调 | 台 | 217 | 0.5 |
| 固定电话 | 部 | 88 | -2.2 |
| 移动电话 | 部 | 321 | 2.6 |
| 家用电脑 | 台 | 107 | — |
| 家用汽车 | 辆 | 87 | 17.6 |

### 2016年如皋市农村居民人均消费支出情况

表82

| 指　　标 | 人均消费支出(元) | 同比增长(%) |
|---|---|---|
| 食　品 | 3870.6 | 10.2 |
| 衣　着 | 725.8 | 3.1 |
| 居　住 | 1967.7 | 13.3 |
| 家庭设备用品及服务 | 798.6 | 10.5 |

续表82-1

| 指　　标 | 人均消费支出(元) | 同比增长(%) |
|---|---|---|
| 交通与通信 | 1626.2 | 18.2 |
| 文教娱乐用品及服务 | 2292.3 | 13.3 |
| 医疗保健 | 943.6 | 15.6 |
| 其他商品和服务 | 301.2 | 4.0 |

### 2016年如皋市农村居民家庭每百户耐用消费品拥有量情况

表83

| 消费品名称 | 计量单位 | 拥有量 | 同比增长(%) |
|---|---|---|---|
| 彩色电视机 | 台 | 223 | 0.90 |
| 电冰箱 | 台 | 121 | 0.80 |
| 摩托车 | 辆 | 68 | 3.03 |
| 固定电话机 | 部 | 84 | 12.00 |
| 移动电话 | 部 | 310 | — |
| 家用计算机 | 台 | 83 | — |
| 空调 | 台 | 172 | 0.60 |
| 热水器 | 台 | 143 | — |
| 家用汽车 | 辆 | 68 | 17.20 |

## 人口与计划生育服务

【概况】 2016年，全市出生12861人(计生口径，下同)。其中：一孩7338人，一孩率61.57%；二孩及以上5523人，二孩率42.94%。出生人口男女性别比为106.77∶100。人口出生率为8.97‰，自然增长率为0.72‰。

【流动人口服务管理】 全市有流动人口103146人，其中育龄妇女39819人。外省流入育龄妇女18923人，流出外省育龄妇女20896人。年内，市卫计委(市计生协会)正常运行省卫生计生流动人口信息系统，全年新登流入人口信息2382条、流出人口信息18633条；接收省内协查信息6731条、省外协查信息1375条，发送省内协查信息2633条、省外协查信息142条；实行婚育证明电子化。关爱流动人口，先后在磨头小学开展新市民子女和留守儿童联谊活动，在长江镇春江农贸市场开展"关爱外来妇女，共庆中秋佳节"活动，举办安全知识和健康知识讲座、体育比赛等活动。1—2月，完成流动人口流出地调查，调查如城、城北、下原、九华、东陈、白蒲6个样本点共200个样本户。5月，完成国家流入人员动态监测调查，专项调查40户。

【计划生育家庭发展】 年内，全市新增农村计划生育家庭奖励扶助对象(简称"奖扶对象")8959人，新增独生子女伤残死亡家庭特别扶助对象(简称"特扶对象")413人。市卫计委(市计生协会)全年年审历年享受奖扶对象48715人、特扶对象22687人。全年发放计划生育奖扶金5164.16万元、特扶金1749.17万元。发放2015年度3122名持独生子女父母光荣证企业退休职工、2016年度60名持独生子女父母光荣证城镇老年居民一次性奖励金共1017.5万元。

【幸福家庭创建】 年内，市卫计委(市计生协会)开展以"守法、富裕、健康、文明、和谐"为主题的"幸福家庭"创建活动。开展出生人口性别比综合治理活动，规范全市各级医疗保健机构、计划生育服务机构禁止"两非"(非医学需要胎儿性别鉴定和选择性别的人工终止妊娠行为)和违法销售使用终止妊娠药品警示标志。在门户网站播放30秒宣传广告并公示有奖举报电话，在《如皋日报》开设出生人口性别比综合治理专版，在全市集中开展关爱女孩活动，承办南通市"关爱女孩携手行"暨"雉水之夜"文艺演出。年内，评选出市"十佳"幸福家庭。幸福家庭创建和关爱女孩携手行系列活动获南通市幸福家庭创建优秀项目一等奖，微电影《别让幸福掉眼泪》获南通市幸福家庭创建典型案例(事件篇)一等奖，"如城马俊——特殊家庭中的幸福家庭"获南通市幸福家庭创建典型案例(人物篇)。

【市计生协会】 全市计生失独家庭921户，1518人，其中49—60周岁609人、60—70周岁646人、70周岁以上342人。年内，市计生协会启动实施计生特殊家庭扶助项目，针对失独家庭经济生活、精神生活现状及服务需求，在提供综合医疗保险等既有帮扶措施的同时，组织实施农田托管110人、生活照护28人、心理援助778人、生日祝福1098人、危房改造6户。各镇(区、街道)组建计生特殊家庭理事会，适时邀请心理咨询师进行团体或个体心理辅导，定期组织开展观光、座谈等社会实践活动。在落实帮扶措施的同时，进一步提高计生特殊家庭抵御风险能力，解决失独家庭成员后顾之忧，连续第4年为计生特殊家庭成员办理人均120元综合医疗保险，理赔项目含意外医疗费用、生病住院医疗费用、意外或生病住院陪护津贴、意外身

微电影《别让幸福掉眼泪》首映式 (市卫计委供稿)

故、意外致残以及15种指定重大疾病等。

(王　璐)

## 劳动就业

【概况】 2016年,全市新增城镇就业7682人,城镇失业人员再就业3522人,就业困难人员再就业412人,城镇登记失业率1.85%,低于3%目标任务。离校未就业高校毕业生实名制登记2313人,市人力资源社会保障局全年跟踪服务1638人。全市新增大学生就业见习基地4家,发放就业见习补贴30.9万元。年内,市政府出台《关于进一步做好新形势就业创业工作的实施意见》(皋政发〔2016〕83号),从推进创业带动就业、优化就业创业服务、健全就业创业工作机制等5个方面提出具体措施20多条。

【就业】 年内,市人力资源社会保障局安置"191"("要就业"谐音)就业困难人员756人,其中,基层民政公益岗位65人,基层人力资源社会保障公益岗位17人,基层司法公益岗位13人。安置残疾人员22人、其他就业困难人员639人。全年申报财政补贴1509.25万元,其中,岗位补贴876.75万元,社保补贴618.81万元,其他补贴13.69万元。全市全年举办各类招聘会134场,服务企业693家,提供就业岗位4690个,吸引近6万人次求职者进场洽谈,达成就业意向1.25万人。就业"直通车"效应凸显,审核会员单位1464家、个人会员2万人,推送岗位信息9771条,系统岗位匹配3662人,累计关注系统78.7万多人次。如皋市连续第6年获评全国就业宣传先进集体。

如皋青年就业专场招聘会现场　　(市人力资源社会保障局供稿)

【创业】 年内,全市新增创业2237人,带动就业11198人,其中,大学生创业283人,农村劳动力创业722人。新增入库创业项目46个,发放创业贷款1636万元,贴息79笔、计56.95万元。年内,如皋市在"1+5"(科学的规划体系、坚强的领导体系、完善的政策体系、健全的培训体系、完整的服务体系)创新创业如皋模式基础上,将"1+5"模式与"三互"(互联、互享、互动)有机结合,成功搭建"互联网+创业"平台。《如皋市"1+5"创新模式助推"互联网+创业"新发展》被《中国就业》《中国培训》《中国劳动》《职业》等国家核心期刊及人力资源社会保障部主流网络媒体推介。苏中红木大世界、市技工学校分别被省人力资源社会保障局认定为省创业孵化示范基地、省创业培训实训示范基地,分别被授予100万元、50万元奖金。教育培训、花卉电商平台、家庭农场生态养殖种植3个项目获评省大学生优秀创业项目。入选南通市"互联网+传统特色产业""十佳"创业典型2人,华夏花卉市场以网络投票第1名成绩入选南通市"十佳"品牌创业孵化基地。

【培训】 年内,市人力资源社会保障局受理审核各类培训开班67次,申报参培人数9168人。其中:当地农村劳动力1847人,省内及跨省外来劳动力2454人,高技能人才3691人;GYB(创业意识)培训103人,SYB(开办你的企业想法)培训718人,网络创业培训355人。考核鉴定64次、9626人,其中,当地农村劳动力2095人,省内及跨省外来劳动力2688人,高技能人才3739人,GYB培训103人,SYB培训659人,网络创业培训342人。审核发放各类培训补贴1055.29万元。

【劳动关系】 年内,全市规模以上企业劳动合同签订率99.3%,已建工会企业集体合同签订率95.4%。年内,市人力资源社会保障局审查集体合同2113份、工资集体合同807份，特殊工时审批60件，经济性裁员备案2家，劳务派遣许可9家。劳动关系行政事务规范化经办管理率100%。建立并完善困难企业用工情况、企业劳动用工和规模裁员情况统计制度。开展企业薪酬等调查，及时公布最低工资标准、工资增长指导线、劳动力市场价位等信息。完善镇农民工综合服务中心，全市所有镇(区、街道)均建有农民工综合服务中心。各农民工综合服务中心结合地区实际，积极创新，增加新服务功能。城北街道开展省级示范农民工综合服务中心创建活动。

**【劳动监察】** 年内，市人力资源社会保障局依法开展投诉举报调查，全年受理投诉、举报141件，结案138件，依法查处使用童工案件1起。按省、南通市统一部署，组织开展农民工工资支付、人力资源市场、女职工劳动保护专项检查，开展金融银行业劳动用工监督检查。调整思路，协调公安机关加大对欠薪逃匿犯罪案件打击力度，某服装厂欠薪案件被移送公安侦办，63名工人46万元工资得到有效追偿。加大市镇联动，妥善处理群体性事件29起，涉职工2232人，其中欠薪21起，涉金额2398万元。创新普法思路，编印《劳动用工管理告知书》，发放到用人单位法定代表人(实际负责人)、劳资干部，提醒防范用工风险，并嵌入企业注册登记环节发放，注重从源头宣传劳动法规，控制用工风险。提请市委、市政府出台《关于构建和谐劳动关系的实施意见》，为到2020年构建和谐劳动关系及完善劳动关系应急处置、组织保障和执法能力建设等体制机制提供组织支撑。全年接待咨询4654人次，调结简单劳资纠纷413件，城北、长江、如城、丁堰、搬经、江安等镇(区、街道)年调结劳资纠纷20多件。全年上级交办案件325件，调结234件。10月，在省人力资源社会保障厅执法案卷评查中，市人力资源社会保障局执法案卷综合得分列南通第1名。

**【劳动人事争议仲裁】** 年内，市人力资源社会保障局接受咨询、调解劳动争议1549件2100余人次；立案处理劳动争议案件698件，审结664件，结案率95.13%，涉案金额5304万元。结案案件中，以裁决方式处理263起，占结案数39.61%；以调解、撤诉方式处理401起，占结案数60.39%。工会仲裁员参与案件处理72起，占立案数10.3%。打造集体案件“绿色通道”，妥善处理10人以上集体案件11起，未发生群体性事件。继续推进阳光仲裁，提高仲裁工作人员政策水平和业务素质。选送仲裁裁决书参加南通市仲裁裁决书评比，被评为优秀裁决书。遵循“专人负责、归口办理，及时、就地、依法解决问题与思想疏导教育相结合”原则，落实好劳动仲裁便民措施。在城北街道和如城街道设立劳动人事争议巡回仲裁庭，就近、就地处理劳动人事争议，为辖区内劳动人事争议案件提供高效、便捷服务。全年组织乡镇劳动关系协调员培训3次，累计培训600余人次，提高基层劳动争议调解人员业务素质和实战能力。基层劳动关系协调员全年调解劳动争议案件400余起。把劳动保障法律法规政策宣传融入劳动争议处理之中，着力提高企业在职工管理过程中守法意识和工作能力。举办“企业规范用工，构建和谐劳动关系”知识讲座，开展以“携手并进，共创和谐”为主题的五一劳动法律宣传服务月活动，举办职业院校毕业生专场讲座。全年针对企业举办培训、讲座2次，近200家企业管理人员参加；针对社会大众举办劳动法律法规宣传活动3次，现场咨询300余人次，发放宣传资料600余份。

(周亚琴)

如城街道劳动争议调解现场 (如城街道供稿)

# 社会保障

## 社会保险

**【养老保险】** 城镇职工养老保险 2016年,全市新增参保城镇职工养老保险13095人,完成年目标任务163.69%;征缴基金150258.74万元,超额完成征缴目标任务。至年末,全市城镇职工养老保险参保161928人。年内,如皋市出台《关于机关事业单位工作人员养老保险制度改革的实施意见》(皋政发〔2016〕71号),进一步推进机关事业单位人员养老保险制度改革。调整机关事业单位退休人员养老金。其中:调整机关事业单位工作人员养老保险制度改革前退休人员养老金11432人,人均养老金调增292.6元/月,调整后人均养老金5020.3元/月;调整改革后退休人员养老金553人,人均预调增200元/月。调整51412名参保企业退休(退职)人员养老金,调整后人均领取养老金2247元/月、离休金7251.12元/月。调整纳入社会化管理的5549名事业单位退休(退职)人员养老金,调整后人均领取离休养老金7854.22元/月、退休养老金4023.96元/月。调资从2016年1月1日起执行,均发放到位。全年发放企事业离退休人员养老金17.16亿元,其中,企业离退休人员养老金支出14.2亿元,事业单位离退休人员养老金支出2.8亿元,遗属补助费支出1581万元(事业单位人员388万元),养老金发放率100%。查处历年虚报冒领对象31起,追缴金额27.2万元,年度清查追缴率100%。

城乡居民养老保险 年内,城乡居民社会养老保险续缴35.6万人,实现到账保费2.5亿元。至年末,全市城乡居民养老保险参保35.6人,参保率100%。全年新增养老保险金发放1.55万人,累计发放29.75万人,月发放4008万元。年内,如皋市完善居保配套制度,提高参保补贴标准。居民社会养老保险年缴费金额分5个档次,市财政补贴由30元、40元、50元、60元、70元分别提高到60元、70元、80元、90元和100元。将居民社会养老保险基础养老金标准由105元/月调整到115元/月,涉享受对象29.75万人。创新居民社会养老保险金征收模式,利用“四个不出村”服务平台,全面推进“坐收”模式,2个月完成全年目标,征收速度居南通第1位。如皋市社会养老保险金征缴工作经验在全省居民社会养老保险金征缴动员大会上被介绍,如皋市“坐收”居民社会养老保险金创新做法被省简报录用推广。扩大品牌优势,在更高标准上推进城乡居保便民服务示范点建设,全市80%以上村(社区)建成便民服务示范点,人员到位率100%,设备配备率100%。便民服务示范点建设经验在全省城乡居保工作推进会上作典型经验交流。

**【失业保险】** 全市新增参保失业保险13139人,完成新增年目标任务164.23%;征缴失业保险基金9409.82万元,超额完成目标任务。年内,失业登记6248人,新增享受失业保险金5641人,发放失业保险金52560人、5365万元。失业职工缴纳基本医疗保险费1324万元,累计49973人次,发放物价补贴294万元,一次性报销在享受失业金期间基本医疗保险费14万元。审核发放企业社保补贴103万元;享受企业稳岗补贴企业160家,受惠职工人数14815人,补贴金额682万元。年内,市人力资源社会保障局、财政局联合出台《关于进一步做好失业保险支持企业稳定岗位工作的通知》(皋人社发〔2016〕63号)规定:自2016年至2018年,全市失业保险缴费比例由2%下调至1.5%,其中用人单位缴费比例由1.5%下调至1%,个人缴费比例0.5%不变;自2015年至2020年年底,在全市范围内依法参加失业保险,及时、足额缴纳失业保险费,上年度未裁员或裁员率低于上年末全市城镇登记失业率的企业按规定享受稳岗补贴。

**【医疗保险】** 全市参保医疗保险新增13095人,完成年目标任务164.23%;基金征缴86634.11万元,超额完成征缴目标任务。完成2017年城镇居民医疗保险征缴119933人,完成年目标任务119.9%。市人力资源社会保障局全年办理城镇职工医保、离休干部、在乡六级以上伤残军人报销业务7062人次,支出7963.15万元;城镇居民医保报销业务1879人次,支出1629.03万元;办理参保人员转诊转院手续7049人次,办理居外就医手续1525人次。597名城镇职工医保参保人员享受医保二次补助761.22万元,281名城镇居民医保参保人员享受医保二次补助计223.71万元。年内,市人力资源社会保障局推进异地就医联网结算工作,顺利完成医疗保险市级并轨,全年异地联网结算28万人次、13804万元。制定《如皋市职工医疗保险实施办法》《如皋市城镇居民基本医疗保险实施办法》《如皋市职工住院自费补充保险暂行办法》及相关配套政策，与市财政局、民政局联合出台《关于调整如皋市在乡一至六级残疾军人医疗费统筹管理办法的通知》，与市财政局、市委老干部局联合出台《关于调整如皋市离休干部医疗费统筹管理办法的通知》，进一步完善医保政策体系建设。强化定点机构稽查和管理，完善定点机构监管体系建设，建立新增医保定点机构评估机制，全年受理医保联网结算申请32件，其中21家通过评估。完善大额费用稽核体系，全年受理大额费用报销293笔，电话核实234例，发出协查函44例，实地稽查15例，审核拒付各类不符合医保支付政策的医疗费用98余万元，移送公安部门医保诈骗案件1件。

【工伤保险】 全市新增工伤保险参保13508人，完成年目标任务的168.85%；工伤保险基金征缴11754.2万元，超额完成征缴任务。年内，市人力资源社会保障局认定工伤1283件（单位申报1198件、个人申报85件），工伤调查580人次，组织劳动能力鉴定606人次，成功调解工伤疑难案件30件。对15家工伤多发单位开展工伤预防评估，工伤预防宣传200人。全年全市工伤保险报销1484人次，支出6233.03万元。

【生育保险】 全市新增生育保险参保13139人，完成年目标任务164.23%；生育保险基金征缴3142万元，超额完成征缴任务。全市职工生育保险报销3525人次，支出2788.96万元。

（周亚琴）

## 社会救助

【民政救助】 年内，市民政局进一步完善全市社会救助体系，不断规范申请社会救助程序，切实核准救助对象，加大对申请家庭经济收入核对，出台《关于明确2016年城乡低保、五保和相关救助对象救助标准》（皋政办发〔2016〕123号）。全年争取省补临时救助资金387万元、医疗救助资金499万元。

城乡低保 年末，全市保障城镇低保户391户855人、农村低保户9037户19607人。7月起，城、乡低保每人每月补助标准分别由580元提高至590元、420元提高至480元。全年全市发放低保补助金5718万元，物价补贴、春节元旦节日慰问金2102万元。年内，市民政局在走访、调查基础上，动态调减城乡低保524户，新增城乡低保716户，日常检查督察低保、低收入家庭1542户，真正实现城乡困难群众低保救助应保尽保、应退尽退。3月，市民政局联合市财政、监察部门走访检查全市14个镇（区、街道）28个村（居）826户低保家庭。

农村“五保”、城镇“三无”老人供养 年末，全市有“五保”集中供养人员1315人、分散供养人员3620人，城市“三无”老人供养对象46人。年内，农村“五保”集中和分散供养标准分别由每人每年7400元提高至7700元、5540元提高至7250元，全年发放“五保”供养金3706.16万元。城镇“三无”老人供养标准由每人每年15513元提高至15550元，全年发放供养金3363.81万元。

孤儿供养 年末，全市有孤儿103人。其中：机构供养10人，社会分散供养93人；困境儿童50人。年内，孤儿集中和分散救助标准分别由每人每月1600元提高到1817元、950元提高到1100元。全年发放孤儿救助资金142万元。市民政局组织各镇（区、街道）认真开展留守儿童摸底排查工作，将705名留守儿童信息及时录入省民政业务综合平台进行上报。如皋市困境儿童和留守儿童保护经验在南通市困境未成年人社会保护暨农村留守儿童关爱保护工作联席（扩大）会议上作交流。

困难群众救助 年内，市民政局按照有难必救原则，严格监督救助物资发放程序，全年发放社会救助和优抚安置临时救助资金677万元。完善“一站式”即时医疗救助结付系统，实施分类施救，对城乡困难群众看病报销后个人自付费用及门诊费用给予70%救助，全年医疗救助20859人次，医疗救助资金3878.28万元。各镇（区、街道）临时救助困难群众5427人。将社会救助、养老服务、优抚安置、社会事务、殡葬管理服务、社区建设、社会组织建设与管理七大民政服务核查事项10个业务类别、29个核查项目、52个核查内容全部列入第三方核查范围，确保各项救助更及时、更公正，提升群众满意度。7月，全市遭遇多次大规模雷雨龙卷风袭击，市民政系统第一时间启动救助应急机制，通过重点巡查危旧房屋、养老机构、孤寡独居老人、留守儿童等受灾易发群体，组织危旧房屋住户转移安置23户、27人，确保特殊群体生命财产安全。

流浪、乞讨、智障人员救助 市民政局全年救助流浪乞讨人员

市救助管理站对流浪人员提供救助服务　（市民政局供稿）

410人次，其中，60岁以上113人，精神病或疑似精神病、智障人员275人次，未成年人92人。年内，市救助站依托"彩虹救助"七色通道、彩虹救助之家，采取多措施、多渠道，依托救助热线、市长热线、各派出所、各村居联络员、街头救助引导牌等市、镇、村三级联动工作机制，推进流浪乞讨人员救助管理城乡一体化，全方位构筑城内15分钟、乡镇1小时实施救助，横向到边、纵向到底、覆盖城乡的24小时全天候救助网络。联合公安机关，启用DNA信息对比绿色通道，利用媒体公布寻亲启事，多渠道帮助滞留受助人员回归家庭。为每一位求助者提供基本、必需生活、医疗及接送返乡救助服务，全年开展"寒冬送温暖""夏季送清凉""温暖你、点亮我"关爱救助等专项活动。捐资1.6万元，与林梓小学联手，为留守儿童量身定做，建设全国首个留守儿童厨艺室。在救助管理机构开放日，市救助站工作人员走进丁北小学，准备书籍及文具用品，分发留守儿童。市救助管理站被评为省预防青少年违法犯罪工作先进集体，被民政部授予国家二级救助管理机构称号。

（邓建芹）

**【红十字救助】** 2016年年末，全市有红十字基层组织180个，会员5.92万人，其中，团体会员64个，青少年会员5.5万人，成人会员4200人。年内，市红十字会总收入款物合计90.39万元。实施"博爱送万家"人道救助，为重病困难家庭、五保低保家庭、麻风精神病人家庭送去物资，合计价值34万元，5200多人受益。实施"关爱农村小天使"人道救助，为7名新发白血病患儿、3名新发先天性心脏病患儿、5名重症儿童，发放救助金9.4万元。实施关爱"最美环卫人"人道救助，为500多名环卫工人送去冬季大礼包和夏季清凉套装组合，款物价值7.55万元，为23名家庭特困环卫工人发放救助金2.6万元。实施"雏水人道行动"——助学助教工程，救助身患疾病学生80人、一线教师20人，合计发放救助金20万元。资助其他困难群体28万元。盐城发生龙卷风冰雹特别重大灾害后，全市50多家单位和个人为灾区捐款17.79万元。年内，市红十字会应急救护培训基地标准化建设项目通过省红十字会立项，获彩票公益金支持13万元。依托该培训基地，全年先后为江苏宝众宝达药业有限公司、森松（江苏）重工有限公司、上海三强容器南通有限公司等企业培训救护员1152人。在市一中、江安中学、城南街道等处开展应急救护普及性培训10833人。先后在如城街道长巷社区开展"掌上急救·救在身边"宣传咨询活动，联合如皋中专红十字会开展世界红十字日纪念活动，组织红十字志愿者开展防灾减灾日应急救护演练活动。完成全市学校红十字会恢复登记工作，重新核定各学校红十字会组织和名称。如皋中等专业学校通过南通市红十字会达标校验收。开展造血干细胞采样及志愿者再动员工作，全市有1100多名志愿者加入中华骨髓库。

（许　伟）

**【慈善救助】** 2016年，市慈善（基金）会新增基金3406.78万元，其中，"慈善一日"捐及经常性捐赠所得善款821.51万元，冠名基金入账1958.27万元，委托管理基金78.4万元，其他收入548.6万元。全年慈善基金项目支出总额2786.02万元。其中：扶贫济困类项目支出680.84万元，受益8295人（次）；公益慈善类支出2105.18万元。

年内，"情暖如皋"春节送温暖和日常济困善款支出总额239.34万元，2981人（次）受助。"慈心关爱"助医善款支出226.23万元，853人（次）受助，其中慈善助医应急救助529人次，支出157.7万元；助医血透项目资助血透患者308人次，支出40.05万元；贫困儿童

如城街道“慈善一日”捐活动现场 （邱　宇摄）

大病救助16人、41.28万元。“圆梦助学”和“济困助学”善款支出189.93万元，1342人次受助。助教奖学拨付1820.63万元。修建农村通达公路、支持社区文化建设等拨付180.12万元。支持镇（区、街道）养老支出63.66万元，1480多人受益。支援盐城市龙卷风灾区40.77万元。“我们的爱心包”志愿服务公益项目为全市贫困家庭100名留守儿童、20名家庭困难环卫工人、80名孤寡老人提供“爱心包”资助13万元。“特教送课”“慈善恤残”支出12.34万元，受助314人（次）。5月21日，市委、市政府召开全市“慈善爱心月”宣传暨慈善捐赠动员大会，表彰慈善明星单位42家、慈善工作先进单位27家、慈善明星（个人）46人、慈善工作先进个人48人。市四套班子领导和各镇（区、街道）、市级机关各部门主要负责人现场捐款4.25万元，38家企业举牌诺捐720万元。

年内，市慈善会对照《中华人民共和国慈善法》相关规定修订和完善“慈善一日捐”操作程序和劝募行为。围绕慈善捐赠、救助等开展宣传活动，100余篇稿件被《中国社会报》《大众慈善杂志》《江苏慈善》等媒介采用。

（戴武松）

## 被征地农民社会保障

**【概况】** 年内，市人力资源社会保障局和市委农工办贯彻落实《江苏省征地补偿和被征地农民社会保障办法》，规范开展被征地农民社会保障工作。全面建成农村集体土地和农村集体经济组织成员两个数据库，维护与更新工作进入正常化管理轨道，正常开展数据资料档案管理和电子化管理，为出具征地土人比和界定保障人员性质及分配集体资金奠定基础。全年被征地农民基本生活保障进保8576人，至年末，全市被征地农民基本生活保障进保11.56万人。全年发放保障金6.8万人，月发放2500万元。参照灵活就业人员补缴基数，全市24名劳动年龄段失地农民参加企业职工养老保险补足15年缴费年限。加大镇、街道被征地农民基本生活保障资金追缴力度，全年累计追缴资金2.3亿元。

（周亚琴　陈　祥）

## 住房保障

**【概况】** 截至2016年年末，全市累计建成保障房4900套，其中经济适用房300套、公共租赁房（廉租房）4600套，先后7批次分配经济适用房110套、廉租住房168套，发放住房补贴808户，发放金额145.58万元，廉租住房和公共租赁住房保障新就业无房职工466户，保障外来务工人员2116户，基本实现应保尽保。2016年，全市建设安置房548套、95923平方米，至年末，主体工程完工；棚户区改造2444套（户），完成省政府下达任务135.8%。

（孙　颖）

老小区蒲行苑改造现场 （邱　宇摄）

【老小区改造】 年内,市城管局全力推进老小区改造民生工程,投入1000万元,对健康西村散居楼,蒲行苑一区、二区,健康东村601—608栋,惠隆苑,宏济苑,靖海花园,华夏紫竹园,幸福新村,百花苑一区、二区9个老小区32万平方米实施改造,涉居民楼89栋,惠及业主2277户。对改造后老小区落实基本保洁、基本保绿、基本养护“三基本”物业服务。

(虞钦钦)

【住房公积金管理】 参见P225同名分目。

## 优抚安置

【拥军优属】 年内,市民政局落实各项优抚政策。按照自然增长机制,义务兵家庭优待金由每人每年14000元提高至15300元,全年发放896万元;义务兵退役一次性经济补助金由每人33740元提高至37540元,全年为450名退役义务兵发放一次性经济补助金1868.56万元;现役军人立功受奖三等功奖励金由2800元提高至3100元,二等功奖励金由5600元提高至6200元,全年发放63.65万元;60周岁以上农村籍退役士兵每服役1年补助标准由每人每月20元提高至25元,全年发放1383.95万元。创新退役士兵教育培训模式,丰富退役士兵培训项目。深化退役士兵安置改革,牵头出台2015年冬季转业士官安置办法,安置5人。通过主动深入退役士兵家庭宣传,在民政服务大厅、公安分局服务大厅摆放政策宣传展板,以在《如皋日报》、如皋电视台及汽车站大型彩屏上专题宣传等方式,加强退役士兵政策宣传力度,提高退伍政策知晓率。持续推进军地结对帮扶工程,开展“双拥在基层”活动,打造部门、行业拥军品牌。进一步与多家企业协调,拓宽退役士兵就业渠道,鼓励退役士兵就业创业。创新开展“双拥”活动形式,将“军政军民一家人、军政军民零距离”列入“双拥”工作长久规划,持之以恒开展各项军民共建活动,把双拥工作引向纵深。根据实际情况,及时调整“双拥”工作领导小组和军地共建单位。全年组织92名革命老功臣、复员军人、伤残军人等重点优抚对象参加南通市民政局组织的为期6天短期疗养活动。

(邓建芹)

【军转干部安置】 年内,市人力资源社会保障局坚持指令计划、公开职位、量化积分、自主选岗、双向选择原则,继续实行行政军官和技术军官分开选岗,完成23名营职以下部队转业军官接收安置任务,安置到垂管部门2人、公安基层队所3人、市级机关18人。为27名自主择业军转干部办理基本医疗保险和大病救助手续。全面落实企业军转干部各项解困政策,市财政全年累计为企业军转干部支出1400万元。

(周亚琴)

## 民政事务

【民政救助】 参见P291同名条目。

【殡葬改革】 年内,全市火化尸体13056具,强制起棺火化尸体2具,迁移、深埋绿化坟墓(冥亭)2561座,恢复用地17.67公顷。全市新增加公墓绿化面积18.67公顷。实施惠民殡葬制度,对如皋籍不享受丧葬补助待遇的城乡居民1075人兑付丧葬补助金879410元;补贴镇级公益性公墓(骨灰堂)10处、293.39万元。

【社会事务管理】 2016年年末,全市有养老机构23家,其中,公办16家,民办7家。现有养老床位11369张,占老年人口33.7‰。进一步规范老年人意外伤害保险,明确操作流程,提升服务质量,承保老年人16万人次。及时足额发放尊老金,全年发放尊老金5013万元。开展“夏送清凉”“冬送温暖”系列活动,打造如皋长寿品牌。联合消防、安监等部门对全市28家养老服务机构逐一开展火灾隐患安全检查,全面检查养老机构规章制度、消防设施、安全通道、电气电路、燃气使用、食品卫生等方面情况。市婚登处全年办理结婚登记10102对、离婚登记2081对、补领结婚证2214对、补领离婚证101对。年内,补录全市1994年后婚姻登记历史数据6.7万条,提升全市婚姻登记信息化管理及服务水平。办理收养登记73例。销售福利彩票1.48亿元,再创历史新高,增幅27.7%,位居南通各县(市、区)之首。

【地名普查】 年内,根据国务院统一部署,如皋市在全市开展第二次全国地名普查工作。组织开展收集整理资料、组织动员培训、填报和编制调查目录、填报地名登记表、逐级审核把关、外业采集多媒体数据、汇总审核资料、专家认证、内页入库、清理整治不规范地名、自查整改等活动。市普查办根据全市700多名普查员经调查后填写的1450张普查登记表，编制调查目录，聘请地名专家审核把关，确保地名调查目录准确性。完成对11大类地理实体照片、视频及经纬度信息采集，收集、整理地名照片6500余张、地名标志366张。实地踏勘、走访、拍摄，挖掘历史地名和地名文化故事，推进地名成果转化，委托市历史文化研究会编制《如皋地名录》，编制《如皋市地名文化故事》，完成《如皋市地名区划网》框架建设，选购地名多媒体触摸屏，编制地名词典词条25条。

（邓建芹）

## 老区建设

【概况】 市老区建设促进会（市扶贫开发协会）简称“市‘两会’”，下属镇（区、街道）分会14个、会员小组386个。2016年，市“两会”争取省“两会”扶贫开发项目5个，获无息借款50万元。获南通市老区扶贫基金会扶贫开发贴息项目20个，项目年投入5521万元。项目单位总产值16895.6万元，比上年增长7.8%。项目利税总额1574.53万元，其中利润1562.53万元，利税率9.34%。被南通市“三会”（老区开发促进会、扶贫开发协会和扶贫基金会）表彰为2009—2016年南通市老区建设扶贫开发工作先进集体。

年内，市“两会”扶贫项目带动一般农户3203户、9492人，每户平均增收2.21万元，人均增收4921元，比上年增加69元。扶贫开发项目全年获贴息63万元，项目贷款总额1370万元，平均每个项目贷款68.5万元。贴息项目扶持贫困户和低收入户（简称“两户”）283户1004人，超过每万元扶持4户标准；“两户”年人均增收5700元，比上年增加94元，人均增收额比市“两会”带动的一般农户多增收779元，增收幅度高于一般农户增收幅度15.8%。全年扶助贫困学生126人，资助总额22.95万元，其中，选送广东国华纪念中学助学9人、黄桥老区人才培训中心助学37人，与南通市台资企业协会联合助学6人，省“三会”扶贫示范项目助学10人，市“两会”扶贫基金助学64人。在国家级和南通老区网站及《中国老区建设》《大江南北》等杂志发表宣传文章83篇。7月初，市财政为市扶贫基金一次性增拨本金400万元，由市交通运输局执行，按每年10%增值，扶贫开发基金增至1237万元。11月9日，省扶贫“三会”理事长、省人大常委会原副主任丁解民，省扶贫“三会”副理事长陈贵希到如皋，调研老区建设和扶贫开发工作，参观长江镇金诚肉鸽专业合作社、九华镇郑甸社区茂盛果蔬农地股份合作社、中国如皋国际园艺城等处。

（吴燕芳）

## 民族宗教事务

【概况】 2016年，全市有苗、侗、白、土家、回、满、蒙、壮等少数民族37个，总人口5368人，另有少数民族流动人口3000余人，主要分布在白蒲镇、如城街道、城北街道。全市依法登记的宗教活动场所35处（佛教25处，道教、基督教各5处），宗教教职人员113人。

【民族】 年内，《中国公民民族成分登记管理办法》施行后，市民族宗教事务局受理居民民族成分变更申请16人，经审核，均不符合变更条件。办理少数民族学生中高考加分手续69份。组织各镇（区、街道）开展少数民族家庭基本情况调查，调查少数民族家庭3522户，其中建档立卡低收入户131户。在市民族团结促进会等民族宗教界社会团体倡议下，全市民族宗教社会团体、少数民族企业和宗教活动场所对131户少数民族低收入（低保）户结对帮扶，资助少数民族在校学生102人、68600元。12月，中国天主教爱国会副主席沈斌带

少数民族妇女就业培训班 （市民宗局供稿）

队到如皋,慰问3名少数民族大学生,资助每人每年3000元。定慧寺等重点宗教活动场所资助45名困难学生3.6万元。市民族宗教事务局联合如皋中专、上海劳动就业培训机构开办少数民族创业就业专题培训班,首期月嫂专业培训班于9月19日开训,首期培训少数民族学员20人,其中获上海市月嫂资格证书11人。联合市公安、城管等部门,加强外来少数民族同胞服务、教育和管理工作,全年调解处理涉少数民族流动商民纠纷3起,协调解决6名少数民族流动人口子女就学问题,参与化解某企业与维吾尔族员工劳务纠纷。

【宗教】 年内,市民族宗教事务局推动宗教界加强思想文化交流和教风建设,指导佛、道教组织开展"提素质、守戒律、转形象"——道风建设永远在路上活动,指导市基督教"三自"(自治、自养、自传)爱国会加强自身建设。常态化推进星级宗教活动场所创建活动,年内全市宗教场所建成一星级6家、二星级6家。至年末,全市有一星级宗教场所6家、二星级6家、四星级4家、五星级1家。推动定慧寺游客服务中心、法华寺慈心楼、灵威观东厢房、法宝寺寮房、斋堂等修建工程建设,年内相继竣工。3月,观音净院依法设立公益慈善组织,举办首届观音文化节。5月18日,市民族宗教事务局联合市委新闻中心、市摄影家协会举办"善爱雉水,同心同行"网友助民宗宗教工作专题采风活动。8月,南通市星级宗教活动场所创建工作现场推进会在如皋召开。9月,定慧寺邀请世界佛教青年僧伽会(WBSY)总会长、佛教联合国(UBN)创办人、中亚佛教协会副会长、台湾功德山寺住持宽如法师到如皋开展佛教文化交流活动。11月,省委统战部副部长、省宗教局局长李国华一行到定慧禅寺,就星级宗教活动场所创建工作现场办公。12月20日,市基督教"三自"爱国会召开第二次代表会议,完成换届工作。

(卢生泉)

## 关心下一代

【概况】 全市现有镇(区、街道)关工委14个,村(社区)关工委340个,教育、民营经济、农委系统关工委3个。教育系统在各市直学校、各镇(区、街道)中小学、部分幼儿园建立学校(园)关工组织63个;民营经济系统在镇(区、街道)成立民营经济关心下一代工作委员会分会14个,在规模企业建立关工组织441个。从事关心下一代工作老干部、老战士、老专家、老教师、老模范(简称"五老")7668人。2016年,市关心下一代工作委员会(简称"市关工委")被表彰为全省关心下一代工作先进集体,获南通市"五老"网吧义务监督工作组织奖;长江镇关工委等6家单位被评为南通市关心下一代工作先进集体,搬经镇叶庄社区辅导站等6家单位被评为南通市优秀校外教育辅导站。洪德忠等6人被评为全省关心下一代工作先进工作者。

【主题教育】 年内,市关工委在全市学龄前儿童、小学生中开展"妈妈您最美——爱在365天"全国德育主题活动(如皋地区),通过征集绘画、书法、摄影、歌舞、情景剧等作品,树立良好道德风尚,促进家园共育工作深入开展,使儿童健康、快乐和全面发展。全市1500多名儿童参加活动,舞蹈串烧《民族风情》,朗诵串烧《大爱无疆》,书法、古筝、舞蹈表演《笔墨舞韵》等作品晋级北京赛区参赛资格。如师附小、安定小学、安定幼儿园等13所学校获颁德育教育示范园示范校奖牌。市关工委联合市教育局在全市青少年中开展"学党史、学国史,听党话、跟党走"主题教育系列活动,组织撰写并印发主题宣讲材料400份,聘请宣讲报告员79人,在各学校和校外教育辅导站组

"妈妈您最美——爱在365天"德育主题活动启动仪式

(市关工委供稿)

织宣讲86场，受教育青少年人数9.5万人次。

**【校外教育辅导站建设】** 年内，全市新建校外教育辅导总站、中心站、分站（家庭辅导站）354个，其中建有电子阅览室辅导站点307个。全年参与校外教育辅导活动辅导员志愿者1850人。组织青少年参加省关工委组织的"童心向党"专题活动，在"千站万人老少携手走访好党员"征文比赛中，获一等奖5个、二等奖9个、三等奖11个；在"党在我心中"书法比赛中，获一等奖19个、二等奖20个、三等奖34个；在"童心向党，梦随心飞"电子小报比赛中，获一等奖11个、二等奖10个、三等奖21个；市关工委获优秀组织奖。11月22日，召开全市校外教育辅导站作现场推进会，与会人员参观丁堰镇茄儿园社区校外教育辅导站、搬经镇叶庄社区校外教育辅导站等处。

**【"三好"标兵评选】** 年内，市关工委在全市开展在家庭做好孩子、在学校做好学生、在社会做好公民"三好"标兵竞赛评选活动，评选"三好"标兵200人，其中小学生100人、初中生70人、高中（职高）生30人。15人被评为南通市"三好"标兵。长江中学、搬经镇叶庄社区校外教育辅导站被南通市文明办、关工委评为"三好"标兵竞赛评选活动常态化建设先进单位。

**【崇德少年法学苑建设】** 年内，市关工委根据南通市综治办等部门关于加强全市崇德少年法学苑建设指导意见，将少年法学苑建设与各项法治教育活动结合起来，做好青少年法治教育工作。至年末，全市建成镇级崇德少年法学苑14家、村（社区）崇德少年法学苑115家。为全市77家网吧配备"五老"网吧义务监督员198人，正常开展义务监督活动。建立帮教小组60个，组织广大"五老"与特殊青少年采取"一对一""多对一"等形式帮教帮扶。组织老科技工作者进村（社区）引导农村青年自主创业，培育科技型、创业型青年农民。

（田芝华）

## 老龄事业

**【概况】** 2016年年末，全市总人口143.68万人，60岁以上老年人37.73万人，占总人口26.26%；80岁以上老年人6.48万人，占老年人口17.2%，其中，80—89岁老年人5.48万人，90—99岁老年人口9576人；百岁老年人385人，其中男性84人、女性301人。

**【惠老】** 年内，全市尊老金发放标准为：80—89岁老人每人每月60元、90—99岁老年人每人每月100元、100—104岁老年人每人每月360元、105岁以上老年人每人每月420元，尊老金标准为南通地区最高。年内，如皋市进一步放大"如皋模式"爱心惠老保平安品牌效应，为全市60周岁以上老年人办理老年优待证，办理老年人意外伤害保险近16万人，超额完成目标任务。

**【居家养老】** 年内，由市老龄办牵头，如皋市围绕居家养老工作总体目标，促进居家养老服务站提档升级、提升服务能力，新培育东陈镇蒋宗村、城北街道平园池社区、磨头镇天阳社区等居家养老服务站示范典型。在南通率先启动智慧养老项目（市政府为民办实事项目），依托互联网云计算技术，以呼叫服务为中心、直属服务团队为主体、优秀加盟服务商为补充、智能养老终端为辅助，为老年人打造没有围墙的养老院，全年为政府补助对象、援助对象服务2.6万人次。

**【尊老敬老】** 年内，如皋市持续开展敬老助老活动。为新增139名百岁老人赠送彩色电视机、生日慰问金等。持续开展夏送清凉、冬送温暖活动，重阳节、元旦、春节等重大节日组织开展走访慰问活动，采取市领导慰问、镇（区、街道）和机关各部门负责人慰问、老龄工作部门慰问与村（社区）干部慰问相结合，挂钩联系各镇（区、街道）市四套班子领导、市人民法院院长、市人民检察院检察长以及镇（区、街道）主要负责人走访慰问100岁以上高龄老人。重阳节，全市各界以物资慰问、义诊、义务劳动、老年文体活动等方式，举办尊老敬老活动。市老龄办以"十载敬老情·欢聚水明楼"为主题，举办敬老联谊活动，表彰全市老龄工作先进单位和个人、尊老敬老模范家庭、老有所为先进个人等先进典型。第30个敬老月期间，全市54个老年志愿者文体团队活跃在城乡一线，为城乡居民送上文化大餐。

（仇刘兵）

## 综 述

**【概况】** 2016年,如皋市以全力服务经济社会稳定发展和提升公众安全感为出发点和落脚点,在防范风险、服务发展、破解难题、补齐短板上下工夫,持续提升综治平安建设工作水平,为建设"强富美高"魅力如皋创造和谐稳定的社会环境。2016年群众公众安全感指数96.5%,连续9年获省平安县(市、区)称号。

(尤 勇)

**【社会稳定维护】** 年内,市综治委围绕各级"两会"、G20峰会、省党代会等节点,开展不稳定因素滚动排查、每日研判,超前预防可能引发事端矛盾45起,全市未发生大规模群体性事件和群访越访事件。完善反恐袭击事件工作预案,全市未发生涉恐事件。坚持组织开展邪教组织专项整治行动,查破民族邪教非法传教人员7人。开展综治平安建设工作"百日会战"五项行动(矛盾纠纷排查化解专项行动、公共安全监管专项行动、巡逻防范专项行动、平安宣传专项行动、督察整改专项行动),公众安全感96.5%。深化重点人群服务管理。进一步推进重点人群服务管理精细化,探索形成外来人口服务管理"清、登、防、帮"(清理流动人口落脚点,登记流动人口信息,防止流动人口违法犯罪,帮助服务流动人口)四字工作法,促使外来人口更好融入如皋生活。推行社区矫正执法"质量认证",获省司法厅厅长柳玉祥批示肯定。出台《如皋市关于贯彻以奖代补政策落实严重精神障碍患者监护责任的实施意见》,自10月始,对严重精神障碍患者监护人实行以奖代补,每人200元/月。深化系列平安创建活动。出台《关于深入推进系列平安建设活动的意见》,确定"平安企业""平安金融"等创建项目22个,各镇(区、街道)、各部门参与率100%。市妇联创新打造三维工作室,被评为省"平安家庭"创建先进集体;市供电公司成为江苏供电系统唯一一家连续12年夺得全国"安康杯"竞赛连胜杯单位。深化平安文化建设。升级推广"如皋微平安"微信公众号,紧扣时事热点问题全方位宣传安全防范知识。针对非法集资理财、贷款诈骗等案件高发多发严峻形势,拍摄预防金融诈骗警示教育片《贪婪之手》,在全市各媒体播放。组织机关、学校、企事业单位开展"平安征文"大赛活动,引发全社会广泛关注平安建设。

**【公共安全保障】** 年内,市综治委持续严打违法犯罪,刑事发案同比下降12.94%。盗窃、诈骗、涉车案件同比分别下降16.1%、19.7%、33.3%,交通事故同比下降1.5%,火灾事故基本持平,全年抓获刑事作案成员1397人、同比上升1.4%,连续25年保持命案当年全破,侵财案件、入室盗窃、通信网络诈骗案件破案率位居南通第2位,形成发案率下降、破案率上升、事故可控良好局面。坚持重点地区排查整治,将打击非法集资诈骗、非法吸收公众存款和非法传销犯罪列为整治主线,明确如皋开发区(城北街道)为南通市级挂牌整治单位,石庄镇为如皋市挂牌整治单位。通过分析研判、个案甄别、联合整治,如皋开发区(城北街道)立案3起,抓获犯罪嫌疑人3人,案件均已破获;石庄镇抓获违法犯罪嫌疑人8人,成功捣毁传销窝点。升级立体化防控体系。推进实施地网、天网、人网"三网"防控工程,印发《关于加强村(居)民小组综治平安建设工作的通知》,健全工作机制。深入推进监控加密补盲、拓展延伸、升级改造和智能整合"四项工程",基本建成环市、环城、环主城区3道电子防线,实施视频监控"太平鸟"工程。进一步提升群防群治组织化程度和公众参与度,推进平安法治志愿者队伍建设,成立市平安法治志愿者联盟,建立平安法治志愿者联盟行业分会12个、镇(区、街道)分会14个、平安法治志愿者工作站347个。强化巡防力量整合,1400余人专职巡防队伍、5000余人社区义务巡防队伍与7万余人平安法治志愿者队伍相互配合,快速响应。推进社会保安联动联勤联防,组建保安联勤联防队伍28个,实施企业保安、商圈保安和校园保安联动联勤联防。

【基层基础建设】 年内,市综治委规范建设市、镇、村三级综治中心。易址搬迁市综治中心,以省一级综治中心为标准启动建设。召开镇(区、街道)综治中心建设现场推进会,逐镇现场办公、协调推进,全市以省一级综治中心标准建成镇(区、街道)综治中心6个。牵头对全市自评达省一级综治中心标准的村(社区)逐一实地审核、督办推进,至年末,全市42%村(社区)综治中心建设达省一级标准。创新"三规范"(规范平台阵地,规范组织架构,规范信息系统)、"三机制"(健全工作运行机制、健全网格服务机制、健全志愿服务机制)、"六无"(无严重违法犯罪、无重大群体性事件、无非正常上访、无邪教事件、无公共安全事故、无干部违纪行为)工作机制,夯实村(社区)综治平安建设根基,被《南通政法》录用推广。自行研发综治信息化技能考试系统,先后组织全市技能大比武2次,在南通市综治信息系统实战应用技能比武中获团体第1名。制订并印发市、镇、村三个层级操作手册,采集各类数据10万余条。坚持周统计、月通报、季考核制度,网上巡查和督促检查双轨并举,以考核奖惩倒逼基层综治信息化绩效提升。对30个工作成效显著村(社区)各奖励综治信息系统专用电脑1台。建立健全社会治理机制。建立健全以法治约束人、以德治引导人、以自治规范人的"三治融合"治理机制,及时梳理群众诉求、实时代理群众事务、即时处理群众难题的"三理并举"管理机制和以社区为基础、社团为载体、社工为骨干的"三社联动"服务机制。该机制被《江苏政法》推广。

(徐飞飞)

## 法治政府建设

【依法行政】 年内,如皋市规范公权、依法行政,全面推进法治政府建设。市政府被命名为全省公众参与行政程序建设示范单位。3月,市政府命名市国税局、地税局、文广新局、物价局、盐务管理局、城市管理局、市场监督管理局、烟草专卖局、交通运输局、下原镇政府为市依法行政示范单位。4月,市政府召开扩大会议暨依法行政工作会议,表彰依法行政先进集体8个、先进个人8人。制发《2016年全市依法行政工作要点》。9月,制发《关于对个体工商户实施行政处罚主体认定的通知》。12月,对市级行政机关及各镇(区、街道)2016年法治建设(依法行政)工作进行考核。

【决策辅政】 年内,市政府法制办审核常务会议议题92个、政府文件142件、重大合同11份、请示批办单310份、兵役处罚和安全生产事故批复合法性审查36件。制发法制审查意见书11份。审核政府信息依申请公开答复147份。参加市政府领导协调会议93次,为行政执法部门和镇(区、街道)政府(管委会、办事处)提供法律咨询300多次。对沿江非法码头整治、吴窑台商城破产、搬经镇C2地块搬迁、江苏长寿集团南山饲料有限公司违法建设、江苏神马电力股份有限公司退地等事项进行法制协调。5月,召开阶梯水价听证会。6月,召开市新一轮基准地价更新成果听证会。

【规范性文件管理】 年初,市政府制发《2016年市政府规范性文件立项计划》。全年对市政府规范性文件在网上公开征求意见9件,吸纳意见9条。向市人大常委会和南通市政府报备市政府规范性文件3件。备案审查各镇、部门规范性文件6件。4月,开展规范性文件清理活动。8月,制发关于执行《如皋市城乡困难群众临时生活救助实施办法(试行)》情况通报。12月,举行《如皋市食品小作坊登记申领办法(试行)》(征求意见稿)等决策听证会,以网上文字实录直播方式向市民公开听证会情况。公布有效行政规范性文件61件、行政管理制度性文件203件。

【政府法制监督】 年内,市政府调整行政权力事项3941项次,其中,废止313项,新增621项。备案审查重大处罚案卷81件，制发法制监督通报3期。在政府法制网、如皋老乡会及如皋网友之家公布2批次行政处罚结果415个。全年清理市政府、各部门、各镇(区、街道)及事业单位行政执法主体84个。注册发放行政执法证件134个，注销原执法证件108个，发放辅助执法证135个。3月，制发《市政府关于相对集中相关领域行政处罚权的通知》。4月，制发《关于如皋市相对集中行政处罚权的行政机关及执法人员执法种类的公告》。10月，开展行政执法案卷集中评查，抽查各行政执法单位案卷152卷。

**【行政复议与应诉】** 年内，市政府收到行政复议申请125件。受理113件，不予受理12件；维持41件，驳回10件，行政机关改变行政行为后申请人撤回1件，申请人主动撤回29件，撤销、确认违法16件，中止9件，当年未结案7件。制发行政复议意见书2份。办理市政府被复议、诉讼行政案件91件。全市行政机关负责人出庭应诉率、参加行政复议质证率均为100%。2月，制发《关于行政诉讼管辖调整后有关事项的通知》。3月，组织部分行政机关人员到海安法院旁听庭审。6月，督察行政机关负责人出庭应诉及出声情况。

**【法治宣传与培训】** 年内，市政府针对政府信息公开、依法征收搬迁等重点领域举办专题培训。组织市政府常务会议集中学习《法治政府建设实施纲要(2016—2020)》《大中华人民共和国气污染防治法》《最高人民法院关于行政诉讼应诉若干问题的通知》、省政府办公厅《关于改革工业用地供应方式促进产业转型升级企业提质增效的指导意见》等。选择23个行政处罚典型案例从基本情况、处罚结果、警示意义等方面在主流媒体公开。2月，组织各镇(区、街道)集体土地上房屋征收政策法规专题培训。10月，召开依法行政专题培训会议，邀请南通市中级人民法院行政庭庭长作专题报告。组织市城管局、市场监督管理局、烟草局、农委等单位行政执法人员进行法律培训，参与人员800余人。建立城市管养体制课题调研组、跨部门综合执法课题组。论文《互联网背景下行政决策互动听证》《行政复议公开》被评为南通市法学研究优秀论文。

(朱勇伟)

## 公　安

**【概况】** 市公安局辖基层派出所23个、交通巡逻警察大队直属交巡警中队12个、农村交巡警中队9个。2016年，全市公安系统有28个集体、117名个人受到如皋市级以上表彰，其中，3个集体、4名个人立二等功，市看守所、拘留所被公安部评为一级所，柴湾派出所获评全省优秀派出所，民警李百战被中央文明办评选为“中国好人”。

**【“110”接处警】** 年内，“110”报警服务台接有效报警147511起，同比下降21.77%。市公安局处警出动警力189238人次、车船94619辆(艘)次。

**【安全保卫】** 年内，市公安局完成各级“两会”、G20峰会、中乙足球职业联赛等重大活动安保141起，没有发生涉恐涉稳重大事端。

**【经济文化保卫】** 年内，市公安局检查重点单位209家，整改安全隐患670处。办理内保行政案件104起。审批金融营业场所建设项目39家，重点单位增加技防设施资金投入400万元。金融营业网点成功阻止通信网络诈骗案件29起，避免客户资金损失88万余元。

**【治安管理】** 年内，市公安局查处

夜防民警巡逻防控　　(市公安局供稿)

治安行政案件同比增加2.07%。依法查处涉及赌博机案件35起，收缴各类赌博机59台。办理涉枪案件8起、非法携带管制刀具案件7起、非法运输烟花爆竹案件6起，行政拘留10人，公诉涉黄、赌、娼犯罪嫌疑人54人，公诉食品、药品、环境污染、资源类犯罪嫌疑人37人。

【技术防范】 年内，市公安局完成村(社区)“村村通”(每村都建技防监控)技防建设344处。对2009年道路监控工程升级改造，更新高清设备117台，完成如城地区老小区安防改造20个。

【户籍管理】 年末，全市登记在册常住人口1436834人，同比增加0.37‰，其中城镇人口915774人，同比增加2.1%。办理出生登记12209人，同比增加3.33%；办理死亡注销10750人，同比减少9.41%。

【刑事侦查】 年内，全市刑事发案同比下降12.94%，盗窃、诈骗、涉车犯罪案件发案同比分别下降15.2%、19.2%、33.3%。批准逮捕人数同比下降0.88%，抓获逃犯103人。“八类”案件破案率100%，连续25年保持命案当年全破。

【禁毒】 年内，市公安局查处吸毒人员227人，破获涉毒刑事案件32起，抓获涉毒犯罪嫌疑人41人，查获非法种植毒品原植物人员3人，铲除毒品原植物罂粟1800株，缴获各类毒品530克。

【经济侦查】 年内，市公安局抓获经济犯罪嫌疑人66人，挽回直接经济损失1516.158万元。

【出入境管理】 年内，市公安局受理出国(境)申请37134人次，受理国(境)外人员申请178人次，网上办证服务2963件，临时住宿审核登记8253人次。

【法制工作】 年内，市公安局审核刑事案件863起，同比减少3.58%，移送起诉各类犯罪嫌疑人同比增加1.58%；审核行政案件同比减少30.07%，涉案人员数同比减少38.97%。办理行政复议案件12件，同比减少84.81%。办理行政诉讼案件65件，同比增加15.38%。

【网络安全监察】 年内，市公安局侦查办理各类涉网案件同比增加74.06%，抓获违法犯罪嫌疑人同比增加58.62%。成功侦办网络贩卖淫秽物品牟利案，抓获犯罪嫌疑人22人，其中依法逮捕14人，查获淫秽视频5万部。

【巡防管控】 年内，市公安局巡逻盘查登记20796人、车辆3912辆。

【监所管理】 年内，市看守所收押各类人员同比增加5.50%。其中，刑事拘留同比增加8.51%，行政拘留同比减少18.13%。

【水上警务】 年内，市公安局审验船舶312艘，同比增加3.21%。申领、换发船民证1148份，同比增加43.82%。检查登记流动船舶1610艘，核查船民4020人。处置涉水警情71起。破获刑事案件36起，同比增加6.11%。查处水上治安行政案件涉118人，同比增加27.12%

【见义勇为基金】 年内，市见义勇为基金会募集基金64万元，基金规模1777万元。奖励慰问见义勇为人员232人，发放奖金和慰问金30.9万元。奖励见义勇为联防保安队员77人、防诈骗有功银行员工47人，发放奖金11.92万元。全市受市政府表彰见义勇为先进分子4人，受南通市政府表彰见义勇为先进分子4人，受省政府表彰见义勇为先进分子2人。

(许　虎)

## 检　察

【概况】 2016年，市人民检察院以条线考评争第一、地方考核争先进为目标，全面履职，深化改革，从严治检，各项工作全面、均衡、健康发展，先后获全国检察宣传先进单位、省文明单位等称号。

【审查批捕、审查起诉】 年内，市人民检察院依法打击刑事犯罪，审查逮捕各类刑事犯罪嫌疑人289人、涉案196件，提起公诉758件995人，无错捕错诉、漏捕漏诉。办结公安部、最高人民检察院督办“11·11”特大制售有毒、有害肉制品系列危害食品安全案件11件，涉39人，公诉主张被市人民法院全部采纳。开展打击治理电信网络新型违法犯罪专项行动，批捕犯罪嫌疑人13人，涉案8件。依法办理涉众型经济犯罪案件26件，涉63人，其中曹某某集资诈骗案涉案金额高达11966.8万元。

【刑事诉讼监督】 年内，市人民检察院强化刑事诉讼监督，落实以审判为中心的诉讼制度改革要求，完善重大案件提前介入、引导侦查、全案审查主证复核、非法证据排除、听取律师意见等工作机制,提升案件质量把控和防范冤假错案的能力。依法不批准逮捕64人,涉案31件;不起诉12人,涉案11件;追捕1人;纠正漏犯1人;纠正漏罪案件6件,涉6人;监督行政机关移送涉嫌犯罪案件4件,涉9人;纠正侦查活动违法案件9件、审判活动违法案件1件,再审提请抗诉案件1件。

【反贪污贿赂、渎职侵权检察】 年内,市人民检察院查处职务犯罪案件15件、24人,其中,贪污贿赂案件11件、19人,渎职案件4件、5人,涉科级干部3人。强化"案件池"意识,个案强调深挖,大力查办窝串案。从奥赛康药业有限公司医药代表顾某着手,查办如东、海门等医疗系统窝案串案5件、13人,为相关管辖单位提供有效职务犯罪线索。及时掌握最新侦查装备发展趋势,强化软硬件建设,初步建成集侦查取证系统、电子数据实验室、讯(询)问支持系统于一体的智慧侦查中心,办案科技化运用率100%。《如皋"大数据"助推智慧侦查》被省人民检察院转发。

【职务犯罪预防】 年内,市人民检察院结合办案深化职务犯罪预防工作,形成类案分析报告3篇、预防调查报告1篇、检察建议3份,2015年度惩防职务犯罪年度报告被市委办发文转发至全市各镇(区、街道)和单位。全年编发职务犯罪预防微信64期,开设"皋检云"微讲坛。与市邮政局联合开展春风巡讲活动,全年开展职务犯罪预防巡讲活动10场,举办预防职务犯罪警示教育活动34次,讲授法制课11次。

【检调对接】 年内,市人民检察院深化刑事和解专业化建设,受理刑事和解案件133件,达成和解77件,作出不起诉决定6人,起诉126人,适用缓刑80人,跟踪回访78人次。坚持抓住导入、办理、导出关键环节,受理各类信访206件,接待到访39件82人次,举报奖励、风险预警、刑事申诉、被害人救助41件。依托"雉水检爱"司法救助与社会救助联动机制,对12名特困被害人发放救助金6.5万元。将工作平台向基层延伸,加强驻乡镇检察室建设,在法治宣传、犯罪预防、信访矛盾化解等方面发挥作用。

市人民检察院以"加强举报人保护,惩治群众身边腐败"为主题在大润发广场设点宣传 (戴莉莉摄)

【未成年人刑事检察】 年内,市人民检察院深化未成年人刑事检察工作,与市司法局联合制定《关于共同开展涉罪未成年人矫正帮教工作实施意见》,受理未成年审查逮捕案件6件6人,审查起诉案件17件18人,对未成年犯罪嫌疑人心理疏导开展率39%,附条件不起诉适用率5%,制订方案并帮教成功率100%。

【控告·申诉·举报】 年内,市人民检察院推进检察环节律师参与化解和代理涉法涉诉信访工作,探索有效路径,细化实施办法,组建律师库,建立贯穿案件全程"四项文书"机制(接待信访人时,律师代拟诉讼文书;案件受理后,对如何处理征询律师意见,由律师出具意见建议书;对案件审查办理形成的法律文书进行评析,出具主析意见书;参与案件公开审查、答复等程序,出具见证书),探索建立"一、二、四"工作新模式("一"指打造1个平台,即建立1个微信群。"二"指"双轨运行",检察机关主动告知符合条件的涉法涉诉案件当事人委托申请;针对一些重大、有影响、重信重访案件,由检察机关主动从律师库中选择律师参与接访、评析、公开审查、答复。"四"即"四项文书"机制)。推行重大、疑难复杂信访案件公开审查答复、律师参与化解和代理涉法涉诉信访案件工作机制，成功化解疑难信访案件4件。

【民事行政检察】 年内，市人民检察院构建多元化民事行政诉讼监督格局，与市人民法院联合制定《关于开展民事、行政执行法律监督工作的实施意见》。全年对生效裁判监督发出再审检察建议11件，被市人民法院采纳8件；发出执行监督检察建议133件，被市人民法院采纳132件；发出审判程序监督检察建议2件，被市人民法院采纳1件；发出督促履行职责检察建议4件，均被采纳。监督虚假诉讼12件，移送一般犯罪线索2条。协助市人民法院办理案件5件。被省人民检察院民事行政检察处确定为基层民事行政检察工作联系点。

【刑事执行检察】 年内，市人民检察院书面纠正刑罚执行和监管活动中违法情形2次，发出书面检察建议书2份、刑事执行检察建议书4份，办理在押人员控告申诉案41件，开展械具检察谈话22次，成功办理羁押必要性审查案件11件，监督指定居所监视居住执行案件19件19人，监督强制医疗执行案件3件涉3人。在市社区矫正管理教育服务中心设立派驻检察官办公室，为检察人员安装"矫务通"终端，监督脱管社区矫正人员2人，督促社区矫正机构收监执行社区服刑人员5人。开展专项监督活动，监督收监3名市人民法院判处实刑未执行刑罚罪犯，监督市人民法院财产刑执行案件919件。

【司法行为规范化建设】 年内，市人民检察院不断加强制度化、规范化、信息化建设，所有案件办理、监管均严格执行司法办案流程，并录入全国检察机关统一业务应用系统，网上全程、动态监督，案后质量评查、通报、分析、考评成为工作常态。全年监督全国检察机关统一业务应用系统中案件和事项1531件，监管覆盖率100%。发现并纠正填录瑕疵136件次，开展各类案件质量评查12次，评查案件666件，案件评查率62.1%。

【检察课题调研】 年内，市人民检察院在省级以上公开出版刊物上发表论文23篇，编写疑难案例4篇、典型指导案例12篇，完成省级课题1项，获省级以上表彰论文6篇。推动调研成果转化为工作机制，形成机制文件6份。

（阮祥明）

## 审　判

【概况】 市人民法院院机关现有内设机构15个、直属行政机构1个（司法警察大队），派出基层法庭7个（如皋开发区法庭、高新区法庭、白蒲法庭、石庄法庭、如皋港区法庭、搬经法庭、磨头法庭）。2016年，受理各类案件25370件（含旧存4233件），新收案件数同比上升7.49%；审执结20744件，结案数首次突破2万件大关，同比上升7.57%，法官人均结案256.1件。案件受理数、结案数、法官人均结案数继续领先南通法院系统。报送案例入选《中国法院2016年度案例》精品案件3篇。档案室通过省AAAA级数字档案评审。市人民法院蝉联省文明单位称号，被评为省档案工作先进集体、南通市"六五"普法先进集体。

【刑事审判】 年内，市人民法院坚决惩治刑事犯罪，促进平安如皋建设。新收刑事案件772件，同比下降10.02%；审结785件（含旧存63件），同比下降5.79%，判处罪犯1022人，其中法院决定逮捕370人，判处5年以上有期徒刑66人。其中：审结故意杀人、故意伤害、强奸、"两抢一盗"（抢劫、抢夺，盗窃）、"黄赌毒"等犯罪案件345件386人；审结"11•11"特大生产销售有毒、有害肉制品系列案件13件，于某某等34名被告人，除4人缓刑外，均判处8年以下有期徒刑；审结危险驾驶犯罪案件168件；审结金融诈骗、非法集资、商业贿赂、传销等案件26件47人；审结贪污、贿赂、渎职等职务犯罪案件20件27人，其中9名副科级以上领导干部被判处有期徒刑。严格落实罪刑法定、疑罪从无等原则，依法排除非法证据，防范刑事冤假错案。刑事案件和解、刑事附带民事诉讼调解10件。完善社区矫正庭前调查制度，依法从宽处罚轻微犯罪、过失犯罪及未成年人犯罪，对193名被告人宣告缓刑，对13名被告人宣告免于刑事处罚。

【民商事审判】 年内，市人民法院平等保护民事权益，妥善化解社会矛盾。新收各类民商事案件12682件，同比下降0.37%；结案13378件（含旧存），同比上升10.65%。其中：审结婚姻家庭案件2061件、损害赔偿案件2899件、劳动争议案件962件；审理农村土地承包合同、宅基地纠纷等涉农村土地案件16件；及时处理拖欠农民工工资案件792件；审理金融借款案件3066

法官实地开庭，审理赡养纠纷　　（市人民法院供稿）

件、保险合同案件168件、买卖合同案件857件、加工承揽合同案件147件；受理标的额超1000万元案件121件，化解台商城诉某房产公司确认购房合同无效案、许某与某酒店标的额高达8000余万元的债权转让合同纠纷案等重大疑难复杂案件20件。发挥调解在民事纠纷化解中重要作用，坚持能调则调、当判则判，调解结案民商事案件4277件，调解率46.99%，保持在合理区间较高水平。触角前移，联动调解，深化诉调对接机制，完善与公安、司法、人力资源社会保障、农委、工会、妇联、保险等部门联调机制，联动化解交通事故人身损害赔偿、劳动争议、妇女儿童权益保障等纠纷。与市城管局携手，规范物业管理行为，依法维护业主权益。强化培训，指导调解，培训人民调解员270余人次，依法确认人民调解协议239件，增强共同化解社会矛盾的实效。石庄法庭助力镇司法所，从源头化解一起网络普遍关注的女中学生猝死宿舍纠纷。借力社会，协助调解，建立“夕阳红”调解室，5个基层法庭返聘5名退休政法工作者，驻庭调解案件，全年调解民事纠纷536件，案件类型涉及婚姻家庭、交通事故、民间借贷、物业合同纠纷等。发挥人民法庭化解纠纷前沿作用，方便群众就近立案和诉讼，7个基层法庭全年结案9977件，占结案民事案件74.58%。开展巡回审判112件次。

**【行政审判】** 年内，市人民法院依法审查行政行为，促进法治政府建设。全年受理行政诉讼案件277件，审结195件；审查非诉行政案件194件，准予执行率98.45%，案件涉及市城乡住房建设局、市场监督管理局、卫计委等部门作出的行政征收、行政处罚、行政处理等行为。

**【环境资源案件审判】** 自2月起，市人民法院成为南通市环境资源集中管辖法院，对海门市和通州区行政区域内行政案件和资源环境类“三审合一”（刑事、民事、行政案件统一审理）案件行使管辖权。年内，市人民法院调整充实行政审判力量，探索组建专业合议庭，全年受理环境资源类案件59件，审结49件，其中民事33件、行政12件、刑事4件。在庭审查清事实后，通过庭外协调方式告知行政机关行政行为违法性，建议其主动纠正违法行为，助推法治政府建设。对经审查确属行政违法又不能主动纠正的行政机关，依法判决确认行政违法。全年审结行政案件177件，判决确认行政行为违法或撤销、履行具体行政行为17件，占比9.6%。针对部分行政负责人未出庭应诉现象，分别向通州区和海门市政府发出司法建议，建议其督促相关行政机关整改。

**【知识产权审判】** 年内，市人民法院强化保护知识产权，依法维护注册商标专用权人和著作权人合法权益。通过审理商标侵权案件，支持和引导企业实施商标战略，促进自主品牌形成和品牌经济发展。全年审结知识产权案件30件，保护洁丽雅毛巾、磊达水泥、薇薇新娘等知名商标权及相关音像著作权。参与打击侵犯知识产权和制售假冒伪劣商品专项行动，深入企业开展法制宣传，提升知识产权保护意识和能力。

**【企业破产案件审理】** 年内，市人民法院稳妥处置“僵尸企业”。运用法治手段化解产能过剩，促进资源优化配置，助力经济转型升级。新受理破产案件8件，推进吴窑台商城、博润化工、德峰药业等企业破产工作。依法裁定终结2009年前受理的破产积案6件，其中，配合市发展改革委清理国有企业改制破产案件4件。

**【判决结果执行】** 年内，市人民法院全力推进执行工作，努力维护胜诉权益。全年受理执行案件8768件(旧存1650件),结案6093件,其中实际执结2124件,实际执结率34.86%,执行到位标的额22.76亿元。强化联动执行,加强对案件启动、查控、实施、结案等环节跟踪和监督,探索执行权优化配置和执行流程规范化管理,防止随意终结执行。运用全国法院网络执行查控系统(简称"总对总")金融信息查询系统,构建与公安、国土资源管理、金融、车辆管理、公积金管理等机构"点对点"查询系统,提高执行效率。强化失信惩戒,落实失信被执行人名单披露制度,上报最高法院失信被执行人名单库2447人。加大对恶意逃避债务履行行为制裁力度,司法拘留138人次,通过报纸、电视、微信、网络、市区显示屏等渠道曝光"老赖"信息203人,发布悬赏公告45个,限制出境50人,促使970人自动履行义务。7—8月,发动执行风暴行动,开展凌晨出击、清晨搜查等集中执行活动,找回隐匿规避执行的"老赖"。该行动引起社会关注,《如皋市人民法院凌晨集中执行行动》报道获点击率超过10万人次。8月20日,《人民法院报》以《如皋打击老赖,使尽洪荒之力》为题,整版报道市人民法院解决执行难问题的做法。

【审判管理】 年内,市人民法院发挥诉讼制度内在监督制约作用,通过流程公开、审限预警等措施,加强审判流程管理,防止案件久拖不决。加大审判监督力度,畅通当事人申诉、申请再审渠道,办理申诉复查案件58件,裁定进入再审8件,再审后改判5件。保障当事人对已生效法律文书申请再审权利,对确有错误的裁判依法予以审查纠正。对二审改判、发回、提起再审等案件,坚持每案必查。发挥审判委员会作用,讨论重大疑难复杂案件,规范自由裁量权。坚持日常评查与专项评查相结合,切实保证案件质量。年内, 审服判息诉率92.69%,位于南通基层法院之首。一审上诉改判发回重审68件,同比减少88件,下降56.4%。

【司法鉴定】 年内,市人民法院全年新收各类委托鉴定、评估案件1203件(含旧存141件),办结1017件,结案率83.28%。提供书面法医类技术咨询意见136件次;提供口头法医类技术咨询意见300余人次。

【涉诉信访】 年内,市人民法院完善涉诉信访工作机制,开通网上申诉信访平台,依法办结上级法院交办涉诉信访案件12件,办结率100%。完善最高人民法院远程视频接访系统,接访3件。实行每周三院长接访与约访相结合,引入律师参与化解信访矛盾,依法解决信访群众反映的实际问题,未发生到北京、南京、南通集体访案件。开展司法救助工作。减缓免66件案件贫困当事人诉讼费114.74万元,司法救助71件案件当事人58.51万元。

【司法公开】 年内,市人民法院加大司法公开力度,着力构建更加开放、透明阳光司法机制,实现看得见的正义。发挥司法公开平台作用,推进审判流程公开、裁判文书公开、执行信息公开三大平台建设。将案件在立案、庭审、程序转换、承办人变更等8个阶段的审判流程节点信息,由"12368"诉讼服务短信平台自动发送给当事人,发送率90%以上。按照上网是原则、不上网是例外工作要求,将文书上网纳入审判管理考核范畴,在中国裁判文书网公开生效裁判文书9305件。开展网上司法拍卖活动,全年上网拍卖执行资产110件,成交73件,拍卖额12033万元,成交金额10334万元,总成交率85.88%,平均溢价率27.84%。推进司法信息化建设,重视网上办案系统、网上执行曝光台、对外委托鉴定机构电子信息平台等数字电子平台建设与运用。实施诉讼档案数字化工程,推进库存档案扫描挂接和卷宗同步数字化,档案室被评为省AAAA数字档案室。坚持以视频、音频、图文、微博等方式公开庭审过程,同步录音录像庭审6580件次,在江苏法院网直播庭审293件,在市委新闻网直播庭审11件。依法及时公开与人民群众生产、生活密切相关的审判信息,让社会了解和监督司法。

【司法改革】 *人民法庭审判权运行机制改革* 年内,市人民法院深化审判运行机制改革。继续推进人民法庭审判权运行机制试点改革,适度调整主审法官、助理法官和书记员组成的审判团队,形成审判团队繁简分流、分级负责的改革经验,"让审理者裁判"得到真正落实。省级审判权运行改革试点法庭如皋开发区人民法庭全年新收案件1871件,结案1769件,结、收案比94.55%。南通市级试点法庭磨头法庭收案1308件,结案1161件,人均结案387件,居全市首位。8月,最高人民法院审判委员会专职委员胡云腾在如皋开发区人民法庭调研时,对该法庭案件阶段类型化审理做法给予肯定。

法官员额改革　年内,市人民法院按照员额法官总数,根据岗位职能、工作性质、案件数量、现实可能,科学合理配备各部门员额法官。严格按照省高级人民法院规定的程序和标准,选任入额法官。

审执分离改革　9月,市人民法院启动执转警改革,14名在编书记员通过转警考试、考核,全部转入执行局。将执行裁决职能从执行局分离,组建执行裁判庭,与审判监督庭合署办公,单独审查裁决执行异议事项,对执行行为实行有效监督。

**【审判课题调研】**　年内,市人民法院2项重点课题分别经省法学会、南通市法学会审核结项,其中1项课题获南通市中级人民法院重点调研课题二等奖,1项入选南通市中级人民法院重点调研课题。选送28篇论文参加全国法院第二十八届学术论文评选活动,选送9篇论文参加各类征文活动,获奖2篇。

**【案例选介】**　缪某、王某集资诈骗案　2012年8—12月,被告人缪某、王某通过优易网平台向45名被害人非法集资2550余万元,造成损失1523万余元。经审理后,市人民法院以集资诈骗罪分别判处缪某、王某有期徒刑13年和7年,并处罚金20万元和10万元。此案为全国打击P2P网络诈骗第一案。

王某妨害公务案　2015年,王某被丈夫起诉离婚。2016年11月16日,该离婚案在海安县墩头人民法庭开庭。开庭前,王某采取自焚等极端手段打算自杀,并刺伤前来制止的该法庭庭长。经审理后,如皋市人民法院以阻碍公务罪,判处王某有期徒刑1年。

某台商城与某房产公司、第三人曹某确认合同无效纠纷案　业主曹某与某台商城基础设施建设有限公司(简称"台商城公司")签订合同,委托台商城公司行使其台商城商铺经营管理权。台商城公司曾出具承诺,不能履行到期支付租金及回收等义务,自愿放弃对台商城项目的经营管理权及优先购买权。台商城公司未能履约。此后,曹某将该商铺所有权及相应债权债务转让给某某房产经营有限公司(简称"房产公司")。2016年1月,台商城公司向市人民法院起诉,请求确认房产公司与曹某之间房屋买卖合同无效。经审理后,市人民法院认为原告台商城公司未能履行承诺的义务,放弃对案涉商铺优先购买权,驳回原告诉讼请求。

某建筑公司与冒某、周某、刘某建设工程合同纠纷案　原告某建筑公司按约承建某养殖公司综合楼土建、水电安装工程,竣工后工程款未能结清。冒某为该养殖公司法定代表人,周某、刘某为股东。该养殖公司后被注销,其资产清算报告显示,所欠原告工程款"以房屋设施偿还"。被告冒某、周某、刘某作为养殖公司清算组成员,未能正确履行此职责。原告向市人民法院起诉,要求3名被告支付工程款238.45万元。经审理后,市人民法院要求3名被告共同赔偿原告工程款损失。

苏某与金某股权转让纠纷案　苏某与金某签订股权转让协议,协议苏某将某纺织工艺品有限公司69%股权以40万元转让给金某。该事项经公司股东会决议一致通过,股东、股权变动情况经工商部门核准登记。2016年3月,原告苏某以被告金某未给付40万元股权转让金为由诉至市人民法院,要求判令解除股权转让协议。市人民法院经审理认为,原、被告签订的股权转让协议合法有效,股权转让合同包含资产所有权、公司经营权等混合权利,虽然受让方没有支付股权转让款,但不必然导致合同解除,原告可依据协议向被告主张债权。据此,判决驳回原告诉讼请求。原告不服,提起上诉,南通市中级人民法院经二审驳回上诉,维持原判。

李某建诉某超市缺陷烟花致人损害案　李某华为庆祝其50周岁生日,从某超市购买几枚烟花,其中1枚烟花在点燃后造成李某建等人受伤。原告李某建诉至市人民法院,要求某超市赔偿各项损失计53981元。市人民法院经审理认为,被告某超市出售给李某华的烟花在燃放时出现冲底现象,不符合国家相关标准,应认定为缺陷产品。判决被告某超市赔偿李某建各项损失28259元。

邓某与赵某等8人生命权纠纷案　张某与亲友赵某、王某等8人相约,一同前往如东县某河港钓鱼。因没有钓到鱼,大家商议后买渔网下河捞鱼,由会游泳的张某、赵某等人下河撒网。在捕鱼过程中,张某意外溺水身亡。张某家属邓某向市人民法院起诉赵某等8名同行人,要求赔偿因张某死亡造成各项损失20%计227667.5元。市人民法院经审理认为张某等下河捞鱼是执行合伙事务,合伙各方应分担因此造成的损失。在河港下河捞鱼,当事人均应意识到存在高度危险性。张某在执行合伙事务中死亡，各合伙人均有过错，应当承担相应赔偿责任。据此，市人民法院判决8名被告每人赔偿原告损失28458.44元。

薇薇新娘婚纱影楼侵害商标权及不正当竞争案　青岛薇薇新娘婚纱摄影有限公司于2001年11月7日成立，“薇薇新娘”商标核准注册于2004年7月，于2013年被审定为山东省著名商标。如城镇薇薇新娘婚纱影楼登记成立于2000年9月4日，其后于2014年注销、重新注册登记为如皋市薇薇新娘婚纱影楼。如皋市薇薇新娘婚纱影楼在店招及网站上“薇薇新娘”标志与青岛“薇薇新娘”商标字体一致。原告青岛薇薇新娘婚纱摄影有限公司以被告如皋薇薇新娘婚纱影楼商标侵权并构成不正当竞争为由起诉至市人民法院。市人民法院经审理认为，如皋市薇薇新娘婚纱影楼的工商登记字号由如城镇薇薇新娘婚纱影楼承继而来，其登记时间早于青岛薇薇新娘公司成立时间，无蓄意模仿恶意，不构成不正当竞争；但其在店招及网站上使用“薇薇新娘”标志，构成突出使用，侵犯原告注册商标专用权，故判决被告停止侵害，消除影响，赔偿损失。

蔡某诉海门市人力资源社会保障局劳动和社会保障行政确认案　蔡某被某公司派遣至安哥拉从事建筑工作21个月。回国后，蔡某向海门市人力资源社会保障局以患疟疾为由申请工伤认定。海门市人力资源社会保障局认为，蔡某既不能提供其患疟疾确诊材料，也不能提供职业病诊断证明材料，作出不予认定工伤决定。蔡某不服，提起行政诉讼。如皋市人民法院经审理认为，原告蔡某申请工伤认定事由与职业病无关，且未能提供医疗诊断证明，遂判决驳回原告蔡某诉讼请求。原告蔡某不服，提起上诉，南通中级人民法院判决驳回上诉，维持原判。

市环保局申请执行如皋市某化纤纺织有限公司行政处罚案　市某化纤纺织有限公司未办理环评审批手续，相关环境保护设施也未经市环保局验收即投入生产，导致噪音扰民，老百姓投诉不断。市环保局对该公司作出行政处罚决定，责令该公司停止化纤布纺织项目生产，并罚款2万元。但该公司却迟迟不履行。2016年8月，市人民法院开展“环保案件专项执行”活动，邀请市供电公司技术人员提供现场指导，停止对被执行人供电，并张贴封条查封被执行人相关供电、生产设施。

（刘罗成）

## 司法行政

**【概况】**　市司法局下属直属机构1个（公证处），下辖司法所14个、律师事务所11个（个人律师事务所3个）、基层法律服务所19个。2016年，市法宣办被中央宣传部、司法部表彰为2011—2015年全国法治宣传教育先进普法办公室；市司法局被省司法厅表彰为2014—2015年度省优秀县（市、区）司法局、2015年度绩效评价优秀单位，被省文明委表彰为2013—2015年度省文明单位；市社会矛盾纠纷调处中心被省司法厅表彰为“四个全覆盖”体系建设先进单位。

**【法律服务】**　年内，市公证处办理各类公证5088件。市法律援助中心办理法律援助案件1942件，接待来访来电咨询14425人次。建立诉讼当事人法律援助告知制度，制作“公民申请法律援助告知单”。作品《法援战线上的一盏灯》《为贫弱者撑起公平正义的天空》在南通市司法行政系统“真情与正义”主题演讲比赛中，分别获二等奖和三等奖。1月，开展社区参与式残疾人法律需求评估活动。3月，开展《中华人民共和国公证法》实施10周年宣传活动；在如城小学启动“爱伴法援”黄丝带行动。3—6月，集中开展“法润雉水·2016春风行动”，法律知识宣讲36次，发放宣传资料2600余份，为进城务工人员、特困职工等社会弱势群体提供法律咨询1892人次，办理法律援助案件679件。4月，邀请人大代表、群众参与“公证开放日”，参观公证办证流程；聘用手语老师参与刑事法律援助案件工作。5月，推进各镇（区、街道）发布法律援助墙体广告66幅。在市特殊教育学校开展“公证助残月”活动。6月25—26日，宿迁、淮安、盐城、泰州、南通五市公证业务联合培训班在如皋市举办，200余名执业公证员和公证员助理参加常用公证业务风险提示、服务“三农”新需求力推公证新供给、青年公证人论坛、电子商务中证据保全4个模块培训。11月，制作动漫《小李的一生》，时长5分53秒，以LED屏播放形式在安定广场、大润发广场等地播放。

**【人民调解】**　年内，市镇村三级调解组织排查、受理、调处矛盾纠纷4638件，同比上升19.23%，调处成功率99.3%。发挥各专业对接调解组织重要职能，通过公调、诉调、检调、交调、医调、网调等对接机制，调处矛盾纠纷50328起。3月8日、3月15日，联合妇联、市场监督管理局等部门，先后开展《中华人民共和国反家庭暴力法》宣传暨“三八”妇女维权活动、“新消费我做主”主题宣传服务活动及消费维权新闻发布会。4月8日，组织调解志愿者在安定广场举办第二届“司法日”联动服务宣传活动，向群众讲解《江苏省人民调解条例》等法律法规，弘扬民间纠纷首选调解理念。5月，为大调解宣传月，以“调解，助推法治建设”为主题，开展街面宣传活动14次，专项排查、调解矛盾纠纷232件，评比优秀案例10个，培训调解员112人，营造有警情打“110”、有纠纷找大调解的良好社会氛围。提请设立医患纠纷调处专门机构，增设医患纠纷调处科，增加事业编制人员3人，搭建医患纠纷人民调解工作平台，构建和谐医患关系。牵头成立市沿江水域矛盾纠纷调处工作领导小组及相关调解组织，指导推进水域纠纷调解组织实体化运行。10月，联合市电视台在《民生零距离》节目中推出调解类电视栏目《调解面对面》，实时实地记录调解过程，每周制作播出1期。

**【法治宣传教育】** 全市现有国家级民主法治村(社区)2个、省级民主法治村(社区)149个(年内新增45个)，创建率43.5%。年内，市司法局命名表彰市第5批法治文化建设示范点25个。多方调研、广泛征求意见，结合全市实际，起草《关于在全市公民中开展法治宣传教育的第七个五年规划(2016—2020年)》(简称“七五”普法规划)，经市政府常务会议、市委常委会讨论通过。市法治宣传教育体验中心被评为省级法治文化建设示范点。2月，在如皋汽车站组织相关普法成员单位举办“农民工学法活动周”。8—10月，组织开展“法治创和谐”文艺调演和巡演活动20余场。10月7日，全省首家集法律宣传教育、案例警示、职业健康学习、劳保用品展示、学习成果检验为一体的工会劳动保护教育馆——如皋工会劳动保护教育馆对外开放。10月，配合省、南通市开展“美好城市，法律相伴，你我共创”宣传倡议活动，推进“法润雉水”春风行动，在市、镇集中开展法律服务进村居、“12348”法润千万家司法宣传日活动。

“法治创和谐”广场文艺演出现场 (市司法局供稿)

**【社区矫正·安置帮教】** 年内，全市接收社区服刑人员405人，解除矫正444人，完成委托调查评估554份，警告处分74人次，收监5人，安置帮教接收回归服刑人员206人、5年内安置帮教对象3129人。年内，市司法局每月集中组织基地社区服务14天。为矫正人员、安置帮教对象办理手机定位业务。开展社区矫正安全稳定、执法质量和“双严双实”(社区矫正严格执法、严格管理，掌实情、重实控)活动，有效控制逃脱现象，遏制违规现象，提升遵纪守法意识、执法管理能力和执法标准应用水平。开展社会调查评估岗位练兵活动。开展“三检查三规范”(检查廉洁自律，规范执法监督；检查职能履行，规范执法行为；检查责任落实，规范队伍管理)，净化社区矫正队伍、夯实技能水平，规范矫正执法水平。年内，在长江镇和磨头镇各抓获脱逃人员1人送监处理。2月，走访、慰问社区特困服刑人9人和特困安置帮教对象3人。12月，与盐城监狱签订安置帮教互帮共建协议书，挂牌成立安置帮教互帮共建基地“江苏省盐城监狱如皋市安置帮教基地”。

(刘云强　戴世燕)

## 信　访

**【概况】** 2016年年末，全市有信访工作机构18个，设专职信访工作人员45人、兼职信访工作人员109人。2016年，市信访局累计接待群众上访520批2228人次，同比批次下降51.3%，人次下降48.65%。接待集体访95批1699人次，同比批次下降49.84%，人次下降46.58%。全年累计发生群众进京上访74批93人次，同比批次上升24.3%，人次上升35.5%；发生群众进京非正常上访5人次，同比下降50%。到省上访75批147人次，同比批次下降37.23%，人次下降24.57%；到省集访1批12人次，同比批次下降75%，人次下降52%。累计受理、办理各类人民来信2051件，同比上升8.71%。其中，办理国家信访局转交信件140件，省信访局转交信件303件（省委书记和省长信箱129件），南通市信访局转交信件665件（南通市长信箱312件），如皋市委书记和市长转交信件943件。所有来信事项按期办理回复率100%。市四套班子领导全年接待到访群众35批57人次，其中市委书记、市长接待到访群众21批32人次，接访交办事项办结率100%。开展市党政主要领导干部接访下访“百县千案”活动，省和南通市交办8件包案接访事项办结率100%。

市委书记陈晓东（第二排左三）接待到访群众 （市信访局供稿）

【矛盾纠纷排查化解】 年内，市信访局按照“小事不出村，大事不出镇，难事不出市，矛盾不上行”总要求，在市、镇、村三级层层建立起排查、处置、稳控、化解突出问题责任机制。市信访工作联席会议办公室印发《关于切实做好全国“两会”期间信访维稳工作的通知》（皋信联办〔2016〕21号）、《关于做好十八届六中全会期间信访稳定工作的通知》（皋信联办〔2016〕92号），对全市各辖区内、条线上重点群体和重点人员不稳定因素开展集中排查。全市累计排查各类矛盾1072件，全面落实市、镇领导包案化解和人员稳控责任，矛盾问题化解率94.49%。

【信访积案事项化解】 年内，市信访局开展进京到省重复访集中化解活动、信访积案化解攻坚活动、越级进京访专项整治“百日会战”行动，市四套班子领导、各镇（区、街道）和部门党政领导包案化解全市潜在信访积案事项49件。10月8日，市信访工作联席会议办公室印发《关于切实做好信访积案集中化解攻坚月活动的通知》（皋信联办〔2016〕88号），以“问题清单”形式，梳理交办突出信访事项53件，逐级落实领导包案责任。国家、省及南通市交办11件信访事项办结率100%，群众息访率85.6%；全市自我排查102件领导包案事项结案率95.7%，人员稳控率89.6%。

【信访案件督办查办】 年内，市信访局在全市建立市委、市政府统一领导，相关职能部门共同参与的督察督办工作机制，根据信访事项不同情形，由市委总督察组、市信访联席会议领导组（成员单位由市纪委、市委组织部、市维稳办、市信访局组成）、市信访局分层组织信访事项督察督办。对久拖不决、涉及面广、群众反映强烈、社会关注度高的重点信访事项专题督察督办，对信访问题高发地区重点督察督办，对复杂信访问题联合督办，按照督察整顿、情况通报、公开曝光等方式，促进工作落实。年内，集中开展督查督办活动8次，累计督察督办重点信访案件143件，其中领导包案案件47件、“阳光信访”系统办理件56件、群众越访事项40件，案件办结率100%。

【信访案件复查复核】 年内，市信访局代表市政府受理群众复查案件89件，其中，作出不予受理意见82件，作出复查意见7件，申请南通市政府复核7件，无纠正件，均予维持。

【信访课题调研】 年内，市信访局完成信访制度改革和信访法制化建设课题调研2个，推动市委、市政府修订、完善领导干部接访源头预防矛盾、联合接访等15项工作机制。集中组织对被辞退民办教师、20世纪60年代下放教师、乡镇机关事业单位编外和临时人员、离任村干部、原乡镇农具厂大集体人员、乡村医生、老电影放映员等9类重点群体开展工作调研,推动市委、市政府完善政策,出台《关于明确各类享受生活补助群体待遇及建立正常增长机制的通知》(皋办〔2016〕82号)。

**【镇(区、街道)信访工作联席会议制度】** 11月30日,市信访工作联席会议办公室印发《关于建立镇(区、街道)信访工作联席会议意见的通知》(皋信联办〔2016〕110号),在全市各镇(区、街道)建立信访工作联席会议制度,建立信访工作联席会议领导组,明确工作职责,完善工作机制,形成统揽统抓、上下联动、沟通顺畅、运转有序、协调有力的信访工作新格局。

(佘越剑)

## 基层自治

**【概况】** 全市现有城乡村(居)347个,其中居委会181个、村委会166个。2016年,市民政局着力推动政社互动、"三社"(社区、社工、社会组织)联动、减负增效及村民小组自治试点等重点工作。组织全市第十一届村民委员会和第六届居民委员会换届选举,选举产生村(居)委员会主任346人、副主任305人,委员1225人。

**【社区"微自治"】** 年内,市民政局不断加强基层社会治理,以如城街道新民社区和磨头镇天阳社区为试点,将社区自治范围划至小组单元,推行村民小组自治制度,探索社区"微自治"模式。推选小组联络员,对照"一岗多责、一专多能"要求,发挥小组联络员政策法规宣传员、社情民意信息员、矛盾纠纷调解员、群众事务代理员、组民权益监督员作用。完善村民小组决策、走访调查、下情上报、上情下达、培训联络等制度,加强"微自治"规范化建设,以小组"微自治"工作重建社区邻里情,重塑社区自治活力。村民小组自治试点经验做法在南通村民小组自治试点推进会议作典型经验交流。至年末,社区"微自治"在全市实现全覆盖。6月3日,省民政厅一行到如皋专题调研后,认为如皋市社区"微自治"工作"重视程度高,工作措施实,推进力度大,试点效果好"。10月14日,如城街道新民社区村民小组"微自治"试点做法被《中国社会报》报道。

**【和谐社区创建】** 年内,全市城乡社区以和谐社区创建为抓手,围绕"学雷锋日""小亭志愿服务月""国际志愿者日"等重大节日主题活动,依托如皋志愿服务在线平台,以志愿服务活动在线发布、服务志愿者在线注册、服务时长在线记录方式,组织社区党员干部、社会组织、居民群众、爱心人士等群体共同参与社区志愿服务集中行动。全市城乡社区注册志愿者124577人,全年在线发布志愿服务活动信息200个,开展各项常态化志愿服务活动3600多次,参与社区志愿服务人数6万人次。

## 社会组织

**【概况】** 2016年年末,全市有注册登记社会组织1241个,其中,社会团体126个,民办非企业单位1115个。年内,新注册登记社会组织47家。按全市142万人计算,每万人拥有社会组织登记数8.7个,初步形成发展有序、门类齐全、层次不同、覆盖广泛的社会组织新格局。

年内,市民政局组织社会组织年检换证工作。全市应检社会组织1241家,参检1118家,参检率90%;换证1131家。组织社会组织进行等级评估,全市符合参评条件社会组织437家,通过A级评定142家、AA级评定2家、AAA级评定24家。拟发《关于开展2016年度优秀志愿服务社会组织评选的通知》,推动社会组织开展"四送"(送医疗、送关爱、送法律、送科技)服务进社区志愿服务活动,年内评选优秀志愿服务社会组织7家。学雷锋义工站被评为南通市级优秀志愿服务组织。6月,盐城市阜宁、射阳等地遭受龙卷风冰雹灾害,学雷锋义工站、绿叶义工、青草社等社会组织在第一时间组团赶赴灾区,为灾区群众捐钱捐物。9月21日,《中国社会报》以《社会组织组团救援形成救灾合力》为题专题报道如皋市社会组织抱团救援做法。

(邓建芹)

## 人民武装

【国防教育】 2016年,市人武部结合学生军训、征兵、民兵整组、全民国防教育月等活动,开展爱国主义、战备形势和国防改革等国防教育活动。7月,组织民兵参加南通“奉献小力量,共筑大国防”国防教育授课比赛,获三等奖。9月8日下午,市科协邀请空军大校焦国力为机关党员干部作国防科技讲座。9月30日,市委在如皋烈士陵园举行公祭活动。

【战备训练】 年内,市人武部根据形势、任务变化,及时修订完善各类战备预案,先后投入5万元用于作战值班室、战备器材室和战备图库建设。狠抓干部体能和技能训练,被省军区表彰为2016年度军事训练先进单位。3月,组织民兵“四会”(会讲、会做、会教、会做思想工作)教练员集训,选送“四会”教练员参加南通军分区比武,获二等奖。4月,组织全区6个单位37名民兵骨干开展高机、高炮、通信、防汛、非战争军事行动等专业跨区联训。4—5月,组织民兵应急分队普训,对各单位进行考核验收。4月10日—5月24日,组织民兵“双37”高炮三连开展封闭式强化训练。5月25日,代表南通参加全省防空兵部(分)队实弹战术演习,获“命中目标奖”。6月,市人民武装部机关干部在南通军分区半年军事考核中获总评优秀等次。

【后备力量建设】 年内,市人武部坚持党管武装原则,执行“双向兼职”“双重领导”“军事日”活动等各项制度。坚持依法征兵、择优选兵、廉洁征兵,完成年度征兵任务。新兵中,党(团)员占比84.2%,高中以上学历者占比93%,大专以上学历者占比53.4%。4月28日,在市委425会议室召开市委常委议军会,重点研究落实省军区下达市人民武装部挂钩帮扶苏北老区盐城市阜宁县新沟镇合力村事宜,协调解决市民兵训练基地建设后续配套事宜。

【民兵队伍建设】 年内,市人武部注重专武干部管理。安排9名专武干部参与全省防空兵部(分)队实弹战术演习,根据德、能、绩等全面表现,年内提拔专武干部5人,交流或免职7人。石庄镇人武部部长张鹏程被省军区表彰为优秀专武干部标兵,如城街道、长江镇、九华镇3个镇(街道)人武部被南

新兵红色传统教育暨欢送仪式 (市人武部供稿)

通军分区表彰为先进基层武装部。按照“建强应急队伍,建精支援队伍、建实储备队伍”要求,切实抓好民兵整组,于5月6日通过南通军分区民兵整组点验。注重抓好民兵应急分队建设,巩固“人武部建队伍,地方政府配装备,军地联合抓演练”一体化模式。

**【“双百双建”】** 年内,市人武部根据省军区、省双拥工作领导小组关于开展支持苏北革命老区“双百双建”(百个人武部结对帮扶百个苏北经济薄弱村,共建党组织,共建学校)活动方案要求,挂钩帮扶盐城市阜宁县新沟镇合力村。年内,市人民武装部对该村资助3万元,并协调市城乡住房建设局、交通运输局在实地调研基础上,投入20万元,用于改造村民服务中心和修建道路。

(石晓曦)

## 武装警察

**【概况】** 2016年,中国人民武装警察部队如皋市中队(简称“武警如皋市中队”)完成市看守所外围武装警戒、武装押解和如皋地区反恐、维稳、处突任务,执勤目标实现连续25年安全无事故。全年完成武装押解勤务40余次,出动兵力120余人次,行程约3.5万千米。

年内,武警如皋市中队参与地方抢险救灾,开展军民共建等活动。军事训练、政治教育、后勤保障等各项建设稳步提升。在武警南通市支队举办的勤训轮换活动中,应急班获团体总分第2名,1人在狙击手射击比赛中获第1名,1人在100米短跑比赛中获第1名;在武警南通市支队举办的后勤专业兵比武竞赛中,武警如皋市中队获总体成绩第2名;合唱节目《强军战歌》在武警江苏总队举办“卫士杯”文艺会演中获三等奖。

(刘 瑜)

## 消防

**【概况】** 中国人民武装警察部队如皋市消防大队(简称“市消防大队”)下辖市消防中队、如皋港政府专职消防队及如皋开发区管委会专职消防队。全市建有派出所保安消防队15个,其中2016年新增2个。有兼职消防员1100人。年内,市政府投入1000万元,购买进口云梯消防车1辆、远程供水泵组车1辆。软件园消防站及如城消防站装修基本结束,进入人员招聘阶段。5月19日,江苏恒康家居科技股份有限公司、南通明德塑胶有限公司联合组建的全市首支企业消防队在丁堰镇成立并举办消防灭火演练活动。该企业消防队队员20人,配置消防车2辆。

**【执勤岗位练兵和灭火救援】** 年内,市消防大队深化岗位练兵,依托现有训练设施探索实战化训练,全年开展灭火演练75次,修订预案75份。全年接警1600起,出动车辆4530车次,出动警力27200人次,抢救被困人员210人,疏散被困人员400人,抢救财产价值5500万元。成功处置“12·28”远东化工有限公司、“12·29”华灿电讯有限公司等重大火灾。在南通市消防支队执勤岗位练兵竞赛中获集体第3名。

**【消防监督执法】** 年内,市消防大队开展易燃易爆场所整治、消防控制室专项治理、“三合一”场所(集生产加工、储存、经营、生活住宿为一体场所)整治及冬春火灾防控、夏季消防安全检查等专项行动,推进消防安全“网格化”、重点单位“户籍化”管理及消防设施巡查监测系统接入工作,对国泰集团等重大火灾隐患单位实施整治,发现、消除下原镇区域性火灾隐患问题。完成“两会”、元旦、春节、五一、国庆等重大活动和节日期间消防安全保卫工作。

**【消防宣传】** 年内,市消防大队消

消防官兵为如师附小幼儿园小朋友介绍消防小常识 (王 俊摄)

防站接待受教育群众5000余人，深入企业、农村、社区、学校、机关、家庭和利用网站开展消防宣传280余次。全年指导社会单位开展消防演练180余次，向群众发放消防宣传手册、卡片2万余张。结合重点单位例会培训消防安全责任人、消防安全管理人、危险物品从业人员、特殊岗位人员400余人，督促150名消防控制室值班人员参加消防职业资格技能培训。联合市教育局组织各级学校开展消防安全示范课选评，获南通市三等奖1人。

（尹 颖）

## 人民防空

**【人防工程建设】** 2016年，全市新立项人防工程8个，新开工工程8个，竣工工程6个，均超额完成目标任务。年内，市人防办组织现场踏勘检查人防工程项目40多次，消防专项检查1次。工程平战结合利用率超85%。开展人防工程普查工作，对全市竣工在用64个人防工程完成现场勘测、拍摄和基础数据录入。

**【人防经费筹集】** 年内，市人防办筹集人防易地建设经费1067万元，完成全年目标任务119%。通过人防财务收支情况专项审计。完成人防国有资产盘点清查登记上报。

**【指挥通信建设】** 年内，市人防办在下原镇、九华镇、吴窑镇安装警报器3台，检测和维护全市防空警报器，组织“九一八”防空警报试鸣，警报鸣响率100%。完善如皋市人口疏散基地建设。按规定要求，核实、调整人防专业队人员，组建人防专业队7个，共420人，结合市人武部民兵整组开展专业队训练、演练。人防地下指挥所运转正常，全年配合省、南通市民防局开展设备联网、调试检测6次，参与省“宁防-2016”重要经济目标防护演习和“长城-2016”人防指挥部实兵演习视频观摩。推进人防机动指挥通信系统建设。

**【人防宣传教育】** 年内，城区21个社区民防站有序开展各项工作。年内，市人防办在城区部分学校开设民防知识公开课，对全市23所初中二年级学生开展人防知识教育和考查。将人防知识教育向小学拓展，在城区10所小学四年级学生中正常开设人防知识教育课，全年初中、小学受教育学生1.2万余人。结合防灾减灾日、防空警报试鸣日、法治教育日、国家公祭日开展人防知识宣传教育。5月，与市地震局、消防大队等10个部门联合组织开展“5·12”防灾减灾宣传教育进社区暨孔庙社区咨询活动，通过图片展板、发放宣传资料、消防灭火现场演练等传播防灾减灾知识。

（章开生）

防灾减灾宣传教育进如城街道孔庙社区 （市地震局供稿）

## 南通市中心镇

### 白蒲镇

【概况】 白蒲镇位于如皋市东南部,是全国重点镇、全国建制镇示范试点镇、省历史文化名镇、省百家名镇,是著名黄酒之乡、红木雕刻之乡。辖行政村15个、社区14个,总面积144.89平方千米,总人口12.28万人。2016年,白蒲镇实现地区生产总值66.24亿元,同比增长10.40%。完成一般公共预算收入1.71亿元,同比增长23.45%;完成增值税1.88亿元,同比增长6.2%。被评为南通市“四位一体”长效管护示范镇。

【农业和农村经济】 年内,白蒲镇26个农村村居完成村营收入1490万元,同比增长5%;农民人均纯收入2.3万元,同比增长10.1%。实施精准扶贫,脱贫170户、290人。新增设施农业183.53公顷、地方特色农产品基地205.2公顷。新增全托管经营主体17个、家庭农场13家,总面积350.13公顷。邓杨村成功签约高效设施蔬菜项目33.33公顷,千亩设施农业基地初具规模;合兴村基本完成优质稻米项目基础设施建设;国家级农业开发项目(钱园项目区)正在规划设计及招投标准备,省级沿江高沙土开发项目(文著项目区)完成招投标。福欣源大米在南京举办的“江苏最好吃的大米”评选活动中获一等奖。

【工业和服务业经济】 年内,白蒲镇实现全部工业应税销售43.02亿元,完成工业用电量2.31亿千瓦时。完成新增装机容量10392千伏安,同比增长15.92%;设备抵扣税1320万元,同比增长7.06%;固定资产投资33.2亿元,同比增长11.5%;技改投入18.1亿元,同比增长13%。在上海举办白蒲投资环境说明会,签约项目8个,落户项目5个,在手在谈项目7个(亿元以上3个)。投资5000万元的瑞强超纤布项目、投资5000万元的鲲鹏运动器材项目、投资3000万元的益民秸秆颗粒项目竣工投产;投资3000万元的裕发食品机械项目即将完工;万秭农业科技和顺祥新型材料项目正在注册。皋液液压完成股改,推进上市进程。欧科数控高端雕刻机产品填补国内空白。净增规模企业13家。迪亚爱柯等5家小微企业应税销售增幅超50%。完成高新企业产值53亿元,新增高新技术企业1家,新增有效发明专利17件。实现服务业应税销售12.3亿元,同比增长30.57%。实现房地产税收3200万元,超额完成市交任务。

【社会事业】 年内,白蒲镇进一步推进社会事业建设。基础教育质量综合评估居全市第3位;白蒲小学花样跳绳队获全国锦标赛7枚金牌,被评为全国体育工作示范学校;新姚小学教学楼正式投入使用。23个村(社区)卫生室落实公有化方案,进一步规范医疗机构日常诊疗行为。投入120万元对阳光敬老院消防设施提档升级。全年清理、规范环保项目215个,改造提升燃煤锅炉55台。办理人大代表建议和政协委员提案41件,满意率100%。推进行政体制改革,镇便民服务中心办理各类事项19679项,综合执法局累计执法178件。依法组织新一届村(居)委会选举,推进民主法治村(社区)强基升级,增强公民法治意识。全年提供法律咨询服务641人次,协助办理法律援助178件。镇村两级调处组织排查、受理矛盾纠纷468

件，调处成功率99%。行政负责人出庭应诉率、规范性文件报备率、重大决策事项规范执行率100%。立体化治安防控体系不断完善，公众安全感96%。全年受理市长公开电话404件，全部按期办结。白蒲镇被评为南通市平安法治乡镇，文著社区、朱家桥村、蒲西社区被评为首批市级"平安法治村居"。

**【村(社区)选介】** 文著社区 位于白蒲镇中部，226省道线公路贯穿南北，通扬运河依村而过，跃进河、新春河、翻身河横跨东西。2001年由原奚斜乡文著村、东堡村、陈岱村和原林梓镇文东村4个自然村合并而成，总面积680公顷。文著社区拥有工业民营小区1个、现代农业园区1个和红木大市场1个，拥有各类企业30余家。其特色产业红木雕刻堪称一绝，为省级非物质文化遗产，曾为纪念孔子诞辰2550周年的首部黄金版《论语》装帧，该版本《论语》被联合国永久珍藏。2016年，实现农民人均纯收入19880元，被评为省民主法治示范社区、南通市优秀校外辅导站。

文峰社区 位于白蒲镇西南首，与镇区相邻，通扬运河、丁平线、宁启铁路穿村而过，由原文峰村、邓桥村、太平桥村、腰庄村4个村合并而成，总面积325公顷。2016年，拥有设施大棚6.87公顷，招财引税53万元，实现村营收入52万元，超额化解村级债务。对13组河道生态驳坡，拓宽中心路，绿化带同时到位。完成公共服务中心新建，成立相邻工作室。被评为省党员干部远程教育示范点。

蒲西社区 位于白蒲镇镇郊，东邻通扬运河，丁平线、蒲黄线贯穿全社区。由原姜桥、姚元、蒲西、和平、蒲北5个自然村合并而成，现有居民小组35个，农户1523户，总人口5752人，总面积4.72平方千米。年内，社区党委、居委会以促进农民增收为核心，拓展富民强村新空间。以工业化致富农民，产业化提升农业为目标，不断拓宽农民增收渠道，至2016年年末，拥有私营企业78家，规模企业16家，亿元企业3家，以压机、铸造、针织、服装等产业为主。综合考核位居全镇第1位，社区农家书屋被评为南通市四星级示范农家书屋。

合兴村 地处白蒲镇东北部，沿海高速贯穿南北，通扬运河依村而过，由原合兴村和五里村合并而成。以传统种植业为主，发展织造、畜禽养殖、水产养殖、特种养殖等产业。市恒孚稻米农地股份合作社吸收社员100余人，社员出资总额939万元，基地面积200公顷，其中流转土地53.33公顷种植有机稻米，主要服务并组织成员从事水稻种植、销售，先后被评为省无公害粮油基地、南通市新型农民合作组织先进单位。梓韵牌优质稻米上线微信、淘宝商城等各类平台。年内，合兴村投入360余万元，新建现代化农业示范基地，流转土地及全托管面积53.3公顷，新建钢结构仓库1000平方米，新建烘干中心1座，添置烘干机1组、4台，新建钢结构大棚0.7公顷，修建硬质渠10千米、硬质道路2.5千米、高新泵站1座。该基地建设获省财政补助200万元。年内，该村实现村集体收入50万元，全村人均纯收入18609元。

朱家桥村 全国民主法治示范村、全国"美丽乡村"建设试点村，位于白蒲镇中部，南邻松杨社区，北与合兴村接壤，东接钱园社区，西境为通扬运河，沿海高速贯通南北，由原曹家桥村、杨园村和朱家桥村3个村合并而成，总面积6.24平方千米。全村有民办企业20家、个体工商户40户，解决全村85%劳动力就业。该村拥有国家农业信息工程技术中心试验基地、富硒源有机稻米基地、花木生产园和生态植物造景园。年内，实现村营收入73万元、农民人均收入2.3万元，被评为省文明村、省人民调解委员会规范化建设示范点。

(张亚丛)

白蒲镇朱家桥村 (白蒲镇供稿)

## 2016年白蒲镇社会经济主要指标完成情况

表84

| 项　　目 | 计量单位 | 2016年 | 2015年 | 项　　目 | 计量单位 | 2016年 | 2015年 |
|---|---|---|---|---|---|---|---|
| 一、乡镇基本情况 | | | | 企业实缴税金 | 万元 | 25857 | 27975 |
| 乡镇行政区域面积 | 公顷 | 14489 | 14489 | 建筑业企业单位数 | 个 | 7 | 6 |
| 居民委员会个数 | 个 | 14 | 14 | 建筑业总产值 | 万元 | 79144 | 131626 |
| 村民委员会个数 | 个 | 15 | 15 | 六、贸易与投资 | | | |
| 耕地面积 | 公顷 | 7829 | 7819 | 社会消费品零售总额 | 万元 | 227622 | 202151 |
| 有效灌溉面积 | 公顷 | 7741 | 7731 | 其中:限额以上社会消费品零售总额 | 万元 | 7287 | 6472 |
| 农业机械总动力 | 千瓦 | 129583 | 130225 | 集贸市场成交额 | 万元 | 106562 | 95819 |
| 二、人口与就业 | | | | 进出口总额 | 万美元 | 6776 | 7547 |
| 乡镇总户数 | 户 | 32826 | 32905 | 实际到账注册外资 | 万美元 | 609 | 601 |
| 乡镇总人口 | 人 | 108032 | 108291 | 固定资产投资完成额 | 万元 | 338461 | 299001 |
| 乡镇从业人员数 | 人 | 57893 | 58175 | 七、财政收入 | | | |
| 其中:外来从业人员 | 人 | 2611 | 2623 | 财政总收入 | 万元 | 33266 | 30699 |
| 第一产业 | 人 | 11116 | 11440 | 其中:公共财政收入 | 万元 | 17070 | 13827 |
| 第二产业 | 人 | 29728 | 29773 | 八、社会事业 | | | |
| 第三产业 | 人 | 17049 | 16962 | 本乡镇公路里程 | 千米 | 565 | 560 |
| 三、乡镇经济 | | | | 各类科技人员 | 人 | 2632 | 2620 |
| 地区生产总值 | 万元 | 662434 | 600031 | 学校总数 | 所 | 9 | 9 |
| 第一产业 | 万元 | 68769 | 70052 | 其中:小学数 | 所 | 6 | 6 |
| 第二产业 | 万元 | 364907 | 328611 | 在校学生总数 | 人 | 8715 | 8872 |
| 第三产业 | 万元 | 228758 | 201368 | 其中:小学在校学生数 | 人 | 4493 | 4565 |
| 工商业企业应税销售收入(国税) | 万元 | 600194 | 517790 | 教师总数 | 人 | 719 | 713 |
| 四、农业生产 | | | | 其中:小学专任教师数 | 人 | 265 | 258 |
| 农作物播种面积 | 公顷 | 15817 | 15669 | 幼儿园、托儿所 | 所 | 10 | 10 |
| 其中:粮食作物播种面积 | 公顷 | 12856 | 12848 | 医疗卫生机构个数 | 个 | 38 | 38 |
| 农业保险面积(种植业) | 公顷 | 11083 | 11578 | 医疗卫生机构床位数 | 床 | 420 | 420 |
| 其中:设施农业保险面积 | 公顷 | 21 | | 执业(助理)医师数 | 人 | 256 | 255 |
| 市级以上农业龙头企业个数 | 个 | 1 | 1 | 自来水用水户数 | 户 | 32820 | 32854 |
| 市级以上农业龙头企业销售收入 | 万元 | 5631 | 5689 | 燃气用气户数 | 户 | 32422 | 32420 |
| 粮食总产量 | 吨 | 92917 | 97195 | 有线电视入户率 | % | 98 | 98 |
| 肉类总产量 | 吨 | 13127 | 13650 | 人均住房面积 | 平方米 | 53 | 53 |

续表84-1

| 项　　目 | 计量单位 | 2016年 | 2015年 | 项　　目 | 计量单位 | 2016年 | 2015年 |
|---|---|---|---|---|---|---|---|
| 禽蛋产量 | 吨 | 5027 | 4997 | 互联网宽带上网用户 | 户 | 19120 | 18906 |
| 水产品产量 | 吨 | 4166 | 4276 | 各种社会福利收养性单位数 | 个 | 1 | 1 |
| 五、企业情况 | | | | 各种社会福利收养性单位床位数 | 床 | 210 | 365 |
| 企业个数 | 个 | 840 | 795 | 各种社会福利收养性单位收养人数 | 人 | 124 | 115 |
| 其中:规上工业企业 | 个 | 48 | 61 | 新型农村合作医疗参保人数 | 人 | 75714 | 82415 |
| 企业从业人员 | 人 | 25200 | 24789 | 新型农村社会养老参保人数 | 人 | 33104 | 33901 |
| 其中:规上工业企业 | 人 | 8245 | 10854 | 农村居民最低生活保障人数 | 人 | 1657 | 1648 |

## 2016年白蒲镇各村(社区)基本情况

表85

| 名　称 | 党组织书　记 | 主　任 | 村居民小组数(个) | 人口数(人) | 耕地面积(公顷) |
|---|---|---|---|---|---|
| 黄行村 | 陈建华 | 袁　鑫 | 31 | 3729 | 360.0 |
| 姚家园村 | 沙建华 | 丁铁军 | 31 | 4054 | 293.3 |
| 钱园社区 | 陈　娜 | 潘建国 | 39 | 5086 | 264.5 |
| 朱家桥村 | 杨建新 | 仇永兰 | 37 | 4517 | 266.53 |
| 松杨社区 | 李德春 | 叶新华 | 21 | 5203 | 214.4 |
| 蒲东社区 | 姚红军 | 姚红军 | 41 | 5342 | 278.0 |
| 浦西社区 | 吴　畏 | 顾　晨 | 35 | 5752 | 163.1 |
| 前进社区 | 周建华 | 郑　伟 | 24 | 3349 | 207.0 |
| 朱窑村 | 许林山 | 马建兵 | 36 | 4735 | 280.0 |
| 姜北村 | 陈友兵 | 浦小东 | 29 | 4015 | 236.0 |
| 康庄村 | 丁国炎 | 卢洪彬 | 31 | 4436 | 248.0 |
| 文峰社区 | 佘　飞 | 吴　晗 | 38 | 4576 | 214.4 |
| 杨家园村 | 顾良建 | 姚　军 | 26 | 4030 | 141.5 |
| 沈桥村 | 孙国军 | 沈　烽 | 34 | 4491 | 202.8 |
| 唐堡村 | 蒋建国 | 蒋建国 | 32 | 4261 | 218.0 |
| 邓杨村 | 钱广军 | 王新明 | 30 | 3269 | 211.0 |
| 顾岱村 | 孙建娟 | 姚学俊 | 30 | 3645 | 246.7 |
| 新陆村 | 冒开林 | 肖金华 | 38 | 4556 | 410.9 |
| 斜庄社区 | 吴大胜 | 吴大胜 | 24 | 3295 | 233.3 |

续表85-1

| 名　称 | 党组织书　记 | 主　任 | 村居民小组数（个） | 人口数（人） | 耕地面积（公顷） |
| --- | --- | --- | --- | --- | --- |
| 文著社区 | 薛卫东 | 仇正乾 | 32 | 4773 | 329.0 |
| 月旦社区 | 徐继业 | 王建华 | 32 | 5852 | 440.0 |
| 沈腰村 | 李思泉 | 李思泉 | 26 | 3218 | 218.0 |
| 蒋殿社区 | 李世有 | 王秀梅 | 35 | 4090 | 375.0 |
| 桥口村 | 周　玉 | 郭新明 | 43 | 4601 | 372.0 |
| 合兴村 | 陈永建 | 沈恒明 | 29 | 3178 | 210.0 |
| 林梓社区 | 周国泉 | 吴际国 | 46 | 5993 | 253.0 |

## 搬经镇

**【概况】** 搬经镇位于如皋市西部，北依海安县，西接泰兴市，素有“如皋西门户、秀美金搬经”之称，是全国文明镇、省重点中心镇、省小城镇综合改革试点镇。全镇总面积174.85平方千米，总人口13.92万人，辖行政村17个、社区18个。2016年，全镇实现地区生产总值51.43亿元，同比增长11.1%。完成全口径财政收入、一般公共预算收入、增值税分别为1.93亿元、1.02亿元和1.23亿元，同比分别增长4.39%、16.81%和15%。搬经镇被评为省级耕地保护激励单位、南通市科普示范乡镇。

**【农业和农村经济】** 年内，搬经镇新增和扩建规模农业项目10个，总投资1.86亿元；新增嘉禾润宝二期、鞠桥农业园等设施农业240公顷。建成特色农业面积118.33公顷，其中花木面积21公顷、农产品基地97.33公顷。新增绿色农产品2个、无公害农产品3个，获“三品”认证农产品总数居南通首位。新增南通市级龙头企业1家（南通市双龙门食品有限公司）、如皋市级龙头企业4家；新增南通市级家庭农场1家（刘志平家庭农场）、如皋市级家庭农场3家。开展农村环境“三整治一化解”工作，清理整治环保违法违规建设项目60个，整治环境突出问题2个，整治10蒸吨及以下燃煤锅炉53个，化解信访事项337件。全年新建防渗渠14.604千米，新建泵站62座、硬质排水沟16.778千米。“七位一体”长效管护常抓不懈，全年整治河道20条，总长度19.5千米。全年拆坝建桥7座，拆坝不建35座。开展畜禽粪污综合治理工作，280个田间调节池全部建设到位。农业综合开发改造项目通过高标准验收，总投资4700万元国投四期项目防渗渠、泵站道路等项目完成工程量90%；投资5020万元的第五批国投土地整理项目实施过半。湖刘社区通过省文明村验收，搬东社区被评为省民主法治示范社区，鞠桥村和谢甸村被评为南通市科普示范社区。

**【工业和服务业经济】** 年内，搬经镇实现全部工业应税销售32.73亿元，同比增长15.6%；全部工业实缴税金1.39亿元，同比增长13%，全部工业税金率4.25%。全年完成规模工业投入22.27亿元，同比增长15.9%；固定资产抵扣税1089.88万元，同比增长14.3%。新增富翔汽配、翔森服饰等规模以上企业4家。全年完成高新技术产业产值4.67亿元，同比增长10.6%。全年规模以上企业实施技改项目11个，总投资2.1亿元。海泰科特投入1000万元新建自动化生产线1条，打造智能自动化车间；晨霞线带连续2年累计投入技改资金3000万元，进行自动化和信息化改造；恒绮纺织先后投入5000万元，淘汰老旧设备，加快新产品研发换代。全年新开工亿元以上产业项目3个，其中服务业项目1个。坚持能人招商、驻点招商、以商引商三招并举，围绕汽车零部件、电子新材料、长寿养生食品三大板块，开展精准招商，签约落户项目11个，成功招引乡之恋、苏州共建等投资超亿元项目3个。完成工商注册外资1600万美元，实际到账外资450万美元。全年累计申请发明专利80个，新增有效发明专利24个。全年征集企业技术需求15个，组织镇内企业参加上海、深圳等地招才引智活动4场次，开展产学研活动4次，培育振兴化工、非标轴承等专利优势企业5家。申报省六大人才高峰项目3个、南通"226"项目3个,获批省"双创"人才1人、如皋市"雉水英才"1人。

【社会事业】 年内,搬经镇持续加大民生投入,完成敬老院改造工程和高明学校教学楼、新镇区中心幼儿园新建工程。公共卫生服务体系进一步优化,35个村(社区)卫生服务站建设达省级示范站要求。延伸和拓展文体活动中心综合功能,建成搬经文化展馆,成为省级农家书屋提升工程试点镇。谢甸、搬东等7个社区综合文化服务中心达标建设工程通过省、南通市验收。搬经高中高考本科上线445人;搬经中考最高分列全市第2位,特高分和如中上线总人数位居乡镇之首。全力打好扶贫攻坚战,承办南通市扶贫开发现场推进会,年人均收入7000元以下建档立卡户脱贫率31%。完成企业职工五险扩面822人,农村医疗参合率100%。湖刘社区成为全市唯一一家省"书香乡村"。

【村(社区)选介】 湖刘社区 位于搬经镇北首,东至焦港河,西至林上村,北至国庆河,土石线贯穿南北,辖区面积6.5平方千米,由原湖林、东湖、刘桥3个自然村合并而成。社区拥有民营企业28家,其中规模企业10家。2016年,实现社会生产总值4.8亿元,人均纯收入2.68万元。新增高效农业8公顷,建设高标准良田160公顷。全面实施秸秆机械草还田,提高土壤有机质。新增私营企业4家、个体工商户18户。在全镇率先建成社区综合文化服务中心,新建文化墙2000平方米、文化长廊160平方米。完善五星级农家书屋各项配套设施,开办留守儿童"四点半学校"。疏浚所有四级河,新建水泥路3.05千米。年内,湖刘社区被评为省文明村、省书香之村。

搬经镇综合文化服务中心 (搬经镇供稿)

鞠桥社区 地处搬经镇东北首,东与老袁桥长甸河相望,南与谢甸社区隔连申线相望,总面积3.2平方千米。年内,实现村营收入80万元。新增和扩建规模农业项目2个,总投资2000万元;方辉园艺科技有限公司二期项目扩建33.33公顷种植无公害蔬菜;新增如皋市级家庭农场2家。投入300余万元新建百姓文化大舞台、居民文化休闲广场、文化服务中心大楼。年内,鞠桥社区被评为省水美乡村、南通市科普示范社区。

搬东社区 地处搬经镇区东侧,境内新老334省道与新老王石线公路交汇通行,国家级连申线航道贯穿东西。社区由原搬东、搬港村合并而成,占地299公顷。辖区内坐落四星级省重点高中搬经中学、佛门圣地太阳古寺、连申线水上服务区以及现代高效千亩设施农业园区,拥有文体广场1座,占地1公顷,建有室内活动室800平方米。年内,基本实现高效农业全覆盖,其中设施栽培面积66.67公顷,是省"菜篮子"工程示范基地。全年建成5.5米宽水泥路1千米,安装路灯5.5千米,完善沟渠路绿化配套并新增绿化面积3.33公顷。实现村营收入近80万元,集体积累600多万元。建成省民主法治示范社区。社区卫生服务站成为省级示范站;在建成省百佳农家书屋、南通市四星级先进农家书屋建设示范点、南通市先进农民公园建设示范点基础上,社区综合性文化服务站通过省和南通市级达标验收。

(宋倩云)

## 2016年搬经镇社会经济主要指标完成情况

表86

| 项　　目 | 计量单位 | 2016年 | 2015年 | 项　　目 | 计量单位 | 2016年 | 2015年 |
|---|---|---|---|---|---|---|---|
| 一、乡镇基本情况 | | | | 企业实缴税金 | 万元 | 24816 | 22757 |
| 乡镇行政区域面积 | 公顷 | 17485 | 17485 | 建筑业企业单位数 | 个 | 7 | 7 |
| 居民委员会个数 | 个 | 18 | 18 | 建筑业总产值 | 万元 | 290824 | 299590 |
| 村民委员会个数 | 个 | 17 | 17 | 六、贸易与投资 | | | |
| 耕地面积 | 公顷 | 9622 | 9617 | 社会消费品零售总额 | 万元 | 337208 | 295555 |
| 有效灌溉面积 | 公顷 | 8149 | 8145 | 其中:限额以上社会消费品零售总额 | 万元 | 12815 | 7232.1 |
| 农业机械总动力 | 千瓦 | 103126 | 154900 | 集贸市场成交额 | 万元 | 203504 | 201885 |
| 二、人口与就业 | | | | 进出口总额 | 万美元 | 3265 | 2591 |
| 乡镇总户数 | 户 | 38229 | 38321 | 实际到账注册外资 | 万美元 | 450 | 600 |
| 乡镇总人口 | 人 | 122096 | 122389 | 固定资产投资完成额 | 万元 | 267417 | 238202 |
| 乡镇从业人员数 | 人 | 59204 | 57125 | 七、财政收入 | | | |
| 其中:外来从业人员 | 人 | 5298 | 5148 | 财政总收入 | 万元 | 19301 | 18489 |
| 第一产业 | 人 | 16248 | 15815 | 其中:公共财政收入 | 万元 | 10223 | 8752 |
| 第二产业 | 人 | 26822 | 25716 | 八、社会事业 | | | |
| 第三产业 | 人 | 16134 | 15594 | 本乡镇公路里程 | 千米 | 470 | 470 |
| 三、乡镇经济 | | | | 各类科技人员 | 人 | 4240 | 4208 |
| 地区生产总值 | 万元 | 514329 | 462942 | 学校总数 | 所 | 9 | 8 |
| 第一产业 | 万元 | 69089 | 70539 | 其中:小学数 | 所 | 5 | 4 |
| 第二产业 | 万元 | 247669 | 225480 | 在校学生总数 | 人 | 11263 | 10687 |
| 第三产业 | 万元 | 197571 | 166923 | 其中:小学在校学生数 | 人 | 6032 | 5587 |
| 工商业企业应税销售收入(国税) | 万元 | 422354 | 319340 | 教师总数 | 人 | 748 | 734 |
| 四、农业生产 | | | | 其中:小学专任教师数 | 人 | 314 | 302 |
| 农作物播种面积 | 公顷 | 22147 | 20266 | 幼儿园、托儿所 | 所 | 12 | 11 |
| 其中:粮食作物播种面积 | 公顷 | 13956 | 12877 | 医疗卫生机构个数 | 个 | 51 | 51 |
| 农业保险面积(种植业) | 公顷 | 12330 | 11863 | 医疗卫生机构床位数 | 床 | 317 | 317 |
| 其中:设施农业保险面积 | 公顷 | 39 | 90 | 执业(助理)医师数 | 人 | 224 | 215 |
| 市级以上农业龙头企业个数 | 个 | 5 | 6 | 自来水用水户数 | 户 | 38180 | 38103 |
| 市级以上农业龙头企业销售收入 | 万元 | 28852 | 47228 | 燃气用气户数 | 户 | 36600 | 36555 |
| 粮食总产量 | 吨 | 88375 | 85041 | 有线电视入户率 | % | 95 | 92.5 |
| 肉类总产量 | 吨 | 17236 | 17265 | 人均住房面积 | 平方米 | 60 | 60 |

续表86-1

| 项　　目 | 计量单位 | 2016年 | 2015年 | 项　　目 | 计量单位 | 2016年 | 2015年 |
|---|---|---|---|---|---|---|---|
| 禽蛋产量 | 吨 | 15168 | 15138 | 互联网宽带上网用户 | 户 | 18200 | 18120 |
| 水产品产量 | 吨 | 2678 | 2662 | 各种社会福利收养性单位数 | 个 | 1 | 1 |
| 五、企业情况 | | | | 各种社会福利收养性单位床位数 | 床 | 401 | 371 |
| 企业个数 | 个 | 739 | 698 | 各种社会福利收养性单位收养人数 | 人 | 70 | 65 |
| 其中:规上工业企业 | 个 | 78 | 77 | 新型农村合作医疗参保人数 | 人 | 107450 | 103550 |
| 企业从业人员 | 人 | 28082 | 26872 | 新型农村社会养老参保人数 | 人 | 57657 | 57749 |
| 其中:规上工业企业 | 人 | 10796 | 9135 | 农村居民最低生活保障人数 | 人 | 4137 | 2286 |

## 2016年搬经镇各村(社区)基本情况

表87

| 名　称 | 党组织书　记 | 主　任 | 村(居)民小组数(个) | 人口数(人) | 耕地面积(公顷) |
|---|---|---|---|---|---|
| 搬经社区 | 陈小强 | 陈俊宏 | 26 | 4114 | 197.87 |
| 加马社区 | 陈　健 | 倪晓健 | 30 | 3340 | 337.07 |
| 谢甸社区 | 谢　俊 | 谢　俊 | 32 | 3529 | 276.29 |
| 加力社区 | 谢玉军 | 章　敏 | 36 | 4144 | 368.53 |
| 搬东社区 | 张　健 | 张　健 | 20 | 3260 | 181.67 |
| 严鲍社区 | 陈庆华 | 陈庆华 | 23 | 2605 | 241.42 |
| 朱夏社区 | 夏志祥 | 夏小飞 | 41 | 5194 | 470.36 |
| 群岸社区 | 夏茂锋 | 汪正华 | 29 | 3566 | 265.56 |
| 鞠桥社区 | 刘志俭 | 谢裕荣 | 15 | 2238 | 191.44 |
| 湖刘社区 | 汪正祥 | 汪正祥 | 30 | 4580 | 344.60 |
| 兴夏社区 | 鞠九星 | 吴　丽 | 34 | 3141 | 338.14 |
| 中心社区 | 王正国 | 孙奎兵 | 41 | 5580 | 433.00 |
| 高明庄社区 | 陈志康 | 缪石军 | 29 | 3602 | 231.79 |
| 鲍庄社区 | 张建平 | 王昌文 | 21 | 3356 | 195.79 |
| 叶庄社区 | 金银建 | 孙子林 | 37 | 5956 | 373.12 |
| 横埭社区 | 蔡明祥 | 蔡明祥 | 37 | 4921 | 321.21 |
| 袁庄社区 | 袁　霞 | 王明东 | 22 | 3430 | 250.95 |
| 董王社区 | 印国兰 | 卢龙海 | 20 | 2846 | 243.45 |

续表87-1

| 名称 | 党组织书记 | 主任 | 村(居)民小组数(个) | 人口数(人) | 耕地面积(公顷) |
|---|---|---|---|---|---|
| 焦港村 | 刘支平 | 刘支平 | 26 | 3457 | 315.06 |
| 丁许村 | 钱开明 | 季志锦 | 28 | 3165 | 302.99 |
| 万富村 | 鞠久宏 | 鞠久宏 | 42 | 4456 | 365.53 |
| 梅甸村 | 鞠生如 | 佘国庆 | 24 | 3009 | 207.71 |
| 芹界村 | 许新明 | 周建国 | 36 | 5078 | 423.63 |
| 夏堡村 | 季万进 | 周　建 | 22 | 2705 | 310.03 |
| 任庄村 | 张　健 | 任新荣 | 15 | 2204 | 216.03 |
| 林上村 | 汪宝剑 | 汪宝剑 | 27 | 3160 | 308.75 |
| 肖马村 | 周海兵 | 周海兵 | 29 | 3797 | 339.67 |
| 龙桥村 | 闫海春 | 汪宝明 | 19 | 2199 | 207.18 |
| 港桥村 | 李宏明 | 单小东 | 26 | 3046 | 321.15 |
| 晓庄村 | 倪宏绒 | 倪宏绒 | 20 | 3105 | 268.00 |
| 刘庄村 | 王德志 | 王德志 | 31 | 4656 | 276.58 |
| 卢庄村 | 刘碧晴 | 沈春生 | 36 | 5322 | 326.12 |
| 万全村 | 卢宗元 | 魏　莉 | 25 | 3018 | 304.97 |
| 土山村 | 陈建明 | 陈克勤 | 21 | 2804 | 192.74 |
| 楼冯村 | 韩书建 | 韩书建 | 21 | 2212 | 208.55 |

## 江安镇

**【概况】** 江安镇位于如皋市西南部，南与靖江市接壤，西与泰兴市毗邻，为南通市级中心镇、国家级卫生镇、江苏省水美乡镇，是中共如皋独立支部、中国工农红军第十四军诞生地，是革命老区。全镇总面积118.36平方千米，镇区面积5平方千米。辖行政村18个、社区13个，村(居)民小组719个。2016年，全镇完成财政总收入14120万元；公共财政预算收入7502.07万元，同比增长12.3%；完成增值税8801.44万元，同比增长10.6%。获南通市安全生产先进乡镇称号。在全市目标责任制考核中排名第6位，比2015年前移4个位次，获如皋市级奖项11个。

**【农业和农村经济】** 年内，全镇项目农业投入1.3亿元，新增高效设施农业166.67公顷、花木33.33公顷，补栽完善生态公益林296.67公顷，被命名为省绿化示范村2家。新增全托管服务组织27家、家庭农场20家。联络新社区获全国“一村一品”示范村称号。推进耕地占补平衡和增减挂钩“双整治”工作，土地拆旧复垦89.73公顷，占补平衡进库32.08公顷；省投土地整理项目1400公顷全面实施结束，新增耕地339.27公顷。全年新建防渗渠15.6千米、暗渠1.25千米，新建泵站6座、硬质排水沟5.5千米。加强村庄环境整治和“七位一体”长效管护，全年整治河道20条，总长度19.5千米。拆坝建桥13座，拆坝不建31座。秸秆机械化还田率获市评比一等奖。新增成片林66.67公顷，森林抚育63.33公顷。11月12日，周庄社区被列为“江苏最美乡村”创建工作座谈会参观点。12月28日，农业部财务司副司长秦维明一行5人到江安镇，调研产业发展和惠农政策落实情况。

**【工业和服务业经济】** 年内，全镇实现全部工业应税销售26.12亿元，同比增长16.46%；实缴税金9089万元，同比增长4.41%。工业用电量12639.28万千瓦时，同比增长0.85%。完成固定资产

市长何益军(右三)在江苏汤臣汽车零部件有限公司调研

(江安镇供稿)

抵扣税1529.89万元,同比增长59.2%;新增装机容量10810千伏安,同比增长146.75%。完成规模工业项目投入14.03亿元,同比增长12.77%。全年招引项目12个,正式签约落户6个,其中亿元以上项目4个,总投资额6.8亿元。实现工商注册外资1680万美元,完成年计划168%,同比增长22.81%;实现到账外资600万美元,完成年计划100%,与上年持平。江安医院康复中心项目开工建设。发展总部经济,引进年销售亿元贸易项目2个。完成汤臣汽配、怡天时纺织、久赢汽配等8家企业技改项目。开放型经济取得突破,实现外贸进出口总额5191万美元。新增海纳空调、协大纺织等4家规模企业。不断增强创新能力,全年申请职务专利218个,其中发明专利申请68个;获专利授权178个,其中发明授权20个。建成如皋市级工程中心1个,汤臣汽配成功申报省重大科技成果转化项目。全年实现服务业应税销售(不含房地产)7.37亿元,同比增长24.99%;完成房地产税收1075万元,同比增长26.9%。培育服务业限上企业2家。

**【社会事业】** 年内,江安镇不断完善社会保障体系,社保扩面300人,农村社会养老保险参保31730人,城乡居保"四不出村"建设百分之百达标。新农合医疗统计参合率100%,补偿314.9万元。坚持计生惠民,全年审批奖扶特扶453份。开展精准扶贫工作,全镇1855户贫困户全部建档立卡。促进就业增收,"就业直通车"注册会员企业36家,APP注册用户610人;企业稳岗服务率100%;回引劳动力258人,新增入库创业项目1个,新增创业人数90人。开展企业职业技能培训和失地农民就业创业培训,考核培训1580人。新建葛市小学食堂,江安小学多功能综合楼开工建设,投入使用新校车12辆。江安中学高考本二上线率89.97%。滨江初中中考录取如皋中学41人,名列全市农村初中第1名;380人达普高分数线,占比58.6%。31个村居中实现村卫生室公有化27个。成功举办"农商行杯"第三届春节返乡大学生演唱会、第十二届农民文体艺术节、机关趣味运动会等大型文体活动,全镇10多个村居开展"乐一天"农民文体艺术节活动。全年组织送戏下乡10多场、送电影下村100余场次。

**【村(社区)选介】** 周庄社区 地处江安镇东北部,是中国工农红军第十四军诞生地,总面积4.6平方千米。以桑蚕养殖、花木培育、蔬菜种植等特色农业为主,其中拥有优质桑园120公顷、苗木基地56公顷、标准蔬菜钢架大棚36.7公顷。2016年,实现村集体经济收入132.6万元,人均收入19864万元。被中央电视台《新闻联播》宣传报道,被评为省文明村、省优秀科普惠农服务站、南通市文明村。

胜利社区 位于江安镇北大门,新老江曲线贯穿南北,高葛线横贯东西,交通便捷,总面积4.88平方千米。年内,胜利社区大力发展现代农业,流转土地140公顷,建有名贵花木园区、蓝莓园区、石榴园区、寿桃园区、贝亩园区。

徐柴村 位于如皋西南角,南与靖江毗邻,总面积3.8平方千米。年内,徐柴村注重特色农业发展,新增出口型生态蔬菜园区9.2公顷,实现销售额96万元。实施"七位一体"长效管护,综合治理河道21条,致力打造"河畅、水清、岸绿、景美"乡村环境,获省水美乡村、南通市美丽乡村等称号。

(石建海)

## 2016年江安镇社会经济主要指标完成情况

表88

| 项　目 | 计量单位 | 2016年 | 2015年 | 项　目 | 计量单位 | 2016年 | 2015年 |
|---|---|---|---|---|---|---|---|
| 一、乡镇基本情况 | | | | 企业实缴税金 | 万元 | 12083 | 12028 |
| 乡镇行政区域面积 | 公顷 | 11836 | 11836 | 建筑业企业单位数 | 个 | 6 | 6 |
| 居民委员会个数 | 个 | 13 | 13 | 建筑业总产值 | 万元 | 38127 | 62562 |
| 村民委员会个数 | 个 | 18 | 18 | 六、贸易与投资 | | | |
| 耕地面积 | 公顷 | 6278 | 6268 | 社会消费品零售总额 | 万元 | 127991 | 117477 |
| 有效灌溉面积 | 公顷 | 5725 | 5716 | 其中:限额以上社会消费品零售总额 | 万元 | 5949 | 5960 |
| 农业机械总动力 | 千瓦 | 102305 | 86474 | 集贸市场成交额 | 万元 | 25514 | 29873 |
| 二、人口与就业 | | | | 进出口总额 | 万美元 | 5191 | 5132 |
| 乡镇总户数 | 户 | 32073 | 32150 | 实际到账注册外资 | 万美元 | 600 | 600 |
| 乡镇总人口 | 人 | 104180 | 104430 | 固定资产投资完成额 | 万元 | 176719 | 151949 |
| 乡镇从业人员数 | 人 | 48588 | 48975 | 七、财政收入 | | | |
| 其中:外来从业人员 | 人 | 1984 | 1805 | 财政总收入 | 万元 | 14120 | 14016 |
| 第一产业 | 人 | 9735 | 10101 | 其中:公共财政收入 | 万元 | 7502 | 6682 |
| 第二产业 | 人 | 24771 | 24509 | 八、社会事业 | | | |
| 第三产业 | 人 | 14082 | 14365 | 本乡镇公路里程 | 千米 | 553 | 465 |
| 三、乡镇经济 | | | | 各类科技人员 | 人 | 1934 | 1842 |
| 地区生产总值 | 万元 | 380639 | 346035 | 学校总数 | 所 | 6 | 6 |
| 第一产业 | 万元 | 45556 | 46366 | 其中:小学数 | 所 | 4 | 4 |
| 第二产业 | 万元 | 179018 | 158413 | 在校学生总数 | 人 | 10480 | 10273 |
| 第三产业 | 万元 | 156065 | 141256 | 其中:小学在校学生数 | 人 | 5690 | 5737 |
| 工商业企业应税销售收入(国税) | 万元 | 331968 | 294017 | 教师总数 | 人 | 611 | 631 |
| 四、农业生产 | | | | 其中:小学专任教师数 | 人 | 233 | 246 |
| 农作物播种面积 | 公顷 | 12770 | 12621 | 幼儿园、托儿所 | 所 | 4 | 4 |
| 其中:粮食作物播种面积 | 公顷 | 8862 | 8690 | 医疗卫生机构个数 | 个 | 40 | 40 |
| 农业保险面积(种植业) | 公顷 | 7704 | 6631 | 医疗卫生机构床位数 | 床 | 401 | 306 |
| 其中:设施农业保险面积 | 公顷 | 25 | | 执业(助理)医师数 | 人 | 212 | 209 |
| 市级以上农业龙头企业个数 | 个 | 5 | 5 | 自来水用水户数 | 户 | 32029 | 32029 |
| 市级以上农业龙头企业销售收入 | 万元 | 40253 | 37727 | 燃气用气户数 | 户 | 30222 | 30110 |
| 粮食总产量 | 吨 | 55807 | 58357 | 有线电视入户率 | % | 93 | 92 |
| 肉类总产量 | 吨 | 16374 | 16524 | 人均住房面积 | 平方米 | 47 | 46.5 |

续表88-1

| 项　　目 | 计量单位 | 2016年 | 2015年 | 项　　目 | 计量单位 | 2016年 | 2015年 |
|---|---|---|---|---|---|---|---|
| 禽蛋产量 | 吨 | 3663 | 3633 | 互联网宽带上网用户 | 户 | 17706 | 14867 |
| 水产品产量 | 吨 | 2388 | 2368 | 各种社会福利收养性单位数 | 个 | 1 | 1 |
| 五、企业情况 | | | | 各种社会福利收养性单位床位数 | 床 | 350 | 350 |
| 企业个数 | 个 | 642 | 591 | 各种社会福利收养性单位收养人数 | 人 | 91 | 89 |
| 其中:规上工业企业 | 个 | 53 | 52 | 新型农村合作医疗参保人数 | 人 | 87314 | 89700 |
| 企业从业人员 | 人 | 16692 | 15566 | 新型农村社会养老参保人数 | 人 | 31730 | 33622 |
| 其中:规上工业企业 | 人 | 8020 | 6811 | 农村居民最低生活保障人数 | 人 | 2228 | 2364 |

## 2016年江安镇各村(社区)基本情况

表89

| 名　称 | 党组织书　记 | 主　任 | 村(居)民小组数(个) | 人口数(人) | 耕地面积(公顷) |
|---|---|---|---|---|---|
| 朗庙村 | 丁国圣 | 徐远国 | 26 | 3533 | 121.67 |
| 新建村 | 吴正义 | 吴俊海 | 27 | 3691 | 240.00 |
| 佘圩村 | 陈　宏 | 石金华 | 21 | 3215 | 155.47 |
| 百新村 | 王新国 | 钱陈龙 | 18 | 2946 | 160.13 |
| 宁通社区 | 龚玉平 | 许德泉 | 23 | 4964 | 133.58 |
| 北元村 | 石　岳 | 周　明 | 24 | 3499 | 160.00 |
| 环池社区 | 许金来 | 周　波 | 23 | 3652 | 145.33 |
| 六团村 | 徐　林 | 陶　伟 | 30 | 4644 | 280.00 |
| 申九村 | 张永旺 | 朱建忠 | 20 | 3094 | 177.80 |
| 鄂埭村 | 贲志凯 | 于立华 | 17 | 2624 | 105.73 |
| 陈庄村 | 孙福亮 | 孙修华 | 21 | 3211 | 193.67 |
| 周庄社区 | 周久海 | 孙新桃 | 25 | 4161 | 245.73 |
| 葛市村 | 黄新宇 | 金　锋 | 16 | 2446 | 106.47 |
| 徐葛社区 | 葛乃林 | 杨宏芳 | 18 | 2345 | 133.00 |
| 镇中社区 | 周亚平 | 卢宗祥 | 24 | 7813 | 154.93 |
| 周群社区 | 殷海洋 | 周红良 | 25 | 4369 | 196.00 |
| 徐柴村 | 彭兴良 | 刘洪灿 | 21 | 3694 | 153.93 |
| 黄建村 | 卢兴圣 | 孙建龙 | 23 | 3675 | 188.13 |

续表89-1

| 名 称 | 党组织书 记 | 主 任 | 村(居)民小组数(个) | 人口数(人) | 耕地面积(公顷) |
|---|---|---|---|---|---|
| 黄市新社区 | 丁帮国 | 陆桃红 | 27 | 4480 | 224.00 |
| 中心社区 | 徐友华 | 黄琪春 | 23 | 5166 | 149.80 |
| 陈严村 | 周 峰 | 周荣俊 | 19 | 3546 | 134.53 |
| 联络新社区 | 王金国 | 仲开泉 | 23 | 4571 | 200.93 |
| 曹杜村 | 赵锦新 | 周荣建 | 20 | 3301 | 178.47 |
| 马堡村 | 叶昌宏 | 丁国华 | 19 | 3042 | 153.33 |
| 戈堡社区 | 缪宏飞 | 缪宏飞 | 17 | 2539 | 138.20 |
| 徐黄社区 | 黄永贵 | 陆建宏 | 19 | 3376 | 155.60 |
| 合作村 | 周学良 | 周学龙 | 19 | 3101 | 136.47 |
| 胜利社区 | 蔡海军 | 孙珍林 | 37 | 6229 | 323.13 |
| 章庄社区 | 孙福建 | 孙中祥 | 31 | 4309 | 258.40 |
| 黄庄村 | 王兴宏 | 冯开林 | 29 | 4413 | 289.40 |
| 西庄村 | 钱兴中 | 卢小祥 | 34 | 4676 | 249.33 |

## 磨头镇

**【概况】** 磨头镇位于如皋市中部，为省重点小城镇、南通市级中心镇。全镇总面积103.2平方千米，常住人口7.2万人，镇区面积4平方千米。辖行政村16个、社区5个，总户数2.15万户。2016年，全镇完成地区生产总值34.6亿元，同比增长9.9%。完成财政总收入12153万元，同比增长8.1%，其中公共财政预算收入6557万元，同比增长14.5%。

**【农业和农村经济】** 年内，磨头镇现代农业健康发展，主导产业为花卉苗木，新增花木面积73.3公顷。项目农业投入3.64亿元，新增高效设施农业面积140公顷。落户农田水利项目3个，累计投资2000万元，受益总面积1000公顷。搭建信息交互平台，推进华夏花卉电子商务平台建设，在万亩花木产业园区华夏花卉四期新建占地2000平方米的华夏电子商务创业园。推进农业经营主体培育，新增南通市级农业龙头企业1家、如皋市级1家，新增省级示范家庭农场2家、南通市级1家、如皋市级3家，全托管服务组织通过南通市级验收，实现面上村全覆盖。强化服务，拓展增收渠道，21个村(社区)村营收入均30万元以上，11个村(社区)村营收入50万元以上，4个村(社区)村营收入70万元以上，村级债务化解超过12%。全年新增交通桥梁2座、彩虹桥6座，新建农村公路28千米。新建防渗渠45千米、混凝土道路18千米、泵站7座，新增耕地8.47公顷。拆坝建桥7座，拆除坝头坝埂21座，疏浚三级河1条、村庄河道(四级河)17条，总长20.93千米。新增粪污综合利用合格村19个，实现粪污综合利用合格村全覆盖。

**【工业和服务业经济】** 年内，磨头镇完成全部工业应税销售16.67亿元，占全年任务85.47%，同比增长0.67%。实现全部工业实缴税金5814万元，同比增长15.87%。完成工业用电量6000万千瓦时，同比增长7.39%；新增装机容量6500万千伏安，同比增长6.97%。工业经济运行综合考核位列全市第5位。创新理念和机制，整合资源，不断延伸招商社会网络，扩大招商覆盖面，通过以商引商、主题招商、活动招商等方式，开展全民招商工作。全年落户实体项目12个、总部经济项目18个。新开工亿元以上项目3个(光大能源、联泰纺织、斯柏瑞)。全年完成工商注册外资1300万美元，实际到账外资606万美元，分别占全年目标任务130%和101%。完成固定资产投入10.51亿元,同比增长16.56%;完成固定资产抵扣税797.16万元,同比增长43.7%。实现服务业应税销售11.22亿元,同比增长20.79%;服务业税收3432万元,同比增长24.44%。

**【社会事业】** 年内,磨头镇优先发展教育事业,完成磨头小学综合楼、刘岱小学食堂新建工程,磨头初中学生食堂新建、场南幼儿园改建、磨头小学新综合楼附属工程顺利开工。全镇21个村(社区)均建成标准卫生室,新型农村合作医疗保障水平不断提升,新型农村合作医疗参合率100%,2个村卫生室通过省级示范村卫生室验收。磨头医院门急诊楼、医技楼建设项目开工建设。不断完善社会保障,全年净增职工保险239人,目标任务完成率212.8%。城乡居民基本医疗、基本养老保险实现全覆盖,农保参保缴费2.37万人,完成率103%。全年发放基础养老金2040万元,惠及人群17612人。稳步推进镇村两级文化工程建设,4个村综合性文化服务中心通过省文化厅验收。农家书屋实现全覆盖,其中12个村达到四星级农家书屋标准,1个村通过省级五星级农家书屋验收。

**【村(社区)选介】** 磨头社区 坐落在龙游河畔,由原磨南、磨北、小磨3个村合并而成,是磨头镇经济、政治、文化中心。辖区内有企业40家,其中规模企业2家。2016年,实现村营集体经济收入110万元,农民人均纯收入23100元。

天阳社区 位于磨头镇区北侧,北与如城街道毗邻,南接磨头镇居委会,西与丁冒村相邻,东与城南街道接壤。社区内204国道贯穿南北,317省道横穿东西,如皋母亲河龙游河蜿蜒而过。该社区由原天阳村、吴曹村合并而成,总面积351.88公顷。至2016年年底,社区内有海涛护栏、泰雅特、园林花木等各类企业16家、个体工商户145户,有大棚蔬菜、花卉苗木高效农业园区2个、生态园2个(亿安生态园和吴曹生态园)。拥有天阳山羊、美莲花木等农民专业合作社5家。年内,完成集体经济收入超50万元,工农业总产值2000万元,居民人均收入19200元。

丁冒村 位于磨头镇东部,南靠磨头社区,北临曹石村,新丁磨路穿村而过。全村现有连栋大棚24公顷,草莓种植面积20.8公顷、蔬菜种植面积20公顷、草坪种植面积56公顷,从事相关农业生产农户156户,其中种植大户2户。2016年,实现人均纯收入22800元。

(谢 檀)

**2016年磨头镇社会经济主要指标完成情况**

表90

| 项目 | 计量单位 | 2016年 | 2015年 | 项目 | 计量单位 | 2016年 | 2015年 |
|---|---|---|---|---|---|---|---|
| 一、乡镇基本情况 | | | | 企业实缴税金 | 万元 | 12598 | 10900 |
| 乡镇行政区域面积 | 公顷 | 10315 | 10315 | 建筑业企业单位数 | 个 | 6 | 4 |
| 居民委员会个数 | 个 | 5 | 5 | 建筑业总产值 | 万元 | 168618 | 103479 |
| 村民委员会个数 | 个 | 16 | 16 | 六、贸易与投资 | | | |
| 耕地面积 | 公顷 | 5414 | 5404 | 社会消费品零售总额 | 万元 | 126830 | 118754 |
| 有效灌溉面积 | 公顷 | 3726 | 3719 | 其中:限额以上社会消费品零售总额 | 万元 | 3045 | 2250.7 |
| 农业机械总动力 | 千瓦 | 39102 | 39724 | 集贸市场成交额 | 万元 | 71380 | 78940 |
| 二、人口与就业 | | | | 进出口总额 | 万美元 | 3234 | 3462 |
| 乡镇总户数 | 户 | 21522 | 21574 | 实际到账注册外资 | 万美元 | 606 | 684 |
| 乡镇总人口 | 人 | 72235 | 72408 | 固定资产投资完成额 | 万元 | 138084 | 119295 |
| 乡镇从业人员数 | 人 | 36432 | 36308 | 七、财政收入 | | | |
| 其中:外来从业人员 | 人 | 2172 | 1434 | 财政总收入 | 万元 | 12153 | 11247 |

续表90-1

| 项　　目 | 计量单位 | 2016年 | 2015年 | 项　　目 | 计量单位 | 2016年 | 2015年 |
|---|---|---|---|---|---|---|---|
| 第一产业 | 人 | 8420 | 7517 | 其中:公共财政收入 | 万元 | 6557 | 5728 |
| 第二产业 | 人 | 13793 | 12411 | 八、社会事业 | | | |
| 第三产业 | 人 | 14219 | 16380 | 本乡镇公路里程 | 千米 | 428 | 428 |
| 三、乡镇经济 | | | | 各类科技人员 | 人 | 3159 | 2980 |
| 地区生产总值 | 万元 | 346303 | 315108 | 学校总数 | 所 | 4 | 4 |
| 第一产业 | 万元 | 45846 | 46645 | 其中:小学数 | 所 | 3 | 3 |
| 第二产业 | 万元 | 162978 | 149180 | 在校学生总数 | 人 | 5207 | 5361 |
| 第三产业 | 万元 | 137479 | 119283 | 其中:小学在校学生数 | 人 | 3387 | 3575 |
| 工商业企业应税销售收入(国税) | 万元 | 322051 | 258397 | 教师总数 | 人 | 307 | 338 |
| 四、农业生产 | | | | 其中:小学专任教师数 | 人 | 167 | 193 |
| 农作物播种面积 | 公顷 | 11196 | 10901 | 幼儿园、托儿所 | 所 | 3 | 3 |
| 其中:粮食作物播种面积 | 公顷 | 6295 | 6906 | 医疗卫生机构个数 | 个 | 26 | 30 |
| 农业保险面积(种植业) | 公顷 | 5275 | 5249 | 医疗卫生机构床位数 | 床 | 342 | 202 |
| 其中:设施农业保险面积 | 公顷 | 5 | 11 | 执业(助理)医师数 | 人 | 129 | 142 |
| 市级以上农业龙头企业个数 | 个 | 2 | 1 | 自来水用水户数 | 户 | 21500 | 21560 |
| 市级以上农业龙头企业销售收入 | 万元 | 7133 | 7126 | 燃气用气户数 | 户 | 19919 | 19880 |
| 粮食总产量 | 吨 | 40739 | 46917 | 有线电视入户率 | % | 98 | 98 |
| 肉类总产量 | 吨 | 8837 | 9206 | 人均住房面积 | 平方米 | 60 | 58 |
| 禽蛋产量 | 吨 | 951 | 941 | 互联网宽带上网用户 | 户 | 12480 | 11350 |
| 水产品产量 | 吨 | 1025 | 1045 | 各种社会福利收养性单位数 | 个 | 1 | 1 |
| 五、企业情况 | | | | 各种社会福利收养性单位床位数 | 床 | 250 | 250 |
| 企业个数 | 个 | 412 | 375 | 各种社会福利收养性单位收养人数 | 人 | 62 | 68 |
| 其中:规上工业企业 | 个 | 44 | 40 | 新型农村合作医疗参保人数 | 人 | 61609 | 63114 |
| 企业从业人员 | 人 | 11536 | 10202 | 新型农村社会养老参保人数 | 人 | 24250 | 24518 |
| 其中:规上工业企业 | 人 | 5737 | 3939 | 农村居民最低生活保障人数 | 人 | 1138 | 1170 |

## 2016年磨头镇各村(社区)基本情况

表91

| 名　称 | 党组织书　记 | 主　任 | 村(居)民小组个数(个) | 常住人口数(人) | 耕地面积(公顷) |
|---|---|---|---|---|---|
| 磨头社区 | 沈建华 | 冒成龙 | 23 | 4006 | 146.79 |
| 丁冒村 | 夏书华 | 夏书华 | 20 | 3272 | 237.29 |
| 天阳社区 | 俞勋宏 | 俞勋宏 | 17 | 2579 | 176.67 |
| 星港村 | 沈良安 | 仇锦德 | 34 | 4035 | 311.51 |
| 严狄村 | 王泽宇 | 张仕建 | 24 | 3136 | 211.29 |
| 董堡村 | 章刘明 | 章刘明 | 21 | 3220 | 223.59 |
| 曹石村 | 章文才 | 章旭东 | 22 | 3267 | 257.45 |
| 邓高社区 | 王　芳 | 宋仁宽 | 18 | 3170 | 187.53 |
| 新徐村 | 章建安 | 章建安 | 29 | 4083 | 211.79 |
| 兴韩村 | 秦国民 | 郑圣礼 | 24 | 3756 | 168.51 |
| 高李村 | 高　彬 | 张宏斌 | 25 | 3613 | 248.42 |
| 顾沈村 | 宋伟伟 | 宋伟伟 | 29 | 4503 | 310.73 |
| 朗张村 | 郝兆军 | 郝兆军 | 17 | 3218 | 238.33 |
| 高庄社区 | 高之勇 | 高之勇 | 21 | 3582 | 195.02 |
| 老户村 | 朱　华 | 陈广全 | 30 | 4222 | 271.07 |
| 场西村 | 刘宏芳 | 刘宏芳 | 29 | 3114 | 306.34 |
| 场东村 | 张来富 | 张来富 | 39 | 4861 | 404.47 |
| 新联社区 | 韩宝秀 | 丁小平 | 28 | 3267 | 272.16 |
| 塘湾村 | 许　伟 | 许　伟 | 42 | 5364 | 427.67 |
| 新港村 | 鞠久富 | 鞠久富 | 31 | 3576 | 327.95 |
| 十字桥村 | 程玉宇 | 程玉宇 | 28 | 3264 | 276.65 |

# 如皋市特色镇

## 丁堰镇

**【概况】** 丁堰镇位于如皋东大门，与如东县接壤，是全国环境优美乡镇、国家级卫生镇、南通市工业重镇。全镇总面积70.48平方千米，总人口5.31万人，辖行政村5个、社区8个。2016年，全镇实现地区生产总值46.22亿元，同比增长11.61%。完成一般公共预算收入1.40亿元，增值税1.89亿元，同比分别增长12.64%、9.01%。实现外贸进出口2.6亿美元，其中出口2.49亿美元。丁堰镇在全市重点经济工作考核中位居镇级第1名。

**【农业和农村经济】** 年内，全镇实现粮食总产45003吨，实现“十三”连丰。新增设施农业80公顷；新增家庭农场9家，其中省级家庭农场1家。高效农业种植面积800公顷，有新型农业经营主体36家，流转面积800公顷。培育省、南通市级示范家庭农场2个，省、南通市级农业龙头企业7家，省级绿化示范村5个。坚持走生产发展、生活富裕、生态良好的绿色文明发展之路，主动策应“乡村旅游+”新时代，以建设白雪线乡村旅游走廊为契机，打造“健康+文旅+农业”经济，提升乡村旅游业发展水平与综合价值。持续优化镇村环境，推进农业综合开发等项目，修建农村道路

40余千米,泵站6座、农桥5座,疏浚河道25千米。推进“七位一体”长效管护,实现秸秆机械化还田率98%。建成国家级卫生镇。

【工业和服务业经济】 年内,丁堰镇实现全部工业应税销售91.78亿元,实缴税金2.66亿元,同比分别增长13.56%、2.93%。新增规模企业6家,培育主板上市企业1家。高新技术产业产值占规模工业产值比重68.4%。万人发明专利拥有量16.83件,引进国家级顶尖人才2人。完成固定资产投资17.12亿元,同比增长13.3%,其中规模工业项目投入15.8亿元,同比增长14.6%。新开工亿元项目3个,竣工2个。实现固定资产抵扣税1424.52万元,新增装机容量4093千伏安。引进外资项目3个,实现到账外资615万美元。以日用家居产业为主导的特色工业园区初具雏形,园区土地整理加速推进,道路、污水管网等配套日趋完善,园区集聚主板上市企业恒康家居、准上市企业恒康数控和明德塑胶及杨天机电等超亿元8家、超10亿元企业2家。全镇实现服务业应税销售4.52亿元,税收1606万元。

【社会事业】 年内,全镇城镇居民基本医疗、基本养老保险实现全覆盖,城镇低保、农村“五保”实现应保尽保,新增被征地农民保障实现即征即保。教育、文化、养老事业协调发展,镇养老院、丁堰宝贝幼儿园、镇文体中心3个“公建民营”试点项目社会效益日趋凸显。总投资1200万元刘海小学、幼儿园建设工程进入招标程序。不断完善公共卫生服务体系,村(社区)卫生室公有化率90.9%。稳步提升社会治理水平,整体推进综治管理、司法行政、大调解,不断完善领导接访下访、领导包案等制度,连续4年获评南通平安法治乡镇。安全生产形势保持稳定,公众安全感持续保持在98%以上。不断深化精神文明建设,常态化开展“身边的好人评选”、志愿服务等活动,持续放大“德昌丁堰”道德建设品牌效应。

【村(社区)选介】 新堰社区 位于丁堰镇东部,东与如东县毗邻,南临334省道,依傍如泰河,总面积4.85平方千米。辖内有以江苏涤诺日化集团有限公司为龙头的规模企业6家。实施高效农业26.67公顷,其中葡萄园13.13公顷、花木种植示范区3.33公顷。2016年,新堰社区实现农村经济总收入50万元、人均纯收入23378元。

鞠庄社区 位于通扬河畔,三面环水,西与城南街道毗邻,沈海高速掠村而过,226省道贯穿南北,总面积16平方千米。社区内有上市企业1家、规模企业3家、小微企业21家。年内,实现农民人均纯收入21614元。

刘海村 位于丁堰镇东南角,与如东县双甸镇毗邻,如泰运河、334省道横贯东西。年内,刘海村“三园”[刘海养殖园、农业高效产业园(刘海家庭农场)、生态垂钓园]、“两区”(农民集中居住区、南通森果农业园区)、“一中心”[村公共服务中心(文化广场、卫生服务室、超市等)]建设初具规模。辖区内有以南通森果现代农业投资有限公司为龙头民营企业5家,小型织布厂12家,手套、服装加工厂3家,其中森果葡萄、刘海有机大米分别获有机葡萄认证、有机食品认证。2016年,全村实现地区生产总值2.88亿元、人均纯收入20229元。

(顾如兵)

## 2016年丁堰镇社会经济主要指标完成情况

表92

| 项　　目 | 计量单位 | 2016年 | 2015年 | 项　　目 | 计量单位 | 2016年 | 2015年 |
|---|---|---|---|---|---|---|---|
| 一、乡镇基本情况 | | | | 企业实缴税金 | 万元 | 27425 | 20295 |
| 乡镇行政区域面积 | 公顷 | 7048 | 7048 | 建筑业企业单位数 | 个 | 3 | 4 |
| 居民委员会个数 | 个 | 8 | 8 | 建筑业总产值 | 万元 | 13201 | 11376 |
| 村民委员会个数 | 个 | 5 | 5 | 六、贸易与投资 | | | |
| 耕地面积 | 公顷 | 4032 | 4012 | 社会消费品零售总额 | 万元 | 88446 | 78255 |
| 有效灌溉面积 | 公顷 | 3974 | 3954 | 其中:限额以上社会消费品零售总额 | 万元 | 2677 | 2868.3 |

续表92-1

| 项　　目 | 计量单位 | 2016年 | 2015年 | 项　　目 | 计量单位 | 2016年 | 2015年 |
|---|---|---|---|---|---|---|---|
| 农业机械总动力 | 千瓦 | 51204 | 50544 | 集贸市场成交额 | 万元 | 62580 | 61560 |
| 二、人口与就业 | | | | 进出口总额 | 万美元 | 26451 | 25901 |
| 乡镇总户数 | 户 | 14475 | 14510 | 实际到账注册外资 | 万美元 | 615 | 613 |
| 乡镇总人口 | 人 | 46380 | 46491 | 固定资产投资完成额 | 万元 | 157166 | 139979 |
| 乡镇从业人员数 | 人 | 24142 | 24373 | 七、财政收入 | | | |
| 其中:外来从业人员 | 人 | 1965 | 1946 | 财政总收入 | 万元 | 29605 | 26284 |
| 第一产业 | 人 | 6985 | 7045 | 其中:公共财政收入 | 万元 | 14004 | 10106 |
| 第二产业 | 人 | 13789 | 13943 | 八、社会事业 | | | |
| 第三产业 | 人 | 3368 | 3385 | 本乡镇公路里程 | 千米 | 298 | 295 |
| 三、乡镇经济 | | | | 各类科技人员 | 人 | 594 | 596 |
| 地区生产总值 | 万元 | 462230 | 414145 | 学校总数 | 所 | 4 | 4 |
| 第一产业 | 万元 | 31739 | 32214 | 其中:小学数 | 所 | 3 | 3 |
| 第二产业 | 万元 | 333479 | 296228 | 在校学生总数 | 人 | 1551 | 1687 |
| 第三产业 | 万元 | 97012 | 85703 | 其中:小学在校学生数 | 人 | 1182 | 1300 |
| 工商业企业应税销售收入(国税) | 万元 | 966461 | 873561 | 教师总数 | 人 | 161 | 171 |
| 四、农业生产 | | | | 其中:小学专任教师数 | 人 | 106 | 108 |
| 农作物播种面积 | 公顷 | 8136 | 8248 | 幼儿园、托儿所 | 所 | 7 | 2 |
| 其中:粮食作物播种面积 | 公顷 | 6447 | 6692 | 医疗卫生机构个数 | 个 | 23 | 23 |
| 农业保险面积(种植业) | 公顷 | 5401 | 5404 | 医疗卫生机构床位数 | 床 | 110 | 179 |
| 其中:设施农业保险面积 | 公顷 | 5 | 39 | 执业(助理)医师数 | 人 | 74 | 103 |
| 市级以上农业龙头企业个数 | 个 | 1 | 1 | 自来水用水户数 | 户 | 14422 | 14490 |
| 市级以上农业龙头企业销售收入 | 万元 | 116544 | 33709 | 燃气用气户数 | 户 | 14215 | 14206 |
| 粮食总产量 | 吨 | 45003 | 48561 | 有线电视入户率 | % | 92 | 92 |
| 肉类总产量 | 吨 | 5354 | 5464 | 人均住房面积 | 平方米 | 50 | 49 |
| 禽蛋产量 | 吨 | 416 | 409 | 互联网宽带上网用户 | 户 | 10500 | 10400 |
| 水产品产量 | 吨 | 1675 | 1635 | 各种社会福利收养性单位数 | 个 | 2 | 2 |
| 五、企业情况 | | | | 各种社会福利收养性单位床位数 | 床 | 305 | 312 |
| 企业个数 | 个 | 462 | 452 | 各种社会福利收养性单位收养人数 | 人 | 86 | 116 |
| 其中:规上工业企业 | 个 | 42 | 40 | 新型农村合作医疗参保人数 | 人 | 33168 | 33908 |

续表92-2

| 项目 | 计量单位 | 2016年 | 2015年 | 项目 | 计量单位 | 2016年 | 2015年 |
|---|---|---|---|---|---|---|---|
| 企业从业人员 | 人 | 12936 | 12643 | 新型农村社会养老参保人数 | 人 | 12207 | 24892 |
| 其中:规上工业企业 | 人 | 8474 | 6084 | 农村居民最低生活保障人数 | 人 | 688 | 677 |

**2016年丁堰镇各村(社区)基本情况**

表93

| 名称 | 党组织书记 | 主任 | 村(居)民小组数(个) | 人口数(人) | 耕地面积(公顷) | 村营收入(万元) |
|---|---|---|---|---|---|---|
| 堰南社区 | 刘明祥 | 冒建国 | 37 | 4968 | 395 | 53.92 |
| 凤山社区 | 王　林 | 高亚军 | 29 | 4919 | 310 | 70.40 |
| 新堰社区 | 许　建 | 杨彩云 | 22 | 3190 | 283 | 53.19 |
| 皋南社区 | 季永泽 | 李春荣 | 42 | 6095 | 313 | 85.18 |
| 鞠庄社区 | 王章全 | 佘小兵 | 61 | 7037 | 642 | 46.60 |
| 刘海村 | 钱志荣 | 陈拥军 | 29 | 4072 | 351 | 50.32 |
| 红桥村 | 侯　军 | 朱余海 | 41 | 4804 | 457 | 51.12 |
| 朝阳社区 | 崔胜利 | 陈金龙 | 31 | 3432 | 302 | 32.01 |
| 夏圩村 | 倪建平 | 佘德元 | 28 | 3357 | 377 | 36.98 |
| 赵明村 | 沈建龙 | 刘建林 | 49 | 5698 | 548 | 50.21 |
| 茄儿园社区 | 吴忠高 | 李明霞 | 6 | 1975 | 2 | — |
| 三河社区 | 周志南 | 吴震冈 | 5 | 1576 | — | — |
| 三桥社区 | 蒋圣銮 | 孙　林 | 5 | 1191 | — | — |

## 东陈镇

【概况】 东陈镇位于如皋东北部,东与如东县相邻、北与海安县接壤。全镇总面积116.86平方千米,辖村11个、社区12个,总人口8.16万人。2016年,全镇实现地区生产总值40.66亿元,同比增长9.26%。完成财政总收入13952万元,其中一般公共财政预算收入7579万元,同比增长23.48%。

【农业和农村经济】 年内,全镇流转土地400公顷,新增粮食生产全托管经营主体24个、300公顷,新增设施农业95公顷、花木面积66.67公顷,建设特色农产品基地132公顷,绿化造林41.2公顷,有机农业面积保持66.67公顷,均超额完成全年任务。新认证"三品"2个(钰水晶家庭农场、海营家庭农场),培育种养循环示范点3个(雪岸社区、南凌社区、石池村),鑫盛禽业成功申报南通市级农业龙头企业,中萃米业获如皋市级农业龙头企业称号。特色农业亮点纷呈,"双群·金鱼"在"中国金鱼网"跨境电子商务平台正式上线,年销售额58万元,获国际金奖2项。中萃米业在省"百姓品米节"中获一等奖。"鹏展"草莓获省首届"盐都大纵湖杯"优质草莓金奖。华日水稻种植专业合作社被评为省级科普惠农服务站。鑫盛禽业被评为国家级农民专业合作社。"双联双助"工作获南通市表彰。推进省国土投资项目——雪东、北庄高标准农田建设。村居环境不断优化,全面完成拆坝建桥(涵)任务和农田灌溉改制、公厕改革、畜禽粪污综合整治工作。完成拆旧复垦44.67公顷,实现占补平衡17.87公顷。

**【工业经济】** 年内,全镇完成规模工业投入16.2亿元,实现全部工业应税销售21亿元,新增装机容量6185千伏安,工业用电量8800万千瓦时,实现设备抵扣税733万元。新增亿元企业2家(龙达环保科技、盛嘉机电)、规模企业4家(顺源电力绳网带织造、永益织造、久源传动机械、凯瑞纺织机械),累计培育亿元企业7家、规模企业48家。全年在建工业项目6个,其中续建1个、新建5个(技改项目1个)。其中:平易电气一期厂房已安装设备,开始试生产;新核力二期1.5万平方米综合厂房建成投入使用,三期综合厂房正在安装设备;亚点毛巾技改项目开始投产;哥班技改项目土地指标配置到位,启动建设;总投资3亿元的盛嘉机电项目正土地挂牌,进入容缺审批阶段。全镇各企业不断增强科技创新能力。思瑞机器、凯晖科技、天鸿镭射、五山漂染与高校实施产学研合作项目4个;凯晖科技获批省知识产权贯标示范创建单位,思瑞机器通过省知识产权贯标示范创建单位验收。凯晖科技在新三板挂牌上市,建立省工程技术研究中心。天鸿镭射、凯瑞纺机成功申报国家高新技术企业。鑫森服饰被评为如皋市专利大户。

**【社会事业】** 年内,东陈镇实现城镇居民人均可支配收入34260元、农村居民人均可支配收入21080元,转移农村劳动人口403人,扶持就业困难人员105人,完成万人创业计划130个。城镇登记失业率控制在3%以内。实现对人均纯收入低于7000元低收入农户动态管理,全镇538户962人纳入最低生活保障体系,发放低保资金331.17万元。实施困难群众住房改造28户,困难群众大病医疗救助19人、15.04万元。在全镇全面推行新型农村合作医疗,农户参合率100%。加大教育设施投入力度,投资120万元实施东陈初中配套工程。全年累计举办各类文艺活动16场次。东陈镇图书分馆全面开放,新增图书4200册。

**【村(社区)选介】** *石池村* 位于东陈镇南端,东邻二级河道丁堡河,西邻如城街道,南接丁堰镇,北邻东陈镇徐湾社区,县道白雪线贯穿全村南北,总面积6平方千米。辖内有以南通市顺邦化纤有限公司为龙头的民营企业8家,其中规模企业3家。全村实施高效农业33.4公顷,其中草莓园6.7公顷、养殖园区6.7公顷、花木种植示范区20公顷。"石池"有机草莓被国家草莓协会评选为全国草莓金奖,销往沪、苏、浙、杭等地区,产品优势突出。2016年,石池村实现农村经济总收入47.17万元、人均纯收入24081元。

*雪岸社区* 东临如东县,北依海安县,由原东皋、董田、何角、角池村合并而成,总面积5平方千米。辖内有村民小组33个,农户1345户,3945人。社区以发展工业及农副业为主导产业,依托海启高速雪岸道口重点规划雪岸工业园区建设,唯路易、凯晖、平易电气等重点企业成为社区发展强劲动力。发展现代农业,中萃米业、滋生堂桑叶茶为龙头的特色农业优势明显,中萃米业获省"百姓品米节"一等奖。现有花木种植面积40公顷。全年农业托管80公顷。年内,实现农村经济总收入47.45万元、人均纯收入23166元。

*山河社区* 位于沈海高速东陈出口北侧1千米,占地面积4.6平方千米。社区立足高速道口经济优势,以环境美、生态优、百姓富为目标,围绕新型集中居住及公共服务区,向南规划休闲旅游区,向北发展高效实施农业,打造魅力特色社区。利用高速取土坑优势发展休闲观光旅游业,成立千翠湖渔业合作社,打造生态鱼塘24公顷。年内,发展百亩大棚蔬菜园、无花果产业园、蛋鸽养殖基地等高效农业40公顷,经济总收入43.3万元、人均纯收入26773元。

*南东陈社区* 毗邻主城区,地处东陈镇南郊,通扬运河横贯东西,沈海高速穿越南北,总面积4.2平方千米,其中工业用地0.72

东陈镇山河社区 (东陈镇供稿)

平方千米。南东陈社区基础设施齐全,产业布局合理。北部工业经济带形成以先进装备制造业、电梯配套、新型建材等特色产业为主导的产业集聚区,入驻企业52家,江苏新核力机电有限公司、江苏新空间集团、如皋双马化工有限公司等6家规模企业发展态势良好;南部以宜居小区开发为主,米兰阳光、大辰水乡、丽水花园等小区环境优美、生态宜人。社区公共服务中心设施齐备,观光垂钓中心、农村大舞台等成为居民休闲娱乐活动场所。年内,社区实现经济总收入142.14万元、人均纯收入27882元。

(章丽娟)

## 2016年东陈镇社会经济主要指标完成情况

表94

| 项　　目 | 计量单位 | 2016年 | 2015年 | 项　　目 | 计量单位 | 2016年 | 2015年 |
|---|---|---|---|---|---|---|---|
| 一、乡镇基本情况 | | | | 企业实缴税金 | 万元 | 14211 | 23319 |
| 乡镇行政区域面积 | 公顷 | 11686 | 11686 | 建筑业企业单位数 | 个 | 9 | 7 |
| 居民委员会个数 | 个 | 12 | 12 | 建筑业总产值 | 万元 | 192572 | 328400 |
| 村民委员会个数 | 个 | 11 | 11 | 六、贸易与投资 | | | |
| 耕地面积 | 公顷 | 6251 | 6261 | 社会消费品零售总额 | 万元 | 137128 | 120771 |
| 有效灌溉面积 | 公顷 | 4884 | 4892 | 其中:限额以上社会消费品零售总额 | 万元 | 647 | 570 |
| 农业机械总动力 | 千瓦 | 66401 | 61508 | 集贸市场成交额 | 万元 | 9062 | 9595 |
| 二、人口与就业 | | | | 进出口总额 | 万美元 | 4260 | 13326 |
| 乡镇总户数 | 户 | 23224 | 23280 | 实际到账注册外资 | 万美元 | 620 | 1200 |
| 乡镇总人口 | 人 | 71248 | 71419 | 固定资产投资完成额 | 万元 | 192760 | 178619 |
| 乡镇从业人员数 | 人 | 34316 | 39562 | 七、财政收入 | | | |
| 其中:外来从业人员 | 人 | 1424 | 1425 | 财政总收入 | 万元 | 13952 | 13963 |
| 第一产业 | 人 | 8578 | 8514 | 其中:公共财政收入 | 万元 | 7579 | 6138 |
| 第二产业 | 人 | 10267 | 11475 | 八、社会事业 | | | |
| 第三产业 | 人 | 15471 | 19573 | 本乡镇公路里程 | 千米 | 876 | 798 |
| 三、乡镇经济 | | | | 各类科技人员 | 人 | 805 | 814 |
| 地区生产总值 | 万元 | 406573 | 372100 | 学校总数 | 所 | 6 | 6 |
| 第一产业 | 万元 | 50075 | 50558 | 其中:小学数 | 所 | 4 | 4 |
| 第二产业 | 万元 | 219889 | 206871 | 在校学生总数 | 人 | 2467 | 2615 |
| 第三产业 | 万元 | 136609 | 114671 | 其中:小学在校学生数 | 人 | 1652 | 1765 |
| 工商业企业应税销售收入(国税) | 万元 | 525796 | 436324 | 教师总数 | 人 | 245 | 254 |
| 四、农业生产 | | | | 其中:小学专任教师数 | 人 | 129 | 129 |
| 农作物播种面积 | 公顷 | 10947 | 11381 | 幼儿园、托儿所 | 所 | 4 | 4 |
| 其中:粮食作物播种面积 | 公顷 | 8028 | 8508 | 医疗卫生机构个数 | 个 | 32 | 32 |
| 农业保险面积(种植业) | 公顷 | 7849 | 8052 | 医疗卫生机构床位数 | 床 | 201 | 201 |

续表94-1

| 项　　目 | 计量单位 | 2016年 | 2015年 | 项　　目 | 计量单位 | 2016年 | 2015年 |
|---|---|---|---|---|---|---|---|
| 其中:设施农业保险面积 | 公顷 | 8 | 6 | 执业(助理)医师数 | 人 | 152 | 152 |
| 市级以上农业龙头企业个数 | 个 | 3 | 2 | 自来水用水户数 | 户 | 19420 | 19215 |
| 市级以上农业龙头企业销售收入 | 万元 | 15037 | 12055 | 燃气用气户数 | 户 | 20425 | 19750 |
| 粮食总产量 | 吨 | 54312 | 59747 | 有线电视入户率 | % | 90.5 | 90.2 |
| 肉类总产量 | 吨 | 11404 | 11645 | 人均住房面积 | 平方米 | 48 | 48 |
| 禽蛋产量 | 吨 | 5004 | 4964 | 互联网宽带上网用户 | 户 | 12300 | 10900 |
| 水产品产量 | 吨 | 4023 | 3973 | 各种社会福利收养性单位数 | 个 | 1 | 1 |
| 五、企业情况 | | | | 各种社会福利收养性单位床位数 | 床 | 272 | 272 |
| 企业个数 | 个 | 552 | 517 | 各种社会福利收养性单位收养人数 | 人 | 71 | 73 |
| 其中:规上工业企业 | 个 | 34 | 38 | 新型农村合作医疗参保人数 | 人 | 60643 | 59961 |
| 企业从业人员 | 人 | 15456 | 15247 | 新型农村社会养老参保人数 | 人 | 25070 | 26442 |
| 其中:规上工业企业 | 人 | 3658 | 5127 | 农村居民最低生活保障人数 | 人 | 962 | 1070 |

## 2016年东陈镇各村(社区)基本情况

表95

| 名　　称 | 党组织书　记 | 主　任 | 村(居)民小组数(个) | 人口数(人) | 耕地面积(公顷) | 人均收入(元) |
|---|---|---|---|---|---|---|
| 洪桥社区 | 蒋正松 | 冒爱军 | 16 | 3359 | 75.72 | 27678 |
| 杨庄社区 | 冒殿明 | 薛如华 | 22 | 3069 | 316.15 | 24522 |
| 汤湾村 | 汪正荣 | 何银生 | 27 | 3167 | 171.24 | 22473 |
| 山河社区 | 秦宝山 | 秦爱梅 | 23 | 3033 | 185.66 | 26773 |
| 杭桥村 | 薛　建 | 张广田 | 21 | 2492 | 212.79 | 22974 |
| 蒋宗村 | 张勇军 | 蒋爱建 | 20 | 2154 | 203.74 | 24748 |
| 范桥村 | 吴家旺 | 徐吉建 | 23 | 3008 | 205.61 | 25008 |
| 尚书村 | 朱伯军 | 冒永平 | 20 | 2937 | 248.35 | 26686 |
| 北庄村 | 薛伯林 | 徐红萍 | 18 | 2180 | 248.61 | 23774 |
| 南庄村 | 薛福如 | 陈建平 | 19 | 2224 | 292.00 | 24141 |
| 冯堡社区 | 李爱国 | 王志华 | 23 | 2890 | 287.06 | 23289 |
| 石池村 | 张　建 | 冒建全 | 30 | 3425 | 412.13 | 24081 |

续表95-1

| 名称 | 党组织书记 | 主任 | 村(居)民小组数(个) | 人口数(人) | 耕地面积(公顷) | 人均收入(元) |
|---|---|---|---|---|---|---|
| 徐湾社区 | 孙　光 | 徐金梅 | 23 | 3072 | 314.98 | 23330 |
| 南东陈社区 | 李明山 | 冒乃国 | 25 | 3323 | 136.04 | 27882 |
| 双群社区 | 潘海燕 | 薛文全 | 21 | 3174 | 84.29 | 24681 |
| 雪岸社区 | 崔怀林 | 冒乃春 | 33 | 3945 | 236.75 | 23166 |
| 南凌社区 | 季本山 | 沈　华 | 22 | 3770 | 291.23 | 22683 |
| 雪东社区 | 祝建梅 | 钱宏兵 | 27 | 3670 | 307.16 | 23047 |
| 万富社区 | 潘金海 | 王立中 | 35 | 6156 | 484.46 | 22996 |
| 凌云社区 | 陆晓高 | 贲娅男 | 24 | 3562 | 318.54 | 23685 |
| 雪洪村 | 徐竹梅 | 张贤平 | 27 | 3266 | 249.74 | 21690 |
| 刘亮村 | 范建云 | 季从宽 | 25 | 3036 | 289.51 | 21093 |
| 刘杨村 | 沈　剑 | 夏从月 | 27 | 3374 | 328.06 | 20588 |

## 下原镇

【概况】 下原镇地处如皋中南部。总面积70.76平方千米,其中镇区面积3.4平方千米,耕地总面积3899公顷,辖行政村7个、社区8个,总人口59344人,其中镇区人口24316人。2016年,全镇实现地区生产总值20.44亿元,同比增长9.73%;实现全口径财政收入1.75亿元、公共财政预算收入7104.11万元,同比分别增长30.18%、30.97%。建筑业完成施工产值19.46亿元。在全市各镇目标责任制考核中位居第3位,党建和信访两项重点工作百分制考核均位居全市第3位。

【农业和农村经济】 年内,下原镇实现农业总产值2.7亿元,同比增长3.4%。实现农民人均纯收入25043元,同比增长11.8%。15个村居村营总收入802万元,其中村营收入50万元以上村居10个。新增设施农业40公顷、地方特色农产品基地44公顷,完成造林绿化面积7.33公顷,新增家庭农场11个、占地面积266.67公顷,新增全托管服务组织17个、作业面积332公顷。新建农村"一事一议"奖补路、土地整治项目道路30千米,新建桥梁10座,当年全面建成通车。全面完成拆坝建桥(不建)、环卫设施新建、土地复垦、土地确权、畜禽粪污整治等工作。对全镇通达工程主干线全面维修,完成9条主干道生命安全防护工程。推进省投项目、千亿斤粮食产能、河道整治等民生项目,累计新建泵站9座,新建各类渠道87千米、配套建筑物611座,疏浚河道16条。严格执行"七位一体"环境综合治理机制。沈阳社区、白李社区、陈桥村获省卫生村称号,白李社区通过省"美丽乡村"验收。

【工业和服务业经济】 年内,全镇完成工业应税销售11.7亿元,同比增长9.46%;服务业应税销售15.2亿元,同比增长10.17%。完成工商注册外资1000万美元;实际到账外资613万美元,同比增长36.22%。完成工业用电量5566万千瓦时,同比增长10.94%。新增装机容量2600千伏安;完成固定资产抵扣税407.3万元,同比增长20.4%。收集有效招商信息88条,落户规模以上科创型工业项目6个、总部基地项目5个、亿元项目1个。新培育伊索热能、威明服饰等规模企业5家,年末全镇规模企业37家。加大企业创新扶持力度,鼓励企业提升自主创新能力,成功打造下原镇科创中心,首期面积3000平方米,入驻企业13家。推动天佑医疗成功申报南通市级工程研发中心,华阳铝业完成高新技术企业复审验收。组织企业申报专利120个,其中发明专利50个,获授权11个。推动卓远、天佑等企业积极与人才对接,引导企业开展产学研合作,先后引进国家级人才3人,组织卓远、天佑成功申报南通市外专项目2个。通过平台搭建、技术创新、新增生产设备

下原镇从善教育基金纪念碑　　　　　（下原镇供稿）

等，扩大生产规模，提升市场竞争力。亚太广告、热熔胶等8个新落户工业项目正在抓紧推进。

**【社会事业】** 年内，下原小学教学楼正式投入使用，花园幼儿园工程主体封顶，内部实施配套到位。全镇教学质量进一步提高，下原初中2016年中考实现普通高中上线率54.3%，高分段人数占比、如皋中学达线率位居全市乡镇第1位。先后举办大型群众文体活动6次，打造“下驾原”官方微信平台，制作专题微信26篇。城乡居民社会养老保险参保完成率、新型农村社会养老保险参保率均为100%。困难群体实现应保尽保，发放各类民政帮扶资金1080万元。深入推进“双联双助”，完成新一轮贫困农户建档立卡工作。成立下原镇从善教育基金，年内接受社会贤达捐赠213560元，帮助困难家庭学生134人。

**【村（社区）选介】** 花园头村　地处如皋南乡，204国道东侧，村内硬质化道路纵横每个小组。2016年，引导308户农户种植有机稻米74.86公顷，部分农户人均增收2000元。发展奶油草莓种植10.13公顷，亩产值3.5万元。成功建成省“四星级”乡村旅游景点。至年末，全村拥有高效农业160.86公顷，高效农业占比68.57%。全村有工商个体企业43家，形成年产值1.5亿元的雨衣雨具、针织服饰特色经济板块，在厂工人1542人。全年实现村集体经济收入71.4万元、农民人均收入26010元。

老坝村　位于下原镇镇区东北侧，由原老坝村、孙桥村、仙仁村3个自然村合并而成。年内，老坝村结合自身实际情况，开创乡村旅游业等特色产业，成功创建三星级旅游景点1处，每季度参观游客超1200人。成功引进3000万元以上规模企业1家，引进食品加工企业1家。全年实现村营集体收入50.1万元。

邹庄社区　位于镇区东南侧，204国道穿境而过，大寨河、响堂河分布东西两侧，由原新邹村、文南村合并而成，总面积4.766平方千米。辖区内建有医疗器材园区、电子园区、机械园区三大工业园区。拆旧复垦、占补平衡等土地整理项目均超额完成，村营收入逐年递增，辖区内有商贸经营店近100家，从事特色古董收藏经营户220人，有“南檀北柞”式家具生产企业9家。拥有优质无公害化大米加工企业、长寿富硒紫桃园、佳泽果蔬生产园区、城中园林苗木基地。年内，新建硬质水泥路25.2千米，安装铁杆路灯250盏、太阳能节能灯63盏，新建防渗渠17千米、灌溉泵站4座，新建桥梁6座，企业污水处理率100%。实现工业总产值4.72亿元，完成应税销售额4.29亿元。

（谢　鹏）

## 2016年下原镇社会经济主要指标完成情况

表96

| 项　目 | 计量单位 | 2016年 | 2015年 | 项　目 | 计量单位 | 2016年 | 2015年 |
|---|---|---|---|---|---|---|---|
| 一、乡镇基本情况 | | | | 企业实缴税金 | 万元 | 13537 | 13132 |
| 乡镇行政区域面积 | 公顷 | 7076 | 7076 | 建筑业企业单位数 | 个 | 3 | 3 |
| 居民委员会个数 | 个 | 8 | 8 | 建筑业总产值 | 万元 | 194604 | 154366 |

续表96-1

| 项　　目 | 计量单位 | 2016年 | 2015年 | 项　　目 | 计量单位 | 2016年 | 2015年 |
|---|---|---|---|---|---|---|---|
| 村民委员会个数 | 个 | 7 | 7 | 六、贸易与投资 | | | |
| 耕地面积 | 公顷 | 3899 | 3894 | 社会消费品零售总额 | 万元 | 126914 | 111913 |
| 有效灌溉面积 | 公顷 | 3197 | 3193 | 其中:限额以上社会消费品零售总额 | 万元 | 3751 | 1307 |
| 农业机械总动力 | 千瓦 | 25626 | 27360 | 集贸市场成交额 | 万元 | 19346 | 18345 |
| 二、人口与就业 | | | | 进出口总额 | 万美元 | 1790 | 1707 |
| 乡镇总户数 | 户 | 14742 | 14778 | 实际到账注册外资 | 万美元 | 613 | 450 |
| 乡镇总人口 | 人 | 52329 | 52455 | 固定资产投资完成额 | 万元 | 113177 | 100373 |
| 乡镇从业人员数 | 人 | 30065 | 30060 | 七、财政收入 | | | |
| 其中:外来从业人员 | 人 | 675 | 683 | 财政总收入 | 万元 | 17474 | 13423 |
| 第一产业 | 人 | 6064 | 6064 | 其中:公共财政收入 | 万元 | 7104 | 5424 |
| 第二产业 | 人 | 13253 | 13267 | 八、社会事业 | | | |
| 第三产业 | 人 | 10748 | 10729 | 本乡镇公路里程 | 千米 | 168 | 168 |
| 三、乡镇经济 | | | | 各类科技人员 | 人 | 953 | 951 |
| 地区生产总值 | 万元 | 204380 | 186257 | 学校总数 | 所 | 4 | 4 |
| 第一产业 | 万元 | 25455 | 26031 | 其中:小学数 | 所 | 3 | 3 |
| 第二产业 | 万元 | 83094 | 77496 | 在校学生总数 | 人 | 3639 | 3606 |
| 第三产业 | 万元 | 95831 | 82730 | 其中:小学在校学生数 | 人 | 2279 | 2343 |
| 工商业企业应税销售收入(国税) | 万元 | 498323 | 243660 | 教师总数 | 人 | 250 | 244 |
| 四、农业生产 | | | | 其中:小学专任教师数 | 人 | 132 | 137 |
| 农作物播种面积 | 公顷 | 7659 | 7285 | 幼儿园、托儿所 | 所 | 6 | 3 |
| 其中:粮食作物播种面积 | 公顷 | 6205 | 6048 | 医疗卫生机构个数 | 个 | 22 | 22 |
| 农业保险面积(种植业) | 公顷 | 5235 | 5303 | 医疗卫生机构床位数 | 床 | 102 | 98 |
| 其中:设施农业保险面积 | 公顷 | 2 | 4 | 执业(助理)医师数 | 人 | 124 | 124 |
| 市级以上农业龙头企业个数 | 个 | — | — | 自来水用水户数 | 户 | 14689 | 14689 |
| 市级以上农业龙头企业销售收入 | 万元 | — | — | 燃气用气户数 | 户 | 14012 | 13068 |
| 粮食总产量 | 吨 | 42022 | 42025 | 有线电视入户率 | % | 90 | 87 |
| 肉类总产量 | 吨 | 3092 | 3187 | 人均住房面积 | 平方米 | 48 | 48.2 |
| 禽蛋产量 | 吨 | 1429 | 1419 | 互联网宽带上网用户 | 户 | 5312 | 4633 |
| 水产品产量 | 吨 | 545 | 575 | 各种社会福利收养性单位数 | 个 | 1 | 1 |
| 五、企业情况 | | | | 各种社会福利收养性单位床位数 | 床 | 45 | 45 |

续表96-2

| 项　　目 | 计量单位 | 2016年 | 2015年 | 项　　目 | 计量单位 | 2016年 | 2015年 |
|---|---|---|---|---|---|---|---|
| 企业个数 | 个 | 384 | 377 | 各种社会福利收养性单位收养人数 | 人 | 38 | 38 |
| 其中:规上工业企业 | 个 | 37 | 38 | 新型农村合作医疗参保人数 | 人 | 47826 | 47650 |
| 企业从业人员 | 人 | 17280 | 17405 | 新型农村社会养老参保人数 | 人 | 38815 | 40770 |
| 其中:规上工业企业 | 人 | 5179 | 4785 | 农村居民最低生活保障人数 | 人 | 1139 | 1213 |

### 2016年下原镇各村(社区)基本情况

表97

| 名　称 | 党组织书　记 | 主　任 | 村(居)民小组数(个) | 人口数(人) | 耕地面积(公顷) | 农村经济总收入(元) |
|---|---|---|---|---|---|---|
| 沈阳社区 | 于永国 | 李萍萍 | 32 | 4251 | 351.53 | 709235 |
| 下原社区 | 吴刚祥 | 熊　伟 | 32 | 4816 | 208.07 | 709723 |
| 邹庄社区 | 葛　军 | 张桧焱 | 29 | 3892 | 263.71 | 558120 |
| 野树社区 | 郭佳佳 | 洪进余 | 29 | 4440 | 328.98 | 475032 |
| 文庄社区 | 王海山 | 陈广建 | 33 | 4493 | 363.21 | 528101 |
| 桃园社区 | 王建平 | 陈德平 | 27 | 3097 | 213.92 | 534875 |
| 腰庄社区 | 吴晓耘 | 黄国军 | 35 | 4966 | 215.00 | 510808 |
| 白李社区 | 秦小军 | 李世梅 | 25 | 3939 | 176.89 | 522853 |
| 曙光村 | 丁邦宏 | 沈国庆 | 24 | 3393 | 263.89 | 505452 |
| 花园头村 | 丁邦峰 | 丁邦峰 | 27 | 4050 | 330.71 | 713824 |
| 老坝村 | 范陈龙 | 许金峰 | 34 | 4403 | 337.34 | 500546 |
| 陈桥村 | 周建华 | 周建华 | 26 | 3281 | 212.00 | 412121 |
| 蔡荡村 | 顾勇军 | 姜　哲 | 29 | 3836 | 241.36 | 502942 |
| 张庄村 | 吴皋南 | 吴皋南 | 24 | 3201 | 183.10 | 316052 |
| 藕池村 | 卢俊峰 | 李永清 | 23 | 3286 | 168.58 | 519750 |

## 吴窑镇

**【概况】** 吴窑镇位于如皋市中南部,总面积64.36平方千米,镇区建成区面积4.5平方千米,辖行政村9个、社区8个,村(居)民小组402个,总人口63193人。2016年,完成财政总收入1.53亿元、一般公共预算收入7388万元,同比分别增长8.99%、29.18%,增幅和完成率均居全市第2位。江中集团创国家优质工程1项、全国绿色施工示范工程2项、省优质工程(结构)23项,全年缴纳如皋地方税收近9000万元。

**【农业和农村经济】** 年内,吴窑镇新增设施农业109.67公顷、特色产业128.47公顷。新增家庭农场29个,培育示范家庭农场2个,新增粮食全托管组织20个,新增成片造林8.67公顷。创建南通市级农民专业合作社1家，培育如皋市级土地股份合作社综合社1家。台莲、鑫翌现代农业项目有序推进，产销形势良好。组建山羊业商会，规范引导行业健康发展，进一步打响山羊、银杏等特色品牌。强化农村环境“七位一体”长效管护工作，对农村畜禽禁养区规范化管理。实施秸秆综合利用，完成还田面积1666.67公顷，同比增长54.8%。何柳村被评为省水美乡村、省文明村。

**【工业和服务业经济】** 年内，吴窑镇完成全部工业应税销售10.78亿元。全年申请专利156个，其中发明专利申请45个；新增有效发明专利5个，获授权专利90个，新增专利消零企业8家。中如化工成功跻身高新技术企业行列，远业液压申报成为高新技术产业企业，汇泽新材料、三强制药成功申报江苏科技型中小企业。远业液压“挖掘机液压缸用柱塞”项目获市科技进步三等奖。开展产学研活动，征集技术需求20项，5家企业与相关高校开展校企对接。全年完成高新产值20亿元，高新技术产业项目投入4.98亿元，超额完成全年任务。完成固定资产抵扣税595.6万元，同比增长26%。苏马游艇在“新三板”挂牌上市。全年引进落户项目3个，实现工商注册外资1508万美元；完成到账外资603万美元，同比增长50.8%。新实施顺隆二期、基信家居等重大项目，名瑞、鼎和、远业技改项目相继建成投产。坚持制造业和服务业双轮驱动战略，完成服务业税收4970万元，同比增长21.5%。实现规模以上服务业项目投入2.7亿元，同比增长12.6%。实现规模以上服务业主营业务收入1.1亿元，同比增长7.09%。

**【社会事业】** 年内，吴窑镇年度教育考核创历史最好水平，中考总均分较上年提升10个名次，中心幼儿园园长郝霞当选“感动江苏教育人物”(南通唯一)。全镇村卫生室公有化率70.5%，获评南通市卫生应急规范化乡镇。全镇新农合参合50736人，参合率100%。全年镇村开展文化惠民活动18次，选送广场舞节目在南通市首届“小康村”农民广场舞大赛中获金奖。老庄、龙河、立新3个村居综合性公共文化服务中心建设通过南通市级验收，镇文体公园通过省级体育公园标准化验收。全镇农村低保户462户1103人、“五保”户229人补助资金均及时足额发放。全镇新增城镇职工参保163人，完成率108%；居保征收19957人、1281万元，新增失地保障16人。全年劳动力回(外)引300人，新增创业264人，新增入库创业项目3个。全力推动低收入农户小额担保贷款工作，全年申请低息、贴息创业贷款220万元。切实维护劳动者权益，劳动合同签订率92%，开展劳动争议调解工作，按期调解结案率100%。市长公开电话办复率99%。常态化开展隐患排查治理整改，全年排查各类生产安全隐患715条，有效整改713条，食品药品安全实现“零事故”。全镇创建省级民主法治示范村4个，吴窑镇通过南通市平安法治乡镇建设复审。

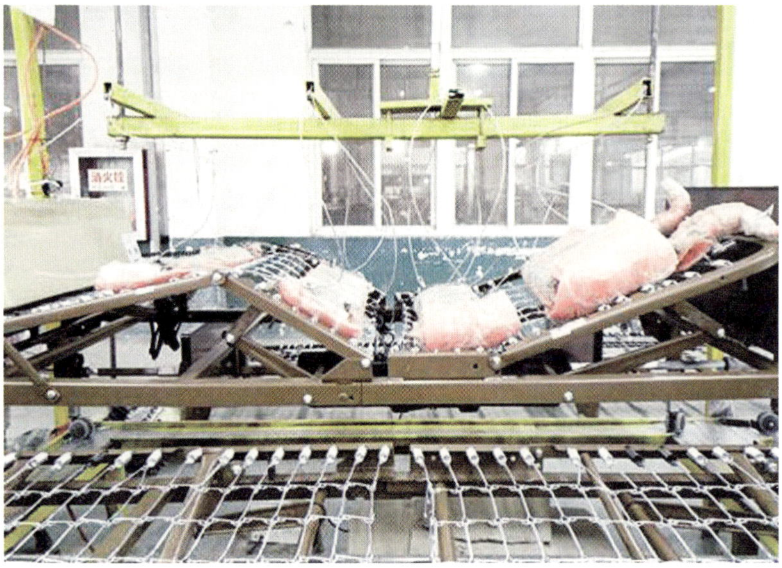


南通顺隆康复器材有限公司生产车间一角　（吴窑镇供稿）

**【村(社区)选介】** 长庄村　位于吴窑镇东部，与下原镇相邻，东连204国道，是银杏专业村，总面积4平方千米。全村现有私营企业21家，涉纺织、服装等多个领域。2016年，实现集体经济收入50万元，农民人均纯收入2.1万元。各项社会事业稳步发展，社会养老保险覆盖率98%，新型农村合作医疗覆盖率100%，殡葬改革成效明显，村公共服务中心、爱心超市、为民服务社运转正常，农民集中居住稳步推进，垃圾集中处理运转规范，河道整治工作成效显著，村容整洁优美，管理民主，村风文明，被评为省平安法制创建示范村。

龙河村　位于镇区中心腹地，北邻磨头镇，总面积2.24平方千米。全村拥有各类企业8家、个体工商户33家。年内，村集体筹集资金约20万元对村公共文化服务中心提档升级，通过对闲置资产盘活、资源整合，新建百姓大舞台及文化长廊。完善村公共服务中心基础设施建设，发挥农家书屋、妇女儿童之家、村民学校等阵地作用。居家养老服务中心建设为全市镇级典型，服务覆盖全村80%的60周岁以上老人。开展农民艺术节、“道德讲堂”“七彩的夏日”系列活动、“我阅读，我快乐”全民读书节、广场舞培训等活动，引导广大农民革除陈规陋习，养成科学、文明、健康生活方式。年内，实现村集体经济收入53万元、人均纯收入1.5万元。

何柳村　位于吴窑镇如港公路西侧。拥有各类企业15个、个体工商户150家。年内，实现村营集体收入40万元，村集体资产总额120万元，被评为省水美乡村、省文明村。

（尤亚敏）

**2016年吴窑镇社会经济主要指标完成情况**

表98

| 项　　目 | 计量单位 | 2016年 | 2015年 | 项　　目 | 计量单位 | 2016年 | 2015年 |
|---|---|---|---|---|---|---|---|
| 一、乡镇基本情况 | | | | 企业实缴税金 | 万元 | 22268 | 53672 |
| 乡镇行政区域面积 | 公顷 | 6436 | 6436 | 建筑业企业单位数 | 个 | 5 | 5 |
| 居民委员会个数 | 个 | 8 | 8 | 建筑业总产值 | 万元 | 1775180 | 1521602 |
| 村民委员会个数 | 个 | 9 | 9 | 六、贸易与投资 | | | |
| 耕地面积 | 公顷 | 3296 | 3291 | 社会消费品零售总额 | 万元 | 94257 | 83484 |
| 有效灌溉面积 | 公顷 | 2655 | 2651 | 其中：限额以上社会消费品零售总额 | 万元 | 4048 | 3585.7 |
| 农业机械总动力 | 千瓦 | 28644 | 19606 | 集贸市场成交额 | 万元 | 39143 | 38585 |
| 二、人口与就业 | | | | 进出口总额 | 万美元 | 1137 | 1182 |
| 乡镇总户数 | 户 | 16850 | 16890 | 实际到账注册外资 | 万美元 | 603 | 400 |
| 乡镇总人口 | 人 | 56876 | 57012 | 固定资产投资完成额 | 万元 | 124558 | 114166 |
| 乡镇从业人员数 | 人 | 34521 | 34481 | 七、财政收入 | | | |
| 其中：外来从业人员 | 人 | 410 | 406 | 财政总收入 | 万元 | 15341 | 14076 |
| 第一产业 | 人 | 7261 | 7258 | 其中：公共财政收入 | 万元 | 7388 | 5719 |
| 第二产业 | 人 | 16131 | 16150 | 八、社会事业 | | | |
| 第三产业 | 人 | 11129 | 11073 | 本乡镇公路里程 | 千米 | 381 | 325 |
| 三、乡镇经济 | | | | 各类科技人员 | 人 | 912 | 870 |
| 地区生产总值 | 万元 | 225177 | 207412 | 学校总数 | 所 | 3 | 3 |
| 第一产业 | 万元 | 22532 | 22984 | 其中：小学数 | 所 | 2 | 2 |
| 第二产业 | 万元 | 104001 | 98849 | 在校学生总数 | 人 | 4005 | 4072 |
| 第三产业 | 万元 | 98644 | 85579 | 其中：小学在校学生数 | 人 | 2663 | 2815 |
| 工商业企业应税销售收入（国税） | 万元 | 316932 | 208843 | 教师总数 | 人 | 250 | 248 |
| 四、农业生产 | | | | 其中：小学专任教师数 | 人 | 146 | 146 |
| 农作物播种面积 | 公顷 | 6327 | 6175 | 幼儿园、托儿所 | 所 | 5 | 6 |

续表98-1

| 项目 | 计量单位 | 2016年 | 2015年 | 项目 | 计量单位 | 2016年 | 2015年 |
|---|---|---|---|---|---|---|---|
| 其中:粮食作物播种面积 | 公顷 | 4544 | 4541 | 医疗卫生机构个数 | 个 | 23 | 23 |
| 农业保险面积(种植业) | 公顷 | 3750 | 3845 | 医疗卫生机构床位数 | 床 | 100 | 104 |
| 其中:设施农业保险面积 | 公顷 | — | — | 执业(助理)医师数 | 人 | 101 | 124 |
| 市级以上农业龙头企业个数 | 个 | 5 | 6 | 自来水用水户数 | 户 | 16849 | 16797 |
| 市级以上农业龙头企业销售收入 | 万元 | 26100 | 87819 | 燃气用气户数 | 户 | 16850 | 16750 |
| 粮食总产量 | 吨 | 27811 | 28616 | 有线电视入户率 | % | 95 | 94 |
| 肉类总产量 | 吨 | 3409 | 3497 | 人均住房面积 | 平方米 | 50 | 48 |
| 禽蛋产量 | 吨 | 2248 | 2218 | 互联网宽带上网用户 | 户 | 11341 | 10660 |
| 水产品产量 | 吨 | 501 | 531 | 各种社会福利收养性单位数 | 个 | 2 | 2 |
| 五、企业情况 | | | | 各种社会福利收养性单位床位数 | 床 | 352 | 304 |
| 企业个数 | 个 | 352 | 320 | 各种社会福利收养性单位收养人数 | 人 | 242 | 232 |
| 其中:规上工业企业 | 个 | 25 | 24 | 新型农村合作医疗参保人数 | 人 | 49307 | 52138 |
| 企业从业人员 | 人 | 24640 | 23006 | 新型农村社会养老参保人数 | 人 | 19957 | 20619 |
| 其中:规上工业企业 | 人 | 7005 | 6370 | 农村居民最低生活保障人数 | 人 | 1189 | 1106 |

## 2016年吴窑镇各村(社区)基本情况

表99

| 名称 | 党组织书记 | 主任 | 村民小组数(个) | 人口数(个) | 耕地面积(公顷) |
|---|---|---|---|---|---|
| 吴窑社区 | 沈良华 | 沈红兵 | 28 | 5560 | 114 |
| 黄石社区 | 贾小芳 | 贾小芳 | 21 | 3892 | 201 |
| 钱庄社区 | 张跃全 | 张跃全 | 21 | 3460 | 191 |
| 立新社区 | 严永丰 | 吴亚祥 | 25 | 4215 | 241 |
| 小马社区 | 王天华 | 马汝洪 | 25 | 3263 | 215 |
| 三元社区 | 邵海燕 | 邵海燕 | 23 | 3849 | 177 |
| 大石社区 | 石光富 | 石来明 | 24 | 3992 | 199 |
| 四房社区 | 周　浩 | 郭海燕 | 18 | 3300 | 176 |
| 沈徐村 | 陈新煜 | 钱国兰 | 25 | 4172 | 267 |
| 陈家村 | 倪绍云 | 倪绍云 | 30 | 4362 | 233 |

续表99-1

| 名　称 | 党组织书　记 | 主　任 | 村民小组数（个） | 人口数（个） | 耕地面积（公顷） |
|---|---|---|---|---|---|
| 何柳村 | 郝荣建 | 郝荣建 | 20 | 3328 | 244 |
| 沈甸村 | 沈忠泉 | 沈世军 | 28 | 3652 | 188 |
| 龙河村 | 郝忠林 | 郝忠林 | 22 | 3394 | 169 |
| 平田村 | 张海均 | 张海均 | 26 | 4089 | 244 |
| 长西村 | 李文泉 | 柳新民 | 22 | 3090 | 215 |
| 长庄村 | 张台建 | 石祚平 | 24 | 3336 | 240 |
| 老庄村 | 沈徽宁 | 章志勇 | 20 | 2864 | 205 |

## 九华镇

**【概况】** 九华镇是如皋市南大门，总面积69.61平方千米，镇区规划面积10.2平方千米，其中建成区4.8平方千米。下辖村14个、社区5个，总人口7.05万人。2016年，全镇完成财政总收入1.20亿元；完成增值税1.29亿元，同比增长25.4%。完成管护零散税收征收5816万元，同比增长167.6%，总量居全市第1位。年内，九华镇蝉联省文明乡镇称号，九华社区获省文明社区称号。

**【农业和农村经济】** 年内，全镇新增高效设施农业52.33公顷、特色农产品基地64.6公顷，新增成片造林22.13公顷。新增“华峰”等家庭农场15个，海明和启杰家庭农场被评为市“十佳”示范家庭农场。在完成龙舌村作为全市农民承包土地确权发证试点任务基础上，在全市率先全面推开农民承包土地确权发证工作，龙舌等9个村（社区）完成农民承包土地确权证发放。全年推广高档插秧机14台、中型拖拉机24台、粮食烘干机17台。全年疏浚四级河23条（段），动土35.45万立方米，总长14.57千米。新建桥梁5座，新建农村公路29.2千米，拆坝建桥6座、建涵25处。新建泵站30座，改造3座。完成205座排灌泵站改制。新建防渗渠31.59千米，埋设灌溉管道2.15千米。农村公路管养及安保工程考核居全市各镇第1位。6月3日，南通市农村土地承包经营权确权登记颁证签字确认现场推进会在九华镇召开，总结推广九华镇“前期准备、入户调查、外业指界、内业制图、审核公示、签字确认”六步走工作法。

南通市土地确权现场会在九华镇召开　　（九华镇供稿）

**【工业和服务业经济】** 年内，全镇实现全部工业应税销售31.85亿元，同比增长3.84%。工业用电量6486万千瓦时，同比增长17.7%。全部工业实缴税金1.62亿元，同比增长9.43%，税赋率5.085%。新增规模企业3家、亿元企业1家，亿元企业总数保持8家。全市工业应税销售百强企业、纳税百强企业中全镇均有5家企业入围，6家企业入选全市实缴税金工业百强企业，4家企业入围全市进出口总量前50名企业。完成工商注册外资1010万美元，实现到账外资604万美元。三荣总部经济、高端电梯制造2个项目正式签约落户,总投资额2.1亿元。完成规模工业投入13亿元,同比增长8.38%。科技创新引领转型,实现高新技术产业产值44.72亿元,高新技术产业项目投入6.56亿元,企业研发投入1.03亿元。申请发明专利64件,专利授权75件,其中发明专利授权12件。实施产学研活动4次,征集人才需求5人,组织人才对接活动4次,落实校企科技签约项目5个。吸引中科院"百人计划"专家占忠亮的氧传感器项目落户,国家"千人计划"专家辛军与江苏华培动力科技有限公司正式达成合作协议,由南京大学副研究员朱红飞牵头的柔性智能手带项目进入注册阶段。全年完成房地产税收1052万元,占年任务133.2%,同比增长34%;完成服务业税收6192万元,占年任务172.01%,增幅88.53%,考核居全市各镇第1位。

**【社会事业】** 年内,九华镇投资300万元改扩建营防幼儿园,实现工程主体封顶;营防小学食堂升级改造通过市A级食堂验收。全镇中考总均分568.5分,700分以上3人。完成敬老院改扩建工程。居保服务"四不出村"工作在全市率先实现动态全覆盖。持续弘扬社会慈善精神,全镇企事业单位捐款76.23万元、个人捐款41885元。深度建设文化工程,完成镇文体中心和九华、马桥、小马桥3个村(社区)综合文化服务中心建设任务;举办第二届"星球杯"全民健身运动会暨文化艺术节,镇文体中心全年举办大型文艺演出6场、群众性文化娱乐活动23场,九华、郑甸、洋港、营防、四圩、小马桥、云屏等村(社区)分别举办"乐一天"农民文化艺术节。11月10日,九华镇省标准化社区教育中心创建通过省专家组评估验收。

**【南通华胜数码纺织科技有限公司投产】** 2月,南通华胜数码纺织科技有限公司开工建设。该项目在盘活原华科海绵有限公司存量资产基础上兴建。项目总投资1亿元,占地1.67万平方米,总建筑面积17400平方米,其中原有建筑面积6200平方米,新建厂房11200平方米。年内,6500平方米钢构厂房竣工,4700平方米的喷绘车间实现封顶。投入5000多万元,安装生产设备189台(套),其中数码印花系统投入占全部设备投入50%左右。至年末,该公司实现应税销售5000万元。

**【村(社区)选介】** 马桥村　地处九华镇区西侧,与郭李社区、四圩社区接壤,是原九华乡政府所在村,省二级康居村、省文明村、省美丽乡村,总面积447公顷。该村拥有花木生产基地2个。其中:南通华强花木生态园总投资3000万元,总面积32公顷,其打造的生态养殖展示区、特色花木观光区、设施园艺体验区、"农家乐"服务区四大特色功能区域,成为"乡村游"景区;梦想花木种植专业合作社生产基地总面积7.3公顷。花木生产基地及赵伟草莓、海明葡萄采摘现代休闲农业典型带动全村花木和果蔬发展。2016年,全村新增林木1500多株,新增成片林面积2.5公顷,至年末,全村花木面积39.3公顷。投入4万元,完善补植道路两旁缺损绿化树木,实现道路绿化、河堤绿化率100%,工厂绿化、小区绿化覆盖率35%以上,全村绿化覆盖率45%以上。赵伟草莓和海明葡萄分别被评为"天目湖杯"奖和南通市优质果评比一等奖。年内,全村实现经济总收入27373.31万元,农民人均收入18000元,拥有村级总资产508万元。

洋港村　地处九华镇西北角,西临长江镇,北接下原镇。该村建有华建花木专业合作社,从事苗木生产、销售和绿化工程施工,栽植广玉兰、香樟、榉树、桂花、紫薇、银杏等"三化"(彩色化、珍贵化、效益化)树种,拥有各种树木11.5万余株。全村珍贵树种占比60%以上,其中新造林中珍贵树种占比60%。全村现有私企及各类工商户近100家,其中藏饰雕刻形成产业特色,产品销售占据2/3西藏市场。2016年,全村实现经济总收入22373.01万元。

丝渔村　地处九华镇南端如海运河东畔,与南通市通州区滨江新区毗邻,是省民主示范村、省卫生村、南通市民主法治示范村。该村拥有家庭农场3个(启杰家庭农场种植面积86.7公顷,万绿家庭农场种植面积37.7公顷,居涌飞家庭农场种植面积17.5公顷),拥有粮食烘干机12台;拥有莲藕种植基地1个,总面积13.3公顷。在全村推广水稻机插秧与秸秆机械化还田集成技术、小麦机条播与秸秆机械化还田集成技术,实施统一秸秆机械化还田、统一育插秧、统一机植保、统一机收割"四统一"特色经营模式,在全镇率先实现粮食生产全程机械化。年内,全村实现经济总收入20092.11万元。

营防社区　位于新204国道和宁通高速以南,西与如皋港经济开发区相邻,东与南通市通州区接壤。现有规模企业3家,村内通达工程12050米,防渗渠14500米,自来水普及率98%,数字电视入户率100%。年内,该村组建营防设施果蔬园区,总投资500万元,种植面积45.33公顷,种植方式生态自然,主要种植西瓜、蔬菜、甜果等。西瓜定点销售南京、上海、苏州、浙江等城市农贸市场及各大超市,亩产值1万多元,每亩净利润3000元以上。2016年,全村实现经济总收入24139.07万元。

(刘建云)

## 2016年九华镇社会经济主要指标完成情况

表100

| 项　　目 | 计量单位 | 2016年 | 2015年 | 项　　目 | 计量单位 | 2016年 | 2015年 |
|---|---|---|---|---|---|---|---|
| 一、乡镇基本情况 | | | | 企业实缴税金 | 万元 | 18677 | 17937 |
| 乡镇行政区域面积 | 公顷 | 6961 | 6961 | 建筑业企业单位数 | 个 | 5 | 5 |
| 居民委员会个数 | 个 | 5 | 5 | 建筑业总产值 | 万元 | 28447 | 53288 |
| 村民委员会个数 | 个 | 14 | 14 | 六、贸易与投资 | | | |
| 耕地面积 | 公顷 | 3790 | 3780 | 社会消费品零售总额 | 万元 | 113898 | 101513 |
| 有效灌溉面积 | 公顷 | 3441 | 3432 | 其中:限额以上社会消费品零售总额 | 万元 | 5482 | 4886 |
| 农业机械总动力 | 千瓦 | 35658 | 39375 | 集贸市场成交额 | 万元 | 26004 | 26316 |
| 二、人口与就业 | | | | 进出口总额 | 万美元 | 17319 | 17809 |
| 乡镇总户数 | 户 | 18573 | 18618 | 实际到账注册外资 | 万美元 | 604 | 605 |
| 乡镇总人口 | 人 | 61634 | 61782 | 固定资产投资完成额 | 万元 | 163691 | 151460 |
| 乡镇从业人员数 | 人 | 32375 | 32129 | 七、财政收入 | | | |
| 其中:外来从业人员 | 人 | 3337 | 3126 | 财政总收入 | 万元 | 11978 | 20283 |
| 第一产业 | 人 | 7962 | 7941 | 其中:公共财政收入 | 万元 | 5210 | 8649 |
| 第二产业 | 人 | 16704 | 16621 | 八、社会事业 | | | |
| 第三产业 | 人 | 7709 | 7567 | 本乡镇公路里程 | 千米 | 354 | 334 |
| 三、乡镇经济 | | | | 各类科技人员 | 人 | 1681 | 1668 |
| 地区生产总值 | 万元 | 325684 | 292471 | 学校总数 | 所 | 5 | 5 |
| 第一产业 | 万元 | 31414 | 33102 | 其中:小学数 | 所 | 3 | 3 |
| 第二产业 | 万元 | 171301 | 158130 | 在校学生总数 | 人 | 4947 | 4940 |
| 第三产业 | 万元 | 122969 | 101239 | 其中:小学在校学生数 | 人 | 2336 | 2377 |
| 工商业企业应税销售收入(国税) | 万元 | 690728 | 329795 | 教师总数 | 人 | 427 | 410 |
| 四、农业生产 | | | | 其中:小学专任教师数 | 人 | 148 | 140 |
| 农作物播种面积 | 公顷 | 7705 | 7751 | 幼儿园、托儿所 | 所 | 10 | 10 |
| 其中:粮食作物播种面积 | 公顷 | 5516 | 5596 | 医疗卫生机构个数 | 个 | 29 | 29 |
| 农业保险面积(种植业) | 公顷 | 4625 | 5083 | 医疗卫生机构床位数 | 床 | 313 | 305 |
| 其中:设施农业保险面积 | 公顷 | 9 | 7 | 执业(助理)医师数 | 人 | 154 | 151 |

续表100-1

| 项　　目 | 计量单位 | 2016年 | 2015年 | 项　　目 | 计量单位 | 2016年 | 2015年 |
|---|---|---|---|---|---|---|---|
| 市级以上农业龙头企业个数 | 个 | 1 | 1 | 自来水用水户数 | 户 | 18533 | 18525 |
| 市级以上农业龙头企业销售收入 | 万元 | 9865 | 11000 | 燃气用气户数 | 户 | 18532 | 18502 |
| 粮食总产量 | 吨 | 37061 | 39235 | 有线电视入户率 | % | 95 | 95 |
| 肉类总产量 | 吨 | 2494 | 2592 | 人均住房面积 | 平方米 | 66 | 64 |
| 禽蛋产量 | 吨 | 2469 | 2449 | 互联网宽带上网用户 | 户 | 7043 | 6432 |
| 水产品产量 | 吨 | 2503 | 2473 | 各种社会福利收养性单位数 | 个 | 1 | 1 |
| 五、企业情况 | | | | 各种社会福利收养性单位床位数 | 床 | 150 | 150 |
| 企业个数 | 个 | 539 | 499 | 各种社会福利收养性单位收养人数 | 人 | 98 | 86 |
| 其中:规上工业企业 | 个 | 40 | 37 | 新型农村合作医疗参保人数 | 人 | 42068 | 42033 |
| 企业从业人员 | 人 | 21021 | 19710 | 新型农村社会养老参保人数 | 人 | 24719 | 24050 |
| 其中:规上工业企业 | 人 | 12245 | 9464 | 农村居民最低生活保障人数 | 人 | 1349 | 1519 |

## 2016年九华镇各村(社区)基本情况

表101

| 名　称 | 党总支书记 | 主　任 | 村(居)民小组数(个) | 人口数(人) | 耕地面积(公顷) | 农村经济总收入(万元) |
|---|---|---|---|---|---|---|
| 九华社区 | 李百建 | 李百建 | 41 | 5747 | 306.1 | 313600 |
| 郭李社区 | 夏明炎 | 夏明炎 | 34 | 5118 | 314.9 | 140555 |
| 二甲村 | 李昌忠 | 李国强 | 33 | 4186 | 226.0 | 23033 |
| 洋港村 | 邹建设 | 邹美祥 | 24 | 3231 | 197.9 | 22373 |
| 赵元村 | 赵兰芳 | 赵兰芳 | 30 | 3633 | 214.0 | 19307 |
| 马桥村 | 薛春连 | 吴志云 | 26 | 3653 | 223.3 | 27373 |
| 如海村 | 刘建才 | 李锦英 | 13 | 2082 | 108.9 | 17136 |
| 龙舌村 | 江建中 | 江建中 | 25 | 2843 | 130.5 | 19247 |
| 杨码村 | 薛延秋 | 薛延秋 | 31 | 4139 | 226.7 | 44405 |
| 郭洋村 | 张汉明 | 张汉明 | 22 | 3034 | 164.8 | 12880 |
| 郑甸社区 | 苏伯全 | 杨小春 | 24 | 3624 | 217.7 | 60067 |
| 小马桥村 | 马国成 | 马国成 | 26 | 3371 | 207.6 | 37204 |
| 姜元村 | 李海清 | 徐学志 | 23 | 3343 | 224.4 | 24313 |

续表101-1

| | | | | | | |
|---|---|---|---|---|---|---|
| 云屏村 | 花国彬 | 花国彬 | 30 | 4043 | 236.8 | 34717 |
| 丝渔村 | 吴刚建 | 马红兵 | 21 | 2867 | 174.3 | 20092 |
| 耿扇村 | 钱建德 | 钱汝高 | 24 | 3283 | 226.1 | 22384 |
| 营防社区 | 卢小勇 | 卢小勇 | 27 | 3778 | 231.0 | 24139 |
| 营西村 | 朱小龙 | 李凤英 | 19 | 2384 | 167.8 | 20109 |
| 四圩社区 | 郭富淼 | 郭富淼 | 29 | 3797 | 237.1 | 30514 |

## 石庄镇

【概况】 石庄镇地处市域西南部，南依长江，西接靖江市，与张家港市隔江相望，水陆交通纵横交错。全镇总面积85.06平方千米，耕地面积4690公顷。辖村10个、社区11个，村(居)民小组525个，总人口8.56万人，其中镇区人口2.81万人。2016年，实现地区生产总值35.22亿元，同比增长10.43%。完成一般公共预算收入1.09亿元，实现增值税(不含“营改增”)1.38亿元，同比分别增长20.09%、18.20%，对全市经济贡献份额分别净增0.51和0.23个百分点。年内，石庄镇获全市镇目标责任制综合考核先进单位称号(三等奖)。

【农业和农村经济】 年内，石庄镇完成项目农业投入2.6亿元，建成田歌家庭农场、祥盛粮食烘干中心、品德农产品配送等投资500万元以上重点农业项目3个。新增设施农业62公顷、特色产业51.67公顷，“全托管”服务面积304.33公顷，家庭农场经营面积493.33公顷。新认证“三品”农产品2个，新增国家级农民合作社示范社1家(亚洪山羊养殖专业合作社)及南通市级农民合作社示范社、示范家庭农场各1家，年末，全镇有如皋市级以上农业产业化龙头企业9家。全年新增成片造林18.67公顷、绿化示范村1个，新增省级传统村落、水美村庄、文明村各1个。稳步推进农村土地承包经营权确权登记颁证工作，协助6家新型农业经营主体申请农村承包土地经营权抵押贷款，授信总额860万元。整合农村河道整治、小型农田水利等项目资源，疏浚三级河2条、四级河35条，新建泵站11座、防渗渠25.62千米。土地“双整治”成绩突出，完成增减挂钩49.56公顷，占补平衡13.93公顷。

【工业和服务业经济】 年内，石庄镇实现工业应税销售45.05亿元，实缴税金1.54亿元，入围全市纳税百强企业5家。工业用电量1.4亿千瓦时，同比增长11.7%。完成规模工业投入15.01亿元；实现固定资产抵扣税1751.79万元，同比增长33.3%；新增装机容量4314千伏安，同比增长16.9%。新增规模企业3家、亿元企业1家。新开工规模以上服务业项目7个。实现服务业应税销售14.08亿元，完成税收5661万元，同比分别增长128.5%和100.6%。现代物流业发展势头良好，新增AAAA级物流企业2家、省双创示范园区1个。完成工商注册外资1190万美元，实际到账外资610万美元。实现外贸进出口9053.2万美元，同比增长31.3%。高新技术产业产值占规模工业比重72.3%，净增8.37个百分点。新增有效发明专利21件；万人发明专利拥有量10.76件，净增1.65件。科技项目立项18个，净增8个。新增省“双创”计划人才1人。

【社会事业】 年内，石庄镇被列为省级扶持集体经济发展试点，获省级财政专项资金380万元。以促进义务教育均衡发展为目标，完成张黄小学绿化配套，高标准建成高井小学餐厅。新增城镇就业298人，超额完成社保扩面任务，城乡居民基本医疗、基本养老保险动态全覆盖。全年保障城乡低保541户、1291人，农村“五保”433人(集中供养61人)，优抚对象972人。发挥大病救助、临时救助、慈善救助等“五道救助线”解急难作用，救助906人次、148万元。新增南通市四星级示范农家书屋1个，建成标准基层综合性文化服务中心4个，举办农民艺术节等群众文体活动。村(社区)卫生室公有化率76.2%。档案中心达省二星级标准，创成省特级村镇建设档案室。开展“七五”普法活动，办理法律援助20余件，调处矛盾纠纷200余件，新增省级民主法治示范社区1个，累计6个。重点选树大学生村干部群体等典型，先后在新华网、

石庄镇文体中心　　（石庄镇供稿）

人民网等国家级媒体发布报道36篇。7月4日，中国共产党新闻网“两学一做”专题网站刊出新闻《江苏如皋石庄镇财政所：将“两学一做”学习教育引向深入》。9月27日，《江苏省石庄镇让大学生村干部在担当实干中砥砺前行》在中国青年网首页重点推介，此后，石庄镇3名村干部扎根农村先进事迹先后被中国青年网、人民网等媒体报道。9月29日，人民网刊出新闻《江苏省石庄镇奏响普惠民生共享发展最强音》。

【鸿悦华庭房产项目开工建设】 9月8日，由南通诚徽房地产开发有限公司投资3亿元打造的鸿悦华庭房产项目开工建设。鸿悦华庭房产项目位于石庄初级中学东侧、336省道南侧，西邻范家港河天然水系，北临格拉菲特·永林国际大酒店，占地面积5.53公顷，总建筑面积9.34万平方米，其中商业建筑面积1.69万平方米、居住建筑面积6.35万平方米。建筑风格为阿泰克建筑风格，同步配套景观花园、地下停车场、高档餐厅、精品超市、健身俱乐部等功能区。

【村(社区)选介】 永兴社区　位于石庄镇南端，西接靖江市，南抵长江，与张家港市隔江相望，沿江高速公路、新王石线(403省道)等干线穿境而过，总面积0.86平方千米。南部四号港园区集聚亿元以上工业企业5家、全市纳税百强企业3家。依托依港临江交通区位优势和水景相融的生态宜居环境，永兴社区成为全市农民集中居住区“样板”，是省农村环境综合整治示范村、省康居示范村、省卫生村。规模农业项目——田歌家庭农场总投资680万元，总占地面积10公顷，建设标准化连栋钢架大棚98栋，打造“阳光玫瑰”生态葡萄园4.93公顷。2016年，永兴社区目标责任制综合考核跃居全镇第1位，获南通市科普示范社区、省文明村、省水美村庄等称号。

新生港社区　位于石庄镇东部，西临如皋港引河，南抵长江镇，北接吴窑镇，336省道横穿东西，如港公路斜贯南北，总面积3.62平方千米。北部新生港工业园区集聚亿元以上工业企业2家、规模企业7家，是省级民主法治示范社区、卫生村、村庄绿化示范村。年内，该社区在服务园区经济、推进富民强村、化解村级债务等工作中成效明显，目标责任制综合考核位居全镇第3位。

石庄社区　位居石庄镇区核心，东临如皋港引河，南抵336省道，是省级民主法治示范社区、文明村，总面积1.8平方千米。纺织服装产业形成规模，集聚亿元以上纺织服装企业2家。拥有江苏省四星级普通高中石庄高级中学、石庄镇初级中学、石庄小学、石庄中心幼儿园等教育资源，二级综合医院市第三人民医院、安康医院、石庄镇卫生所等医疗机构。

（谭文豪　金浩然）

**2016年石庄镇主要经济社会指标完成情况**

表102

| 项　目 | 计量单位 | 2016年 | 2015年 | 项　目 | 计量单位 | 2016年 | 2015年 |
|---|---|---|---|---|---|---|---|
| 一、乡镇基本情况 | | | | 企业实缴税金 | 万元 | 17429 | 23240 |
| 乡镇行政区域面积 | 公顷 | 8506 | 8506 | 建筑业企业单位数 | 个 | 4 | 5 |
| 居民委员会个数 | 个 | 11 | 11 | 建筑业总产值 | 万元 | 17414 | 26730 |

续表102-1

| 项　　目 | 计量单位 | 2016年 | 2015年 | 项　　目 | 计量单位 | 2016年 | 2015年 |
|---|---|---|---|---|---|---|---|
| 村民委员会个数 | 个 | 10 | 10 | 六、贸易与投资 | | | |
| 耕地面积 | 公顷 | 4690 | 4690 | 社会消费品零售总额 | 万元 | 97163 | 93394 |
| 有效灌溉面积 | 公顷 | 3656 | 3652 | 其中:限额以上社会消费品零售总额 | 万元 | 4328 | 4160 |
| 农业机械总动力 | 千瓦 | 24013 | 22406 | 集贸市场成交额 | 万元 | 43327 | 42766 |
| 二、人口与就业 | | | | 进出口总额 | 万美元 | 9053 | 6898 |
| 乡镇总户数 | 户 | 22234 | 22287 | 实际到账注册外资 | 万美元 | 610 | 600 |
| 乡镇总人口 | 人 | 74160 | 74338 | 固定资产投资完成额 | 万元 | 175391 | 151496 |
| 乡镇从业人员数 | 人 | 40286 | 41371 | 七、财政收入 | | | |
| 其中:外来从业人员 | 人 | 1119 | 1784 | 财政总收入 | 万元 | 22534 | 21627 |
| 第一产业 | 人 | 12848 | 9998 | 其中:公共财政收入 | 万元 | 10945 | 9114 |
| 第二产业 | 人 | 18502 | 20650 | 八、社会事业 | | | |
| 第三产业 | 人 | 8936 | 10723 | 本乡镇公路里程 | 千米 | 377 | 392 |
| 三、乡镇经济 | | | | 各类科技人员 | 人 | 890 | 953 |
| 地区生产总值 | 万元 | 352208 | 318940 | 学校总数 | 所 | 5 | 5 |
| 第一产业 | 万元 | 38586 | 39464 | 其中:小学数 | 所 | 3 | 3 |
| 第二产业 | 万元 | 188331 | 177678 | 在校学生总数 | 人 | 7200 | 7418 |
| 第三产业 | 万元 | 125291 | 101798 | 其中:小学在校学生数 | 人 | 3830 | 3990 |
| 工商业企业应税销售收入(国税) | 万元 | 410868 | 533499 | 教师总数 | 人 | 547 | 529 |
| 四、农业生产 | | | | 其中:小学专任教师数 | 人 | 185 | 185 |
| 农作物播种面积 | 公顷 | 8233 | 7966 | 幼儿园、托儿所 | 所 | 7 | 6 |
| 其中:粮食作物播种面积 | 公顷 | 5094 | 4969 | 医疗卫生机构个数 | 个 | 30 | 32 |
| 农业保险面积(种植业) | 公顷 | 3109 | 3788 | 医疗卫生机构床位数 | 床 | 305 | 364 |
| 其中:设施农业保险面积 | 公顷 | 8 | 91 | 执业(助理)医师数 | 人 | 162 | 142 |
| 市级以上农业龙头企业个数 | 个 | 2 | 2 | 自来水用水户数 | 户 | 21360 | 21665 |
| 市级以上农业龙头企业销售收入 | 万元 | 8301 | 11361 | 燃气用气户数 | 户 | 22184 | 22184 |
| 粮食总产量 | 吨 | 31074 | 32088 | 有线电视入户率 | % | 94 | 94 |
| 肉类总产量 | 吨 | 4325 | 4192 | 人均住房面积 | 平方米 | 54 | 55 |
| 禽蛋产量 | 吨 | 5503 | 5443 | 互联网宽带上网用户 | 户 | 9055 | 8961 |
| 水产品产量 | 吨 | 779 | 789 | 各种社会福利收养性单位数 | 个 | 1 | 1 |
| 五、企业情况 | | | | 各种社会福利收养性单位床位数 | 床 | 148 | 254 |

续表102-2

| 项　　目 | 计量单位 | 2016年 | 2015年 | 项　　目 | 计量单位 | 2016年 | 2015年 |
|---|---|---|---|---|---|---|---|
| 企业个数 | 个 | 412 | 378 | 各种社会福利收养性单位收养人数 | 人 | 78 | 148 |
| 其中:规上工业企业 | 个 | 42 | 42 | 新型农村合作医疗参保人数 | 人 | 49787 | 54913 |
| 企业从业人员 | 人 | 13184 | 12279 | 新型农村社会养老参保人数 | 人 | 20800 | 22831 |
| 其中:规上工业企业 | 人 | 7416 | 7251 | 农村居民最低生活保障人数 | 人 | 1255 | 1348 |

## 2016年石庄镇各村(社区)基本情况

表103

| 名　　称 | 党组织书　记 | 主　任 | 村(居)民小组数(个) | 人口数(人) | 耕地面积(公顷) |
|---|---|---|---|---|---|
| 永兴社区 | 缪德兵 | 许宏兵 | 6 | 1169 | 53.2 |
| 张黄港社区 | 许国民 | 张再权 | 15 | 3145 | 96.8 |
| 石北社区 | 石　建 | 王细林 | 35 | 4902 | 294.5 |
| 张杨园社区 | 蔡显俊 | 石海露 | 26 | 3735 | 213.2 |
| 砖桥社区 | 张智慧 | 张智慧 | 25 | 4348 | 236.5 |
| 石庄社区 | 张卫华 | 陈建军 | 27 | 7840 | 64.9 |
| 石南社区 | 曹　阳 | 徐建如 | 23 | 4146 | 127.0 |
| 闸口社区 | 石高付 | 石高付 | 21 | 3591 | 188.6 |
| 新生港社区 | 孙玉林 | 陈　建 | 25 | 4120 | 135.0 |
| 草张庄社区 | 沈红霞 | 沈红霞 | 27 | 4153 | 333.8 |
| 铁篱社区 | 周荣岭 | 俞新宁 | 30 | 4562 | 330.0 |
| 何正村 | 祁凤银 | 祁凤银 | 26 | 3862 | 247.2 |
| 思江村 | 吴　兵 | 马宏兴 | 20 | 2828 | 210.7 |
| 楼房村 | 刘兴华 | 蒋宏建 | 34 | 4348 | 253.0 |
| 唐埠村 | 钱爱兵 | 钱爱兵 | 32 | 4111 | 236.4 |
| 洪港村 | 王蔡祥 | 蒋桂华 | 22 | 3683 | 243.6 |
| 凤龙村 | 朱义华 | 宋海波 | 30 | 4409 | 293.9 |
| 杨庄村 | 杨中华 | 杨海进 | 22 | 3673 | 220.7 |
| 邹蔡村 | 邹　平 | 邹　平 | 24 | 3702 | 289.3 |
| 蔡炎村 | 李世国 | 张元芳 | 25 | 4110 | 289.1 |
| 海圩村 | 明长平 | 明长平 | 30 | 5121 | 332.8 |

## 新任市党政领导

**陈晓东** 中共如皋市委书记

男，汉族，1969年7月生，江苏启东人，1995年9月加入中国共产党，研究生学历，博士学位。

1986年9月—1990年8月，扬州师范学院（南通师专本科班）中文系学习，大学毕业；1990年8月—1991年8月，启东市大江中学教师；1991年8月—1992年9月，启东中学教师；1992年9月—1993年9月，启东中学团委副书记；1993年9月—1995年9月，启东中学团委书记；1995年9月—1996年8月，启东中学团委书记兼政教处副主任；1996年8月—1997年8月，启东中学校长助理（1995年11月—1997年7月，苏州大学中文教育专业研究生课程进修班结业）；1997年8月—1997年11月，启东团市委副书记、党组书记；1997年11月—1998年10月，启东团市委书记、党组书记；1998年10月—1999年1月，启东市惠和乡党委副书记、代乡长；1999年1月—2000年2月，启东市惠和乡党委副书记、乡长；2000年2月—2000年11月，南通团市委副书记、党组成员；2000年11月—2002年5月，南通团市委副书记、党组成员，市青联主席；2002年5月—2003年8月，南通团市委副书记、党组副书记，市青联主席；2003年8月—2007年11月，南通团市委书记、党组书记（2002年9月—2005年7月，中央党校经济管理专业研究生学习毕业）；2007年11月—2009年9月，南通经济技术开发区党工委副书记、管委会副主任；2009年9月—2011年7月，苏通科技产业园综合管理办公室常务副主任兼南通经济技术开发区党工委副书记、管委会副主任（2005年9月—2010年12月，扬州大学中国古代文学专业在职研究生学习毕业，获博士学位）；2011年7月—2012年12月，苏通科技产业园综合管理办公室主任兼南通经济技术开发区党工委副书记、管委会副主任；2012年12月—2013年1月，中共如皋市委副书记，市人民政府副市长、代市长；2013年1月—2016年6月，中共如皋市委副书记，市人民政府市长、党组书记；2016年6月—2016年7月，中共如皋市委书记，市人民政府市长、党组书记；2016年7月始，中共如皋市委书记。

**何益军** 中共如皋市委副书记，市人民政府代市长、党组书记

男，汉族，1973年7月生，江苏句容人，1994年1月加入中国共产党，大学学历，硕士学位。

1990年9月—1994年6月，扬州大学农学院植保专业学习，大学毕业；1994年8月—1997年9月，先后任南通市港闸区房地产开发公司办事员、办公室副主任；1997年9月—1998年9月，南通市港闸区房地产开发公司、南通市城镇房地产开发公司总经理助理（1995年4月—1998年12月，南京大学经济管理专业自学考试大学毕业）；1998年9月—2001年5月，南通市港闸区团委副书记（主持工作）；2001年5月—2001年11月，南通市港闸区团委书记；2001年11月—2001年12月，南通市港闸区团委书记、港闸区闸西乡党委副书记；2001年

12月—2003年3月,南通市港闸区闸西乡党委副书记(正科);2003年3月—2005年1月,南通市港闸区闸西乡党委副书记、乡长;2005年1月—2005年3月,南通市港闸区陈桥乡党委书记;2005年3月—2006年8月,南通市港闸区陈桥乡党委书记、人大主席团主席(2003年4月—2005年12月,扬州大学农学院农业推广专业学习,取得硕士学位);2006年8月—2007年1月,南通市港闸区陈桥乡党委书记、乡长;2007年1月—2007年12月,南通市港闸区陈桥乡党委书记;2007年12月—2008年12月,南通市港闸区陈桥乡党委书记、人大主席团主席;2008年12月—2009年3月,南通市港闸区陈桥乡党委书记;2009年3月—2009年9月,南通市港闸区陈桥街道党工委书记;2009年9月—2016年6月,南通市城乡建设局副局长、党组成员;2016年6月—2016年7月,如皋市委副书记、市人民政府市长候选人;2016年7月始,中共如皋市委副书记,市人民政府代市长、党组书记。

**丁兴华** 中共如皋市委副书记

男,汉族,1969年9月生,江苏如皋人,1991年1月加入中国共产党,中央党校研究生学历。

1986年9月—1988年8月,南通师范专科学校中文系文秘专业学习,大专毕业;1988年8月—1993年5月,如皋县柴湾乡文书(1989年8月—1992年6月,中央党校党政专业学习,中央党校大学毕业);1993年5月—1993年9月,如皋县(市)委组织部办事员;1993年9月—1997年6月,如皋市委组织部办公室组织员;1997年6月—1998年2月,如皋市委组织部组织科副科长;1998年2月—1999年1月,如皋市柴湾乡党委副书记;1999年1月—2000年4月,如皋市柴湾乡党委副书记、乡长;2000年4月—2001年2月,如皋市柴湾镇党委副书记、行政工作组组长、镇长;2001年2月—2002年8月,如皋市柴湾镇党委书记;2002年8月—2004年3月,如皋经济开发区党工委书记、管委会主任;2004年3月—2004年5月,如皋市人民政府党组成员、副市长人选,如皋经济开发区党工委书记、管委会主任;2004年5月—2007年8月,如皋市人民政府副市长、党组成员,如皋经济开发区党工委书记、管委会主任;2007年8月—2007年11月,如皋市人民政府副市长、党组成员,如皋经济开发区党工委书记(2004年9月—2007年7月,中央党校经济管理专业研究生学习毕业);2007年11月—2010年4月,南通市劳动和社会保障局副局长、党组成员;2010年4月—2013年7月,南通市人力资源和社会保障局副局长、党组成员;2013年7月—2013年8月,南通市人力资源和社会保障局副局长、党组成员(正处级),南通市第8批援疆工作组组长;2013年8月—2013年12月,南通市人力资源和社会保障局副局长、党组成员(正处级),南通市第8批援疆工作组组长、新疆维吾尔自治区伊宁县委常委;2013年12月—2016年12月,南通市人力资源和社会保障局副局长、党组成员(正处级),南通市第8批援疆工作组组长、党委书记,伊宁县委副书记(援疆);2016年12月始,中共如皋市委副书记(正处级)。

**史有根** 中共如皋市委常委、市纪委书记

男,汉族,1968年7月生,江苏海安人,1993年5月加入中国共产党,中央党校大学学历。

1986年9月—1989年7月,江苏会计专科学校工业会计专业学习,大专毕业;1989年8月—1994年3月,海安县审计师事务所办事员;1994年3月—1995年7月,海安县审计师事务所副所长;1995年7月—1996年8月,海安县审计师事务所所长(1995年8月,海安县审计局局长助理);1996年8月—1996年11月,海安县审计局党组成员、副局长;1996年11月—1997年11月,海安县张垛乡党委副书记(1997年7月—1997年11月,陕西省彬县挂职县长助理);1997年11月—1998年12月,海安县团县委副书记;1998年12月—2000年1月,海安县团委书记(1997年8月—1999年12月,中央党校经济管理专业学习,中央党校大学毕业);2000年1月—2000年2月,海安县雅周镇党委副书记;2000年2月—2001年10月,海安县雅周镇党委副书记、镇长;2001年10月—2002年12月,海安县角斜镇党委书记;2002年12月—2003年7月,海安县角斜镇党委书记、镇长;2003年7月—2004年6月,海安县角斜镇党委书记;2004年6月—2004年8月,海安县纪委副书记、角斜镇党委书记;2004年8月—2005年5月,海安县纪委副书记;2005年5月—2010年9月,海安县纪委副书记、监察局局长;2010年9月—2010年

12月，南通市纪委(监察局)案件监督管理室正科级副主任(主持工作)；2010年12月—2016年6月，南通市纪委(监察局)案件监督管理室主任(副处级)；2016年6月始，中共如皋市委常委、市纪委书记。

**缪爱诚** 中共如皋市委常委、组织部部长、统战部部长

男，汉族，1969年1月生，江苏海安人，1994年12月加入中国共产党，大学学历。

1986年9月—1990年8月，南京师范大学历史系学习，大学毕业；1990年8月—1999年2月，海安县政府办公室工作，历任秘书、副科长、科长、主任助理；1999年2月—2001年10月，海安县政府办公室副主任；2001年10月—2002年4月，海安县委办公室副主任(2002年1月明确为正科级)；2002年4月—2002年12月，南通市委办公室(研究室)调研科工作(2002年7月明确为正科级秘书)；2002年12月—2003年12月，南通市委办公室(研究室)调研处处长；2003年12月—2004年3月，南通市委办公室(研究室)综合二处副处长(正科级)；2004年3月—2006年12月，南通市委办公室(研究室)综合二处处长；2006年12月—2008年8月，南通市委办公室(研究室)督办处处长、副处级秘书；2008年8月—2011年6月，南通市委办公室主任助理(副处级)；2011年6月—2016年6月，如皋市人民政府副市长、党组成员；2016年6月—2016年7月，如皋市人民政府副市长、党组成员，市委组织部部长、统战部部长；2016年7月—2016年8月，如皋市委常委，市人民政府副市长、党组成员，市委组织部部长、统战部部长；2016年8月始，中共如皋市委常委、组织部部长、统战部部长。

**茅红宇** 中共如皋市委常委、宣传部部长

女，汉族，1975年11月生，江苏启东人，1997年6月加入中国共产党，中央党校研究生学历。

1991年9月—1995年7月，江苏省江海贸易学校市场营销专业学习，中专毕业；1995年8月—1997年9月，启东市海复镇团委书记；1997年9月—1999年1月，启东市海复镇妇联主席；1999年1月—2001年10月，启东市近海乡副乡长(2000年12月，南京师范大学英语专业自学考试大专毕业)；2001年10月—2003年4月，启东市海复镇党委副书记(2003年2月—2003年4月，启东市惠丰镇党委副书记)；2003年4月—2004年12月，启东市惠丰镇党委副书记、镇长(2001年8月—2003年12月，中央党校经济管理专业学习，中央党校大学毕业)；2004年12月—2007年8月，启东市惠丰镇党委副书记、常务副镇长(享受正科职待遇，2004年9月—2007年7月，中央党校经济管理专业学习，中央党校研究生毕业)；2007年8月—2010年1月，启东市科协主席、党组书记；2010年1月—2010年8月，启东市科技局局长、党组书记，地震局局长，科技产业园(留学人员创业园)党工委副书记、管委会副主任；2010年8月—2012年1月，启东市科技局局长、党组书记，地震局局长，科技产业园(留学人员创业园)党工委书记；2012年1月—2012年3月，如皋市人民政府副市长；2012年3月—2016年7月，如皋市人民政府副市长、党组成员；2016年7月—2016年8月，如皋市委常委，市人民政府副市长、党组成员；2016年8月始，中共如皋市委常委、宣传部部长。

**祝国庆** 中共如皋市委常委、市人民武装部部长

男，汉族，1970年10月生，江苏海安人，1990年11月加入中国共产党，大学学历。

1990年3月—1992年9月，中国人民解放军21军炮兵旅战士；1992年9月—1995年7月，南京炮兵学院学习，大学毕业；1995年7月—1997年8月，海防第3团排长；1997年8月—1998年12月，海防第3团政治处组干股正排职干事；1998年12月—2000年2月，海防第3团政治处组干股副连职干事；2000年2月—2003年5月，海防第3团海防1连政治指导员；2003年5月—2004年6月，海防第3团政治处副营职干事；2004年6月—2005年3月，海防第3团海防营副教导员；2005年3月—2006年6月，南通军分区司令部作训科副营职参谋；2006年6月—2009年3月，南通军分区司令部作训科正营职参谋；2009年3月—2009年6月，南通军分区司令部作训科副科长；2009年

6月—2014年2月，南通军分区司令部作训科科长；2014年2月—2016年7月，如皋市人民武装部部长；2016年7月始，中共如皋市委常委、市人民武装部部长。

**陈晓彬** 如皋市人民政府副市长、党组成员，市公安局局长、党委书记

男，汉族，1968年5月生，江苏如东人，1987年12月加入中国共产党，大学学历。

1986年9月—1990年7月，中国人民公安大学侦察系侦察专业学习，大学毕业；1990年8月—1992年3月，南通市公安局港闸分局刑警队办事员；1992年3月—1992年8月，南通市公安局港闸分局刑警队科员级民警；1992年8月—1994年3月，南通市公安局港闸分局刑警队副队长；1994年3月—1996年2月，南通市公安局港闸分局秦灶派出所副所长；1996年2月—1998年7月，南通市公安局港闸分局幸福派出所所长(聘用)；1998年7月—1999年10月，南通市公安局港闸分局幸福派出所所长；1999年10月—2002年9月，南通市公安局崇川分局副局长(副科级)；2002年9月—2004年5月，南通市公安局崇川分局副局长(正科级)；2004年5月—2006年8月南通市公安局指挥中心副主任；2006年8月—2008年6月，南通市公安局指挥中心副主任兼情报信息中心主任；2008年6月—2009年12月，南通市公安局指挥中心主任兼情报信息中心主任；2009年12月—2016年6月，南通市公安局指挥中心主任；2016年6月—2016年7月，如皋市人民政府副市长人选、市公安局局长人选；2016年7月始，如皋市人民政府副市长、党组成员，市公安局局长、党委书记。

**高　峰** 如皋市人民政府副市长、党组成员

男，汉族，1976年8月生，江苏如东人，1998年4月加入中国共产党，省委党校研究生学历。

1995年9月—1998年8月，南京师范大学中文系涉外文秘专业学习，大专毕业；1998年8月—2002年6月，如东县政协办公室秘书(1999年6月，南京师范大学汉语言文学专业自考大学毕业)；2002年6月—2006年1月，共青团如东县委副书记；2006年1月—2007年11月，共青团如东县委书记；2007年11月—2011年1月，如东县新店镇党委副书记、镇长(2006年9月—2009年7月，省委党校世界经济专业学习，省委党校研究生毕业)；2011年1月—2013年1月，如东县新店镇党委书记；2013年1月—2015年12月，如东县岔河镇党委书记；2015年12月—2016年5月，南通外向型农业综合开发区管委会主任、如东县岔河镇党委书记；2016年5月—2016年6月，南通外向型农业综合开发区党工委副书记、管委会主任；2016年6月—2016年7月，如皋市人民政府副市长人选；2016年7月始，如皋市人民政府副市长、党组成员。

**程瑞琴** 如皋市人民政府副市长

女，汉族，1980年4月生，江苏海安人，2001年6月加入中国共产党，省委党校研究生学历。

1998年9月—2002年6月，苏州科技学院汉语言文学专业学习，大学毕业；2002年8月—2003年12月，海安县西场镇人大秘书；2003年12月—2005年3月，海安县计经委综合计划科办事员；2005年3月—2007年7月，海安县计经委综合计划科副科长；2007年7月—2009年7月，海安县发展改革委综合计划科科长；2009年7月—2011年3月，海安县西场镇副镇长；2011年3月—2011年12月，海安县西场镇党委副书记；2011年12月—2012年2月，海安县经济开发区管委会委员、项目建设推进办公室主任；2012年2月—2012年3月，海安县大公镇党委副书记、镇长候选人，大公科技产业园党工委副书记、管委会主任；2012年3月—2014年12月，海安县大公镇党委副书记、镇长，大公科技产业园党工委副书记、管委会主任(2011年9月—2014年7月，省委党校宪法学与行政法学专业学习，省委党校研究生毕业)；2014年12月—2015年4月，海安县大公镇党委副书记、镇长；2015年4月—2016年10月，海安县大公镇党委书记；2016年10月—2016年11月，如皋市人民政府副市长人选；2016年11月始，如皋市人民政府副市长。

## 省(部)级及以上荣誉获得者

**吴红芳**　“敬业奉献”类中国好人

女，1973年2月出生，如皋人，汉族，中共党员，大学学历。现为江安镇滨江初级中学教师、办公室副主任。

1998年她被确诊患IgA肾病。她不忘初心，选择坚守课堂，每天服药，每月复查，边工作边治疗。2001年，她欣然接受组织调动到初中支教。2012年，她抱病考到心理咨询师资格证，致力于帮助学生维护心理健康。她特别关注孤困、留守学生，为他们舒缓焦虑、抑郁等负面情绪，成功帮助多名问题学生走出自卑、狂躁等心理困境。2015年医生建议她做血透、休假，但为了乡村教育事业，她放弃了。她曾被授予全省中小学校优秀共产党员称号。2016年2月，被中央文明办评为“敬业奉献”类中国好人。

**邵绍清**　江苏省促进义务教育均衡发展先进个人

男，1961年10月出生，如皋人，汉族，中共党员，大学学历，现任市政府教育督导室主任、教育局党委副书记。

自2010年始，邵绍清牵头负责义务教育均衡发展县(市)创建工作。他对照国家义务教育均衡发展县(市、区)指标体系，在学习、考察、调研基础上，从市情出发，制订创建工作方案。提请市委、市政府出台《关于推进如皋市义务教育优质均衡改革发展示范区建设的实施意见》和关于教师队伍建设、学校布局规划等配套文件9个，促进全市义务教育均衡发展水平提升。协助市委、市政府先后召开示范区建设现场推进会6次，统筹协调解决创建重点、难点问题。坚持“以块为主，属地负责”“突出重点，全力推进”“整体规划，分步实施”“分级分类，督察推进”，提请市委、市政府出台《如皋市创建“江苏省义务教育优质均衡改革发展示范区”考核细则》，组织推进全市义务教育均衡发展。创设《创建简报》、电视专栏、《如皋日报》《教育如皋周刊》等系列宣传平台，营造良好的创建氛围。如皋市均衡教育成果被中央人民政府门户网、新华网及《新华日报》《中国教育报》头版头条报道。2013年，如皋市成为全国义务教育发展基本均衡县(市、区)；2014年，成为江苏省义务教育均衡发展先进县(市、区)。2016年3月，邵绍清被省政府表彰为江苏省促进义务教育均衡发展先进个人。

(吴兴红)

**赵颖东**　“助人为乐”类中国好人

男，1975年9月出生，如皋人，汉族，中共党员，大专学历。现为如皋邮政分公司搬经支局投递员。

他1996年走上邮政投递工作岗位后，兢兢业业、任劳任怨，20年来在乡间邮路上风吹日晒行走近26万千米，投递邮件28万多件，报纸杂志300多种、36万多份，矢志不渝地履行着“人民邮政为人民”服务宗旨。他在邮路上给百姓传递致富信息、宣传普法知识，帮助邮路上百姓解决实际困难，常年帮扶搬经居4组章瑞兴老人，在邮路上演绎着一段感人至深“父子情”。2016年4月，被中央文明办评为“助人为乐”类中国好人。

(刘　稷)

**李百战**　“敬业奉献”类中国好人

男，1971年2月出生，如皋人，汉族，中共党员，大

学学历。现任市公安局如城中心派出所副所长兼城南警务区社区民警。

他从警20年,下水救人23次,巡查骑坏自行车12辆,为137人找到回家的路。他的电话就是“110”,手机存有群众号码2747个。他以“如皋片儿警”这个网名,先后建立QQ空间、博客,开通微博、微信。他是南通警务微博第一人,拥有微博粉丝10485人;他的微信朋友圈拥有好友1524人。他通过各个平台发布警方提示,为群众提供服务。

他主动将现代网络技术引入社区管理,开通南通公安首家网上警务室,组建辖区QQ群,探索形成现代社区工作模式。他走上公安部大讲台,在全国基层民警应用大情报系统开展社区警务工作演示汇报电视电话会议上做在线演示。他先后受到各级表彰20余次,立二等功2次、三等功5次,获省公调对接工作先进个人、省公安派出所工作“111”工程社区民警标兵、南通公安“十大”爱民警察等称号。2016年4月,被中央文明办评为“敬业奉献”类中国好人。

(许　虎)

**章祥余**　*全国五一劳动奖章*

男,1965年8月出生,如皋人,汉族,中共党员,大学学历,高级工程师、高级经济师、高级技师,南通六建建设集团有限公司(简称“南通六建”)党委副书记、纪委书记、工会主席。

章祥余扎根一线、深入基层、为职工群众排忧解难,被职工誉为“最美娘家人”。他创新提出“三个跟着走”(工会组建跟着市场走,职工之家跟着工程走,劳动保护跟着项目走),建立“党建带工建,工建促党建”运行机制,成立全国首个工会流动会员之家。他通过劳动竞赛、现场练兵、质量控制小组等载体将职工群众的心“聚”起来。他设立合理化建议信箱、企务会务公开栏,有效协调、维护员工职称补贴、生命健康权等合法权益。他关于(农民工)工伤维权等做法经全国政协副主席卢展工建议在全国推广。对困难职工,他找准帮扶载体,牵头制定大病医疗救助金管理暂行办法,开展“夏送清凉、秋送学子、冬送温暖”和“常年大病送救助、困难时刻送关怀、技能大赛送培训”等活动。他主持的项目创“鲁班奖”工程2项、国家“AAA”安全文明工地1项,省优、省安全文明工地10多项。撰写《培养职工创新能力,应对经济新常态》等论文获省县级建设系统工会工作研究会年会一等奖4篇。南通六建工会先后获全国模范职工之家、全国模范职工小家、全国工人先锋号、全国安康杯竞赛优胜班组等称号。他先后被评为省建筑业优秀项目经理、全国建筑业企业优秀项目经理、省住房和城乡建设系统优秀工会工作者、省建筑业优秀建造师,被授予省五一劳动奖章。2016年4月,被中华全国总工会授予全国五一劳动奖章。

**韩燕飞**　*省劳动模范*

男,1981年4月出生,如皋人,汉族,中共党员,大专学历,中级技师。现任双钱集团(江苏)轮胎有限公司机修班班长。

自2006年10月担任公司装备部维修中心炼胶维修班组组长后,韩燕飞钻研技术,研究出一套替代方法,解决进口传感器修复难题。他带领团队完成密炼机投料时间优化、除尘效果改善、密炼机驱动系统改进、胶片冷却机隔离剂池坦克链改进、胶片冷却机安全改进等课题。对炼胶设备维护保养等重活、脏活,他总是冲在最前面。他所负责的设备停机率始终保持在2%以下,远远低于公司考核指标。他尽心地传、帮、带,成立技能大师工作室,和团队成员一起利用业余时间编写设备维修培训教材,开展“小培训”“小课题”“小练兵”活动。在他引领下,技能大师工作室开展各项科技创新和技术攻关工作,被打造成培训讲台、交流平台、比武擂台、员工晋升考核平台,被命名为南通市技能大师工作室。2011年,他被评为南通市劳动模范。2016年4月,被省委、省政府表彰为省劳动模范。

**杨红斌**　*省劳动模范*

男,1977年10月出生,海安县人,汉族,大专学历,中级工程师。现任江苏思源赫兹互感器有限公司系统结构开发科科长。

杨红斌注重产品创新、技术创新和工程技术应用创新,自主开发并成功研制LVB、LB6、BRDLW等系列产

品。他带领技术团队研制的330千伏、500千伏超高压油浸产品，解决超高压互感器工频和操作冲击试验电压下，外绝缘网络技术难题。应对西北电网工程需求，他成功研制LVB(T)-330W3/3X、4X两种系列产品。研制126千伏、252千伏的BRDLW型变压器套管及电子式电流、电压互感器产品等，综合性能指标达到国际先进水平。组建LMT产品生命周期管理项目，承接LVB-132内部燃弧试验、LVB-132 3000米海拔产品样机开发与型式试验验证等4项任务，其中LVB-132内部燃弧试验样机通过联合国内权威试验机构共同研究试验方法与模拟试验。他参与研制的新产品获批国家重点新产品2项、国家火炬计划2项、省高新技术产品11项、省火炬计划1项、省工业支撑计划项目1项、南通市科技进步奖2项。申请产品技术类专利26项，其中发明专利10项、实用新型专利16项。2014年4月，他获南通市劳模称号。2016年4月，被省委、省政府表彰为省劳动模范。

**沈世新** *省劳动模范*

男，1966年10月出生，如皋人，汉族，高中学历。现任中国邮政集团公司如皋市分公司磨头支局投递员。

自1995年4月参加邮政投递工作后，沈世新以高度的事业心、责任感对待邮路上每一位客户，常常是夏天一身汗水，冬天一身冰霜。遇到恶劣天气，他总是想方设法把邮件送到用户手中。暴雪天，他曾步行将急件送到5千米外收件人家中。他想服务对象所想，精准服务，对用户咨询事项有问必答，热心地为用户做代缴水电费、代购农药化肥等分外事，得到邮路上老百姓称赞。他帮扶磨头镇曹石村7组孤寡老人唐玉成18年，为老人干农活、做家务，帮老人买药，为老人改善生活条件。他把自己的电话号码写在老人床前，请邻居在老人遇有特殊情况时通知他。老人生病了，他送老人住院，背着腿脚不便的老人做各类检查，尽力照料。老人说，他比亲儿子还亲。2014年，他被评为南通市劳动模范。2016年4月，被省委、省政府评为省劳动模范。

**汪农生** *省劳动模范*

男，1959年7月出生，海安县人，汉族，中共党员，大学学历，中级会计师。现任江苏如皋农村商业银行股份有限公司（简称“如皋农商行”）党委书记、董事长。

汪农生勇于改革创新，积极探索和实践“流程银行”模式。2007年，如皋信用联社（如皋农商行前身）成为南通地区唯一一家一次性申报兑付成功的县级联社；2010年，如皋农商行正式挂牌开业，成为南通市首家完成改制的县级农村商业银行。他的特色支行、社区银行建设，合规风险管理模式，信贷工厂等6个项目入选全省农村商业银行商务转型最佳实践库，其中信贷工厂项目被省农村信用社联合社确定为2016年重点推进项目。如皋农商行支持休闲农业发展事迹被《金融时报》报道，支持养老事业发展事迹被中央电视台《朝闻天下》报道。他是合规管理的执行者，修订完善制度56个。通过开通PCM网上学习平台、开办《如皋农商行报》及《如皋农商行十分钟》电视栏目宣传阵地、开办党课学习讲座、组织专题演讲比赛等活动，引导党员干部准确把握和践行“三严三实”基本要求。他情系困难职工和群众，先后组织50余万元资金，走访慰问困难职工、困难农户家庭70多户。他不留名资助困难儿童重返校园，向内部困难职工家庭捐款捐物。他先后获全省农村商业银行系统优秀党员、南通市五一劳动奖章、南通市劳动模范奖项。2016年4月，被省委、省政府评为省劳动模范。

**张永飚** *省劳动模范*

男，1971年6月出生，如皋人，汉族，大学学历，副教授，高级职称。现任如皋市技工学校校长。

作为省技工院校电子类专业带头人，张永飚深入田间地头和企业车间，走访高职院校开展调研，调研报告《建筑企业体能人员的现状不足及对策》《深化多元合作，实现互利共赢》分获中国职工教育和职业培训协会二等奖、三等奖，公开发行技工教育理论研究著作1本，获中国职工教育和职业培训协会优秀科研成果评审优秀奖。他构建大培训格局，先后组织100名全市各行业高级技师到上海高技能人才公共实训中心参加研修。倡导的退役士兵教育模式被省政府检查组誉为“如皋模式”向全省推广。他带领老师们深入调研企业100多家,按需送教上门。争取各级财政资金近2200万元,建成实训鉴定室20个和实训综合大楼。开展高等成人教育和在职职工“弹性学制”教育,与西南交通大学远程与继续教育学院等高校合作建立学习中心,与南通六建等企业合作,开展土木工程等专业学历继续教育。市技工学校每年培训鉴定高级技师总数位居全省各技工院校之首,成为国家级重点技工学校、省高技能人才培养示范基地、省现代焊接技术高技能人才专项公共实训基地、省高级技师培训鉴定点、省退役士兵教育培训定点单位。他先后获全省第二期“百镇(乡)百万”农村劳动力开发就业培训先进个人、全省技术能手、全省有突出贡献高级技师(2010年)等称号。2016年4月,被省委、省政府评为省劳动模范。

**戴红梅** *省劳动模范*

女,1968年4月出生,如皋人,汉族,中共党员,大学学历。现任市公安局迎春派出所副所长。

戴红梅1990年8月从警。26年中,她耐心受理各类咨询求助,真心服务辖区群众,总结提炼出“了解、理解、劝解、谅解、调解、和解”调解工作“六步法”,调解各类纠纷300余起,调解成功率98%。她坚持入户调查走访,曾在入户走访中发现疑点,与随后赶来的同事们一起,抓获涉嫌传销人员23人。在与同事们成功阻止一起伤害案时,她手背和身上多处受伤。省级、南通市级媒体争相采访她。为不让年轻当事人曝光、造成二次伤害,她婉拒了媒体采访。对辖区内困难群众,她默默地照顾着,经常将家中食品、生活用品送给困难家庭。在外,她是一个优秀民警,是全省公安派出所工作“111”工程优秀民警、省优秀社区民警,先后受到各级表彰奖励20余次,荣立个人三等功4次。在家里,她是好女儿、好儿媳。母亲、公公和婆婆在4年内先后患上癌症,是她用孝心,精心侍奉3名患癌亲人,使他们重新扬起生活的风帆。2014年1月,她被中央文明办评选为“孝老爱亲”类中国好人。2016年4月,她被省委、省政府评为省劳动模范。

**沈忠星** *省劳动模范*

男,1958年12月出生,如皋人,汉族,中共党员,大专学历,高级工程师、高级经济师、一级建造师。现任江苏江中集团有限公司徐州分公司负责人。

为开辟徐州市场,沈忠星带领建筑队克服重重困难,内抓现场质量、安全管理,外抓联络交往,向徐州人展示如皋建筑“铁军”风采。他依靠科技创新促进工程质量提高,累计创国家级科技奖6项、省级18项、地级市级48项,编写国家级工法1个、省级工法5个,获国家发明专利2项。他主持的工程,获鲁班奖2项、国家优质工程奖2项、全国用户满意工程奖2项、省优质工程奖18项。他每到工地必检查安全,将安全管理作为钢制度执行,累计创建国家级文明工地4个、省安全文明工地61个。他资助困难职工家庭3户、困难家庭大学生1人。他曾获全国工程建设优秀项目经理、创“鲁班奖”工程项目经理特别荣誉、全国优秀建造师、茅以升科学技术奖——建造师奖、国家优质工程奖先进个人、省杰出建造师、省建筑业质量管理先进个人、省建筑企业安全生产先进工作者等称号。2016年4月,被省委、省政府评为省劳动模范。

**吴金兰** *省劳动模范*

女,1969年4月出生,如皋人,汉族,高中学历,长江镇永丰社区兰金家庭农场农场主。

吴金兰是种田大王。她承包农村土地73.3公顷,选用良种,实行规范化种植、规模化经营、机械化耕作,科学管理肥水、防治病虫害,每年生产粮食100多万千克,产值近300万元。她坚持团结、共享、奉献理念,团结带动乡亲们走共同致富道路,20多户贫困家庭在她带领和帮助下发展养鸡业,摘掉贫困帽子。她将种植技术无偿地转教他人,并帮助大家解决病虫害防治难题。她每年分配给农户土地租金100多万元。她通过无偿提供秧苗、技术共享等方式,扶持3人成为小农场主、走上致富路。她为农村秸秆禁烧、禁抛和综合利用献计献策,出资雇人为无劳力农户收运秸秆,避免秸秆露天焚烧。2014年,她获南通市劳动模范称号。2016年4月,被省委、省政府评为省劳动模范。

**周久海**　省劳动模范

男，1959年7月出生，如皋人，汉族，中共党员，大专学历。现任江安镇周庄社区党总支书记。

作为周庄社区领头人，周久海以“干部先行、党员带动”模式，通过科技入户示范、技术培训等措施，带领群众发展桑蚕产业，创办群益桑蚕养殖专业合作社，吸纳农户792户。与如皋新丝路丝绸有限公司加强对接，建成现代化收购基地，形成“蚕农—合作社—企业”新发展模式，每户蚕农年均养殖收入1.2万元。该社区成为桑蚕养殖特色社区，被评为省“一村一品”专业示范村。他引进能人投资兴建花木园区、种植大棚蔬菜，流转土地71.3公顷，转移富余劳动力500余人，人均年增收5000元，带动20多户农户种植花木。他带领村民开展村庄建设与环境整治工作，成功申报省级村庄建设与环境整治试点项目，获补助618万元。他开创的河道管护模式在全省推广。周庄社区被评为省最美乡村、省水美乡村。他着力搭建群众精神文明舞台，建设百姓文化大舞台180平方米、文化墙808平方米、文化长廊56米、文化广场2000平方米，开展周庄精神大讨论。他定期组织党员干部深入居民家庭走访，组织党员干部对困难家庭结对帮扶。2011年，他被评为南通市劳动模范。2016年4月，被省委、省政府评为省劳动模范。

**袁永梅**　省劳动模范

女，1971年2月出生，如皋人，汉族，初中学历，南通泰慕士服装有限公司检验工。

作为服装企业检验工，袁永梅在平凡的岗位上，以不懈努力和严格要求成就一番不平凡事业。她二十年如一日，每天早到晚退；她是出勤率最高的员工，做到二十年满勤。她以高度的责任心和细心，不放过任何瑕疵，保证优质检验质量。经她检验的产品，从未发生过质量问题。她用心地对待每一个产品，手到、眼到、心到，对发现的质量问题刨根究底，一次又一次为企业避免质量事故。她成为企业追求产品高端化的先锋主力。她助人为乐，对待同事亲如姐妹，热心帮助；对各类捐款活动，她积极参加。她充分发挥传帮带作用，将多年摸索的工作经验毫无保留地传授给新员工，把爱岗敬业和助人为乐的精神传递给周围同事。2008年，她获南通市劳动模范称号。2016年4月，被省委、省政府评为省劳动模范。

（应　晶）

**吴李曦**　全国优秀共青团员

女，1989年5月出生，如皋人，汉族，中共党员，大学学历。现为市地税局人事教育科科员、团委组织委员。

自2010年6月成为市地税局一员后，面对税收工作需要和岗位要求，她自我加压，业余时间刻苦学习，先后通过会计专业本科自学考试和全国研究生考试，成为南京理工大学工商管理专业（MBA）在读生，并取得会计师中级资格证书，成为地税战线上新生代业务能手，在青年干部群体中带动一股学习新风潮。工作中，她虚心学习请教，经她办理的工资奖金、各类报表数据、参与上线维护的信息系统没有出过差错。

她着力推动市地税局每年一度文化节活动，打造“雉水红叶”和“青蓝工程”，塑造地税干部职工良好精神风貌。打造“正能量、负质效”绩效考评激励机制，形成“以结果为导向、以责任为核心、以激励为推动”绩效文化渗透机制，此举被省地税局以简报形式推广。

她协调组织团员青年活跃在扶贫帮困、爱心助学、税收宣传、文明创建等活动一线，成功创建省青年志愿服务基地、模范妇女儿童之家、希望工程特殊贡献奖、“十佳”巾帼志愿服务组织、“母亲河奖”优秀集体。牵头成立如皋地税网络文明志愿小组，利用各大主流博客、微博发布各类“正能量”宣传1000余次。她是一名书画好手，是如皋书协义务送春联志愿者，书法作品曾在“雷锋颂”全国税务系统书法美术作品大赛中获三等奖，作品集被《江苏地税》专版刊登，所书白居易诗《钱塘湖春行》在北京钓鱼台国宾馆展览。2016年5月，被共青团中央表彰为全国优秀共青团员。

（张　淼）

**席日峰** 全国科普惠农兴村带头人

席日峰,男,1962年6月生,江苏如皋人,大学学历,现为市农林科技与信息中心高级农艺师。

自2006年始,为解决农民普遍科技素质低、职业技能差、经营能力弱等制约农民增收问题,席日峰紧紧围绕提高农民科技素质、职业技能、经营能力总目标,制订培训方案,健全培训体系,明确培训内容,创新培训方式,强化培训制度,培育先进典型,在全市范围内大规模开展农民实用技术、职业农民和新型农民、致富工程培训。他在调查研究基础上,掌握各地农业发展方向和农民技术需求,有的放矢送科技到农村、送服务到农民。组织农业科技人员进村入户巡回举办农业实用技术讲座,宣传农业法律法规和建设社会主义新农村政策,推介农业新技术、新品种、新模式。他以图片、专家咨询、有奖竞赛等方式,吸引农民积极参与,为农民增收致富释疑解惑、出谋划策。通过他多年不懈的努力,涌现出以新型职业农民优秀标兵王小龙为代表的一批科技致富能人和以金旺家庭农场为代表的新型农业经营主体,促进农民素质普遍提高、农业产业质量显著提升、现代农业进程明显提速。

他充分利用科技入户工程和全国基层农技推广补助等项目平台,组织农技人员科学制订实施方案,探讨创新跟踪服务指导方式,带领广大技术指导员深入村组农户、田间地头,对生猪、蚕桑、稻麦、蔬菜四个主要产业科技示范户开展"手把手、面对面"的技术指导和服务,促进农民增产增收。

他参与完成"蚕桑高效安全技术集成与推广"课题获省农技推广三等奖,"农民创业培训模式研究与应用""普及农业科技,带动农家致富"课题获南通市农技推广三等奖。在他的努力下,市农委多次被省农委评为农民培训工作先进单位。他被省农委表彰为农业科普宣传工作先进个人、农民培训工作先进工作者。2016年6月,被中国科协、财政部表彰为全国科普惠农兴村带头人。

(吴婷婷)

## 2016年度获市(厅)级及以上奖励先进个人名录

表104

| 姓　名 | 工作单位 | 称　号 | 授予单位 | 授予时间 |
|---|---|---|---|---|
| 吴红芳 | 江安镇滨江初中 | "敬业奉献"类中国好人 | 中央文明办 | 2016.02 |
| 李百战 | 锦绣派出所 | "敬业奉献"类中国好人 | 中央文明办 | 2016.04 |
| 章祥余 | 南通六建建设集团有限公司 | 全国五一劳动奖章 | 中华全国总工会 | 2016.04 |
| 赵颖东 | 如皋邮政分公司搬经支局 | "助人为乐"类好人 | 中央文明办 | 2016.04 |
| 邵绍清 | 市教育局 | 省促进义务教育均衡发展先进个人 | 省政府 | 2016.03 |
| 袁永梅 | 南通泰慕士服装有限公司 | 省劳动模范 | 省委、省政府 | 2016.04 |
| 韩燕飞 | 双钱集团(如皋)轮胎有限公司 | 省劳动模范 | 省委、省政府 | 2016.04 |
| 杨红斌 | 江苏思源赫兹互感器有限公司 | 省劳动模范 | 省委、省政府 | 2016.04 |
| 沈世新 | 如皋邮政分公司磨头支局 | 省劳动模范 | 省委、省政府 | 2016.04 |
| 汪农生 | 如皋农村商业银行股份有限公司 | 省劳动模范 | 省委、省政府 | 2016.04 |
| 张永飚 | 市技工学校 | 省劳动模范 | 省委、省政府 | 2016.04 |
| 戴红梅 | 迎春派出所 | 省劳动模范 | 省委、省政府 | 2016.04 |
| 沈忠星 | 江苏江中集团有限公司徐州分公司 | 省劳动模范 | 省委、省政府 | 2016.04 |
| 吴金兰 | 长江镇永丰社区 | 省劳动模范 | 省委、省政府 | 2016.04 |

续表104-1

| 姓 名 | 工作单位 | 称 号 | 授予单位 | 授予时间 |
|---|---|---|---|---|
| 周久海 | 江安镇周庄居委会 | 省劳动模范 | 省委、省政府 | 2016.04 |
| 吴李曦 | 市地税局 | 全国优秀共青团员 | 共青团中央 | 2016.05 |
| 席日峰 | 市农林科技与信息中心 | 全国“科普惠农兴村”带头人 | 中国科协、财政部 | 2016.06 |
| 马达文 | 市人力资源社会保障局 | 全国就业宣传工作先进个人 | 中国就业促进会 | 2016.12 |
| 倪二庆 | 市人力资源社会保障局 | 全国就业宣传工作先进个人 | 中国就业促进会 | 2016.12 |
| 张 洁 | 市文广新局 | 数字图书馆业务技能能手 | 中国图书馆学会 | 2016.12 |
| 蒋斌斌 | 市文广新局 | 数字图书馆业务技能能手 | 中国图书馆学会 | 2016.12 |
| 蔡菁菁 | 市文广新局 | 数字图书馆业务技能能手 | 中国图书馆学会 | 2016.12 |
| 石婵娟 | 市文广新局 | 数字图书馆业务技能能手 | 中国图书馆学会 | 2016.12 |
| 何周飞 | 市文广新局 | 数字图书馆业务技能能手 | 中国图书馆学会 | 2016.12 |
| 贾恬恬 | 市文广新局 | 数字图书馆业务技能能手 | 中国图书馆学会 | 2016.12 |
| 左 菁 | 市文广新局 | 数字图书馆业务技能能手 | 中国图书馆学会 | 2016.12 |
| 吴红兵 | 市人民检察院 | 记三等功 | 省人民检察院 | 2016.02 |
| 展志兵 | 市人民检察院 | 省检察机关民事行政虚假诉讼监督专项活动先进个人 | 省人民检察院 | 2016.02 |
| 陈 璇 | 市人民法院 | 2014—2015年度全省法院个人二等功 | 省高级人民法院 | 2016.02 |
| 豆 煦 | 市人民法院 | 省法院执行工作先进个人 | 省高级人民法院 | 2016.08 |
| 周志刚 | 市人民法院 | 省法院执行工作标兵 | 省高级人民法院 | 2016.08 |
| 张鹏程 | 石庄镇人武部 | 优秀专武干部标兵 | 省军区 | 2016.12 |
| 沈建宏 | 市司法局 | 省司法行政系统安置帮教工作先进个人 | 省司法厅 | 2016.01 |
| 顾宏兵 | 市水产技术指导站 | 省水产技术推广系统先进个人 | 省渔业技术推广中心 | 2016.01 |
| 徐秋红 | 市家畜改良站 | 江苏农业网信息资源建设先进个人 | 省农业信息中心 | 2016.01 |
| 孙 锋 | 市公安局 | 二等功 | 省公安厅 | 2016.02 |
| 环留兵 | 市公安局警务督察大队 | 省公安机关立案突出问题专项治理工作成绩突出个人 | 省公安厅 | 2016.03 |
| 杨 澄 | 市农委 | 省三八红旗手 | 省妇女联合会 | 2016.03 |
| 朱 华 | 市司法局 | 省人民满意公证员 | 省司法厅 | 2016.04 |
| 李 红 | 如皋港区(长江镇) | 省财政系统先进工作者 | 省人力资源社会保障厅、省财政厅 | 2016.04 |
| 吴鑫鑫 | 市农林水利综合执法大队 | “十二五”全省渔业科技入户“优秀技术指导员” | 省海洋与渔业局 | 2016.04 |
| 刘松海 | 市水产技术指导站 | “十二五”省渔业科技入户工作优秀专家 | 省海洋与渔业局 | 2016.04 |
| 陈忠高 | 市水产技术指导站 | “十二五”省渔业科技入户工作优秀专家 | 省海洋与渔业局 | 2016.04 |
| 孟建军 | 白蒲镇司法所 | 2011—2015年全省普法工作先进个人 | 省委宣传部、省法宣办、省司法厅 | 2016.05 |

续表104-2

| 姓 名 | 工作单位 | 称 号 | 授予单位 | 授予时间 |
|---|---|---|---|---|
| 刘平林 | 搬经镇司法所 | 2011—2016年全省普法工作先进个人 | 省委宣传部、省法宣办、省司法厅 | 2016.05 |
| 夏培培 | 市粮食储备库 | 省粮食行业技术能手 | 省粮食局、省人力资源社会保障厅、省总工会 | 2016.05 |
| 陈轶棠 | 市外国语附属幼儿园 | 优秀党员 | 省教育工委 | 2016.06 |
| 刘碧琴 | 搬经镇司法所 | 省法律援助工作先进个人 | 省司法厅 | 2016.06 |
| 许 平 | 市公安局治安管理大队 | 二等功 | 省公安厅 | 2016.06 |
| 丁 力 | 市公安局刑事侦察大队 | 省公安机关打击侵财犯罪质效提升年活动成绩突出个人 | 省公安厅 | 2016.06 |
| 张建川 | 如皋港区(长江镇) | 省关心下一代工作先进工作者 | 省关工委、省文明办 | 2016.06 |
| 徐远桂 | 如城街道十里社区关工委 | 省关心下一代工作先进工作者 | 省关工委、省文明办 | 2016.06 |
| 张建川 | 长江镇(如皋港区)关工委 | 省关心下一代工作先进工作者 | 省关工委、省文明办 | 2016.06 |
| 洪德忠 | 搬经镇关工委 | 省关心下一代工作先进工作者 | 省关工委、省文明办 | 2016.06 |
| 吴明成 | 下原镇关工委 | 省关心下一代工作先进工作者 | 省关工委、省文明办 | 2016.06 |
| 田芝华 | 市关工委 | 省关心下一代工作先进工作者 | 省关工委、省文明办 | 2016.06 |
| 许海霞 | 市文明办 | 省关心下一代工作先进工作者 | 省关工委、省文明办 | 2016.06 |
| 魏振军 | 市公安局刑事侦察大队 | 二等功 | 省公安厅 | 2016.07 |
| 孟建军 | 白蒲镇 | 省最美人民调解员 | 省司法厅 | 2016.08 |
| 李小霞 | 市档案局 | 档案宣传工作先进个人 | 省档案局 | 2016.08 |
| 郝 霞 | 吴窑镇吴窑幼儿园 | 感动江苏教育人物(最美幼儿教师) | 省教育厅 | 2016.09 |
| 孟建军 | 白蒲镇司法所 | 省最美调解员 | 省司法厅 | 2016.09 |
| 明 波 | 市公安局经文保大队 | 空军招收飞行学员政治考核工作先进个人 | 东部战区空军政治工作部、省公安厅 | 2016.09 |
| 季玲玲 | 市农林科技与信息中心 | 2015—2016年度全省农业"三刊"宣传普及工作突出个人 | 省农业委员会 | 2016.09 |
| 张 钧 | 市农林科技与信息中心 | 2015—2016年度全省农业"三刊"宣传普及工作突出个人 | 省农业委员会 | 2016.09 |
| 卢应红 | 市农林科技与信息中心 | 2015—2016年度全省农业"三刊"宣传普及工作突出个人 | 省农业委员会 | 2016.09 |
| 严 谨 | 市农林科技与信息中心 | 2015—2016年度全省农业"三刊"宣传普及工作突出个人 | 省农业委员会 | 2016.09 |
| 张慧敏 | 市农林科技与信息中心 | 2015—2016年度全省农业"三刊"宣传普及工作突出个人 | 省农业委员会 | 2016.09 |
| 陈宝国 | 江苏万达特种轴承有限公司 | 第十二届江苏省优秀科技工作者 | 省科协 | 2016.09 |
| 蒋化冰 | 江苏木爷机器人技术股份有限公司 | 省"六大人才" | 省人力资源社会保障厅 | 2016.09 |
| 蒋化冰 | 江苏木爷机器人技术股份有限公司 | 省"双创人才" | 省人才办 | 2016.11 |

续表104-3

| 姓　名 | 工作单位 | 称　号 | 授予单位 | 授予时间 |
|---|---|---|---|---|
| 沈红莲 | 市档案局 | 省档案人才“151工程”第三层次培养对象 | 省档案局 | 2016.11 |
| 杨海鹏 | 团市委 | 全省团属报刊宣传工作先进个人 | 共青团省委 | 2016.12 |
| 许　嘉 | 市司法局 | 省司法行政系统宣传工作先进个人 | 省司法厅 | 2016.12 |
| 陈　杰 | 如皋港中心派出所 | 禁渔期执法管理工作先进个人 | 农业部长江流域渔业资源管理委员会 | 2016.12 |
| 姚新红 | 市林业技术指导站 | 省林业信息工作先进个人 | 省林业局 | 2016.12 |
| 冯建权 | 市文广新局 | 省古籍保护先进个人 | 省古籍保护中心 | 2016.12 |
| 张登余 | 市文广新局 | 全国第一次可移动文物普查先进个人 | 省可移动文物普查领导小组、省文物局 | 2016.12 |
| 吴红梅 | 市档案局 | 数字档案馆建设突出贡献人员 | 省档案局 | 2016.12 |
| 袁正义 | 如皋港区(长江镇) | 老科协工作先进个人 | 南通市政府 | 2016.01 |
| 陈　军 | 长江高中 | 优秀党务工作者 | 南通市委 | 2016.07 |
| 季小军 | 如皋中学 | 南通市园丁奖 | 南通市政府 | 2016.09 |
| 黄亚周 | 城北街道人大工委 | “万名代表小康行”主题实践活动组织活动先进个人 | 南通市人大常委会 | 2016.12 |

# 精神文明建设典型人物

## 中国好人

**【“敬业奉献”类中国好人吴红芳】**
参见P355“吴红芳”

**【“助人为乐”类中国好人赵颖东】**
参见P355“赵颖东”

**【“敬业奉献”类中国好人李百战】**
参见P355“李百战”

## 如皋市第九届爱心团队

**【如皋城管执法大队机动应急中队】** 现有27人,平均年龄28岁,主要负责城市综合管理和执法过程中重大、特殊情况应急处置,做好正常巡察管理,承担城管“110”全部职能。面对日益提高的城市管理要求,该中队不断加强自身建设,履行城管职能,热情服务地区群众,出色地完成各项任务,获南通市青年文明号等称号。该中队积极参与社会公益事业,连续9年开展扶贫帮困、捐资助学、结对孤寡、关爱病残、义务献血等公益活动,利用空闲时间走进市福利院、特殊教育学校及社区,常态化开展“粽香传情”“城管课堂”等志愿服务活动,长期结对帮扶27个困难家庭和58名孤寡老人,全体队员义务献血近10000毫升。

**【如皋教育援疆团队】** 2015年,如皋教育援疆团队4位教师到新疆维吾尔自治区伊犁州伊宁县第二中学援教。面对陌生迥异的工作生活环境,他们不惧压力,主动请缨承担高二、高三两个年级两个重点班教学任务。在教学过程中,他们耗费大量时间和精力甚至带病坚守教学岗位,根据各民族学生年龄和个性特点进行切实有效的教育。他们研究当地高考大纲、教材、学情,为学生量身打造一套复习资料库,并将研究成果与本土老师共享。2016年高考中,该校高三实验班全班49人,一本上线40人、上线率82%,二本上线48人、上线率98%,刷新该班高考纪录。他们开展教研活动,提高伊宁本土教师教学能力,把如皋教育先进做法传授给他们,共同探讨适合伊宁教育新路子、新办法。

**【北郊花苑校外教育爱心辅导团队】** 现有团队辅导老师74人,平均年龄46岁。团队成员利用北郊花苑校外辅导站阵地,面向社区未成年人,定期开展一对一文化辅导和普法、环保知识宣传,心理咨询等服务,通过现场讲解、观看视频、知识抢答等形式,不断拓宽社区未成年人知识面。累计开展各类辅导和活动300多次,接纳和服务中小学生近万人次。辅导站成为社区青少年课外活动乐园,被南通市关工委先后授予关心下一代示范社区和优秀教育辅导站称号。2016年,组织社区未成年人开展消防演练、童心向党主题教育、普法知识、书法比赛、乒乓球比赛等活动,对未成年人开展思想道德教育,丰富他们的业余生活。

**【惠蒲爱心志愿服务队】** 2011年,南通惠蒲酒店投资有限公司每年出资20万元成立惠蒲爱心基金,组建惠蒲爱心志愿服务队,队员90人。累计资助贫困学生43人,每人2.4万元。平时加强与被资助对象交流,关心他们学习、生活。每逢节假日,志愿者们走进白蒲敬老院,陪老人聊天,帮老人整理房间,为老人们送上精心制作的粽子、枣泥糕、鱼圆等食品。惠蒲爱心团队累计为敬老院的老人们送去保暖内衣240套、暖手袋220只、劳保鞋120双、棉鞋120双、床上用品123套、保暖棉裤100条等生活用品,他们敬老爱老,细心贴心为老人服务,受到当地群众赞扬。

**【合力新民爱心团队】** 2012年,在如城街道新民社区党委、居委会倡议下,合力新民爱心团队成立,由30余位富有爱心的个体私营业主和社区志愿者组建而成。团队以社区困难群众、孤寡老人、留守儿童为帮扶对象,以物质资助和情感关爱为主要形式,发挥集体力量,"众筹"爱心物资价值逾10万元,社区20多户困难家庭、孤寡老人、留守儿童群体受益。通过新民社区工会、社区党员、合力新民、"新民社区半边天"等微信群,实时关注社区居民生活动态,对辖区内困难家庭给予爱心帮助。每年中秋节,他们到如城敬老院看望孤寡老人,给孤寡老人送去社区大家庭的温暖。2016年6月,阜宁发生特大龙卷风灾害后,团队成员第一时间赶赴现场协助救援,并给灾区人民送去价值近3万元食物、水、棉被、蚊香等生活用品。合力新民爱心团队热忱投身爱心行动,在服务社区居民、弘扬互助风尚、促进社区精神文明建设中发挥积极作用。

**【红十四军纪念馆讲解员团队】** 自2011年6月开馆后,红十四军纪念馆8名讲解员立足岗位,认真学习研究红军历史,丰富知识储备,积极参加各项专题学习、讲解比赛等,努力探索讲解方法技巧、提升讲解服务水平。她们根据不同观众需要,精心准备多个版本解说词,做到因人施讲;针对聋哑人等特殊群体,学会手语交流。她们累计完成讲解上万场,接待观众350万余人次。她们利用休息日走进学校、社区、单位开展近100场爱国主义教育和革命传统教育;为丰富讲解内容与形式,她们编写红色故事、编排文艺节目,实现语言讲解与才艺讲解相结合,受到社会各界好评。积极参加"馆校衔接""小橘灯·接力爱"、学雷锋志愿服务等活动,开展讲解员小义工培训,带领小义工们开展志愿服务。她们定期到市社会福利院看望老人、陪老人聊天,逢年过节为老人们带去节日礼品。无论在工作还是生活中,讲解员们都传播着乐于奉献、关爱他人的美好风尚。

## 如皋市第九届爱心大使

**【王生梅】** 如皋开发区袁桥初级中学体育教师。自幼家境贫困,朴实厚道的母亲言传身教,让王生梅体会到生活不易,在心中埋下善良种子。她师范学校上学时,就常省下师范生补贴资助学校周边贫困学子。1996年参加工作后,她连续资助身边7名孤儿和8名贫困学生上学,其中5名学生考取大学。2011年始,她与云南贫困山区10名贫困学生结成帮扶对子,定期给这些孩子寄去"爱心包裹",激励他们用知识改变人生,其中1名学生考取大学,3名学生考取高中。她用执着的爱心,持续关注孤儿和贫困学生成长,为25名学子点燃希望、放飞梦想。

**【缪新华】** 市文化馆副馆长。他潜心从事群众文艺创作30多年,创作数十首脍炙人口、广为传唱的歌曲,歌曲《溜溜的水乡》《美丽的梳》《大江南》连续获全省第三、四、五届精神文明建设"五个一工程奖",歌曲《美丽的梳》获文化部第九届全国群星奖,《打开春天》登上2009年央视元宵晚会舞台,歌曲《心往故乡飞》获省委宣传部"中国梦,我心中的梦"歌曲征集二等奖。歌词《记住乡愁》作为2015年央视大型纪录片《记住乡愁》第一季和第二季片尾曲在央视多个频道及各省级卫视播出,2016年更名为《心弦为谁拨响》入选中宣部第三批"中国梦新歌"30首推广曲目。他爱岗敬业、甘于奉献,在中乙足球联赛、全民运动会开幕式等大型文艺演出中担任主创和撰稿,兢兢业业，不计报酬。他热心群众文艺创作辅导，淡泊名利，甘当人梯，先后扶持、辅导、推介多位业余文艺作者、年轻作者，他们的作品被国家级刊物选用。先后获评南通宣传文化系统“四个一批”人才、南通市文化系统“拔尖人才”和南通市文联“德艺双馨”会员、优秀文艺家，个人事迹先后被《中国电视报》《江苏工人报》《南通日报》等报道。

【陈步清】 长江镇二百亩社区居民。2016年3月18日，年已七旬的陈步清奋不顾身跃入冰冷水中，在岸边群众的帮助下，救起不慎落水的邻居——沈爱红母子。陈步清长期患有肾病和关节炎，虽然知道自己的体力和健康状况很差，但他仍然在危急时刻做出了出于本能的英勇抉择。

【沈世新】 如皋邮政分公司磨头支局投递员。作为如皋“爱心邮路”先进群体中的一员，沈世新始终怀揣“要干就要干好”工作信念，立足本职，及时准确地送达各类信件报刊，当好老百姓传输“鸿雁”；精准服务，尽心当好不同用户需求“顾问”，任劳任怨帮助邮路上群众代办好力所能及的事情。从事投递工作20多年，沈世新从未遭到投诉，先后被评为南通市劳动模范、省劳动模范。他与磨头镇曹石村7组生活困难唐玉成老人结成帮扶对子18年。每天投递完毕，就直奔老人家，帮忙干活，为老人夏送清凉、冬送温暖，不时为老人改善伙食，逢年过节精心备送礼物。老人说他“比亲儿子还亲”。

【胡　军】 市法律援助中心聘用律师、市法律援助公益宣传形象大使。2005年始，胡军累计接待来访群众6000多人，办理法律援助案件1653件（群体性法律援助案件45件），参与协调处理多起信访案件。11年里，对于案件受援人正当要求，胡军都有求必应、认真负责。他耐心地对待每一个受援人，对病重行动不便的当事人，他主动上门。为办结一起援助案件，有时他需要来回奔波几十次，前后历时三四年持续跟进案件进展，甚至有时会受到对方当事人言语谩骂和人身威胁。为了让法律阳光温暖更多贫弱者，他积极参与送法进学校、进村居、进企业、进军营、进看守所等活动，举办法治讲座57场，拍摄法律援助公益微电影《法律援助帮您忙》，被表彰为南通市法律援助工作先进个人、南通市律师行业诚信体系建设先进个人。

【严水华】 市公安局交通巡逻警察大队如城中队民警。他28年如一日坚守繁忙的城区道路交通管理岗位，是公安交巡警系统“老黄牛”。他为人谦逊、作风朴实，爱岗敬业、任劳任怨，查处交通违法行为1万余起，没有一起群众投诉，先后受各级表彰6次。他积极投身护学行动，“爱心牵手”管理难度大的外国语学校，每天护学五六个小时，用上万次手势，换来学生平安出行。他4年吹坏24只口哨，学校路段未发生一起伤亡交通事故，护学故事多次被网友转发、媒体报道，受到群众赞扬。

【杨秀凤】 长江镇富圩村村民。33年前，在订婚后不久，杨秀凤未婚夫遭遇矿难成了高位截瘫患者。杨秀凤忠贞不渝，成了未婚夫“贴身护工”，不顾家人反对与他申领了结婚证。为了让丈夫走出心理阴影，杨秀凤使出浑身解数，求医、散步、看电影，到哪里都背着他。她是家里顶梁柱，除了照顾丈夫，农活、家中琐事、养女学业、双亲照顾，她一样不能落。33年，她历尽艰辛，不离不弃精心照顾高位截瘫的丈夫，用厮守捍卫心中对爱的信仰。

【杨性发】 城北街道双楼庄村居民。2016年5月21日5时许，聋哑人范存兰在双楼庄村跃进河边捕龙虾时不慎跌入河中。听到范存兰丈夫呼救声，途经河边的杨性发不顾右腿残疾，跳进深七八米的河中，对落水者艰难地施救，最终在村民帮助下，将落水者救上岸。他勇救落水者事迹很快在当地传开，村民们直夸他是好样的。

【李子明】 磨头镇星港村离休教师。自50年前，李子明即开始资助贫困学生，圆了一个又一个孩子的上学梦。他除了热心助学外，还致力扶贫。1983年退休后，他把精力放在服务困难群众上，在自家苗圃为周边贫困户传授花卉盆景栽培技术，帮助贫困农户兴办苗圃，脱贫致富。他帮助蔡庄中学开办花卉园艺班，培养花卉能工巧匠300多人。

【王　俊】 市文广传媒集团《如皋日报》民生部主任助理。他2008年起从事媒体行业，既是如皋“好人文化”挖掘者、见证者和记录者，又是传播者、参与者和践行者。2015年3月，他发起成立如皋青草公益服务社，吸纳上百名热心人士的参与，共同传承如皋“好人文化”。他先后组织民间志愿者走进丁堰、东陈、石庄、搬经等镇敬老院以及市特殊教育学校、江滨医院等处，为弱势群体提供物质帮助、精神关怀，受到普遍好评。他与云南贫困山区长期对接，根据对方需求，捐赠衣物和书籍，让山里孩子感受到如皋人爱心，经云南省红十字会牵线，在云南贫困山区援建“青草书屋”4间。

**【石晓华】** 市星光残疾人艺术团团长。他在6岁时因触电事故失去双臂，此后，他学会用脚吃饭穿衣、刷牙洗脸、打电脑、用手机，学会以口握笔，练就“一口”好书法。以他为原型并由其担纲主角小品《求》获全国残疾人文艺表演金奖。2011年，为帮助更多残疾人自食其力，他组建成立市星光残疾人艺术团，排演节目在全国各地演出。他热心公益，常把自己表演节目和字画义卖所得报酬捐给当地和贫困山区的困难家庭和残障人士。汶川地震后，他到灾区看望残疾人士，为他们表演节目，捐赠爱心款。2015年，他组织残疾人书画家通过书画义卖的形式为云南丽江市玉龙县石头乡桃花小学捐资100万元，修建教学楼。

**【汪　俊】** 城北街道花园桥社区居民。30年前，他的岳父因为高血压、脑血栓住院，汪俊义不容辞地担当起照顾岳父责任。2011年2月，在88岁岳父再次中风后，他全天24小时精心侍候老人。出院后，他更是精心照料失去生活自理能力的岳父，经常用轮椅推他出去散心。在他悉心照料下，岳父病情大为好转，92岁高龄的岳父逢人便夸汪俊是个好女婿。

**【吴　琼】** 吴窑镇卫生所妇幼保健医生。在参加工作的8年间，她每年体检3000多个儿童，对筛查出的高危儿童和体弱儿童进行一对一护理指导，全镇5岁以下儿童死亡率由2008年3‰降到2015年0.6‰。对高危产妇，她坚持做家庭访视。面对一位家人想放弃的先天愚型儿，她经常利用休息日免费帮助孩子做康复训练。自2009年全市实施妇幼重大公共卫生项目后，她多方收集婚育信息，在全镇召开优生优育健康讲座50余次，走村入户，发放叶酸1万多瓶，全镇无一例神经管缺陷患儿。

**【张孝礼】** 吴庄烈士陵园管理处工作人员。在中越边境自卫反击战中负伤导致左眼失明，退伍后被分配到市民政局吴庄烈士陵园工作，身兼陵园管理、接待、服务、讲解、安全、保洁及资料保管等数职，参与吴庄烈士陵园“慰烈工程”中132个墓穴新建，安葬分散烈士97人。

（吴小燕）

## 组织机构及负责人名录

### 中国共产党如皋市委员会(7月30日换届)

书　记　姜永华(6月22日免)
　　　　陈晓东(6月22日任,7月19日继续提名,7月30日任)
副书记　何益军(6月28日任,7月19日继续提名,7月30日任)
　　　　司祝建(7月19日继续提名,7月30日任)
　　　　丁兴华(12月26日任)
常　委　胡拥军(7月19日继续提名,7月30日任)
　　　　吴道健(7月30日止)
　　　　胡宏杰(7月30日止)
　　　　马金华(7月19日继续提名,7月30日任)
　　　　蔡　忠(6月28日免)
　　　　缪小华(7月19日继续提名,7月30日任)
　　　　蒋　建(5月27日免)
　　　　刘向阳(7月19日继续提名,7月30日任)
　　　　史有根(6月28日任,7月19日继续提名,7月30日任)
　　　　缪爱诚(7月19日新提名,7月30日任)
　　　　茅红宇(女,7月19日新提名,7月30日任)
　　　　祝国庆(7月19日新提名,7月30日任)
　　　　吴　瑕(挂职)
　　　　桂万先(12月26日任,挂职)

### 如皋市人大常委会

主　　任　谢新民
党组书记　谢新民(8月11日免)
　　　　　吴道健(8月11日任)
党组副书记　张元健
副 主 任　张元健　邵晓泉(党外)　张　勇

### 如皋市人民政府

市　　长　陈晓东(6月23日辞)
　　　　　何益军(6月23日提名,7月6日任副市长、代市长)
党组书记　陈晓东(7月2日免)
　　　　　何益军(7月2日任)
党组副书记　吴道健(8月11日免)
　　　　　胡拥军(8月11日任)
副 市 长　吴道健(6月28日辞)
　　　　　胡拥军(6月28日提名,8月9日任)
　　　　　杜永红(党外)
　　　　　陈万圣
　　　　　缪爱诚(6月28日辞)
　　　　　成　明(6月28日辞)
　　　　　陆雪松(5月27日辞)
　　　　　茅红宇(女,6月28日辞)
　　　　　陈晓彬(6月28日提名,7月15日任)
　　　　　高　峰(6月28日提名,7月15日任)
　　　　　程瑞琴(女,10月31日提名,11月23日任)
　　　　　张　辉(科技镇长团团长挂职,8月22日止)
　　　　　陈　杰(科技镇长团团长挂职,9月14日提名,11月23日任)
　　　　　桂万先(12月26日提名,挂职)

## 中国人民政治协商会议如皋市委员会

主　　席　李中林(12月20日辞)
党组书记　李中林
副 主 席　魏祝明(党外)　黄文斌　张亚鸾(女)
　　　　　郑振明(党外)　钱志刚
秘 书 长　殷高华(11月14日止)
　　　　　谢万健(11月14日提名,12月30日不再提名)
　　　　　许映亮(12月30日提名)

## 中共如皋市纪律检查委员会(换届)

书　记　蔡　忠(6月28日免)
　　　　史有根(6月28日任,7月19日继续提名,7月30日任)
副书记　沈良高(7月30日止)
　　　　顾季青(7月19日新提名,7月30日任)
　　　　马铁军(7月19日继续提名,7月30日任)
常　委　焦晓斌(7月19日继续提名,7月30日任,12月30日免)
　　　　刘培林(7月19日继续提名,7月30日任)
　　　　刘　莉(女,7月30日换届时不再提名)
　　　　倪新建(7月19日继续提名,7月30日任)
　　　　符　行(7月19日新提名,7月30日任)

## 市委工作机构、部门管理机构、合署挂牌机构和直属事业机构

**市委办公室**
主　　任　张百璘
副 主 任　崔建村(11月14日任)
　　　　　孙天骄(11月14日免)
　　　　　孙海凤(女,兼)　张　勇(1月15日免)
　　　　　刘志伟
　　　　　刘小冬(2月26日任,11月14日免)
　　　　　丁山燕(12月30日任)
纪检组组长　吴正隆(1月15日任)

**市委组织部**
部　　长　蒋　建(5月26日免)
　　　　　缪爱诚(6月27日任)
副 部 长　严世斌(兼)　陈小燕(兼)　纪成如(兼)
纪检组组长　李益民(1月15日任)

**市委宣传部**
部　　长　胡拥军(8月11日免)
　　　　　茅红宇(女,8月11日任)
副 部 长　姚呈明(兼,11月14日免)
　　　　　陈建军　陈　实
　　　　　王　林(兼,5月31日开除党籍)
　　　　　王建云(女,5月4日任)
　　　　　孙天骄(兼,11月14日任)
纪检组组长　施建石(1月15日任)

**市委统战部**
部　长　钱志刚(6月27日免)
　　　　缪爱诚(6月27日任)
副部长　杨　龙(兼,1月15日免)
　　　　顾卫国(1月15日任)
　　　　夏茂宏(1月15日免)　姚大平
　　　　朱益红(女,1月15日任)

**市委政法委**
书　　记　缪小华
副 书 记　成　明(兼,7月19日免)
　　　　　陈晓彬(兼,7月19日任)
　　　　　周勇骑　马小平　钱志强　高生健
纪检组组长　张卫华(2月26日任)

**市委农村工作办公室**
主　　任　朱为民
副 主 任　夏茂宏(1月15日任)
　　　　　章祥裕(1月15日免)
　　　　　严海泉　姜石泉　张玉峰　王志斌
　　　　　章有本(1月15任)
纪检组组长　丁小建(2月26日任)

**市机构编制委员会办公室**
主　任　严世斌(兼)
副主任　张世闻　姚建军(12月30日任)

**市委台湾工作办公室**
主　任　许映兰(女)
副主任　吴国章　陈卫华　田晶晶(女)

**市委老干部局**
局　长　陈小燕(兼,11月14日免)
副局长　沈寿高　薛爱平

**市级机关工作委员会**
书　　记　严世斌(兼,1月15日免)
　　　　　吴小平(兼,1月15日任)
副 书 记　裘和平　丁　群(12月30日任)
纪工委书记　丁　群(12月30日免)

**市委非公有制企业和社会组织工作委员会**
书　记　陈小燕(兼,11月14日免)
副书记　王贞慧(女)
**市党代表联络办公室**
主　任　吴小平(兼)
副主任　张亚东(11月14日免)
**市人才工作办公室**
主　任　陈小燕(兼,11月14日免)
副主任　陈　波
　　孔建飞(科技镇长团副团长挂职,8月22日止)
　　王　航(科技镇长团副团长挂职,9月30日任)
　　周　培(女,12月30日任)
**市委研究室**
主　任　孙天骄(兼,11月14日免)
　　丁山燕(兼,12月30日任)
副主任　刘小冬(2月26日免)
　　张　兵(2月26日任,12月30日免)
**市委机要局**
局　长　张　勇(兼,1月15日免)
　　孙　鑫(2月26日任)
副局长　冒玉书
**市委督查室**
主　任　刘志伟(2月26日任)
副主任　贲如江
**市委改革办公室**
副主任　范小华(12月30日任)
**市精神文明建设指导委员会办公室**
主　任　陈　实(兼)
副主任　陆　兵
**市社会管理综合治理委员会办公室**
主　任　周勇骑(兼)
副主任　陈非非(女)
**市依法治市领导小组办公室**
主　任　缪小华(兼)
副主任　马小平(兼)　陈非非(女,兼)
**市国家安全办公室**
主　任　钱志强(兼)
副主任　谢　娟(女,2月26日任)
**市委党校、市行政学校**
市委党校校长　司祝建(兼)
市行政学校校长　吴道健(兼,8月11日免)
　　胡拥军(兼,8月11日任)
常务副校长　万锡元
副　校　长　严世斌(兼)　纪成如(兼)
　　施国华　环立忠
**市委新闻中心**
主　任　陈建军(兼)
副主任　邵亚丽(女)　纪树华
**市委党史工作办公室**
主　任　徐亚军
副主任　张小波　侯　晖(女)
**市档案局(馆)**
局(馆)长　许益飞
副局(馆)长　徐爱军(女)　陈　兰(女)　陈　红(女)
**市政府投资项目工程建设中心**
主　任　张加琴
副主任　张亚军　薛小青(1月15日任)

## 市人大常委会办公室、各工作委员会

**办公室**
主　任　华国瑞(11月14日辞)
　　张　健(11月14日提名,12月28日任)
副主任　景雪玲(女)
　　吉小燕(女,11月14日提名,12月28日任)
**研究室**
主　任　林　凯(11月14日辞)
　　朱华杰(11月14日提名,12月28日任)
副主任　陈敏敏(女,2月26日提名,4月6日任,11月14日辞)
**信访督办室**
主　任　周荣明(11月14日辞)
副主任　吉小燕(女,11月14日辞)
**财政经济工委**
主　任　王晓明(11月14日辞)
　　彭深海(11月14日提名,12月28日任)
副主任　钱建宏(女)
**人事代表联络工委**
主　任　缪永涛(11月14日辞)
　　周荣明(11月14日提名,12月28日任)
副主任　冒　燕(女,11月14日提名,12月28日任)
**内务司法工委**
主　任　季　淼(3月28日辞)
　　谢晖来(11月14日提名,12月28日任)

副主任　胡欣荣(11月14日辞)
　　　　张　轶(11月14日提名,12月28日任)

**教科文卫工委**

主　任　喻耀辉(11月14日辞)
　　　　林　凯(11月14日提名,12月28日任)
副主任　朱华杰(11月14日辞)
　　　　洪　军(女,11月14日提名,12月28日任)

**外事民宗侨台工委**

主　任　朱晓明(9月29日辞)
　　　　杨国斌(11月14日提名,12月28日任)
副主任　朱华杰(兼,11月14日辞)
　　　　张媛媛(女,11月14日提名,12月28日任)

**环资城建工委**

主　任　黄兆林(11月14日辞)
　　　　朱留宽(11月14日提名,12月28日任)
副主任　朱兴雨(11月14日提名,12月28日任)

**农业和农村工委**

主　任　费秀平(11月14日辞)
　　　　朱国镔(11月14日提名,12月28日任)
副主任　孙世军(11月14日辞)
　　　　胡欣荣(11月14日提名,12月28日任)
专职委员　朱　俊(9月29日辞)
　　　　杨国斌(1月15日任)
　　　　姚呈明(11月14日提名,12月28日任)
　　　　张爱民(11月14日提名,12月28日任)

## 市政府工作机构

**市政府办公室**

主任、党组书记　冒　平
副主任、党组副书记　陈小燕(11月14日任)
副主任　张杰俊(兼,1月15日免)
　　　　杨大勇(兼,11月14日免)
　　　　孙海凤(女,兼)　范晓强(兼)
　　　　彭成飞(12月30日免)
　　　　龚卫东(兼)　张小星
　　　　章　彬(5月4日免)
　　　　谢晓明(兼)　居小刚(兼)
　　　　陈　建　缪永辉　丁陆一
　　　　张小凤(女,1月15日任)
　　　　黄晓勤(兼,11月14日任)
　　　　陈晓华(兼,11月14日任)
纪检组组长　张小凤(女,1月15日免)
　　　　程继红(女,2月26日任)

**市信访局**

局　长　杨大勇(11月14日辞)
　　　　黄晓勤(11月14日提名,12月28日任)
党组书记　杨大勇(11月14日免)
　　　　黄晓勤(11月14日任)
党组副书记　吴金芹(女)
副局长　孙克千(1月15日免)
　　　　明小虎　施俊杰
　　　　段月祥(1月15日任,12月30日免)

**市发展和改革委员会**

主　任　杨　飞(11月14日辞)
　　　　卢志敏(11月14日提名,12月28日任)
党组书记　杨　飞(11月14日免)
　　　　卢志敏(11月14日任)
党组副书记、副主任　刘亚东(兼,11月14日免)
　　　　宗爱君(1月15日免)
党组副书记　邱德华(1月15日任)
　　　　孙德祥(11月14日免)
副主任　孙德祥(1月15日免)
　　　　曹金林(兼,11月14日免)
　　　　李伟华(12月30日免)
　　　　花爱梅(女)
　　　　曹霞(女,1月15日任)
　　　　吕　庆(11月14日任)
　　　　孙爱民(12月30日任)
　　　　冒　军(12月30日任)
纪检组组长　沈海燕(女,1月15日免)
　　　　徐春建(1月15日任)

**市教育局**

局　长　张　俊
党委书记　章士友(1月15日免)
　　　　张　俊(1月15日任)
党委副书记　张　俊(1月15日止)　邵绍清
　　　　鞠九兵　王　红(女,1月15日任)
副局长　鞠九兵　王　红(女,1月15日任)
　　　　郭其龙　田小飞(1月15日任)
　　　　缪世春(挂职)
纪委书记　倪　兵

**市科学技术局**

局　长　张亚鸾(女,11月14日辞)

马军华(11月14日提名,12月28日任)
党组书记 张亚鸾(女,11月14日免)
马军华(11月14日任)
副局长、党组副书记 石留权(11月14日免)
副局长 沈德君(11月14日免)
陈广建 陈久平
金义明(党外)
胡俊峰(科技镇长团成员挂职,8月22日止)
郑 军(科技镇长团副团长挂职,9月30日任)
冒 峰(1月15日任)
蔡建兰(女,1月15日任)
纪检组组长 周 标

**市公安局**

局长 成 明(6月27日辞)
陈晓彬(6月27日提名,7月15日任)
党委书记 成 明(7月11日免)
陈晓彬(7月11日任)
政委 谢晖来(11月14日免)
邢新华(11月14日任)
党委副书记 谢晖来(11月14日免) 邢新华
张 勇
副局长 邢新华(11月14日免) 周绍亮
陆书俊 张 勇 孙 锋 张 新
邱 俊 张 斌
张睿成(挂职,10月30日止)
王 华(挂职,11月14日任)
副政委 郑云娟(女) 吴 琼(兼)
纪委书记 吴 琼

**市监察局**

局长 沈良高(8月3日辞)
顾季青(8月3日提名,9月30日任)
副局长 刘晓洁(女,党外)
焦晓斌(兼,12月30日免)
倪新建(兼,12月30日任)

**市民政局**

局长 谢万健(11月14日辞)
狄邦建(11月14日提名,12月28日任)
党组书记 谢万健(11月14日免)
狄邦建(11月14日任)
党组副书记 钱德贵
副局长 钱德贵 季雪峰(1月15日免)
施 才 曹 俊 刘 荣
程学军(女) 张叶庆(1月15日任)
纪检组组长 俞晓荣

**市司法局**

局长 狄邦建(11月14日辞)
卢延林(11月14日提名,12月28日任)
党组书记 狄邦建(11月14日免)
卢延林(11月14日任)
党组副书记 卢延林(11月14日止)
副局长 卢延林(11月14日止)
陆 荫(1月15日免) 陶建军
黄文龙 缪霄峰
纪检组组长 陈建宏

**市财政局**

局长 冒海清(1月15日提名,2月2日任)
党组书记 张 勇(11月14日免)
冒海清(11月14日任)
党组副书记 冒海清(1月15日任,11月14日止)
彭深海(11月14日免)
杨 玉(1月15日任)
李晓红(女,11月14日任)
副局长 杨 玉 李晓红(女) 张建明
蔡志斌 丁正付
纪检组组长 韩国强

**市人力资源和社会保障局**

局长、党委书记 纪成如
党委副书记 丁一峰(1月15日免)
副局长 朱从高 陈子富 瞿 进
徐纯山(1月15日免) 薛正刚
程 蓉(女) 吴广兴(12月30日免)
纪委书记 薛宜发

**市国土资源局**

局长、党组书记 石 剑
副局长 周长海 陶文建 平四勇
纪检组组长 范 彦
如皋开发区分局局长 周长海(兼)

**市住房和城乡建设局**

局长、党委书记 苏 强
副局长、党委副书记 冯 昕(兼,11月14日免)
杨大勇(兼,11月14日任)

王贵华　卢晓剑
党委副书记　张加琴(兼)
副局长　林　锋　王建华　张建军
纪委书记　刘国林

**市规划局**

局长、党组书记　朱贵宏
副局长、党组副书记　冒国华
副局长　袁权民　徐　猛

**市城市管理局**

局长、党组书记　何福平
副局长、党组副书记　阚德龙
副局长　秦永忠　陈爱明　陶学林
朱志兵
沙　进(挂职,12月30日免)
孙夏兵(挂职,12月30日任)
纪检组组长　陈海峰

**市交通运输局**

局长　张　健(11月14日辞)
张书强(11月14日提名,12月28日任)
党委书记　张　健(11月14日免)
张书强(11月14日任)
党委副书记　马玉明(兼)　张爱民(1月15日免)
副局长　马玉明(兼,1月15日免)
张爱民(1月15日免)
卢玉兰(女)　刘佩骏　郝如良　洪　勇
葛　军(1月15日任)
纪委书记　葛　军(1月15日免)
殷亚平(女,2月26日任)

**市水务局**

局长、党组书记　徐　海
党组副书记　章　剑(1月15日任)
副局长　章　剑(1月15日免)
张兆民(党外)　沈亚林　黄　俊
章祥裕(1月15日任)
纪检组组长　章有本(1月15日免)
朱凡亚(女,2月26日任)

**市农业委员会**

主任、党委书记　王舜慧(女)
党委副书记　曹　阳　谢裕斌
副主任、党委副书记　张益群(11月14日免)
副主任　郝昌军　张建明
环大中(12月30日免)　耿　超
陈玉峰(1月15日任)
陈　慎(挂职,12月30日任)
杨　阳(大学生村干部挂职,1月15日止)
纪委书记　肖连生

**市商务局**

局长　卢志敏(11月14日辞)
曹金林(11月14日提名,12月28日任)
党组书记　卢志敏(11月14日免)
曹金林(11月14日任)
党组副书记　倪　建　秦　天(11月14日任)
副局长　王昌龄(1月15日免)　郭成凤(女)
刘加峰　范亚林
纪检组组长　汤建华(1月15日免)
柳昌祥(1月15日任)

**市文化广电新闻出版局**

局长　姚呈明(11月14日辞)
孙天骄(11月14日提名,12月28日任)
党组书记　姚呈明(11月14日免)
孙天骄(11月14日任)
党组副书记　水秀平
副局长　张国平　冒　逊　夏建国(党外)
姚寓韶(兼)
纪检组组长　柳昌祥(1月15日免)
陈　建(1月15日任)

**市卫生和计划生育委员会**

主任　郭夕俊(1月15日提名,2月2日任)
党委书记　郭夕俊(1月15日任)
党委副书记　郭夕俊(1月15日止)
副主任　郭夕俊(1月15日止)　周咏梅(女)
秦龙银　杨　华(2月26日免)
陈　华　陶　亮　王　宁(1月15日免)
谢宇晨　康　岚(女)　吴海燕(女)
谢仁圣(挂职)　张智娟(女)
纪委书记　万久平(女)

**市审计局**

局长　冒海清(1月15日免)
张文斌(1月15日提名,2月2日任)
党组书记　冒海清(1月15日免)
张文斌(1月15日任)
副局长、党组副书记　康建芳(女)
副局长　张建忠(1月15日免)

朱宏彬(党外) 许 强
龚志鸿
纪检组组长 张卫华(女,2月26日免)
秦 宗(2月26日任)

**市环境保护局**

局 长 谢跃进(1月15日免)
陈晓仲(1月15日提名,2月2日任)
党组书记 谢跃进(1月15日免)
陈晓仲(1月15日任)
党组副书记 张建平 范 健
副 局 长 张建平 耿银文 陈文扣 徐宣安
苏 燕(女,党外)
冒 峰(1月15日免)
许 疆(1月15日任)
纪检组组长 冯 健

**市统计局**

局 长 张文斌(1月15日免)
宗爱君(1月15日提名,2月2日任)
党组书记 张文斌(1月15日免)
宗爱君(1月15日任)
党组副书记 马 毅(5月4日任)
副 局 长 马 毅 宗 晓(5月4日任)
季 康(党外)

**市物价局**

局 长 丁建兰(女,11月14日辞)
石留权(11月14日提名,12月28日任)
党组书记 丁建兰(女,11月14日免)
石留权(11月14日任)
副 局 长 吴亚军 张耀如(1月15日免)
徐 强(党外) 邹济明(1月15日任)
刘 君(挂职,3月28日任)
纪检组组长 王宏兵

**市港口管理局**

局 长 马玉明(11月14日辞)
冯 昕(11月14日提名,12月28日任)
党组书记 马玉明(11月14日免)
冯 昕(11月14日任)
副 局 长 高学明 田 骏 范迪平(1月15日任)

**市市场监督管理局**

局长、党委书记 吴 鹏
副局长、党委副书记 贾宏斌 戴 斌
副 局 长 沙 群 章新祥 钱 兵
王志刚 纪 勇 石昭峰
周进友 徐爱宁(女) 袁绍兵
李晓东 张 晔
纪委书记 吴金林

**市安全生产监督管理局**

局 长 朱留宽(11月14日辞)
陆海峰(11月14日提名,12月28日任)
党组书记 朱留宽(11月14日免)
陆海峰(11月14日任)
副 局 长 张叶庆(1月15日免)
朱守华(党外,1月15日免)
刘建华 杨 建 张善良
杨海燕(党外) 张昌明(1月15日任)
纪检组组长 袁 熙(1月15日免)
殷桂平(1月15日任)

**市体育局**

局长、党组书记 陈仁高
副局长、党组副书记 周 强(1月15日免)
沙 进(12月30日任)
副 局 长 周光华(1月15日免)
沈孝峰(党外,12月30日免)
范建兵 夏 勇

**市旅游局**

局 长 朱国镔(11月14日辞)
孙福才(11月14日提名,12月28日任)
党组书记 朱国镔(11月14日免)
孙福才(11月14日任)
党组副书记 周 敏(女,1月15日免) 周巧良
副 局 长 周巧良 阮强舟 杨 阳(3月28日任)

**市民族宗教事务局**

局长、党组书记 陆爱斌
副局长、党组副书记 张爱民(1月15日任,11月14日免)
副 局 长 陈洪波 苏小燕(女)

**市行政审批局**

党委书记 严世斌(兼)
局 长 范晓强
党委副书记 范晓强 杨晓峰 范荣华
副 局 长 杨晓峰 范荣华 徐 猛(兼)
纪委书记 徐 剑

## 合署办公、挂牌机构、部门管理机构和市政府直属事业机构

**市政府法制办公室**

主　任　詹文天(兼)

副主任　徐朝阳

**市政府外事侨务办公室**

主　任　崔建平(兼,1月15日免)

副主任　陈　丽(女)

市政府金融工作办公室

主　任　张杰俊(兼,1月15日免)

　　　　张小星(兼,11月14日任)

副主任　孙东泉(兼,3月28日免)

　　　　戴轶楠(12月30日任)

**市政府应急管理办公室**

主　任　居小刚(兼)

副主任　丁山燕(1月15日免)

　　　　戴轶楠(2月26日任,12月30日免)

　　　　周小荣(12月30日任)

**市机关事务管理局**

局　长　缪永辉(11月14日免)

　　　　陈晓华(11月14日任)

副局长　于广杰　胡银飞　陈　宜(女)

**市政府信息网络管理中心**

主　任　龚卫东(兼)

副主任　王　岳　卢　建

**市政府研究室(2015年5月27日新设立,副科级建制)**

主　任　丁山燕(1月15日任,12月30日免)

**市经济和信息化委员会**

主　任　杨　飞(兼,11月14日免)

　　　　卢志敏(兼,11月14日任)

**市服务业办公室**

主　任　孙德祥(兼,11月14日免)

副主任　曹　霞(女,1月15日免)

**市中小企业局**

局　长　邱德华(兼)

**市粮食局**

局　长　刘亚东(11月14日免)

　　　　吕　庆(11月14日任)

副局长　邹济明(1月15日免)

　　　　洪　军(女,11月14日免)　丁正海

**市建筑工程管理局**

局　长　冯　昕(11月14日免)

　　　　杨大勇(11月14日任)

副局长　陈建华　顾新建　卢树平(1月15日免)

　　　　刘建华(1月15日任)

**市人民防空办公室**

主　任　韩　欣(兼)

副主任　范忠晔

**市农业机械管理局**

局　　长　谢裕斌

党组书记　陈新生(1月15日免)

　　　　　谢裕斌(1月15日任)

副 局 长　陈新生(1月15日免)

　　　　　施建平(1月15日免)　段晓庆

　　　　　高之富(12月30日免)　季浩民

　　　　　刘锡贵(1月15日任,12月30日免)

　　　　　沈孝峰(党外,12月30日任)

**市农业资源开发局**

局长、党组书记　曹　阳

副　　局　　长　李爱民(1月15日免)　苏晓红

　　　　　　　　刘锡贵(1月15日免)

　　　　　　　　戴春祥　施建平(1月15日任)

**市广播电视台**

台　长　王　林(5月4日免)

　　　　王建云(女,5月4日任)

副台长　姚寓韶(党外)　陈亦骏　严保林

　　　　程海青(女)

**市地震局**

局　长　石留权(11月14日免)

　　　　李伟华(12月30日任)

副局长　蔡建兰(女)

**市知识产权局**

局　长　陈广建

副局长　明曙光

**市政务服务中心**

主任、党组书记　范晓强

副　　主　　任　谢　健

**市公共资源交易管理办公室**

主任、党组书记　姜跃进

副　　主　　任　朱生全　张锦贵(党外)　陈　岗

纪 检 组 组 长　郭继锋

**市社会矛盾纠纷调处中心**

主　　　任　缪小华

第一副主任　狄邦建(兼,11月14日免)
常务副主任　卢延林
副　主　任　许秀军　陈　皞(党外)

**市政府教育督导室**

主　任　邵绍清
副主任　陆海燕　田小飞(1月15日免)
　　　　李松虎(1月15日免)

**市口岸办**

主　任　卢志敏(11月14日免)
　　　　曹金林(11月14日任)
副主任　倪　建

## 市政协办公室、各工作委员会

**办公室**

主　任　许映亮
副主任　顾艳枫(女)

**社会法制与城乡建设(人口资源环境)委员会**

主　任　郝继锋(11月14日辞)
　　　　詹文天(11月14日提名)
副主任　黄建华

**学习文史、民宗侨台委员会**

主　任　万有富(11月14日辞)
　　　　周　星(11月14日提名)
副主任　邱贵平

**提案委员会**

主　任　周　星(11月14日辞)
　　　　万有富(11月14日提名)
副主任　吴小蓉(女)

**经济科技委员会**

主　任　周松林(11月14日辞)
　　　　孙德祥(11月14日提名)
副主任　丁建明(11月14日辞)　朱志伟
　　　　沈德君(11月14日提名)

**文教卫体委员会**

主　任　严佩兰(女,2月26日提名,3月24日任)
副主任　严佩兰(女,2月26日止)
　　　　刘亚丽(女,12月30日提名)

## 如皋市人民法院

院　长　吴存银(6月28日止)
　　　　章智敏(女,6月28日提名,7月15日任副院长、代理院长)
党组书记　吴存银(7月19日免)
　　　　章智敏(女,7月19日任)
副院长、党组副书记　陈　祥
副　院　长　周海刚　郝　玮(女)
　　　　朱明岩(1月15日免)
　　　　吴剑平(女,党外)　郭朝晖
　　　　黄卫东　顾雪红(女)
纪检组组长　章　兵
政治处主任　朱玉林
执行局局长　周　云(女)
专职委员　任　锋(2月26日任)

## 如皋市人民检察院

检　察　长　何　强(6月28日止)
　　　　孙　亚(6月28日提名,7月15日任副检察长、代理检察长)
党组书记　何　强(7月19日免)
　　　　孙　亚(7月19日任)
副检察长、党组副书记　夏琪斌
党组副书记　倪建宏(2月26日任)
副检察长　倪建宏(2月26日止)
　　　　王　珺(女)　冒鹏举
　　　　高　丽(女,2月26日提名,4月16日任)
纪检组组长　李文祥
政治处主任　丛　越
反贪局局长　江其林
反渎职侵权局局长　龚建华
专职委员　李国平
　　　　高　丽(女,2月26日免)

## 如皋市人民武装部

政　委　胡宏杰(6月27日免)
部　长　祝国庆
副部长　徐宏明

## 中国人民武装警察部队如皋市武警中队

中队长　周体毅
指导员　方少强(5月4日免)　刘　瑜(5月4日任)

## 中国人民武装警察部队如皋市消防大队

大队长　徐　华(11月24日免)　张辉(11月24日任)
教导员　唐铁军

## 如皋海关

关　长　石根庆
副关长　陈爱华　黄　海

## 如皋出入境检验检疫局

局　长　肖国平
副局长　石卫国(1月10日免)　刘振宇
　　　　何学明(8月26日任)

## 如皋边检站

站　长　王建华
政　委　刘伟芳(女,6月21日免)
　　　　忽伟军(6月21日任)
副站长　陈拥军(4月29日免)
　　　　陈　晨(4月29日免)　王爱军

## 如皋海事局

局　长　韩光民
副局长　谢海兵　蒋楠隽

## 市人民团体

**工商联**

主　　席　魏祝明
党组书记　杨　龙(1月15日免)
　　　　　顾卫国(1月15日任)
副 主 席　杨　龙(1月15日免)
　　　　　顾卫国(1月15日提名,12月28日任)
副主席、党组副书记　缪爱国
副 主 席　余国平　倪东波

**总工会**

主　　席　周太荣
党组书记　刘建明(1月15日免)
　　　　　周太荣(1月15日任)
党组副书记　曹　蓉(1月15日任)
副 主 席　曹　蓉(女)　范迪平(1月15日免)
　　　　　周维宽
　　　　　沙旭宇
　　　　　章　军(1月15日提名,1月28日任)
　　　　　瞿　进(兼,不驻会)
工青妇联合纪检组组长　缪红云(2月26日任)

**团市委(5月3日换届)**

书记、党组书记　杨海鹏(11月14日免)
副　书　记　崔　金　顾　滩(女)
　　　　　　刘　晖(挂职,3月28日任)
工青妇联合纪检组组长　缪红云(2月26日任)

**妇联**

主席、党组书记　王桂兰(女)
副　主　席　张　峰(女)
　　　　　　缪剑云(女,1月15日提名)
工青妇联合纪检组组长　缪红云(2月26日任)

**侨联**

主　　席　朱一飞(党外)
副 主 席　王晓云(女)　金海建(党外,不驻会)
　　　　　郝　玮(女,不驻会)
　　　　　张　锋(不驻会)　张亚明(不驻会)
　　　　　曹建国(不驻会)

**科协**

主　　席　杨国斌(1月15日辞)
　　　　　张　勇(1月15日提名,4月14日任)
党组书记　杨国斌(1月15日免)
　　　　　张　勇(1月15日任)
副 主 席　蒋莹芳(女)　季永冬　缪世兴
　　　　　段月祥(12月30日提名)

**文联**

主　席　陈建军(兼,12月30日辞)
　　　　纪树华(兼,12月30日提名)
副主席　夏建国(2月26日辞)
　　　　马　俊(2月26日提名,3月24日任,11月14日辞)
　　　　丁　群(女,11月14日提名,12月23日任)

**残联**

理事长、党组书记　神俊华
副 理 事 长　朱益红(女,1月15日辞)
　　　　　　沈亚峰　陈永圣　郭锦泉
　　　　　　卢昆军

**红十字会**

会　　长　吴道健(兼,8月11日辞)

胡拥军(兼,8月11日提名)
常务副会长 张智娟(女)
副 会 长 章献方

**市社科联**

主 席 姚呈明(兼,11月14日辞)
陈建军(兼,12月30日提名)
副主席 吴 华(12月30日提名)

## 镇(区、街道)

**如皋经济技术开发区**

党工委
书 记 姜永华(兼,6月22日免)
副 书 记 马金华(5月27日明确负责党工委日常工作)

管委会
副 主 任 马金华(5月27日免) 石 兵 郝晓东
赵宏祥 曹汉清 杨 飞(5月27日任)

纪工委
书 记 从立新(9月28日免)

**城北街道(与如皋经济技术开发区合署)**

党工委
书 记 马金华(兼,8月11日免)
郝晓东(兼,8月11日任)
副书记 郝晓东(兼,8月11日止)

办事处
主 任 郝晓东(兼)

人大工委
主 任 黄亚周
副主任 陆建高(1月15日提名,2月2日任)

政协工委
主 任 倪新福

**长江镇(换届)**

党 委
书 记 吴志华
副书记 顾留忠 薛建兵 卢国杰(1月15日免)
严金宏 黄山虎(工资行政关系在公安)
陈 铭(科技镇长团成员挂职,8月22日止)
邓启煌(科技镇长团成员挂职,9月30日任)
徐晓梅(女,挂职至10月30日)

人大主席团
主 席 张建军
副主席 魏维农(11月14日辞) 钱福良
陈 承(11月14日辞)
陈志祥(11月14日提名)

政 府
镇 长 顾留忠
副镇长 秦 天(11月14日辞) 陈红军
张小建 吴 荣(5月4日辞)
纪坤刚(5月4日辞) 赵银山
许 宁(5月4日辞)
陈凤芸(11月14日提名)
严峰(11月14日提名)
陈佳佳(11月14日提名)
朱 霞(女,大学生村干部挂职)
许 玮(女,高层次人才挂职)

政协工委
主 任 薛建兵

**如皋港区**

党工委
书 记 吴志华(11月14日免)
顾留忠(11月14日任)
副书记 顾留忠(11月14日止)
马玉东(兼)
戴 峰(11月14日免)

管委会
副主任 孙东泉(1月15日免) 刘金城
杨海鹏(11月14日任)
主 任 顾留忠
副主任 孙东泉(1月15日免) 刘金城
杨海鹏(11月14日任) 袁 亮 高源兵
王洪海 秦 毅 夏 刚 赵 山(党外)
陆兴祥(11月14日免)
田学平(1月15日免)
张小平(女)
黄立新(工资行政关系在公安,2月26日免)
冒 军(1月15日任,12月30日免)
薛松祥(工资行政关系在公安,2月26日任)
吴 荣(5月4日任)
纪坤岗(5月4日任)
许 宁(5月4日任)

纪工委
书 记 严金宏(兼)

**长青沙生态旅游度假区**

书记、主任　吴志华(兼)

**如皋港物流园区**

主　任　薛建兵(兼)

副主任　汪　东　周向阳

　　　　蔡　娟(女,11月14日免)

**如皋高新技术产业开发区**

党工委

书　记　石　兵

副书记　孙得利　陆海峰(11月14日免)

　　　　章爱平(11月14日任)

　　　　李小军(11月14日任)

　　　　沈　兵(11月14日免)

　　　　丛明昌(1月15日任)

　　　　刘志斌(工资行政关系在公安)

管委会

主　任　孙得利

副主任　陆海峰(11月14日免)

　　　　章爱平(11月14日任)　韦　华(女)

　　　　刘建华(1月15日免)

　　　　许　疆(1月15日免)

　　　　丛明昌　何李川

　　　　薛小青(1月15日免)　杨明华

　　　　孙爱民(12月30日免)

　　　　胡俊峰(科技镇长团成员挂职,8月22日止)

　　　　郑　军(科技镇长团副团长挂职,9月30日任)

　　　　王建庄(科技镇长团成员挂职,9月30日任)

　　　　丁　飞　陈伟文

　　　　田学平(1月15日任)

　　　　季海卿(1月15日任)

　　　　洪秀美(5月4日任)

纪工委

书　记　季美华(女)

**城南街道**

党工委

书　记　石　兵(兼)

副书记　陆海峰(11月14日免)

　　　　章爱平(11月14日任)

　　　　袁中庆(第一书记挂职,2月26日免)

委　员　许　鹏(1月15日任)

组织员　谢拥军(1月15日任)

人大主席主席团

主　任　纪卫国(11月14日辞)

　　　　石　兵(11月14日提名,12月28日任)

副主任　左　明

办事处

主　任　陆海峰(11月14日免)

　　　　章爱平(11月14日任)

副主任　潘文胜(女)　阮爱银(女)　沈　燕(女)

　　　　周　杰　季陈中(1月15日任)

　　　　叶　雯(女,1月15日任)

政协工委

主　任　沈　兵(11月14日免)

　　　　李小军(11月14日任)

**如皋工业园区**

党工委

书　记　刘向阳(兼)

副书记　章明锋(11月14日免)

　　　　刘亚东(11月14日任)

　　　　沙海军(1月15日免,11月14日任)

　　　　张　斌(工资行政关系在公安,2月26日免)

　　　　周昌峰(第一书记挂职)

　　　　佘亚军(挂职,1月15日止)　陈爱明(挂职)

　　　　余珊珊(科技镇长团成员挂职)

　　　　张长健　仲纪元(11月14日免)

　　　　魏志兵(1月15日任)

　　　　杨　明(工资行政关系在公安,2月26日任)

管委会

主　任　章明锋(11月14日免)

　　　　刘亚东(11月14日任)

副主任　沙海军(11月14日任)　郭震寰(党外)

　　　　吴亚兵　魏志兵(1月15日免)

　　　　彭理英(女)　黄海泉　刘　超

　　　　周小芳(女)　陈　飞(11月14日免)

　　　　陈　晖　秦龙健　冒玉祥

　　　　杨升元(科技镇长团成员挂职,9月30日任)

　　　　关　欣(科技镇长团成员挂职,9月30日任)

　　　　钱钰璐(女,1月15日任)

**如城街道**

党工委

书　记　刘向阳(兼,11月14日免)

　　　　刘亚东(11月14日任)

副书记　章明锋(11月14日免)

沙海军(11月14日任)
吴燕南(挂职,11月14日任)

人大工委

主　任　孙　骥(1月15日辞)
沙海军(1月15日提名,2月2日任,11月14日辞)
仲纪元(11月14日提名,12月28日任)

副主任　邱松友(1月15日辞)　殷小红(女)
方峻江(1月15日辞)
缪祥才(1月15日提名,2月2日任)

办事处

主　任　章明锋(11月14日免)
沙海军(11月14日任)

副主任　薛建明　陈　群(女)　张开玉
钱爱华(女)　缪祥才　戴维薇(女)
范存莲(女)　金　晖　何亚琴(女)　冒玉祥
程　澄(高层次人才挂职,3月28日止)
张　燕(女,大学生村干部挂职)
郝　强(高层次人才挂职,3月28日止)

政协工委

主　任　沙海军(11月14日免)
张长健(11月14日任)

**如皋市长寿旅游度假区**

党工委

书　记　刘向阳(兼)

副书记　章明锋(兼,3月28日免)
张　成(1月15日免)　唐建如
佘亚军(1月15日任)

管委会

主　任　章明锋(兼,3月28日免)
唐建如(3月28日任)

副主任　郭桂忠　缪祥才(1月15日免)
何亚琴(女)　徐　浩　何　宏
张小俊(1月15日任)
张　婧(女,1月15日任)

**丁堰镇(换届)**

党　委

书　记　崔建村(11月14日免)
储开平(11月14日任)

副书记　储开平(11月14日止)
刘小冬(11月14日任)
谢小丽(女,11月14日免)
杨　海(11月14日任)
申　进(工资行政关系在公安)
王东方(第一书记挂职,11月14日免)
陈　慎(第一书记挂职,12月30日免)

人大主席主席团

主　席　薛献忠

副主席　郭继平　张佩华(女,1月15日辞)
吉卫华(1月15日提名,1月26日任,11月14日辞)
杨晓静(11月14日提名)

政　府

镇　长　储开平

副镇长　缪剑云(女,1月15日辞)
王亚明(1月15日辞)
杨晓静(11月14日辞)
吉卫华(1月15日辞)
章盛国(1月15日提名,1月26日任,11月14日辞)
严　峰(1月15日提名,1月26日任,11月14日辞)
周　峰　张金森(11月14日提名)
吴　畏(11月14日提名)
林璐璐(女,11月14日提名)
高亚军(大学生村干部挂职)
方烁森(第一书记挂职)
程　飞(第一书记挂职,2月26日任)

政协工委

主　任　谢小丽(女,兼,11月14日免)
杨　海(兼,11月14日任)

**白蒲镇(换届)**

党　委

书　记　佘德华

副书记　朱建军(1月15日免)　张　成(1月15日任)
徐春建(1月15日免)　段月祥(1月15日免)
王亚明(1月15日任)　管　峰(5月4日任)
何　兵(工资行政关系在公安)
孙　伟(第一书记挂职)
黄永德(科技镇长团成员挂职,8月22日止)

人大主席主席团

主　席　陈慧华

副主席　蒋俊友(11月14日辞)
陆新明(11月14日辞)

曹　玲(11月14日提名)
侯茂华(11月14日提名)

政　府
镇　长　朱建军(1月15日辞)
张　成(1月15日提名,1月30日任)
副镇长　章盛国(1月15日辞)
曹　玲(女,11月14日辞)
侯茂华(11月14日辞)
冒　俊(1月15日辞)
宗炳生　徐拥军
陈玉峰(党外,1月15日辞)
李世芬(女,5月4日辞)
朱志聪(1月15日提名,5月4日辞)
吴爱兵(11月14日提名)
戴海峰(11月14日提名)
朱金建(11月14日提名)
马　俊(11月14日提名)
仇中超(大学生村干部挂职)
陈新红(女,大学生村干部挂职)
佘　飞(第一书记挂职)　马　耀(挂职)
陈彬彬(第一书记挂职,2月26日任)

政协工委
主　任　段月祥(兼,1月15日免)
王亚明(兼,1月15日任)

## 下原镇(换届)

党　委
书　记　杜晓峰
副书记　柳杰军　张亚东(11月14日任)
王　鹏(1月15日免)
赵红飞(1月15日任)
谢晓飞(第一书记挂职,2月26日免)
黄　震(工资行政关系在公安,2月26日任)

人大主席主席团
主　席　吕　庆(11月14日辞)
孙世军(11月14日提名)
副主席　缪建平(1月15日辞)
张　建(1月15日提名,1月24日任)

政　府
镇　长　柳杰军
副镇长　洪秀美(女,5月4日辞)　陈大平
戴　伟(1月15日提名,1月24日任)
曹武元(1月15日提名,1月24日任)
邓陈胜(11月14日提名)
张国平(工资行政关系在公安)
申爱学(1月15日辞)
祝　亮(第一书记挂职)
张学军(第一书记挂职,2月26日任)

政协工委
主　任　王　鹏(兼,1月15日免)
赵红飞(兼,1月15日任)

## 九华镇(换届)

党　委
书　记　顾晓春
副书记　孙　康　丁　建
马小锋(工资行政关系在公安)
孙小建(第一书记挂职,2月26日免)
沈　辉(南通下派第一书记挂职)

人大主席主席团
主　席　薛美银(女)
副主席　许金华(11月14日辞)
郭宝玲(女,1月15日辞)
肖茂华(11月14日提名)

政　府
镇　长　孙　康
副镇长　刘　东　陈　然(1月15日辞)
肖茂华(11月14日辞)
沙健忠(1月15日辞)　郭　庆
胡素华(1月15日提名,1月27日任)
吴　为(1月15日提名,1月27日任)
金志华(女,大学生村干部挂职,11月14日止)
苏伯全(第一书记挂职)
史进华(第一书记挂职,2月26日任)

政协工委
主　任　丁　建(兼)

## 石庄镇(换届)

党　委
书　记　马军华(11月14日免)
薛　煜(11月14日任)
副书记　薛　煜(11月14日止)
陈　飞　徐　建(11月14日任)
阚书宏(工资行政关系在公安)

陈建波(第一书记挂职,3月28日止)
何昌圣(南通下派第一书记挂职)
人大主席主席团
主　席　马军华(1月15日辞)
卢小冬(1月15日提名,1月30日任)
副主席　倪桂华(1月15日辞)
张　斌(1月15日提名,1月30日任,11月14日辞)
刘　华(11月14日提名)
政　府
镇　长　薛　煜
副镇长　陈　飞(11月14日提名,主持政府工作)
徐　建(11月14日辞)
殷桂平(1月15日辞)　杨　飞　黄宏佰
郭爱民
戴建明(大学生村干部挂职,1月15日止)
赵　建(第一书记挂职)
吴　伟(第一书记挂职,2月26日任)
政协工委
主　任　陈　飞(兼,11月14日免)
徐　建(兼,11月14日任)

**江安镇(换届)**

党　委
书　记　顾卫国(1月15日免)　朱建军(1月15日任)
副书记　王建云(女,5月4日免)
章　彬(5月4日任)　章　军(1月15日免)
申　燃(1月15日任)　石晓鹏(5月4日任)
石拥军(工资行政关系在公安,2月26日免)
葛桢松(第一书记挂职,2月26日免)
陈嘉蔚(南通下派第一书记挂职)
陈　飞(工资行政关系在公安,2月26日任)
人大主席主席团
主　席　卢小冬(1月15日辞)
王　鹏(1月15日提名,1月31日任,12月26日继续提名)
副主席　严循龙(1月15日辞)
马　彬(1月15日提名,1月31日任,12月26日继续提名)
政　府
镇　长　王建云(女,5月4日免)
副镇长　唐晓星　朱建兵(5月4日免)
刘宝林(11月14日辞)　朱伟锋　丁新建
吴红云(1月15日提名,1月31日任)
林炳文(11月14日提名)
陈志坤(11月14日提名)
孔建飞(科技镇长团成员挂职)
李小标(第一书记挂职)
葛　波(第一书记挂职,2月26日任)
李建军(挂职,12月30日任)
政协工委
主　任　章　军(兼,1月15日免)
申　燃(兼,1月15日任)

**搬经镇(换届)**

党　委
书　记　陈晓仲(1月15日免)　胡晓勇(1月15日任)
副书记　胡晓勇(1月15日止)　刘　莉(1月15日任)
丁　毅　申　燃(1月15日免)
陆建平(工资行政关系在公安,1月15日免)
苏裕根(第一书记挂职,2月26日免)
刘志俭(第一书记挂职,12月30日免)
孔祥年(科技镇长团成员挂职,8月22日止)
喻晓春(工资行政关系在公安,2月26日任)
人大主席主席团
主　席　郭锡兵
副主席　张　俊(1月15日辞)
翟彩云(女,1月15日提名,1月30日任,11月14日辞)
张　斌(11月14日提名)
政　府
镇　长　胡晓勇(1月15日辞)
刘　莉(1月15日提名)
副镇长　张红建(5月4日辞)　谢仁兵(5月4日辞)
朱建兵(5月4日提名,8月2日任)
梅志祥　张兴龙　石明良
翟彩云(女,1月15日辞)　许　鹏　陈小强
王正权(1月15日辞)　任建兵
喻晓春(工资行政关系在公安,2月26日止)
孙　健(工资行政关系在公安)
袁　健(11月14日提名)
葛志昊(挂职,12月30日任)

冯细华(第一书记挂职,2月26日任)

政协工委

主　任　丁　毅(兼)

## 东陈镇(换届)

党　委

书　记　顾季青(11月14日免)

吴冰冰(11月14日任)

副书记　吴冰冰(11月14日止)

焦晓斌(11月14日任)

谢小丽(女,11月14日任)

张　勇(11月14日免)

季兴华(工资行政关系在公安,2月26日免)

陈云龙(工资行政关系在公安)

任　锋(第一书记挂职,2月26日免)

戴海峰(第一书记挂职,2月26日免)

人大主席主席团

主　席　李小军(11月14日辞)

张　勇(11月14日提名)

副主席　吴志广(1月15日辞)　王　斌(1月15日辞)

郝建兰(女,11月14日辞)

吉爱明(1月15日提名,1月26日任)

政　府

镇　长　吴冰冰(11月14日辞)

焦晓斌(11月14日提名)

副镇长　吉爱明(1月15日辞)

毛玉才(11月14日辞)

赵小成(1月15日辞)　冒　华

陆　浩(11月14日辞)

高张生　王　洁　朱亚光

谢书平(5月4日辞)

朱金建(1月15日提名,1月26日任,11月14日辞)

赵　建(工资行政关系在公安,2月26日任)

包杨滨(高层次人才挂职)

潘海燕(女,大学生村干部挂职)

姚　敏(大学生村干部挂职,1月15日止)

谢仁龙(第一书记挂职)

沈　伟(第一书记挂职,2月26日任)

政协工委

主　任　张　勇(兼,11月14日免)

谢小丽(女,兼,11月14日任)

## 吴窑镇(换届)

党　委

书　记　郭　建

副书记　陈晓华(11月14日免)

袁天明(11月14日任)

宗　晓(5月4日免)　周　勇(5月4日任)

黄国平(工资行政关系在公安,2月26日免)

孙　锴(第一书记挂职)

刘正华(第一书记挂职)

李世峰(南通下派第一书记挂职)

娄劲松(工资行政关系在公安,2月26日任)

人大主席主席团

主　席　周永刚

副主席　薛宜全

政　府

镇　长　陈晓华(11月14日辞)

袁天明(11月14日提名)

副镇长　季爱明(11月14日辞)

张　俊(党外,1月15日辞)

石光富(1月15日辞)　严海兵

周　勇(5月4日辞)

田　祥　蔡爱忠(11月14日提名)

钱锦锋(11月14日提名)

戴海峰(1月15日提名,1月26日任,11月14日辞)

孙海波(第一书记挂职)

阮铁均(第一书记挂职,2月26日任)

政协工委

主　任　宗　晓(兼,5月4日免)

周　勇(兼,5月4日任)

## 磨头镇(换届)

党　委

书　记　张书强(11月14日免)

许　薇(女,11月14日任)

副书记　许　薇(女,11月14日止)

戴　峰(11月14日任)

贾根建(1月15日免)

章爱平(11月14日免)

李丽萍(女,1月15日任)

蔡　军(工资行政关系在公安,2月26日免)

杨　海(第一书记挂职,2月26日免)

钱锦锋(第一书记挂职,11月14日免)
张永才(科技镇长团成员挂职)
黄立新(工资行政关系在公安,2月26日任)

人大主席主席团

主 席 张书强(1月15日免)
贾根建(1月15日提名,1月29日任)

副主席 单芝龙

政 府

镇 长 许 薇(女,11月14日辞)
戴 峰(11月14日提名)

副镇长 刘正友(1月15日辞) 钱吴明(1月15日辞)
谢仁兵(5月4日提名,8月1日任,11月14日辞)
丁邦宏(1月28日辞) 石晓鹏(5月4日辞)
赵小成(1月15日提名,1月29日任)
刘剑锋(1月15日提名,1月29日任)
蔡爱忠(5月4日提名,8月1日任,11月14日辞)
陈 飞(11月14日提名)
蔡 娟(女,11月14日提名)
赵伟田(大学生村干部挂职,1月15日止)
谢晓红(第一书记挂职)
谢继东(挂职,12月30日任)
殷小宏(第一书记挂职,2月26日任)

政协工委

主 任 章爱平(兼,11月14日免)
李丽萍(女,兼,11月14日任)

## 国有资产公司(集团)

**市文广传媒集团**

党委书记 缪爱诚(兼,8月11日免)

党委副书记 王 林(5月31日开除党籍)
王建云(女,5月4日任)

董事长、总经理 王 林(5月4日免)
王建云(女,5月4日任)

副总经理 姚寓韶(党外) 陈亦骏 严保林
贾中兴 程海青(女) 李玉梅(女)

纪检组组长 张来建

**如皋港投资集团有限公司**

总经理 马玉东

副总经理 田小凡(1月15日免)
仇正华(5月4日免) 杨小波(聘)
薛志峰(聘) 吴 骥(聘)

## 其他机构

**市接待办公室**

党组书记 张百璘

主任、党组副书记 孙海凤(女)

副主任 贲如江 章剑峰
张 旭(2月26日任,9月29日免)

**驻美国联络处**

主 任 倪新福(兼,1月15日免)

**驻深圳联络处**

常务副主任 王昌龄(兼)

**市供销总社**

主任、党委书记 孙福才(11月14日免)
张益群(11月14日任)

副主任 时建平(1月15日免) 何玉堂
章琪运 孙克千(1月15日任)

**市招商局**

党委书记 严世斌(兼)

局长、党委副书记 曹金林(11月14日免)
秦 天(11月14日任)

副局长、党委副书记 王昌龄(兼,1月15日免)

党委副书记 王 红(1月15日免)
吉俊国(2月26日任)
姜洪峰(2月26日任)

副局长 吉俊国 佘亚军(1月15日免)
陈凤芸(11月14日免) 周 栋
吴 为(挂职,2月26日任)
王 浩(挂职,2月26日任)
周 峰(挂职,2月26日任)
严海兵(挂职,2月26日任)

**驻沪联络处**

书 记 严世斌(兼)

主 任 曹金林

**南通市如皋地方税务局**

局长、党组书记 施 勇(1月13日免)
沙 兵(1月13日任)

党组副书记 姜陈林

副局长 黄建兵 陆 荣(2月2日免)
周宏兵

纪检组组长 姜陈林(兼)

**如皋市国家税务局**

局长、党组书记　高建秋

副　局　长　丁　平　严建军　周保共(女)

纪检组组长　周　昇

**如皋市气象局**

局　长　陈新育(2月29日任)

副局长　肖　霁

## 市管企事业单位

**市党员干部现代远程教育中心**

主　任　吴正隆(1月15日免)　吴晓晖(3月28日任)

副主任　钱锦锋(4月22日免)

**市党建网络传播管理中心**

副主任　佘　飞

**白蒲中学**

校长、书记　范建银

副校长、副书记　刘国银　陈宽林(8月11日免)

副　书　记　缪德军(8月11日任)

副　校　长　缪德军　陆志新

柳永红(8月11日任)

严　勇(8月11日任)

**石庄中学**

校长、书记　陈强燕

副校长　黄建友(8月11日免)　黄永乔　陈　锋

校长助理　严　勇　石春梅(女,8月11日任)

**江安中学**

校长、书记　鞠九州

副校长、副书记　卢海兵

副　校　长　蔡成兵(8月11日免)

杨　勇(8月11日任)

校长助理　柳永红(8月11日免)

黄建锋(8月11日任)

**市一中**

校长、书记　戴圩章

副校长　杨忠泽(8月11日免)　殷济亮　陈　培

许金松　蔡成兵(8月11日任)

**搬经中学**

校长、书记　王　军(8月11日免)

陈宽林(8月11日任)

副校长、副书记　徐　斌

副　校　长　许金波

校长助理　章小建(8月11日任)

曹正国(8月11日任)

**市二中**

校长、书记　李广建

副校长、副书记　陈　亮　范周荣(8月11日免)

副　校　长　马维进　邵平安(8月11日免)

校长助理　吴建军(8月11日任)

**长江中学(8月11日,薛窑中学更名为如皋市长江高级中学,相关人员担任的原薛窑中学职务自行消失)**

校长、书记　陈　军(8月11日任)

副校长　康锦炎(8月11日免)

蔡　建(8月11日任)

校长助理　王　华(8月11日任)

洪海军(8月11日任)

**如皋中专**

校长、副书记　缪世春

书　　记　曹　军(8月11日免)

王　军(8月11日任)

副　校　长　殷宗玉(8月11日免)　臧德明

姜先锋　郭夕国

徐年华(8月11日任)

徐　峰(8月11日任)

校长助理　徐　峰(8月11日止)

**第一中专**

校长、书记　冯志刚

副校长　曹江泉　贾建军　徐年华(8月11日免)

韩克山(8月11日任)

校长助理　陆克平(8月11日任)

费建国(8月11日任)

**市通用技术教育实验学校(市青少年素质教育实践基地)**

校长(主任)　于进泉

书记、副校长　朱新华

副校长(副主任)、副书记　吴国建

副校长(副主任)　邱永忠

副　校　长　曹树泉　徐鑫焱(女)

**如皋初中**

校　长　郭富慧

**市人民医院**

院长、副书记　朱银圣

书记、副院长　朱小平

副　院　长　王　勇(2月26日免)

杨如山(9月29日免)

卢弘栩　石国平　石高寒

纪 委 书 记　张文怡(女)

**市中医院**

院 长 、书 记　薛瑞华(3月28日免)
　　　　　　　贾　运(3月28日任)

副院长、副书记　贾　运(3月28日止)

副　　院　　长　沈安明(党外)　吕　军
　　　　　　　刘　俊　韶建生　谢轶群(女)

纪 委 书 记　吴宏匀(女)

**市疾病预防控制中心**

主任、书记　沙留强

副 主 任　张晓莉(女)　吴　坚　周祥国(党外)

**市卫生监督所**

所长、书记　范旻昊

副 所 长　何云祥　周　宇(女)

**市海事处**

主任、书记　钱俊林

副 主 任　周小兵(副书记)　孔咏梅(女)

**如港公路磨头收费站**

站长、书记　顾卫东

副 站 长　谭俊清　徐相军

**市交通运输综合执法大队(原市运输管理处、市乡镇交通运输综合管理所合并组建,为如皋市交通运输局所属相当副科级建制事业单位,原相关人员担任的市运输管理处、市乡镇交通运输综合管理所职务自行消失)**

大 队 长　陈建华(3月28日任)

教 导 员　唐幸炜(3月28日任)

副大队长　范晓兵(3月28日任)
　　　　　石　峰(3月28日任)
　　　　　汤建平(3月28日任)
　　　　　张小燕(3月28日任)
　　　　　赵玉军(3月28日任)

副教导员　黄　健(3月28日任)

**市社会保险基金管理中心**

主任、书记　丁玉林

副 主 任　谢仁杰　周晴晖(女)　季苏岷(女)

副 书 记　陆江华

**技工学校**

校　长　张永飚(党外)

副书记　薛　建

副校长　田岱越(3月28日任)　韶庆生(3月28日任)

**市人才服务中心**

主任、书记　张建华

副 主 任　周亚琴(女)

**市城市建设管理综合执法大队(为市城市管理局所属相当副科级建制事业单位,原相关人员担任的市城市管理行政执法大队职务自行消失)**

大 队 长　沙　进(3月28日任,12月30日免)
　　　　　孙夏兵(12月30日任)

教 导 员　孙夏兵(3月28日任,12月30日免)

副大队长　包龙庚(3月28日任)
　　　　　李建军(3月28日任)
　　　　　张　敏(女,3月28日任)

副教导员　薛鲁疆(3月28日任)

**市农技推广中心**

主 任 、书 记　丁　峰

副主任、副书记　严　军

副　　主　　任　丁　旭

**市事业单位登记管理局**

局　长　张世闻(3月28日免)
　　　　郁　梅(女,3月28日任)

**市财政结算管理中心(原市级机关会计核算管理办公室更名)**

副主任　石　璐(女)　贾　云(女)

**市预算管理审核中心(原国库支付中心更名)**

副主任　倪春华　余昌彪

**市机关后勤服务中心**

主　任　谢向阳

副主任　王建强

**市环境监察执法大队**

大 队 长　张林红

副大队长　钱　进　蒋宏东　马小兵

**市文体旅游综合执法大队(为市文化广电新闻出版局所属相当副科级建制事业单位,原相关人员担任的市文化行政综合执法大队职务自行消失)**

大 队 长　杨增富(3月28日任)

教 导 员　陈建波(3月28日任)

副大队长　李小标(3月28日任)

**市农林水利综合执法大队**

大 队 长　张建明(3月28日任,12月30日免)
　　　　　陈　慎(12月30日任)

副大队长　魏国才(7月19日任)

马　宏(7月19日任)
倪玉堂(7月19日任)
陈小明(7月19日任)

**市公共资源交易中心**

副主任　陈　萍(女)　胡　静(女)　丁树华

**市房屋征收管理办公室主任**

主　任　孟志远(3月28日任)

## 条管企事业单位

**中国邮政集团公司江苏省如皋市分公司**

总经理、党委书记　施鎏鑫
副总经理　许卫权　沈　荣
纪委书记、工会主席　许卫权

**中国电信有限公司如皋市分公司**

总经理、党委书记　吴　清
副总经理、纪委书记　季雅丽(女)
副总经理、工会主席　丁　赵

**国家电网江苏省电力公司如皋市供电公司(3月31日，根据国家电网公司统一部署，原江苏省电力公司如皋市供电公司变更为国网江苏省电力公司如皋市供电公司，机构性质、规格建制不变)**

总经理、党委副书记　陈仲兴(5月30日免)
张红娟(女,5月30日任)
党委书记、副总经理　张红娟(女,5月30日止)
蔡立华(5月30日任)
副总经理　张坚平(1月20日免)
石　健　徐红武
周　鑫(1月20日任)
纪委书记、工会主席　陶　进
如皋运维站经理　江晓晔(1月20日免)
丁雪峰(1月20日任)

**江苏省如皋市烟草专卖局(南通市烟草公司如皋分公司)**

局长、经理、党组书记　张　健
副局长　周　健(11月16日免)
王鸿俊(11月16日任)
副经理　张跃进

**如皋市盐务管理局(江苏省盐业公司如皋支公司)**

局长、经理、书记　郑小军
副局长、副经理　鲁　骏　袁忠汉(11月29日免)

**中国人民银行如皋市支行**

副行长　刘　琴(女,主持工作)
王　毅　吴小红(女)
纪检组组长兼总稽核　徐晓东

**中国工商银行股份有限公司如皋市支行**

行长、书记　张　璇
副行长　周治平(1月15日免)
丁晓莉(女,4月10日免)
江晓明(6月20日任)
陈龙骏(11月16日任)
钱欣俊(4月18日任)
纪委书记　朱　建

**中国农业银行股份有限公司如皋市支行**

行长、党委书记　石　慧(女)
副行长、党委副书记　郭益中
副行长　孙晓兵　卢小青(女)　季劲松
纪委书记　孙晓兵

**中国建设银行股份有限公司如皋市支行**

行长、书记　金瑛珲
副行长　孙晓翔(8月24日免)
陆亚建(8月24日免)
徐　伟(3月3日任)
朱鹏祥(8月24日任)
周宝华(8月24日任)

**中国银行股份有限公司如皋支行**

行长、书记　孙小飞
副书记　邓全飞(7月28日免)
周　嵩(7月28日任)
副行长　尤海燕(女)
袁影秋(女,10月27日免)
缪　杰　朱　彤(10月27日任)

**江苏银行股份有限公司如皋支行**

行长、书记　曹　毅
副行长　凌凯菲(女,1月5日免)
季百新(1月25日任)
行长助理　季百新(1月5日任,1月25日止)
杨建明

**中国农业发展银行股份有限公司如皋市支行**

行长、书记　许　晔
副行长兼信贷部主管、党支部委员　焦　龙(3月6日免)
王广才(3月6日任)
副行长兼会计部主管、党支部委员　郭玲玲(女)

**江苏如皋农村商业银行股份有限公司**

党委书记、董事长　汪农生
行长　钱海标

监　　事　　长　顾文学
副　　行　　长　刘　刚(11月14日免)　张和敏
　　　　　　　　展爱云(女)　徐晓兵
　　　　　　　　张　俊(11月14日任)

**交通银行股份有限公司南通如皋支行**

行长、书记　曹　霞(女)
副 行 长　张阆峰　孙宝彤　董　刚

**中国邮政储蓄银行如皋市支行**

行长、书记　黄　新
副 行 长　陈　峰　王海燕

**中国人民财产保险股份有限公司如皋支公司**

经理、书记　冒建勋
副 经 理　陈伏虎　陈卫兵

**中国人寿保险股份有限公司如皋支公司**

经理、书记　曹　军
副 经 理　戴海娟(女)　孙建东　陈　杰

**中信证券如皋营业部**

总经理　曹培荣

**中国联通有限公司如皋分公司**

总 经 理　王　珲
副总经理　蔡　琴(女)
总经理助理　李柏林

**中国移动通信公司如皋分公司**

经　　理　王　克
副 经 理　吕娟娟(女,5月5日任)
总经理助理　冒玉成　周　舟(10月12日免)

**如皋中学**

校长、书记　左伯华
副 校 长　钱国祥　段建平　李　兰(女)　刘　建
校长助理　蒋　晶(女)　季小军

(丁光晶)

# 重要文献

## 重要报告

# 创新转型　聚焦富民
# 努力走在南通全面建成小康社会前列
## ——在市委十二届三次全体(扩大)会议上的讲话
(2016年12月30日)

陈晓东

同志们:

这次会议的主要任务是深入贯彻落实党的十八大和十八届三中、四中、五中、六中全会,中央、省经济工作会议,省、南通、如皋市党代会和省委、南通市委全会精神,回顾总结2016年,研究部署2017年,动员全市上下继续坚持稳中求进工作总基调,着力创新转型,加快富民进程,努力走在南通全面建成小康社会前列。下面,根据市委常委会讨论的意见,我讲四个方面的问题。

### 一、2016年工作回顾

2016年,市委团结带领全市人民,学习贯彻党的十八届六中全会和习近平总书记系列重要讲话精神,深入开展"两学一做"学习教育,主动适应经济发展新常态,自觉践行新发展理念,全力推动"强富美高"魅力如皋建设,经济社会保持平稳健康发展,实现了"十三五"良好开局。

(一)抓转型提质效,经济运行稳中趋好。全年预计地区生产总值同比增长10.1%,名列全国县域经济基本竞争力百强县(市)第23位,比上年前进3位。实体经济得到强化。始终突出项目"第一抓手",持续加大有效投入,创新推进项目"一周一会办"工作机制,全年新开工亿元以上产业项目76个,总投资85亿元。完成规模工业投入327亿元,同比增长12.5%,实现固定资产抵扣税3.4亿元,同比增长31.8%。完成增值税33亿元,同比增长22.6%,完成工业应税销售940亿元,同比增长10.8%。净增规模工业企业36家,主导产业实现应税销售532.1亿元,同比增长16.3%。转型升级步伐加快。大力实施先进制造业和现代服务业双轮驱动战略,三次产业结构优化为7:48:45,实现服务业应税销售(不含房地产)750亿元,同比增长53%,总量、增速、增量均居南通五县(市)第1位。高度重视科技创新,全年全社会研发投入占GDP比重达2.52%,新兴产业、高新技术产业产值占比分别提高1.6、1.3个百分点。致力推进产业集聚化发展,新能源汽车及零部件产业被认定为示范型国家级国际科技合作基地,如皋港现代综合物流园被认定为首批省级生产性服务业集聚示范区,联合国开发计划署"氢经济示范城市"项目落户如皋。注重人才引进培养,全年新引进国家级人才10人,新入选省"双创"人才6人,均创历史新高。加快提升农业现代化水平,国家现代化农业示范区建设深入推进,高标准农田建设、新型经营主体培育、农产品产销体系建设、农产品出口、粮食生产全程机械化等工作保持南通领先,获评国家农村产业融合发展试点示范市和农村承包土地经营权抵押贷款试点市,农业农村发展优势进一步凸显。开发开放继续深化。四大主功能区主阵地作用进一步发挥,产业承载能力进一步增强,国家一类开放口岸、保税物流中心(B型)功能优势持续放大,四大贸易平台完成交易总额326亿元,上海、广州集装箱航线正式开通运行,货物、集装箱吞吐量突破5000万吨和6万标箱。全年实现到账外资3.2亿美元,完成外贸进出口总额25亿美元,新增服务外包企业110家,实现外包执行额18亿元,外经营业额、境外投资额分别达3.56、1.29亿美元。

(二)谋改革求突破,发展动能加速形成。自觉增强全面深化改革责任担当,承接的6项国家级和8项省级改革试点工作扎实推进,改革红利得到释放。供给侧结构性改革成效初显。运用市场、行政、法治等手段落实"三去一降一补"重点任务,推动企业降本增效,加快淘汰落后产能,彻底整治"地条钢",房地产去库存周期降至18个月。指挥部工作有序推进。创新成立了如皋港深度开发、高铁新城建设、城市水系建设和大健康产业发展、渤商所长江国际交易中心建设、新能源汽车产业基地建设、软件园开发建设"六大指挥部",通过明确工作定位,创新工作机制,找准工作着力点,打造经济发展新的增长极。行政管理体制改革成效显著。"放管服"改革持续深化,"三证合一""一照一码"改革全面实施,相对集中行政许可权和综合行政执法体制改革深入推进,"一枚印章管审批""一个领域一支队伍管执法"的如皋模式得到了中央、省有关部门的认可和推广。投融资体制改革探索推进。获批省级以上PPP项目11个,撬动社会资本67亿元。鼓励企业直接融资,新增主板上市公司1家、新三板挂牌企业5家,上市(挂牌)企业实现股权融资16.9亿元。

(三)重协调优生态,城乡建设步伐加快。积极探索城镇化和城乡一体化发展新路径,和谐宜居、富有活力、彰显特色现代化城市的建设进程加快。城市品位稳步提升。中心城市完成投入7亿元,城市功能配套不断完善,成功跻身省海绵城市试点城市,国家节水型城市顺利通过考评。交通转型升级加快。宁启复线动车开通,争取设立高铁南站进展显著,通皋大道正式立项,355省道东段竣工,城乡道路客运一体化水平进一步提升。生态环境持续优化。生态治理深入推进,空气质量优良率达74.3%,新增绿化面积56万平方米,全国文明城市创建测评全省领先,国家生态镇实现全覆盖,建成国家生态市,入选南通唯一的国家全域旅游示范区。城乡环境不断改善。小城镇建设加快推进,村庄环境整治提档升级,"七位一体"长效管护工作南通领先,建成国家级生态村1个,新增省级水美乡镇1个、传统村落2个、美丽乡村4个。

(四)强保障惠民生,群众生活持续改善。坚持像抓经济建设一样抓民生保障,民生支出在一般公共预算收入中占比达到81.8%。城乡居民增收加快。积极促进就业、鼓励创业,千方百计拓宽群众增收渠道,城乡居民可支配收入分别同比增长8.3%和9%,增幅分别位居南通第2、第1位,如皋市被评为省创业型示范城市。大力实施脱贫致富奔小康工程,完成低收入农户建档立卡工作。公共服务得到提升。省教育现代化示范区建设取得重要进展,获评省促进义务教育均衡发展先进市,高考本二上线率连续三年居全省第1位,北外附属龙游湖外国语学校开工建设;医疗、养老产业发展态势迅猛,医养融合、公建民营等创新模式赢得市场认可;市档案馆创成南通首家省AAAA级数字档案馆。社会保障日益增强。保障体系进一步健全,社保、医保覆盖面不断拓宽,保障水平不断提高。文化事业蓬勃发展。民间文艺百花齐放,多项国际性赛事在如皋成功举办,文化整体实力和竞争力持续增强。

(五)善治理促和谐,发展环境更趋优化。着力构建现代治理体系,切实加强民主法治建设,社会大局保持和谐稳定。法治如皋深入推进。依法行政持续加强,执法、司法公信力日益提高,法治建设满意度达

96%，持续保持省法治建设示范县(市、区)称号。平安如皋持续推进。公众安全感持续提升，连续9年获省平安县(市、区)称号；信访联席会商机制和信访维稳三级工作机制建立完善，实现了重大活动期间群众进京、去省“零”登记。安全生产责任全面落实，全市安全生产形势保持平稳。民主政治扎实推进。党委总揽全局、协调各方的核心作用充分发挥，新一届人大代表、政协委员推荐选举工作顺利完成。积极支持人大依法履职，注重发挥政协参政议政作用，在重大决策上广泛听取人大、政协的意见，在工作推动中注重发挥工青妇等群团桥梁纽带作用，国防动员、双拥共建扎实开展，统战、老干部工作等取得新成效，全市上下形成了团结协作、和衷共济的良好发展局面。

(六)转作风强队伍，党的建设全面加强。认真贯彻党要管党、从严治党要求，把管党治党的责任牢牢扛在肩上，坚持真抓真管、敢管敢严、长管长严。“两学一做”学习教育扎实推进。市委常委带头学习研讨、带头讲党课、带头走基层。宣传思想政治工作得到加强。始终突出党员干部理想信念教育，严明党的政治纪律和政治规矩，引导广大党员干部切实增强“四个意识”。成功召开市党代会，顺利完成市镇村集中换届。基层党组织建设不断强化。全面开展“基层服务型党组织建设深化提升年”活动，村(社区)干部能力水平显著提升，基层党组织的战斗堡垒作用明显加强。党风廉政建设和反腐败斗争深入开展。切实加强和规范党内政治生活，严格执行中央八项规定和省委、市委十项规定，严肃查处违纪违法案件473件。

一年来，市委常委会着眼新形势、新要求和新任务，以市十二次党代会召开为契机，注重发挥集体智慧，注重加强对重大问题的前瞻性谋划，注重探索既抓住发展机遇、增创发展优势，又兼顾当前发展、实现平稳运行的工作思路和方法，进一步强化求真务实的鲜明导向，明确责任担当的工作要求，营造开拓创新的浓厚氛围，推动全市上下凝聚共识、齐心协力，形成了争当苏中新一轮发展排头兵的强大合力。同时，市委常委会高度重视自身建设，始终坚持民主集中制，严格按规则议事决策，开展市委中心组集中学习14次。各位常委同志认真履行“一岗双责”，在模范遵守党章、贯彻上级要求、带头廉洁自律、改进工作作风方面做出了表率。

在看到成绩的同时，我们也清醒地认识到工作中存在的问题和不足，主要表现在：产业集聚度还不够高，企业转型升级的步伐还需加快，新招引、新开工的重大项目不多，创新型、旗舰型项目偏少；财政收入增速放缓，刚性支出持续增大，收支矛盾仍然突出；百姓富裕程度、公共服务供给水平、生态环境质量、社会矛盾化解等方面与群众的期待仍有较大差距；党要管党、从严治党需要进一步强化，“四风”和腐败问题仍有发生，少数干部勇于担当、主动作为不够，庸政懒政现象依然存在。对此，我们必须坚持问题导向，统一思想行动，采取更加有力的措施切实加以解决，保持好来之不易的发展势头。

## 二、2017年工作目标思路

2017年是党的十九大召开之年，是供给侧结构性改革的深化之年，也是全面落实省市党代会部署的开局之年。工作中，要着眼大局，以优异成绩迎接党的十九大胜利召开；要抓好开局，落实好省、南通和全市党代会精神。总体要求是，按照中央和省市决策部署，深入贯彻习近平总书记系列重要讲话精神，坚持稳中求进工作总基调，牢固树立和贯彻落实新发展理念，适应把握引领经济发展新常态，以提高发展质量和效益为中心，以推进供给侧结构性改革为主线，以“六大指挥部”为抓手，致力推动先进制造业与现代服务业“双轮驱动”，创新转型、聚焦富民，推动各项事业发展和全面从严治党迈上新台阶，努力走在南通全面建成小康社会的前列。

2017年，全市经济社会发展的主要预期目标是：地区生产总值突破1000亿元、同比增长10%以上，全部工业应税销售1000亿元以上、同比增长10%以上，服务业应税销售力争达到1000亿元、同比增长35%以上，建筑业总产值1000亿元以上、同比增长10%以上，一般公共预算收入保持增长，社会消费品零售总额同比增长10%以上，实际利用外资3.35亿美元，外贸进出口总额保持适度增长，全社会研发投入占GDP比重2.55%以上，城乡居民人均可支配收入同比分别增长8.3%、9%以上，万元GDP能耗降幅和主要污染物减排完成上级下达指标。

做好明年工作，要着重把握好以下四点：

一是把握发展窗口期。全市十二次党代会明确提出，今后五年，如皋有责任、有必要、有信心发展得更好更快一些。为此，我们把经济增长预期目标定为保持10%以上、农民人均可支配收入增幅9%以上、力争在4个指标上均突破1000亿元，主要是为如期实现“十三五”发展目标、高水平全面建成小康社会目标确定的，这是市委市政府勇于挑战、高点定位的一种体现,更是主动作为、开拓进取的一份责任和担当。作出这样的判断,正是基于我们面临着一个前所未有的战略黄金机遇期。机遇是有窗口期的,机遇往往稍纵即逝。能否抓住并用好这个难得的机遇期,是我们必须答好的一份答卷。因此,我们必须牢牢把握稳中求进的工作总基调,在把握好度的前提下奋发有为,在稳的基础上保持和发展好进的势头。更加突出工作重点,明确主攻方向,抢抓发展机遇,加快发展步伐,努力让发展水平更高、群众获得感更强。

*二是主攻发展转型*。当前,全市的发展转型正处在爬坡过坎的关键时期,已到了不转型创新不行、转型创新慢了也不行的重要关口。综观大势,全球新一轮科技革命和产业变革蓄势待发,中央坚持供给侧结构性改革、深化创新驱动的政策导向愈发鲜明,创新转型正成为发展的基点。2017年,全市发展迎来了一个转折期,要实现经济社会的"转型出关",取决于我们能否发挥好陆海江战略枢纽作用,对接服务好上海,撬动发展"风口"上的新动能;能否进一步解放思想,创新机制体制,营造有利于创新转型的氛围;能否实现六大指挥部工作的新突破,点燃支撑全局工作的引擎。因此,我们要深入实施"双轮驱动"战略,紧紧扭住项目建设这个牛鼻子,主攻改革创新,狠抓结构调整,推动产业升级,为发展注入新活力、提供新动力。

*三是主抓增收富民*。高水平全面建成小康社会,最直接、最根本的是提高广大老百姓的富裕程度和生活质量,让老百姓的口袋鼓起来,扩大人民群众获得感。从全市小康指标实现程度看,三个"人均"和城乡居民收入达标人口比例等4项指标实现程度还不到80%,其中人均GDP、城乡居民人均可支配收入等3项核心指标均处在南通末位,地表水好于Ⅲ类水质比例还不高,这与全市的经济总量和发展态势很不相称。因此,我们要在加快富民进程、优化生态环境方面集中发力,恪守为民之责,善谋富民之策,以保持经济的较快增长来补齐短板、补强弱项,在共建共享中打赢高水平全面小康攻坚战,共创全市人民幸福生活。

*四是落实担当责任*。完成党代会确定的目标任务,关键在于开好局、起好步。明年的工作极具挑战性,没有开拓进取、创新创造的劲头就没有出路,只有解放思想、勇于探索的精神才能闯出新路。做好明年的工作,关键在人,核心在干部。因此,我们各级干部特别是领导干部必须要善担当,敢负责,重落实。工作中,我们必须要进一步完善政绩考核评价体系,强化能者上、庸者下、劣者汰的用人导向,切实改变干得越多问题越多、少干不干反而没有麻烦的逆向激励。必须要沉下心来、扑下身子,到经济社会发展一线,到招商引资、项目建设、矛盾化解一线,落实责任,靠前指挥,组织攻坚。必须要抓好落实,对确定下来的事情,要不折不扣抓落实,决不能走样,决不能变通,做到抓铁有痕,抓出成效。

## 三、2017年主要工作举措

目标的实现,是干出来的。全市上下要紧扣重点,抓住关键,全力做好稳增长、促改革、调结构、优生态、惠民生、防风险各项工作,推动经济平稳健康发展、社会大局和谐稳定。

*(一)聚力转型升级,提升经济增长新质效*。要始终坚持项目建设不动摇,处理好招商与选资、总量与质量的关系,推动经济保持中高速增长、产业迈向中高端水平。

1.加快产业结构调整。积极推进信息化与工业化融合发展、制造业与服务业双轮驱动,构建"3+3+4"现代产业体系,打造全市经济增长新引擎。推进先进智造业高端化发展。加强政策扶持,提供精准服务,推动优化组合,提升产业竞争优势。巩固提升船舶海工、新材料、高端纺织三大支柱产业,加快船舶修造、配套产业重组步伐,有效整合资源,重点研发高端海工装备及配套产品;推动新材料产业向规模化、绿色化方向发展;促进纺织服装产业向产业链、价值链高端攀升。发展壮大新能源汽车、智能装备、新一代信息技术三大新兴产业,加快建设青年赛麟、吉利康迪等六个汽车及龙能锂电池零部件产业项目,抢抓联合国开发计划署"氢经济示范城市"建设机遇,推进氢能源汽车规模化,打造全国最具竞争力的新能源汽车产业基地;推动智能装备规模化发展,提升数字与装备融合,积极扶持研发智能机器人新产品,加强品牌建设,增强产品和服务竞争力;抢抓4G、5G网络机遇,推动电子商务产业深度发展,电子信息产业向新一代物联网、智慧城市延伸。推进服务业集聚化发展。重点发展大物流、大旅游、大数据、大健康四大服务业。充分发挥一类开放口岸和保税物流中心作用,以大贸易带动大物流,全力推进四大交易平台建设,力争实现港口吞吐量5500万吨、集装箱10万标箱。不断放大全市"国家全域旅游示范区"影响力,深度挖掘"三张名片"内涵,着力打造长三角长寿养生旅游目的地,实现旅游综合收入同比增长15%

以上。加快信息高速公路及云数据中心建设，推动实施“智慧如皋”建设，服务外包执行额同比增长30%以上。放大“世界长寿乡”品牌效应，高度聚焦长寿食品、生物医药、医疗器械、养生服务、养老地产等领域，借势发力、做精做优，打造长三角大健康产业集聚区。统筹发展其他生产性生活性服务业，推动制造业向服务业两端延伸，大力发展总部经济、工业设计、商贸会展等生产性服务业，注重发展互联网金融、文化创意等新兴服务业，引导餐饮、百货等传统服务业创新经营模式，进一步做靓品牌，提升知名度。推进现代农业品牌化发展。不断放大长寿农产品品牌效应，巩固扩大在上海市场的份额，做大做实上海“菜篮子”基地。以国家级农业科技园区建设为契机，在优化“234”现代农业产业布局基础上，以加工业、互联网带动农业“接二连三”，加快农村产业融合发展步伐。大力推进高标准农田建设，不断提升农业机械化水平，着力培育懂技术、善经营、会创业的新型经营主体和职业农民，注入农业发展新动力。推进建筑业现代化发展。持续加强建筑企业管理，大力推进收购、兼并、重组，提升市政路桥、交通水利、智能建筑等高附加值市场份额，着力培育壮大建企航母，确保明年施工产值超1000亿元。

2.加大项目建设力度。项目建设是引领经济新常态、推动发展上台阶最有效的抓手。要始终突出“项目第一抓手”理念，一着不让抓招引、抓投入、抓会办、抓服务。突出招商选项目。要有“选”的思维，重点瞄准世界500强、跨国公司、大型央企，聚焦北上广深和日韩港台等重点区域，主攻一批补链、育链、强链的产业链项目。要有“引”的路径，坚持以商引商、以企引企，发挥企业家信息、人脉、品牌等优势，引进上下游配套企业，形成“葡萄串”效应。要有“新”的突破，在引进各类猎头公司、投资基金、风投创投平台委托招商，形成突破；在谋划一批龙头型、基地型项目，引进专业配套型、创新创业型、科技成长型企业上有突破。要有“评”的标准，进一步完善招商考核办法，确保引进项目环保标准、产业标准、技术标准“三个不降低”，数量质量“两个不掺水”。优化服务推项目。要进一步完善重大项目绿色通道机制，全面推进联合预审、容缺审批、容缺建设和容错机制，加快推行负面清单制度，实现从立项到许可建设50天内办结常态化。要进一步深化重大项目日巡访、周会办、月点评、季考核推进机制，为项目建设提供零距离、保姆式服务，确保明年新开工亿元以上项目100个，结转项目竣工率70%、达产率60%以上，当年开工项目竣工率40%以上。破解瓶颈促项目。推动土地、资金、用工等生产要素向产业项目集聚，打通“要素链”。破解用地难题，突出对内挖潜，通过增减挂钩、“腾笼换凤”等途径，最大限度预留用地空间；注重向上争取，促进更多改革政策在如皋先行先试，争取更多项目列入省级以上统筹推进目录。破解资金难题，积极推动信贷资金更多地向实体经济倾斜；通过融资租赁、债务融资、股票增发等途径，满足产业项目资金需求；推广PPP合作模式，发挥财政资金、产业基金杠杆作用撬动社会资本。破解用工难题，切实抓好订单培养、订单招工、订单服务，为企业提供高技能人才。同时支持企业装备改造升级，实现“机器换人”。

3.加强规模企业培育。以龙头企业为引领、产业链条为纽带，鼓励优势企业兼并重组，加快技改，做大做强，培育一批行业龙头型、基地型企业，构建产业特色鲜明、集聚效应明显的现代产业集群。实施一企一策的个性化培育目标，发展“专精特新”企业、“小巨人”企业和产品市场“单打冠军”，打造更为合理的企业梯队，力争明年净增规上企业50家以上、亿元企业30家以上。围绕企业上市过会1家、报会1家、入轨3家、新三板挂牌5家以上的目标，加大后备梯队的培育力度，逐步形成“培育一批、股改一批、辅导一批、申报一批”的良性发展局面，打造如皋上市(挂牌)企业板块。

(二)聚力改革创新，增强转型发展新动能。改革创新是引领经济发展新常态的开路先锋，要牢牢把握供给侧结构性改革这条主线，进一步扩大对外开放，不断增强发展的动力源泉。

1.着力全面深化改革。坚持问题导向，蹄疾步稳推动改革向纵深，向重点领域聚焦，真正让老百姓感受到改革带来的实实在在成效。深化供给侧结构性改革这个重点。坚持从供给和需求两端发力，按照去产能以“优”为方向、去库存以“稳”为要务、去杠杆以“撬”为手段、降成本以“实”为宗旨、补短板以“增”为动能的思路，不折不扣落实好“三去一降一补”五大任务，提高经济发展质量和效益。抓好经济体制改革这个主轴。紧贴基层和企业需求，紧盯“痛点”“难点”和“堵点”，不断优化审批制度，探索推进帮办代办服务，深入实施“互联网+政务服务”，打造主动、高效、低成本的投资环境。积极推进国有资产改革，注重加强国有资本运行，建立现代企业制度和完善的法人治理结构，确保国有资产做大做强。夯实民生领域改革这个基础。持续推进省部共建的首批教育现代化县级示范区建设,深入推进教育综合改革,促进教育公平发展和质量提升,加快推进省公共体育服务体系示范区建设,不断深化医药卫生体制改革,努力提供更加优质、便捷、廉价的医疗服务。推动农村土地“三权分置”并行,力争建成省级示范县(市)。推进重大改革试点这个关键。持续推进具有标志性、引领性、支柱性作用的国家、省级改革试点,确保明年完成县城深化基础设施投融资体制改革试点、省教育现代化县级示范区、陆海统筹土地综合整治等3项改革,创出具有如皋特色的改革经验,发挥对面上改革的示范带动效应。

2.推进创新驱动发展。抢抓长三角城市群发展的窗口期,善谋创新之举,争当全省“聚力创新”的快跑者。注重载体打造。把六大建设指挥部作为转型创新的内生动力和支撑全局工作的重要引擎,发挥好扁平化管理优势,打破行政区划界限,统筹考虑生产生活生态空间架构和江海河联动,按照政府引导、专业管理、市场化运作要求,做到“一个产业、一个规划、一位分管领导、一个专业团队、一支产业基金”,引领和推动资源集约、功能集成、产业集聚。注重平台建设。主动对接科研院所,加大新型研发机构、公共技术服务平台引进建设力度,大力推进开源空间等一批创新平台建设;重点推动科创中心建设,打造展示如皋创新活力和城市魅力的创新地标;抓好平台运行,力促每一个创新平台都成为推动创新发展的强引擎。实施创新型企业培育行动计划,新增企业研发平台2个、省级企业技术中心5家,力争新认定高新技术企业20家。注重人才集聚。充分发挥长寿之乡、教育之乡、最佳休闲小城等品牌优势,充分展示得天独厚的区位优势和富有特色的产业优势,充分放大政策激励作用,既放眼全球,又着眼本土,吸引海内外各类精英来如创业生活。

3.加快对外开放步伐。深入挖掘并有效发挥全市的开放基因,着力打造开放发展升级版。主动对接服务上海。把融入苏南、接轨上海作为开放发展的战略基点,成立对接服务上海的工作机构,充分利用上海金融中心、科创中心建设以及上海自贸区溢出效应,确保在创新资源互动、园区平台合作、高端人才引进等方面取得新突破。创新提升开放平台。经济技术开发区要充分发挥“国字号”和对外开放主平台的优势,加快完善功能平台、集聚资源要素、培育千亿级新兴产业集群,不断提升对全市经济发展的贡献度,努力在全省国家级开发区中争先进位。如皋港区要强化“南通主力港”定位,加快港工贸一体化、港产城一体化、城乡一体化步伐,推进深度开发,全面提升如皋经济发展“发动机”地位。高新区要围绕“经营城市典范区、科技创新先行区、城市活力展示区”目标,充分利用好CSIP如皋创新创业基地和开源空间两个平台,推动软件和信息服务业与其他产业融合发展,打造创新创业创意新高地。如皋工业园区要以“打造健康长寿养生福地,建设宜居宜业宜游新城”为引领,高度聚焦城市经济、生态旅游、健康养老等现代产业发展,加快推进碧水环绕、生态宜居的现代都市示范区建设进程。做优园区功能配套。

统筹抓好园区功能升级、港口功能提升、城市功能完善,推出一批“集中连片、规模适中、设施配套、特色鲜明”的工业园区,努力形成“拿得出手、落得了地、招得了商”的开放载体。要放大一类口岸、保税中心效应,力争在综保区、保税物流A区及港口汽车滚装专用码头申报建设取得突破。积极鼓励企业“走出去”。进一步放大涤诺、恒康等企业“走出去”的示范效应,继续发挥六建集团境外承包工程的支柱作用,鼓励和引导全市有条件的企业,通过投资建厂、跨国并购、承包境外工程等多种形式,在参与“一带一路”建设中增强国际化经营能力和竞争力。

(三)聚力统筹协调,构筑城乡发展新格局。围绕“城市让生活更美好”的要求,提升城乡规划建设品位,完善基础设施功能配套,全面提升新型城镇化和城乡一体化水平。

1.合理优化城乡规划。规划是城市建设的灵魂。要完善规划体系。统筹城市生产、创新、便民三大服务,坚持特色、绿色、集约三大发展,认真做好各类空间规划,重点做好城市总规的修缮、控规的提升和城市水系等专项规划的编制,坚持规划“一张图”“一盘棋”。加快促进城市总规与产业发展规划、土地利用规划“三规合一”,形成定位清晰、功能互补的规划衔接体系。要注重差异区分。摒弃千镇一面、高大全的定式思维,按照精致、标致、雅致要求,充分挖掘历史文化内涵,培育个性化城区,以个性化规划新城区,以差异化规划新镇村,做到用特色规划引领特色建设,真正体现“看得见碧水、望得见绿树、记得住乡愁”。要严格规划监管。强化规划刚性约束,加大动态监督和跟踪管理,严格依法执行规划,实现更可持续的发展。

2.稳步提高建管水平。突出以人为核心的城镇化理念,借力新城开发,推动城市精明增长、紧凑发展。

加快中心城市建设。围绕建设中等城市定位,着眼人口、产业两个集聚,加快推进吾悦广场等特色商业区、大型商贸综合体、高等级医院和学校建设,完善功能配套,做好老小区改造,提升城市人气指数。以龙游河北沿与内城河贯通为重点,大力推进主城区生态水系景观工程建设,不断畅通城市水系。积极实施城市地下空间、地下管廊开发改造,高标准建设“海绵城市”“智慧城市”,力争创成中国人居环境奖。坚持规划招商、精准选商,按照市场要求,有序出让土地,建设一批品位高、市场前景好的居住小区,满足市民需求。注重城市精细管理。实施城市绿化美化亮化工程,重点加大城乡接合部、老镇区、背街小巷的环境整治力度,深化城市管理综合执法体制改革,推动城市管理重心下移,逐步实现网格化、科学化、智能化。积极推进主干道绿化景观带、精品小游园规划建设,积极开展国家生态园林城市创建。推进特色镇村建设。按照产业特而强、功能聚而合、形态精而美、制度活而新的要求,进一步明确产业定位、文化内涵、旅游功能、社区特征等空间载体,加快特色小镇建设步伐。积极发展生态循环农业,稳步提升“七位一体”长效管护质态,提高市场化管理覆盖率,全面巩固提升农村环境。大力实施农村土地整治,探索推广村庄有机更新模式,打造一批美丽乡村休闲度假基地。

3. 大力推进互联互通。加快交通转型步伐,构建起“多样高效、内外联通”的大交通体系。推进对外通道互联互通。积极参与扬子江城市群建设,加快融入以沪苏通经济圈为重点的长三角城市群发展,积极争取高铁、高速公路、高等级航道等更多纳入国家通道、区域通道,重点做好盐通高铁服务保障,密切跟踪北沿江城际铁路布线布站规划,及时做好对接服务,争取早日开工建设。推进区域组团互联互通。优化县际、镇区之间的快速交通网络,加快城外路网与城市路网的有机衔接,促进内外交通一体化发展。统筹推进市镇村三级道路建设,重点加快推进通皋大道、S226等一批干道建设。调优城区公交线路,合理规划设置微公交和自行车站点,让群众出行更加便捷。推进多种运输方式互联互通。加快建设多网合一的综合交通运输体系,补齐多式联运短板。重点规划建设如皋站、如皋港、经济开发区三大物流园,全力推进渤商所等四大交易平台建设,加强物流体系与产业布局的协调互动。

(四)聚力绿色发展,彰显生态宜居新形象。生态文明是全面小康的重要标杆,是提升人民生活质量的重要内涵。要狠抓生态环境保护,力促环境质量更优,提升绿色发展综合指数。

1. 拓展绿色发展空间。突出抓好生态红线管控与保护,规范空间开发活动、控制空间开发强度,确保全市生态红线区域面积不低于22.3%,生态功能区得到有效保护。大力推进环境基础设施建设,加快镇区污水管网建设,推动250吨污水处理厂污泥处置项目、一期1.5万吨/年危险废弃物焚烧处置项目上半年投入运行,加快推进垃圾飞灰填埋项目,确保全市单位GDP能耗降幅、主要污染物排放量达到硬性约束指标要求。积极倡导生活方式绿色化,引导低碳生活。

2. 强化环境发展治理。以省开展“两减六治三提升”专项行动计划为契机,按照集中发力、狠抓源头、精准治污、保护优先、从紧从严、创新引领的要求,打好治气、治水、治土三大攻坚战。深入推动降煤、控排、禁烧,着力减少污染源,推动煤炭清洁使用,优化能源结构,全面推行“绿色建造”“绿色施工”,努力实现“天更蓝”。采取最严格的保护制度和手段,对良好水体实行清单式保护,促进城市水系健康发展,加大饮用水源地保护力度,积极防治地下水污染,努力实现“水更净”。加快编制土壤污染防治规划,强化重金属污染防控和企业污染场地治理与修复,大力推进以农村畜禽粪污综合治理为重点的农业面源污染整治,实施化肥农药零增长行动,推动秸秆科学还田和综合利用,提升农业废弃物综合利用水平,努力实现“地更绿”。

3. 构建生态文明制度体系。要以最严格的标准、最严格的监管、最严格的问责,构建完整的生态文明制度体系,扎紧制度的笼子。严把入口关,认真落实环保“三同时”制度,坚决把不符合产业政策、环保要求的项目拒之门外,从源头上杜绝环境污染。突出环节控制,加强重点行业安全治理,提高环境安全监管、风险预警和应急处理能力,建立镇区间交界断面水质补偿机制。强化长效机制,按照“党政同责、齐抓共管、属地管理”原则,加大环境督察执法力度,严厉打击环境违法行为。认真落实经济社会发展绿色评价、领导干部任期环境治理考核和责任终身追究制度,树立绿色政绩观。

(五)聚力共享富民,谱写民生幸福新篇章。让人民群众过上美好生活,是我们一切工作的出发点和落脚点。要不断加大保障和改善民生力度,努力让群众有更多的获得感、更高的满意度。

1. 持续增加群众收入。百姓富,是全面小康的直接体现。稳步提高群众工资性收入。深入实施城乡居民增收计划,用供给侧思维统筹城乡就业,发挥就业“直通车”作用,实现更加充分更高质量的就业,适时调整最低工资标准,逐步提高劳动报酬在初次分配中的比重。切实提高群众经营性收入。大力推进大众创业、万众创新,鼓励下岗职工“初始创业”,激励外来人才“到如皋创业”,扶持在外能人“返乡创业”。努力提高群众财产性收入。围绕所有村集体经济收入超过30万元的目标,加大村集体资金、资产、资源的盘活和开发力度,落实财税、用地等扶持政策,做强集体经济带民致富;壮大股份合作经济,大力发展物业经济,挖掘建筑富民新动能。不断提高群众转移性收入。进一步加大财政在养老、医疗、就业、最低生活保障等方面的支出补助。坚决打好精准扶贫攻坚战,坚持综合施策与分类扶持相结合,推进精准扶贫、精准脱贫,确保明年半数以上新一轮建档立卡低收入农户人均收入达到7000元。

2. 不断完善公共服务。公共服务水平的高低,是衡量民生福祉的重要标志。持续健全便民体系。坚持以标准化推动均等化,深化“市镇村”三级服务体系建设,推动公共服务向基层下沉、向农村覆盖,不断增强公共服务的普惠性和均衡性。大力发展社会事业。深入实施素质教育,鼓励民间资本参与教育事业,优化学校布局,加快北外附属龙游湖外国语学校建设,建成一批满足群众需求的现代化学校。优化医疗资源配置,加快推进中医院三期开工建设,引进医疗资源、社会资本注入医疗卫生领域,进一步完善医疗服务体系网络。加强市镇村三级公共文化设施建设,大力开展社区文化、农民艺术节和全民健身活动,推动东大街历史文化街区、胶片电影主题园等园区建设。稳步提高保障水平。强化社会救助托底功能,完善“五道医疗保障线”救助联动机制,着力扩大社会救助范围,稳步提高救助标准。推动社会力量参与养老服务业,建立新型社会化养老服务体系,让发展更有温度。切实加强精神文明建设。坚持核心价值引领。以建成全国文明城市为统领,大力培育和践行社会主义核心价值观,优化“镇村好人”“最美如皋人”等评选,扎实推进志愿者服务常态化和诚信建设制度化,让正能量传递到每个角落。

3. 提高社会治理水平。加快构建现代治理体系,切实提升现代治理能力。加强平安如皋建设。进一步擦亮省平安县(市、区)品牌,推动立体化、信息化社会治安防控体系创新升级,坚决依法打击各类违法犯罪活动,不断提升群众的安全感和满意度。深化法治如皋建设。围绕让法治成为如皋发展核心竞争力的重要标志这一主线,坚持规范公权、依法行政,全面推进法治政府建设。高度关注信访工作,健全群众诉求的表达机制、解决机制、反馈机制,使群众问题能反映、矛盾能解决、权益有保障,确保社会大局和谐稳定。有效防范各类风险。高度重视安全生产,时刻绷紧安全生产这根弦,切实加强食品药品安全监管,全面落实党政同责、一岗双责、失职追责要求,有效防范和坚决遏制较大以上事故发生,切实保障人民群众生命财产安全。

四、坚定不移推进全面从严治党

实现明年各项目标任务,核心在党,关键在干部。必须认真落实全面从严治党要求,加强党的思想、组织、作风和反腐倡廉建设,巩固凝聚力、提高创造力、增强战斗力。

1. 要把加强思想建设作为管党之首。思想是行动的先导,抓实思想建设是从严治党的首要任务。强化理论武装。注重强化换届后领导班子思想政治建设,牢记总书记“不忘初心、继续前进”的殷切嘱托,进一步增强“四个意识”特别是核心意识、看齐意识,更加自觉地在思想上、政治上、行动上,同以习近平同志为核心的党中央保持高度一致。坚持以学习型党组织建设为抓手,切实提高党员干部政治素养和业务能力。注重思想解放。经济发展进入新常态,发展的重点任务、工作要求、模式路径,都与过去不大相同,要善于闯出新路,凡是有利于转型创新的、凡是能加快富民强市的、凡是在国家法律法规范围内的,都要乘势推进。现在摆在我们面前的,既有新的发展阶段出现的新问题,也有一些长期难以破解的老问题,必须鼓励和支持基层敢想、敢试、敢闯。坚持制度约束。坚持思想建党与制度治党紧密结合,一手抓制度完善、一手抓制度执行,做到相互贯通、相互促进,真正用制度管人管事管权。

2. 要把严肃党内政治生活作为治党之基。严肃党内政治生活是全面从严治党的基础。充分发扬民主。按照党委总揽全局、协调各方的原则,统筹做好明年1月的市人大、政府、政协以及镇人大、政府换届工作。完善人大法律监督、政协民主监督,支持人大、政府、政协开展工作,支持法院、检察院独立行使审判权和检察权,持续巩固最广泛的爱国统一战线,发挥群团社团组织的积极性、主动性和创造性,加强老干部、人武、双拥、统战、对台等各项工作。严格执行《准则》。认真落实基层党组织“三会一课”、警示教育等制度,完善党员定期评议基层党组织领导班子、党员定期分析和民主评议等制度，经常性开展批评和自我批评，真正让党内生活成为加强党性锻炼、提高党性修养的大熔炉。树立正确用人导向。认真落实“20字”好干部标准，严格执行干部任用条例及配套制度，切实把好干部选出来、用起来。坚持民主集中制。坚持集体领导制度，严格执行领导班子议事规则，“三重一大”等事项必须由领导班子集体讨论决定，重大建设项目严格实施环评、稳评和安评。提高组织生活质量。广大党员干部特别是主要负责同志要以身作则，模范遵守党章党规，严守党的政治纪律和政治规矩。建立健全保证民主生活会质量的长效机制，全面净化党内政治生态。

3. 要把建强基层组织作为兴党之道。建强党的基层战斗堡垒是爱党护党兴党的使命所在。加强基层组织带头人建设。大力实施村(社区)党组织书记“1336”工程，全面推行“三单双评”制度，着力推动人向基层走、钱向基层投、政策向基层倾斜，提升基层班子战斗力。加强服务型党组织建设。更加突出政治功能和服务功能的有机统一，坚持村(社区)党组织和“两新”党组织两手齐抓，巩固完善“1+X”服务体系，在优化服务中彰显党的政治优势，提升基层组织凝聚力。加强基层党员队伍建设。坚持严把入口与畅通出口两端发力，严格按照“控制总量、优化结构、提高质量、发挥作用”要求发展党员，加强对党员的日常教育管理，落实党员积分制管理星级化考评制度，提升基层党员引领力。

4. 要把严抓反腐倡廉作为护党之本。坚定不移地惩治腐败是党心、民心所向。落实“两个责任”。牢固树立不抓党风廉政建设就是严重失职的意识，压紧压实党委主体责任、纪委监督责任，加大“一案双查”“责任倒查”力度，既严肃追究当事人责任，又要倒查追究相关领导责任。强化作风效能。毫不松懈抓好中央八项规定和省市十项规定精神的落实，大力弘扬求真务实作风，认真落实密切联系服务群众要求，切实加强党员干部家风建设，推动作风建设不断深化、党风政风持续好转。严格监督执纪。认真执行党的廉洁自律准则、纪律处分条例和问责条例等法规制度，探索践行“四种形态”的工作机制，把监督执纪问责做深做细，真正体现对党员干部既严格要求又关心爱护。持续擦亮“政风行风热线”品牌，加强权力运行监督制约，从源头上预防和减少腐败。坚定惩腐肃贪。坚持有腐必反、有贪必肃，坚持无禁区、全覆盖、零容忍，继续保持严惩腐败的高压态势，严肃查处违反党的纪律行为和腐败问题，着力查纠侵害群众利益的不正之风。

同志们，实现贯彻落实省市党代会部署的精彩开局，意义重大，任务艰巨。全市上下务必要以更加开阔的视野、更加昂扬的斗志、更加扎实的作风，开拓创新，奋发进取，为建设“强富美高”魅力如皋、高水平全面建成小康社会的宏伟目标而不懈奋斗，以优异成绩迎接党的十九大胜利召开！

# 政府工作报告

## ——在如皋市第十七届人民代表大会第一次会议上

(2017年1月12日)

代市长 何益军

各位代表：

现在，我代表第十六届市人民政府向大会作工作报告，请予审议，并请市政协委员和其他列席人员提出意见。

## 2016年工作情况及五年工作回顾

2016年，我们以习近平总书记系列重要讲话特别是视察江苏重要讲话精神为指引，深入贯彻市委的决策部署，主动适应新常态，自觉践行新理念，紧紧依靠和团结全市人民，统筹做好改革发展稳定各项工作，实现了“十三五”良好开局。

**一、经济运行稳中有进。**全市预计实现地区生产总值900亿元，同比增长10.1%，增幅南通领先。全面实施“营改增”，实现一般公共预算收入71.2亿元。现代农业持续发展。粮食生产保持稳定。项目农业投入46.5亿元。新增高效设施农业1467万公顷、家庭农场经营面积6333万公顷，新增“三品”31个，“香堂芋”获国家地理标志商标。农产品出口同比增长35%。获评国家农村产业融合发展试点示范市。花木大世界获批国家林业重点龙头企业。工业运行平稳向好。完成全部工业应税销售940亿元，同比增长10.8%。净增规模工业企业36家、亿元企业9家。建筑业实现施工总产值958亿元，企业重组取得进展，市场开拓难中求进，在手合同额同比增长298%。现代服务业提速增效。实现服务业应税销售(不含房地产)760亿元,总量、增量、增速均居南通第一。“四大贸易平台”交易总额326亿元。预计全社会消费品零售总额341.1亿元,同比增长10.9%,各项存款余额1148亿元,贷款余额715亿元。完成旅游综合收入118.2亿元,同比增长15.4%,被列入“国家全域旅游示范区”创建单位。

**二、转型升级成效显现。**创新能力稳步增强。预计全社会研发投入占GDP比重达2.52%,新兴产业、高新技术产业产值占规模工业比重分别提高1.6、1.3个百分点。万人发明专利拥有量达15.3件。新增省级各类企业技术创新平台7个,科技立项188项,获扶持资金5100万元。新引进国家级人才10人,新入选省“双创”人才6人,人才综合竞争力居全省县(市)第8位。标准化工作再上新台阶,成立全国食品机械安全卫生、智能化制革机械2个标准化工作组,力星钢球获批筹建全国滚动轴承标委会滚动体分委会。恒康家居成为全市首家主板上市企业。特色产业快速集聚。新增软件和信息服务、电子信息、东升石材等3个南通市级特色产业园区。如皋港现代综合物流园被认定为首批省级生产性服务业集聚示范区。开发区获评国家国际科技合作基地。新能源汽车及零部件产业集群获批省特色产业集群。联合国开发计划署“氢经济示范城市”项目落户如皋市。项目投入加快推进。完成固定资产投资574亿元,同比增长14%,其中规模工业投入327亿元,同比增长12.5%。新开工亿元以上产业项目76个。完成技改投入215亿元,占规模工业投入的65.6%。新增国家级“两化”融合管理贯标试点企业、省“两化”融合示范区各1家。恒康家居模塑车间获批省智能车间。节能减排取得成效。组织实施17个节能和工业循环经济重点项目。23家污染企业被依法关停并转,11家企业通过清洁生产审核,万元GDP能耗降幅、主要污染物减排完成省下达目标任务。PM2.5平均浓度同比下降18.2%,空气质量优良率达74.3%,提高5.4个百分点。

**三、改革开放纵深推进。**重点改革有序实施。供给侧结构性改革取得初步成效,淘汰落后产能企业25家,房地产去库存周期降至18个月,工业企业直接融资16.9亿元,通过减税降费等措施降低企业成本10.8亿元。深入推进“三证合一”“一照一码”登记制度,新登记企业同比增长超20%。启动不动产统一登记工作。获国家基础设施投融资创新特色镇项目1个。获批全国农村土地承包经营权抵押贷款试点市,累计发放贷款1.3亿元。对外开放更加深入。新批外资项目35个,实现到账外资3.2亿美元。预计外贸进出口25.2亿美元,其中出口20.1亿美元。新增服务外包企业110家,完成服务外包执行额18亿元,同比分别增长162%、33.3%。境外投资1.3亿美元。外经营业额3.6亿美元,同比增长14.3%。载体功能加速提升。高新区与CSIP开展全面合作,“开源空间”创新创业平台、国家北斗应用技术公共服务平台成功落户。如皋港保税物流中心(B型)开关运行,如皋港至广州港水铁联运、皋申快航成功开通。港口吞吐量突破5000万吨,同比增长42%,完成集装箱吞吐量6.5万标箱,同比增长124%。海事、海关、国检、边检等口岸查验单位高效运转。

**四、城乡面貌持续改善。**交通建设进程加快。完成交通投入8.2亿元。启动通皋大道规划建设,完成项目选址和工程方案。355省道改造工程基本竣工。高铁站房投入使用,站前广场基本建成。城市建设不断加快。中心城区完成基础设施投入7亿元,修建育贤路、新民路等6条市政道路,新增绿化面积56公顷。新城吾悦广场等城建项目加快建设。商品房开工建设118.6万平方米;完成销售120.2万平方米,同比增长39.8%。完成搬迁55.2万平方米,货币化安置率达43.6%。城市管理常态长效机制进一步健全,完成城市环境综合整治“931”工程,福寿路创成省级城市管理示范路。小城镇建设稳步推进。10个镇累计完成投入4413万元,白蒲获批省特色景观旅游名镇,2个自然村被列入省级传统村落。城乡环境持续改善。通过国家节水型城市考核验收,成为省海绵城市建设试点。推进城区水系清洁畅通工程,茅雉河综合整治启动实施。加大农村面源污染整治力度,完成畜禽养殖禁养区、限养区、适养区规划。“七位一体”长效管护机制高效运行,南通考核持续领先。秸秆机械化还田率达73.5%。新增成片造林绿化920万公顷。

**五、民生事业保障有力。**人民生活得到改善。新增城镇创业2237人、就业7682人,农村劳动力转移4398人,获评省创业型示范城市。成为省扶持村级集体经济发展试点市。预计城乡居民人均可支配收入同比分别增长8.3%、9%,增幅南通领先。社会保障不断加强。超额完成社保扩面任务,职工“五险”覆盖率达98%。城乡居民基本医疗、基本养老保险动态全覆盖,城乡低保、农村五保实现应保尽保,新增被征地农民保障做到即征即保。机关事业单位养老保险制度改革稳步推进。社会事业蓬勃发展。教育现代化示范区综合监测得分全省领先。普通高考本二以上上线率79.7%。职教对口高考本科上线人数占全省1/7。建成长江高级中学,北外附属如皋龙游湖外国语学校开工建设。被表彰为省促进义务教育均衡发展先进市。村卫生室(社区卫生服务站)公有化率达81.2%,市120急救指挥中心投入运行。居家智慧养老提供免费上门服务2.6万人次。文化事业持续发展,建成标准基层综合性文化服务中心67个,李昌钰刑侦科学博物馆建成开馆,成功承办中乙足球联赛开幕式和全国老将田径锦标赛。文化产业增加值占GDP比重达5%,保持南通领先。被国际自然医学会授予“国际健康养生胜地”称号。巩固提升“五道”医疗保障水平等10件为民办实事项目有序推进。

**六、和谐社会加快构建。**精神文明建设扎实推进。深入开展系列文明创建活动,爱心城市品牌效应持续放大,书香如皋建设成效显著。民主法制建设不断完善。“七五”普法扎实开展,法惠民生“十百千万”工程被评为南通市法治惠民实事项目。依法组织新一届村(居)委会选举。获评省级和谐社区建设示范市。社会治理水平有效提升。立体化治安防控体系不断完善,社会大局保持平安稳定,公众安全感达96.5%。“阳光信访”扎实推进,公众诉求渠道进一步畅通,市长公开电话办结率达97%。严格落实安全生产“两个主体”责任,安全生产形势总体稳定。政府自身建设全面加强。深入开展“两学一做”学习教育,全面落实党风廉政建设责任制,严格履行“一岗双责”,政风行风进一步好转。自觉接受市人大及其常委会的法律监督、工作监督和市政协的民主监督,强化政府监察工作,加强审计监督。被评为省公众参与行政程序建设示范单位。统计、物价、公共资源管理、机关事务管理、电子政务、信息公开、人防、应急、科协、档案、史志等工作不断加强。国防动员、征兵、双拥工作成绩显著。外事侨务、对台事务、民族宗教和妇女儿童、青少年、关心下一代、老龄、残疾人、红十字会、慈善等事业健康发展。

各位代表,2016年是第十六届市政府的收官之年。第十六届市政府凝聚全市人民的智慧和力量,全力推动经济社会平稳健康发展,较好地完成了确定的目标任务,向全市人民交上了一份厚厚的答卷。

这是一份关于“转型发展”的答卷。第十六届市政府始终把科学发展作为第一要务,转型升级调结构,区域综合实力显著提升。三次产业比由9:54:37调整到7:48:45。地区生产总值、一般公共预算收入、全部工业应税销售年均同比分别增长11.6%、9%、5.7%。新兴产业、高新技术产业产值占规模工业比重分别提高3.9个、7.9个百分点。建成软件、输变电装备等3个国家级特色产业基地。先后跻身国家科技百强县(市)、国家科技进步先进县(市)。成功获批国家可持续发展实验区、国家级农业科技园区核心区。全国县域经济基本竞争力百强县(市)排名前移至第23位。

这是一份关于“改革开放”的答卷。第十六届市政府始终把改革开放作为核心动力,抢抓机遇添优势,发展后劲不断增强。稳妥推进相对集中行政许可权、综合行政执法、土地征使用制度等14项国家、省级改革试点。统筹推进商事制度、财税体制、开放型经济等改革。基本实现“一枚印章管审批”“一个领域一支队伍管执法”“一个中心管检测”。苏中国际集装箱码头、如皋港保税物流中心建成运营。累计实现外贸进出口155.3亿美元,利用外资15亿美元。新增外贸企业205家。农产品出口保持南通第一、全省领先。建成省农村电子商务示范市。双马化工建成首家省级境外产业合作集聚区。经济技术开发区升格为国家级经济技术开发区,省级高新区正式挂牌。

这是一份关于“统筹协调”的答卷。第十六届市政府始终把统筹城乡作为重要路径,综合施策促协调,城乡一体步伐明显加快。行政区划调整顺利实施,形成了“1146”城乡发展布局。城镇化率从49.8%提高到56.5%,中心城区面积和人口年均分别递增1.5个、2个百分点。百平方千米公路网高于省平均水平111千米,在全国县级市中率先推广“微公交”运营模式,公交出行分担率提高到7.4%。4个镇获批南通市级中心镇,2个镇入选全国重点镇,白蒲成为全国建制镇示范试点。顾庄社区获评中国最美乡村,朱家桥村成为全国美丽乡村建设试点。建成全国卫生城市、江苏历史文化名城。获评全国粮食生产先进县(市)、全国休闲农业与乡村旅游示范市。

这是一份关于“绿色生态”的答卷。第十六届市政府始终把绿色发展作为关键导向,持之以恒优生态,人居环境质量稳步改善。环保投入连续多年超过同期GDP的3.5%。万元GDP能耗降幅、主要污染物减排达到省定标准。生态红线保护区域达国土面积的22.3%。龙游湖风景区、龙游河生态公园建成对外开放。城市绿化覆盖率由40.3%提升到43.7%,林木覆盖率达25%。市区生活污水处理率90%以上。空气环境质量优良率稳定在70%以上。建成国家生态市、江苏人居环境奖城市,获评中国花木之乡、中国最佳休闲小城。

这是一份关于"民生保障"的答卷。第十六届市政府始终把增进福祉作为根本追求,矢志不渝惠民生,百姓幸福指数持续攀升。财政民生投入占比保持80%以上,累计实施为民办实事项目50件。城乡居民人均可支配收入同比分别增长58.9%、64.2%。城镇登记失业率控制在3%以下。城镇居民医保、新型农村合作医疗、城乡基本养老保险实现动态全覆盖。创新实施"五道"医疗保障线。义务教育现代化学校建成率达94.7%,高考本二以上上线率连续三年居全省第1位。基本公共卫生服务体系持续完善,创成三级医院2家。建成全国义务教育基本均衡县(市)、全国文化先进县(市)、全国群众体育先进单位。成为全国文明城市提名城市。入选中国最具幸福感县级城市前十强。蝉联中国百强公益慈善城市。

这是一份关于"服务效能"的答卷。第十六届市政府始终把自身建设作为坚实保障,敢于创新转职能,公共服务效能加速提升。完善政府常务会议议事决策规则,提高科学决策能力。实施政府机构改革,制定并公布"5张清单",全面取消非行政许可审批事项,承接上级下放审批事项109项、取消审批事项155项。创新实施工业项目开工许可"50天办结制"。加强政府性投资工程管理,政府债务得到有效压降。主动向人大、政协汇报经济社会发展情况,自觉接受监督。第十六届市政府共办理人大代表建议1642件、政协委员提案1949件,满意和基本满意率分别达98.9%、99.6%。市政府连续多年被评为省依法行政先进单位。认真开展党的群众路线教育实践活动,自觉践行"三严三实"要求,深入推进"两学一做"学习教育,严格执行中央八项规定和省、市十项规定,为民务实清廉良好形象不断提升。

各位代表,盘点过往,我们感怀付出的艰辛和收获的喜悦。五年的成绩来之不易,这是全市上下在市委的正确领导下,团结一致、攻坚克难、开拓创新的结果。在此,我谨代表市人民政府,向全市人民,向人大代表、政协委员和离退休老同志,向驻如部队、武警官兵,向关心和支持如皋发展的社会各界人士,致以衷心的感谢和崇高的敬意!

各位代表,正视发展问题,才能找准突破的路径。从当前全市经济社会发展情况看,对照全面小康社会指标体系,我们仍然存在一些"问题清单":经济总量及均量仍然偏小,财政增速放缓,收支矛盾凸显;依靠创新驱动引领发展的态势尚未形成,产业层次提升还需加快;重大项目储备较少,围绕特色产业链新开工项目有效投入不足;土地、岸线等资源利用效率不高,发展方式还显粗放;现有文化教育、医疗卫生、养老服务、基础设施等公共服务供给与百姓的期望还有差距;生态环境保护和治理面临着较大挑战,水环境质量改善问题尤为突出;政府服务水平仍有较大提升空间,政府自身建设还需加强。对此,我们将切实采取有效措施,认真加以改进解决。

## 今后五年工作发展目标和总体思路

今后五年,是加快转变经济发展方式的攻坚期,是全面建成小康社会的决胜期。在这开篇的时间节点上,只要我们按照市委确定的目标定位,凝心聚力,顺势而为,一件一件抓落实,一年一年求突破,那些属于未来如皋的"精彩故事"必将如约而至。今后五年,如皋将迈入世界级都市圈同城发展新时代。沪通、盐通、通苏嘉、沿江高铁环线和过江通道的建设,为如皋策应新一轮长三角一体化、上海建设"五大中心"等国家战略创造了有利条件,将依托产业、载体、文化三大基础,用好靠江、靠海、靠上海三大优势,积极推进跨江融合,接轨上海,主动承接高端产业、资本、人才等生产要素,着力建设"上海北大门"宜居宜业的"城市客厅"。今后五年,如皋将迎来六大重点产业齐头并进新局面。"十二五"以来,全市增长动力更加强劲、经济结构更加优化、综合实力更加雄厚,这为我们今后实现更高层次的发展奠定了坚实基础。站在新的历史起点上,我们坚持把"六大重点产业"作为经济发展主引擎,推动大智造产业高端化、大物流产业国际化、大数据产业集聚化、大健康产业品牌化、大农业产业现代化、大旅游产业全域化,实现发展方式向集约型、创新型、高效型和融合型转变,致力打造如皋经济"升级版"。今后五年,如皋将肩负苏中新一轮发展排头兵新使命。2020年全面建成小康社会,实现我们向人民、向历史作出的庄严承诺,这就要求经济发展更高质量、人民生活更加幸福、生态环境更加优美、文化发展更加繁荣、城乡区域更加协调、社会治理更加完善。南通市委、市政府对我们提出争当"苏中新一轮发展排头兵""转型发展的先行区""生态宜居的示范区"和"走在南通全面建成小康社会前列"的奋斗目标,"走在前列"的要义就是发展水平更高、群众获得感更强。我们将以等不起的紧迫感、慢不得的危机感、坐不住的责任感,顽强拼搏,负重奋进,推动实现新“六城同创”目标,即创成:全国文明城市、国家历史文化名城、国家生态文明建设示范市、国家生态园林城市、中国人居环境奖城市、国家全域旅游示范区,显著提升城市综合竞争力和影响力。

今后五年,政府工作的指导思想是:全面贯彻党的十八大和十八届三中、四中、五中、六中全会以及习近平总书记系列重要讲话精神,统筹推进“五位一体”总体布局和协同推进“四个全面”战略布局,坚持稳中求进工作总基调,牢固树立和贯彻落实新发展理念,适应把握引领经济发展新常态,以提高发展质量和效益为中心,以推进供给侧结构性改革为主线,以六大重点产业为发力点,致力推动先进制造业与现代服务业“双轮驱动”,创新转型、聚焦富民,促进经济平稳健康发展和社会和谐稳定,努力走在南通全面建成小康社会前列。

今后五年,全市经济社会发展的主要预期目标是:争当“苏中新一轮发展排头兵”,全市地区生产总值、一般公共预算收入中税收收入年均增长10%以上;服务业应税销售年递增20%以上,全部工业应税销售年递增15%以上,社会消费品零售总额年递增10%以上,实际利用外资、外贸进出口年递增5%以上,居民收入、企业利润、财政收入“三个口袋”不断充实。争创“转型发展的先行区”,产业结构进一步优化,第三产业增加值占GDP比重47.5%以上。全社会研发经费投入占GDP比重2.75%以上,新兴产业、高新技术产业产值占规模工业比重32.5%、48%以上,新增省级智能车间12个,力争打造2—3家具有国际竞争力的创新型龙头企业。争创“生态宜居的示范区”,万元GDP能耗降幅、主要污染物减排完成上级下达任务,PM2.5平均浓度降至45微克/立方米以下,空气质量优良率75%以上,地表水Ⅲ类以上水质比例70%以上,城市绿化覆盖率45%以上,林木覆盖率25.5%以上,公众对生态环境质量满意度不断提升,生态文明建设南通领先。走在南通全面建成小康社会前列,按照全面建成小康社会目标要求,提前一年实现城乡居民人均可支配收入比2010年翻一番的目标,老百姓富裕程度、生活质量明显提高,率先建成省教育现代化示范区,就业、社保、医疗、文化、体育等公共服务体系进一步健全,居民文明素质和社会文明程度不断提高,社会保持和谐稳定、充满活力。

围绕上述指导思想和主要目标,今后五年的总体工作思路是:一是始终坚持创新发展,在转型升级中提高质量效益。积极创建全国县级标准化综合改革试点城市,支持企业主导或参与国际国内行业标准的制订。与大院大所开展深度合作,整合公共测试中心、技术服务中心、研发中心、中试基地等资源,健全咨询、风投、私募、担保等中介服务,建设市级科技创新中心,形成以创新为主动力的发展模式。二是始终坚持协调发展,在统筹规划中实现城乡一体。中心城市坚持产业结构、空间布局、现代功能、文旅特色、生态环境、治理服务“六个优化”,围绕“一年打基础、三年见雏形、五年初见效”的发展目标,加快推进新城建设,推动城市由外延型向内涵型、功能型向生态型、管理型向服务型转变,不断提升城市首位度。各镇坚持优势产业与资源禀赋融合,实现特色发展、错位发展。推进快速路、主干路、微循环建设,构建“外成环、内成网”的交通格局,基本建成组团和环城快速路网,城区交通拥堵状况有效缓解。三是始终坚持绿色发展,在提升内涵中打造宜居环境。加大生态环境治理力度,解决突出环境问题,坚决淘汰落后产能。坚持走生产发展、生活富裕、生态良好的绿色发展道路,引导世界长寿之都核心优势向健康产业、历史文化名城品牌价值向旅游产业、花木盆景之乡绿色资源向生态产业“变现”。做足“水、绿”两篇文章,筑牢生态安全屏障,努力打造“水灵、境绿、城秀”的宜居宜业健康花园城市。四是始终坚持开放发展,在深化改革中激发竞争活力。坚持以开放带动创新、推动改革、促进发展。实施“三去一降一补”重点任务,推进农业供给侧结构性改革,放大长寿之乡比较优势,让“苏·皋长寿”“长寿密码”品牌享誉长三角。深化“放管服”改革,营造有利于“双创”的大环境,让各类市场主体的“微行为”,汇聚成创新创业的“众力量”。依托沿江沿海生产力布局交汇的叠加优势,搭建公共服务平台,着力构建开放型经济新体系。五是始终坚持共享发展,在聚焦富民中创造美好生活。自觉践行以人民为中心的发展理念,把人民对美好生活的向往作为工作追求,抓好精准扶贫、精准脱贫,确保小康路上一个不少、一户不落。采取针对性更强、覆盖面更大、作用更直接、效果更明显的举措,统筹做好教育卫生、食品安全、创业就业、社会保障等工作,办好看得见、摸得着的民生实事,使人民群众在共建共享中有更多的获得感。

## 2017年主要工作安排

2017年是党的十九大召开之年,是供给侧结构性改革的深化之年，也是第十七届市政府履职的开局之年，做好今年工作意义重大。2017年全市经济社会发展的主要预期目标为：地区生产总值突破1000亿元、同比增长10%以上，全部工业应税销售1000亿元以上、同比增长10%以上，服务业应税销售力争1000亿元、同比增长35%左右，建筑业施工总产值1000亿元以上、同比增长10%以上，一般公共预算收入71.3亿元(营改增后)，社会消费品零售总额同比增长10%以上，实际利用外资3.35亿美元，外贸进出口保持适度增长，城乡居民人均可支配收入分别同比增长8.3%、9%以上，城镇登记失业率控制在3%以内，全社会研发投入占GDP比重2.55%以上，万元GDP能耗同比下降3.4%，PM2.5平均浓度同比下降4.25%，主要污染物减排完成上级下达任务。

实现上述目标，必须着力抓好六个方面的工作：

**一、更加注重稳中求进，主动适应经济发展新常态。**始终坚持项目建设不动摇，处理好招商与选资、总量与质量的关系，整合集聚发展要素，推动经济行稳致远。

突出招商选资。招引产业精准化。围绕“3+3+4”的特色产业体系，坚持内外资与三次产业并举，开展专业化、精准化招商，做到“一个产业、一个规划、一位分管领导、一个专业团队、一支产业基金”，引导和推动产业特色化发展。招商区域精准化。瞄准北广深、欧美日韩等重点区域，聚焦中字头、国字号央企和知名民企，加强与台商协会分会联系，着力引进一批科技含量高、产业契合度好、带动能力强的重大产业项目。深度对接上海，承接高端制造、金融和服务外包“溢出”效应，加强农业、旅游、建筑等服务配套，在产业体系、平台载体、配套功能上下功夫，支持主功能区及有条件的镇与上海开展园区合作，全方位对接上海创新资源，加快“上海孵化、如皋转化”。实施“1358”工程，即：每个板块联系1个上海街道(产业园区)、全市招引30个源自上海的投资项目、农产品50%供应上海、外来游客80%来自上海。招商管理精准化。加强招商队伍建设，形成“重要岗位干部从招商一线选拔、优秀后备干部到招商一线锻炼”的良性机制。健全信息捕捉、项目评判、跟踪管理和绩效考核机制，落实好项目落户平台共用和引荐共享举措，促进重大项目向专业化园区集聚。各板块领导及招商人员每月外出招商分别不少于5天、20天。招商方法精准化。组建招商公司，设立产业发展引导基金、股权投资基金，发挥企业家、在外能人信息资源优势，促进项目、技术、资本和人才加速集聚。围绕国家产业政策实施项目包装，改进推介方式，提高招商实效，力争引进世界500强企业2家，总投资超1亿美元外资项目6个，其中超3亿美元项目2个。

狠抓项目建设。猛攻重大项目。围绕“新开工亿元以上项目100个，结转项目竣工率70%、达产率60%以上，当年开工项目竣工率40%以上”的目标，重点推进青年赛麟等4个省重大项目快建设；加快推进巨业杭萧、华灿电讯、荣威二期等60个在建亿元项目快竣工；大力推进锴博新材料、高端MMA、纳诺新材料等45个储备项目快落户。加大技改投入。引导森松重工、尔昕木业、元升太阳能等一批存量企业加大技改力度，鼓励企业通过机器换人、设备更新、智能化改造等途径，加快装备工艺水平提升和产品创新，培育一批行业“单打冠军”。力争工业技改、设备投资占工业投资比重不低于65%，确保技改投入占销售收入比重10%以上、规模企业技改面达60%。强化关键支撑。经济开发区充分发挥“国字号”优势，加快完善功能平台、集聚资源要素，培育新能源和新能源汽车千亿级产业集群，不断提升对全市经济发展的贡献度，努力在全省国家级开发区中争先进位。如皋港区强化“南通主力港”定位，加快港工贸一体化、港产城一体化步伐，推动产业转型和深度开发，全面提升如皋经济发展“发动机”地位。高新区围绕“科技创新先行区、城市活力展示区”目标，推动软件和信息服务业与其他产业融合发展，打造创新创业创意新高地。如皋工业园区高度聚焦城市经济、生态旅游、健康养老等现代产业发展，加快建设碧水环绕、生态宜居的现代都市型产业示范区。

稳定外贸增长。加强政策支持。探索成立授信担保平台，解决外贸企业授信担保难题，引导更多的外贸企业实现本地出口。用好用足促进外贸回稳向好政策，组织企业参加国内外重点展会，帮助企业抢订单、拓市场、保份额。综合运用贴息、信保、信贷等措施鼓励进口。加快东升石材省级进口交易中心建设，争取国家级重要资源进口储备基地落户。挖掘外贸潜能。提高机电、服装、长寿食品等传统优势产业出口份额。鼓励企业拓展国际营销网络，建设一批境外展示、分拨和服务中心。重点扶持外贸企业前50强，力争出口超5000万美元企业10家。优化贸易方式。拓展保税物流、仓储、国际分拨等新型业务，做大贸易总量。探索市场采购贸易、跨境电子商务、外贸综合服务企业等新型贸易方式，形成新的外贸增量。

扶持实体企业。加强企业服务。深化领导挂钩联系制度，有针对性地开展政府服务、要素协调，政企携手共克时艰。坚持"一企一策、特事特办"，强化行政指导，推行靠前服务。降低企业成本。执行好"营改增"、困难性减免、研发费用加计扣除等结构性减税普惠政策，有效降低企业税负。落实价格调节、技能提升、稳岗补贴等惠企政策，着力降低制度性交易成本和企业公共生产性成本。强化要素保障。发挥银政企对接、互助基金、担保和再担保等作用，提高对实体企业的信贷比例。引导九鼎新材、力星钢球、南通锻压、恒康家居、华灿电讯等上市企业做大做强。鼓励明德塑胶、恒康数控、农商行等有条件的企业申请上市，力争上市过会1家、报会1家、入轨3家、新三板挂牌5家以上。清理低效用地，盘活存量用地，规范项目用地联合预审，探索新型供地方式。完成占补平衡、增减挂钩各200公顷。加强劳动力供需衔接，不断提高职校毕业生本地就业率，劳动力回(外)引5500人。抓好错峰管理，促进科学、节约、有序用电。

**二、更加注重产业转型，持续打造区域竞争新优势。**坚持"双轮驱动"战略，以存量优化、增量优质推动产业转型升级，构建特色现代产业体系，实现"双中高"目标。

发展先进制造业。促进产业高端化。对接"中国制造2025"行动计划，实施"质量强市"战略，提升船舶海工、新材料、高端纺织三大支柱产业，培育新能源汽车、智能装备、电子信息三大新兴产业。重点推动吉利康迪、汤臣汽配等汽车及零部件企业协作制造，做大新能源汽车板块，优化汽车配套产业布局，建设国内有核心竞争力的新能源汽车产业基地。放大氢燃料电池的产业优势，向产业前后端延伸，打造国际知名的氢能产业高地。推动如皋港化工新材料产业园绿色转型。新申报驰名商标1件，省著名商标4件、名牌产品12个。促进产业集群化。大力培育神马科技、海迪科、天鸿镭射、卓远机器人等领军型、成长型龙头企业，带动一批中小企业，构建产业特色鲜明、集聚效应明显的现代产业体系，净增规模企业50家、亿元企业30家以上。争创长寿食品、现代物流、软件信息3个省级，新能源汽车及零部件、船舶海工及配套2个国家级特色产业集群。促进装备智能化。加快推进工业企业云项目建设，打造智能制造公共服务平台。鼓励超达科技等企业加快智能化装备应用，支持思源电气、天南电力等企业研发智能成套设备。新增工信部两化融合管理贯标试点企业2家、省级智能车间2家。

集聚现代服务业。在大数据产业上，建设高新区专用网络通道，力争全市网络出口带宽达500G。推进青软实训与重点高校软件学院合作。积极发展"云计算"产业，重视大数据技术应用，做强如云科技"建筑云"，推动SAP"中小企业云"、中兴网信"众企云"在如皋市的应用。促进政务服务便利化、商事服务便捷化、社会治理精准化。支持SAP、软通动力、凌志软件等软件企业壮大规模，加强与上海、杭州等外包集聚地的合作，软件外包执行额增长30%以上。在大健康产业上，持续放大长寿品牌优势，深入挖掘特色资源，打造长三角大健康产业集聚区。重点发展以长寿集团等为龙头的食品保健产业板块，引导医疗器械向健康理疗产业转型，推进以博爱康复护理院、幸福九号为代表的"医养结合""社区养老"发展新模式，加强与台湾现代农业合作，建成如皋海峡两岸农业交流合作平台，促进"健康+农业+旅游"融合发展。在大旅游产业上，以创建"国家全域旅游示范区"为契机，按照"一城两镇"空间布局，整合配置古城游、长寿游、红色游和乡村游等文旅资源，实现全域共建、共融、共享。挖掘千年古城底蕴，积极推进国家历史文化名城申报工作，开展水绘园5A级风景区资源价值质量评审，推进长寿旅游度假区、长青沙生态旅游度假区、长江体育休闲小镇和白蒲长寿特色小镇建设，促进旅游业与三次产业融合发展，打造长三角知名健康养生旅游目的地，实现旅游综合收入增长15%以上。

培育壮大物流业。优化物流产业布局。放大公铁水、江海河联运综合优势，加快区域货运枢纽、专业物流园区以及末端配送中心建设，培育一批物流龙头企业，完善全市"一中心、三园区、多节点"物流新格局。构建现代物流生态链。促进电商物流、冷链物流、逆向物流等便民、高效、绿色的民生物流有机融合，推进电子商务、信息服务等物流基础设施的互联互通，完善城乡配送体系。增强港口集疏运能力。充分挖掘如皋港枢纽优势，开辟南京、武汉、重庆等班轮航线，新建长源、苏中等3座2万吨级以上公用码头，整合引导货主码头公用化，扩大公共仓储能力，加快港口铁路等货运通道规划建设，构建快捷高效的集疏运体系。力争实现吞吐量5500万吨、集装箱10万标箱。提升集聚化国际化水平。全力推进渤商所、长三角石油化学品、华东煤炭等5个交易中心平台建设。支持联仓科技打造中国最具公信力仓单服务平台。发挥保税物流中心优势,依托如皋港现代综合物流园,着力发展第三方、第四方物流,打造区域性货物集散中心。

做优特色大农业。打造农业发展平台。积极推进农业供给侧结构性改革,围绕增加绿色优质农产品供给,成立国有资本控股、社会资本参与的农业投资平台,形成农产品标准生产、品牌建设、质量检测的核心优势,放大“苏·皋长寿”品牌效应,让如皋长寿农产品、食品在长三角市场覆盖率和市场美誉度显著提升,推动市域农业产业化联动发展。优化农业产业结构。在稳粮的基础上,持续优化“234”产业布局。加快农业“接二连三进四”步伐,推进产业融合发展。围绕国家现代农业示范区建设,打造东部优质稻麦高产区、中部花木产业优势区、西部地方特色有机农产品主产区。新增百亩以上地方特色农产品基地72个,保持有机农业1333公顷。提高农业装备水平。加快高标准农田建设,确保新增面积3287万公顷,完成占补平衡、增减挂钩两个1%指标任务。促进高效设施农业转型升级,新增设施农业面积1333公顷。加强重点农水项目建设,农田水利现代化水平达89.9%。创成全省粮食生产全程机械化示范市。培育新型经营主体。发挥国际园艺城、金旺农场等龙头项目典型示范作用,引领新型经营主体规范发展。新增家庭农场经营面积3133公顷、全托管服务面积3333公顷、农业龙头企业22家、省级示范社6家。

大力扶持建筑业。积极协调建筑业互联互保问题,基本化解建筑业担保金融风险。支持六建、江中、中如、标龙等重点建筑企业与央企合作,开拓“一带一路”市场,进军市政、港口、轨道交通等工程领域,鼓励开展PPP合作,提升高层超高层、智能建筑等高附加值项目的市场占有率。成立建筑业转型升级发展基金,加快建筑产业现代化步伐,增强市场竞争力和抗风险能力,提升对居民收入的贡献份额。力争新增特级资质企业1家。

**三、更加注重改革创新,不断培育经济发展新动能**。坚持把改革创新作为引领发展的第一动力,推动对内对外开放,着力形成新的发展方式。

宽领域推进综合改革。深化供给侧结构性改革。坚持从供给和需求两端发力,运用市场、行政、法治等手段,推动“三去一降一补”取得更大进展,促进经济发展质量更高、效益更优。深化“放管服”改革。继续开展相对集中行政许可权、综合行政执法体制改革。完善行政审批体系,推行全程电子化商事登记,优化营商环境。全面实施“双随机、一公开”工作机制,加强事中事后监管,规范监管行为,提高监管效能。在“全域评”、“代办制”“互联网+”等改革领域开展探索,营造最佳政务环境。探索国资管理改革。围绕资产资本化、资本股份化、股份证券化,探索建立农业、文旅、城建等国资运营平台,拓展国资公司经营范围,确保国有资产保值增值。建立健全“借、用、还”相统一的政府性债务管理机制,压降债务成本,优化债务结构。推进农村综合改革。以农村土地承包经营权抵押贷款等3项国家级和村(居)民小组自治等3项省级改革为主抓手,坚持“确权、赋能、搞活”的工作方向,开展试点探索,激发农村经济活力。统筹推进其他改革。推进国家深化县城基础设施投融资体制、省教育现代化示范区建设、省公共体育服务体系示范区建设等改革,形成可推广、可复制的如皋经验。

高水平推进双向开放。拓展开放空间。主动对接国家“一带一路”倡议,加强对外合作交流,不断增强国际化经营能力。积极参与长三角城市群建设,实现错位发展、共赢发展。提升开放层次。拓展如皋港保税物流中心功能,支持开发区保税物流中心(A型)建设,搭建多层次开放平台。加快培育本土跨国企业,鼓励双马、恒康、涤诺等企业建设境外经贸园区,形成国家、省级境外产业集聚区梯队。强化外商投资产业指导,创新利用外资方式,加快提升外资利用质量和效益。优化开放环境。依托“港口+保税”优势,推动发展转口贸易、保税加工、国际物流、特色口岸等功能。深化电子口岸建设和作业方式改革,健全完善金融、法律、财务、信息等配套服务,全面营造开放发展的良好氛围。

大力度推进科技创新。突出创新主体。推动创新政策、资源、要素向企业集聚,新增产业研究院1家、企业研发平台2个,新认定高新技术企业20家。开展知识产权投融资试点,加强知识产权保护与应用,万人发明专利拥有量达16件。整合创新载体。支持企业建设工程(技术)研究中心、重点实验室等研发机构,新增省级企业技术中心5家。鼓励大众创业、万众创新,建成省级众创空间2家。积极创建国家科普示范市。集聚创新人才。深入实施“雉水英才”“1222”人才引进计划,推进“148”本土人才培育工程,积极发挥科技镇长团作用,新增“千人计划”等国家级人才10名,以“双创计划”为代表的省级项目20个、高技能实用人才6000名。

深层次推进载体升级。加强公共服务平台建设。

推进北京大学如皋创新中心、江南大学食品技术研究院、扬州大学花木盆景产业研究院等载体建设。推动CSIP如皋创新创业基地和"开源空间"两个平台加快建设。支持发展国家北斗应用技术等成果转化服务平台。加快建设信用担保、筹资融资、产权交易等金融服务平台。积极引进高端教育医疗、餐饮住宿、休闲娱乐等生活服务平台。推进组建北外长三角英语基础教育高等研究所。加强专业化园区建设。主功能区按照"集中连片、规模适当、设施配套、特色鲜明"的要求，坚持做大与做强、创新与配套、硬件与软件并重，加快建设新能源和新能源汽车、绿色新材料和电讯器材、国际家居和装配式住宅、软件和信息服务、电子信息等专业化园区。加强特色化园区建设。各镇按照"有一流规划、有种子企业、有专业人才、有特色功能"的要求，加强园区基础设施建设，规划建设一批与产业相互融合促进的生产、生活性服务平台，实现特色化、差异化发展。

**四、更加注重规划引领，努力实现城乡统筹新突破。**牢牢把握城市发展新机遇、新趋势，加快以人为核心的新型城镇化步伐，统筹实施城乡一体化建设。

发挥规划引导作用。完善规划体系。按照现代化中等城市发展定位，完善城市总规和控制性详规，编制城市水系、城市空间布局、绿地系统等专项规划，加快新城区功能提升规划研究，推进新城与主城融合发展。推动城市总体规划、土地利用规划和产业发展规划"三规合一"。注重规划招商。抢抓高铁时代、节点城市发展机遇，将历史文化、花木盆景、长寿养生等特色元素植入规划，着力招引优质开发企业，最大限度释放规划红利。严格规划监管。坚持阳光规划，实行规划公开，接受公众监督。加大规划执行监管力度，增强规划强制约束力。落实规划主体责任和监管责任，强化责任追究，确保规划落地生根。

提升中心城市形象。完善城市功能。统筹推进新城区建设，启动科创中心、三级医院、新城中学规划建设，开工建设新城邻里中心。推进御龙湾二期、江中世纪城三期等项目开发，满足群众改善型住房需求。推进主城区城中村、棚户区、老小区改造，消除危房隐患，完成城市搬迁50万平方米。完善廉租房、经济适用房等住房保障体系。实施城市微循环改造工程，畅通城市出行。建设城市中心垃圾中转站。稳步推进小区和公共充电桩建设。改善城市生态。加强道路"503020"绿线控制，因地制宜建设一批小绿地、小游园、小广场。实施绿化造林工程，强化古树名木保护，新增城市绿化面积60公顷，林木覆盖率达25.2%。推进省海绵城市建设试点，实施茅雉河南延、龙游河北延等城市骨干河道及生态走廊建设，构建"六横两纵、外圆内方"的城市清水网，形成独特的城市生态空间格局。改造雨污管网，重点地区实现雨污分流。建设智慧城市。坚持便民利民导向，开展智慧城市规划前期研究，整合各类资源平台，升级和完善无线通信、数据中心、服务平台等基础设施，推进城市免费WiFi服务，实施一批治安、交通、环保、医疗、教育、文化、旅游、社保等智慧项目，拓展延伸"智慧触角"。丰富智慧城管内涵，推进现代物业服务，倡导城市共管共享。深入推进城市综合执法体制改革试点，持续提升城市管理精细化水平，继续实施城市环境综合整治"931"工程。

统筹城乡功能配套。强化基本保障。实施清水连通工程，推进区域供水三期管网建设。加强应急备用水源和集中饮用水水源地建设管理，水质达标率100%。实施送气下乡工程，加快集镇区天然气管网建设，扩大使用覆盖面。实施农电改造工程，提高城乡用电保障能级。实施阶梯价格改革，提高公共能源效益。完善交通体系。开工建设通皋大道。对接盐通、通苏嘉、北沿江城际铁路规划，力争设立如皋南站。配合开展通扬运河三级航道由大明河向司马港选线规划前期研究。利用省扶持政策，促进城乡公路和农路农桥提档升级。鼓励发展新能源交通，优化公共交通运行线路。整治城乡水系。编制完成城市郊区、中心城区水系规划，并在控规层面加以落实。建立河道管护"河长制"，研究市域范围河道断面补偿考核办法。实施水环境综合整治，统筹推进河道疏浚、林网建设、拆坝建桥等工作，促进整治工作系统化，确保整一片、成一片。

推进镇村特色发展。打造产业特色。引导各镇依托自身产业基础和资源禀赋，重点发展具有比较优势的特色产业，宜工则工、宜农则农、宜游则游、宜商则商。4个中心镇加快形成辐射周边的片区中心，在南通考核中争先晋位。6个特色镇合理确定发展规模，推动优势产业与特色城镇互动并进。盘活老集镇存量资产资源，挖掘城镇发展空间和潜力。培育生态特色。大力发展融现代文明、田园风光、乡村风情于一体的休闲旅游经济，精心打造都市人向往的魅力乡村。力争创成省美丽乡村示范村1个、省康居村庄1个、省水美乡村2个。彰显人文特色。注重自然资源保护和民间文化传承，延续历史文化根脉，传承工艺文化精髓,保护非物质文化遗产。全力推动白蒲、石庄申报国家、省历史文化名镇。

**五、更加注重绿色增长,加快构建生态文明新格局**。坚定不移推进生态文明建设,扎实开展"两减六治三提升"专项行动,集中力量解决环境突出问题,不断彰显如皋生态品牌。

全方位加强源头管控。注重抓好土地利用、产业布局、城乡开发管控,严守开发边界、耕地与生态保护红线。狠抓禁养区、限养区内畜禽养殖清理整治,推进秸秆科学还田与综合利用,创建国家农业废弃物资源化利用试点市。强化企业环保设施建设和运行监管,重点加强如皋港化工园区监督管理,确保达标排放。试点推行生活垃圾分类处置,实施餐厨垃圾、废水废气集中收集处置。全面开展国家第二次环境污染源普查,建立基础数据库。

严要求推进环境整治。深入实施蓝天工程,确保华电热电联产开工建设,大唐热电力争年内投入运营,推进区域集中供气、供热,稳步提升空气质量。深入实施清水工程,研究制定全域水治理规划,突出水环境综合整治系统性,推动镇污水处理厂正常运营,提高地表水Ⅲ类以上水质比例。深入实施绿地工程,强化重金属和危险化学品管理,实施化肥农药使用零增长行动,保护土壤环境。改善垃圾焚烧处置工艺,建成九洲环保科技、绿能固废处置项目和上海电气环保热电飞灰填埋场。完善"七位一体"长效管护机制,提高市场化管护覆盖率,巩固提升城乡环境质量。

高标准节约利用能源。开展重点用能企业节能低碳行动,实施重点产业能效提升计划。加快发展绿色能源,鼓励使用清洁能源,推进氢能源产业园、光大生物质能源等项目建设。推广应用节能技术,提高能源使用效益。严格执行建筑节能标准,推进建筑工业化建设。完成节能与工业循环经济重点项目20个。

**六、更加注重和谐稳定,积极回应人民群众新期待**。按照坚守底线、突出重点、完善制度、引导预期的要求,聚焦富民、惠民、安民,办好15件民生实事项目,增强人民群众的获得感和满意度。

拓宽居民增收渠道。新型业态带动致富。依托农村资源和乡土文化,提升休闲农业和乡村旅游发展质量。推动科技、人文等元素融入农业,发展会展农业、农业众筹、农产品个性化定制服务等新型业态,打造一镇一业、多村一品,带动农业增效、农民增收。创业就业促进致富。实施创业就业推进工程,发挥企业和农村合作组织吸纳就业作用,实现"家门口就业",稳步提高工资性收入。力争新增创业2500人,带动就业不少于8000人。精准扶贫帮助致富。高度关注社会弱势群体,加大产业开发、就业帮扶、转移支付、政策兜底力度,确保55%以上新一轮建档立卡低收入农户人均收入达到7000元。认真落实省"富民强村"行动计划,确保33个经济薄弱村年增加收入15万元以上。

扩大公共服务供给。打造人民满意教育事业。围绕建成省教育现代化示范区,优化教育资源布局,深化教育教学改革,扩大对外交流合作,统筹发展早期教育、职业教育、继续教育和特殊教育,不断增强"教育如皋"影响力。加快推进北外附属如皋龙游湖外国语学校建设。提升人民群众健康水平。扎实推进基本医疗卫生制度建设,探索构建如皋特色"医联体",努力在分级诊疗、现代医院管理、家庭医生签约服务、卫计综合监管等方面取得新进展。力争村卫生室(社区卫生服务站)公有化率达100%。鼓励发展远程医疗、智慧医疗,不断满足老百姓多层次、多样化的健康需求。支持中医药事业发展。坚持计划生育基本国策,促进人口健康均衡发展。加大文体事业惠民力度。开展各类群众性文体活动,丰富公共文化产品供给,促进城乡公共文体服务均等化,基层综合性文化服务中心建成率达80%。全民阅读综合率87%以上,建成省书香城市。依托奥体中心发展赛事经济,承办好亚洲老将田径锦标赛,支持支云俱乐部与德国沃根集团在足球青训、运动康复等领域开展合作。实施有线数字电视高清化工程。推进华夏胶片电影博物馆建设。重点引进文化创意、移动多媒体等新兴文化业态项目,文化产业增加值占GDP比重5%以上。

完善社会保障体系。健全基本保障体系。推进全民参保登记工作,提升扩面征缴质量,企业职工"五险"参保净增8000人。城乡居保实现动态全覆盖,新增被征地农民全部纳入社保体系。稳妥推进城乡居民基本医保制度衔接。加强社保基金征收和监管,确保基金安全。健全社会救助体系。建立健全跨部门、多层次信息共享、受理救助、联动保障机制,促进社会救助公正公平。精准帮扶特殊群体,确保基本生活得到保障。引导志愿力量参与慈善、社会福利事业,促进社会力量与政府救助相结合。健全养老服务体系。构建以居家为基础、社区为依托、机构为补充的多层次养老服务格局。推动养老服务设施、机构和平台建设,拓展养老衍生服务项目,推进医养融合发展。民办养老机构床位数增长10%以上,每千名老人养老床位数达35.2张。

提升社会治理水平。强化民主法治建设。扎实开展“七五”普法。加大法律援助和司法救助力度,让群众充分感受公平正义。加强行业规范、村规民约、社区公约等社会规范引导,推进社区协商、民主决策,城乡居民依法自治达标率100%。加强村级财务民主管理和村干部队伍建设。注重精神文明建设。积极践行社会主义核心价值观,注重未成年人思想道德建设,大力弘扬优秀家训家规,依法加强网络空间治理。建立完善守信联合激励和失信联合惩戒制度,加快推进“诚信如皋”建设。开展精神文明系列创建活动,力争创成全国文明城市。狠抓社会公共安全。严格落实安全生产责任制,切实做到党政同责、一岗双责、齐抓共管、失职追责。加强特种设备、道路交通、食品药品、饮用水等重点领域的安全监管,完善突发事件应急动员和部门联动处置机制,坚决防范和遏制较大以上事故发生。筑牢社会稳定基石。深入推进“长安如皋”建设,完善立体化、现代化社会治安防控体系。严厉打击各类违法犯罪行为,确保社会大局持续平稳。全面推行“阳光信访”,完善矛盾纠纷预防化解机制。发挥工青妇等群团组织和社会组织作用,推进多元社会治理。加强民族、宗教工作。强化全民国防教育,做好双拥工作,维护军民团结。

## 建设人民满意政府

各位代表,今后五年,发展处于新常态,要求越来越高;改革进入新阶段,难度越来越大;群众满怀新期待,保障越来越难,这些都对新一届政府提出了更高要求。我们将切实加强政府自身建设,着力转变发展理念,加快提升行政效能,努力建设人民满意政府。

**一、坚持依法履职,进一步提升政府公信力。**推进依法行政。坚持依法、科学、民主决策,建立政府常务会议代表列席制度,健全重大行政决策程序制度,完善政府法律顾问制度。加强行政执法监督,落实行政执法责任制。加强行政复议和行政应诉工作,全面规范政府行政行为。深化政务公开。不断完善政务服务信息发布和各领域办事公开制度,编制并公布网上政务服务事项目录清单,推行阳光政务,畅通民意诉求渠道,保障人民群众的知情权、参与权、表达权。自觉接受监督。依法接受人大及其常委会法律监督和工作监督,自觉接受政协民主监督,虚心接受社会舆论监督,加强监察、审计监督,确保政府工作在法治轨道上运行。认真办理人大代表建议、政协委员提案。

**二、坚持探索创新,进一步增强工作创造力。**突出创新导向。坚持以创新理念推动政府工作,在制度设计、职能转变、绩效考评等方面主动求变,积极化解制约经济社会发展的瓶颈,努力提高行政效能。完善工作机制。推进“六大指挥部”工作机制,建立健全重点工作定期交流汇报制度,加大重点工作推进和督查力度,继续推行联系单、交办单、督办单工作举措,做到“件件有交代、事事有回应”,确保各项工作落地生效。优化服务保障。全面推进联合预审,规范项目建设,以宽松的环境促进企业加快发展。大力推行“互联网+政务服务”,打造管理规范、功能完备、运行高效的综合政务服务体系。

**三、坚持勤政为民,进一步提升行政执行力。**增强宗旨意识。弘扬“落实、落细、落小”的工作作风,注重问计于民、问政于民、问需于民,将服务的触角向基层进一步延伸,在经济发展中关注惠民,在城镇建设上考虑利民,在社会治理时体现安民。增强担当意识。围绕“想干事、会干事、干成事”的工作要求,以强有力的执行力,将决定的事一件件落实,把承诺的事一件件办好,在增进民生福祉中敢于担当、善于担当,真正做到守土有责、守土尽责。增强攻坚意识。用开阔的眼界拓宽发展思路,用改革的举措破解发展难题,不断释放改革动能,聚焦重点难点,着力在做大总量、提高均量、改善质量上突破见效,努力使各项工作出精品、上台阶、创一流。

**四、坚持廉洁从政,进一步增强政府凝聚力。**强化廉洁自律。严格执行中央八项规定和省、市十项规定,严格落实党风廉政建设责任制,紧绷廉政之弦,严守纪律之戒,大力弘扬清正家风政风,积极构建亲清政商关系,促进干部清正、政府清廉、政治清明。强化监督管理。从严落实“主体责任”和“监督责任”,深入推进惩治和预防腐败体系建设,加强“三重一大”监督管理。严格落实“权力清单”和“责任清单”,不断强化制度的刚性约束。加强“三公”经费管理,降低行政成本。严肃执纪问责,加大对发生在群众身边的不正之风和腐败问题查处力度。强化队伍建设。以开展“两学一做”学习教育为动力,推动政府系统党员干部思想建设、作风建设和纪律建设,抓班子、带队伍、强管理,努力锻造一支讲党性、有激情、能干事的干部队伍。

各位代表!五年宏大叙事,今朝翻开新篇。让我们在市委的坚强领导下,在市人大、市政协的监督支持下,进一步解放思想、开拓创新、求真务实、团结拼搏,为建设"强富美高"魅力如皋、高水平全面建成小康社会的宏伟目标而不懈奋斗,以优异成绩迎接党的十九大胜利召开!

**名词解释:**

"四大贸易平台":华东煤炭矿石交易中心、长三角石油化学品交易中心、东升国际石材交易中心、大宝赢石油化学品交易中心。

"放管服":简政放权、放管结合、优化服务,是当前深化行政体制改革、转变政府职能的重要举措。

"3+3+4"特色产业体系:船舶海工、新材料、高端纺织三大支柱产业,新能源汽车、智能装备、新一代信息技术三大新兴产业,大物流、大旅游、大数据、大健康四大服务业。

"双中高"目标:经济长期保持中高速增长,迈向中高端水平。

"一中心、三园区、多节点":"一中心",如皋港现代综合物流园;"三园区",如皋铁路物流园、经济开发区产业物流园、如城商贸物流园;"多节点",江安、白蒲、磨头、下原物流服务站,顾理物流园、品德冷链物流服务站、电商快递分拨服务站等。

"接二连三进四":农业对接二产,连接三产,实现一二三产融合发展,同时依托现代信息技术,大力发展"互联网+现代农业"。

"双随机、一公开":在监管过程中随机抽取检查对象、随机选派执法检查人员,检查情况和查处结果及时向社会公开,防止任性检查和人为干扰,减少监管部门寻租空间。

"503020"绿线控制:道路两侧的景观绿化带宽度建设要求,快速通道、主干道、次干道两侧分别为50米、30米、20米。

"两减六治三提升":"两减",减少煤炭消费总量和减少落后化工产能;"六治",治理区域水环境、治理垃圾、治理黑臭水体、治理畜禽养殖污染、治理挥发性有机物、治理环境隐患;"三提升",提升生态保护水平,提升环境经济政策调控水平,提升环境监管执法水平。

# 主要文件目录

## 中共如皋市委(皋委发)

16号 关于镇党委换届工作的实施意见

18号 关于落实发展新理念深入实施农业现代化工程

21号 关于加快推进顶尖人才创新创业的若干政策意见

37号 关于2016年新"六城同创"工作的意见

38号 关于实施脱贫致富奔小康工程的意见

39号 关于加快推进项目建设的意见

40号 关于印发《中共如皋市委巡察工作实施意见(试行)》的通知

41号 关于做好中国共产党如皋市第十二次代表大会代表选举工作的通知

44号 印发《关于加强"三重一大"事项决策的议事规则(试行)》的通知

46号 关于加快推进生态文明建设的实施意见

47号 关于构建和谐劳动关系的实施意见

49号 关于做好村(社区)党组织换届选举工作的意见

55号 中国共产党如皋市第十二次代表大会关于十一届市委工作报告的决议

59号 关于印发《中共如皋市委常委会议事决策规则》的通知

61号 关于建立重点工作推进五大指挥部的通知

72号 转发《市委宣传部、市司法局关于在全市公民中开展法治宣传教育的第七个五年规划(2016—2020年)》的通知

77号 关于推进现代公共文化服务体系建设的实施意见

80号 关于深化供销合作社综合改革的具体实施意见

## 如皋市人民政府(皋政发)

21号 关于印发《2016年度如皋市城市环境综合整治行动方案》的通知

25号 关于切实做好第三次全国农业普查工作的通知

29号 关于贯彻实施新《大气污染防治法》的通知

30号 市政府关于开展规范性文件清理工作的通知

32号 关于印发《如皋市创建江苏省"四好农村路"示范县实施方案》的通知

39号 关于相对集中相关领域行政处罚权的通知

40号 关于印发《如皋市相关领域相对集中行政处罚权办法》的通知

55号 关于加快发展如皋港集装箱运输的若干政策意见
71号 关于机关事业单位工作人员养老保险制度改革的实施意见
74号 关于进一步加强幼儿教师队伍建设的意见
75号 关于进一步推进教师队伍“县管校聘”管理改革的意见
83号 市政府印发《关于进一步做好新形势下就业创业工作的实施意见》的通知
85号 关于进一步加强政府性投资工程项目现场安全文明施工措施费管理的通知
95号 关于印发如皋市创建国家食品安全城市工作实施方案的通知
99号 关于印发《如皋市国民经济和社会发展第十三个五年规划纲要》的通知
101号 关于印发《如皋市危险化学品事故应急救援预案》的通知
102号 关于印发《如皋市危险化学品管道输送事故应急预案》的通知
103号 关于印发《如皋市工贸企业生产安全事故应急预案》的通知
117号 关于调整城镇居民医疗保险筹资标准的通知
125号 关于公布如皋市第五批文物保护单位的通知
132号 关于加快推进宁启铁路如皋段绿色通道工程建设的意见
141号 关于调整2017年新型农村合作医疗有关政策的通知
145号 关于划定如皋市畜禽禁养区、限养区、适养区的通知
150号 关于公布如皋市第五批市级非物质文化遗产名录的通知
151号 关于印发《如皋市公共交通一卡通工程实施方案》的通知

## 中共如皋市委办公室 如皋市人民政府办公室（皋办发）

2号 关于做好2016年度河道疏浚工作的通知
13号 印发《关于对市招商局2016年招商引资工作考核办法》的通知
14号 关于印发《市级机关2016年作风效能建设考评办法》的通知
18号 关于印发《如皋市环境监管网格化管理实施方案》的通知
19号 关于春节期间市四套班子领导带队督查安全生产工作的通知
21号 关于印发《关于加强农村环境“七位一体”长效管理工作的实施办法》的通知
27号 关于开展“美丽乡村·幸福家园”建设行动的实施意见
29号 关于印发《2016年加快推进现代农业发展的激励办法》的通知
31号 关于2016年度深入推进新型城镇化建设的考核意见
40号 关于印发《如皋市档案馆收集档案范围实施细则》的通知
46号 关于2016年经济稳增长调结构促转型上台阶的激励意见
51号 关于2016年秸秆禁烧禁抛与综合利用工作的实施意见
53号 关于印发《如皋市文化产业发展扶持引导激励办法》的通知
57号 关于上半年重点经济工作考评竞赛活动结果的通报
62号 关于进一步加强招商引资工作的通知
66号 关于加强如皋市社会工作专业人才队伍建设的意见
68号 关于进一步推进全市高标准农田建设工作的意见
69号 印发《关于建立如皋市改革创新容错免责机制的实施办法(试行)》的通知
70号 关于举办第十三届中国·如皋沿江经济洽谈会第八届如皋·中国长寿文化节第九届中国(如皋)花木盆景艺术节的通知
71号 转发《市法制宣传教育工作领导小组成员单位“七五”普法个性工作任务》的通知
79号 印发《关于新能源汽车产业基地建设的工作方案》的通知
80号 印发《新能源汽车产业基地建设工作推进体系》的通知

## 中共如皋市委办公室（皋委办发）

2号 关于进一步加强和改进市委督察工作的意见
3号 关于开展科级领导干部谈心谈话活动的通知
4号 关于选派干部参与搬迁实践锻炼活动的通知

11号 印发《关于在全市党员中开展“学党章党规、学系列讲话,做合格党员”学习教育的实施方案》的通知

13号 印发《关于开展全市新一轮非公有制经济代表人士综合评价工作实施方案》的通知

17号 印发《法治如皋建设重要举措实施规划(2016—2020年)》的通知

22号 转发《中共南通市委办公室印发〈关于深化乡镇纪检体制改革、推进乡镇纪委“三转”工作的指导意见〉的通知》的通知

## 如皋市人民政府办公室(皋政办发)

2号 关于规范集体土地征地房屋补偿安置管理的意见

3号 关于印发《加快推进建筑产业现代化促进建筑产业转型升级实施意见》的通知

7号 关于2016年全市造林绿化工作的意见

11号 关于转发《南通市政府办公室关于印发〈落实企业安全生产主体责任专项行动计划〉的通知》的通知

13号 关于进一步明确城镇燃气安全管理职责的通知

23号 关于公布2015年度如皋市农业产业化市级龙头企业名单的通知

29号 关于进一步规范专职保安联防队伍建设的意见

40号 关于在城市规划建设管理工作中积极推行低影响开发建设模式的通知

41号 关于印发《如皋市海绵城市(低影响开发)规划建设管理办法(试行)》的通知

44号 关于印发《如皋市政府性债务风险管控工作规划》《如皋市政府性债务风险应急预案(试行)》的通知

45号 关于转发市物价局等部门《如皋市公立医院医药价格综合改革实施方案》的通知

53号 关于印发《如皋市砖瓦窑企业压减关闭实施办法》的通知

56号 关于印发《如皋市绿色建筑与墙改专项引导资金管理办法(试行)》的通知

59号 关于建立海绵城市建设工作监督管制与协调机制的通知

60号 关于加强海绵城市能力建设的通知

61号 关于创新投融资模式和投入机制促进海绵城市建设的实施意见

65号 关于印发《如皋市2016年长江渔业(滩涂养殖业)安全专项整治实施方案》的通知

69号 关于2016年农村公路危桥改造工程的实施意见

73号 关于做好2015年棉花目标价格改革补贴工作的通知

75号 关于转发南通市政府《关于进一步加强安全生产监管执法工作的实施意见》的通知

76号 关于印发《2016年如皋市10蒸吨/小时及以下燃煤锅炉大气污染整治工作方案》的通知

80号 关于印发《如皋市贯彻实施〈质量发展纲要〉2016年行动计划》的通知

84号 关于印发《如皋市农村承包土地的经营权抵押贷款试行办法》的通知

85号 关于印发《如皋市实施基本药物制度补偿考核细则》的通知

86号 关于组织开展应收账款融资服务平台推广应用工作的通知

88号 关于做好2016年农机补贴政策实施工作的通知

89号 关于印发《如皋市工业企业达标排放百日攻坚整治工作实施方案》的通知

90号 关于下达2016年度保障性安居工程建设目标任务的通知

93号 关于印发《如皋市搬迁资产管理办法》的通知

94号 关于印发《如皋市房屋征收档案管理办法》的通知

95号 关于做好当前及今后一段时期防范和处置非法集资宣传教育工作的通知

97号 关于印发《如皋市沿江非法码头专项整治行动方案》的通知

100号 关于转发市教育局《2016年如皋市中小学(幼儿园)招生工作意见》的通知

101号 关于进一步加强行政机关和事业单位个人所得税申报缴纳工作的通知

102号 关于开展环境保护违法违规建设项目清理整治工作的通知

103号 关于印发《如皋市危险化学品安全专项整治实施方案》的通知

105号 关于发放2015年度电子商务补助资金的通知

106号 关于印发《如皋市乡村老师支持计划实施方案(2016—2020年)》的通知

110号 关于做好全市不动产统一登记工作的通知

113号 关于鼓励华东煤炭交易服务中心加快发展的相关激励意见

114号　关于做好2016年工矿废弃地复垦项目库建设工作的通知
115号　关于印发《如皋市2016年价格调查目标责任制实施意见》的通知
119号　关于印发《如皋市2016年农业支持保护补贴（耕地地力保护）管理工作实施方案》的通知
120号　关于印发《如皋市“十三五”高技能人才队伍建设行动方案》的通知
123号　关于明确2016年城乡低保五保和相关对象救助标准的通知
124号　关于印发《如皋市市级储备粮管理暂行办法》的通知
127号　关于开展低效产业用地再开发工作的通知
129号　关于印发《进一步加强全市建设工程安全生产监督管理的意见》的通知
130号　关于印发《如皋市危险化学品安全生产攻坚工作方案》的通知
132号　关于做好当前政府网站建设管理工作的通知
133号　关于印发《如皋市2016年突出环境问题整治方案》的通知
134号　关于做好为建档立卡低收入户缴纳居民基本医疗保险和大病保险（新型农村合作医疗）个人筹资部分及免除一事一议筹资筹劳工作的通知
135号　关于印发《如皋市创建江苏省卫生应急规范化市及南通市卫生应急规范化镇实施方案》的通知
136号　关于印发《如皋市突发公共事件卫生应急处置多部门协调联动机制》的通知
137号　关于停止执行限售股转让税收奖励政策的通知
141号　关于印发《如皋市全民科学素质行动计划纲要实施方案（2016—2020年）》的通知
142号　关于印发《如皋市2016—2020年科普工作规划》的通知
143号　关于印发《如皋市青少年科技创新教育工作行动纲要（2016—2020）》的通知
144号　关于开展对外劳务市场集中整治工作的通知
145号　关于印发《如皋市危险化学品安全生产攻坚工作方案》的通知
148号　关于印发《如皋市推进城区道路深度保洁管理考核实施方案》的通知
160号　关于推进粮食生产全程机械化的意见
161号　关于做好2016年秋播种植业结构调整工作的指导意见
162号　关于进一步加强农村土地流转规范管理和风险防范的指导意见
163号　关于规范河道水面养殖和管理工作的通知
165号　关于如皋市防范和处置非法集资及互联网金融风险专项整治重点核查和分类整治工作方案的通知
166号　关于开展随机抽查事项清单编制工作的通知
167号　印发《关于建立双随机抽查机制、加强事中事后监管意见》的通知
168号　关于印发《如皋市村卫生室（社区卫生服务站）公有化建设市级“以奖代补”专项资金补助办法》的通知
173号　转发市农办市财政局《关于扶持薄弱村（居）发展集体经济实施办法》的通知
174号　关于印发《如皋市创建国家级学校安全教育示范区实施方案》的通知
175号　关于推广运用市场监管信息平台构建部门联运监管机制的通知
177号　关于加快推进基层综合文化服务中心建设的实施意见
182号　关于做好政府向社会力量购买公共文化服务工作的实施意见
183号　关于构建城乡一体化公共图书馆总分馆服务体系的实施意见
185号　关于发放2015年度如皋市发展服务外包产业专项资金奖励的通知
186号　市政府办公室关于印发《建筑施工企业缴纳增值税考核激励办法（试行）》的通知
187号　市政府办公室关于印发《鼓励华东塑化城平台发展有关激励意见》的通知
189号　关于印发《2016年如皋市农业支持保护补贴（粮食适度规模经营）实施方案》的通知

# 集体荣誉

## 2016年获市(厅)及以上集体荣誉名录

表105

| 单位名称 | 荣誉称号 | 授予单位 | 授予时间 |
|---|---|---|---|
| 如皋市 | 2015年度全国农村基层团建示范县 | 共青团中央 | 2016.01 |
| 如皋市 | 国家生态县(市、区) | 环保部 | 2016.06 |
| 如皋市 | 全国农村产业融合发展试点示范县 | 国家发展改革委等 | 2016.06 |
| 如皋市 | 国家全域旅游示范区创建单位 | 国家旅游局 | 2016.10 |
| 如皋市 | 省法治建设示范县(市、区) | 省委、省政府 | 2016.09 |
| 如皋市 | 省人居环境奖 | 省政府 | 2016.02 |
| 如皋市 | 全省现代民政示范市(县) | 省民政厅 | 2016.01 |
| 如皋市 | 省首批海绵城市建设试点城市 | 省城乡住房建设厅、财政厅 | 2016.06 |
| 如皋市 | 2015年小型农田水利重点县项目优秀县市 | 省财政厅、省水利厅 | 2016.06 |
| 如皋市 | 2015年小型农田水利工程管理良好县市 | 省财政厅、省水利厅 | 2016.06 |
| 如皋市 | 2015年度兽医工作先进县(市) | 省农委 | 2016.02 |
| 如皋市 | 全省县域种子市场秩序优秀县(市、区) | 省农委 | 2016.12 |
| 如皋市 | 省"扫黄打非"工作先进地区 | 省"扫黄打非"工作领导小组 | 2016.12 |
| 如皋市 | 2015年度兽医工作先进县(市) | 省农委 | 2016.02 |
| 市种植业协会 | 全国科普惠农兴村先进单位 | 中国科协 | 2016.01 |
| 市看守所 | 全国公安监管部门信息技术应用先进单位 | 公安部监管局 | 2016.01 |
| 市科协 | 全国农民科学素质网络知识竞赛优秀组织单位 | 中国科协科普部 | 2016.01 |
| 市看守所 | 全国看守所"五化建设"成绩突出单位 | 公安部 | 2016.02 |
| 市国安办 | 一级国家安全办公室 | 国家安全部 | 2016.03 |
| 市供电公司 | 2015年度全国"安康杯"竞赛活动优胜单位 | 中华全国总工会、国家安全生产监督管理总局 | 2016.04 |
| 市法宣办 | 2011—2015年全国法治宣传教育先进普法办公室 | 中共中央宣传部、司法部 | 2016.05 |
| 市总工会 | 全国市级工会财务先进单位 | 中华全国总工会 | 2016.06 |
| 市人民检察院 | 全国检察宣传先进单位 | 检察日报社 | 2016.08 |
| 市供电公司 | 全国"安康杯"竞赛安全文化宣传先进单位 | 全国"安康杯"竞赛组委会 | 2016.11 |
| 市人力资源社会保障局 | 全国宣传工作先进单位 | 人力资源社会保障部 | 2016.12 |
| 市亚洪山羊养殖专业合作社 | 国家农民合作社示范社 | 农业部 | 2016.12 |

续表105-1

| 单位名称 | 荣誉称号 | 授予单位 | 授予时间 |
|---|---|---|---|
| 市委组织部 | 全国优秀党建云平台暨基层党建宣传示范单位 | 人民网 | 2016.12 |
| 市劳动就业管理处 | 全国就业宣传工作先进集体 | 中国就业促进会 | 2016.12 |
| 红十四军纪念馆 | 全国红色旅游经典景区 | 全国红色旅游工作协调小组 | 2016.12 |
| 市城北街道 | 中国美丽乡村建设示范街道 | 中国互联网新闻中心等 | 2016.12 |
| 市人武部 | 军事训练先进单位 | 省军区 | 2016.12 |
| 市人武部党委 | 先进团级单位党委 | 省军区党委 | 2016.12 |
| 警务督察大队 | 省公安机关执法示范所队 | 省公安厅 | 2016.01 |
| 如城街道 | 省农村电子商务示范镇 | 省商务厅 | 2016.01 |
| 如皋经济技术开发区政社局 | 省优秀司法所 | 省司法厅 | 2016.01 |
| 石庄镇社区教育中心 | 省标准化社区教育中心 | 省教育厅 | 2016.01 |
| 市国土资源局 | 省廉政文化建设示范点 | 省纪委等10个部门 | 2016.01 |
| 市老龄办 | 2015年度"安康关爱行动"先进单位 | 省老龄办 | 2016.01 |
| 市旅游局 | 省旅游系统先进集体 | 省人力资源社会保障厅、省旅游局 | 2016.01 |
| 市农委 | 2015年省现代渔业建设先进集体 | 省海洋与渔业局 | 2016.01 |
| 市农委 | 江苏农业网信息资源建设先进单位 | 省农业信息中心 | 2016.01 |
| 市农委 | 2015年省现代渔业建设先进集体 | 省海洋与渔业局 | 2016.01 |
| 市农委 | 省农业网信息资源建设先进单位 | 省农业信息中心 | 2016.01 |
| 市水产技术指导站 | 省水产推广系统先进单位 | 省渔业技术推广中心 | 2016.01 |
| 市水产技术指导站 | 省水产推广系统先进单位 | 省渔业技术推广中心 | 2016.01 |
| 市司法局 | 2014—2015年度省优秀县(市、区)司法局 | 省司法厅 | 2016.01 |
| 市司法局 | 2015年度绩效评价优秀单位 | 省司法厅 | 2016.01 |
| 市司法局 | 2015年度绩效评价优秀单位 | 省司法厅 | 2016.01 |
| 市司法局 | 2015年度省司法行政工作信息工作先进集体 | 省司法厅 | 2016.01 |
| 市司法局 | 2015年度省司法行政宣传工作先进集体 | 省司法厅 | 2016.01 |
| 市司法局 | 省司法行政系统安置帮教工作先进集体 | 省司法厅 | 2016.01 |
| 如皋经济技术开发区政社局 | 省人民调解委员会规范化建设示范点 | 省司法厅 | 2016.02 |
| 市公安局"11·11"专案组 | 集体二等功 | 省公安厅 | 2016.02 |
| 市农林科技与信息中心 | "送科技、比服务、促增收"活动表现突出单位 | 省农委 | 2016.02 |
| 市农林科技与信息中心 | "送科技、比服务、促增收"活动表现突出单位 | 省农委 | 2016.02 |
| 白蒲小学 | 省教育工作先进集体 | 省教育厅 | 2016.03 |

续表105-2

| 单位名称 | 荣誉称号 | 授予单位 | 授予时间 |
|---|---|---|---|
| 经济案件侦查大队 | 省卷烟打假先进集体 | 省烟草专卖局　省公安厅 | 2016.03 |
| 市财政局 | 一事一议财政奖补工作二等奖 | 省财政厅、省综改办、省农委 | 2016.03 |
| 市财政局 | 2015年度省农产品质量安全绩效评价二等奖 | 省财政厅、省农委 | 2016.03 |
| 市国土资源局 | 省土地、矿产地质环境整治科技创新奖二等奖 | 省国土资源厅 | 2016.03 |
| 市国土资源局 | 省国土资源政务信息先进单位 | 省国土资源厅 | 2016.03 |
| 市城管行政执法大队 | 省城市环境综合整治先进集体 | 省城市环境综合整治工作推进小组 | 2016.04 |
| 白蒲镇蒲西社区 | 省水美乡村 | 省水利厅 | 2016.05 |
| 搬经镇初级中学 | 省教育系统先进集体 | 省教育厅 | 2016.05 |
| 搬经镇鞠桥社区 | 省水美乡村 | 省水利厅 | 2016.05 |
| 城北街道平园池村 | 省水美乡村 | 省水利厅 | 2016.05 |
| 城南街道 | 省水美乡镇 | 省水利厅 | 2016.05 |
| 城南街道宋家桥社区 | 省水美乡村 | 省水利厅 | 2016.05 |
| 丁堰镇新堰社区 | 省水美乡村 | 省水利厅 | 2016.05 |
| 江安镇徐柴村 | 省水美乡村 | 省水利厅 | 2016.05 |
| 如城街道 | 省水美乡镇 | 省水利厅 | 2016.05 |
| 如城街道贺洋社区 | 省水美乡村 | 省水利厅 | 2016.05 |
| 如皋水运口岸 | 2015年度省文明口岸 | 省口岸办 | 2016.05 |
| 石庄镇永兴社区 | 省水美乡村 | 省水利厅 | 2016.05 |
| 市财政会计管理中心 | 省青年文明号 | 共青团省委 | 2016.05 |
| 市口岸办公室 | 2015年度省共建文明口岸活动先进组织者 | 省口岸办公室 | 2016.05 |
| 吴窑镇何柳村 | 省水美乡村 | 省水利厅 | 2016.05 |
| 白蒲镇林梓小学 | 省关心下一代工作先进集体 | 省关工委、省文明办 | 2016.06 |
| 林梓小学 | 省关心下一代工作先进集体 | 省关心下一代工作委员会 | 2016.06 |
| 市关工委 | 省关心下一代工作先进集体 | 省关工委、省文明办 | 2016.06 |
| 如城街道贺洋社区 | 省农村电子商务示范村 | 省商务厅 | 2016.07 |
| 如皋港区(长江镇) | 2015—2016年度省基层党员冬训工作示范乡镇 | 省委组织部、省委宣传部 | 2016.07 |
| 团市委 | 宣传工作先进单位 | 共青团省委 | 2016.07 |
| 石庄镇砖桥社区 | 省民主法治示范社区 | 省司法厅 | 2016.08 |
| 市财政局 | 2015年省政法经费保障绩效考核优秀单位 | 省财政厅 | 2016.08 |
| 市科协 | 省《全民科学素质行动计划纲要》“十二五”实施工作先进集体 | 省科协 | 2016.08 |

续表105-3

| 单位名称 | 荣誉称号 | 授予单位 | 授予时间 |
| --- | --- | --- | --- |
| 市老龄办 | 省老龄宣传工作先进单位 | 省老龄办 | 2016.08 |
| 市综合治理办公室 | 2015年度省平安县(市、区) | 省社会治安综合治理委员会 | 2016.08 |
| 白蒲镇朱家桥村 | 2013—2015年度省文明村 | 省文明委 | 2016.09 |
| 搬经镇 | 2013—2015年度省文明镇 | 省文明委 | 2016.09 |
| 搬经镇湖刘社区 | 2013—2015年度省文明村 | 省文明委 | 2016.09 |
| 长江镇(如皋港区) | 2013—2015年度省文明镇 | 省文明委 | 2016.09 |
| 长江镇薛窑社区 | 2013—2015年度省文明村 | 省文明委 | 2016.09 |
| 城北街道邓园社区 | 2013—2015年度省文明村 | 省文明委 | 2016.09 |
| 城北街道庆余社区 | 2013—2015年度省文明社区 | 省文明委 | 2016.09 |
| 城南街道天堡社区 | 2013—2015年度省文明村 | 省文明委 | 2016.09 |
| 丁堰镇 | 2013—2015年度省文明镇 | 省文明委 | 2016.09 |
| 丁堰镇新堰社区 | 2013—2015年度省文明村 | 省文明委 | 2016.09 |
| 东陈镇双群社区 | 2013—2015年度省文明村 | 省文明委 | 2016.09 |
| 江安镇联络新社区 | 2013—2015年度省文明村 | 省文明委 | 2016.09 |
| 江安镇周庄社区 | 2013—2015年度省文明村 | 省文明委 | 2016.09 |
| 江苏九鼎集团有限公司 | 2013—2015年度省文明单位 | 省文明委 | 2016.09 |
| 九华镇 | 2013—2015年度省文明镇 | 省文明委 | 2016.09 |
| 九华镇九华社区 | 2013—2015年度省文明村 | 省文明委 | 2016.09 |
| 磨头镇 | 2013—2015年度省文明镇 | 省文明委 | 2016.09 |
| 磨头镇磨头社区 | 2013—2015年度省文明村 | 省文明委 | 2016.09 |
| 如城街道长巷社区 | 2013—2015年度省文明社区 | 省文明委 | 2016.09 |
| 如城街道大明社区(村) | 2013—2015年度省文明村 | 省文明委 | 2016.09 |
| 如城街道顾庄社区 | 2013—2015年度省文明村 | 省文明委 | 2016.09 |
| 如城街道花园社区 | 2013—2015年度省文明社区 | 省文明委 | 2016.09 |
| 如皋工业园区党工委(管委会) | 2013—2015年度省文明单位 | 省文明委 | 2016.09 |
| 如皋经济技术开发区(城北街道) | 2013—2015年度省文明镇 | 省文明委 | 2016.09 |
| 如皋农商行 | 2013—2015年度省文明单位 | 省文明委 | 2016.09 |
| 如皋师范学校附属小学 | 2013—2015年度省文明单位 | 省文明委 | 2016.09 |
| 如皋中学 | 2013—2015年度省文明单位 | 省文明委 | 2016.09 |
| 石庄镇永兴社区 | 2013—2015年度省文明村 | 省文明委 | 2016.09 |
| 市财政局 | 2013—2015年度省文明单位 | 省文明委 | 2016.09 |
| 市城管局 | 2013—2015年度省文明单位 | 省文明委 | 2016.09 |
| 市地税局 | 2013—2015年度省文明单位 | 省文明委 | 2016.09 |

续表105-4

| 单位名称 | 荣誉称号 | 授予单位 | 授予时间 |
|---|---|---|---|
| 市供电公司 | 2013—2015年度省文明单位 | 省文明委 | 2016.09 |
| 市国税局 | 2013—2015年度省文明单位 | 省文明委 | 2016.09 |
| 市国税局第七税务分局 | 2013—2015年度省文明单位 | 省文明委 | 2016.09 |
| 市国土资源局 | 2013—2015年度省文明单位 | 省文明委 | 2016.09 |
| 市交通运输局 | 2013—2015年度省文明单位 | 省文明委 | 2016.09 |
| 市烈士陵园管理处 | 2013—2015年度省文明单位 | 省文明委 | 2016.09 |
| 市农业技术推广中心 | 2013—2015年度省文明单位 | 省文明委 | 2016.09 |
| 市人民法院 | 2013—2015年度省文明单位 | 省文明委 | 2016.09 |
| 市人民公园 | 2013—2015年度省文明单位 | 省文明委 | 2016.09 |
| 市人民检察院 | 2013—2015年度省文明单位 | 省文明委 | 2016.09 |
| 市审计局 | 2013—2015年度省文明单位 | 省文明委 | 2016.09 |
| 市实验初中 | 2013—2015年度省文明单位 | 省文明委 | 2016.09 |
| 市司法局 | 2013—2015年度省文明单位 | 省文明委 | 2016.09 |
| 市文广新局 | 2013—2015年度省文明单位 | 省文明委 | 2016.09 |
| 市烟草公司 | 2013—2015年度省文明单位 | 省文明委 | 2016.09 |
| 市邮政局 | 2013—2015年度省文明单位 | 省文明委 | 2016.09 |
| 双钱集团(江苏)轮胎有限公司 | 2013—2015年度省文明单位 | 省文明委 | 2016.09 |
| 吴窑镇何柳村 | 2013—2015年度省文明村 | 省文明委 | 2016.09 |
| 下原镇 | 2013—2015年度省文明镇 | 省文明委 | 2016.09 |
| 下原镇花园头村 | 2013—2015年度省文明村 | 省文明委 | 2016.09 |
| 移动通信如皋分公司 | 2013—2015年度省文明单位 | 省文明委 | 2016.09 |
| 中行如皋支行 | 2013—2015年度省文明单位 | 省文明委 | 2016.09 |
| 警务保障室 | 省公安机关警务保障工作成绩突出集体 | 省公安厅 | 2016.10 |
| 白蒲镇阳光初中 | 省节水型学校 | 省水利厅 | 2016.11 |
| 华日水稻种植专业合作社科普惠农服务站 | 省科普惠农服务站 | 省科协 | 2016.11 |
| 如城街道宏坝社区 | 省科普示范社区 | 省科协 | 2016.11 |
| 石庄镇 | 省优秀红领巾小社团 | 省少工委 | 2016.11 |
| 市财政局 | 省乡镇财政干部基本技能学习竞赛优秀组织奖 | 省财政厅 | 2016.11 |
| 市财政局巾帼志愿服务队 | 省十佳巾帼志愿服务队 | 省妇联 | 2016.11 |
| 团市委 | 2015—2016年度省银行业金融机构优秀青年干部赴县级团委挂职工作先进单位 | 共青团省委 | 2016.11 |
| 周庄社区科普惠农服务站 | 省科普惠农服务站 | 省科协 | 2016.11 |

续表105-5

| 单位名称 | 荣誉称号 | 授予单位 | 授予时间 |
|---|---|---|---|
| 白蒲镇文峰社区 | 省党员干部远程教育示范站点 | 省委组织部 | 2016.12 |
| 白蒲镇文著社区 | 省民主法治示范社区 | 省司法厅 | 2016.12 |
| 搬经镇 | 省级耕地保护激励单位 | 省国十资源厅 | 2016.12 |
| 如皋港区(长江镇) | 省远程教育示范站点 | 省委组织部 | 2016.12 |
| 石庄镇报 | 全省农村产权交易市场建设先进集体 | 省委农工办 | 2016.12 |
| 市供销社 | 创新工作优胜单位 | 省供销合作总社 | 2016.12 |
| 市供销社 | 农村综合服务社提升工程先进单位 | 省供销合作总社 | 2016.12 |
| 市国土资源局 | 第26个土地日宣传好项目 | 省国土资源厅 | 2016.12 |
| 市技工学校 | 省创业培训实训示范基地 | 省人力资源社会保障厅 | 2016.12 |
| 市教育局 | 省全国科普日优秀特色活动单位 | 省科协 | 2016.12 |
| 市看守所 | 集体二等功 | 省公安厅 | 2016.12 |
| 市科协 | 实施县级科协创新发展能力提升计划优秀单位 | 省科协 | 2016.12 |
| 市科协 | 省全国科普日优秀特色活动单位 | 省科协 | 2016.12 |
| 市科协 | 2016年县级科协“四服务一加强”单项工作创新案例 | 省科协 | 2016.12 |
| 市劳动就业管理处 | 省机关团体企业事业单位档案工作规范三星级 | 省档案局 | 2016.12 |
| 市农委 | 省林业统计工作先进单位 | 省林业局 | 2016.12 |
| 市农委 | 省林业统计工作先进单位 | 省林业局 | 2016.12 |
| 市人民检察院民事行政检察科 | 全省检察机关民事行政执行监督专项行动精品案例 | 省人民检察院 | 2016.12 |
| 市社会养老保险管理处 | 2015年度AAA级省数字档案室 | 省档案局 | 2016.12 |
| 市文化馆 | 省第五届服务农民服务基层先进基层文化馆 | 省委宣传部、省文化厅、省新闻出版广电局 | 2016.12 |
| 市文化广电新闻出版局 | 2016—2018年度全省第四批新闻出版广电(版权)依法行政示范点 | 省新闻出版广电局 | 2016.12 |
| 市植保站 | 2016年农作物病虫害绿色防控工作先进集体 | 省植保植检站 | 2016.12 |
| 市植保站 | 2016年农作物病虫害绿色防控工作先进集体 | 省植保植检站 | 2016.12 |
| 市综合检验检测中心 | 2016—2020省科普教育基地 | 省科协 | 2016.12 |
| 市老科协 | 2012—2015年先进集体 | 南通市政府 | 2016.01 |
| 市民政局 | 拥军优属模范单位 | 南通市委、市政府、南通军分区 | 2016.01 |
| 市财政局 | 南通市促进教育事业发展先进集体 | 南通市政府 | 2016.09 |
| 市技工学校 | 南通市拥军优属模范单位 | 中共南通市委、市政府、南通分军区 | 2016.12 |
| 市劳动就业管理处 | 村级人力资源和社会保障平台标准化建设先进单位 | 南通市委 | 2016.12 |
| 市农机局 | 农机化工作先进单位 | 南通市委、市政府 | 416.12 |

# 统计资料

## 如皋市基本情况

表106

| 指标名称 | 计量单位 | 2016年 | 2015年 | 指标名称 | 计量单位 | 2016年 | 2015年 |
|---|---|---|---|---|---|---|---|
| 辖区总面积 | 平方千米 | 1492 | 1492 | 18—60周岁 | 人 | 867052 | 879000 |
| 年末耕地面积 | 公顷 | 78140 | 78080 | 60周岁以上 | 人 | 375546 | 364700 |
| 行政区划 | | | | 出生人口 | 人 | 12209 | 11802 |
| 镇政府(区) | 个 | 11 | 11 | 人口出生率 | ‰ | 8.5 | 8.22 |
| 街道办事处 | 个 | 3 | 3 | 死亡人口 | 人 | 10750 | 11867 |
| 居民委员会 | 个 | 181 | 181 | 人口死亡率 | ‰ | 7.48 | 8.26 |
| 村民委员会 | 个 | 166 | 166 | 人口自然增长率 | ‰ | 1.02 | -0.04 |
| 年末总户数(户籍) | 户 | 449947 | 451775 | 人口密度 | 人/平方千米 | 963 | 963 |
| 年末总人口(户籍) | 人 | 1436834 | 1436301 | 年末常住人口 | 万人 | 125 | 125.3 |
| 男性人口 | 人 | 715772 | 716058 | 城镇人口 | 万人 | 71.31 | 69.25 |
| 18周岁以下 | 人 | 194236 | 192600 | 城镇化率 | % | 57.05 | 55.27 |

## 如皋的一天

表107

| 指　标 | 单位 | 2016年 | 2015年 |
|---|---|---|---|
| 全市每天创造的财富 | | | |
| 地区生产总值(当年价) | 万元 | 24775 | 22259 |
| 规模以上工业企业增加值 | 万元 | 12023 | 9818 |
| 规模以上工业企业主营业务收入 | 万元 | 54106 | 47612 |
| 财政收入 | 万元 | 3938 | 4623 |
| 社会消费品零售总额 | 万元 | 9376 | 8465 |
| 固定资产投资完成额 | 万元 | 15760 | 13785 |
| 全社会用电量 | 万千瓦时 | 1378 | 1272 |
| 工业用电量 | 万千瓦时 | 945 | 899 |
| 出生人数 | 人 | 33 | 32 |
| 死亡人数 | 人 | 30 | 33 |

## 2016年苏中地区各县(市、区)主要经济指标情况(一)

表108

| 指标名称 | 计量单位 | 海安县 | | 如东县 | | 启东市 | | 如皋市 | | 通州区 | | 海门市 | | 东台市 | | 大丰市 | |
|---|---|---|---|---|---|---|---|---|---|---|---|---|---|---|---|---|---|
| | | 总量 | 增幅(%) | 总量 | 增幅(%) | 总量 | 增幅(%) | 总量 | 增幅(%) | 总量 | 增幅(%) | 总量 | 增幅(%) | 总量 | 增幅(%) | 总量 | 增幅(%) |
| 年末常住人口 | 万人 | 86.60 | — | 98.18 | -0.02 | 95.20 | -0.2 | 125.00 | -0.2 | 114.20 | 0.0 | 90.50 | 0.1 | 98.04 | -0.7 | 70.21 | -0.2 |
| 年末户籍人口 | 万人 | 93.83 | -0.2 | 103.54 | -0.41 | 111.95 | -0.1 | 143.68 | — | 126.42 | -0.1 | 100.10 | 0.1 | 112.46 | -0.2 | 71.65 | -0.1 |
| 年平均常住人口 | 万人 | 86.62 | — | 98.19 | -0.01 | 95.30 | -0.2 | 125.15 | -0.2 | 114.20 | — | 90.47 | 0.1 | 98.37 | -3.2 | 70.27 | 0.0 |
| 年平均户籍人口 | 万人 | 93.92 | -0.2 | 103.75 | -0.40 | 112.00 | -0.2 | 143.66 | — | 126.50 | -0.1 | 100.07 | — | 112.55 | -0.6 | 71.69 | -0.6 |
| 地区生产总值 | 亿元 | 755.29 | 9.6 | 746.69 | 9.20 | 881.85 | 9.5 | 904.27 | 9.6 | 1026.66 | 9.3 | 1005.06 | 9.4 | 727.01 | 8.9 | 579.07 | 9.5 |
| 第一产业 | 亿元 | 55.97 | 1.6 | 67.87 | 1.70 | 66.58 | 0.0 | 62.99 | 1.2 | 56.41 | 1.0 | 53.28 | 0.0 | 91.46 | 1.1 | 77.69 | 1.3 |
| 第二产业 | 亿元 | 354.15 | 9.8 | 340.57 | 9.30 | 422.85 | 9.6 | 434.36 | 9.6 | 507.36 | 9.0 | 504.53 | 9.3 | 292.04 | 9.2 | 223.77 | 10.5 |
| 工业 | 亿元 | 290.67 | 9.9 | 286.80 | 9.40 | 336.94 | 10.0 | 364.30 | 9.9 | 424.85 | 9.7 | 420.99 | 9.7 | 261.15 | 10.3 | 192.89 | 9.8 |
| 第三产业 | 亿元 | 345.17 | 10.9 | 338.25 | 10.90 | 392.42 | 11.0 | 406.92 | 11.0 | 462.89 | 10.7 | 447.25 | 10.8 | 34351.00 | 10.8 | 277.61 | 10.8 |
| 人均地区生产总值(按常住人口计算) | 元 | 87201.00 | 9.7 | 76046.00 | 9.30 | 78730.00 | 9.7 | 72255.00 | 11.6 | 89904.00 | 9.3 | 111100.00 | 9.2 | 73906.00 | 8.8 | 82412.00 | 9.7 |
| 人均地区生产总值(按户籍人口计算) | 元 | 80497.00 | 9.9 | 71972.00 | 9.70 | 92534.00 | 9.7 | 62945.00 | 11.3 | 81157.00 | 9.3 | 100435.70 | 9.9 | 64594.00 | 9.1 | 80777.46 | 8.9 |
| 固定资产投资完成额 | 亿元 | 584.46 | 14.6 | 545.42 | 12.00 | 614.84 | 14.1 | 575.25 | 14.3 | 681.49 | 14.0 | 613.19 | 8.5 | 581.03 | 15.4 | 453.80 | 14.9 |
| 第一产业 | 亿元 | 1.30 | 5.0 | — | — | 0.28 | 3.7 | — | — | 3.72 | -26.6 | — | — | 5.03 | -5.1 | — | — |
| 第二产业 | 亿元 | 343.41 | 8.2 | 329.24 | 8.60 | 352.69 | 7.1 | 312.19 | 7.3 | 369.59 | 9.1 | 367.53 | 6.9 | 343.00 | 16.3 | — | — |
| 工业 | 亿元 | 343.41 | 8.2 | 329.24 | 8.60 | 352.69 | 7.1 | 312.19 | 7.3 | 369.59 | 9.1 | 367.53 | 6.9 | 343.00 | 16.3 | 266.31 | 12.5 |
| 第三产业 | 亿元 | 239.76 | 25.3 | 213.64 | 16.60 | 261.87 | 25.0 | 262.03 | 24.1 | 308.19 | 21.4 | 245.66 | 11.1 | 233.00 | 20.1 | — | — |
| 房地产开发投资 | 亿元 | 52.44 | -4.2 | 22.24 | -13.10 | 55.63 | -12.2 | 52.68 | -12.2 | 30.50 | -52.7 | 49.77 | 26.5 | 48.70 | -1.6 | 38.98 | 5.9 |
| 财政总收入 | 亿元 | 183.75 | 30.6 | — | — | — | — | 143.72 | -14.8 | — | — | — | — | 80.02 | -11.4 | 77.90 | -10.0 |
| 公共财政预算收入 | 亿元 | 57.58 | -7.2 | 54.41 | -7.60 | 71.03 | -7.6 | 71.21 | -7.6 | 74.68 | -7.4 | 72.41 | -7.6 | 60.26 | -15.8 | 59.26 | -14.5 |
| 公共财政预算支出 | 亿元 | 83.32 | -2.3 | 102.07 | 8.80 | 89.03 | 3.2 | 96.40 | -4.1 | 95.14 | -1.7 | 149.03 | 3.0 | 95.58 | -6.0 | 89.38 | -5.7 |
| 粮食产量 | 万吨 | 60.12 | -6.2 | 90.90 | -2.80 | 26.14 | -0.6 | 70.95 | -5.3 | 52.59 | -2.4 | 19.16 | -1.5 | 97.30 | -3.8 | 77.20 | -3.4 |
| 棉花产量 | 吨 | — | — | 4505.00 | -44.00 | 6310.00 | -43.5 | 82.00 | -18.0 | 2244.00 | -65.3 | 1.00 | -0.5 | 636.00 | — | 5037.00 | -42.5 |
| 油料产量 | 万吨 | 1.51 | -0.8 | 4.02 | -11.30 | 8.37 | -8.3 | 3.78 | -2.4 | 8.92 | -7.7 | 8.57 | -7.0 | 6.12 | — | 5.11 | -1.5 |

续表108-1

| 指标名称 | 计量单位 | 海安县 | | 如东县 | | 启东市 | | 如皋市 | | 通州区 | | 海门市 | | 东台市 | | 大丰市 | |
|---|---|---|---|---|---|---|---|---|---|---|---|---|---|---|---|---|---|
| | | 总量 | 增幅(%) | 总量 | 增幅(%) | 总量 | 增幅(%) | 总量 | 增幅(%) | 总量 | 增幅(%) | 总量 | 增幅(%) | 总量 | 增幅(%) | 总量 | 增幅(%) |
| 农林牧渔业总产值(现价) | 亿元 | 113.29 | 2.4 | 139.88 | 2.10 | 131.73 | 3.0 | 108.88 | 4.5 | 97.64 | 4.7 | 94.12 | 3.6 | 203.11 | 2.1 | 171.02 | 1.5 |
| 全部工业总产值(现价) | 亿元 | — | — | — | — | 2390.91 | 9.9 | — | — | — | — | — | — | — | — | — | — |
| 规模以上工业总产值 | 亿元 | 2208.83 | 11.2 | 1972.03 | 3.00 | 1829.18 | 12.1 | 1996.06 | 10.1 | 2159.35 | 10.0 | 2086.97 | 10.3 | 1185.68 | 11.3 | 938.86 | 8.1 |
| 规模以上工业增加值 | 亿元 | 516.94 | 10.2 | 431.85 | 9.70 | 386.64 | 10.3 | 438.83 | 10.2 | 496.21 | 10.0 | 463.28 | 10.0 | 279.62 | 9.8 | 220.93 | 10.0 |
| 规模以上工业利税总额 | 亿元 | 261.99 | 16.9 | 230.57 | -3.80 | 217.32 | 4.7 | 195.23 | 24.5 | 249.50 | 9.1 | 324.11 | 4.2 | 111.36 | 14.7 | 68.10 | -17.1 |
| 利润总额 | 亿元 | 160.35 | 13.3 | 147.33 | 0.60 | 130.52 | 7.7 | 116.52 | 26.0 | 151.34 | 10.4 | 219.72 | 6.5 | 65.90 | 14.5 | 46.63 | -16.1 |
| 全社会用电量 | 亿千瓦时 | 46.72 | 8.1 | 49.12 | 8.00 | 31.02 | 9.4 | 50.31 | 8.4 | 52.87 | 5.7 | 38.60 | 7.1 | 41.10 | 12.2 | 54.00 | 8.1 |
| 工业用电量 | 亿千瓦时 | 36.31 | 7.1 | 36.11 | 6.60 | 19.07 | 5.4 | 34.49 | 5.0 | 38.32 | 3.8 | 25.91 | 3.6 | 30.12 | 10.9 | 43.65 | 5.7 |
| 社会消费品零售总额 | 亿元 | 273.74 | 10.7 | 318.62 | 10.90 | 324.57 | 10.8 | 342.21 | 10.8 | 341.12 | 10.9 | 344.60 | 10.8 | 253.53 | 11.1 | 172.77 | 11.1 |
| 进出口总额 | 万美元 | 109.47(亿元) | 9.1 | 145099.00 | 2.60 | 302150.00 | -1.5 | 252864.00 | -17.2 | 373256.00 | 4.2 | 391443.00 | 73.7 | 73700.00 | 3.5 | 162148.00 | 7.2 |
| 出口 | 万美元 | 92.91(亿元) | 9.7 | 29422.00 | 0.70 | 265053.00 | 6.8 | 201516.00 | -22.8 | 336874.00 | 6.7 | 357864.00 | 152.3 | 70700.00 | 3.9 | 87432.00 | -2.3 |
| 实际外商直接投资 | 万美元 | 29637.00 | -1.7 | 29422.00 | 0.10 | 28406.00 | 107.0 | 27700.00 | 15.0 | 24384.00 | 1.1 | 31717.00 | 21.6 | 6161.00 | -12.6 | 14456.00 | -22.8 |
| 金融机构年末存款余额(本外币) | 亿元 | 1299.01 | 16.6 | 1027.54 | 19.60 | 1248.54 | 15.2 | 1150.27 | 15.9 | 1420.34 | 13.5 | 1379.13 | 17.4 | 720.99 | 13.7 | 626.23 | — |
| 居民储蓄存款余额 | 亿元 | 673.25 | 6.9 | 585.30 | 8.30 | 771.40 | 7.4 | 696.93 | 7.8 | 859.89 | 7.0 | 770.73 | 9.8 | 512.00 | 5.2 | 338.83 | — |
| 金融机构年末贷款余额(本外币) | 亿元 | 799.89 | 6.0 | 495.49 | 17.60 | 712.78 | 9.4 | 715.80 | 17.3 | 748.88 | 10.4 | 825.88 | 19.1 | 394.89 | 14.4 | 403.65 | — |
| 金融机构年末存款余额(本币) | 亿元 | 1286.53 | 16.5 | 1010.55 | 19.80 | 1232.03 | 14.8 | 1135.62 | 15.8 | 1401.24 | 12.8 | 1368.55 | 17.1 | 715.99 | 13.5 | 615.89 | 23.6 |
| 居民储蓄存款余额 | 亿元 | 669.05 | 6.7 | 583.16 | 8.30 | 767.24 | 7.2 | 693.58 | 7.7 | 857.14 | 7.0 | 766.55 | 9.6 | 510.70 | 6.3 | 356.98 | 9.8 |
| 金融机构年末贷款余额(本币) | 亿元 | 798.77 | 6.1 | 494.56 | 17.80 | 705.13 | 9.3 | 709.99 | 17.8 | 748.13 | 10.5 | 824.32 | 19.7 | 394.75 | 14.5 | 392.97 | 18.5 |
| 城镇居民人均可支配收入 | 元 | 37297.00 | 8.3 | 37133.00 | 8.10 | 37390.00 | 8.2 | 36590.00 | 8.3 | 40740.57 | 8.2 | 40509.00 | 8.3 | 32686.00 | 7.8 | 31104.44 | 8.2 |
| 城镇居民人均消费性支出 | 元 | 22949.00 | 6.2 | 21470.00 | 5.90 | 29629.00 | 5.6 | 21810.00 | 6.1 | 23614.40 | 7.1 | 25982.00 | 5.8 | 17641.00 | 5.0 | 17496.00 | 6.0 |
| 农村居民人均可支配收入 | 元 | 17978.00 | 8.6 | 17119.00 | 8.20 | 19875.00 | 8.7 | 16883.00 | 8.7 | 19928.76 | 8.5 | 20608.00 | 8.5 | 19727.00 | 9.0 | 19480.28 | 8.7 |
| 农村居民人均消费性支出 | 元 | 15120.00 | 11.5 | 13314.00 | 11.30 | 14616.00 | 11.7 | 12526.00 | 12.0 | 14747.50 | 11.3 | 14570.00 | 11.0 | 12771.00 | 10.3 | 13491.46 | 11.4 |

## 2016年苏中地区各县(市、区)主要经济指标情况(二)

表109

| 指标名称 | 计量单位 | 宝应县 | | 高邮市 | | 仪征市 | | 江都区 | | 兴化市 | | 靖江市 | | 泰兴市 | | 姜堰区 | |
|---|---|---|---|---|---|---|---|---|---|---|---|---|---|---|---|---|---|
| | | 总量 | 增幅(%) | 总量 | 增幅(%) | 总量 | 增幅(%) | 总量 | 增幅(%) | 总量 | 增幅(%) | 总量 | 增幅(%) | 总量 | 增幅(%) | 总量 | 增幅(%) |
| 年末常住人口 | 万人 | 75.68 | 0.2 | 74.14 | 0.2 | 56.57 | 0.2 | 100.82 | — | 125.53 | 0.0 | 68.71 | — | 107.74 | 0.0 | 73.07 | — |
| 年末户籍人口 | 万人 | 91.25 | 0.1 | 81.48 | -0.1 | 56.47 | 0.0 | 105.94 | -0.3 | 158.25 | 0.1 | 66.67 | 0.1 | 119.31 | -0.2 | 78.66 | -0.2 |
| 年平均常住人口 | 万人 | 75.61 | 0.2 | 70.08 | — | 56.52 | 0.1 | 100.76 | — | 125.52 | — | 68.70 | — | 107.73 | 0.0 | 73.06 | 0.1 |
| 年平均户籍人口 | 万人 | 91.21 | 0.1 | 81.53 | — | 56.46 | -0.1 | 106.23 | — | 158.21 | 0.2 | 66.64 | -0.1 | 119.42 | -0.2 | 78.74 | -0.5 |
| 地区生产总值 | 亿元 | 506.30 | 9.4 | 537.50 | 11.1 | 557.05 | 9.4 | 939.63 | 9.2 | 748.85 | 10.1 | 801.75 | 5.7 | 832.91 | 10.8 | 583.19 | 10.0 |
| 第一产业 | 亿元 | 66.44 | 0.3 | 69.59 | 4.9 | 23.36 | 0.0 | 59.65 | 0.4 | 102.59 | 1.5 | 22.51 | 1.2 | 53.95 | 1.4 | 40.10 | 1.4 |
| 第二产业 | 亿元 | 226.31 | 10.3 | 237.86 | 10.4 | 294.27 | 8.9 | 453.94 | 9.1 | 289.85 | 10.8 | 391.95 | 3.2 | 388.52 | 10.8 | 264.44 | 9.3 |
| 工业 | 亿元 | 187.58 | 13.0 | 194.85 | 9.6 | 262.33 | 9.7 | 384.55 | 9.6 | 251.07 | 11.6 | 324.22 | 5.9 | 340.07 | 11.7 | 216.02 | 10.3 |
| 第三产业 | 亿元 | 213.55 | 11.6 | 230.05 | 13.9 | 239.42 | 11.1 | 426.04 | 10.5 | 356.41 | 12.1 | 387.29 | 8.8 | 390.44 | 12.2 | 278.65 | 12.1 |
| 人均地区生产总值(按常住人口计算) | 元 | 66962.00 | 10.4 | 72625.00 | 11.0 | 98558.00 | 10.8 | 93222.00 | 9.1 | 59662.00 | 10.1 | 116703.00 | 5.7 | 77315.00 | 12.4 | 79812.51 | 11.8 |
| 人均地区生产总值(按户籍人口计算) | 元 | 55512.00 | 10.5 | 65969.00 | 11.2 | 98663.00 | 11.1 | 88561.00 | 9.6 | 47333.00 | 12.3 | 120311.00 | 5.9 | 69746.00 | 12.7 | 74065.28 | 12.0 |
| 固定资产投资完成额 | 亿元 | 372.72 | 15.1 | 455.60 | 15.1 | 471.00 | 15.2 | 709.43 | 15.5 | 419.66 | 20.0 | 500.00 | 0.8 | 687.46 | 22.6 | 494.82 | 16.8 |
| 第一产业 | 亿元 | 2.04 | 240.0 | 4.40 | 14.0 | 3.48 | -43.8 | 4.00 | 101.1 | 0.93 | 11.6 | — | — | 0.38 | -85.3 | 5.37 | 357.5 |
| 第二产业 | 亿元 | 233.31 | 12.3 | 294.70 | 11.3 | 309.97 | 15.7 | 426.15 | 13.5 | 327.67 | 24.8 | 273.33 | -10.7 | 461.50 | 24.7 | 337.41 | 24.0 |
| 工业 | 亿元 | 233.31 | 12.3 | 294.20 | 11.3 | 309.97 | 15.7 | 426.15 | 13.5 | 327.67 | 24.8 | 271.26 | -11.0 | 459.53 | 25.0 | 337.41 | 25.1 |
| 第三产业 | 亿元 | 137.37 | 19.0 | 156.50 | 24.0 | 157.55 | 16.9 | 279.28 | 17.1 | 91.06 | 5.7 | 226.67 | 19.8 | 225.58 | 20.0 | 152.03 | 1.1 |
| 房地产开发投资 | 亿元 | 40.58 | 9.1 | 31.60 | -10.5 | 22.11 | -16.3 | 51.86 | 3.2 | 22.49 | 23.4 | 35.08 | -12.5 | 67.69 | 14.4 | 30.72 | -14.8 |
| 财政总收入 | 亿元 | 53.74 | 1.1 | — | — | — | — | 102.22 | -10.0 | 62.45 | -11.8 | 134.91 | 6.8 | 161.85 | 2.6 | — | — |
| 公共财政预算收入 | 亿元 | 30.81 | 1.0 | 34.12 | 2.6 | 44.74 | 13.4 | 55.15 | 1.3 | 37.06 | -9.3 | 58.93 | -12.4 | 57.20 | 8.4 | 35.60 | 1.9 |
| 公共财政预算支出 | 亿元 | 64.38 | 21.4 | 56.93 | 6.2 | 53.52 | 14.3 | 106.97 | 6.8 | 97.52 | -0.2 | 63.96 | -8.6 | 75.82 | 12.4 | 66.96 | 9.4 |
| 粮食产量 | 万吨 | 90.04 | -3.7 | 85.98 | -3.2 | 31.14 | -8.0 | 62.56 | -5.1 | 140.83 | -1.2 | 30.98 | -8.7 | 68.47 | -4.0 | 53.83 | -4.9 |
| 棉花产量 | 吨 | — | — | 0.01 | -42.7 | 26.00 | -39.5 | 445.00 | -10.1 | 1496.00 | -65.2 | — | — | — | — | 260.00 | -62.3 |

续表109-1

| 指标名称 | 计量单位 | 宝应县 | | 高邮市 | | 仪征市 | | 江都区 | | 兴化市 | | 靖江市 | | 泰兴市 | | 姜堰区 | |
|---|---|---|---|---|---|---|---|---|---|---|---|---|---|---|---|---|---|
| | | 总量 | 增幅(%) | 总量 | 增幅(%) | 总量 | 增幅(%) | 总量 | 增幅(%) | 总量 | 增幅(%) | 总量 | 增幅(%) | 总量 | 增幅(%) | 总量 | 增幅(%) |
| 油料产量 | 万吨 | 2.37 | 47.2 | 2.00 | -2.4 | 0.93 | -6.1 | 1.78 | -10.2 | 3.45 | -16.7 | 0.56 | 2.7 | 4.17 | -3.7 | 2.91 | -4.2 |
| 农林牧渔业总产值(现价) | 亿元 | 124.99 | 1.7 | 135.64 | 5.2 | 45.83 | 5.0 | 107.48 | 4.7 | 167.86 | 2.2 | 39.81 | 2.0 | 91.76 | 9.9 | 68.35 | 9.4 |
| 全部工业总产值(现价) | 亿元 | — | — | — | — | — | — | — | — | — | — | — | — | — | — | 1999.58 | 12.0 |
| 规模以上工业总产值 | 亿元 | 1074.72 | 8.0 | 1205.11 | 7.3 | 1615.82 | 7.6 | 2399.66 | 8.8 | 1810.41 | 16.2 | 1961.63 | -4.4 | 3082.42 | 18.8 | 1486.14 | 13.9 |
| 规模以上工业增加值 | 亿元 | 244.23 | 10.6 | 285.52 | 10.5 | 385.42 | 10.0 | 481.36 | 10.2 | 348.10 | 12.4 | 424.59 | -4.0 | 737.14 | 14.3 | 302.22 | 9.6 |
| 规模以上工业利税总额 | 亿元 | 97.90 | 7.5 | 92.55 | -14.4 | 229.73 | 29.6 | 320.36 | 11.7 | — | — | — | — | — | — | — | — |
| 利润总额 | 亿元 | 59.20 | 7.2 | 50.90 | -23.9 | 136.46 | 34.1 | 175.12 | 15.2 | — | — | 144.00 | -3.4 | 274.81 | 15.5 | 100.02 | 7.7 |
| 全社会用电量 | 亿千瓦时 | 19.40 | 10.3 | 31.78 | 5.2 | 41.10 | 6.9 | 38.21 | 8.0 | 63.38 | 7.8 | 37.47 | 2.3 | 54.57 | 5.1 | 28.14 | 1.7 |
| 工业用电量 | 亿千瓦时 | 11.70 | 3.9 | 22.38 | -0.1 | 34.40 | 5.6 | 25.45 | -0.2 | 50.46 | 6.1 | 26.43 | -1.3 | 42.46 | 3.1 | 19.90 | -3.9 |
| 社会消费品零售总额 | 亿元 | 150.34 | 10.8 | 170.10 | 11.1 | 109.75 | 9.5 | 252.44 | 9.4 | 172.16 | 11.4 | 177.24 | 11.2 | 215.01 | 12.3 | 172.51 | 11.8 |
| 进出口总额 | 万美元 | 105897.00 | 19.0 | 47478.00 | 7.9 | 41074.00 | 10.4 | 139453.00 | -9.8 | 52350.00 | -3.1 | 271803.00 | -9.1 | 257528.00 | 5.8 | 95497.00 | 12.2 |
| 出口 | 万美元 | 84284.00 | 24.9 | 43257.00 | 6.2 | 32797.00 | 14.6 | 105527.00 | -10.9 | 48960.00 | -0.5 | 193561.00 | 7.1 | 123280.00 | -1.7 | 82645.00 | 9.2 |
| 实际外商直接投资 | 万美元 | 5003.00 | 448.6 | 5055.30 | -16.0 | 11677.00 | 338.8 | 17353.30 | 434.5 | 18324.00 | 275.0 | 2290.00 | -91.1 | 35269.00 | 8.7 | 13702.00 | 37.4 |
| 金融机构年末存款余额(本外币) | 亿元 | 486.95 | 19.2 | 556.26 | 22.0 | 611.30 | 20.6 | 1037.38 | 11.5 | 684.58 | 17.3 | 1011.36 | 16.7 | 923.17 | 21.2 | 664.58 | 11.6 |
| 居民储蓄存款余额 | 亿元 | 287.48 | 9.3 | 346.46 | 11.6 | 297.91 | 8.4 | 622.92 | 7.1 | 484.43 | 12.4 | 475.01 | 9.1 | 467.35 | 8.7 | 428.75 | 10.4 |
| 金融机构年末贷款余额(本外币) | 亿元 | 294.76 | 13.5 | 322.25 | 15.7 | 346.34 | 12.6 | 597.63 | 11.6 | 428.42 | 9.0 | 718.21 | 10.3 | 587.60 | 15.2 | 486.33 | 15.4 |
| 金融机构年末存款余额(本币) | 亿元 | 478.68 | 17.9 | — | — | 606.06 | 20.7 | 1017.64 | 11.9 | 681.08 | 17.3 | 940.16 | 14.1 | 912.30 | 20.9 | 656.96 | 11.8 |
| 居民储蓄存款余额 | 亿元 | 286.71 | 9.2 | — | — | 295.73 | 8.2 | 619.70 | 6.9 | 483.63 | 12.3 | 472.16 | 8.8 | 465.34 | 8.6 | 427.01 | 10.2 |
| 金融机构年末贷款余额(本币) | 亿元 | 294.60 | 13.5 | — | — | 343.07 | 12.0 | 595.73 | 11.9 | 428.41 | 9.0 | 694.02 | 12.8 | 581.39 | 15.8 | 484.89 | 15.7 |
| 城镇居民人均可支配收入 | 元 | 26842.00 | 8.5 | 31430.00 | 8.3 | 36523.00 | 8.0 | 36558.00 | 8.3 | 33614.00 | 7.8 | 39713.00 | 7.9 | 36521.00 | 8.1 | 36898.00 | 8.1 |
| 城镇居民人均消费性支出 | 元 | 16263.00 | 7.7 | 20610.00 | 6.1 | 20710.00 | 6.0 | 23248.15 | 7.5 | 19134.00 | 7.5 | 26570.00 | 7.0 | 22891.00 | 8.4 | 21711.00 | 7.8 |
| 农村居民人均可支配收入 | 元 | 16856.00 | 8.7 | 16952.00 | 8.6 | 17516.00 | 8.5 | 19417.00 | 8.7 | 16916.00 | 8.9 | 19605.00 | 8.6 | 17842.00 | 8.8 | 17599.00 | 8.8 |
| 农村居民人均消费性支出 | 元 | 12145.00 | 12.3 | 13280.00 | 10.8 | 16390.00 | 12.0 | 16849.87 | 10.5 | 11464.00 | 9.6 | 16958.00 | 12.1 | 11935.00 | 12.3 | 13096.00 | 11.9 |

# 名词解释

“五大发展理念”：十八届五中全会强调，实现“十三五”时期发展目标，破解发展难题，厚植发展优势，必须牢固树立并切实贯彻创新、协调、绿色、开放、共享的发展理念。

“两学一做”：学党章党规、学系列讲话，做合格党员。

“强富美高”：2014年底习近平视察江苏时，对江苏提出“努力建设经济强、百姓富、环境美、社会文明程度高的新江苏”目标要求简称。

“五位一体”建设：党的十八大报告提出，中国特色社会主义事业总体布局是经济建设、政治建设、文化建设、社会建设、生态文明建设“五位一体”。

“三重一大”事项：重大决策、重要干部任免、重大项目安排和大额度资金使用事项。

“一报告两评议”：地方党委、常委会每年向全委会报告工作时，要专题报告年度干部选拔任用工作情况，并在一定范围内接受对本级党委干部选拔任用工作和新选拔任用领导干部民主评议。

“三责联审”：用人责任审查、经济责任审计、编制责任审核。

“两个责任”：落实党风廉政建设责任制，党委负主体责任，纪委负监督责任，制定实施切实可行责任追究制度。

“两化”融合：信息化和工业化深度融合。

行政审批“三集中、三到位”：“三集中”指将各部门行政审批项目向行政审批科室集中，行政审批科室向行政审批中心集中，进驻中心行政审批项目向网络系统集中。“三到位”指审批项目进中心到位，中心窗口成为部门实施行政审批唯一窗口；审批授权到位，各单位明确行政服务科长为进驻中心首席代表，并对其特别授权；窗口人员到位。

建设项目“三同时”管理：建设项目中防治污染措施，必须与主体工程同时设计、同时施工、同时投产使用。

“ppp”模式：指政府与私人组织立间，为了提供某种公共物品和服务，以特许权协议为基础，彼此之间形成一种伙伴式的合作关系，并通过签署合同来明确双方的权利和义务，以确保合作的顺利完成，最终使合作各方达到比预期单独行动更为有利的结果。

“新三板”市场：全国性非上市股份有限公司股权交易平台，主要针对中小微型企业。

农村“三大合作”经济组织：农村专业合作、社区股份合作、土地股份合作经济组织。

农村“四有”合作经济组织：农村有组织制度、有合作手段、有较大规模、有明显成效合作经济组织。

“五好”农民专业合作示范社：农民专业合作示范社服务成员好、经营效益好、利益分配好、民主管理好、示范带动好。

农产品“三品”认证：无公害农产品、绿色食品、有机食品认证。

“八类”案件：对杀人、纵火、投毒、抢劫、强奸、绑架、爆炸、故意伤害8种暴力恶性案件总称。

省“双创”计划：创新、创业计划。

省“六大人才高峰”项目：教育、医药卫生、电子信息、机械汽车、建筑、农业人才项目。

市“1222”产业人才引进行动计划：全市每年引进10名以两院院士、国家“千人计划”专家、长江学者为代表的国家级高端人才，20名以省“双创”计划引进人才、如皋“雉水英才”计划引进人才为代表的创新创业领军人才，200名硕士、博士研究生和高级职称人才，2000名优秀本科毕业生和中级职称人才。

市“148”高层次人才梯队培养工程：从2014年起，在全市专业技术人才队伍中择优选拔10名中青年首席专家、40名中青年科技领军人才和80名中青年科学技术带头人重点培养，培养期为3年。

“两增加两提升”：市十一届党代表第三次会议提出工作实效衡量标准为增加百姓收入、增加集体收入，提升群众满意度、提升如皋对外美誉度。

小城镇建设“十个优”:镇区入口优、镇区路网优、商贸综合体优、生态公园优、文体中心优、星级饭店优、公共服务核心区优、农民集居区优、商品房小区优、工业集中区优。

农村“七位一体”长效管护:对农村环境河道整治、垃圾收集转运、绿化管护、路渠涵桥管护、秸秆禁烧禁抛与综合利用、畜禽粪污综合治理、农村建房管理7个方面,实施常态化、长期性管理。

居保“四不出村”:老百姓足不出村就能享受养老金领取、查询、参保缴费、政策咨询4项服务。

农村“五保”供养:对农村无劳动能力、生活无保障的成员实行保吃、保穿、保住、保医、保葬5个方面社会救助。

行政审批事项“五张清单”:行政审批事项目录清单、行政权力清单、投资审理负面清单、行政事业性收费目录清单及政府部门专项资金管理清单。

容缺预审:政府投资项目和重大工业项目在项目备案、规划审批过程中,项目业主提供相关资料并作出承诺,审批部门即先行受理,出具与正式审批相衔接的项目预审意见,待相关资料齐全、符合正式审批条件后,将预审意见转换成正式审批意见。

“三证合一”:将企业依次申请的工商营业执照、组织机构代码证和税务登记证三证合为一证,提高市场准入效率。

一证一码:在“三证合一”基础上更进一步,通过一个窗口受理、并联审批、信息共享、结果互认,实现由一个部门核发加载统一社会信用代码的营业执照。

“双联双助”:机关单位联村,助推小康村建设;党员干部联户,助推增收致富。

“千人联千企”:1000名机关干部联系1000家企业。

“234”现代农业产业体系:花木、地方特色农产品两大特色产业,有机农业、休闲观光农业、特色渔业三大新兴产业,优质稻米、优质果蔬、优质畜禽、优质蚕桑四大传统产业。

医疗“五道保障线”:医保救助、大病二次补助、民政扶助、慈善捐助、社会帮助。

“十小”企业:不符合国家产业政策的小型造纸、制革、印染、染料、炼焦、炼硫、炼砷、炼油、电镀、农药等严重污染水环境的生产企业。

环境问题“三整治一化解”:环保违法违规建设项目清理整治、2016年环境突出问题整治、10蒸吨及以下燃煤锅炉整治,中央环境重点信访事项化解。

“931”工程:整治城郊接合部、城中村、棚户区、老旧小区、背街小巷、城市河道环境、低洼易淹易涝片区、建设工地、农贸市场;规范占道经营、车辆停放、户外广告设置;提升城市长效管理水平。

# 索　引

## 说　明

1. 本索引采用主题分析法编制，按汉语拼音顺序排列，同字同音按声调排列，音调相同按下一字的音序排列。

2. 特载、媒体聚焦、大记事、附录4个类目，及综述、概况类条目未列入索引。

3. 标引词后的数字表示内容所在页码，数字后的字母 a 、b 、c 分别表示左栏、中栏、右栏。

4. 由分目提取的索引用黑体字标示。

## A



## B



## C

## D

K



L

## T

## W



## X